浙江大学文科高水平学术著作出版基金资助

国家社科基金冷门绝学和国别史研究专项项目
“西藏阿里地区象泉河流域石窟寺综合调查研究”
（项目编号：2018VJX019）

国家社会科学基金重大项目“文物遗存、图像、文本与西藏艺术史构建”
（项目编号:15ZDB120）

托林寺红殿壁画研究

历史、图像与文本

王瑞雷 著

Murals in the Dukhang Hall of Tholing Monastery

History, Iconography, and Text

ZHEJIANG UNIVERSITY PRESS
浙江大学出版社
·杭州·

图书在版编目（CIP）数据

托林寺红殿壁画研究 ： 历史、图像与文本 / 王瑞雷著. — 杭州 : 浙江大学出版社, 2024.1
ISBN 978-7-308-20927-4

Ⅰ. ①托… Ⅱ. ①王… Ⅲ. ①寺庙壁画－研究－阿里地区 Ⅳ. ①K879.414

中国版本图书馆CIP数据核字(2020)第259277号

托林寺红殿壁画研究——历史、图像与文本
王瑞雷 著

责任编辑 胡 畔
责任校对 赵 静
封面设计 周 灵
出版发行 浙江大学出版社
（杭州市天目山路148号 邮政编码 310007）
（网址：http://www.zjupress.com）
排 版 杭州林智广告有限公司
印 刷 浙江海虹彩色印务有限公司
开 本 787mm×1092mm 1/16
印 张 28
字 数 600千
版 印 次 2024年1月第1版 2024年1月第1次印刷
书 号 ISBN 978-7-308-20927-4
定 价 188.00元

序言

西藏西部的佛教艺术在西藏艺术的发展演变中占据了独特的地位，其中既有早期特定地理环境和特殊历史时期所形成的中亚波罗艺术风格与克什米尔造像样式，也有自 13 世纪以来卫藏地区业已形成的藏传佛教各派的新风格。包括托林寺在内的西藏西部寺窟艺术，其早期一方面沿袭了吐蕃艺术余脉波罗—中亚式样，另一方面接受了后弘初期与之相邻的地域艺术样式克什米尔艺术。12 世纪中后期，又深受卫藏地区、尼泊尔及丝绸之路—河西走廊沿线艺术题材及图像样式的影响。15 至 16 世纪，早期扎根于此地的来自卫藏腹地的萨迦派与止贡噶举在该区域仍有传承和发展，新生教派格鲁派及相关艺术初见端倪并日渐占有一席之地，它们共同创造了古代阿里高原丝路东西文化交流互鉴与有机融合发展的历史面貌。15 世纪中晚期的托林寺红殿与白殿绘画，保留并糅合了早期克什米尔、波罗艺术以及 12 世纪之后来自卫藏地区的艺术样式，并日渐形成一种具有本土化的地域样式“古格风格”。对西藏阿里不同时代，不同阶层图像的分析，可以析离西藏艺术不同阶段的发展面貌及具有辨识度的图像样式和时代风格。

汉藏佛教艺术领域对佛教图像的构成与配置，特别是图像所依据经典文本的研究至关重要。瑞雷这本专著《托林寺红殿壁画研究：历史、图像与文本》正是十余年来寺院壁画个案研究最为突出的成果之一。全书依据寺院的布局结构，循序对佛殿（净香殿）与经堂壁画内容、图像配置展开了详尽的解读，包括壁画题记的准确录文，图像题材辨识与佛菩萨、眷属等尊格认定，曼荼罗配置分析等。全书对壁画可能依据的文献进行了网罗与梳理，并将文献经典的尊格描述与壁画图像形貌展开逐一比对，进而确定壁画所依据的具体藏文文本和传承体系；全书对红殿图像展开绵密分析，结合近年来作者在西藏西部的考察所获及文博部门在该区域新近发现的同类题材的造像例证，综合 11—15 世纪西藏各地与作者研究主题相关的图像展开纵横讨论，分析其演变脉络和传承经纬。作者始终将红殿壁画放置在西藏显密图像形成与发展的大历史文化背景中进行考察，确立了其在藏传佛教艺术发展史中的明确定位。

本书图像与文本结合的研究方法在红殿佛堂瑜伽续部之金刚界曼荼罗、金刚萨埵曼荼罗与恶趣清净之普明大日如来和九佛顶曼荼罗图像配置的解读，以及经堂四壁以法界语自曼荼罗为主的《文殊真实名经》广、中、略诸注疏中诸曼荼罗图像的辨析表现得尤为突出，基本解决此前学界语焉不详的经堂文殊图像讨论，本人以为本书是目前寺院壁画文本与图像研究最好的范本之一。

从红殿的形制和壁画配置来看，其演变路径与 11 世纪前后的桑耶寺、扎塘寺，以及 11—14 世纪夏鲁寺的发展形态有关，佛堂（净香殿）与转经道是西藏寺院此时典型的建筑结构，早期佛殿（吐蕃时期与 11 世纪初）普遍安置胎藏界禅定印大日如来与八大菩萨造像，至 11 世纪中后期转换为降魔触地印释迦摩尼佛与八大菩萨，或是纵三世佛与八大菩萨组合，周边另有十方如来或相关的经变画与佛传故事，前方经堂由早期的廊院逐渐演变而来，多为显宗集会殿，绘制经变画或所属教派祖师传记。重建于 15 世纪中后期的托林寺红殿，其图像体系完美地呈现了早期藏传佛教图像系统，其间有继承，也有发展和演变。其中面向东方的佛殿仍然保留了后弘初期流行的降魔触地印释迦摩尼佛，但两侧胁侍不再是观音和弥勒菩萨，而是采用了 14 世纪以来涌现的佛陀与目犍连、舍利弗二弟子三尊，以及十六罗汉，达摩多罗与布袋和尚的组合方式，此与浪卡子羊卓达隆寺所见十六尊者、布袋及居士的早期图像系统相近，亦与此时白居寺吉祥多门塔罗汉殿中的配置相应，完全是显宗的图像系统，另药师佛与三十五忏悔佛，分别具有 13 世纪前后藏区西部和河西走廊地区的地域特征。

佛堂南北两侧壁所绘金刚界曼荼罗与金刚萨埵曼荼罗也是此时依据传统但有所创新的一种配置。西藏西部寺院大都是金刚界曼荼罗与恶趣清净曼荼罗相组合，但红殿佛堂安置了一铺不被常见的金刚萨埵曼荼罗。值得注意的是，侧重于佛教中观与唯识理论体系的文殊和弥勒菩萨，在帕尔嘎尔布石窟（12 世纪初中期）中是位于主尊释迦摩尼佛与萨迦上师的两侧，但在红殿中则被安置在金刚界智拳印四面大日如来的两侧作胁侍菩萨，与之对应的北壁金刚萨埵曼荼罗，其两侧胁侍为莲花手和金刚手菩萨。这些胁侍菩萨均不见于曼荼罗所依据的文本，是壁画设计者特意的安排，应该另有其特殊的寓意。北壁莲花手、金刚手与金刚萨埵的三尊组合可追溯到吐蕃时期胎藏界三尊，即莲花手、大日如来和金刚手三尊组合，或与其正对面的金刚界曼荼罗互构形成类似于敦煌密教石窟中左右两侧壁金刚界与胎藏界相对应的义理有关，或者是为了以理趣般若属性强化此殿金刚界曼荼罗的义旨。

佛堂南北两侧壁之东侧分别安置的是依《恶趣清净怛特罗》新旧译本所绘的恶趣清净曼荼罗，即减缩版的普明大日如来曼荼罗和九佛顶曼荼罗。此曼荼罗与金刚界曼荼罗的组合是西藏阿里寺窟中最为常见的题材，通常被安置在寺院佛殿与正壁相邻的两侧壁，一侧为金刚界曼荼罗，另一侧为恶趣清净曼荼罗。但在红殿此图像题材的组合方式略有变动或扩增，即金刚界曼荼罗与恶趣清净曼荼罗并非面对面呈现，而是呈前后（从西至东）分布。

安置在红殿佛堂南北两壁紧随金刚界曼荼罗与金刚萨埵曼荼罗之后的恶趣清净曼荼罗，更多的作用在于禳灾祈福。14 世纪以前，西藏西部出现的恶趣清净之普明大日如来其双手结禅定印，但不托法轮。元至正五年（1345）萨迦派僧人参与建造的北京居庸关云台，其普明大日如来尚不托法轮。至 15 世纪以后，藏地普明大日开始托法轮，此类图像特征与布顿厘注本有关，后被格鲁派传承。历辈达赖喇嘛造像也多托法轮，或与此有关。总体来看，红殿佛堂虽绘有瑜伽部曼荼罗，但仍然更多地保留了早期显教佛堂功能，其中在绘有降魔触地印释迦摩尼（与 11 世纪前后阿閦佛有固定置换关系）的殿堂内原本很可能置有纵三世佛造像。壁画下方的十二弘化佛传故事等都是早期佛殿固有的组合方式，实际上与北京居庸关券顶安置的祈福祛罪五部曼荼罗有异曲同工之妙。

藏地寺院经堂多为僧众聚集听法讲经之处，此经转经廊河佛堂连接，形成具有供佛、礼佛、讲经说法的多功能空间。16 世纪以后，经堂壁画更多表现佛传、本生故事、菩萨弟子以及宗教人物传等。但红殿经堂描绘的是由繁至简极具理论体系的《文殊真实名经》诸注疏中的曼荼罗，此为 15 世纪托林寺红殿设计者依据后弘初期译介于藏地，经布顿大师厘定和萨迦派传承的注疏文本而绘制。

“文殊堂”图像配置或许是受萨迦文殊自称的萨迦派影响的例证，即使在佛殿门两侧安置与古格王等大的宗喀巴造像，正如本书指出的，图像的安排仍属于萨迦派体系，宗喀巴像的出现一方面与当时宗喀巴弟子在古格王室的宗教地位有关，另一方面或借宗喀巴彰示萨迦派的传承能力，因为这一时期的宗喀巴常被看作萨迦派传承人，即使到了 16 世纪的青海玉树囊谦县纳温拉康仓（gna’ bo’i lha khang tshang）中，宗喀巴仍被绘在萨迦派的传承体系中。

托林寺红殿是托林寺的主要殿堂之一，考虑到佛堂的配置，红殿最初有可能是与迦萨殿同期的早期殿堂。此外，红殿壁画只绘密乘四部中的瑜伽部，没有无上瑜伽部内容，红殿本身也看不出西藏西部常见的三层殿建筑格局，现今重置的三世佛亦安置在经堂后方与佛堂衔接的位置，不像同时期佛殿将无上瑜伽密续造像供于楼顶密室，唯一可以讨论的是在门廊的上方绘有十六位供养女，这是13世纪前后藏地胜乐金刚曼荼罗中常见的十六天魔女，将之安置在红殿门廊上方位置，其寓意有待进一步观察。无论如何，自15世纪以后，以托林寺为中心的阿里地区诸佛寺中无上瑜伽密并不流行。这令人想起11世纪初古格王益西沃和绛曲沃为禁止无上瑜伽密续在阿里地区传播而从王室层面向广大僧俗发布敕令事件，看来此制度即便在古格王国后期仍行之有效。此外，在殿堂外涂红色常见于护法殿，外侧涂白色的多属于佛殿。托林寺红殿与白殿的称呼或与显密功能分割有关。红殿以瑜伽密续为主，白殿主要是显宗系统。红白殿之称谓也可能与16世纪之后第司·桑结嘉措修建布达拉宫之后出现的红宫与白宫之俗称有关。

瑞雷于2009年从西北师范大学敦煌艺术学院毕业后考入首都师范大学汉藏佛教美术研究所，便跟随我攻读硕士学位。他最终选择“夏鲁寺东无量宫殿曼荼罗”作为硕士毕业论文题目。夏鲁寺个案研究建构起了瑞雷博士阶段从事密教图像研究的框架。2012年瑞雷硕士毕业后同时考取了首都师范大学和中央美术学院的博士研究生，但他最后依然留在首都师范大学读博。2012年本人与瑞雷及其他研究生赴藏区实习，在卫藏地区的考察结束后，瑞雷随我原单位的同事、中国社科院民族学与人类学所的廖旸老师前往阿里地区调查托林寺，回京商议后决定选择红殿作为博士论文选题，自此开始了长达十年的西藏阿里与喜马拉雅地区艺术研究的历程。

在首都师范大学读研期间，当时同学间有文史功底很好的师友，同时恰逢本人藏文“黄埔一期”同学、中国人民大学国学院西域历史语言研究所沈卫荣老师定时开设藏文文献课程。我打发首都师范大学的同学都去听课，学习文本分析的方法，大家在那里认识了很多语言能力超强的同学。像现在经常联系的南京大学历史学院孙鹏浩老师、浙江大学历史学院侯哥侯浩然老师、陕西师范大学典哥谢光典老师等，同声相应，见贤思齐，跨专业的学习交流对大家都有裨益。我们大家都认可文本图像与实地考察，是汉藏艺术研究的不二法门。本人在新冠疫情前的十余年，每年暑假都带队组织研究生对河西走廊、敦煌、新疆及藏区各地进行长时间细致的学术考察，从而形成了重视文物考古资料、重视艺术发展形成的时空形态，将不同时期、不同地区、不同人群与民族的艺术联系放在更为广阔的大背景下进行讨论的研究方法。回想某次瑞雷与我及同学去甘青地区考察，住10至25元的旅社，吃路边摊，被人家误以为是传销组织而举报……这一切随着时间的流逝成为美好的记忆。

除了民族语言学习，瑞雷日语见长。2014年四川美术学院大足会议期间，我推荐他跟随日本早稻田大学肥田路美教授学习。承蒙教授悉心指导，在日本访学一年后，他对隋唐之际的汉传佛教图像学有了相对系统的学习，这在本书降魔触地印释迦佛早期源流的论述中可以看出功力。2014 年我正式调入浙江大学人文学院，瑞雷于 2016 年 6 月博士论文答辩后，同年 7 月进入浙江大学人文学院做考古学方向博士后研究员，与本人继续合作两年。

瑞雷博士论文成功的个案研究为他最近数年的学术世界打开了一扇窗户，加上他本科期间得益于绘画专业的培养，使其具有敏锐的观察力与图像的辨识力，这使得他在各地考察时容易发现新的材料、找到新的视角，陆续撰写了系列优秀的学术论文，并获得了国家社科基金冷门“绝学”等项目，取得了不错的成就。非常感谢当时人文学院领导黄厚明老师的推荐，感念人文学院具有情怀的学术委员会老师及学校学术委员会的认可，瑞雷被推荐为浙江大学“百人计划”研究员并获得通过，为浙江大学汉藏佛教艺术的学科建设和学术研究储备了人才。

近日王毅先生在第三届环喜马拉雅国际合作论坛开幕式上致辞说：“环喜马拉雅地区是人类文明的摇篮。我们要用好这一地区的特色资源，大力增进文旅、宗教、媒体、智库、青年、地方友城等领域的交流合作，让古圣先哲的文明智慧为解决人类难题提供更多启迪，携手打造环喜马拉雅人文交流示范区。”浙江大学汉藏佛教艺术研究中心在学校与学院的大力支持下，近十年致力于环喜马拉雅及高原丝路、汉藏艺术领域的人才培养与学术研究，开启了新的历程。希望浙江大学环喜马拉雅、高原丝路汉藏艺术与宋元以来杭州多民族文化交流研究以其内在的学理逻辑结合起来，建立完整的人才培养与学术研究基地。这是一片广袤的土地，我们现在关注的人还是太少了！

记得 2009 年有天下午，瑞雷到首都师范大学汉藏佛教美术研究所办公室咨询考研之事。门开了，他探头进来，我看见一张秦陇北漂青年诚恳但略显惊愕的脸……瑞雷庄浪人氏，家乡靠近天水，粗拙中糅合了更多的细腻与灵动。甘肃邻近的这几个县文脉昌盛，乡间弟子个个奋发向上，读书知礼，字儿写得好，瑞雷的父亲就写得一手好字，春节还给我门上写了对联。瑞雷硕、博、博后辗转北京、东京、杭州十余年，乡音未大改，我见过的说方言的学者都很厉害，可见瑞雷很不一般。

愿吉祥！

谢继胜

2023 年 10 月于余杭海兴雅苑

目录

上篇 红殿佛堂西壁降魔触地印释迦牟尼佛与二弟子配十二弘化、十六罗汉、药师八佛及三十五佛图像

绪　论

第一节　托林寺的历史与现状

托林寺（mTho lding）坐落在中华人民共和国西藏自治区阿里地区札达县城北象泉河南岸（图 0-1-1；0-1-2；0-1-3；0-1-4），为吐蕃最后一位赞普朗达玛（Glang dar ma，799—842）灭佛被刺，其后裔吉德尼玛贡（sKyid lde nyi ma mgon）西逃至西部阿里开创新的地方政权，由其孙辈“阿里三围”（mNga' ris bskor gsum）[1]之古格王益西沃（Ye shes 'od，947—1024）肇建于藏历火猴年（996）。[2]

托林寺作为后弘初期阿里地区规模最大的佛教寺院之一和藏传佛教“上路弘法”的源头，其初建和早期的发展与古格前五代国王——益西沃、沃德、降曲沃、西瓦沃、孜德以及大译师仁钦桑布（Rin chen bzang po，958—1055）的弘法业绩密不可分。[3]

拉喇嘛益西沃为吐蕃赞普后裔吉德尼玛贡次子扎西衮（bKra shis mgon）的长子，是古格王朝的创建者，原名松额（Srong nge，947—1024），益西沃是他后来的出家

[1] 吉德尼玛贡逃至上部阿里之后与普让（Pu rangs）地方官之女通婚生有三子，等三子长大成人后，他采用分封制，将原象雄故地易名为玛域（Mar yur）、古格（Gu ge）和普让分赐给三子贝吉衮（dPal gyi mgon）、扎西衮（bKra shis mgon）和德尊衮（lDe btsun mgon），三人各自建立拉达克王朝（La dwags rgyal rabs）、古格王朝（Gu ge rgyal rabs）和普让王朝（Pu rangs rgyal rabs），形成藏族史载的“阿里三围”。阿里三围的时空概念在后期藏文史书《第吴教法史》《雅隆史》《娘氏宗教源流》《汉藏史集》《布顿佛教史》《红史》中均记载不一，但总体是由玛域（指今天的拉达克地区、桑斯噶尔、斯匹第、拉胡尔等地）、古格和普让三方领地构成。有关以上史书中对该区域的记载见尊胜《分列期的阿里诸王朝时系——附谈“阿里三围”》，《西藏研究》1990 年第 3 期，第 55—66 页；张云：《阿里王统分析——疑义辨析之一》，载中国藏学研究中心、维也纳大学合编：《西藏西部的文化历史》，北京：中国藏学出版社，2008 年，第 55—61 页。

[2] 关于托林寺最初建寺年代，见 Gu ge paṇḍit grags pa rgyal mtshan, *lHa bla ma ye shes 'od kyi rnam thar rgyas pa bzhugs so,* Bod ljongs mi dmangs dpe skrun khang, 2013, p.20; Roberto Vitali, *The Kingdims of Gu.ge Pu.hrang: According to mNga' ris rgyal rabs by Gu ge mkhan chen Ngag dbang grags pa*, Dharamsala, India: Tho ling gtsug lag khang lo gcig stong 'khor ba'i rjes dran mdzad sgo'i go sgrig tshogs chung, 1996, p.53. 该书前部分收录了《阿里王统》的藏文原文，后部分为作者的研究篇。以下引文中 Gu ge mkhan chen Ngag dbang grags pa, *mNga' ris rgyal rabs* 表示借引藏文原文出处；Roberto Vitali, *The Kingdims of Gu.ge Pu.hrang*, 1996 表示维塔利先生研究篇中的观点出处。

[3] 这一事实其实在托林寺红殿经堂西壁北侧歌颂古格历代国王兴佛业绩的题记中已有记载。参看附录一。

图 0-1-1　象泉河与托林寺

图 0-1-2　托林寺全貌，1933 年，盖尔西与图齐摄

图 0-1-3 托林寺早期佛殿分布状况，1933 年，盖尔西与图齐摄

图 0-1-4 托林寺佛塔早期遗存状况，1933 年，盖尔西与图齐摄

法名。在古格王朝建制之初，他为了维护王权的正统性和合法性，曾颁发了一系列抑本崇佛的大法令，将自己喻为“天神之子”（lHa sras）或“赞普”（bTsan po），强调古格王统与吐蕃王统血脉相连，力求恢复吐蕃旧制。[1] 这主要表现在：第一，下令

[1] 古格堪钦·扎巴坚赞（Gu ge pan chen Grag pa rgyal mtshan）所著《拉喇嘛益西沃广传》中专门有对古格王室对吐蕃赞普王权继承关系的记载：“自恶君达尔玛（dar ma，即朗达玛，吐蕃第四十二代赞普）之后继五代政权（按：此五代政权即指达尔玛赞普［dar ma u dum btsan］、沃松［’Od bsrung］、帕阔赞［dPal ’khor btsan］、吉德尼玛贡［sKyid lde nyi ma mgon］及扎西赞［bKra shis mgon，即益西沃的父亲］五代政权），共历时 146 年（指达尔玛赞普到益西沃之间的年代），是佛教前、后弘期之交。法王赤松德松赞（Khri srong lde srong btsan，益西沃之异名）于此期间继位掌权。当时，阿里地区遍地本教庙宇，独行本祀祭灵，生者皆奉邪教，以恶殉葬亡者，佛法未及。自聂赤赞普起，第四七代赞普正是拉嘛益西沃（按：聂赤赞普到达尔玛赞普，共计 42 代吐蕃赞普，另计沃松、帕阔赞、吉德尼玛贡、扎西赞和松额等五代政权共计 47 代）。”藏文原文：spyir yang chos kyi rgyal po khri srong lde srong gtsan［btsan］’di ni/ dar ma’i dog can nas bzung ste rgyal rabs lnga’i ring dang/ lo brgya bzhi bcu rtsa drug gi bar du/ bstan pa snga phyi’i lteng zhugs/ khyadr［khyad par］mnga’ ris kyi sa’i char gtsug lag ni bon/ shid ni nag po tha gcig bon shid khra bo/ gson po log chos spyod la/ shin po la sdig zongs［rdzongs/ zong］sdebs［’debs］dam pa’i chos kyis ma khyab cing/ cha bzhag’i［bzhag pa’i］dus su/ gny［gnya’］khri btsan po nas btsams［brtsams］te/ gdung rabs bzhi bcu rtsa bdun nas ’di ’khrungs pa yin de［te］/ 见 Gu ge Pandita Grags pa rgyal mtshan gyis brtsams, ’Dar tsha Khyung bdag gis mchan btab, *lHa bla ma ye shes ’od kyi rnam thar rgyas pa’i mchan ’grel ti se’i mgul rgyan*, Krung go’i bod rig pa dpe skrun khang, 2015, pp.105-106.

王室除王储之外所有王子必须出家，如赞普出家者则护持佛法，如在位赞普无继嗣者，则从出家王室僧人中择人即位以续王统，无论僧俗都必须敬信佛教，保持佛法长久不息；[1]第二，逼迫本教徒改宗佛教，或将他们流放至偏远地区，[2]或聚一切本教经典投之于水，抑或集一切本教徒于一屋用火焚烧；[3]第三，下令古格大臣相荣（Gu ge'i blon po zhang rung）颁发兴佛护教大诏令（bka' shog chen mo），[4]确立以教兴国、政教合一的治国方略，将教法（chos khrims）上升为国法（rgyal khrims），将弘扬和护持佛教确立为国家政治民生的核心体系；[5]第四，派遣青年学子赴印度、克什米尔求法，在招揽克什米尔班智达和造像工人于西部阿里讲经说法和传授技艺的同时，还建立译经院，翻译佛教经典。当时由益西沃遣送至克什米尔学法归来的大译师仁钦桑布，成为这一时期主要的弘法使者和显密经论的翻译者。[6]

托林寺正是在这样的弘法浪潮中，于藏历火猴年（996）奠基开建，初建主体建筑为今天迦萨殿（brGya rtsa lha khang）中央部位的大日如来殿，后经陆续扩建，直

[1] Gu gi mkhan chen Ngag dbang grags pa, *mNga' ris rgyal rabs*，第 55 页。

[2] Gu ge paṇḍit grags pa rgyal mtshan, *lHa bla ma ye shes 'od kyi rnam thar rgyas pa*, Bod ljongs mi dmangs dpe skrun khang, 2013, pp.11-15.

[3] Gu ge mkhan chen Ngag dbang grags pa, *mNga' ris rgyal rabs*，第 56 页第 1—11 行；有关该段史实描述，《阿里王统》与《拉喇嘛益西沃传》均记载一致，后者记载见 *lHa bla ma ye shes 'od kyi rnam thar rgyas pa*, 2013，第 11 页第 10—12 行。

[4] 诏令内容为："凡我僧俗臣民，君臣贵贱，遵此正法，不违真意。凡立规订律，咸与一致，不违前颁之兴佛钦令，赐土地千克予首寺托林寺，以为僧众衣食及法事之供奉，属地之盐池，牧场及田中之产，皆献于比丘为奉佛之用，凡此奉献，地久天长，不散不欺。祈愿于德、业之化身——河西圣者及护法神白翁伦松，以为见证。凡我子女、兄弟、后妃、大臣在此立誓，今将永遵教法，不背其言，不弃此誓。"见 Gu ge mkhan chen Ngag dbang grags pa, *mNga' ris rgyal rabs*，第 56 页第 1—11 行。此部分的译文见黄博：《佛教改制：益西沃时代古格王国政教合一制析论》，《藏学学刊》2013 年第 8 辑，第 22 页。

[5] 益西沃作为古格王朝的创制者，在开国大诏令中明确规定了以教治国、政教合一制的治国方略，该法令成为后世古格王室必须遵行的不可替代的根本大法。而践行的是国王与教主（王室家族成员充当）的高度统一制，这一家族式的二权并立合作模式自他让王位与哥哥柯热自己出家为僧开始，到西瓦沃与孜德叔侄二人时，其政教分工谱系为，国政（世俗）：科热（'Khor re）—拉德（lHa lde）—沃德（'Od lde）—孜德（rtse lde）；教政（出家）：益西沃（Ye shes 'od）—德哇扎热西（Devaraja）—绛曲沃（Byang chub 'od）—西瓦沃（Zhi ba 'od）。详见井内真帆「Gu ge-pu hrang 王国の仏教復興運動における lHa lde の役割について：王位継承に関する一考察」，『日本西藏學會々報』2003 年第 49 号，第 47—61 页；黄博：《拉喇嘛与国王：早期古格王国政教合一制初探》，《中国藏学》2010 年第 4 期，第 5—17 页。

[6] 据《仁钦桑布传》记载，应益西沃的要求，仁钦桑布与古格 15 名青年一同前往迦湿弥罗（克什米尔）学法并求取佛经，他们在迦湿弥罗学习了 6 年之后，带着当地的 32 名能工巧匠和班智达回到古格托林寺，在力求培养学徒、翻译佛教经典的同时，还大兴佛教寺院。见张长虹：《大译师仁钦桑布传记译注》（下），《中国藏学》2014 年第 1 期，第 33—34 页。

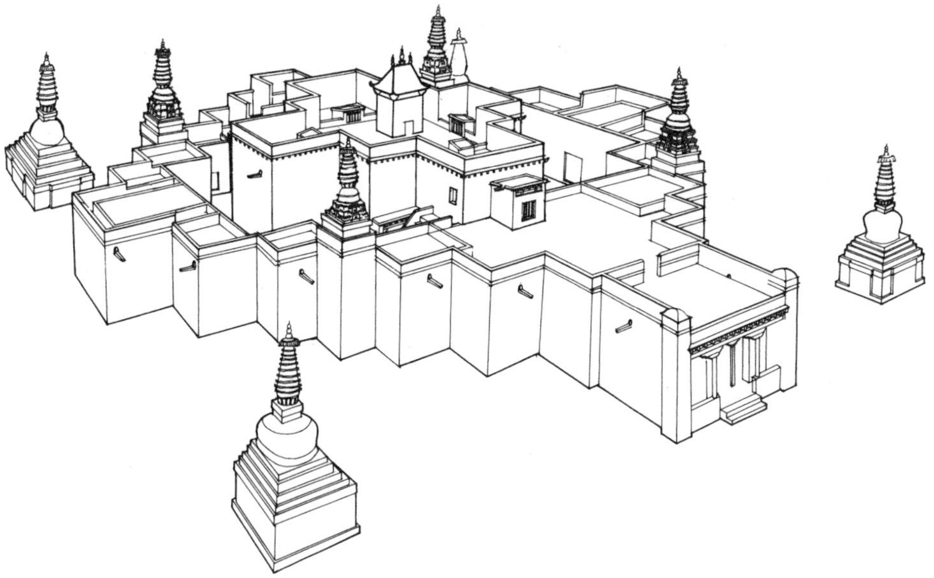

图 0-1-5 托林寺迦萨殿复原图

到古格王沃德（'Od lde）在位期间，[1] 即藏历土龙年（1028）才完成外围配殿的修建，并举行开光仪式，赐名“托林红殿无比吉祥任运成就祖拉康”（mTho lding khang dmar dPal dpe med lhun gyis grub pa'i tsug lag khang）。[2] 其外围配殿与中央大日如来主殿共同构成了立体的曼荼罗建筑模型（图 0-1-5），殊胜无比。

1037 年，沃德率军攻打珠夏（bru sha，指古代的勃律，今指巴尔蒂斯坦和吉尔吉特）时被俘，死于修噶（bshul dkar）的逃难途中。[3] 其弟弟绛曲沃（Byang chub 'od,984—1078）接替王位，[4] 在任期间，他不仅在芒囊（Mang nang）修建了菩提德格乃林祖拉康（Byang chub dge gnas gling gtsug lag khang），还筹集重金迎请印度班

[1] 据维塔利研究，988 年益西沃退位出家为僧，由哥哥柯热（'Khor re）担任古格王直到 996 年，后由柯热之子拉德（lHa lde）治世约至 1024 年。拉德有三子：沃德（'Od sde）、扎西沃（bKra shis 'od）和永松德（Yongs srong lde）。其中大儿子沃德继父亲拉德王位，后因战争被俘，1037 年死于域外，其后又由弟弟扎西沃（即绛曲沃［Byang chub 'od］）接替王位。详见 Roberto vitali, *The Kingdims of Gu.ge Pu.hrang*, 1996, p.246, p.115, p.288.

[2] 见 Gu ge mkhan chen Ngag dbang grags pa, *mNga' ris rgyal rabs*，第 53 页 7—10 行。Roberbo Vitali, *Records of Tholing: A Literary and Visual Reconstruction of the Mother Monastery in Gu Ge*, Dharamshala, India: Amnye Machen Institute, 1999, p.22; Roberto vitali, *The Kingdims of Gu.ge Pu.hrang*, 1996, p.109.

[3] Gu ge mkhan chen Ngag dbang grags pa, *mNga' ris rgyal rabs*，第 62 页。

[4] 见 Roberto vitali, *The Kingdims of Gu.ge Pu.hrang*, 1996, p.115, p.294.

智达阿底峡（Atīśa，982—1054）入藏，与年逾古稀的仁钦桑布相会[1]于托林寺讲授中观见解瑜伽行。阿底峡尊者驻锡托林寺期间（1042—1045），不仅完成了对《菩提道炬论》（*Byang chub lam gyi sgron ma*）的撰写，还广集弟子讲经说法。

拉喇嘛西瓦沃（lHa bla ma Zhi ba 'od, 1016—1111）与孜德（rTse lde）叔侄（khu dbon）二人，是古格王朝自益西沃兴佛改制以来，古格王室至11世纪后半叶政教合作制日趋完善并达到空前黄金时代的代表性人物。此时的古格疆域与托林寺之所以能发展到顶峰，与他叔侄二人有直接关系。

西瓦沃，原名永松德（Yongs srong lde），为拉德（lHa lde）的第三子。维塔利根据记载古格前期历史最为翔实的可信史料、古格堪钦阿旺扎巴（Gu ge mkhan chen Ngag dbang grags pa）撰写的《阿里王统记》（*mNga' ris rgyal rabs*）中有关西瓦沃与其哥哥绛曲沃的生平事迹，考证出西瓦沃出生于1016年，卒于1111年。[2]《阿里王统记》中亦明确记载了西瓦沃在41岁时（1056）出家为僧，后与其侄儿孜德王一同遵照先祖遗规，共同弘扬佛法。[3]关于孜德的生卒年代，后世史书并无确切记载，学界亦未有明确定论。就他的王位继承，在萨迦派索南孜摩（bSod nams rtse mo，1142—1182）的《教法入门》（*Chos la 'jug pa'i sgo*，成书于1167年）中，记载他1057年从叔父沃德座前继承王位，[4]但这一说法未必完全成立，按《阿里王统记》的记载，沃德是在1037年率军攻打珠夏的途中亡故。[5]故孜德1037年继承叔父沃德王位的可能性极小，只有沃德的弟弟绛曲沃和西瓦沃有权替补继承王位。

绛曲沃继承长兄沃德王位的史实在后世史书中有零星记载，[6]但西瓦沃是否曾接管王权，一直是史界悬而未决之难题。2010年，西藏阿里札达县古格故城遗址附近洞穴中发现的12世纪初期蝴蝶装古藏文史书《月族王统》（*Zla ba'i rigs kyi rgyal*

---

[1] 据《青史》记载，后弘期佛教在上部阿里的出现要早于卫藏，阿底峡尊者于辰年（1040）从印度出发，辛巳年（1041）至尼泊尔，壬午年（1042）到达阿里与仁钦桑布相见，时年仁钦桑布已是85岁高龄，而阿底峡尊者为59岁。见郭诺·迅鲁伯著、郭和卿译：《青史》，拉萨：西藏人民出版社，2003年，第45、151、152页。

[2] Roberto Vitali, *The Kingdims of Gu.ge Pu.hrang*, 1996, p.296.

[3] Gu ge mkhan chen Ngag dbang grags pa, *mNga' ris rgyal rabs*，第65页。

[4] Roberto Vitali, *The Kingdims of Gu.ge Pu.hrang*, 1996, pp.294-295.

[5] Gu ge mkhan chen Ngag dbang grags pa, *mNga' ris rgyal rabs*，第62页。

[6] 娘若·尼玛俄色：《娘氏宗教源流》，拉萨：西藏人民出版社，1988年，第147页。

rabs），[1] 不仅证实了西瓦沃在前半生有接替王位从事世俗政务的事实，且在后半生亦按先祖菩提萨埵的遗俗祖制（byang chub sems dpa' rnams kyi srol thugs）[2] 将王位禅让于侄子孜德，自己出家为僧。该史书还详载：西瓦沃本人是一位生性宽容、深受臣民拥戴的君主。在位期间不仅避免了与兄弟之间的纠纷，还使古格疆域得到进一步的扩大。投身佛门之后，不仅严守佛门清规戒律，且邀请天竺、罽宾亲教师于托林寺译经讲法并塑造佛像多处，使正法得以弘扬。[3]

按古格王室惯例，王室成员出家后驻锡王家寺院托林寺，西瓦沃亦是如此。自让王位于孜德之后，西瓦沃继哥哥绛曲沃成为古格王室教政（chos srid）的主持者。他与掌握国政（rgyal srid）的侄子孜德按先祖菩提萨埵益西沃以教治国、政教分立、合作兴佛遗规，对古格佛教，乃至后弘期藏传佛教事业做出了卓越的贡献。这首先表现在藏历羊年（1067）到猪年（1071）历时 5 年对托林寺色康殿（gSer khang）的修建（图 0-1-6）；[4] 其次是迎请印度、克什米尔班智达于托林寺讲经说法，翻译显密经论；最后，最为重要的是孜德于 1076 年集卫、藏、康（dbus gtsang khams）三地大德在托林寺举办的盛大法会“火龙年大法会”（me 'brug lo'i chos 'khor）。[5] 此次法会

---

[1] 该史书最初由托林寺僧人扎西、江白与平措三人发现，现藏于托林寺。2012 年，西藏社会科学院巴桑旺堆在《西藏研究》（第 4 期，藏文版）上发表论文《新发现吐蕃与上部阿里王系珍贵古文献述评》（*gSer du rnyed pa'i spu rgyal bod dang mnga' ris stod kyi rgyal rabs skor gyi rtsa che'i yig rnying mtshams sbyor dpyad gleng*），指出该部史书成书于 12 世纪，并对其史学价值给予肯定，第 25—34 页；2013 年，西藏古籍办将此向国家古籍保护研究中心申报后，《月族王统》被评为国家级珍贵古籍；同年，塔尔查·穷达辑录该部史书中的阿里部分，将此转写为藏文乌尖体并翻译成中文，见《翻译与解读〈月族王统记〉记载的阿里王系》，载《西藏档案》2013 年第 2 期，第 102—109 页；2014 年，西藏人民出版社将此与古格班智达扎巴坚赞撰写的《太阳族王统》（成书于 15 世纪前后）合并出版，取名《太阳王系与月亮王系》（*Nyi ma'i rigs kyi rgyal rabs dang zla ba'i rigs kyi rgyal rabs*）。

[2] 此处的“菩提萨埵”（byang chub sems dpa'）是指拉喇嘛益西沃，因他造福阿里臣民，故后人尊他为“菩提萨埵”或“菩萨王”（rgyal po byang chung sems dpa'）。这些名号最早见于塔波寺杜康殿的佛堂壁文（塔波寺 996 年初建，1024 年由益西沃侄子重绘，其题记为重绘时题写）和《月族王统》等早期藏文史籍中。详参 Steinkellner, Ernst & Christian Luczanits, “The Renovation Inscription of the Tabo gTsug lag khan: New Edition and Translation”, in *Inscriptions from the Tabo Main Temple: Texts and Translations,* eds.L.Petech & C.Luczanits,Serie Orientalia Roma, Rome: IsMEO, 1997, p.16; Gu ge paṇḍit grags pa rgyal mtshan, *Nyi ma'i rigs kyi rgyal rabs dang zla ba'i rigs kyi rgyal rabs*, Bod ljongs mi dmangs dpe skrun khang, 2014, p.170.

[3] Gu ge paṇḍit grags pa rgyal mtshan, *Nyi ma'i rigs kyi rgyal rabs dang zla ba'i rigs kyi rgyal rabs*, Bod ljongs mi dmangs dpe skrun khang, 2014, p.170.

[4] 据《阿里王统》记载，色康殿共分为三层，底层绘“《真实名文殊》之坛城众天”（'jam dpal mtshan brjod kyi dkyil 'khor gyi lha tshogs）；中层塑与拉喇嘛益西沃等身大小的文殊身像（rje btsun 'jam sbyangs chen po'i sku lha bla ma rang gi sku tshad）；顶层绘普明大日如来主曼荼罗（kun rigs rtsa ba'i dkyil 'khor）。该殿开工于羊年（lug gi lo，1067），经猴年（spre'u yi lo，1068）修砌封顶，鸡年（bya lo，1069）塑像，狗年（khyi'i lo，1070）壁绘，猪年（phag gi lo，1071）完工，历时 5 年，建成并赐名“无上文殊化现赡部洲庄严”（'Jam dpal rnam 'phrul bla med 'dzam gling rgyan）。详见 Gu ge mkhan chen Ngag dbang grags pa, *mNga' ris rgyal rabs*，第 65—66 页。

[5] 见 Gu ge mkhan chen Ngag dbang grags pa, *mNga' ris rgyal rabs*，第 65 页第 11 行至第 66 页第 12 行。

图 0-1-6　托林寺色康殿，1933 年，盖尔西与图齐摄

掀起了西藏后弘期佛法复燃的热潮，使托林寺名扬全藏，[1]成为当时西藏的宗教中心和上路弘法之源头。

正因西瓦沃和孜德在阿里乃至后弘初期藏传佛教上路弘法史上所做出的彪炳贡献，故后人尊奉他俩为“杰大喇嘛”（rje bla ma chen po）、“尊者杰大喇嘛”（rje bla ma chen po btsun pa）、“圣王”（’phags pa’i rgyal po）、“天神降世国王”（gnas lha bbas kyi rgyal po）、“任运成就之领主”（sa lhun grub gyi mnga’ bdag），甚至将“吐蕃天神赞普”（bod kyi lha btsan po）这一由吐蕃王室承袭的“天神化身”之最高君主称号也赋予叔侄二人，以凸显其正统性。[2]文武结合，秉承先祖菩提萨埵益西沃遗训的西瓦沃与孜德，遵照以教治国、政教合一的治国理念，将古格王朝的繁荣推至巅峰。

曾为西藏阿里乃至后弘期藏传佛教事业做出贡献的古格二兄弟——绛曲沃逝于 1078 年，西瓦沃逝于 1111 年。[3]11 世纪末，又因王室内讧，以孜德被刺为转折，古格王国由盛转衰。古格普让（Gu ge-pu rang）分裂，孜德弟弟赞松（bTsan srong）自立为普让王，古格王由孜德长子旺德（dBang lde）继承，这些更易替换的事件大约发生在 1083—1092 年。[4]孜德被刺后，古格王城从托林迁至东噶（Dung dkar），

[1] 正如《青史》所载：“能入上部阿里诸王对佛教那样的恭敬承事，任何其他地方是没有的。”郭诺·迅鲁伯著、郭和卿译：《青史》，拉萨：西藏人民出版社，2003 年，第 45 页。

[2] Gu ge mkhan chen Ngag dbang grags pa, *mNga’ ris rgyal rabs*，第 72 页；Samten G. Karmay, “An Open Letter by Pho brang Zhi ba ’od to the Buddhists in Tibet”, *The arrow and the spindle:studies in history, myths, rituals and beliefs in Tibet*, Kathmandu: Mandala Book Point, 1998, p.17.

[3] Roberto vitali, *The Kingdims of Gu.ge Pu.hrang*, 1996, p.296.

[4] Roberto vitali, *The Kingdims of Gu.ge Pu.hrang*, 1996, p.335, 343.

一直到 14 世纪晚期才迁回扎布让（rtsa brang，即古格故城遗址）。[1]

11 世纪末之后，与古格王室相依为命的托林寺在文献中几乎销声匿迹。如今在托林寺红殿经堂西壁北侧墙面下方发现有一面歌颂古格历世国王护持佛法的功德记，该题记记载了自孜德之后因当地善缘稀薄和邪气膨胀，持法僧人被迫解散，并将佛经与庙宇化为灰烬，曾一度出现了此地长期无佛光之情景（参看附录一，第 4 行）。这段简短的偈颂弥足珍贵，证实了自孜德之后，古格历史上曾发生风雨变革，甚至出现过类似吐蕃王朝末期的"灭法"运动。囿于史料阙如，学界对这段历史的研究仍处在探索之中。但是，可以肯定的是，经过王室内斗元气大伤的古格王国自 11 世纪末以后一直受噶逻人（Gar log）侵犯。据伯戴克研究，古格王旺德的儿子索南德（bSod nams lde）有三子，其长子扎西孜（bKra shis rtsegs）被噶逻人迫害，后古格王位由二儿子充任摄政，但仍难以逃脱噶逻人的残杀，其三子沃巴德（'Od 'bar lde）长期驻留噶逻人领地，可能是被作为俘虏扣押。[2]

1200—1400 年，古格王朝又迂回于亚泽、森伽等王国的战乱中。[3]在此期间，托林寺在宗教统治上数易其主，相继由宁玛派、噶举派和萨迦派更替执掌。尤其是随着元一统及元政府对萨迦派政权的支持，阿里地区自 13 世纪末之后成为萨迦派的势力范围。但由于缺少文献，这段历史的脉络目前还很难系统地还原，托林寺在此期间是否得到新的扩建也暂不明了，但从遗留下的遗址看，大规模兴修扩建的可能性较小。

沉寂了两个多世纪之后，大约从 14 世纪末开始，古格王朝再度复兴，托林寺亦如跨过了"中世纪的黑暗"，迎来了第二次吐绿再生的新春。学界习惯将此成就归功于宗喀巴大师的弟子古格·阿旺扎巴。但是，文化复兴的背后必有稳定的政治环境和雄厚的经济基础作后盾，古格政教在 15 世纪后得以恢复繁盛，主要归功于古格王赤·朗杰德贝桑布（Khri rnam rgyal lde dpal bzang po，1372—1439）[4]与后世王统的英明治世。朗杰德在古格历史上是一位文治武功非凡的君主。据《阿里王统》记载，在他治世期间集国家权力与国防事业于一体，制定出从王室到地方的国防战略方针，秘布部队与战略武器，制定法律法规等。在此期间，古格境内牧业繁荣，畜群成倍增长，商品流动畅通，无饥荒，无瘟疫，亦无动乱。[5]因此，后期史书中对这位君主的诞生亦赋予传奇色彩。

[1] Roberto vitali, *The Kingdims of Gu.ge Pu.hrang*, 1996, p.343-144.
[2] 伯戴克著、张长虹译:《西部西藏的历史》,《藏学学刊》2013 年第 8 辑，第 149 页。
[3] 伯戴克著、张长虹译:《西部西藏的历史》,《藏学学刊》2013 年第 8 辑，第 159 页。
[4] 赤·朗杰德贝桑布于 1439 年去世时，古格阿旺扎巴时年 68 岁。见 Gu ge mkhan chen Ngag dbang grags pa, *mNga' ris rgyal rabs*，第 84 页第 2-3 行；Roberto vitali, *The Kingdims of Gu.ge Pu.hrang*, 1996, p.505。
[5] Gu ge mkhan chen Ngag dbang grags pa, *mNga' ris rgyal rabs*，第 83 页。

扎巴德（Grags pa lde，朗杰德贝桑布的父亲）治世期间，玛域（Mar yul）国王热钦（mNga' bdag ras chen）的弟弟热吉喇嘛桑布（Ras kyi bla ma bzang po）探访古格，夜泊洛堆噶林（lho ston kyi ka gling），梦中预言（lung bstan）国王扎巴德的王妃将要分娩出一位“饶益佛法，威慑国政，圆满富足，为全阿里［臣民］之救星”（sangs rgyas kyi bstan pa la phan pa/ mnga' ris thams cad kyi mgon skyabs su gyur pa/ rgyal srid mnga' thang phun sum tshogs pa）的王子。[1] 后来这位王子“福报无间，于总众堪钦却·白扎巴（mKhan chen chos dpal grags pa）前取得‘拉尊’（lha btsun），并赐名‘朗杰德贝桑波’（rNam rgyal lde dpal bzang po），作为直传弟子而皈依佛教，诵咒诸多，逐一所作”。[2]

也许是历史的因缘巧合，于15世纪初在卫藏宗喀巴大师座前学法满期返抵阿里的弘法使者古格阿旺扎巴，竟然与古格王朗杰德贝桑布出生在同一个地方，即古格洛堆的噶林（lHo stod kyi ka gling）。[3] 他俩相互辅佐，相得益彰，前承先祖菩提萨埵益西沃及大译师仁钦桑布的足迹，拉开了古格王朝佛教复兴的序幕。正如托林寺红殿经堂偈颂中所言“迎来宗喀巴大弟子，阿旺扎巴燃佛灯，继承仁钦桑布之伟业，佛法再度逞辉煌”。

朗杰德贝桑布之后的几代国王（赤·南喀旺布平措德［Nam mkha'i dbang po phun tshogs lde］—朗日桑杰德［rNam ri sangs rgyas lde］—洛桑绕丹［Bla bzang rab brtan］—帕巴拉［'Phags pa lha］—释迦仁钦［Śakya rin chen］）均为佛教的忠实拥护者。其中洛桑绕丹王的妃子顿珠玛（Don grub mas）在古格修建了红殿，释迦仁钦的儿子吉丹旺秋帕噶德（'Jig rten dbang phyug pad dkar lde）、嘉央巴（'Jam dbyangs pa）与恰多尔（Phyag rdor）修建了古格白殿与大威德殿（'Jigs byed lha khang）。[4] 从15世纪初到16世纪中的一百余年间，以托林寺为中心的古格腹地及象泉河流域新建佛殿如雨后春笋，托林寺红殿、白殿、色康殿均为此时所建的佛殿。维塔利等学

［1］Gu ge mkhan chen Ngag dbang grags pa, *mNga' ris rgyal rabs*，第80页第7—11行。

［2］Gu ge mkhan chen Ngag dbang grags pa, *mNga' ris rgyal rabs*，第80页16行至81页第2行。

［3］古格堪钦·阿旺扎巴原阿里古格人，宗喀巴大师弟子中以弘法著称者之一，生卒年不详。《至尊宗喀巴大师传》载“他来自象雄，在上区（上部阿里）被古格王尊为上师，事业极为广大，并在勒仁哇·德勒贡波珠座前受听过法缘”。（法王周加巷，郭和卿译：《至尊宗喀巴大师传》，西宁：青海人民出版社，2012年，第380页）；另据《格鲁派教法史——黄琉璃宝鉴》载，他出生于接近刚噶河（Gang ga）南岸附近的噶林（Ka gling），后到卫藏随宗喀巴大师听法，为宗喀巴大师亲传弟子中属于在各边地护持佛法的六人之一。后回到阿里弘法，起初住在东噶（Dung dkar），因成功驱除了萨迦派与直贡噶举派僧人均未降伏的女妖扎巴本姆（bKra pa dpon mo），遂受古格王室认可，并很快被任命为托林与洛当两寺堪布。（第悉·桑结嘉措著，许德存译、陈庆英校：《格鲁派教法史——黄琉璃宝鉴》，拉萨：西藏人民出版社，2009年，第227—228页）。

［4］第悉·桑结嘉措著，许德存译、陈庆英校：《格鲁派教法史——黄琉璃宝鉴》，拉萨：西藏人民出版社，2009年，第229页。

者早年研究认为托林寺红殿、白殿及色康殿为古格阿旺扎巴 15 世纪初担任托林寺堪布时所建。[1] 但随着近年来新材料的发现，更新了之前学界对该殿的年代划分，尤其是 1991 年西藏社会科学院宗教研究所古格·次仁加布先生在参加哲蚌寺十六罗汉殿（gnas bcu lha khang）文献整理时所发现的记录托林寺自古格阿旺扎巴以来哲蚌寺向该寺委派历任堪布的名录略传《托林寺历代堪布传承次第》（*mTho gling dgon pa'i mkhan thog rim byon skor*），它使学界对白殿的建造年代有了相对明确的认识。该传指出，托林寺白殿系古格阿旺扎巴之后第四任堪布贡邦仁波切（Kun spangs rin po che）所建，[2] 据此推测其建殿年代大约发生在 15 世纪晚期至 16 世纪初。另据笔者通过释读红殿经堂西壁北侧宗喀巴肖像下方题记，初步指出托林寺红殿经历了初建和重建两段历程：早期由拉喇嘛西瓦沃和孜德建于 11 世纪中晚期，后因当地佛教日渐衰微，人心不断恶化将此焚烧。1458—1481 年，古格王赤·南喀旺布平措德贝桑布在原址基础上又做了重建工作。（关于红殿的建造者与年代讨论，参见后文绪论第四节“托林寺红殿的建造者及年代”）。

托林寺自古格阿旺扎巴担任格鲁派第一任座主以来，到 1630 年古格最后一代国王被拉达克王僧格南杰（Seng ge rnam rgyal，1610/1616—1642 年）俘虏，在此期间经历了 17 代座主（最后一位是索巴坚赞［bZod pa rgyal mtshan］）轮流任职，宗属格鲁派。在第 15 任拉尊洛桑丹贝尼沃（lHa btsun blo bzang bstan pa'i nyi 'od）在任期间，四世班禅洛桑确吉坚赞（Blo bzang chos kyi rgyal mtshan，1567—1662）曾到访过该寺。[3] 1642 年，拉达克王死于汗勒（Hanle），由其遗孀摄政直到 1647 年

---

［1］Roberto vitali, *Recoeds of Tholing: A Literary and Visual Reconstruction of the "Mother" Monastery Gu-ge*, Dharamshala, India: Amnye Machen Institute, 1999, p.14；田中公明著、张雅静译：《藏西托林寺与扎布让遗址的金刚界诸尊壁画》，《藏学学刊》2010 年第 6 辑，第 288 页。

［2］有关贡邦仁波切建托林寺白殿的具体记载为："de'i rjes su kun spangs rin po che mtho gling du 'jig rten rgyan zhes bya ba'i gtsug lag khang dkar po shin tu che ba bris 'bur gyi sangs rgyas byang sems kyi sku brnyan mang pos byur bur gtams pa/ sgo khang la rta babs snam bu bcu gcig dang ldan pa'i rtse mor 'khor dang ri dwags pho mo mdzes pa sogs ngo mtshar ba bzhengs/ srid gsum bran du khol/ skyo mo ru byams pa'i sku ri rab tsam gtsug lag khang dang bcas pa bzhengs/ byams pa rje 'jam dbyangs paṇa chen shan ti ba la gsung byon/ lho ldong du bkra shis dge rgyas gleng zhes pa'i gtsug lag khang bzhengs/ lam rim gyi khrid yig mdzad/ ye shes kyi mgon po phyag drug pa 'khor bcas zhal gzigs/ gzhan yang grub pa'i rtags mtshan mang du yod//"（其后，贡邦仁波切在托林修建了名为“世间庄严”、宏伟而殊胜的白殿，无数佛菩萨身像之壁画和雕塑充满（其中）。门楼上有十一层牌坊台阶，其顶部塑有法轮和美丽奇异的雌雄对鹿，殊胜无比，［又能］指挥三界。在绛芒建如山一般的弥勒巨像及寺庙等。［后，该］弥勒对嘉央班禅·贤底巴尊者开示。［又］于洛堆建名为“扎什格杰州”［智慧遍净天殿］的寺庙。著《〈菩提道次第〉注疏》。亲见智慧六臂护法及其眷属等真容。另有诸多证道迹象。）见 Gu ge tshe ring rgyal po, *mNga' ris chos' byung gnyas ljongs mdzes rgyan zhes bya ba bzhugs so,* Bod ljongs mi dmangs dpe skrun khang, 2006, p.474.

［3］第悉·桑结嘉措著、许德存译、陈庆英校：《格鲁派教法史——黄琉璃宝鉴》，拉萨：西藏人民出版社，2009 年，第 228 页。

因三子内斗导致王国分裂，长子德丹南杰（bDe ldan rnam rgyal，1642—1694 年）继承拉达克王位，三子到桑斯噶尔和斯比蒂充任王位。次子受戒为僧（名因陀菩提［Indrabodhi］）接管古格，崇信竹巴噶举（'Brug pa bka' rgyud）的因陀菩提在统治古格期间因采取限制格鲁派寺院僧人和土地数量的举措触犯了五世达赖喇嘛政权，并引发了其保护者和硕特蒙古的不满。1679 年，五世达赖喇嘛派遣由蒙古将领噶丹才旺贝桑（dGa' ldan tshe dbang dpal bzang）带领的部队讨伐拉达克。此次战争以达赖喇嘛方获胜告终，自此阿里古格王朝所在地的僧众被纳入拉萨甘丹颇章政府的直接管辖之下，托林寺亦再次由格鲁派接管。[1] 18 世纪初，由七世达赖喇嘛格桑嘉措（sKal bzang rgya mtsho，1708—1757）正式颁发敕令，将托林寺划为拉萨色拉寺的属寺，其历任堪布由色拉寺杰巴扎仓（Bye ba grwa tshang）派出，形成三年定期的轮换制，一直延续到西藏民主改革之前。[2]

"文革"期间，托林寺所藏文物多数惨遭浩劫，早期佛殿部分亦被夷为平地。后弘初期由益西沃初建的迦萨殿，孜德在位期间所建的色康殿均在该时期被毁。其中，迦萨殿于 1996 年由国家文物局和西藏自治区政府等多家单位联合做了抢救性维修，殿内还幸存有自建寺以来不同时期的塑像残件和壁画，数量虽少，但对研究阿里地区早期佛教造像风格、图像特征及该殿后期改造变迁史等均具有重要的学术价值。白殿后方的色康殿虽已失原貌，现由前后两个佛殿构成，从前殿内部三面墙体残存的塑像背光和壁画分析，其年代仍可追溯到 11 世纪前后。而后殿壁画与早期壁画大相径庭，殿内空间狭小，主壁（西壁）、南壁与北壁分别绘上乐金刚、密集金刚和大威德金刚曼荼罗，为格鲁派主修本尊像，目前残存壁画与图齐 1933 年考察托林寺时所见内容基本一致。[3] 若将该殿算作原色康殿的一部分，则说明即便在图齐到访托林寺之前，殿内壁画已被格鲁派改造，内容已然成为该派教法成熟后的图像体系，年代不会早于白殿与红殿，应将此置于 16 世纪中期较为妥当。

世事艰辛，沧桑遽变。时至今日，托林寺现存佛殿迦萨殿、红殿、白殿与色康殿（图 0-1-7）唯有红、白二殿的壁画保存相对完好。其中白殿中原塑像亦在"文

［1］古格王国灭亡的缘由及其与拉达克的关系，可参看伯戴克：《1681 至 1683 年西藏、拉达克以及莫卧尔的战争》，《国外藏学研究译文集》，拉萨：西藏人民出版社，1995 年，第 209—236 页；黄博：《试论清初西藏地方政府在阿里地区政教统治的建立》，《贵州民族研究》2013 年第 3 期，第 144—145 页。

［2］次仁加布：《西藏阿里托林寺调查报告》，《中国藏学》1992 年第 3 期，第 134—135 页。

［3］图齐 1933 年调查托林寺时，色康殿仍为完整的三重结构，殿内绘有普明大日如来、密集金刚、胜乐金刚、时轮金刚等不同密续曼荼罗。虽然图齐所描述的图像与当今色康后殿曼荼罗壁画有重合部分，但需要指出的是，无论色康后殿目前建筑形制还是图像特征似乎均与当初建殿时的壁画内容不相吻合。Giuseppe Tucci, *Secrets of Tibet: Being the Chronicle of the Tucci Scientific Expedition to West Tibet (1933)*, London and Glasgow, 1935, pp.169-170.

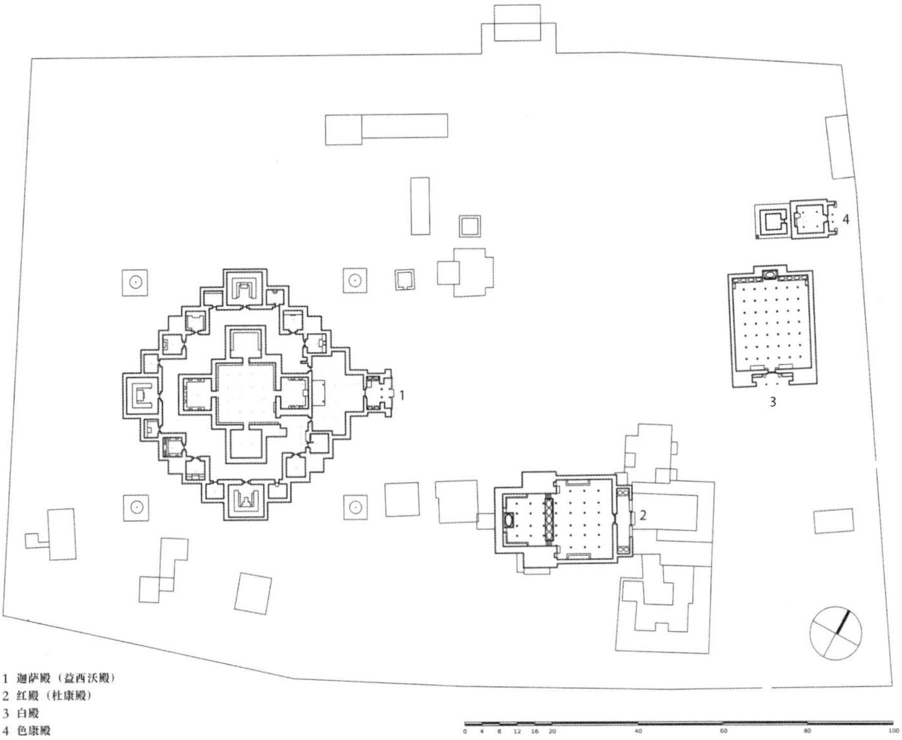

图 0-1-7 托林寺现存佛殿平面分布图

革”期间被毁，所幸的是壁画时至今日尚保存完好，题材主要以救度菩萨、佛母与高僧大德等为主，与红殿壁画所反映的瑜伽密续曼荼罗图像题材不同，该佛殿的图像设计更多地体现了普世性的人文主义关怀。[1]

第二节 研究史回顾

一、早期调查研究

1624 年，葡萄牙传教士安东尼奥·德尔·安德拉德（Antonio del Andrade）带着弘传基督教的神圣使命，从印度德里出发，途经克什米尔地区，冒着严寒穿越喜马拉雅山口，历经数月到达古格扎布让，成为第一个冲破高山险阻抵达西藏西部的欧洲

[1] 关于托林寺白殿壁画及功能讨论详见王瑞雷、贾维维：《托林寺白殿壁画配置与殿堂功能考》，《考古与文物》2019 年第 1 期，第 95—104 页。

人。因古格王国的风土人情在他的随笔日记中充满了神圣性，此为19世纪欧洲探险家踏查西藏西部历史遗迹埋下了伏笔；[1] 1912年，麦克沃斯·杨（Mack worth Young）因商务工作前往噶大克（Gartok），[2]在返途中由霍斯坦神父（Hosten）提供消息前往扎布让，试图在那里找到意大利传教士安德拉德当年布道的痕迹。在此行程中，麦克沃斯·杨还特意参访了古格王家寺院托林寺，并对该寺现状、佛殿分布及朝圣路线做了较为细致的记录。[3] 1931年，瑞典探险家斯文·赫定受安德拉德游记启发，从印度西北部的萨特累季河（中国境内称其为象泉河）沿河东上来到了该河流的发源地——西藏西部冈仁波齐的门士附近，从象泉河北岸的象雄古都穹窿银城（Khyung lung rngul mkhar）出发，沿河西行经达巴、芒囊、托林最后抵达古格扎布让，对访问所见的沿途风土人情及寺院现状做了简要记载。托林寺亦是，除了对其地理位置的介绍外，另详载了该寺教派及僧众状况。[4]继麦克沃斯·杨和斯文·赫定的脚步，意大利藏学家朱塞佩·图齐（Giuseppe Tucci）分别于1933年和1935年踏查此地。可以说，图齐对托林寺的两次调查，搜集资料之丰富、全面为前期调查所不及，其遗留下来的珍贵图像资料为后世研究托林寺艺术奠定了基础。

1933年9月18日晚，图齐和他的旅伴、摄影师欧金尼奥·盖尔西（Eugenio Ghersi）在托林寺外搭起帐篷，开启了他们对该寺持续三天多的调查。他们此次调查的核心任务是收集托林寺建筑及主要佛殿内绘塑信息并对此拍照。[5]图齐结束他对西藏西部的考察撤回锡金后，热情洋溢地向锡金的政治官员弗雷德里克·威廉姆森（Frederick Williamson）报告了他的重要发现与收获。他指出：

> [...] 托林寺是西藏最古老、最富有且最为殊胜的寺院之一。该寺对探究西藏的宗教史及艺术史具有无可比拟的意义。[...] 从多年未修复的天花板上渗下的雨水正在冲刷、侵蚀着这奇妙的壁画 [...]。除非西藏当地政府

---

[1] Antonio del Andrade, *Early Jesuit Travellers in Central Asia, 1603–1721*, By Cornelius S.J, The Hague: Martinus Nijhoff, 1924; [意] G.M.托斯卡诺著，伍昆明、区易柄译：《魂牵雪域：西藏最早的天主教传教会》，北京：中国藏学出版社，1998年。

[2] 噶大克，藏文sGar thog，意为“兵营、帐篷”。因清政府联合蒙古将领甘登次旺率军攻退拉达克军队，当时清军曾在此扎营，由此而得名。其地望为现今西藏阿里地区狮泉河噶尔县行署所在地。

[3] G.M.Young, “A Journey to Toling and Tsaparang in Western Tibet”, *Fournal of the Panjab Historical Society*, Vol.VII, Calcutta, 1919, pp.177-198.

[4] Sven Hedin, *Trans-Himalaya: Discoveries and Adventures in Tibet*, vol.3, London: Macmillan and Company, 1913, pp.289-297.

[5] 关于图齐1933年对托林寺的考察记录，可参见图齐1933年9月18日至21日的日记。详见Giuseppe Tucci & Captain E. Ghersi, *Secrets of Tibet: Being the Chronicle of the Tucci Scientific Expedition to Western Tibet (1933)*, London and Glasgow: Blackie & Son Limited, 1935, pp.154-170.

进行紧急修复，否则它很快就会变成一片废墟，而在西藏的其他地方已找不到如此精美的画作和比这更为精湛的艺术。这就是为何我在此要拍摄所有寺庙和佛殿内部绘塑的原因所在。[1]

继1933年的调查，1935年，图齐重返托林寺，按其游记中的记录，他本次重访托林寺是为了“研究我第一次访问时错过的细节，并对此补充拍照，以及参观托林上寺的洞穴”[2]根据其笔记所透露的信息，相比他1933年所见托林寺，时隔仅两年，部分佛殿中的壁画已消失殆尽，可见当时托林寺佛殿绘塑破坏十分严重。[3]遗憾的是，图齐虽屡次强调托林寺壁画的重要性，甚至打算将其里程碑式的皇皇巨著《梵天佛地》中的一卷献给托林寺。[4]但因各种原因，终未遂愿，此为国际藏学界留下了莫大的缺憾。但图齐对托林寺的调查及诸佛殿绘塑的拍摄，无疑为后世对该寺的研究留下了弥足珍贵的图像资料。[5]

1948年，印度艺术家李·戈塔米·戈文达（Li Gotami Govinda）与丈夫德裔印籍喇嘛戈文达（Lama Angarika Govinda）前往西藏西部探险，主要目的地是古格故城。据其1978年出版的画册可知，他们当时在古格故城拍摄了100余幅照片，画册中亦公布了5幅托林寺外部照片，虽未见诸佛殿内部内容，但至少可知他们当时亦踏查过此寺。[6]

西藏阿里地区因地理位置相对偏远，在20世纪80年代公路还未完全开通之前，我国考古工作者进入该地区开展田野调查的时间相比西藏其他地区较晚。

1980—1981年，西藏工业建筑勘察设计院首次对阿里地区古格故城遗址做了勘测，此次调查也涉及对托林寺迦萨殿等佛殿的测绘。[7]中国建筑科学院的陈耀东先生基于本次调查撰文《西藏阿里托林寺》，除对该寺现状介绍外，难能可贵的是作者第

[1] Farrington, A. J, “Prof Giuseppe Tucci”, in A.J. Farrington (ed.) *British Intelligence on China in Tibet, 1903-1950. Formerly classified and confidential British intelligence and policy files, CIT-5 Travellers and entry control, 1905- 1950*, Leiden: IDC Publisher, 2002, pp.81-83.

[2] Giuseppe Tucci, Santi e briganti nel Tibet ignoto: diario della spedizione nel Tibet occidentale 1935, Milano: Hoepli, 1937, p.167.

[3] Oscar Nalesini, “The Monastery of the Tholing in 1933”, in Michela Clemente, Oscar Nalesini and Federica Venturi(eds.) *Perspectives on Tibetan culture: A Small Garland of Forget-me-nots Offered to Elena De Rossi Filibeck*, Special issue of Revue d’Etudes Tibétaines, 2019, p.246.

[4] Giuseppe Tucci & Captain E. Ghersi, *Secrets of Tibet, Being the Chronicle of Tucci Scientific Expedition to Western Tibet (1933)*, London: Blackie & Sons, 1935, XII, n.1.

[5] 罗马国家东方艺术博物馆奥斯卡·莱西尼（Oscar Nalesini）先生对图齐首次调查托林寺所拍摄图片档案有详细的归类研究，详见Oscar Nalesini, “The Monastery of the Tholing in 1933”, in Michela Clemente, Oscar Nalesini and Federica Venturi(eds.) *Perspectives on Tibetan culture: A Small Garland of Forget-me-nots Offered to Elena De Rossi Filibeck*, Special issue of Revue d’Etudes Tibétaines, 2019, pp.245-273.

[6] Li Gotami Govinda, *Tibet in Pictures: A Journey into the Past*, Vol.2, Dharma Publishing, 1979, pp.147-151.

[7] 西藏建筑勘察设计院主编：《古格王国建筑遗址》，北京：中国建筑工业出版社，2011年，第73—75页。

一次将迦萨殿、红殿和白殿的考古测绘图及测绘数据公布于众，并依据考古数据对迦萨殿做了建筑复原等工作。[1]

1985年初，西藏自治区文管会开展全自治区文物普查时，将古格故城遗址纳入当年普查的重点，本次调查也涉及对托林寺各佛殿的初步测绘。[2] 1996年，在国家文物局、西藏自治区党委、当地政府的推动下，由自治区政府领导担任组长，国家拨专项资金召集自治区内外专家对托林寺等阿里地区重点文物遗址做了历时三年的发掘与抢救工作。此次调查、实测、维修、摄影、存档可谓迄今为止对托林寺最为彻底和最为全面的一次考古集结。遗憾的是这批成果至今还未出版问世，目前正由陕西省考古研究院的张建林老师主持整理。2013年笔者在调查托林寺期间，有幸在阿里札达县文化局档案室看到这批考古调查资料后备受鼓舞。在20世纪90年代西藏阿里公路还未开通、物资输送不便的艰苦条件下，我国考古工作者坚守其职，完成对托林寺翔实调查实属不易。

另宿白先生在1981年、1985年的调查报告（《古格王国建筑遗址》和《古格故城》）及后来李永宪教授等主编的《阿里地区文物志》[3]基础上，从考古学的角度进一步探讨了托林寺迦萨殿、白殿和红殿的建筑结构，并将此与后藏地区的佛教寺院白居寺、那塘寺措钦大殿等建筑结构做了比对分析，初步指出托林寺白殿的建殿年代应在15世纪，并提出红殿殿堂“原始布局”和“改建布局”的设想，推测其上限年代可追溯到13世纪末，下限年代在15世纪之前。[4]霍巍教授基于对西藏西部石窟寺调查，于1998年推出的《西藏西部佛教文明》一书中专列一节，对托林寺现存佛殿（包括已毁佛殿遗址）、佛塔从考古学层面给予系统性的整理和探讨。该项研究对学界整体了解托林寺不同时代佛殿建筑形制布局及演变脉络提供了宝贵的材料。[5]

近年来，西北大学郭萌硕士论文以古格故城和托林寺为中心，运用考古类型学的研究方法对这两处15—16世纪佛殿壁画中出现的上师像做了分期讨论，她指出在格鲁派教法还未到达阿里之前，壁画中的上师像以印度班智达和西藏各教派祖师为主，格鲁派势力至阿里后，其壁画中的上师像在基于前者的基础上，尤其凸显出对格鲁派与噶当派上师的尊崇。[6]

---

[1] 陈耀东：《西藏阿里托林寺》，《文物》1995年第10期，第4—16页。
[2] 西藏自治区文物管理委员会编：《古格故城》（下册），北京：文物出版社，1991年，第324—327页。
[3] 该书内容包含了对托林寺迦萨殿、红殿和白殿的测绘，并给出了殿堂的总长宽度。见李永宪、霍巍、更堆：《阿里地区文物志》，拉萨：西藏人民出版社，1993年，第120—127页。
[4] 宿白：《藏传佛教寺院考古》，北京：文物出版社，1996年，第176页。
[5] 霍巍：《西藏西部佛教文明》，成都：四川人民出版社，1998年，第133—168页。
[6] 郭萌：《15世纪前后西藏阿里地区佛教寺院壁画中的上师图像研究——以古格故城和托林寺为中心》，西北大学硕士学位论文，2015年，第62—63页。

二、相关历史研究

因史料匮乏，国内外学界对托林寺历史的研究相比卫藏地区的其他寺院其成果相对薄弱，尤其是国内学者对该寺历史之研究起步较晚，并囿于对该寺的基本介绍。

1992 年，古格·次仁加布先生结合《贤者喜宴》《汉藏史集》《拉达克王统》等史料所撰写的《西藏阿里托林寺调查报告》一文，是目前国内对托林寺历史介绍最为全面的一篇论文。[1] 西藏文联次多先生基于《青史》《西藏王统记》等史料，亦对托林寺历史撰文介绍。该论文引用当代阿里学者却英多吉（Chos dbyings rdo rje）的早年研究，指出托林寺红殿的修建者为古格王洛桑饶丹的妻子顿珠玛，[2] 随着近年来新材料的发现证实，《格鲁派教法史——黄琉璃宝鉴》所载“洛桑饶丹的妻子顿珠玛建立了红殿”这段史料中的“红殿”，实指古格故城红殿而非托林寺红殿。彭措朗杰、张建林、次多和宗同昌等合作编著的画册《托林寺》，其前言部分对该寺历史的介绍与次多发表于《西藏艺术研究》中的论文内容趋同。[3] 阿里政协委员格隆丹增旺扎（dGe slong bstan 'dzin dbang grags）等人编写的《雪域上部阿里廓尔松历史宝鬘》（*sTod mnga' ris skor gsum gyi lo rgyus 'bel gtam rin chen gter gyi phreng ba*）一书，亦对托林寺历史做了简略介绍，文中指出托林寺作为古格母寺与阿里地区其他 25 个子寺之附属关系，形成于 17 世纪甘丹颇章政权建立之后。此外，该书中另附有托林寺一年当中举办的各种佛事活动。[4]

次多先生的主要学术成就是 1996 年他随国家文物局调查组对托林寺考古调查之后，将红殿西壁北侧宗喀巴大师肖像下方的一方藏文题记翻译成汉文。这是国内外首次对托林寺红殿部分题记的译注，对托林寺红殿壁画研究意义重大。[5]

相比之下，西方学者对我国西藏阿里地区历史语言与文化艺术的研究要早于国内学者。早在 20 世纪初，德国藏学家弗兰克（A.H.Francke）从萨特累季河河谷出发分别考察了西藏原“阿里三围”之玛域，现印度喜玛偕尔邦的斯比蒂（Spiti）和

[1] 次仁加布：《西藏阿里托林寺调查报告》，《中国藏学》1992 年第 3 期，第 132—138 页。

[2] 冈日瓦·却英多吉（Gangs ri ba chos dbyings rdo rje）：《阿里廓尔松早期史》（*mNga' ris skor gsum gyi sngon byung lo rgyus*），拉萨：西藏人民出版社（Bod ljongs mi dmangs dpe skrun khang），1996 年，第 67—77 页。作者虽未指明引述文献的出处，但根据上下文内容可知该段材料应引自第悉·桑结嘉措的《格鲁派教法史——黄琉璃宝鉴》，原文为“洛桑饶丹的妻子顿珠玛创建了面积为三十根柱子的却康玛波（红殿）和无比成就自在佛像、弥勒佛像、三怙主像、宗喀巴师徒像，刻印了经卷等身、语、意坚固依止……”，见第悉·桑结嘉措著，许德存译、陈庆英校：《格鲁派教法史——黄琉璃宝鉴》，拉萨：西藏人民出版社，2009 年，第 229 页。

[3] 西藏自治区文物管理局编：《托林寺》，北京：中国大百科全书出版社，2001 年，第 24—33 页。

[4] dGe slong bstan 'dzin dbang grags, *sTod mnga' ris skor gsum gyi lo rgyus 'bel gtam rin chen gter gyi phreng ba*, Bod ljongs mi dmangs dpe skrun khang, 1996, pp.250-255.

[5] 次多：《托林寺红殿壁文考》，《西藏艺术研究》1998 年第 2 期，第 33—42 页。

拉胡尔（Lahore）等地，完成了《西藏西部的历史》的撰写，较为翔实地介绍了6—19世纪西藏西部的历史形成及演变。[1]继弗兰克之后，意大利藏学家罗伯特·维塔利（Roberto Vitali）在其专著《古格——普让王国》一书中以古格阿旺扎巴撰写的藏文史书《阿里王统》为切入点，对古格王朝自建制以来到16世纪前后的古格普让历史做了翔实研究。[2]尤其是他在1999年推出的另一部力作《托林寺文献：从文学与视觉角度重构古格“母”寺》，可谓是目前托林寺研究领域唯一一部学术专著。该书由前后两部分构成，前半部分探讨了自10世纪以来到19世纪托林寺的发展脉络，结合早期藏文文献对迦萨殿做了复原与重构，并绘制出了各殿的方位分布图。后半部分内容（全书的主要内容）为作者对该寺原藏于十六罗汉殿中的文物清册［单］（sprod deb）[3]的英译，该清单用藏文乌梅体撰写，篇幅较长，内容记录了托林寺各个佛殿内所供佛像、唐卡和各种法器等。[4]

三、艺术史研究

关于托林寺红殿壁画的研究，目前学界仍以风格探讨和分期断代为主线。格桑益西《阿里古格佛教壁画的艺术特色》一文以古格故城红殿、白殿及托林寺红、白二殿中的装饰图案为题材，探讨了壁画的设色、用线及装饰构成等。[5]桑吉扎西《西藏阿里托林寺的建筑与壁画》基于对托林寺历史、各佛殿建筑结构及壁画内容的回顾，亦讨论了托林寺红、白二殿壁画中的装饰纹样和图案题材。[6]

意大利藏学家图齐在《西藏画卷》中涉及有关古格唐卡风格问题时，将15—16世纪在阿里地区流行的以克什米尔艺术风格为主导的造像样式称之为“古格派”。[7]米夏埃尔·亨斯（Michael Henss）在论文《西藏西部壁画——古格王国的艺术（1000—1500）》中指出，15—16世纪的扎布让与托林寺是阿里地区佛教艺术发展的第二高峰期，托林寺红殿与白殿壁画保存了15世纪扎布让艺术风格的元素。[8]

---

［1］A.H.Francke, *A History of Western Tibet*, First Published in London, 1907, Revised Ed.Delhi, 1998.

［2］Roberto vitali, *The Kingdims of Gu.ge Pu.hrang: According to mNga' ris rgyal rabs by Gu.ge mkhan chen Ngag. dbang grags.pa*, Dharamsala, India: Tho ling gtsug lag khang lo gcig stong 'khor ba'i rjes dran mdzad sgo'i go sgrig tshogs chung, 1996.

［3］该清单全名为：*gNas bcu lha khang gi sprod stong gcig 'thus gyis deb*。

［4］Roberto vitali, *Recoeds of Tholing: A Literary and Visual Reconstruction of the"Mother" Monastery Gu-ge*, Dharamshala, India: Amnye Machen Institute, 1999.

［5］格桑益西：《阿里古格佛教壁画的艺术特色》，《宗教学研究》2001年第2期，第84—90页。

［6］桑吉扎西：《西藏阿里托林寺的建筑与壁画》，《法音》2009年第2期，第45—51页。

［7］Tucci Giuseppe, *Tibetan Painted Scrolls*, Rome: Libreria dello Stato, 1949, pp.272-276（上卷）, pp.347-368（下卷）。

［8］米夏埃尔·亨斯：《西藏西部壁画——古格王国的艺术（1000—1500）》，载张长虹、廖旸主编：《越过喜马拉雅——西藏西部佛教艺术与考古译文集》，成都：四川大学出版社，2007年，第96—114页。

宾夕法尼亚大学梅西·科瑞（Meissa R.Kerin）的博士论文《重溯信仰之路：15-16世纪喜马拉雅西部壁画的宗教身份与政治意识形态》，以印度西北部西马偕尔邦斯比蒂河谷那科（Nako）地方的杰帕巴寺（rGya 'phags pa）为研究对象，探讨了该寺壁画的内容与风格。其第四章将杰帕巴寺绘画风格、构图形式与塔波寺金殿、古格故城红殿以及托林寺红殿同期作品做了类比，指出三者之间虽有共性，但杰帕巴寺受塔波寺金殿的影响远胜于古格与托林寺红殿对其影响。[1]

日本学者则武海原在《西藏西部佛教史·佛教文化研究》一书中翻译了藏文史籍《于阗国授记》和《黄琉璃镜史》中与阿里相关的内容，并基于此对阿里地区早期佛教及15世纪之后格鲁派在该地区的弘法状况做了介绍。该书公布了大量的图片资料，其内容以翻译为主，研究较少。或许由于作者本人藏传佛教图像学知识的匮乏，书中对托林寺红殿图像的辨识错误较多。[2]

突破风格与样式的讨论，对托林寺红殿密教图像研究最具前沿性的文章是日本学者田中公明的论文《藏西托林寺与扎布让遗址的金刚界诸尊壁画》，该文最先发表于1992年在挪威法格内斯举办的西藏研讨会上。[3]文中将托林寺红殿经堂东壁南北两侧壁，以及佛堂南壁西侧壁画与扎布让（古格故城）白殿西壁三铺及东壁一铺曼荼罗做了比对研究，推测托林寺红殿三铺，以及古格故城白殿四铺曼荼罗壁画是依庆喜藏对《真实摄经》所做的注释绘制，并指出托林寺红殿壁画应绘于15世纪格鲁派形成之后，而古格故城白殿壁画为16世纪作品。[4]阮丽博士论文《敦煌石窟曼荼罗图像研究》涉及托林寺红殿和古格故城白殿部分曼荼罗时其观点与田中先生一致。[5]需要指出的是，托林寺红殿佛堂南壁西侧、古格故城白殿东壁北侧曼荼罗图像与庆喜藏注释确有关联，但在图像文本上更倾向于布顿（1290—1364）对其注释的厘注本。此外，托林寺红殿经堂东壁南北两侧壁，包括古格故城白殿其余三铺壁画均依自《文殊真实名经》不同注释续绘制（详见“下篇”探讨）。

[1] Meissa R.Kerin, *Re-Tracing Lines of Devotion: Religious Identities and Political Ideologies in Fifteenth-sixteenth Century Western Himalayan Well Painting*, Ph.D.dissertation, University of Pennsylvania, ProQuest Dissertations and These 2008, Pro Quest, pp.121-155.

[2] 則武海源『西チベット仏教史·仏教文化研究』，東京：山喜房佛書林，2004年。该书涉及红殿的内容详见第181—186页。

[3] Kimiaki Tanaka, "The Buddhist Sites of Tholing Monastery and the 'White Temple' at Tsaparang, Western Tibet: Their present condition and an analysis of the iconography of the Yoga Tantras", In Per Kvaerne(ed.), *Tibetan Studies: Proceedings of the 6th Seminar of the International Association for Tibetan Studies*, Fagernes 1992, Oslo: Institute for Comparative Research in Human Culture, 1994, pp.863-872.

[4] 田中公明「西チベット・トリン寺とツアパラン遺跡の金剛界諸尊壁画について」,『密教図像』1992年第11号，第11—22页；汉译本见田中公明著，张雅静译：《藏西托林寺与扎布让遗址的金刚界诸尊壁画》,《藏学学刊》2010年第6辑，第279—189页。

[5] 阮丽：《敦煌石窟曼荼罗图像研究》，中央美术学院博士学位论文，2013年，第82页。

四、问题点提出及红殿壁画价值

基于以上学术史回顾可知，目前红殿的研究多停留在风格的探讨和图像的初步辨识层面。由于该寺位于我国西藏边陲的阿里地区，国外研究者很难涉入其内展开长期调查，加之国内研究者对阿里本土文化，尤其对该地区早期寺院历史、壁画及教派传承关系的研究起步相对晚。因此，直到目前托林寺红殿的建殿者、年代、殿内体系庞杂的密教图像及教派传承等问题仍未得到解决。

早期的西藏阿里，在地域上不仅包括今天中华人民共和国境内的阿里地区，还包括现印度西北部的拉达克、斯比蒂、桑斯噶尔、金瑙尔等地。托林寺作为后弘初期在阿里地区最早建成的寺院之一，曾对佛教在藏地的复兴起到不可替代的推动作用。而与之同期所建的兄弟寺院，如现印度西北部斯比蒂的塔波寺，以及 11—13 世纪建于拉达克地区的阿奇寺等一批西喜马拉雅地区的早期佛教寺院已被国外学者做了系统的调查和研究。20 世纪 80 年代相继出版了《拉达克佛教壁画》[1]《拉达克文化遗产》[2]《阿奇寺：隐秘于拉达克的佛教圣殿——松载殿》[3]《塔波寺：王国的明灯》[4]等多部专著。而作为古格王朝的千年古寺托林寺，除维塔利对原藏于该寺十六罗汉殿内用以记录各佛殿文物分布清单的整理研究和基于早期文献对迦萨殿殿堂结构的复原外，对该寺其他佛殿壁画的深入研究目前学界仍处于薄弱环节。尤其是壁画保存最为完整的托林寺红殿，其殿内瑜伽部密教图像和题记至今未有系统的释读和研究。

托林寺红殿作为西藏阿里地区佛教复兴期的文化遗产，其庞大的建筑结构与保存相对完好的精美壁画可谓 15 世纪中后期西藏阿里地区佛教艺术的典范与“珠峰”，在美学和藏传佛教艺术史上均有着不可多得的学术价值。壁画内容基本涵盖了当时瑜伽续部曼荼罗的主流题材，在继承早期阿里地区固有的图像传统和克什米尔造像手法的基础上，又与夏鲁寺、萨迦寺、白居寺等 14—15 世纪后藏地区的寺院壁画有着千丝万缕的关联，尤其是壁画的图像文本侧重于布顿大师于 14 世纪前后重新厘注的图像志《名等诵曼荼罗庄严》等，对进一步探究 15 世纪以后西藏阿里地区的教法源流、图像演变及托林寺与古格王室的政教关系无疑具有重要的学术价值。

---

[1] Charles Genoud &Takao Inoue, *Buddhist Wall Paintings of Ladakh*, Geneva: Olivier Lombard, 1982.

[2] David L.Snellgrove & Tadeusz Skorupski, *The Cultural Heritage of Ladakh: Central Ladakh Vol.1: Central Asian Studies*, Warminster: Aris and Phillips Ltd., 1977; *The Cultural Heritage of Ladakh.Vol.2: Zangskar and the Cave Temples of Ladakh*, Warminster: Aris and Phillips Ltd., 1980.

[3] Roger Goepper & Jaroslav Poncar, *Alchi: Ladakh's hidden Buddhist sanctuary, The sumtsek,* London: Serindia Publications, 1996.

[4] Deborah Klimburg-Salter, *Tabo: A Lamp for the Kingdom*, Milan: Skira Editore, 1997.

图齐先生在他的巨著《梵天佛地》一书中曾多次强调托林寺壁画的重要性，并数次提到要继古格扎布让（古格故城）研究之后把托林寺作为他今后重点的研究对象，[1]但不知何故，图齐先生最终中止了该项研究，着实令人遗憾。前修未备，后出转精，出于机缘，笔者于2012年暑假随导师谢继胜先生考察完卫藏地区早期寺院之后，又与中国社会科学院民族学与人类学研究所的廖旸研究员第一次乘坐前往阿里考察的班车。首次参访了托林寺，将托林寺红殿作为博士论文的备选题。2013年，笔者借参加"阿里首届象雄文化主题论坛"的机会，在此期间再次考察托林寺，并于当年暑假驻留托林寺近两个月，整理壁画内容和殿内残存题记。其后个人又多次前往考察，并最终将托林寺红殿作为博士论文的选题，试图解决这一前辈诸家均未解决的"难题"。

五、本书论题与研究方法

本书以托林寺保存最为完好的红殿壁画作为研究对象，首先就红殿的建殿年代、创建者及身份等做进一步推论；其次，以红殿佛堂与经堂壁画为核心，借助早期阿里与卫藏地区遗存的同类题材壁画，结合密教经典及与之相关的注释和成就法，试图解读该殿图像内容、所传教法，进而重构其历史脉络，探析从图像信息中折射出的政教关系与社会文化现象。

红殿壁画以瑜伽部曼荼罗为主。作为修行者获得证悟的工具，曼荼罗是把最为抽象的概念（原典）被不同的学派（注释）转化为视觉象征，即世间可视形象。通过上师的引领变为灌顶的密语，并成为获得成就的钥匙。因此，红殿中的壁画绝非艺术家异想天开、"逸笔草草"的即兴之作，而是依据既定的程式将瑜伽观想的法本再现为图像，是纯粹精神的内证与表达，具有其观想次第的限定。

在研究方法上，密教经典和论师的注释赋予了研究者开启红殿壁画真实密意的一把钥匙。换言之，密教原典和后世论师（成就者、上师）的注释成为解读曼荼罗艺术的主要门径。为此，在壁画研究方法上应该具备以下四个要素。

1. 田野实地调查与资料收集是研究红殿壁画不可或缺的前提，研读殿内壁文题记，是初步判断红殿总体状况及壁画内容的切入点。

2. 结合图像志和艺术史的研究方法，分析每一题材壁画的图像内容，比对不同时期、不同地域同一题材的造像类型，梳理图像衍变发展的大致脉络。

3. 依据文献史料、经典注释，对殿内每一铺壁画内容进行释读。在此基础上结

[1] 图齐著，魏中正、萨尔吉主编：《梵天佛地》第三卷，上海：上海古籍出版社，2009年，第13页。

合其依据经典的译本和与之相关的注释、成就法、图像志的异同进行比对分析，进一步判定各铺壁画所据文本的来源问题。

4. 厘清各铺壁画之间的有机联系及多重意涵，进一步挖掘红殿所呈现的主题思想与功能所在，以及图像信息中所折射出的政教与区域文化互动关系。

第三节　红殿殿堂结构、塑像、壁画与题记

一、殿堂结构

红殿是因外墙涂红而得名，又名“集会殿”（’Du khang）。它位于迦萨殿右前方 28 米处，坐西朝东，是集僧众集会、诵经和礼拜于一体的主要场所。该殿由门廊（sGo khang）和平面呈“凸”字形的经堂（’Du khang）与佛堂（Dri tsang khang）三部分组成（图 0-3-1）。在佛堂的左右侧，还建有对称的耳室。整个红殿东西通长 35 米，南北通宽 21.5 米，建筑面积为 588 平方米。（图 0-3-2；图 0-3-3；图 0-3-4；图 0-3-5）

门廊

门廊呈“一”字形，立面上两端以实墙封闭，中间开敞，前设 3 柱，当中 2 柱两侧有矮墙。大门设于西墙中部，木质门框高 2.49 米，宽 1.46 米。

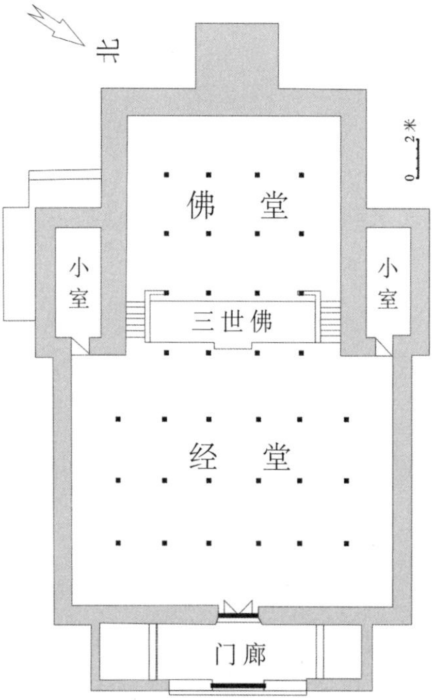

图 0-3-1　红殿平面图

经堂与佛堂

进入殿门，便是经堂与佛堂。

前殿面阔 7 间，净宽 18 米；深 4 间，净深 13.3 米，平面呈横长方形，高 5.6 米。三面无窗，中间靠后一间不做屋顶，以此作天窗解决殿内的采光问题。后殿和前殿空间相连，面阔 5 间，净宽 12 米，深 4 间，净深 12.2 米，是一座正方形殿堂，净高 5.8 米。后殿屋顶比前殿高约 1 米，后面 3 间的地面要比前殿高 1 米。从左右踏步上至后殿的高起部分，靠左右墙和后墙有佛台座，座上的佛像已不存。整个殿堂平面呈“凸”字形，从藏族寺

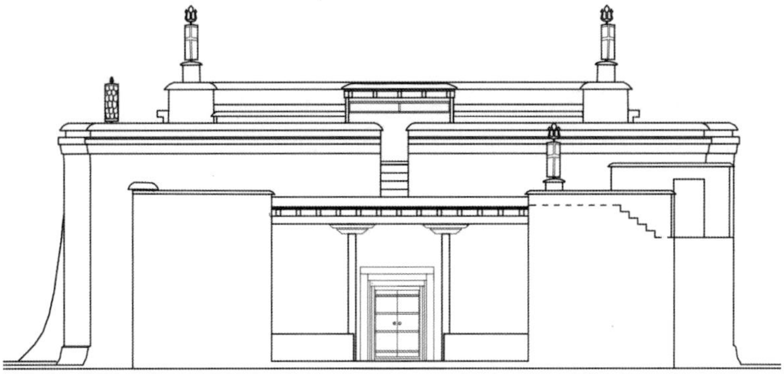

图 0-3-2 红殿门厅立面图（外东北方）

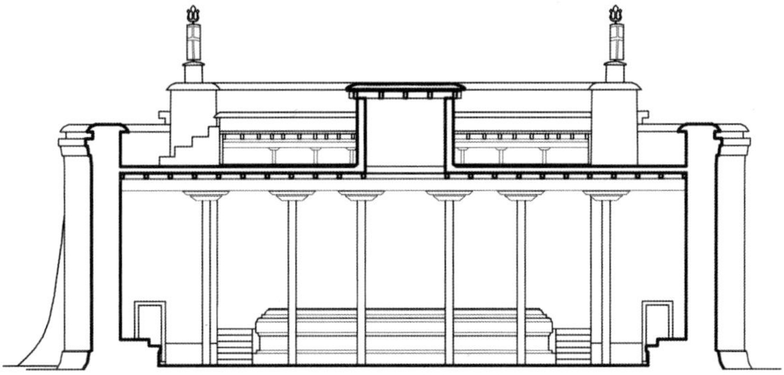

图 0-3-3 红殿横剖面图（经堂与佛堂中部）

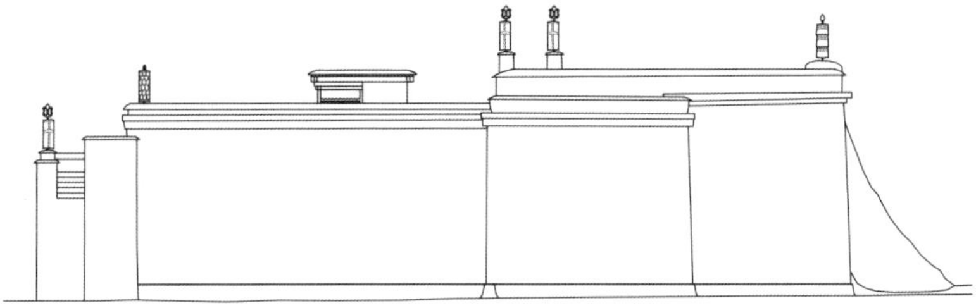

图 0-3-4 红殿外侧立面图（西北方）

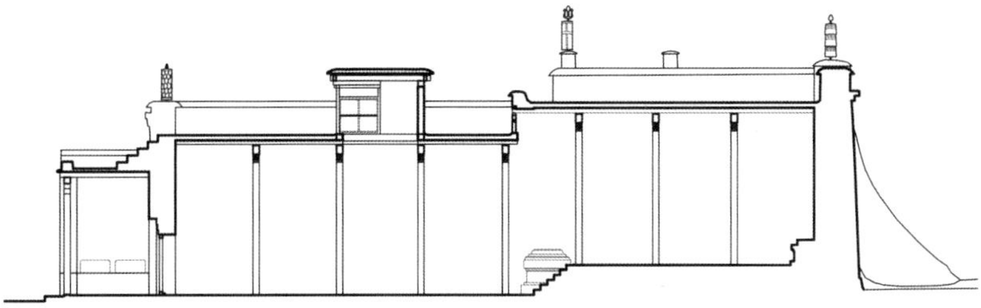

图 0-3-5 红殿纵剖面图（穿过门厅、经堂与佛堂）

院传统形制看，其布局前面是经堂，后方为佛堂。后殿左右各有一间狭长的小室，若将左右小室向后延长并转过后墙，即形成绕佛殿的转经道。[1]

以上引文出自陈耀东先生1980—1981年作为中国建筑科学研究院与西藏工业勘察设计院组成的西藏建筑调查组成员对托林寺调查之后撰写的简报。报告中所指的“前殿”与“后殿”即“经堂”和“佛堂”；报告中提到佛堂“靠左右墙和后墙有佛台座，座上的佛像已不存”，其实原本并无“佛台座”，而是后期（20世纪70年代）寺院僧人用土坯砖沿佛堂南、西、北三壁垒起来的供台，主要用作供放酥油灯与净水。2014年，该供台与靠近佛堂后壁（西壁）中央的一尊80年代所塑释迦牟尼佛像一同被拆，原被压在供台后方的部分佛传故事壁画得以重新显露。

二、塑像现状

关于塑像，红殿仅存门廊南北两壁四大天王造像，均为近人所塑。另殿内经堂后方与佛堂衔接处供奉的三世佛亦为20世纪80年代后新塑。对于早期是否存在造像，或造像的题材又当如何，目前还无法确知。但是，按照藏传佛教寺院佛殿造像惯例，若依墙塑像，即便后期有所破坏，仍残留有榫卯或背龛痕迹，或在造像背龛后方有留白（或另涂单一颜色）现象，而红殿中丝毫未发现此类印迹。另据米夏埃尔·亨斯（Michael Henss）论文，指出“红殿目前现状与图齐1933年考察时所见一致”[2]。

综上所述，初步推测该殿依墙塑像的可能性暂可排除。若有塑像，极有可能将此设在殿堂的中央位置。但从图齐的考察记录来看，至少在1933年之前该殿早已不存在相关塑像。

三、壁画配置

作为西藏西部重要的视觉文化遗产，托林寺红殿因承载着古格王国第二次佛教复兴期的大任，它以精美的壁画和图案装饰为后人熟知。其中，整个殿堂壁画（配置图1）主要集中在佛堂、经堂中。门廊壁画多数为近代重绘，暂不纳入本书研究范畴。

---

[1] 关于红殿经堂与佛堂的形制及测绘数据引自陈耀东《西藏阿里托林寺》，《文物》1995年第10期，第6页。

[2] 米夏埃尔·亨斯：《西藏西部壁画——古格王国的艺术（1000—1500）》，载张长虹、廖旸主编：《越过喜马拉雅——西藏西部佛教艺术与考古译文集》，成都：四川大学出版社，2007年，第106页。

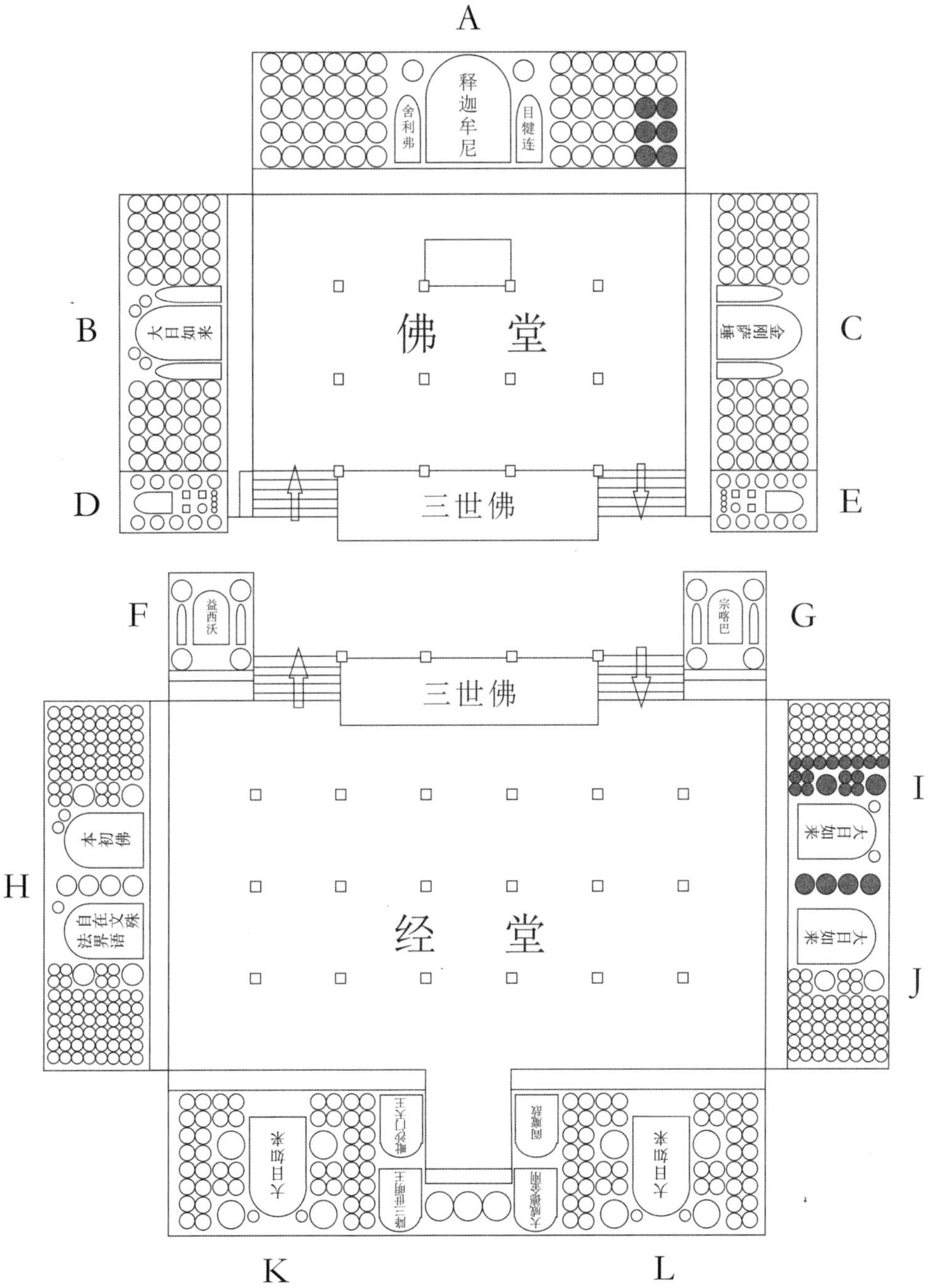

配置图 1　红殿经堂与佛堂壁画配置图

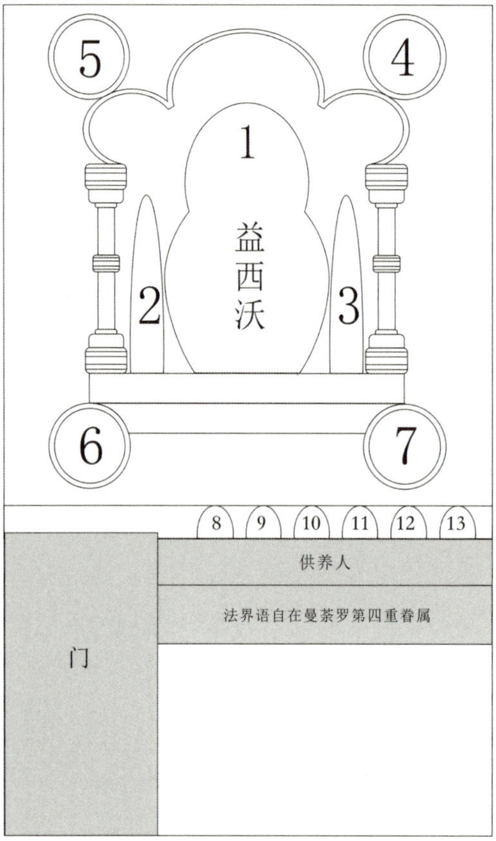

配置图 2　红殿经堂西壁南侧古格诸王与译师配置图

（一）佛堂壁画

西壁A：

中央为降魔触地印释迦牟尼佛与二弟子舍利弗和目犍连，两侧为十六罗汉（另含有达摩多罗）、三十五佛、药师八佛与一面四臂真实名文殊。

南壁B、D：

南壁西侧B：金刚界曼荼罗；南壁东侧D：普明大日如来及附属曼荼罗。

北壁C、E：

北壁西侧C：金刚萨埵曼荼罗；北壁东侧E：九佛顶及附属曼荼罗。

另外，佛堂南、西、北三壁曼荼罗等主题下方为佛传十二弘化故事。故事始于南壁东侧普明大日如来曼荼罗下方，按转经礼拜顺时针方向先后排列，最后至北壁东侧九佛顶曼荼罗下方结束。

（二）经堂壁画

西壁F、G：

西壁南侧F（配置图2）：主像为（1）拉喇嘛益西沃（lHa bla ma ye shes 'od），左右方为他的两个儿子（2）德瓦（De ba）和（3）那噶（Na ga）；主像四角之左上角为（4）夏热达（Shradha）、右上角为（5）大译师仁钦桑布（Lo chen）；右下角为（6）降曲沃（Byang chub 'od），左下角为（7）西瓦沃（Zhi ba 'od）。

主尊益西沃下排为古格历代国王、众臣与供养人。据题记，6位古格王从右到左分别是（8）国王洛桑绕丹（Mi dbang blo bzang rab brtan）、（9）遍知杰尊释迦沃（Thams cad mkhyen rje btsun Śākya 'od）、（10）拉德达玛巴尔拔（lHa lde rab tu byung ba dha rma pra pa）、（11）国王孜德（mNga' bdag rtse lde）、（12）赤·朗杰德（Khri rnam rgyal lde）、（13）国王菩达帕拉蒂（mNga' bdag bud dha pa la ti）。

西壁北侧G（配置图3）：中央主像为（1）宗喀巴（rThong kha pa），两侧为二弟子（2）贾曹杰（rGyal tshab rje）和（3）戒师·扎巴坚赞（'Dul 'dzin grags pa rgyal mtshan）。四角之左上角为（4）龙树（Klu sgrub）、右上角为（5）无著（Thogs med）；右下角为（6）克主杰（mKhas sgrub chos rje）、左下角为（7）阿旺扎巴（Ngag dbang grags pa）。

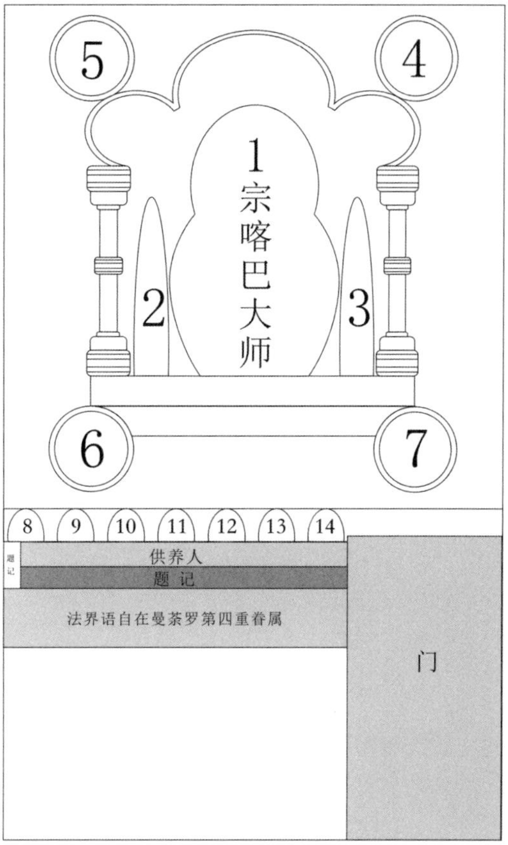

配置图3 红殿经堂西壁北侧宗喀巴大师与诸弟子配置图

主像宗喀巴大师下排有7位上师和供养人。据题记可知，7位上师从右到左分别是：（8）噶希巴·贡乔衮（dKa' bzhi pa dkon mchog mgon）、（9）戒师·南喀赞坚（'Dul 'dzin nam mkha'i mtshan can）、（10）噶久巴·拉旺洛珠（dKa' bcu pa lha dbang blo gros）、（11）克珠曲琼培（mKhas sgrub chos skyong dpal）、（12）夏鲁巴尊者（Chos rje zha lu pa）、（13）戒师·仁钦坚赞（'Dul 'dzin rin chen rgyal mtshan）、（14）题名漫漶不清。

南壁H：

南壁中央两大尊为法界语自在文殊（右）和本初佛（左），周围为法界语自在曼荼罗第一至第三重眷属。

北壁I、J：

北壁西侧I：文殊具密摄部族曼荼罗；北壁东侧J：文殊具功德生处摄部族曼荼罗。

东壁K、L：

东壁门上：分上下两组，上方从右到左分别是四臂、二臂与六臂大黑天；下方为多杰钦姆（rDo rje chen mo）等当地护法神。[1]

东壁南侧K：靠门分上下两组，上方为降三世愤怒明王（Khro bo'i rgyal po khams gsum rnam par rgyal），下方为毗沙门天王与八马宝。再左侧为文殊小虚空无垢摄部族曼荼罗，占东壁南侧壁面的3/4空间。

东壁北侧L：靠门分上下两组，上方为大威德金刚，下方为阎魔敌。再右侧为文殊幻化网摄部族曼荼罗，占东壁北侧壁面的3/4空间。

（三）门廊壁画

西壁：殿门外两侧壁画为20世纪80年代后所绘。门楣正上方三尊自南向北分别是吉祥天母（dPal ldan lha mo）、多杰钦姆（rDo rje chen mo）和她的眷属噶孜玛（Gar rdza ma）。西壁南侧（门右侧）从南至北依次为十一面观音和六道轮回图，西壁北侧从南向北依次是十相自在图（rNam bcu dbang ldan）、回文诗（Kun bzang 'khor lo）、圣僧图（sDom brtson dam pa）和财宝天（Dzam bha la）。

南壁：泥塑持国天王与增长天王（近代塑像）。

北壁：泥塑广目天王与多闻天王（近代塑像）。

东壁：东壁南北两侧各8尊，分上下两侧排列，为十六金刚舞女，为早期壁画遗存。壁画离地面偏高，与殿顶相接。

四、题记分布

红殿题记主要集中在经堂与佛堂。按题材可分为历史事件、壁画内容与藏文历法三大板块。

1. 历史事件题记

该题记位于经堂西壁北侧宗喀巴大师肖像下排7位上师与供养人之下，采用藏族传统九言格律诗撰写，长约1.8米，宽约0.75米。底色为深蓝色，金汁乌坚体书写，7行119句，形制如同长条形经书，保存相对完整（附录一）。

2. 上师名号、壁画内容题记

（1）经堂西壁南侧连接佛堂南壁转角处题记，记录了经堂西壁南侧中央拉喇嘛益西沃与两侧的两个儿子、四角及下方古格诸王的名字，以及经堂南壁与东壁南侧壁画的名称（附录二）。另在益西沃肖像的左右、四角及下排古格诸王肖像中亦有题名（附录三）。

[1] 关于阿里地区女护法神灵多杰钦姆的研究，见任赟娟、王瑞雷：《西藏西部“阿里三围”女护法神灵多杰钦姆的图像变迁与信仰传承》，《敦煌研究》2019年第4期，第49—60页。

（2）经堂西壁北侧连接佛堂北壁转角处题记，记录了经堂西壁北侧中央宗喀巴大师与左右二弟子、四角四位班智达名字及经堂北壁、东壁北侧壁画名称（附录四）。另在经堂西壁北侧宗喀巴大师肖像的左右、四角及下排诸上师肖像中亦有题名（附录五）。

（3）经堂南壁、北壁和东壁南北两侧壁曼荼罗壁画的最下方均有对所绘曼荼罗名称的藏文题跋（附录六）。

（4）环围经堂东、南、西、北四壁最下方一周尊像为法界语自在曼荼罗第四重眷属，在部分眷属下方亦发现了尊像题名（附录七）。

（5）门廊东壁南北两侧壁所绘十六金刚舞女下方书有尊名题跋（附录八）。

（6）佛堂南壁、西壁、北壁佛传故事中附有对每一故事情节辅助说明的题跋（附录九）。

3. 藏文历法题记

红殿现存有一幅藏族历算表，绘制在佛堂南壁东侧，即从经堂进入佛堂台阶的左侧壁下方（附录十）。

第四节 托林寺红殿的建造者及年代

因史书缺载，早期寺志亦已散佚难觅，托林寺红殿的建造事迹与年代近乎湮没无闻。虽然在西藏后期编纂的教法史和上师传记中曾提到古格王建造托林新寺的事宜，但因语焉不详，亦无法窥究其具体的创建者与年代。近年来，国内外藏学界根据红殿壁画中出现的宗喀巴大师肖像，并依托其弟子古格·阿旺扎巴赴阿里弘法的大致年代，初步推断该殿为15世纪所建。然将红殿的殿堂结构与同期具有同类题材和绘画风格的佛殿相比较，该殿设计布局为同期佛殿中的孤例，反而更接近11—13世纪前后的佛殿布局。红殿的建筑与壁画年代是否同期抑或为后期重建所绘？下文拟从该殿经堂西壁北侧下方以偈颂体撰写的藏文题记入手，结合《阿里王统》等史料，对此建造者及年代问题再做具体考察。

一、殿堂结构与壁画风格的非统一性

20世纪90年代初，国内考古学家宿白先生就托林寺红殿的殿堂结构提出“原始布局”和“改建布局”的假定。他认为红殿“后凸”佛堂左右两侧呈长条形的小室系原围绕佛堂礼拜道之遗迹，在后期改建不设礼拜道之后，往往会保留佛堂两侧的

图 0-4-1　红殿经堂西壁北侧偈颂体题记（局部）

礼拜道部分，使之成为长条形小室。并指出：

> 杜康殿（红殿）废除礼拜道的改建：佛堂两侧的小室既增加了原礼拜道的宽度，又缩短了它的长度；同时，又把佛堂后面的礼拜道位置全部砌进了佛堂的后墙，因此使杜康殿佛堂后墙特别突出。这种消除原礼拜道的做法，虽然没有完全相同的它例，但加厚后墙的措施，却与 16 世纪中期萨迦改建杜康钦莫大殿的安排类似。以上根据测图[1]的推测如无大误，此杜康殿原始布局的时代，似可参考纳唐寺措钦大殿创建之年——13 世纪末推测其上限，其下限当在已不设礼拜道的托林寺嘎波拉康（指托林寺白殿）的年代——15 世纪前期之前。[2]

长期在阿里地区从事田野考古工作的张建林与夏格旺堆两位学者亦持同样的观点：红殿殿堂结构很难说它具有 15 世纪藏传佛教寺院佛殿布局的典型特征，而更接近于西藏历史上第一座因明学辩经道场，即由阿底峡弟子鄂·勒巴协绕（rNgog legs pa'i shes rab）于 1073 年修建的桑普乃乌托寺（gSang phu ne'u thog）主殿集会大殿（即杜康大殿）的结构。托林寺红殿所保留的这一独特形制当是一种相对早期的佛殿特征，它的修建年代应该在 1400 年之前。[3]

---

［1］此处“以上根据测绘”是指《阿里地区文物志》中收录的红殿殿堂平面图。载李永宪、霍巍、郑堆编：《阿里地区文物志》，拉萨：西藏人民出版社，1993 年，第 124 页图 43。

［2］宿白：《藏传佛教寺院考古》，北京：文物出版社，1996 年，第 176 页。

［3］张蕊侠、张建林、夏格旺堆：《西藏阿里壁画线图集》，拉萨：西藏人民出版社，2011 年，第 4 页。

意大利藏学家罗伯特·维塔利、日本田中公明等学者根据殿内壁画风格特征和经堂西壁北侧已出现宗喀巴大师肖像这一现象，提出该殿壁画为 15 世纪初的年代判断。[1]

从目前壁画分期来看，现红殿门廊东壁南北两侧壁所绘十六金刚舞女与经堂和佛堂内的壁画风格截然不同。十六金刚舞女体格庞大，以线造型，少有设色，用笔浑然一体，画面多有留白，具有浓郁的古典主义造像特征。较之于经堂与佛堂壁画，其年代显然要早。那么，考古学家从佛殿结构类型中推断出的年代与佛堂壁画之间的矛盾当作何解？

二、经堂题记中有关建殿者的信息

在红殿经堂西壁北侧下方有一方用藏文乌坚体（dbu can）撰写的壁文，内容分为三段：前段是对佛教传入雪域高原的总体概述；中段主要记载了自吐蕃末代赞普朗达玛因灭佛被刺，其后裔吉德尼玛衮西逃至阿里在象雄（Zhang zhung）故地建立地方政权古格王国以来，到洛桑饶丹王（Mi dbang blo bzang rab brtan，1458—?）之间近 500 年的古格王统政教史；后段为该殿的供养者、画工、木工和壁画设计者等名录。（图 0-4-1）

中段前半部分内容委婉交代了该佛殿早期殿名和建造者，原文如下：

［题记一］lha rje bla ma zhi ba 'od de rgyal/ gang de'i bka' lung spyi gtsug la

［1］Roberto vitali, *Recoeds of Tholing: A Literary and Visual Reconstruction of the "Mother"Monastery Gu-ge*, Dharamshala, India: Amnye Machen Institute, 1999, p.14; 田中公明著、张雅静译：《藏西托林寺与扎布让遗址的金刚界诸尊壁画》,《藏学学刊》2010 年第 6 辑，第 288 页。

'god pa/ sa bdag rtse ldes mthun rkyen yo byas dag/ tshogs par byas pas dpal ldan 'dzam gling brgyan/ skal ldan mig gi dga' ston lta bur bsgrubs/ ljongs 'di skye bo'i legs byas dmar pa dag/ nag po'i phyogs kyi stobs chen rgyas pa las/ dge 'dun sde gshig gtsug lag khang chen dag/ mtha' dag me la 'bras yos bzhin du byas/

国王拉杰喇嘛西瓦沃，彼之教敕我顶礼，国王孜德顺缘具资德，共建有如慧眼之喜筵吉祥赡部洲庄严。缺少善事当地人，邪恶之气大膨胀，拆散僧团将且止，佛殿如同米花投火中。

此处由拉杰喇嘛西瓦沃和国王孜德所建的“吉祥赡部洲庄严”即红殿。“红殿”只是近代人根据其外层墙面涂红的命名，扎什伦布寺（bKra shis lhun po）第 7 任座主贤底巴·罗追坚赞（Shanti pa blo gros rgyal mtshan，1487—1567）的个人传记中曾提到该殿当初名为“赡部洲庄严大经堂”（'Du khang 'dzam gling rgyan）。[1] 维塔利翻译整理的原藏于托林寺十六罗汉殿（gNas bcu lha khang）中用以记录各佛殿所藏文物清单的写本中，红殿殿名仍沿用了早期称谓。[2] 另据《阿里王统》载，在旺德（dBang lde）的儿子索南孜（bSod nams rtse）执政后期，他与杰拉仲（lCem lha sgron）为了供养 40 位僧人而修缮了西瓦沃的“赡部洲庄严”。[3] 但之后随着佛教的衰微和当地邪恶之气的滋生，这座由孜德王在位期间所建的佛殿还是难以逃脱当地人的破坏，被付之一炬，毁于烟火之中。

由此可见，当今我们所见的红殿及内部壁画是在原毁坏殿堂的基础上于 15 世纪中后期重建而成。有关具体信息，从原壁文题记中亦可得知（以下［题记二］内容紧接前方［题记一］）。

---

［1］Roberto vitali, *The Kingdims of Gu.ge Pu.hrang*, 1996, n.901.

［2］该清单为 1937 年的手抄本，文中将红殿称为“赡部洲庄严大经堂”（'Du khang 'dzam gling rgyan），见 Roberto vitali: *Recoeds of Tholing: A Literary and Visual Reconstruction of the "Mother"Monastery Gu-ge*, Dharamshala, India: Amnye Machen Institute, 1999, pp.65-66.

［3］《阿里王统》原文记载为：De'i sras che chen tsha bsod nams rtse'i ring la/ blon po kyin hor ba ste/ sran gyi byas/ khu dbon 'khrugs pa byung na'ang/ gar btabs rgyal te lcem lha sgron dang mol ba gang du 'gro nas rgya mar tho gling dgra bor rin chen gling gsum thon pa bzhengs/ sgrol ma yid bzhin re skong/ lcam mos bzhengs/ lcam gral gnyis kyis dge 'dun bzhi bcu'i cha rkyen mes lha rje bla ma'i 'dzam gling rgyan du sros so//（在他［旺德］大儿子索南孜时期，大臣为盖霍尔瓦。尽管叔侄二人出现不合的现状，但［他］与叔叔表姐杰拉仲议和，作为对［佛教］的供养，由妇人（杰拉宗）在托林三重珍宝洲（色康殿）建造了如意度母像。夫人杰拉宗与兄弟［索南孜］为了供养 40 位僧人而修缮了拉杰喇嘛［西瓦沃］的世间庄严洲。）见 Gu gi mkhan chen Ngag dbang grags pa, *mNga' ris rgyal rabs*，第 75 页第 2—6 行。

［题记二］de nas ring zhig lon tshe tsong kha pa/ sras kyi mchog gyur ngag dbang grags pa'i dpal/ zhang zhung skye bo'i bsod nams pho nya yis/ legs par spyan drangs……/ mgon des rin chen bzang po'i rgyal tshab mchog/ legs par bzung nas rgya mtsho'i gos can 'dis/ li khri'i bla gos blangs pa ltar byas ste/ dga' ldan gnas kyi mi pham mdun du gshegs/ de yi rgyal tshab chos kyi spyan ldan pa/ nam mkha'i mtshan ldan slob mar bcas pa yis/ snying stobs mchog dang lhag bsam mi dman pas/ slar yang lha rje bla ma'i rnam 'phrul bstan/ dpal ldan shākya rigs kyi thig le mchog/ rje btsun shākya 'od dang de yi sras/ mi yi dbang po bud rda pa li ta/ blo bzang rab brtan phyogs las rgyal gyur cig/

之后，时隔许久，宗喀巴大师的优秀弟子吉祥阿旺扎巴受象雄人民福泽使者的善迎请……他作为仁钦桑布伟业的继承者，使大海般广阔的众生披上了绛色的袈裟，而后逝往兜率弥勒座前。他的继承者名号“南喀”极具法眼，壮志凌云心至诚，化现为拉杰喇嘛之化身，成为吉祥释迦族的精英，杰尊释迦沃与其子，国王菩达帕拉蒂与洛桑绕丹皆治胜。[1]

宗喀巴大师的弟子古格阿旺扎巴赴阿里弘法可被视作 15 世纪古格佛教二次复兴的起点。题记中有载他继承了仁钦桑布大师的伟业，重新整顿了之前因佛法萧条，人心恶化的现状。尤其是他的继承者“南喀”极具法眼，是拉杰喇嘛的化身。这段题记意在强化阿旺扎巴和“南喀”本人在古格第二次佛教复兴大潮中所扮演的重要角色。

在该题记中需要注意的是：

第一，人物称号的复线叙事。拉杰喇嘛即前方题记中所指的西瓦沃，在他的名字前添加“lha rje bla ma”（拉杰喇嘛）是尊称。这种尊称不仅见于托林寺红殿题记中，在《阿里王统记》中亦有互文，将他尊为“拉杰喇嘛西瓦沃”（lha rje bla ma Zhi ba 'od）。[2]

第二，人物之间的身份转化。“南喀”作为拉杰喇嘛西瓦沃的化身，成为“吉祥

［1］题记以九字一句的偈颂体呈现，每一词句所含内容丰富，笔者不能以汉文对仗诗体还原题记所表达的原意，故改为白话文翻译。次多先生的译文虽呈现了诗体的对仗形式，但藏文原文细节深层内容有被省略之处，故笔者译文与次多先生译文在细节上仍有相异之处。次多先生译文见《托林寺红殿壁文考》，《西藏艺术研究》1998 年第 2 期，第 33—42 页。

［2］Gu gi mkhan chen Ngag dbang grags pa, *mNga' ris rgyal rabs*，第 75 页第 6 行。

释迦族”（dpal ldan shākya rigs）[1]的精英，紧随其后的是“杰尊释迦沃与其子，国王菩达帕拉蒂与洛桑绕丹皆治胜”（rje btsun hākya ’od dang de yi sras/ mi yi dbang po bud dha pa li ta/ blo bzang rab brtan phyogs las rgyal gyur cig），该处“杰尊释迦沃”实指古格王“南喀”后来的出家法名，他的全名为“赤·南喀旺布平措德贝桑布”（Khri nam mkha’i dbang po phun tshogs lde dpal bzang po）。国王菩达帕拉蒂和洛桑绕丹分别是他的儿子与孙子。另一身份转化是继承者的转变，即“南喀”是拉喇嘛西瓦沃的化身，意在暗示红殿后期的重修者应该是原建者西瓦沃的化身“南喀”。

此外，在该题记后半部分该殿供养者、木工、画工和设计者名录中，亦记载了整个佛殿壁画的设计和审定者是“杰尊释迦沃”。[2]

三、《阿里王统》中赤·南喀旺布平措德与拉杰尊释迦沃

在被视为“官方编年史”的《阿里王统》中，作者古格堪钦·阿旺扎巴对古格王赤·南喀旺布平措德贝桑布的生平记载甚详。其原因在于赤·南喀旺布平措德贝桑布相比其他古格国王，在15—16世纪的古格王统中曾扮演重要的角色。

> de’i sras khri nam mkha’i dbang po phun tshogs lde dpal bzang po ni/ yab rnam rgyal lde’i drung nas sngar btsun mo gsum bzhes pa la sras ma byung/ phyis lho stod kyi bdag mo lha ’dzoms khab tu bzhes pa la/ sa mo glang gi lo la bkra shis dge mtshan dang/ bcas pa’i sgo nas lho stod du ’khrungs/ rab ldan phun tshogs lder mtshan gsol/ dgung lo bcu drug pa la byang ngos kyi phyi wang du spyan drangs/ sa skyong rnam rgyal ldes gtso bo yod/ gu ge ti dge skya bka’ gros la dbang ba rnams tshogs nas mar yul gyi rgyal mo khri lcam rgyal mor bzhes/ mkhas pa’i dbang po ngag dbang grags pa la sogs pa ngur mig ’dzin pa’i ’dus pa rgya mtsho lta bu dang/ khri rnam rgyal lde dpal bzang po’i zhabs drung nas gdan chags/ blon po ’dun na ’don/ drung ’khor skye bo’i tshogs kyi kun nas gang ba’i dbus su mes lha bla ma ye shes ’od nas gtshos te nyi ma’i rigs kyi rgyal tshab

[1] 从《拉喇嘛益西沃传》的记载来看，整个古格王统自益西沃父辈扎西衮（bKra shis mgon）开始就已被誉为“释迦族”，包括益西沃本人。参看 *lHa bla ma ye shes ’od kyi rnam thar rgyas pa*, 2013，第 2 页第 11—12 行，第 4 页第 10 行。

[2] 壁文后半部分记录了修建该殿的供养者是曲尊布尼南喀珍（Chos ’dzoms bu ni nam mkha’ sgron）、班丹正（dPal ldan ’dren）和王后（rGyal bu rgyal mo）；画工是桑杰桑布（Sangs rgyas bzang po）；工巧为贡觉多吉（dKon mcho rdo rje）；木工是伦珠贡布（lHun grub mgon po）与班丹确桑拉尊扎（dPal ldan chos bzang lha btsun grags）；设计和审定者是杰尊释迦沃（rJe btsun Shākya ’od）。

mtha' dag gi zhabs kyi rdul dang/ 'grogs par 'os pa'i gnyis 'thung dbang po'i khri steng du yangs pa'i rgyal khams legs par skyong ba'i rgyal srid kyi dbang phyug la mngon par dbang bskur/

de nas bzung te yangs pa'i ljongs 'di dge legs kyi gos dkar dang/ ldan par 'gyur zhing chos 'jig rten gyi mdzad pa ni ngo mtshar ba mang du yod la/ khri lcam rgyal mos kyang chos 'phrul chen mo'i dus mchod la/ zhal 'byed lta bu'i ston pa sangs rgyas kyi gos 'phan chen mo sogs rgya ma mang du mdzad do/ de nas zhe gcig pa la kha char du dngul sku mched gsum gyi drung du/ thar pa'i rgyal mtshan bzhes/ lha rje btsun shākya 'od du mtshan gsol/ don gnyis pa la/ ca rang ga'i pho brang rtser zhi bar gshegs so/

他［赤·朗杰德］的儿子赤·南喀旺布平措德贝桑布，为父王朗杰德因前三位妃子身无继嗣，后娶洛堆女主拉尊为妻，于土牛年伴随着祥瑞征兆诞生于洛堆的儿子，［当时］取名为绕丹平措德。年十六岁，迎请至北面皮央［宫］，由国王朗杰德主持，在古格众臣协商一致后娶玛域妃子赤姜为王妃。在以智者阿旺扎巴为首的广众如海的僧众和赤·朗杰德贝桑布的座下，以及在众臣的见证下他继承了以祖父拉喇嘛益西沃为首的太阳王族的王位，并登上象王宝座，行使对辽阔国土的执政权。

其后，整个国土充满了祥瑞之气，[1]［他］在僧与俗（政教）[2]方面做出了杰出的贡献。赤姜王妃也在大幻化法会上，为佛陀制作了很多庄严的锦幡。随后，四十一岁时在科迦寺三尊银像前取得解脱幢，取名拉杰尊释迦沃。七十二岁时寿终正寝于扎让山顶的宫殿。[3]

《阿里王统》的记载证实了红殿题记中的“南喀”即赤·南喀旺布平措德贝桑布，这一冗长的名字在后世不同藏文文献中多被简写。他为古格王赤·朗杰德贝桑布（Khri rnam rgyal lde dpal bzang po，1372—1439，简称“朗杰德”）第四任妻子拉尊（lHa 'dzoms）于土牛年（1409）所生，16 岁娶妻接替王位，41 岁时（1449）在科迦

［1］gos dkar，意指“白衣”，藏族尚白，白色泛指吉祥，故此处的白衣是作为修饰使用，为吉祥之意。
［2］chos 'jig rten，此处可解释为僧、俗或政教。
［3］Gu gi mkhan chen Ngag dbang grags pa, *mNga' ris rgyal rabs*，第 84—85 页第 4—21 行。

寺（kha char）[1]出家为僧，并取法名“拉杰尊释迦沃”，72 岁（1481）圆寂于古格扎布让山顶的王宫中。见证他 16 岁娶妻登基为国王的正是该书的作者，即上文［题记二］中所提到的仁钦桑布伟业的继承者古格阿旺扎巴。按南喀出生年推算，他登上王位的时间应在 1424 年。

此外，在《阿里王统》中古格王“南喀”的出家名为“拉杰尊释迦沃”，这和［题记二］中的“杰尊释迦沃”相比多出了“拉”（lha）字。“lha”在藏文中有天、神、王之意，相当于梵文的deva。吐蕃上古传说认为赞普为天神所赐，据敦煌文书《赞普世系表》记载，吐蕃第一代赞普聂赤赞普（gNya’ khri btsan po）即“天神之子作人间之王”，[2]后历代赞普亦以此自居。吐蕃最后一位赞普朗达玛因灭佛被刺，其后裔西逃至西部阿里建立新的地方政权古格王国，然古格王统仍不忘将自己与吐蕃赞普血脉相连，以此彰显其在象雄故地自立为王的合法性和正统性。据《阿里王统》记载，在古格王益西沃拟定的兴佛大诏令（bka’ shog chen mo）中，首次将自己誉为“天神之化身”（lha’i sprul pa），并与“天神之子”（lha sras）吐蕃赞普相提并论。[3]在《拉喇嘛益西沃传》中也将其子孙敬称“天神之子”，[4]古格王益西沃出家为僧后，被尊为“拉喇嘛益西沃”或“拉杰喇嘛益西沃”（lHa rgyal bla ma ye shes ’od），他的两位侄子降曲沃和西瓦沃原系古格王，后出家为僧亦被尊为“拉喇嘛”。“拉”为王权的象征，按吐蕃旧有遗俗祖制（srol thugs），只有赞普或携有吐蕃王室血统的后世子孙才有资格享有“拉”的尊号。古格王室沿袭了这一传统，并将其意延伸，把出家为僧并为政教做出贡献的古格王尊为“拉喇嘛”或“拉杰喇嘛”。红殿题记中“拉杰喇嘛释迦沃”被略写为“杰喇嘛释迦沃”有两种可能：第一，“拉”为尊号，强调王位，有时也有被省略现象；第二，由于该藏文题记用 9 字一句的格律诗撰写，因字数所限和遵循对仗关系，故尊号“拉”被省略在情理之中。

四、经堂西壁南侧古格诸王肖像中的“遍知杰尊释迦沃”

鉴于以上题记史料的讨论，笔者将问题点转移到经堂西壁南侧的古格王室成员肖像上，通过整合这些图像资料所隐含的信息，以此来论证古格王赤·南喀旺布平措德贝桑布的出家称谓和他再建红殿时的身份问题。

［1］目前科迦寺通用藏文名为“’khor chags”，但在早期文献包括《拉喇嘛益西沃传》中有“kha char”“kwa char”和“kha ’char”等称谓。见 *lHa bla ma ye shes ’od kyi rnam thar rgyas pa*，第 22 页 15 行及注释 150。

［2］王尧、陈践译注：《敦煌吐蕃历史文书》（增订本），北京：民族出版社，1992 年，第 174 页。

［3］Gu gi mkhan chen Ngag dbang grags pa, *mNga’ris rgyal rabs*, 第 52 页第 13 行，第 51 页第 10 行。

［4］*lHa bla ma ye shes ’od kyi rnam thar rgyas pa*, 2013，第 2 页第 3 行。

经堂西壁南侧壁画再现了自拉喇嘛益西沃以来到洛桑绕丹王500余年间曾为古格佛教做出贡献的王室成员形象。画面由上、中、下三部分构成（参看配置图2，以下表示人名的数字和配置图2中的数字一一对应），其中上半部分占据了整个壁面的近四分之三空间，中央主像为（1）拉喇嘛益西沃，左右两侧分别是（2）德瓦（De ba）和（3）那噶（Na ga）；主像四角之左上角是（4）夏热达（Shradha）、右上角是（5）大译师（Lo chen）；右下角为（6）降曲沃（Byang chub 'od），左下角为（7）西瓦沃（Zhi ba 'od）。

以上7位中的德瓦（De ba）和那噶（Na ga）分别是益西沃的两个儿子。题记中的名字为简写，根据《拉喇嘛益西沃传》记载，他俩的全名分别是"De ba rā dza"（德瓦热扎西［Debarādza］）和"Nā ga rā dzā"（那噶热扎［Nāgarādzā］）。[1]益西沃头顶两侧的尊像分别是大译师（Lo chen）和夏热达（Shra dha），此处所指的大译师即大译师仁钦桑布，而夏热达可能是"Shra dha ka ra wrma"（夏热达喀热瓦玛）的略写。据《阿里王统》载，托林寺迦萨殿于藏历阳土龙年（1028）竣工开光，仁钦桑布大师从克什米尔求学归来，用重金迎请夏热达喀热瓦玛等众多班智达到托林寺翻译了大量的三藏（sde snod gsum）和四续注疏（rgyud sde bzhi'i dgongs 'grel）等经典，自此以后阿里地区佛教极为发达。[2]由此可见，这两位尊者均是阿里地区后弘初期佛教经典的主要翻译者，其为阿里佛教事业的繁荣兴盛奠定了基础。益西沃下方的左右两位分别是他的侄子降曲沃和西瓦沃，他俩是11世纪中后期阿里地区佛教的维护者和推动者，兼具王者和僧人的双重身份。

位于益西沃下方的6位（图0-4-2，配置图2），从右到左依据藏文题名分别是：（8）国王洛桑绕丹（Mi dbang blo bzang rab brtan）、（9）遍知杰尊释迦沃（Thams cad mkhyen rje btsun Shākya 'od）、（10）拉德达玛巴尔拔（lHa lde rab tu byung ba dha rma pra pa）、（11）国王孜德（mNga' bdag rtse lde）、（12）赤·朗杰德（Khri rnam rgyal lde）、（13）国王菩达帕拉蒂（mNga' bdag bud dha pa la ti）。再下方的一排绘有古格群臣和供养者，题记有两处，均作"sbyin bdag rnam yin"（众施主）。

以上题名中的8、11和13均注明为古格王。此外的拉德达玛巴尔拔为益西沃哥哥柯热（'Khor re）的儿子，即降曲沃与西瓦沃的父亲，是继柯热之后的古格王，他治世至1024年[3]后让王位于大儿子沃德（'Od lde）。而赤·朗杰德（1372—1439）为

［1］除了De ba rā dza和Dā ga rā dzā，另有lha lde gtsan［btsan］，U dha rā dzā, Ham zlam，见*lHa bla ma ye shes 'od kyi rnam thar rgyas pa*, 2013，第2页第3—4行。

［2］Gu gi mkhan chen Ngag dbang grags pa, *mNga' ris rgyal rabs*，第53页第7—17行。

［3］Roberto vitali, *The Kingdims of Gu.ge Pu.hrang*, 1996, p.264.

图 0-4-2　经堂西壁南侧古格诸王肖像

古格王赤·南喀旺布平措德贝桑布的父亲，他雄才大略，抵御外寇，少年时已出家研习佛法，是一位集佛法与国政于一身的古格王。[1]

位于洛桑绕丹王左侧的“遍知杰尊释迦沃”（Thams cad mkhyen rje btsun Shākya ’od），单从名字看，他是一位僧人。但若将其置于以视觉语言再现为阿里佛教事业做出贡献的历代古格诸王肖像这一语境中，不得不承认他其实肩负政教双重身份。这里的“遍知杰尊释迦沃”，应指古格王赤·南喀旺布平措德贝桑布法名拉杰尊释迦沃的另一种尊称。其原因有四：

（1）“thams cad mkhyen”意为“遍知、全知、一切智，一切智者，诸佛次第经历十地，任运成就四智三身趋于佛地者”。[2] 在古格王赤·南喀旺布平措德贝桑布出家名“杰尊释迦沃”前添加“thams cad mkhyen”，意在强调他的学识之高和佛法研

[1] 详见 Gu gi mkhan chen Ngag dbang grags pa, *mNga’ris rgyal rabs*，第 83 页。
[2] 张怡荪主编：《藏汉大辞典》，北京：民族出版社，1985 年，第 1151—1152 页。

习之精深，这对于出家修持者而言，无疑是最高的荣誉。

（2）在古格王国第二次佛教复兴的浪潮中，国王赤·南喀旺布平措德贝桑布曾起到中流砥柱的作用。西壁北侧的题记亦明确指出了他作为阿旺扎巴的继承者极具法眼，为拉杰喇嘛西瓦沃的化身。因此，在展示推动佛教事业发展的古格诸王肖像名录中，他应该是一位不可或缺的国王。

（3）西壁南侧古格诸王画像与西壁北侧题记中所载的古格诸王名录相比，除画像中仅多出古格王赤·朗杰德贝桑布之外，其余均一一对应。题记中记载的“杰尊释迦沃与其子，国王菩达帕拉蒂与洛桑绕丹皆治胜”，在画面中他俩与遍知杰尊释迦沃共居一排，作为赤·南喀旺布平措德贝桑布的子孙菩达帕拉蒂与洛桑绕丹，就坐在遍知杰尊释迦沃的右旁。

（4）整个经堂西壁南侧画像所反映的信息是，除益西沃头顶两侧为阿里地区后弘初期的两大译师仁钦桑布和夏热达外，其余画像均是为古格佛教事业做出贡献的历代主要国王或王室成员（益西沃两侧为其两个儿子）。

基于以上分析，可以推定画面中的“遍知杰尊释迦沃”为古格王赤·南喀旺布平措德贝桑布出家名“拉杰尊释迦沃”的另外一种尊称。经堂西壁南侧画面和西壁北侧题记中所提到的古格王按时代顺序排列依次是：

> 拉喇嘛益西沃—拉德—降曲沃—西瓦沃—孜德—赤·朗杰德—赤·南喀旺布平措德贝桑布（拉［遍知］杰尊释迦沃）—菩达帕拉蒂—洛桑绕丹

通过以上题记与图像分析，初步印证红殿建造者和壁画设计者为同一人，即古格国王赤·南喀旺布平措德贝桑布（拉［遍知］杰尊释迦沃）。因西壁北侧题记中与南侧画像中的题名均是对他出家名号的记载，故红殿应是在其出家之后所建。这种案例不仅见于托林寺红殿一处，古格故城山顶坛城殿（dKyil ’khor lha khang）的建造者或供养者亦与赤·南喀旺布平措德贝桑布有直接关联。[1]

关于赤·南喀旺布平措德贝桑布的出家事迹与佛寺修建，在俄钦·桑结彭措（Ngor chen sangs rgyas phun tshogs，1649—1705）撰写的《俄尔·贡噶桑布传记》中亦有记载。该传记记载了“古格王［赤·南喀旺布平措德贝桑布］出家为僧，修建了伟大的新寺”（gu ge rgyal po rab tu byung zhing chos sde chen po gsar du btsugs），并于“科迦寺觉沃佛前供奉无数盏酥油灯鬘，誓愿弘扬佛法”（kha char jo bo’i drud du mar me’i phreng ba grangs med pa phul las sangs rgyas kyi bstan pa dar ba’i smon lam mdzad/）。[2]他出家于科迦寺这一事实，与《阿里王统》中的记载完全一致。

另外，需要指出的是，经堂西壁北侧题记中的“杰尊释迦沃与其子，国王菩达帕拉蒂与洛桑绕丹皆治胜”。此处的“菩达帕拉蒂”（Bud dha pa la ti）为梵文“Buddhapalati”的音读，意为“佛护”，与藏文“Sangs rgyas lde”基本对应。在西

［1］在古格故城山顶坛城殿进门左侧壁四臂大黑天下方的供养人肖像中，有一位身着赤色袈裟，左手持嘎巴拉碗，右手于胸前结与愿印，金刚跏趺坐于坐垫上的僧人，其下方就明确署有“lha rje btsun Shākya ’od”（拉杰尊释迦沃）的题名，即古格王赤·南喀旺布平措德贝桑布的出家法名。米夏埃尔·亨斯在论文《西藏西部壁画——古格王国的艺术》中认为，此殿中的“拉杰尊释迦沃”为国王洛桑绕丹的孙辈，即帕巴拉的长子“释迦沃”，并推测该殿为他所建，这一判断并不成立（张长虹、廖旸主编：《越过喜马拉雅——西藏西部佛教艺术与考古译文集》，成都：四川大学出版社，2007 年，第 113 页注释 31）；张建林、夏格旺堆二位学者将该殿的年代推定在 1449—1480 年，更为妥当。见张蕊侠、张建林、夏格旺堆：《西藏阿里壁画线图集》，拉萨：西藏人民出版社，2011 年，第 5—6 页。

［2］该传记全名为《佛金刚持贡噶桑布传·格言集河成海》（*rGyal ba rdo rje ’chang kun dga’ bzang po’i rnam par thar pa legs bshad chu bo ’dus pa’i rgya mtsho*），为俄钦·桑结彭措（Ngor chen sangs rgyas phun tshogs，1649—1705）于 1688 年基于穆巴钦波·贡噶坚赞（Mus pa chen po dkon mchog rgyal mtshan，1388—1469）1455 年所作传记完成。TBRC 德格版（39a 叶第 3 行至第 4 行）。

藏，诸多僧人和护持佛法的国王为强调持法身份的正统性，喜欢将自己的名字或法号意译为梵文名字（如前文益西沃两个儿子的名字亦用梵文名）。故该处的菩达帕拉蒂应指杰尊释迦沃，即赤·南喀旺布平措德贝桑布的儿子赤·朗日桑杰德贝桑布（Khri rnam ri sangs rgyas lde dpal bzang po），而题记中的洛桑绕丹为赤·南喀旺布平措德贝桑布的孙子。[1]据《阿里王统》记载，赤·朗日桑杰德贝桑布是赤·南喀旺布平措德贝桑布与玛域（mar yul）王妃赤姜（Khri lcam）的生子，掌管阿里万户（mnga' ris khri skor），因娶公主南喀杰姆（bDag mo nam mkha' rgyal mo）后未生子，后娶普兰首领桑杰贝桑（dPon bo sangs rgyas dpal bzang）的女儿索南桑姆（Sras mo bsod nams bzang mo）于虎年（1458）在扎拉岗（drag la gang）生下洛桑绕丹。[2]洛桑绕丹在经堂西壁南侧的古格诸王肖像中被记作"国王洛桑绕丹（Mi dbang blo bzang rab brtan）"，而在经堂西壁北侧题记中在其名字前方并没有直接署"mi yi dbang po"或"mi dbang"（王公、国王、人主），很可能是该题记用9字一句格律诗撰写之故。因字数所限和遵循音韵对仗关系，故被省略的可能性较大。然通过经堂西壁南侧洛桑绕丹肖像下方的题名"Mi dbang blo bzang rab brtan"，可以管窥在重建托林寺红殿时他已经成为古格国王。

五、小 结

综上所述，托林寺红殿的建殿年代划分为前后两期。前期的建造者是拉杰喇嘛西瓦沃与他的侄子古格孜德王，其建殿年代大约在11世纪中晚期，原殿名作"吉祥赡部洲庄严"。后因当地佛教衰微，人心恶化，该殿被毁于战火之中。

古格王洛桑绕丹在位期间，对该殿进行了重建。其中，他的祖父赤·南喀旺布平措德贝桑布（出家法名"拉杰尊释迦沃"）应该是此次重建的主持者，即整个红殿壁画的设计者和最终审定者。重建年代应在赤·南喀旺布平措德贝桑布于1449年出家之后，其孙子洛桑绕丹在位期间。另以洛桑绕丹出生年代为虎年（1458）以及赤·南喀旺布平措德贝桑布72岁（1481）寿终正寝于古格扎布让山顶王宫的时间推算，红殿的重建年代应置于1458年至1481年。

[1] 在成书于1748年的《松巴佛教史》（*Chos 'byung dbag bsam ljon bzang*）中，桑杰德和洛桑绕丹分别是赤·南喀旺布平措德贝桑布的儿子和孙子，该书亦指出桑杰德的出家法名是"法王菩达"（Chos rgyal buddha）。详见松巴堪布·益西班觉著，蒲文成、才让译：《松巴佛教史》，兰州：甘肃民族出版社，2013年，第327页。

[2] Gu gi mkhan chen Ngag dbang grags pa, *mNga' ris rgyal rabs*，第85页第3—7行。

目前的红殿应该是在原址基础上重建而成，重建后的红殿布局仍遵循了“原始”佛殿布局。正如宿白先生所指出的，红殿“后凸”佛堂左右两侧呈长条形的小室系原围绕佛堂礼拜道（即转经道）之遗迹，在后期改建（重建）不设礼拜道之后，往往会保留佛堂两侧的礼拜道部分，使之成为长条形小室。（图 0-4-3；图 0-4-4）

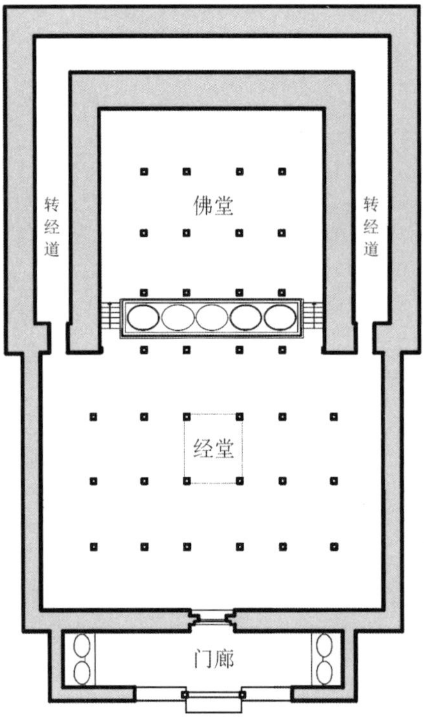

图 0-4-3　红殿原始布局

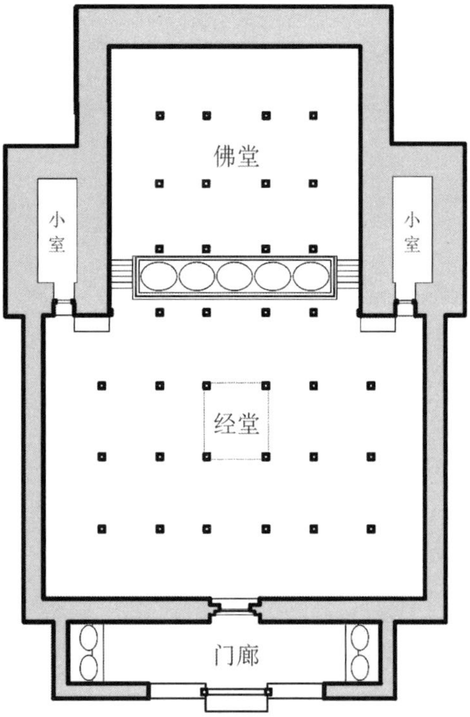

图 0-4-4　红殿目前布局

上篇

红殿佛堂西壁降魔触地印释迦牟尼佛与二弟子配十二弘化、十六罗汉、药师八佛及三十五佛图像

在环喜马拉雅文化圈内，金刚座降魔触地印释迦牟尼佛的周围环绕佛传十二弘化故事和十六罗汉的图像题材，从单件唐卡到石窟寺绘塑保存数量众多。分布范围从印度与尼泊尔西北部一直延伸到我国西藏，再向东直抵汉藏交会地带的青海河湟和四川木雅地区。

在西藏，单从不同时期降魔触地印释迦牟尼佛与其他图像题材组合关系中，亦可捕捉到藏传佛教艺术发展演进横侧面——降魔触地印释迦牟尼佛在西藏从最初与八塔变（八相图）、十二弘化结合，到后来十六罗汉的融入，再到15世纪之后与三十五佛、药师八佛组合，构成了新的图像题材并盛行于西藏阿里地区。托林寺红殿为该时期这一题材组合模式的典型范例。本篇拟结合相关经典和实物遗存，探索该题材在跨区域视野下不同历史时期的图像构成及演变脉络的同时，对红殿佛堂西壁该题材组合成因展开分析。

托林寺红殿降魔触地印释迦牟尼佛与二弟子配十六罗汉、三十五佛及药师八佛的图像题材绘于佛堂主壁（西壁）位置。在其下方距地面约1.5米处，连同南北两侧壁金刚界曼荼罗与金刚萨埵曼荼罗下方壁画，一同构成了释迦牟尼十二弘化故事。[1]主尊释迦牟尼佛位于西壁正中央，面东坐西，金刚跏趺坐于饰有羯摩鱼和金翅鸟的佛龛内。龛柱内设有佛龛，内饰六供养菩萨，她们或侧身垂睫做献花状，或单足着地呈舞姿，尽显华彩，婀娜多姿（图1-1）。龛内的释迦牟尼佛五官紧凑，额头宽阔，身着金色袈裟并正襟危坐于金刚座上。他左手结禅定印，右手结触地印，弟子舍利弗和目犍连侍于其左右方。主佛龛外两侧各绘30尊呈平行对等排列的尊像（配置图4），他们分别是十六罗汉（实则为17尊，另有居士达摩多罗）、三十五佛和药师八佛等（图1-2、图1-3）。

[1] 关于该图像组合，在经堂西壁北侧宗喀巴大师肖像下方的壁文中有明确记载。具体内容为："佛陀尊像殿中央，上下左右三十五忏悔佛，还有十六罗汉围主佛，……释迦牟尼十二弘化图，绘于下方，连接三面墙。"由于壁文部分残缺，根据所绘图像内容，推测残缺部分为药师八佛。另外，该处的"绘于下方三面墙"，是指佛传十二弘化故事分别绘在佛殿主壁（西）、右壁（北）和左壁（南）的下方，内容始于南壁东侧普明大日如来曼荼罗下方，经西壁至北壁东侧九佛顶曼荼罗下方结束。

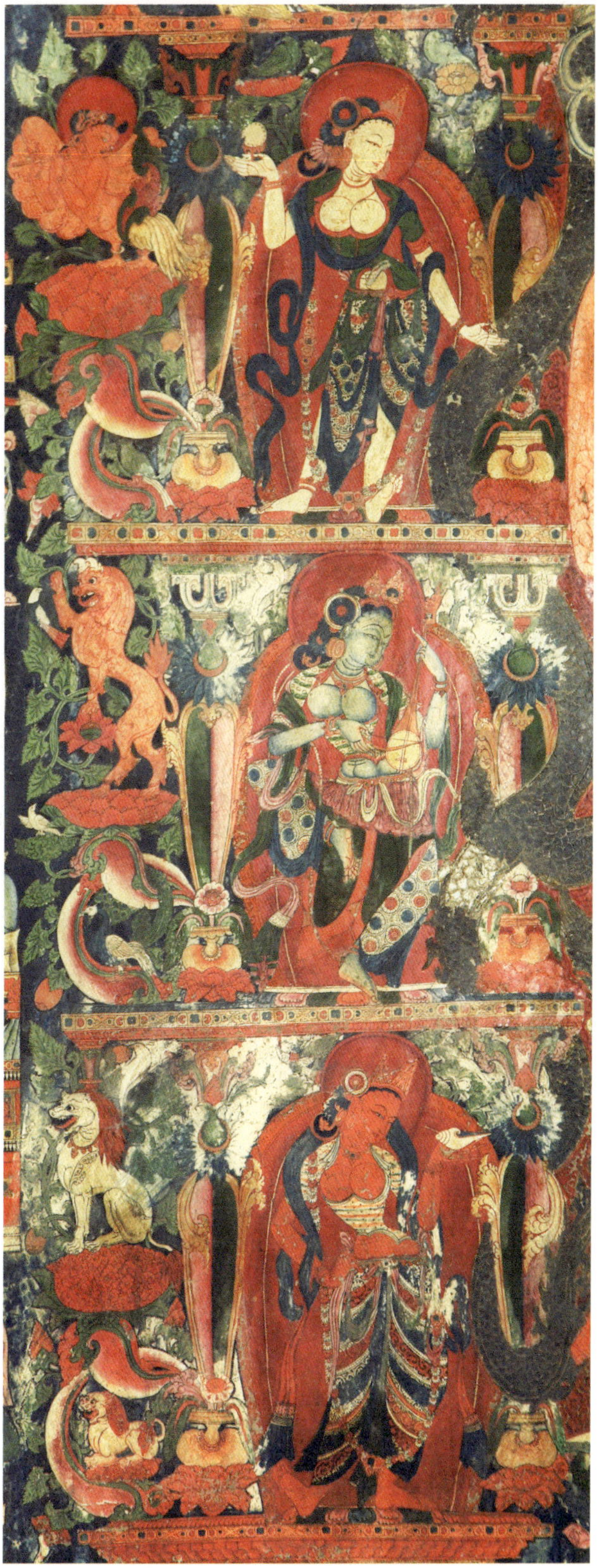

图 1-1
佛堂西壁主尊释迦牟尼佛右侧龛柱内供养菩萨

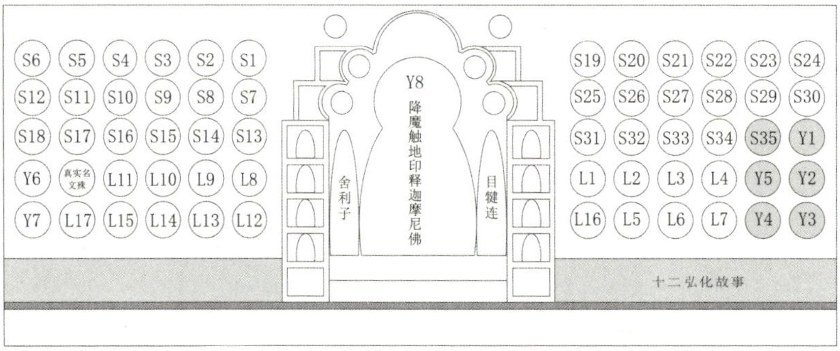

配置图 4　佛堂西壁释迦牟尼与二弟子、十六罗汉、药师佛及三十五佛配置图

图 1-2　佛堂西壁北侧十六罗汉、药师佛和三十五佛（局部图）

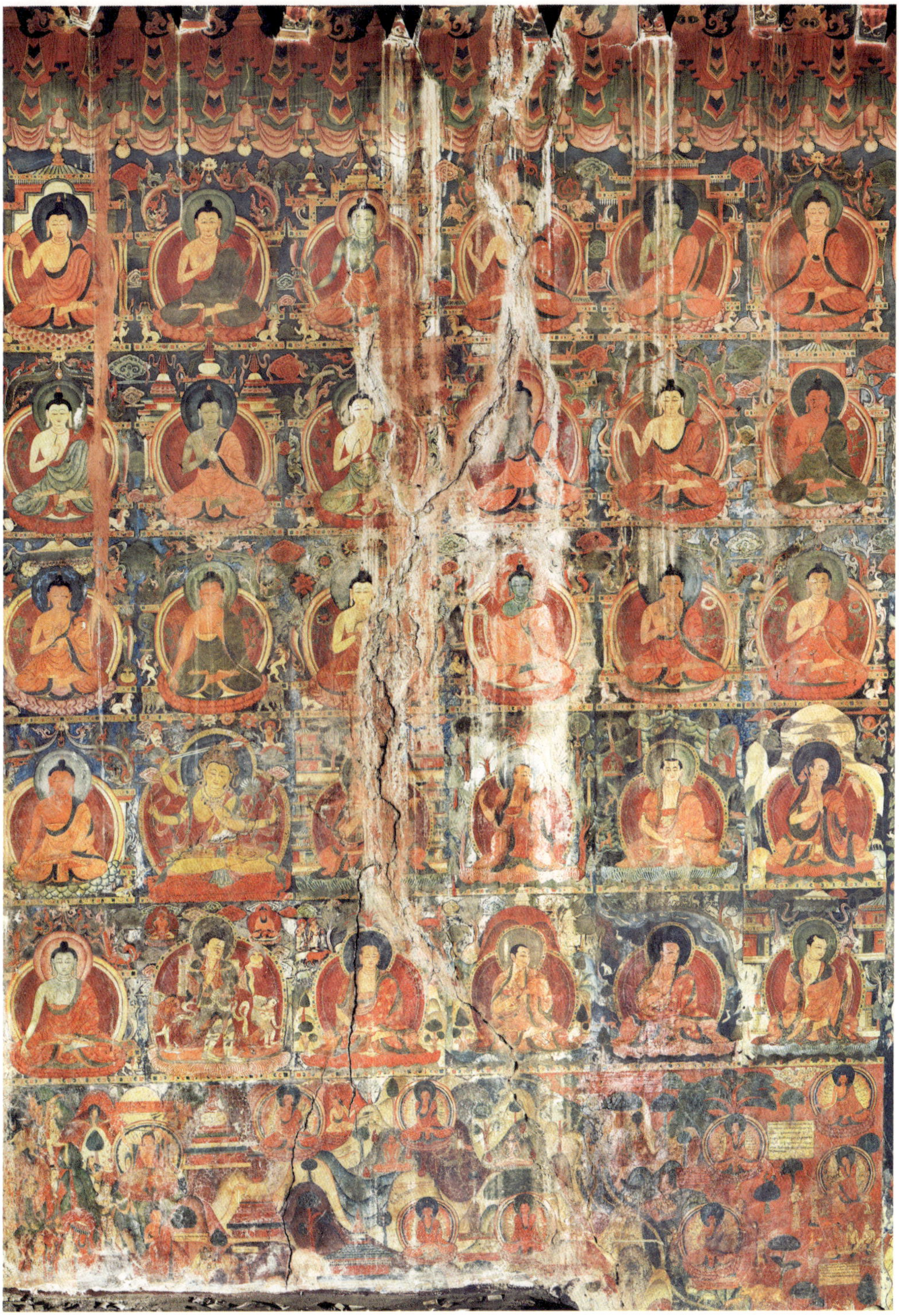

图 1-3　佛堂西壁南侧十六罗汉、药师佛和三十五佛（局部图）

第一章　金刚座降魔触地印释迦牟尼佛的图像形成与演变

金刚座降魔触地印释迦牟尼像脱胎于释迦牟尼佛于菩提迦耶之菩提树下获得证悟之情景，即佛传故事中最为重要的一环——降魔成道。

第一节　汉藏史载印度菩提迦耶降魔触地印释迦牟尼佛

释迦牟尼佛成道之圣迹印度菩提迦耶历来为赴印朝圣或求法僧人的首访之地。汉籍中最早记载到访此地的僧人为东晋法显等人。《佛国记》载，法显、慧景、道整、慧应、慧嵬等人于弘始二年（400）发足长安至天竺寻求戒律，途经此地参访。传记中对降魔触地印释迦牟尼佛的记载较为简约，仅指出该像“东向而坐”。[1]后秦弘始六年（404），从长安出发巡礼印度的猛龙也曾“睹泥洹坚固之林降魔菩提之树，猛喜心内充设供一日，兼以宝盖大衣覆降魔像”。[2]入唐之后，高僧义净不仅巡礼参拜菩提迦耶释迦牟尼成道之地，且于武则天证圣元年（695）乙未仲夏结束长达25年的求法之旅后，携梵本经律论近四百部，合五十万颂，金刚座真容一铺，舍利三百粒还至河洛，时受武则天亲迎于洛阳上东门外，并敕令将此安奉于佛授记寺。[3]

关于菩提迦耶释迦牟尼佛的具体尊容，唐玄奘在《大唐西域记》中有明确的记载，大菩提寺中主供佛释迦牟尼佛“结跏趺坐，右足居上，左手敛，右手垂，东面而坐，肃然如在”，其“外门左右各有龛室，左则观自在菩萨像，右则慈氏菩萨

[1] 原经典记载为“去此西南行减半由延到贝多树下。是过去当来诸佛成道处。……东向而坐。时魔王遣三玉女从北来试。魔王自从南来试。菩萨以足指案地。魔兵退散三女变老。自上苦行六年处。及此诸处。后人皆于中起塔立像”。见［释］法显撰：《佛国记》，北京：中华书局，1991年，第15页第8—11行。

[2] ［梁］慧皎撰：《高僧传》卷第三，见《大正新修大藏经》第50册，No.2059，台北：财团法人佛陀教育基金会出版部，1990年，第343页中。

[3] ［唐］释智昇撰：《开元释教录》卷第九，见《大正新修大藏经》第55册，No.2154，台北：财团法人佛陀教育基金会出版部，1990年，第568页中。

像”。[1]王玄策出使天竺巡礼菩提迦耶瑞像时在其传记中的描述与玄奘所见基本一致，释迦“像身东西坐”，但体型尺度与玄奘记载略有出入。[2]又依王玄策传载“此汉使奉敕。往摩伽陀国摩诃菩提寺立碑。至贞观十九年二月十一日。于菩提树下塔西建立。使典司门令史魏才书”。[3]立碑是对这段历史的确凿见证，亦是入唐以后求法高僧对菩提迦耶圣地即降魔成道像崇奉信仰的有力证据，弥足珍贵。[4]

经唐武宗灭法与唐末内乱，汉僧赴印求法朝圣一时中断。后随着宋初社会的安定和南北经济的复苏，汉僧赴印求法朝圣的热忱又迎来了短暂的春天。当时宋太祖曾派继隆等三百余人赴印求取真经；非官方性质赴印取经的人数，相比唐代也有大增，许多僧人甚至在印度逗留数年并仿唐人立碑纪念行迹之举，亦在菩提迦耶寺立碑纪念取经行程。[5]其中1022年由河西僧人可蕴所立碑上就刻有降魔触地印释迦牟尼佛与摩利支天的组合像（图1-1-1），此外，在另一通汉文碑头上亦刻有金刚座佛像，并于其两侧用小篆阴线刻写“金刚座佛盖记”字样（图1-1-2）。[6]据范成大《吴船录》载，峨眉山牛心寺方丈继业三藏等人，于印度取经所见菩提迦耶之景有如“鸡足三峰云是迦叶入定处，又西北百里有菩提宝座城。四门相望，金刚座在其中，东向”。[7]

---

[1] 原经典记载为：“菩提树东有精舍，高百六七十尺，下基面广二十余步，垒以青砖，涂以石灰。层龛皆有金像，四壁镂作奇制，或连珠形，或天仙像，上置金铜阿摩落迦果。（亦谓宝瓶，又称宝壶）东面接为重阁，檐宇特起三层，榱柱栋梁，户扉寮牖，金银雕镂以饰之，珠玉厕错以填之。奥室邃宇，洞户三重。外门左右各有龛室，左则观自在菩萨像，右则慈氏菩萨像，白银铸成，高十余尺。……见精舍内佛像俨然，结加趺坐，右足居上，左手敛，右手垂，东面而坐，肃然如在。座高四尺二寸，广丈二尺五寸，像高丈一尺五寸，两膝相去八尺八寸，两肩六尺二寸。相好具足，慈颜若真，惟右乳上涂莹未周。既不见人，方验神鉴。众咸悲叹，殷勤请知。有一沙门宿心淳质，乃感梦见往婆罗门而告曰：‘我是慈氏菩萨，恐工人之思不测圣容，故我躬来图写佛像。垂右手者，昔如来之将证佛果，天魔来娆，地神告至，其一先出，助佛降魔。如来告曰：‘汝勿忧怖，吾以忍力降彼必矣！’魔王曰：‘谁为明证？’如来乃垂手指地言：‘此有证。’是时第二地神踊出作证，故今像手仿昔下垂。”［唐］玄奘、辩机著，季羡林等校注：《大唐西域记校注》，北京：中华书局，1985年，第673—675页。

[2] 原经典记载为：“像身东西坐。身高一丈一尺五寸。肩阔六尺二寸。两膝相去八尺八寸。金刚座高四尺三寸。阔一丈二尺五寸。……其像自弥勒造成已来。一切道俗规模图写。圣变难定。未有写得。王使至彼请诸僧众。及此诸使人至诚殷请累日行道忏悔兼申来意。方得图画。仿佛周尽。直为此像出其经本。向有十卷。将传此地。其匠宋法智等。巧穷圣容图写圣颜。来到京都道俗竞摸。”载［唐］道世撰：《法苑珠林》卷第二十九，见《大正新修大藏经》第53册，No.2122，台北：财团法人佛陀教育基金会出版部，1990年，第503页上。

[3] 见［唐］道世撰：《法苑珠林》卷第二十九，《大正新修大藏经》第53册，第503页上。

[4] 相比东晋法显和猛龙等人，入唐后赴印度求法朝圣的高僧对菩提迦耶释迦牟尼佛的记载更为详尽，且尊崇之心愈加炽烈。时义净巡礼此地有载“往大觉寺（即摩诃菩提寺）礼真容像。山东道俗所赠絁绢，持作如来等量袈裟，亲奉披服。濮州玄律师附罗盖数万，为持奉上。曹州安道禅师寄拜礼菩提像，亦为礼讫。于是五体布地，一想虔诚”。载［唐］义净撰：《大唐西域求法高僧传》卷下，见《大正新修大藏经》第51册，No.2066，台北：财团法人佛陀教育基金会出版部，1990年，第8页中。

[5] 印度菩提伽耶现有汉文碑铭五通，当为入印取经僧人所立，年代正好处在11世纪中叶。其中最早的一通碑为道圆所立，另三通立于乾兴二年（1023），最后一通立于明道二年（1033）。

[6] 关于这几方碑刻研究，见周达甫：《改正法国汉学家沙畹对印度出土汉文碑的误释》，《历史研究》1957年第6期，第79—82页。

[7]［宋］范成大著：《吴船录》（卷上），北京：中华书局，1985年，第14页。

图 1-1-1　加尔各答印度博物馆藏刻有降魔触地印释迦牟尼佛与摩利支天的汉文碑头

图 1-1-2　加尔各答印度博物馆藏刻有“金刚座佛盖记”字样的碑头

唐宋两代为汉僧赴印求法，巡礼菩提迦耶之高峰期。菩提迦耶作为释迦牟尼成佛的地标性圣迹，为后世信仰者所尊崇，其意义在于强调佛陀“觉悟”本身。在佛陀一生记事中，未降魔成道之前身为“菩萨”或“太子”，而在降魔成道之后才真正转为“佛陀”。[1]因此，该事件在其一生中具有分水岭作用，以此来宣示佛陀一生的

[1] 据《释论》载：“所谓一切菩萨行，是指从住兜率天开始，到降伏魔军之间的行（事迹）；所谓佛行，是指从现证菩提起，到涅槃之间的行（事迹）。”（byang chub sems dpa'i spyod pa thams cad ces bya ba ni dga' ldan gyi gnas na gnas pa nas bzung ste bdud las rgyal ba'i bar du'o/ sangs rgyas kyi spyod pa zhes bya ba ni mngon par rdzogs par byang chub pa nas bzung ste yongs su mya ngan las 'das pa chen po'i bar du'o/）, Bu ston rin chen grub, *Bu ston chos 'byung*, Krung go'i bod kyi shes rig dpe skrun khang, 1991, p.82, 17-20.

转折点，无疑具有里程碑的意义。

释迦牟尼成道像和他所在的菩提迦耶作为僧众崇拜的对象和朝圣的处所，最早记录藏僧前往该地朝圣的藏文史料出现在 11 世纪。[1] 据库提斯 · R. 谢夫（Kurtis R. Schaeffer）的研究，菩提迦耶成道之圣地至少在 12 世纪后才被藏族人皆知；18 世纪以前还专有藏人撰写前往金刚座朝拜的旅行日记。[2] 西藏著名恰译师曲杰贝（Chag lo tsā ba Chos rje dpal, 1197—1264）曾在 1234 年参访过此地，[3] 这种参拜巡礼的传统一直延续到近代。[4]

第二节 印度早期降魔触地印释迦牟尼佛图像演化

从考古出土文物和地面石窟寺造像壁画看，降魔成道像最初仅作为佛传故事中的片段场景出现。[5] 公元 2—4 世纪印度西北部犍陀罗和马图拉地区的石雕造像（图 1-2-1）；公元 4—6 世纪笈多时代的石刻像（图 1-2-2）；[6] 以及公元 5—6 世纪西印度阿旃陀石窟壁画中的降魔成道像（图 1-2-3），[7] 其绝大多数采用了故事原型的构图方式：结降魔触地印的释迦牟尼佛居于画面的正中央，其头顶用菩提枝叶装饰，众魔密布于金刚座的四周，他们各个分持兵刃，或剑拔弩张攻向释迦牟尼佛，或穿插有献媚裸女干扰其成佛定力。具有此类场景式构图的降魔成道像也影响到早期丝绸之路沿

---

[1] 最早出现在 1167 年萨迦派二祖索南孜摩（bSom nams rtse mo，1142—1182）撰写的《佛教入门》（*Chos la jug pa'i sgo zhes bya ba'i bstan bcos*）中。转引自 Kurtis R. Schaeffer, *Tibetan Narratives of the Buddha's Acts at Vajrasana*，见载于《藏学学刊》2012 年第 7 辑，第 94 页及注释 2。关于藏僧赴菩提迦耶朝圣的相关文献与笔记研究，详见该论文第 92—125 页。

[2] Kurtis R. Schaeffer, *Tibetan Narratives of the Buddha's Acts at Vajrasana*，《藏学学刊》2012 年第 7 辑，第 92 页。

[3] 恰译师曲杰贝（Chag lo tsa ba Chos rje dpal，1197—1264），《法主恰译师曲杰贝传——一名藏族僧人的朝圣之旅》，见 George N. Roerich, *Biography of Dharmaśvāmin* [*Chag lo-tsā-ba Chos-rje-dpal*] *: A Tibetan Monk Pilgrim*, trans.Patna: K.P.Jayaswal Research Institute, 1959；见载于 Kurtis R.Schaeffer, *Tibetan Narratives of the Buddha's Acts at Vajrasana*，《藏学学刊》2012 年第 7 辑，第 94 页。

[4] 直到 20 世纪，该礼拜活动还未间断。西藏著名学者根敦群培（dGe 'dun chos 'phel，1903—1951）就曾赴印朝圣过菩提迦耶寺，并撰有《印度著名朝圣地指南》（*rGya gar gyi gnas chen khag la bgrod pa'i lam yig*），该文收录于《根敦群培文集》（*dGe 'dun chos 'phel gyi gsung rtsom*）第三卷。

[5] 关于降魔成道故事，主要散见于《方广大庄严经》卷十《商人蒙记品第二十四》，《普曜经》卷六《降魔品第十八》（《大正新修大藏经》第 3 册，No.186，第 526 页），《根本说一切有部毗奈耶破僧事》（《大正新修大藏经》第 24 册，No.1450，第 123 页）等经典中。

[6] 据日本学者宫治昭研究，在笈多时代的降魔成道图像中，魔王、魔女、众魔及天地之构成已基本定型。见宫治昭『インド仏教美術史論』，東京：中央公論美術出版，2010 年，第 339 页。

[7] 根据宫治昭的实地调查，目前降魔成道像在犍陀罗地区的遗作有 40 件、马图拉地区 3 件、南印度（2—4 世纪）约 50 件、笈多时期 9 件、西印度后期（阿旃陀石窟，5—6 世纪）壁画 3 铺、波罗王朝时期近 40 件。见宫治昭『インド仏教美術史論』，東京：中央公論美術出版，2010 年，第 324—325 页。

图 1-2-1 降魔成道像，3—4 世纪，犍陀罗地区出土，柏林国立亚洲美术馆藏

图 1-2-2 佛传四相降魔成道情节，4 世纪末至 5 世纪初，印度北方邦拉姆讷格尔出土，勒克瑙州立博物馆藏

图 1-2-3 阿旃陀石窟第 1 窟降魔成道图，佛殿前室左壁，6 世纪前期

线的克孜尔石窟、敦煌莫高窟及山西大同的云冈石窟等。[1] 6 世纪中期至 8 世纪中叶的后笈多时代，释迦牟尼成道像在继承笈多早期宏大场景式构图的基础上，单体降魔成道像已然成风，[2] 至波罗王朝（8 世纪中期至 12 世纪），在图像上为了强化释迦成道

[1] 具有故事情节的降魔触地印释迦牟尼佛在我国最早出现在 5 世纪后半叶的敦煌 254 窟和北魏末期龙门路洞窟。见张善庆：《论龙门石窟路洞降魔变地神图像》，《中原文物》2009 年第 1 期，第 73—76 页。

[2] D. R. Sahni, *Catalogue of the Museum of Archaeology at Sārnāth*, Calcutta: Superintendent Government Printing, 1914, pl. Ⅸ. 宮治昭『インド仏教美術史論』，東京：中央公論美術出版，2010 年，第 339、368 页。

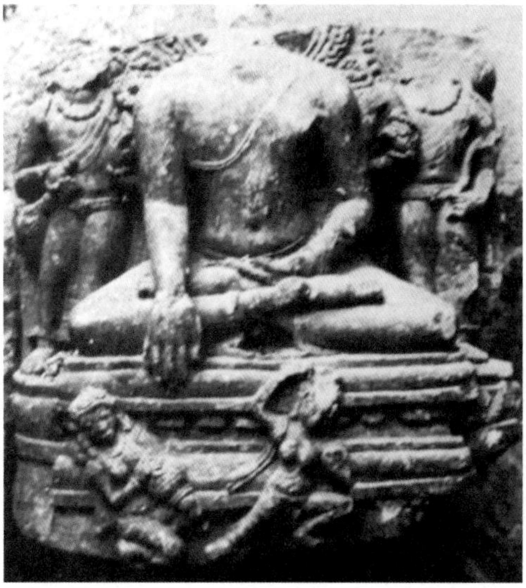

图 1-2-4　降魔触地印释迦牟尼佛与两胁侍菩萨造像，8 世纪末左右，菩提迦耶

视觉本身，将早期穿插于其周围的魔王、魔女以及众魔攻击场景简化。到 8 世纪末至 9 世纪初，在菩提迦耶所在地比哈尔境内开始盛行降魔触地印释迦牟尼佛与弥勒（手持龙花枝）和观音（手持莲枝）三尊组合像（图 1-2-4）。同时，流行于波罗王朝时期的"四相"[1]和"八相"[2]中的降魔成道像，[3]在保留早期原造像中饰菩提枝叶这一标志的同时，魔王与魔女仅象征性地出现（图 1-2-5）。尤其在"八相"图中，降魔成道像不仅占据了画面的中央位置，且其比例尺寸远胜于其他七相所占空间，在视觉上更凸显出这一题材在该组合中的主导权。波罗王朝中晚期（10—12 世纪），头戴宝冠的降魔触地印释迦牟尼佛在八相图中开始盛行（图 1-2-6；1-2-7），其特征是：居于画面正中央，跏趺坐的两膝之宽度基本与背屏宽度保持一致，背屏呈椭圆形，释迦头顶的菩提枝叶只是象征性地表现为两片，或出于对称在两片叶子的中央另夹有一片正面叶子，魔王与魔女已消失殆尽。

[1]"四相"指释迦牟尼一生中的四段主要经历，一般是指树下诞生、降魔成道、初转法轮和涅槃。

[2]"八相"指释迦牟尼一生中的八段主要历程，亦称"八相示现"，由于传播路径、时代和地域不同，其图像内容也略有差异，但东印度波罗时期流行的"八相"主要指"腋下诞生、降魔成道、初转法轮、舍卫城神变、下忉利天、调伏醉象、猕猴献蜜、涅槃"。有关八塔变图像研究，国内学者见谢继胜、常红红：《莫高窟 76 窟〈八塔变〉及相关的几个问题——11—13 世纪中国多民族美术关系史研究》，《艺术史研究》第十三辑，中山大学艺术史研究中心编，2011 年，第 207—250 页；刘永增：《瓜州榆林窟第 3 窟释迦八相图图像解说》，《敦煌研究》2014 年第 4 期，第 1—16 页；贾维维：《榆林窟第三窟壁画与文本研究》，杭州：浙江大学出版社，2020 年，第 61—108 页。西方学者见 Ursula Toyka-Fuong, "The Influence of Pala Art on 10th-century Wall-paintings of Grotto 76 in Dunhuang", In Ernst Steinkellner (ed.), *The Inner Asian International Style 12th-14th centuries: Proceddings of the 7th Seminar of the International Association for Tibetan Studies*, Graz, 1995, pp.67-96; John C. Huntington, "Pilgrimage as Image: The Cult of the Aṣṭamahāprātihārya", *Orientations*, Vol.18, no.4, 1987, pp.56-63; no.8, pp.56-68; Ratan Parimoo, *Life of Buddha in Indian Sculpture: Ashta-maha-pratiharya: An Iconological Analysis*, Kanak Publications, New Delhi: Kanak Publications, 1982; Hiram W.Woodward Jr, "The Life of the Buddha in the Pala Monastic Environment", *The Jonrnal of the Walters Art Gallery*, Vol.48, 1990, pp.13-27. 日本学者见宮治昭「パーラ朝の釈迦八相像」,『インド仏教美術史論』，東京：中央公論美術出版，2010 年，第 380—422 页；渡邊里志『仏伝図論考』，東京：中央公論美術出版，2012 年。

[3]据宫治昭研究，笈多时代在佛陀初转法轮的鹿野苑（Sārnāth）和印度北方邦（Uttar Pradesh）拉姆讷格尔（Ramnagar）地区出土的佛传浮雕中多以四相、五相和八相图为主。见宮治昭『インド仏教美術史論』，東京：中央公論美術出版，2010 年，第 337 页。该研究说明了在笈多时代，释迦牟尼"八相"图已经出现，但八相图的真正流行是在波罗时期的东印度。

图 1-2-5　佛传八相图，7 世纪，鹿野苑出土，鹿野苑博物馆藏

图 1-2-6　头戴宝冠降魔触地印释迦牟尼与佛传七相，12 世纪，印度比哈尔邦南摩揭陀出土，波士顿美术馆藏

图 1-2-7　头戴宝冠降魔触地印释迦牟尼佛，10—11 世纪，那烂陀出土，那烂陀考古博物馆藏

图 1-2-8 释迦牟尼八相图，10 世纪，那烂陀出土，那烂陀考古博物馆藏

另外，环围释迦的另七相所占空间与波罗初期八相构图（见图 1-2-5）中平分秋色的空间分配比例相比，显然已收缩并退居次要地位（图 1-2-8；1-2-9）。

该题材出现在波罗王朝中晚期的另一特征是，降魔触地印释迦牟尼佛与两胁侍菩萨弥勒和观音的组合像，在数量上进一步扩增，以及单尊降魔触地印释迦牟尼像的普遍流行。印度加尔各答市印度博物馆所藏 9 世纪末降魔触地印释迦牟尼像（图

图 1-2-9　释迦牟尼八相图，11 世纪，那烂陀出土，那烂陀考古博物馆藏

图 1-2-10　降魔触地印释迦牟尼佛与两胁侍弥勒和观音造像，9 世纪末，比哈尔邦库尔基哈尔出土，印度加尔各答市博物馆藏

1-2-10）之构图紧承波罗王朝中期八相构图范式：背屏上部呈椭圆形，不同于波罗王朝初期八相图中的长方形背屏。主尊于宽厚的金刚座上结金刚跏趺坐，与特意被放大的体型一并增加了画面的稳定性。两胁侍菩萨观音和弥勒呈三折枝站立，体型略小。现藏于菩提迦耶巴特那（Paṭnā）博物馆中的降魔成道像（图 1-2-11）是该时期这一造像题材中的典型代表，主尊下方的金刚宝座被略去，取而代之的是在跏趺坐之右脚踝下方置金刚杵以示释迦不动不倾的法力。

随着我国与国外联合考古发掘工作的不断推进，近年来已取得了不少令人瞩目的成果。2014—2015 年，湖南省考古研究所与孟加拉国奥迪海亚 · 阿斯温（Oitihya Onneswan）考古研究中心联袂对孟加拉国毗诃罗普尔（Vikrampura）佛教遗址展开

图 1-2-11　降魔触地印释迦牟尼佛与两胁侍弥勒和观音造像，9 世纪后半叶，菩提迦耶出土，巴特那博物馆藏

发掘，[1]在出土文物中亦发现了波罗时期典型的降魔触地印释迦牟尼佛与观音和弥勒组合的圆雕造像（图 1-2-12）。该造像中的释迦牟尼佛金刚跏趺坐于呈菩提迦耶大塔的龛室内，左右观音与弥勒菩萨呈游戏坐，髻冠高耸，右手均结与愿印，左手分持莲花和嵌有宝瓶的龙华树枝。主尊背龛上方中央与两侧分雕五方佛坐像：中央为阿閦佛，右上方为大日如来，左下方安宝生佛，左上方为不空成就佛，右下方安阿弥陀佛。

图 1-2-12　降魔触地印释迦牟尼佛与两胁侍弥勒和观音造像，11 世纪后半叶，孟加拉国毗诃罗普尔佛教遗址出土

波罗王朝晚期，早期主尊两侧配有两胁侍观音和弥勒的降魔成道三尊组合像已让位于单体的降魔成道像。主尊释迦牟尼佛正襟危坐于狮子金刚座的上方，彰显出其不动不倾、唯我独尊的法力，印度加尔各答市博物馆（图 1-2-13）和日本东京国立博物馆东洋馆所藏的 10—11 世纪前后造像（图 1-2-14）为其典型代表。

基于以上范例分析，从文物遗存中基本可勾勒出降魔触地印释迦牟尼佛图像在印度的演变轨迹：由最初作为佛传中一场景式故事情节，到笈多时代从此情节中分离出来与释迦“四相”“五相”“八相”并列组合；后笈多时代，单体降魔成道像已出现并开始流通；波罗初期，菩提迦耶等地开始流行降魔触地印释迦牟尼佛与观音和弥勒三尊组合像；波罗中期，降魔成道像成为“八相”中的主角，不仅占据了整个画面的中心位置，且释迦牟尼健硕的体型与所占空间压倒其他“七相”，迫使前期围聚于其四方的众魔也退出了画面；波罗晚期，在承接波罗早中期造像体系的基础上，单尊造像大量涌现并普遍盛行，但该类造像中椭圆形背光和释迦牟尼头顶的菩提枝叶造型仍保留了波罗早中期“八相”图中的背屏遗痕。这些图像从繁到简，最终演变为便于携带的单体尊像，其意义在于昭示降魔成道在释迦牟尼一生中的重要性，并旨在追念觉悟成佛这一跨时代的重大事件，故备受世人尊崇。

[1] 毗诃罗普尔佛教遗址位于今天达卡地区的蒙杰甘希县，该地区曾是孟加拉Chandra（900—1050），varmana（1080—1150）和Sena（1100—1230）王朝都城所在地。见柴焕波：《中国文物报》，2016 年 1 月 1 日总第 2403 期。

图 1-2-13 降魔成道像，10 世纪左右，比哈尔出土，印度加尔各答市博物馆藏

图 1-2-14 降魔成道像，9—11 世纪，比哈尔出土，日本东京国立博物馆东洋馆藏

第三节 唐代降魔触地印释迦牟尼佛与二胁侍菩萨的身份及关系

波罗初期在印度菩提迦叶普遍流行的降魔触地印释迦牟尼佛与弥勒和观音的三尊组合像可能与早期菩提迦耶大塔内释迦牟尼佛与龛外弥勒和观音组合有关，“‘结跏趺坐，右足居上，左手敛，右手垂，东面而坐，肃然如在’，其‘外门左右各有龛室，左则观自在菩萨像，右则慈氏菩萨像’”。此像在玄奘出使天竺求法行记《大唐西域记》中已有明确记载。11 世纪中后期，印度大成就者无畏生护（Abhayākaragupta）虽在《成就法鬘》（*Sādhanamālā*）中亦载有“礼拜者需自冥金刚座佛，其右手结触地印，左手于腿上，身着赤色袈裟，居于青、白、红、绿四魔王之上置有二重莲花的金刚杵之上方，呈寂静相，身体赋予了一切之祥瑞；其右侧为弥勒菩萨，白色，二臂，头戴髻冠，右手持拂尘，左手执龙华树花；左侧为观自在菩

萨，白色，头戴髻冠，右手持拂尘，左手执莲花，两尊均呈静相并面朝主尊”。[1]考虑到《成就法鬘》成书年代在1100年前后，[2]故推测降魔触地印释迦牟尼佛与弥勒和观音的三尊组合形式或先于图像志出现。

初唐至中唐，降魔触地印释迦牟尼佛与两胁侍菩萨的三尊组合像在两京地区极为盛行。陕西省西安市南郊慈恩寺等多处唐代寺院遗址出土的擦擦（tsha tsha）造像均与此有关。这些擦擦背面多印有“印度佛像”或“大唐善业”字样，陈直、[3]贾麦明、[4]周越、[5]冯贺军、[6]肥田路美[7]等学者从制作者、年代、铭文、信仰等角度已做了深入探究。但对释迦牟尼佛与两胁侍菩萨的组合源流及身份问题并未涉及，故以下沿着前学之辈的早年研究，就此问题再展开分析。

现藏于陕西省历史博物馆，背面印有“印度佛像大唐苏常侍等共作”[8]释迦三尊擦擦（图1-3-1A；1B），及由黄濬编辑刊印于民国二十六年（1937）《尊古斋陶佛留真》中署有“缘起法身偈”[9]的擦擦，均为释迦三尊组合像（图1-3-2）的典型代表。主尊释迦牟尼佛结金刚跏趺坐于莲台上，偏袒右肩，右（或左）手结触地印，左（或右）手结禅定印。左右两胁侍菩萨呈三折姿站立，右胁侍左手下垂持莲茎，右手于胸前持拂尘，左胁侍左臂下垂持拂尘，右手曲臂与肩平行。因造像印线纤细，加上后期磨损，故右手持物现已不清。但从整体图像看，右胁侍应该是观音，左胁侍应为弥勒，该配置及持物亦与《成就法鬘》中的记载基本吻合。菩提迦耶金刚座佛已经多次重修，[10]今日所留遗存已非7世纪上半叶玄奘到访此地所见之真容，要想还原菩提迦耶金刚座佛左右胁侍的具体尊容与持物无疑具有难度，但就《大唐西域记》

[1] Benoytosh Bhattacharyya, *The Indian Buddhist Iconography: mainly based on the Sādhanamālā and Cognate Tāntric Texts of Rituals,* London: Oxford University Press, 1924, p.11.

[2] 奥山直司「Sādhanasatakaについて」,『印度學佛教學研究』1998年第46卷第2号，第919页。

[3] 陈直:《唐代三泥佛像》,《文物》1959年第8期;《西安出土隋唐泥佛像通考》,《现代佛学》1963年第3期。

[4] 贾麦明:《唐长安城佛寺与西安出土的唐泥佛像》,《故宫文物月刊》1993年总126期。

[5] 周越:《陕西历史博物馆藏泥佛像综述》,《陕西历史博物馆馆刊》1998年第5辑。

[6] 冯贺军:《故宫藏唐朝善业泥研究》,《故宫学刊》2005年第2辑。

[7] 肥田路美『初唐仏教美術の研究』，東京：中央公論美術出版，2011年，第55—90页。

[8] 肥田路美通过对出土擦擦背面铭文“印度佛像大唐苏常侍等共作”中苏常侍生平年代的考订，指出署有“苏常侍”铭文的擦擦应制作于650—670年。见肥田路美『初唐仏教美術の研究』，東京：中央公論美術出版，2011年，第67页；另据肥田先生的研究，署有“印度佛像”的擦擦主要集中在7世纪后半期至8世纪，『初唐仏教美術の研究』，第92页。

[9] 擦擦正下方的偈颂题为“诸法从缘生，如来说是因。诸法从缘灭，大沙门所说”。据肥田路美研究，该偈颂多见于《过去现在因果经》卷四；《佛本行集经》卷四八；《四分律》卷三三；《五分律》卷十六；《大智度论》卷十八；义净译《根本说一切有部毗奈耶出家事》卷二及《南海寄归内法传》卷四等经典中。经比较，唯有义净两译本中的“诸法从缘起，如来说是因。彼法因缘尽，是大沙门说”与其最为接近。见肥田路美『初唐仏教美術の研究』，東京：中央公論美術出版，2011年，第59页。

[10] 关于菩提迦耶大菩提寺的修建及历史沿革，详见Ulrich von Schroeder, *Buddhist Sculptures in Tibet*, volume One “India & Nepal”, Hong Kong: Visual Dharma Publications Ltd, 2001, p.321.

图 1-3-1A　降魔触地印释迦牟尼佛与两胁侍菩萨擦擦（正面），唐代，陕西省历史博物馆藏

图 1-3-1B　降魔触地印释迦牟尼佛与两胁侍菩萨擦擦（背面），唐代，陕西省历史博物馆藏

图 1-3-2　降魔触地印释迦牟尼佛与两胁侍菩萨擦擦（正面），唐代

记载看，金刚座释迦牟尼佛与弥勒观音的组合最晚在 7 世纪上半叶已见雏形，推测《成就法鬘》中所载该类组像或与原菩提迦耶金刚座佛和其门左右两侧胁侍弥勒和观音互配的早期传承有关。

初唐时期，被尊为“印度佛像”即偏袒右肩、右手结触地印的释迦牟尼佛与两胁侍菩萨的三尊组合像在中土的传入可能与玄奘、王玄策[1]等人赴印求法巡礼菩提迦耶金刚座佛之后携此粉本回至长安仿造有关。[2]武则天治世期间，从印度求法归来的义净僧携梵本经律论近四百部，合五十万

[1] 王玄策曾四次（643—647，647—648，657—661，663—665）赴印求法，关于他赴印求法年代考订，见孙修身：《王玄策事迹钩沉》，乌鲁木齐：新疆人民出版社，1998 年，第 4—14 页。

[2] 据《法苑珠林》卷二十九载，随王玄策使团赴菩提迦耶朝圣的工匠宋法智巧绘菩提迦耶金刚座圣容，将其带回京都模仿的记载，原文为：“其像自弥勒造成以来，一切道俗规模图写，圣变难定，未有写得。王使至彼，请诸僧众及此诸使人至诚殷请，累日行道忏悔，兼申来意，方得图画，仿佛周判直为此像出其经本，向有十卷，将传此地。其匠宋法智等巧穷圣容，图写圣颜。来到京都，道俗竞摸。”

图 1-3-3　降魔触地印释迦牟尼佛与两胁侍菩萨，唐代，原宝庆寺，现藏于日本东京国立博物馆东洋馆

图 1-3-4　降魔触地印释迦牟尼佛与两胁侍菩萨，唐代，原宝庆寺，现藏于日本东京国立博物馆东洋馆

余颂，金刚座真容一铺，时受武则天亲迎于洛阳上东门外，并敕令将其供奉于佛授记寺。[1] 武则天在位（690—705）所建的西京光宅寺七宝舍利台群雕中就有降魔触地印释迦牟尼佛与胁侍弥勒和观音的三尊组合像。后因会昌灭法，光宅寺日渐废弃，明晚期将残留于该寺七宝台壁面上的浮雕像移至城南宝庆寺，故该造像又得名“宝庆寺造像”。在已知的 32 件造像中，除西安城南门书院北侧清雍正元年（1723）重修光宅寺六面七层花塔之第二层六面 6 块和陕西省碑林博物馆保存的 1 块外，其余均流失于海外，现藏于美国波士顿美术馆、弗瑞尔美术馆、日本东京国立博物馆东洋馆、奈良国立博物馆和九州国立博物馆。据肥田路美的研究，在现存的 32 件浮雕像中有 9 件为降魔触地印释迦牟尼佛。[2] 经笔者核实比对，发现这 9 件中的 8 件为释迦牟尼佛与两胁侍菩萨的组合像，8 件组像除释迦牟尼佛有戴宝冠和非戴宝冠之分，以及 1 件主尊左手结触地印、右手疑结无畏印（图 1-3-3）外，其余 7 件均为主尊偏袒右肩，金刚跏趺坐于金刚座之上，右手结触地印，左手结禅定印，两胁侍菩萨弥

[1]［唐］释智昇撰：《开元释教录》卷第九，见《大正新修大藏经》第 55 册，No.2154，台北：财团法人佛陀教育基金会出版部，1990 年，第 568 页中。

[2] 肥田路美『初唐仏教美術の研究』，東京：中央公論美術出版,2011 年，第 108 页。另肥田先生就宝庆寺造像历史及降魔触地印释迦牟尼佛图像在中土的流布亦做过深入探讨，但就该造像与两胁侍菩萨的身份及图像源流问题并未讨论。

图 1-3-5　戴宝冠降魔触地印释迦牟尼佛与两胁侍菩萨，唐代，原宝庆寺，现藏于日本东京国立博物馆东洋馆

图 1-3-6　戴宝冠降魔触地印释迦牟尼佛与两胁侍菩萨，唐代，原宝庆寺，现藏于日本东京国立博物馆东洋馆

勒和观音分立于左右两侧（部分胁侍持物残损不清，不能给予肯定判断）之组合特征，且在三尊组像的上方一般饰有菩提树冠状天盖（图 1-3-4）。现藏于东京国立博物馆东洋馆中的一件其主尊头戴宝冠，右胁侍菩萨右臂下垂持净瓶，左臂上挽持拂尘，为观音菩萨的图像标志；左胁侍右手上挽持龙花树枝，左手下垂紧抓过膝披帛，为弥勒菩萨的图像标志（图 1-3-5）。诸如此类手印和持物的造像也见于该馆所藏的另一组造像中（图 1-3-6）。不同于前者的是，该造像主尊头光呈火焰纹，头顶设华盖，并置换了左右胁侍观音和弥勒的位置：右侧为弥勒，左侧为观音。为了强调尊像身份特征，在弥勒髻冠上嵌佛塔，观音髻冠上嵌阿弥陀佛坐像。

手持龙花树枝的弥勒与降魔触地印释迦牟尼佛和观音组像，在波罗时期造像中已成为普遍现象。印度比哈尔邦出土、现藏于比哈尔邦巴特那博物馆的一组三尊造像其弥勒左手持龙花树枝即为典型案例，且在两胁侍髻冠上分别嵌有各自标志——佛塔和阿弥陀佛坐像（图 1-3-7A；1-3-7B；1-3-7C）。同出自比哈尔邦，现藏于该博物馆其年代大约在 9 世纪后半叶的另一件造像中，弥勒菩萨亦左手持龙

图 1-3-7A　触地印释迦牟尼佛，10 世纪，比哈尔菩提迦耶出土，巴特那博物馆藏（左）
图 1-3-7B　弥勒菩萨，10 世纪，比哈尔菩提迦耶出土，巴特那博物馆藏（中）
图 1-3-7C　观音菩萨，10 世纪，比哈尔菩提迦耶出土，巴特那博物馆藏（右）

花树枝（参看图 1-2-11）。

宝庆寺造像中，降魔触地印释迦牟尼佛与两胁侍三尊组像均为释迦配观音和弥勒。艺术家在创作时力求在同一批造像中表现出不同手法，故出现了左右胁侍位置与持物置换现象，甚至主尊释迦牟尼佛也出现了左手结触地印、右手结禅定印的类型。除此之外，在山西太原天龙山石窟初唐时期营建的第 4、第 18 等窟中也发现了类似组像。[1] 该图像在唐代社会的接纳和盛行，[2] 一则体现了当时中印佛教文化互通往来之频繁，二则反映了当时唐人对菩提迦耶瑞像的尊崇和信持。[3] 而这些图像的来源无疑与当时赴印求法朝圣的僧人有着直接的关系。

第四节　降魔触地印释迦牟尼佛于西藏的传入、图像配置与演变

相比汉地，佛教传入雪域高原的时间要晚。相传在拉脱脱日年赞（lHa tho tho ri snyan btsam）时期，有用金汁书写的经书等“玄秘灵物”（gnyan po gsang ba）自天

[1] 李裕群：《天龙山石窟分期研究》，《考古学报》1992 年第 1 期，第 37 页图表 1。
[2] 在汉地，降魔触地印释迦牟尼造像遗存主要集中在 7 世纪下半叶至 8 世纪。
[3] 据肥田路美研究，降魔触地印释迦牟尼佛在唐代有等同于阿弥陀佛的现象。甘肃永靖县炳灵寺永隆二年（681）开凿的 54 龛，其在降魔触地印释迦牟尼佛与两胁侍菩萨造像龛内刻有“大唐永隆二年闰七月八日，陇右道巡察史行殿中侍御史，王玄□敬造，阿弥陀佛一驱并二菩萨”铭文。另在紧邻此龛的 53 龛内，也有与之相关的造像铭文。详见肥田路美：『初唐仏教美術の研究』，東京：中央公論美術出版，2011 年，第 106—107 页及注释 36。

而降，自此开启了藏地“妙法初传”（dam pa'i chos dbu brnyes pa）的序幕。后经“吐蕃三法王”[松赞干布（Srong btsan sgam po，629—650年在位）、赤松德赞（Khri srong lde btsan，755—797年在位）、赤祖德赞（Khri gtsug lde brtsan，815—838年在位）]三代的中兴以及末代赞普朗达玛（Glang dar ma，799？—842）灭佛之后长达近一个世纪的“黑暗期”（snyigs ma'i dus），佛教在雪域高原的再次复兴始于10世纪末古格王益西沃（Ye shes 'od，947—1024）于阿里地区的复法运动。

一、文成公主入藏与降魔触地印释迦牟尼佛12岁等身像

唐贞观十五年（641），松赞干布派使者禄东赞（mGar stong btsan yul srung，?—667）一行入唐请婚。当时唐王朝为了顾全唐蕃关系大局，几经周折，最终将大唐宗室之女文成公主（Mun chang kung c[j]o，623—680）许嫁吐蕃。这位面若莲花、身具芬芳、知书达理且虔信佛教的公主一路历经千辛万苦，于唐贞观二十一年（647）到达逻些（拉萨），自此开始了她在藏地生活的漫长岁月，同时也开启了唐蕃舅甥为亲、友好往来的历史局面。在文成公主此次远嫁陪送嫁妆中，除有大量天文历算、手工艺制作和佛教典籍外，最为重要的是她带去了一尊降魔触地印释迦牟尼佛12岁等身金像。这尊像对后来拉萨城礼拜空间的形成及降魔触地印释迦牟尼佛在藏地的信仰传播埋下了伏笔。

关于此像的来历与信仰，在《巴协》《雅隆尊者教法史》《贤者喜宴》《汉藏史集》《世系明鉴》《青史》《红史》《西藏王统记》《卫藏道场胜迹志》等重要藏文史籍中均有记载，对此陈楠先生已有考订。[1]其中《西藏王统记》中有载：“文成公主笃信佛教，临行前曾向父皇祈请：‘边地佛履所未践，无有佛教黑暗州。由无梵宇无神像，故无积福所凭依。若欲儿即往彼处行，父皇所供本尊神，释迦佛像请赐我。’唐太宗帝慨然应允：‘爱女积福所凭依，有我所供本师像……利乐源泉觉阿像，舍此如舍寡人心，仍以赏赐我娇女。’”[2]另《汉藏史集》中有载：“释迦牟尼前往拘尸那城入涅槃，此时文殊菩萨问曰：‘今后当如何作？’释迦答曰：‘为调伏邪恶外道，可塑我像代替我。’于是大梵天、遍如天和帝释天布施，由天毗首羯摩共铸三尊佛像，除十二岁等身像外，另有八岁和二十五岁等身像两尊。”[3]从以上史料可知，由文成公主带入藏地现供奉于大昭寺内的释迦牟尼12岁等身像原本是大唐一代君主——唐太宗李世民的个人“本尊神”（yi dam lha），他具有调伏恶趣外道、护佑众生平安之功能。

---

[1] 陈楠：《拉萨大昭寺觉沃佛考》，《中国藏学》2012年第2期，第148—155页。
[2] 索南坚赞著，刘立千译：《西藏王统记》，拉萨：西藏人民出版社，第67—68页。
[3] 达仓宗巴·班觉桑布著，陈庆英译：《汉藏史集》，拉萨：西藏人民出版社，1986年，第31页。

以上藏文史书中对释迦牟尼12岁等身像的历史叙述未必完全真实可靠。在此，笔者的任务并不在于辨其“真伪”，或者还原一个所谓的“历史真实”，而更多地关注藏族史学家在不同历史时期是怀着怎样的心态去叙述这尊全民信仰的等身像，以及在这种叙述背后所赋予的神圣性在后期“拉萨圣城”礼拜空间的构建中所扮演的角色。

释迦牟尼12岁等身像最初供奉在松赞干布为文成公主修建的小昭寺内。大昭寺原供早于文成公主，由墀尊公主（Khri btsun kung c[j]o）从尼泊尔带来的释迦牟尼8岁等身像——觉沃不动金刚像（Jo bo mi bskyod rdo rje）。后因朗达玛灭佛，12岁等身像一度转至芒域（mang yul），待法难结束后又将其迎请至拉萨，供奉于大昭寺。[1]后弘期以后，此像成为藏地的主供佛，并延续至今仍香火不断。西藏史书中将此像塑造成神圣的、不可比拟的“大宝瑞像”，并在藏地复制了大量与此像有关的“觉沃佛”金铜像。[2]目前这尊供在大昭寺觉沃佛殿中的铜像，就其风格而言年代能否追溯到吐蕃时期还备受争议，极有可能在后期经过多次改造或重铸。但值得肯定的是该尊金铜造像在明永乐七年（1409）宗喀巴大师推行宗教改革时还曾专门为此献五佛冠，着装成报身佛形象，故后人又将之称为“觉沃仁波切”（Jo bo rin po che）。[3]

在西藏，尤其在拉萨人民心目中，至今还传颂着一首古老的歌谣：“圣地拉萨何处建？拉萨建在湖泊上。先有大昭寺，后有拉萨城。”拉萨，唐代称作“逻些”或“逻娑”，藏文原名“ra sa”，意为羊土。赤祖德赞（Khri gtsug lde brtsan，815—836年在位）执政期改其为“lha sa”，意为“神地”或“有神之地”。大昭寺称作“拉丹祖拉康”（lha ldan gtsug lag khang），东嘎先生指出“lha ldan”即拉萨之别称，该处为释迦牟尼与大悲心五位天成像之居所。[4]大昭寺之所以能成为拉萨城神性空间的象征与核心所在，关键在于文成公主入藏时带到雪域高原的释迦牟尼12岁等身像，以及后世不断围绕该圣像展开礼拜所形成的“廓”（'khor [bskor]）。“廓”在建构大昭寺的神圣性和拉萨圣城礼拜空间的过程中扮演着关键性角色。“廓”因有了“寺”才具有了形成圆形的向心力，才构成了圣所与转经空间互为系统和互相建构的关系。在拉萨诸多寺庙中，只有大昭寺形成了分别以自身为中心的三条著名转经道，即围绕大昭寺及主供佛所居正殿的囊廓（nang 'khor，内轮）、帕廓（bar 'khor，中轮）及

---

[1] 五世达赖喇嘛著，郭和卿译注：《西藏王臣记》，北京：民族出版社，2002年，第57页。
[2] Michael Henss, *The Cultural Monuments of Tibet*, Vol.1, Munich, London, New York: Prestel, 2014, pp.72-74.
[3] 钦则旺布著，刘立千译注：《卫藏道场胜迹志》，北京：民族出版社，2000年，第57—58页，注释第46条。
[4] 东嘎·洛桑赤烈：《东嘎藏学大辞典》（藏文），北京：中国藏学出版社，2002年，第2150页。

图 1-4-1　大昭寺圣迹图，大昭寺三层殿

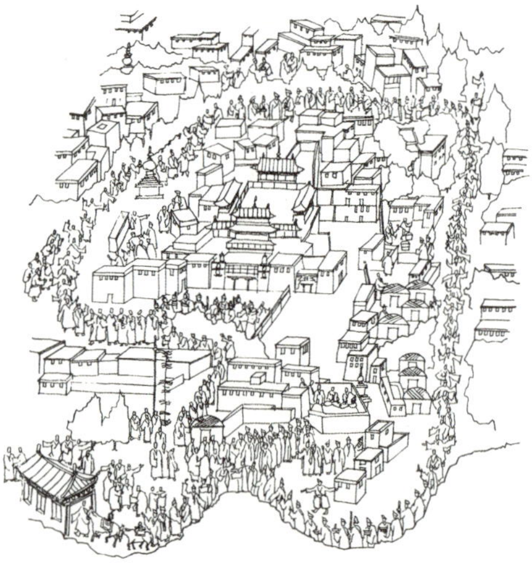

图 1-4-2　帕廓街转经朝佛图，摹自布达拉宫壁画

林廓（gling 'khor，外轮）。这些“廓”的出现及其围绕圣像（12 岁等身像）与圣所（大昭寺）形成的信仰空间，承载着藏民族厚重的信仰凝聚力，也与藏传佛教历史上的政教地位紧密地联系在一起。自明中期后，依照宗教仪轨和历史定制，达赖喇嘛、班禅额尔德尼等藏传佛教大活佛的转世灵童，均须在大昭寺降魔触地印释迦牟尼佛 12 岁等身像前举行金瓶掣签、梯度受戒，祈求佛祖圣灵的“发断”，这种传规一直延续到清代。[1] 此外，以该像形成的礼拜圣迹图在大昭寺（图 1-4-1）、布达拉宫（图 1-4-2）、罗布林卡和桑耶寺壁画中均有表现，甚至晚期出现专门模仿该像的金铜造像，[2] 此现象反映了该造像在藏族信仰群体中的重要性和不可替代性。

前弘期单体降魔触地印释迦牟尼佛金铜造像在布达拉宫觉康殿（Jo khang）和利玛拉康殿（Li ma lha khang）中保存数量众多，这些金铜造像绝大多数是按波罗王朝早中期风格铸造（图 1-4-3）。其中在一件单体造像背屏及基座处镌刻有梵文偈颂和汉文铭文“安西开元寺法师惠超途造，缘法偈众生皆并（共）成佛得道；东天竺国中、那兰多（陀）寺写；□□□□□道生天、□□□县”。[3]（图 1-4-4A；1-4-4B）

[1] 陈楠：《拉萨大昭寺觉沃佛考》，《中国藏学》2012 年第 2 期，第 155 页。

[2] 如五世达赖喇嘛在位期间，他以大昭寺觉沃佛为摹本，专门在布达拉宫红殿复制该佛像，在此之后也铸造了许多单体的觉沃金铜佛像，用以供奉。见 Henss, Michael, *The Cultural Monuments of Tibet: The Central Regions*, vols.2, Munich, London, New York: Prestel, 2014, pp.71-74, pl.92, 93.

[3] Ulrich von Schroeder, *Buddhist Sculptures in Tibet*, Volume One “India & Nepal”, Hong Kong: Visual Dharma Publications Ltd, 2001, pp.321-337.

图 1-4-3 触地印释迦牟尼佛，8—9 世纪，布达拉宫觉康殿藏

图 1-4-4A 触地印释迦牟尼佛（正面），8—9 世纪，三界殿藏

图 1-4-4B 触地印释迦牟尼佛（背面），8—9 世纪，三界殿藏

惠超，亦称慧超，朝鲜半岛新罗入唐僧人。据《慧超往五天竺国传》载，惠超周游五天竺国后辗转中亚，沿丝绸之路东行于开元十五年（727）抵达安西，[1]其中菩提迦耶所在地东天竺摩揭陀国（Māgadha）也在他的朝拜范围内。[2]关于他的生卒年，后世史书并无详载，张毅根据开元七年（719）惠超与金刚智（671—741）在广州会面，金刚智收惠超为徒时，时年惠超年仅 16 岁，以及在建中二年（781）之后的史料中再无此人信息推测，惠超应生于长安四年（704），卒于建中年间（780—783）。[3]布达拉宫所藏刻有汉文铭文的这件金铜佛像年代是否能早到慧超前往天竺期间，或该尊造像是在何时又因何种原因传至西藏并保存在布达拉宫，其背后的深层经纬目前还无法揭晓。但就造像后方所刻铭文看，至少反映了当时汉藏民族对菩提迦耶瑞像持有共同的尊崇心理，亦折射出当时我国不同民族间频繁往来之侧影。

[1]［唐］慧超著、张毅释：《往五天竺国传笺释·经行记笺注》，北京：中华书局，2000 年，第 174 页。

[2] 由于慧超行记中对所到之国记载简略，摩揭陀国亦是，写本中仅记载“此寺中有一金铜像、五百□□□。旧有一王名尸罗粟底，造此像也。兼造一金铜□□辐团圆正等卅余步。此城俯临恒河北岸置也”。［唐］慧超著、张毅释：《往五天竺国传笺释·经行记笺注》，北京：中华书局，2000 年，第 17 页。

[3]［唐］慧超著、张毅释：《往五天竺国传笺释·经行记笺注》，北京：中华书局，2000 年，第 3 页。

图 1-4-5　菩提迦耶大塔模型（东面），11 世纪，布达拉宫利玛拉康藏

图 1-4-6　菩提迦耶大塔模型门龛左右观音与弥勒菩萨，11 世纪，布达拉宫利玛拉康藏

二、降魔触地印释迦牟尼佛在西藏后弘初期的复兴与发展

经历了朗达玛灭佛后近百年"黑暗期"，后弘初期随着佛教在雪域高原的复苏，赴印求法成为当时藏族弘法使者的迫切希求。随之而来的是大批高僧不远万里穿越喜马拉雅山口忍受暑热赴印巡礼佛陀足迹并求取真经，而声名远扬的菩提迦耶圣迹势必成为当时求法和朝圣者的必选之地。作为信仰凭依之所和被神圣化的物象，菩提迦耶大塔模型和降魔触地印释迦牟尼佛瑞像粉本被当时的求法僧人携至雪域腹地。为了满足信众需求，兼作彰显正法的工具，它在藏地被再次生产和推广。其早期图像构成与表现形式主要由以下类型构成。

（一）菩提迦叶大塔兼降魔触地印释迦牟尼佛与弥勒和观音三尊组像。在布达拉宫红殿内藏有大量 11 世纪前后的菩提迦耶大塔模型，一般在佛塔一层龛内设降魔成道像（图 1-4-5），或部分正面（东面）开塔门，塔内安置降魔成道像，门外左右两侧分别配观音和弥勒菩萨（图 1-4-6），[1] 该组合与 7 世纪初唐玄奘巡礼菩提迦耶所见情景完全一致。然与此同类题材的组合像除布达拉宫之外，在"阿里三围"之拉达

[1] Ulrich von Schroeder, *Buddhist Sculptures in Tibet*, Volume One "India & Nepal", Hong Kong: Visual Dharma Publications Ltd, 2001, p.352.

图 1-4-7　降魔触地印释迦牟尼佛与两胁侍擦擦，10—11 世纪，拉达克列城斯多克（Stok）出土

克境内的擦擦印像（图 1-4-7）、[1] 12—13 世纪前后卫藏与额济纳旗黑水城唐卡（图 1-4-8；1-4-9；1-4-10；1-4-11），以及在 14—15 世纪卫藏、古格等地出土的擦擦造像（图 1-4-12；图 1-4-13）中均有发现。

（二）单体降魔触地印释迦牟尼像。早期主要分布在西藏西部阿里地区的托林寺（图 1-4-14）、东嘎、皮央石窟遗址（图 1-4-15；1-4-16）及拉萨腹地甲玛沟佛塔出土的擦擦善业印像中（图 1-4-17），近年来在卫藏地区杰拉康（rGal lha khang）遗址

[1] 基座下方偈颂为：…hy avadat teṣām ca yo nirodha；基座与左胁侍之间的偈颂为：dya sarvasatva … rva la. 见［意］图齐著，魏正中、萨尔吉主编：《梵天佛地》第一卷，上海：上海古籍出版社，2009 年，第 53 页。

图 1-4-8　降魔触地印释迦牟尼佛与胁侍菩萨弥勒和观音唐卡，1050—1100 年，卫藏地区

图 1-4-9　降魔触地印释迦牟尼佛与胁侍菩萨弥勒和观音唐卡，12 世纪，卫藏地区

中亦发现了与此相关的石雕像。这些擦擦与石刻造像分呈克什米尔与波罗两种造像风格。

（三）专设降魔成道殿呈现降魔成道故事情节。最为典型的案例是 11—12 世纪后藏年楚河流域江浦寺（rKyang bu）和艾旺寺（g.Ye dmar）中降魔成道殿泥胎塑像。[1]（图 1-4-18；图 1-4-19）

13 世纪之后，降魔触地印释迦牟尼“短颈佛”曾成为前后藏地区风靡一时的造像风潮。“短颈佛”其实是在印度波罗和尼泊尔纽瓦尔艺术样式基础上在藏地形成的造像风格，一般额头宽阔，下颌收敛如同幼儿，颈短肩宽，臂膀壮硕，着袈裟并袒右肩。该造像主要流行于 13 世纪前后的卫藏，其题材以降魔触地印释迦牟尼佛为

[1] 该佛殿现已毁坏，本文是基于图齐当年考察记录和所公布的图片做出的判定，见［意］图齐著，魏正中萨尔吉主编：《梵天佛地》第四卷第一册，上海：上海古籍出版社，2009 年，第 73 页。另 Robert E. Fisber 指出该殿建于 11 世纪初，见 Robert E. Fisber, *Art of Tibet*, London: Thames & Hudson, 1997, p.138, pl.116.

图 1-4-10　降魔触地印释迦牟尼佛与胁侍菩萨弥勒和观音唐卡，12—13 世纪，黑水城出土

图 1-4-11　降魔触地印释迦牟尼佛与胁侍菩萨弥勒和观音唐卡，12—13 世纪，黑水城出土

图 1-4-12　降魔触地印释迦牟尼佛与两胁侍菩萨擦擦，14 世纪初，卫藏地区

图 1-4-13　降魔触地印释迦牟尼佛与两胁侍菩萨擦擦，15 世纪，古格故城

图 1-4-14　降魔触地印释迦牟尼佛擦擦，11 世纪，托林寺

图 1-4-15　降魔触地印释迦牟尼佛擦擦，11 世纪，东嘎石窟

图 1-4-16　降魔触地印释迦牟尼佛擦擦，11 世纪，皮央石窟

图 1-4-17　降魔触地印释迦牟尼佛擦擦，12 世纪，甲玛沟

图 1-4-18　江浦寺降魔成道殿泥塑

图 1-4-19　艾旺寺降魔成道殿泥塑

主。在汉地此样式为人所知始于 13—14 世纪西夏与蒙元时期，其代表为额济纳旗黑水城出土的释迦牟尼八塔变唐卡（图 1-4-20）以及河西走廊马蹄寺石窟所见元代诸佛造像（图 1-4-21）。在卫藏查叶巴寺（Brag yer pa dgon）和帕邦喀寺（Pha bong

图 1-4-20　八塔变唐卡，13 世纪，黑水城出土

图 1-4-21　降魔触地印释迦牟尼佛塑像，马蹄寺石窟，元代

kha dgon）佛塔出土的装藏擦擦和圆雕造像中亦有发现，尤其到了 13 世纪之后愈加盛行，除日喀则市西郊纳塘寺（sNa thang dgon）佛塔装藏擦擦、夏鲁寺现存单体降魔触地印“短颈佛”造像以及该寺所藏夹经板上有刻绘此像外，与之相关的造像亦见于与该寺相邻的日普寺佛塔滴檐瓦当等陶质建筑构件上，其图像类型基本囊括了该题材在藏地流行的不同品类（图 1-4-22；1-4-23；1-4-24；1-4-25；1-4-26）。特别是在萨迦寺萨迦措钦大殿正壁及南北两侧壁其主供佛均为大型降魔触地印释迦牟尼佛金铜坐佛（图 1-4-27），这在藏地实属罕见！

13—14 世纪的西藏由萨迦派掌权，众多教派林立并相互兼容。藏传佛教自朗达玛灭佛之后历经 11—12 世纪的缓冲与复苏，到 13 世纪之后进入炉火纯青的鼎盛期。这一时期浩瀚佛典的整编翻译、广大寺院的扩建、高僧大德的采纳重用，和汉地的紧密联系及其与喜马拉雅周边地区的互动往来都成为这一时期的政教策略。然而即便在这样相对开放、百花齐放的时代，各教派之间亦存在着血腥的斗争。该时期以萨迦派为主导的寺院内骤然兴起短颈宽体降魔触地印释迦牟尼佛，笔者推测一方面与萨迦派借此像维护其正法有关，而更多的在于彰显其在藏地唯我独尊的实力，并

图 1-4-22　降魔触地印释迦牟尼佛陶质建筑构件，日普寺佛塔废墟出土，14 世纪前后

图 1-4-23　降魔触地印释迦牟尼佛陶质建筑构件，日普寺佛塔废墟出土，14 世纪前后

图 1-4-24　降魔触地印释迦牟尼佛陶质建筑构件，日普寺佛塔废墟出土，14 世纪前后

图 1-4-25　降魔触地印释迦牟尼佛陶质建筑构件，日普寺佛塔废墟出土，14 世纪前后

图 1-4-26　降魔触地印释迦牟尼佛陶质建筑构件，日普寺佛塔废墟出土，14 世纪前后

图 1-4-27　萨迦寺措钦大殿金刚座佛金铜造像，13 世纪

借此像不动不倾的法力来抵御异教的侵犯和维护自己的正统权益。

从图像学的角度看，黑水城出土的唐卡，西夏时期榆林窟第 3 窟（图 1-4-28）、东千佛洞第 5 窟（图 1-4-29）、五个庙石窟第 1 窟（图 1-4-30）以及 12—13 世纪中叶卫藏地区流行的八塔变图像均与波罗王朝中后期东印度流行的八相图一脉相承。波罗晚期八相图中其主尊降魔触地印释迦牟尼佛与两胁侍弥勒和观音的图像组合，在 12—13 世纪卫藏及黑水城出土的西夏时期八相唐卡中得以继承，此类图像组合在藏地一直延续到 14 世纪中期。而自 11 世纪传入卫藏的菩提迦耶大塔立体模型到 13 世纪中期出现了革故鼎新的新局面，原本立体的菩提迦耶大塔内置金刚座佛模型已黯然退位，[1]取而代之的是波罗王朝晚期在东印度比哈尔地区流行的菩提迦耶大塔配金刚座佛的小型擦擦浮雕像（图 1-4-31；1-4-32；1-4-33；1-4-34；1-4-35）。此外，释

[1] 从现存实物看，西藏发现的菩提迦耶大塔模型主要集中在 11 世纪前后，多数现藏于布达拉宫。据乌尔里希·冯·施罗德研究，那塘寺内也藏有一件由十座佛塔组成的菩提迦耶寺模型，并在每个模型塔的上方刻有“大明永乐年施”题款，推测该套模型塔可能是 1419 至 1423 年由明永乐皇帝赐给那塘寺礼品中的一部分。而明代菩提迦耶大塔的制作与 1414 年印度班智达室利沙受永乐皇帝之邀入华有关。见 Ulrich von Schroeder, *Buddhist Sculptures in Tibet*, Volume One “India & Nepal”, Hong Kong: Visual Dharma Publications Ltd, 2001, pp.322-323.

图 1-4-28　榆林窟第 3 窟窟室东壁中央八塔变，西夏时期

图 1-4-29　东千佛洞第 5 窟八塔变，西夏时期

图 1-4-30　五个庙石窟第 1 窟中心柱南壁八塔变，西夏时期

图 1-4-31　金刚座佛擦擦，13 世纪，卫藏地区

图 1-4-32　金刚座佛擦擦，13 世纪中晚期，卫藏地区

图 1-4-33　金刚座佛擦擦，12 世纪，印度比哈尔菩提迦耶出土

图 1-4-34　金刚座佛擦擦，10 世纪，印度比哈尔那烂陀出土

图 1-4-35　金刚座佛与 108 塔擦擦，12 世纪，印度比哈尔那烂陀出土

图 1-4-36　八塔变唐卡，12 世纪初，卫藏地区

图 1-4-37　八塔变唐卡，12 世纪初，卫藏地区

迦牟尼佛在菩提迦叶之菩提树下获取证悟的形象已从神变及圣迹崇拜图中分离出来，制作成便于携带且小巧玲珑的单体金铜佛像和擦擦，并在藏地广泛传播。由于受降魔证悟思想的影响，部分印度班智达和西藏高僧的造像也仿照金刚座释迦牟尼佛的手印塑造，并出现在 12—14 世纪的唐卡和金铜造像中。[1]

13—14 世纪，降魔触地印释迦牟尼佛在组合题材上的另一特征是：左右胁侍菩萨弥勒与观音和佛传或佛本生故事的组合题材开始流行。该组合之雏形最早可追溯到 12 世纪初的卫藏唐卡中（图 1-4-36；1-4-37）。以上两幅唐卡的内容风格、构图配置乃至勾线敷彩基本一致，故推测它们应出自同一粉本或作坊，谢继胜教授就此粉本来源与配置已做过深入研究。[2] 两幅唐卡的中央为降魔触地印释迦牟尼佛与两胁侍

[1] David P.Jackson, *Mirror of The Buddha: Early Portraits from Tibet,* New York: Rubin Museum of Art, 2012, p.32, fig.1.30; p.49, fig.2.16; p.136, fig.5.3.

[2] 有关该唐卡的年代判断，见谢继胜、常红红：《莫高窟 76 窟〈八塔变〉及相关的几个问题——11—13 世纪中国多民族美术关系史研究》，《艺术史研究》第十三辑，中山大学艺术史研究中心编，2011 年，第 224 页。另阿米·海勒（Amy Heller）等学者将唐卡断代在 12 世纪，见 Pratapaditya Pal, Amy Heller, Oskar von Hinüber and Gautama V.Vajracharya, *Himalayas: An Aesthetic adventure*, Chicago, Ill: Art Institute of Chicago in association with University of California Press and Mapin Pub, 2003, p.187, pl.121.

菩萨弥勒和观音，在弥勒和观音的左右两侧各设有三座小塔，左侧三塔中的内容从上而下分别是腋下诞生、初转法轮和降忉利天；右侧三塔中的内容从下至上分别是猕猴献桃、舍卫城神变和调伏醉象。降魔触地印释迦牟尼佛顶部一栏中央偏右为涅槃。从图像所反映的主题思想看，这两幅唐卡均表现的是八塔八相。其实两者所绘内容远超八相。在它们最下层一栏的左下角即八相之腋下诞生的下方，从左到右分别又绘制了黑色仙人占像、半夜逾城、白马还乡、落发出家、六年苦修、牧牛献糜和尼连禅河澡浴七段故事情节。而两唐卡最上层除中央表现涅槃像之外，另有荼毗环节，两者绘于主尊所在菩提迦耶大塔顶部的左右侧。此外，在这两幅唐卡顶层一栏中另绘有小塔，前者绘于涅槃与荼毗情节的上部，共有 12 座，后者则表现于涅槃上方的狭窄空间内，该场景应该表现的是起塔环节。与此题材相关的唐卡在藏地并不仅限于这两幅，近年来在西藏昌都类乌齐寺中亦有发现，其年代及表现内容也基本相仿（图 1-4-38；1-4-39）。

从以上图像分析看，12 世纪前后卫藏地区流行的佛传故事仍以八塔八相为主，除继承东印度波罗王朝中晚期盛行的以降魔触地印释迦牟尼佛为主尊的八相内容之外，同时也存延了其他故事情节。这种现象到 13 世纪中晚期至 14 世纪初变得愈加明显。海外藏卫藏唐卡《佛传故事》（图 1-4-40）及西藏博物馆所藏具有典型尼泊尔纽瓦尔绘画样式的降魔触地印释迦牟尼佛配十二弘化故事唐卡（图 1-4-41）无疑是该时期图像变容的最好例证。这两幅唐卡的中央菩提迦耶大塔内仍延续了早期降魔触地印释迦牟尼佛与弥勒和观音的组合传统。除此之外，呈格子形画框内表现的是释迦牟尼十二弘化故事，故事情节始于画面左上角的“弥勒授记”，接着向下沿画框内缘顺时针环绕一周，最后又回到画面左上角，其故事末端“涅槃与荼毗”与故事始端“弥勒授记”衔接。[1]

西藏博物馆藏该题材唐卡与夏鲁寺般若佛母殿回廊南壁降魔触地印释迦牟尼及两胁配十二弘化故事壁画（图 1-4-42）在内容和构图形式上基本一致。尤其在象征佛陀证悟圣迹的菩提迦叶大塔上配五塔，塔内置五方佛的表现形式；主尊肉髻高耸头戴五叶宝冠与红缨宝缯之装束样式；宽额短颈、臂膀健硕的造像特征；左右胁侍弥勒与观音头戴五叶小金冠、两足向外呈立姿，以及上身裸露饰璎珞，下肢着彩色

[1] 需要指出的是海外私人藏品卫藏唐卡《佛传故事》的构图方式与西藏博物馆所藏该题材唐卡的构图基本一致。故事始端“弥勒授记”绘在画面左上角左栏偏下方，与该故事末尾情节“忉利天上为母说法”相接，另在该唐卡中缺绘涅槃环节。对此图像解读见 Steven M.Kossak, Jane Casey Singer, Robert Bruce-Gardner, *Sacred Visions: Early Paintings from Central Tibet*, New York: Metropolitan Museum of Art, 1998, pp.115-118.

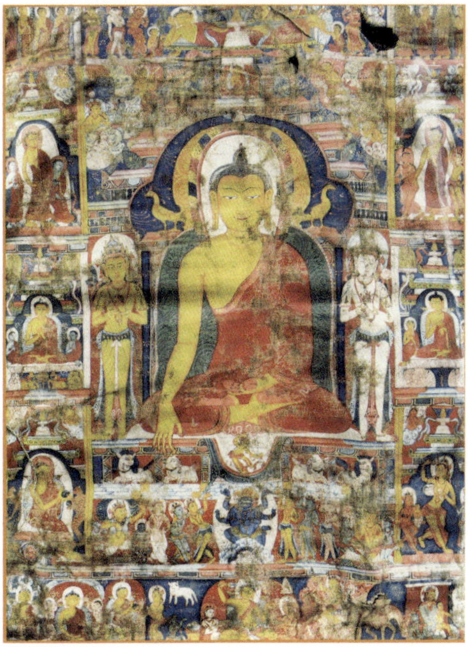

图 1-4-38　八塔变唐卡，12—13 世纪，西藏昌都地区类乌齐寺藏

图 1-4-39　八塔变唐卡，12—13 世纪，西藏昌都地区类乌齐寺藏

图 1-4-40　佛传故事唐卡，12 世纪晚期至 13 世纪初，卫藏地区

图 1-4-41　十二弘化故事唐卡，14 世纪初，西藏博物馆藏

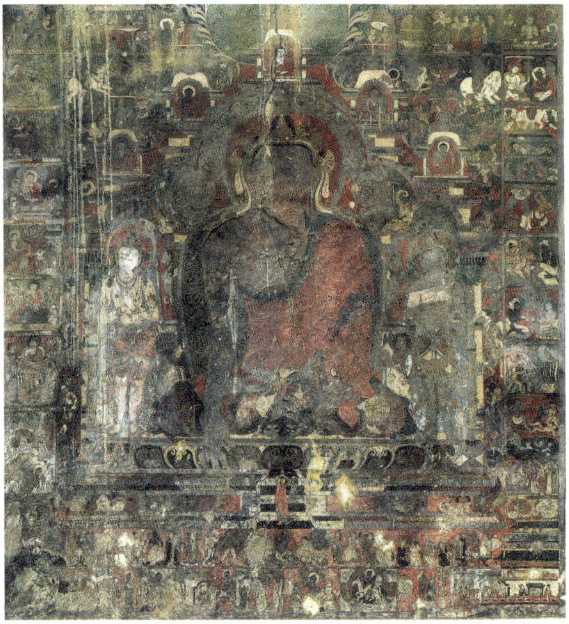

图 1-4-42 夏鲁寺般若佛母殿回廊十二弘化故事，1333—1335 年

条纹状犊鼻裙的诸特征均与夏鲁般若佛母殿回廊该题材壁画有着惊人的相似性！夏鲁寺般若佛母殿壁画绘于 1333—1335 年，[1] 与西藏博物馆所藏相传出自尼泊尔画家之手的唐卡年代相仿。以上案例说明：降魔触地印释迦牟尼佛与两胁侍菩萨弥勒和观音在藏地经由与八塔八相互配之后，到 13 世纪之后又与佛传十二弘化故事融为一体的组合模式至少在 14 世纪中期仍在持续。

关于降魔触地印释迦牟尼佛与两胁弥勒和观音配佛本生故事、佛传及罗汉图例，主要盛行于 14—15 世纪的卫藏及汉藏交汇的河湟地区。以美国鲁宾美术馆馆藏 14 世纪后期唐卡《释迦牟尼佛一百本生故事》[2]（图 1-4-43）和甘肃永登县鲁土司衙门属寺妙因寺万岁殿外回廊东侧明宣德二年（1427）[3] 壁画最为典型。[4]

此外，随着 13 世纪之后西藏罗汉信仰的兴起，降魔触地印释迦牟尼佛与二弟子舍利弗和目犍连配十六罗汉（或十八罗汉）并与十二弘化故事图像组合替代了前期仅与八相或十二弘化的组合模式。这种转变体现在图像上的显著特征是：原位于降魔触地印释迦牟尼佛两侧的胁侍菩萨弥勒和观音被置换成二弟子舍利弗和目犍连，伴随着这种角色的转化，[5] 早期仅在降魔触地印释迦牟尼佛两胁侍菩萨的两侧配八相或

[1] 杨鸿蛟：《11 至 14 世纪夏鲁寺般若佛母殿绘塑研究》，首都师范大学博士学位论文，2012 年，第 84 页。

[2] 有关该唐卡年代及图像分析见 Marylin M.Rhie and Robert A.F.Thurman, *Worlds of Transformation: Tibetan Art of Wisdom and Compassion*, NewYork: Tibet House, 1999, pp.132-138, pl.1（230）。

[3] 谢继胜、李俊、郭丽平：《妙因寺万岁殿暗廊佛传壁画辨识与风格源流》，载谢继胜主编：《汉藏佛教美术研究》，北京：首都师范大学出版社，2010 年，第 344—349 页；罗文华、文明：《甘肃永登连城鲁土司属寺考察报告》，《故宫博物院院刊》2010 年第 1 期，第 66 页。

[4] 有关该唐卡与万岁殿壁画图像解读，详见郭丽平：《夏鲁寺集会大殿回廊第 1 至 11 铺佛本生故事壁画研究——兼论藏传佛教艺术〈一百本生传〉图像渊源》，首都师范大学博士学位论文，2013 年，第 156—159、164—168 页。

[5] 在降魔触地印释迦牟尼与两胁侍菩萨周围配十六罗汉、十二弘化故事的图像题材也见于 14 世纪的唐卡中，但这种范例仅限《一百本生传》一例，该唐卡现藏于美国鲁宾美术馆。

图 1-4-43　释迦牟尼佛一百本生故事唐卡，14 世纪末，卫藏地区，美国鲁宾美术馆藏

图 1-4-44 佛传故事与十六罗汉唐卡，13—14 世纪，卫藏地区

十二弘化故事的图像模式中又引入了十六罗汉题材。这种新型的转换关系最早出现在 13 世纪中后期的唐卡中，与释迦牟尼、两胁侍菩萨及十二弘化故事前期组合年代并行，但实物数量极少。该组合题材在藏地约成熟于 14 世纪中后期，鼎盛于 15 世纪前后，尤其在 15 世纪中后期的阿里地区更为流行。[1]

有关十六罗汉融入降魔触地印释迦牟尼佛与十二弘化中的图像实例最早见于乌尔里希·冯·施罗德（Ulrich von Schroeder）收藏的一幅 13—14 世纪卫藏唐卡《佛传故事与罗汉》（图 1-4-44）中。[2] 该唐卡构图与早期释迦牟尼八相、十二弘化一致，均在画面中央呈长方形的格框内安置菩提迦耶大塔和降魔触地印释迦牟尼佛及二弟子，塔瓶的左右及金刚座塔基的两侧绘群魔围攻场景。在中框外的画框内绘十六罗汉，再外重的两侧及上下边框内绘十二弘化故事。此类唐卡和壁画多流行于 14 世纪中后期至 15 世纪中后期，其盛行年代当与罗汉在藏地的兴起同步（关于西藏十六罗

[1] 另据罗文华、毕瑞等对四川甘孜地区现存明代经堂碉的调查研究，在康定县甲根坝乡阿加上村巴都家经堂碉堡三层正壁中央、沙德乡上赤吉西村白玛丹增家经堂碉三层正壁中央、普沙绒乡普沙绒二村卓玛拉康经堂碉二层主壁中央及九龙县汤古乡汤古村中古二组经堂碉一层主壁的 15 世纪末至 16 世纪初壁画中均绘降魔触地印释迦牟尼佛与二弟子配十六罗汉和十二弘化故事的题材。详见罗文华主编《木雅地区明代藏传佛教经堂碉壁画》一书“图版与壁画描述”部分，其壁画年代判定见本书第 281 页，北京：故宫出版社，2012 年。

[2] 有关该唐卡年代的推定，见 Claudine Bautze-Picron, “Śākyamuni in Eastern India and Tibet in the 11th to the 13th Centuries”, *Silk Road Art and Archaeology: Journal of the Institute of Silk Road Studies, Kamakura*, Vol.4, Institute of Silk Road Studies, Hirayama Ikuo Silk Road Museum Foundation, 1995/1996, p.376。

汉的研究见“上篇”第二章第二节内容）。不同的是，随着时间的前移，尤其到14世纪之后，金刚座降魔触地印释迦牟尼佛所在菩提大塔塔瓶左右及基座下方的众魔日渐退出画面，另外用以界定画面内容和故事场景的格框也逐渐消退。这种深受古典主义构图与叙述模式浸染的佛传故事，随着15世纪之后藏地勉唐等新型画派的兴起才被取而代之。

第五节　小　结

基于以上材料分析，基本勾勒出降魔触地印释迦牟尼佛在印度、中国的信仰发生及图像演变脉络。

从出土材料看，降魔触地印释迦牟尼佛在印度最初仅作为佛传故事中的一段情节出现。之后历经了笈多时代“四相”和“八相”中的故事简化；后笈多时代单尊造像的普及；波罗早期与胁侍菩萨弥勒和观音的组合；再到波罗中晚期该三尊组合像与佛传“八相”互构的历程。

释迦牟尼与弥勒和观音三尊组合像在印度出现最早可以追溯到公元7世纪初的菩提迦耶大塔中。大塔龛内为降魔触地印释迦牟尼佛，龛外左右两侧为弥勒和观音菩萨，该组合在唐玄奘出使印度求法行记《大唐西域记》中已有明确记载。随着初唐玄奘、义净和王玄策等人赴印求法巡礼，与之相关的图像携至中土并流行于武则天时期所建的“宝庆寺”、唐长安寺院遗址出土的擦擦及天龙山等唐代石窟造像中。世人将此称为“金刚座菩提迦耶瑞像”或“金刚座瑞像”，希求该瑞像能给人们带来祥瑞征兆。经唐武宗灭法和唐末内乱，宋初随着经济的复苏，中印文化交流自唐以来又迎来了第二次高峰，当时波罗王朝晚期盛行的降魔触地印释迦牟尼佛与两胁侍菩萨弥勒和观音及佛传“八相”互构的图像题材随着中印汉梵僧侣的往来传至敦煌莫高窟宋初第76窟等。然西夏时期的榆林第3窟、东千佛洞第5窟、五个庙石窟以及黑水城出土唐卡中普遍流行的八相图，则更多是受到后弘初期卫藏地区该图像组合样式的影响。

在西藏，降魔触地印释迦牟尼佛与弥勒和观音三尊组合像多见于后弘初期的唐卡和擦擦造像中。大约在12世纪前后，波罗王朝中晚期盛行的降魔触地印释迦牟尼佛与两胁侍菩萨弥勒和观音组合像在藏地经由与八塔八相互构之后，到13世纪又与佛传十二弘化故事融合。这种组合模式一直持续到14世纪中期，甚至在14世纪中晚期的卫藏及甘青汉藏交融地带的释迦牟尼佛一百本生传唐卡和壁画中仍保留有此传统。这种固定的图像组合直到 14 世纪晚期，尤其是 15 世纪之后，随着藏地罗汉的兴起才得以终结，降魔触地印释迦牟尼佛与观音和弥勒的固定搭配逐渐转型为其与二弟子舍利弗和目犍连及十六罗汉或附加十二弘化故事的新型组合模式。

文成公主进藏带到拉萨、现供奉于大昭寺内的降魔触地印释迦牟尼佛 12 岁等身像，无疑为后来拉萨城礼拜空间的形成及降魔触地印释迦牟尼佛在藏地的信仰埋下了伏笔。单尊降魔触地印释迦牟尼佛在前弘期虽有传存，但并不流行。该造像在藏地真正兴起于 13 世纪之后，当时以萨迦寺措钦大殿大型金铜造像降魔触地印释迦牟尼“短颈佛”为代表，而后扩展到整个西藏，甚至经由西藏东部，影响辐射到河西走廊地区的造像样式。

降魔触地印释迦牟尼佛在藏地的盛行与释迦牟尼佛于菩提迦耶菩提树下获得证悟有关，该像再现了佛陀的顿悟与智慧。经历重重苦行与突围阻挠后最终成道，它作为转折点，无疑在佛陀一生中具有划时代的意义。

第二章　红殿佛堂十二弘化故事与十六罗汉

第一节　佛堂西壁十二弘化故事

十二弘化（mdzad pa bcu gnyis），又作“十二相成道”或“十二行”，是后人从释迦牟尼化身（sprul sku）示现事业中归列出的十二大故事。何为示现，大乘佛教认为释迦牟尼虽在无数劫之前已发菩提并悟道成佛，但为了度化五浊恶世中的众生，仍以各种化身在南赡部洲显现成婆罗门之子无上（bram ze'i khye'u bla ma），从投胎到成佛，再到涅槃完成一生功业。

释迦牟尼佛早在过去燃灯佛时已获得无上智，并依次身行无量菩萨行，后转世为兜率天的白幢菩萨（tog dkar po），为兜率天之众天讲经说法。白幢菩萨在兜率天说法一百年之后，决定化现投胎下凡，以化身度化南赡部洲之众生。迦毗罗城净饭王是转轮王的后代，是一位德高望重的贤明王，其王后摩耶夫人更是前五百世中身为菩萨之母，具有适作佛母的三十二种功德，因此被白幢菩萨选中。随后，白幢菩萨向众神宣告下凡，并立弥勒菩萨为兜率天怙主。这便是释迦牟尼佛的第一弘化——兜率下凡。

一、佛堂十二弘化图像辨识与解读

红殿佛堂中的十二弘化故事壁画起始于南壁东侧普明大日如来曼荼罗下方，沿礼拜方向顺时针环绕，经西壁所绘内容释迦牟尼佛与十六罗汉、药师八佛和三十五佛下方，至北壁九佛顶曼荼罗下方结束，贯通整个南壁、西壁和北壁。

南壁

南壁壁画内容从东至西分别讲述了“兜率下凡事业”“入胎事业”“诞生事业”“学书习定事业”“婚配赛艺事业”和“离俗出家事业”。

第一　兜率下凡事业

释迦牟尼下凡之前居于兜率天宫时，名圣善白幢菩萨，为众天说法。

图 2-1-1　弥勒菩萨授记

画面（图 2-1-1）呈现了身呈白色的白幢菩萨双手捧宝冠给位于他左侧身呈红色的弥勒菩萨授记，而弥勒屈身游戏坐，双手合十虔心敬听，此即圣善白幢菩萨授命弥勒菩萨为自己之替身，次绍佛位。如《宝性论》所言："圣善白幢菩萨将宝冠给弥勒菩萨戴在头上，而复说道：'善友们，我降赡洲去成佛，弥勒开示汝等法。'"[1]

[1] 布顿·仁钦珠著、蒲文成译：《布顿佛教史》，兰州：甘肃民族出版社，2007 年，第 52 页。

图 2-1-2　白象入胎

第二　入胎事业

画面由上下两部分构成（图 2-1-2），上部分绘一头六牙白象托浮于祥云间，与覆被半躺于穹窿形楼阁中的摩耶夫人双目对视，此为圣善白幢菩萨化作六牙白象入胎之景象。摩耶夫人床榻下方有两尊菩萨，结游戏坐，其中靠近床头的一位两手相扶摩耶夫人的左臂，位于床尾的一尊两手上仰作与愿状，其余四尊于床后分持剑、三叉戟、弓和钺斧，为侍从护卫者。

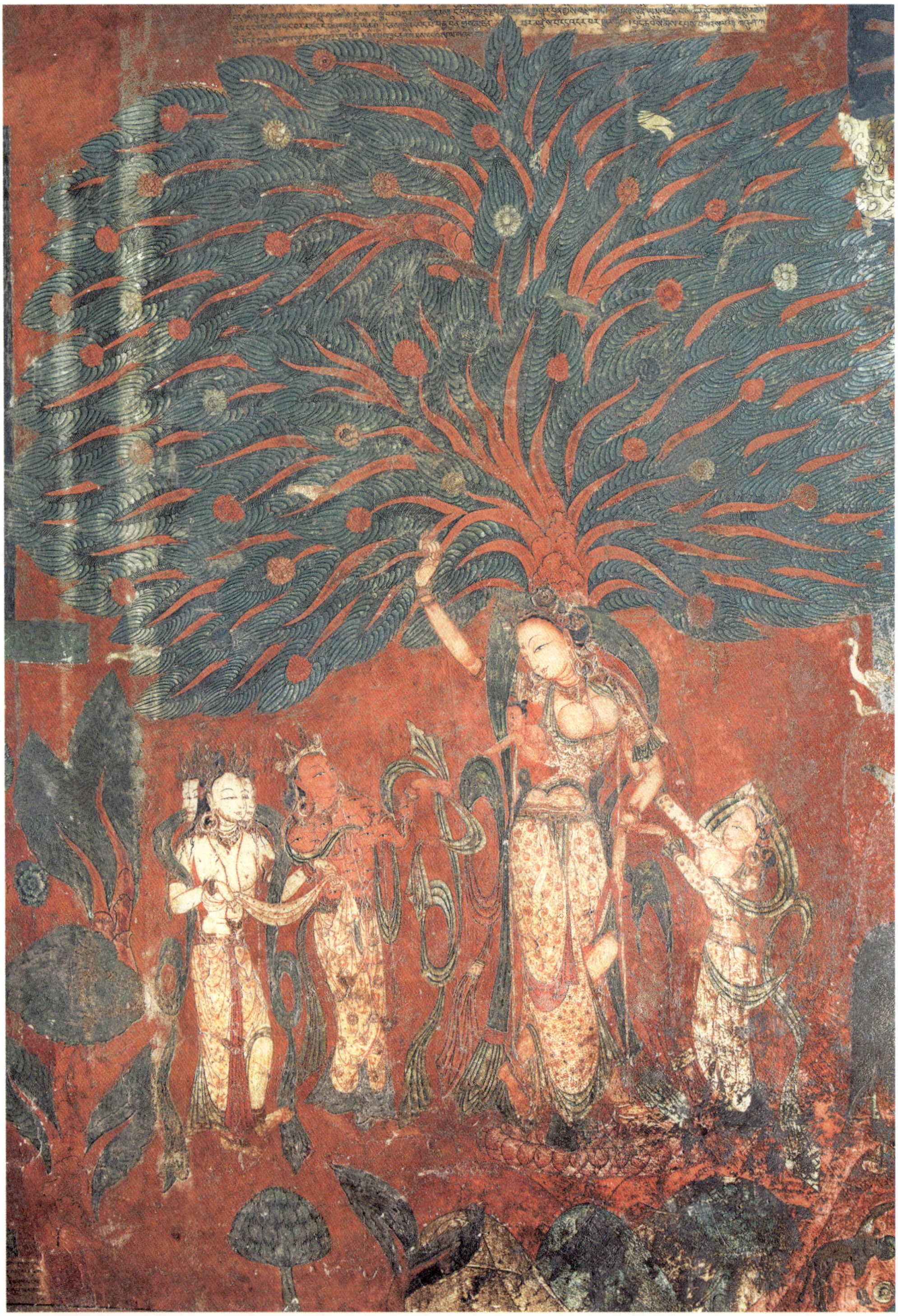

图 2-1-3　太子诞生情节

图 2-1-4　黑色仙人卜卦预言情节

第三　诞生事业

壁画于此相处仅以树下诞生、七步生莲与仙人占卜预言三个情节表述。

1. 佛诞情节（图 2-1-3），摩耶夫人于蓝毗尼园的无忧树下降下太子释迦牟尼。画面中摩耶夫人脚踩莲花，右手攀无忧树枝，太子从母右肋出生，梵天和帝释天双手合十作护持迎请状。

2. 太子出生后朝东、西、南、北四方各迈七步，步步生莲，而后手指天地，声称四维上下唯我独尊。画面中此景以稚童太子立于七层莲台表述，虚空中诸天浮于祥云间散花奏乐，路面象马车众簇拥，可谓“烧香散花满于衢路。车马乘军众无量。皆悉执持宝幢幡盖。种种鼓乐歌舞作倡。百千诸天御菩萨车。无量百千那由他天子并天婇女。于虚空中。散众天花。鼓乐弦歌”。[1]

3. 悉达多太子出生不久，具五种神通（mngon shes lnga dang ldan pa）的黑色仙人（drang srong nag po）听闻太子灵异事迹后，特此赶来为他卜卦（图 2-1-4）。

[1] 布顿·仁钦珠著、蒲文成译：《布顿佛教史》，兰州：甘肃民族出版社，2007 年，第 53 页。

图 2-1-5　学书习定与婚配赛艺情节

图为太子坐在净饭王怀中示掌心于黑色仙人，黑色仙人即此预言太子在家可为转轮王，出家能成就正等觉。该主题画面上方绘有四位妇女，各自右手揽太子于胸怀，此为摩耶夫人生太子七天后寿终而往生于三十三天，后由姨母摩诃波阇波提（Mahāpajāpatī）抚养长大，并由怀抱、哺乳、戏耍、拭污的八位保姆协助抚养，画面中仅绘四位妇女，分别代表了侍候太子不同职务的八位保姆。

第四　学书习定事业

数年后，悉达多太子日渐长大，壁画中此情景展现了净饭王让太子出门学艺情节。画面由五部分构成，分别再现了太子受父命出宫学艺，习武艺、文字、算数、

射箭和驭象等环节（图 2-1-5）。

第五　婚配赛艺事业

太子成年，相师预言太子若成婚，日后必将成为转轮王，故国王及释迦族长者欲为他选妃订婚，一位释迦族之女耶输陀罗（Grags 'dzin ma）恰合太子心意，但女者父亲提出要求，自己女儿必须许配给精通技艺者。国王遂聚集释迦族种姓的青年五百人，让地护女竖起胜利旗帜，约定他们比赛剑术、射箭和角力等，若胜利者取此旗方可与耶输陀罗成婚。试艺无论掷象，还是游泳、跳跃、剑术和射箭，太子均优胜于他人，最终与耶输陀罗完婚（见图 2-1-5）。

壁画中该故事情节从地护女竖起胜利旗帜之左侧开始，其该主题画面中央为泛起波涛的游泳比赛池，太子与诸赛者在池中赛泳。为了突出人物的主客关系，此画面中有意将太子的体型放大。池塘上方绘太子驭马出行图，但据榜题，此场景表现的是太子掷象成坑情节——拉金（lha sbyin），即难陀（mdzes dga' bo）与太子角力。最后“太子用足趾挑起象尸抛于七道围墙和七条沟渠之外约一俱卢舍（rgyang grags gcig）远，象尸落地处形成一盆形洼地，故名‘象洼’（glang po'ig shong）”。[1] 实际画面与榜题并不吻合，太子掷象情节在实际壁画中并没有呈现出来。池水下方之右侧为剑术、跳跃，正下方为比试射弈。

在以上情景之下方绘一楼阁，太子居中，正襟危坐于莲座上，诸侍女围于其左右方，其中左侧一位合掌作敬礼状，另一位左手贴膝，呈与愿印。此情景表达了太子娶亲之情节。

第六　离俗出家事业

时日既久，众天唯恐太子因浸淫五欲而不舍离俗出家成佛，故以各种化现劝请太子断除妄自傲慢之心，早发菩提心。时太子亦已顿生厌世觉悟，净饭王获梦太子出家，怅然忧恼如箭入心。他为了使太子放弃出家念想，继续贪恋凡尘，便命人增修春和、夏凉、冬暖三宫，各宫角落及宫门派百余重兵严守。壁画于此相处以出走四门（路逢老人、道见病卧、路睹死尸、得见沙门）、夜半逾城、落发、贸衣等画面表述，具体如下。

1. 接续前方娶亲画面的上方，为太子以游园为借口征得父王同意出走四门，于东、南、西三门分见由天神变现的衰老、病痛、死亡三种人生境遇，得到警示，复于北门遇出世比丘，心生敬慕，当即生发出家利他之信念。

2. 太子出游四门，见羸弱、受难、病痛者，心神不安，回宫禅定静思。

3. 时国王见闻太子如是不慕世荣，心如虚空而怀怖懅，故自此更不许太子游观，令诸婇女诱以五欲生其爱，宫妃以歌舞嬉戏取悦太子不怀忧感。画面中的宫妃平躺于床榻，丰姿冶丽，婀娜多姿，用含情妩媚之眼神观望居于穹窿形楼阁中的太子，此时太子正襟危坐，视若无睹，并以结触地印的右手指向平躺于他前方的宫女们。

4. 太子托梦出家之征兆。画面中的太子侧身半游戏坐于莲座上，右臂下垂过膝手掌朝下，左手挽披帛于左侧肩，梵天侍立于右侧。据下方题榜，此刻离太子出家时日已近，太子托梦大地变为被褥，须弥山成为枕头，自己手足搅动东西大海，四方四色之鸟瞬间变为一色一处，身临不净山而不污秽等征兆。

---

[1] 布顿·仁钦珠著、蒲文成译：《布顿佛教史》，兰州：甘肃民族出版社，2007 年，第 54 页。

5. 太子夜半逾城之情景。当夜，静慧天子、悲严天子等众神以神力使整座城陷入昏睡，处处静寂无声，悉达多太子骑乘犍陟宝马驰逾城外，众天均来护佑，梵天与帝释天在其前方开路，四大天王为其承托马蹄，在各种供养和乐声中，太子离开了王城。画面按时序可分为前后两节，前节为太子乘骑白马，右手施无畏印，左手持马缰，四天王紧托马蹄浮祥云，帝释天仰面举手示前路，梵天紧随其后持拂尘。后节为出城门情景，太子骑马半掩门，门卫举剑持盾哑无声（图 2-1-6）。

西壁

西壁前半部分（西壁南侧与南壁相接处）的内容紧承南壁“离俗出家事业”中的“削发”和“与猎人换衣”情节。接着为“行苦行”“誓得大菩提”“降魔成道”。其中，“苦行事业”和“誓得大菩提事业”主要集中在西壁主尊释迦牟尼佛金刚宝座的右侧（图 2-1-7）。“降魔成道事业”主要集中在左侧（西北壁），该处内容已被烟熏残缺，具体情节如下。

1. 接续南壁西侧“逾城出家”，该画面表达的是太子于清净塔前落发情节，在天神护佑下离开王城的他来到清净佛塔处，举青剑自剃青发，天神当即请发造塔，取名“洁净塔”（mchod rten rnam dag）。画面中请发造塔的两位天众跪于太子的左右两侧并手托净器，其右侧的一位是四面梵天。

2. 承接上一幕，太子落发后，自忖衣冠仍不符出家之人，乃净居天化作着袈裟之狩猎者出现在太子的面前，将出家缁衣脱下给太子更换，太子亦将迦尸迦装送给净居天。车厮见状即在当地起塔，取名“受［还］法衣塔”（bdun pa log gi mchod rten）。

第七　行苦行事业

太子为了求取解脱智在漫长苦行中初次历练，尼连禅那河从频提耶山流出与恒河相汇。苦行林位于尼连禅那河西岸，隔河东北方为正觉山，此与象头山相连。这里群峰相拥，河流交错，风景绝佳，为清净修行之地。此画面（见图 2-1-8 后半部分）主要描述了菩萨落发更换僧衣出家，以及仅食米粒苦行六年的情节，具体如下。

1. 尼连禅那河之南（壁画该主题的左侧），太子落发后身穿缁衣渐次来到羯陀摩，住在“灰白山”（ri skya bo）。随后，他从“温泉门”（chu dron can gyi sgo）来到“王舍城”，城内市民和影坚王（rgyal po gzugs can）皆对太子充满敬信，遂将部分国政施与他，但太子未能接受。

图 2-1-6　离俗出家之宫妃诱惑与夜半逾城情景

图 2-1-7　削发、猎人换衣与尼连禅那河畔苦行情节

2. 尔时，太子出羯摩陀王舍城与乔陈如等五跋陀罗[1]在伽耶山顶的树下敷草而坐，作思惟状。该主题画面中太子身旁的五位赤体羸弱者为其苦行时随侍他左右的五位跋陀罗。

3. 在尼连禅那河的北面（画面该主题的右侧下方），太子正在禅定苦修。根据榜题，该场景主要表现的是太子为了破除邪谬，解脱众生，当修苦行，日食一粒米或芝麻而"周遍虚空三摩地"之主题。画面中一牧童取地上草木投于太子耳中，太子耳不痛不痒，身心不动，以示其苦修之毅力。

4. 苦修画面的上方，据榜题可知表现的主题是太子苦修六年后，呼吸接近停止，于是天神告诫天界的摩耶夫人太子已处于濒死状，摩耶夫人赶来悲叹："汝降生时所说最后一次受生的誓言未能圆满，黑色仙人的授记虚妄不实。"太子回曰："日月群星可坠地，我虽凡夫亦不死，望母尊勿忧苦，不久即见我成佛。"

第八　誓得大菩提事业

是为善供母（Legs skyes ma）献乳糜之情节：菩萨于尼连禅河畔修苦行，一日一米一麻，体若枯木，故善供母受天神请示，以千头母牛的乳汁经过七次反复提炼萃取精乳后，再与米及鲜谷煎煮成乳糜，加蜜用金器盛满，供于太子面前。画面分成两段来表现善供母制乳糜和敬献乳糜情节，其下方为善供母于尼连禅河畔挤奶和煎煮提炼精乳之情景（图 2-1-8），上部为向太子敬献乳糜情节。

第九　降魔成道事业

西壁北段，靠近北壁由于烟熏模糊不清，后端残缺不全。

根据残留题记，太子受食后，体力恢复，他为了求得成佛，前往鸡足山，调伏三亿两千万魔军，于半夜时分作金刚禅定，于黎明时分现证菩提成佛。

北壁

北壁分为两区，分别讲述了"转法轮""从天降临""示涅槃"。其中北壁西侧与西壁相接部分残缺，图像无法辨识，根据故事前后关系，应该表现的是降魔成道情节。

第十　转法轮事业

太子成佛后，经梵天劝助为利益众生而转法轮，于是梵天王与六万八千梵天眷

[1] 五跋陀罗为太子菩萨出家后，父王生怕他受饥寒，故遣令五人随他以便照料，故有"普召大臣而告之曰。卿等在家皆有子息。共相娱乐目前有慰。不念吾忧。吾有一子奇相圣达。当为转轮圣王主四天下。一旦离别入于深山穷谷绝险无人之处。饥渴寒热令谁所悉。卿等子弟宜择五人追而侍之。若中道还者灭卿五族。大臣奉敕即简五人。入山求侍。是时五人追不能及。心自念言。是为逸人。行不择路何道之有。我若归还必灭吾族。不如选可住处随意而住。于是五跋陀罗遁于山林。"见《方广大庄严经》卷六《出家品第十五》。

图 2-1-8　善供母挤奶、提炼萃取精乳情节

属围绕，于佛稽首足下听法。画面中的释迦牟尼结说法印，听法者簇拥左右，此情景为“初转法轮”。

释迦牟尼佛有三次转法轮，其中初转法轮是在婆罗奈斯（wā ra ṇa si或bā rā ṇa sā），为五随从者乔陈如（Kun shes ko di nya）、调马（rTa thul）、起气（rlangs pa）、大名（Ming chen）和具贤（bZang ldan）等小乘众生转四谛法轮（bden pa bzhi'i chos 'khor）；中转法轮是在灵鹫山（rgod phung po'i ri），为五千比丘（dge slong）、比丘尼（dGe slong ma）、优婆夷（dge bsnyen pha ma）及诸菩萨之属众无数转无相法轮（mtshan nyid med pa'i 'khor lo）；最后一次是在摩那耶山（ri ma la ya）和毗舍离城（yangs pa can）为各乘有情、众菩萨等转胜义法轮（don dam rnam par nges pa'i 'khor lo）。

此外，该主题另附加有三个子主题，分别是：

1. 释迦牟尼与六外道辩法。经欲界法力最大魔王极喜自在败北释迦牟尼后，舍卫城王宫中的六外道师率徒众前来与释迦牟尼抗衡。时印度六洲之王，小邦、僧伽、众生前来会聚作证。该主题画面中释迦牟尼神通广大，摧伏邪魔外道，将彼等置于佛法之门外。

3.降伏醉象情节，提婆达教阿阇世欲害释迦，当释迦正在王舍城乞食时，阿阇世王放护财醉象攻击释迦。该主题画面呈现出释迦牟尼见醉象即入慈定并舒手示之，即于五指中出五雄狮，醉象见其心生怖畏，举身投地敬礼释迦。

4.猕猴献蜜情节，该主题故事以猕猴索钵、盛蜜施佛、佛为受之、欣悦起舞和堕坑即死五个画面呈现。

十一　从天降临事业

太子出生七日后，摩耶夫人去世往生于三十三天。此非太子之过错，乃因佛母若见亲子出家，心将碎裂，故而寿尽。佛陀在即将入灭前，上升忉利天宫为母亲说法，希望她福中启慧，能于天道中超越三界，种下成佛善因。该情节画面中表现了释迦牟尼往三十三天度化其母后，复降临人间利益众生之情景。

十二　示涅槃事业

壁画于此处仅以涅槃、荼毗、八王分舍利和起塔四个情节表示，如下。

1. 画面中的释迦牟尼佛于娑罗树下的悬床上侧身静卧，头朝西，面向南，脚朝东，右手靠枕贴面，左手置于髀骨，为涅槃之景象。

2. 按释迦牟尼生前遗言，涅槃后将尸体涂以香料，用千层布帛和菜籽油缠裹焚烧。画面中的释迦牟尼佛在形如佛塔底座的容器中，头朝上，面朝前，泰然自若，烈火遍及周身。[1]

3. 为分舍利之场面，八王林立，用洁白棉布裹佛舍利而心怀喜悦。

4. 起塔供奉。

以上为释迦牟尼佛以化身示现的十二事业。

二、十二弘化相关文献及佛堂十二弘化图像来源

以纪传体记述富有情节性的佛陀生平事迹即佛传故事最早见于《阿含经》及部派律藏中。巴利文律藏《大品》第一章从佛陀成道事迹开始，分别记载了初转法轮、迦叶三兄弟皈依佛教、王舍城神变、舍利弗与目犍连出家事迹。[2]与此相关的内容亦见于汉译经典《摩诃僧祇律》和梵文经典《四众经》；[3]汉译佛典《五分律》基于《摩诃僧祇律》和《四众经》，从释迦族族系出发，提出释迦牟尼诞生、四门出游、

[1] 其中大迦叶具足智慧，福德广大，由他用棉花和五百匹布另裹佛身装入铁棺，注入菜籽油，用两层铁盖加盖，堆起所有香木后，火自然点燃。布顿·仁钦珠著、蒲文成译：《布顿佛教史》，兰州：甘肃民族出版社，2007年，第66页。

[2] 宫本啓一『仏教かく始まりき：パーリ仏典「大品」を読む』，東京都：春秋社，2005年。

[3] 丸山孝雄「四衆経 Catusparisatsutra 及び根本説一切有部毘奈耶出家事·破僧事の仏伝とその特質」，『印度學佛教學研究』1962年2号，第608—611页。

逾城出家、菩提树下成道与收摄徒众；[1]《四分律》的叙述与《四众经》较为接近，文中虽提到释迦牟尼诞生，但未详载。[2]

相对完整的佛传经典早期主要有巴利文《因缘故事》（*Niānakathā*）[3]和梵文本 *Lalitavistara*。汉译本有西晋永嘉二年（308）由竺法护翻译的《普曜经》（8卷）、刘宋元嘉二十一年至三十年（444—453）由求那跋陀罗翻译的《过去现在因果经》（4卷）、唐永淳二年（683）由地婆诃罗翻译的《方广大庄严经》（12卷）和宋咸平二年（999）法贤翻译的《众许摩诃帝经》（13卷），以上经典均缺载“涅槃”事迹，对此事迹记载主要集中在汉译佛典《大般涅槃经》[4]和《根本说一切有部毗奈耶杂事》[5]中。

对佛传故事记载最为详尽的经典当属古印度诗人马鸣（Aśvaghoṣa）撰写的《佛所行赞》（*Buddhacaritra-nāmamahākāvya*）。该经形成于公元2世纪前半叶，现有汉藏两种译本，汉译本由北凉昙无谶译出，藏译本由西藏译师萨旺桑布（Sa dbang bzang po）和洛追加布（bLo gros rgyal po）翻译于8世纪中期，两译本内容基本一致，均由28品构成。[6]

单从所传佛教经典看，收录在藏文《大藏经》（甘珠尔）中由古印度大乘佛教中观派创始人龙树（Nāgārjuna，Klu sgrub）撰写、印度译师Tilaka和中国西藏译师巴曹·尼玛札（Pa tshab nyi ma grags，1055—？）[7]翻译的《十二大法行颂赞》（*Dvādaśakāra-nāma-nayastotra, mDzad pa bcu gnyis kyi tshul la bstod pa zhes bya ba*）是目前最早以偈颂体赞颂释迦牟尼从“入住母胎”到“八王分舍利”十二个主题故事的经典之一。内容如下。

---

[1]《五分律》为《弥沙塞部和醯五分律》（*Mahīsasakavinaya*）的略称，梵文原典已佚失，现存汉译本为法贤从锡兰请回，由罽宾律师佛大什（Buddhajīva）和沙门智严翻译。

[2]《四分律》（*Dharmagupta-vinaya*），又称《四分律藏》或《昙无德律》，共60卷，原为印度优波崛多系统的昙无德部所传戒律，为五部广律之一，汉译本为后秦佛陀耶舍和竺佛念合译。

[3] 全篇由3章构成，第一章为佛本生故事，系燃灯佛时作为菩萨的太子因功德无量而升至兜率天；第二章为兜率天降生至成道；第三章为成道至给孤独长者教化（化给孤独者品）。

[4] 见《大般涅槃经》卷一《寿命品第一》，《大正新修大藏经》，第12册，No.374，第365页。

[5] 见《根本说一切有部毗奈耶杂事》卷三十八《第八门第十子摄颂说涅槃之余》、卷三十九《第八门第十子摄颂涅槃之余次明五百结集事》，《大正新修大藏经》，第24册，No.1451，第396—403页。

[6] 马鸣（Aśvaghoṣa, rTa dbyangs）著，Mahīndrabhadra（Sa dbang bzang po）、bLo gros rgyal po译，*Sangs rgyas kyi spyod pa zhes bya ba'i snyan ngag chen po,* D.4156; P.5656, vol.129。关于该经典的研究，详参寺本婉雅訳『西藏伝訳仏所行讚』（上、中、下），世界文庫刊行会，1924年。

[7] 巴曹·尼玛札译师，根据《青史》记载简略整理：巴曹·尼玛札出生在西藏彭域（'Phan yul）“上下二巴曹”之“上巴曹”。巴曹·尼玛札年少时赴迦湿弥罗（Kha che）修学二十三载，后回到西藏翻译出干巴培（Gang ba spel）所造的《俱舍注疏》，并审校翻译出月称的中观论典《中论明句释》《四百论释》《入中论释》《六十颂正理论释》等。他广招学徒，讲授中观学，培养出玛甲·降曲益西（rMa bya byang chub ye shes）、达云·丹札（Ngar yon tan grags）、尚唐·萨巴益西迥乃（Zhang than gsag pa ye shes byung gnas）和萨巴·萨尔博（gTsang pa sar sbos）四位博学的弟子。巴曹之后，其四大弟子继续在卫藏地区弘传月称的中观思想，影响甚巨。见郭诺·迅鲁伯著、郭和卿译：《青史》，拉萨：西藏人民出版社，2003年，第209—210页。

rgya gar skad du/ *Dvādaśakāra-nāma-nayastotra/*

bod skad du/ *mDzad pa bcu gnyis kyi tshul la bstod pa zhes bya ba sangs rgyas Śākya thub pa la phyag 'tshal lo/*

gad gis dang por byang chub thugs bskyed nas/ bsod nams ye shes tshogs gnyis rdzogs mdzad cing/ dus 'dir mdzad pha rgya chen 'gro ba yi/ mgon gyur khyod la bdag gis bstod par bgyi/ lha rnams 'dul mdzad 'dul ba'i dus mkhyen nas/ lha las babs nas glang chen ltar gshegs te/ rigs la gzigs nas lha mo sgyu 'phrul gyi/ lhum su zhugs par mdzad la phyag 'tshal lo/ zla ba bcu rdzogs Śākya'i sras po ni/ bkra shis lu mri'i tshal du bltams pa'i tshe/ tshangs dang brgya byin gyis btung mtshan mchog ni/ byang chub rigs su nges mdzad la phyag 'tshal lo/ gzhon nu stobs ldan mi yis seng ge des/ o ga ma dhar ni sgyu rtsal bstan/ skye bo dregs pa can rnams tshar bcad nas/ 'gran zla med par mdzad la phyag 'tshal lo/ 'jig rten chos dang mthun par bya ba dang/ kha nas ma tho spang phyir bthun mo yi/ 'khor dang ldan mdzad thabs la mkhas pa yis/ rgyal srid skyong bar mdzad la phyag 'tshal lo/ 'khor ba'i bya ba snying po med gzigs nas/ khyim nas byung ste mkha' la gshegs nas kyang/ mchod rten rnam dag drung du nyid la nyid/ rab tu byung bar mdzad la phyag 'tshal lo/ brtson pas byang chub 'grub par dgongs nas ni/ ne ra nydza na'i 'gram du lo drug tu/ dka' ba spyad mdzad brtson 'grus mthar phyin nas/ bsam gtan mchog brnyes mdzad la phyag 'tshal lo/ thog ma med nas 'bad pa don yod phyir/ ma ga dha yi byang chub shing drung du/ skyil krung mi gyo mdon par sangs rgyas nas/ byang chub rdzogs par mdzad la phyag 'tshal lo/ thugs rjes 'gro la myur du dzigs nas ni/ ba ra a se la sogs gnas mchog tu/ chos kyi 'khor lo bskor nas gdul bya rnams/ theg pa gsum la 'god mdzad phyag 'tshal lo/ gzhan gyi rgol ba ngan pa tshar bcad nas/ mu stegs ston pa drug dang lhas byin sogs/ khor mo 'jig gi yul du bdud rnams btud/ thub pa gyul las rgyal mdzad phyag 'tshal lo/ srid pa gsum na dpe med yon tan gyis/ mnyan ngu yod par cho 'phrul chen po bstan/ lha mi 'gro ba kun gyis rab mchod pa/ bstan pa rgyas par mdzad la phyag 'tshal lo/ le lo can rnams myur du bskul bya'i phyir/ rtswa mchog grong gis gzhi gtsang ma ru/ 'chi med rdo rje lta bu'i sku bzhigs nas/ mya ngan 'das par mdzad la phyag 'tshal lo/ yang dag nyid du 'jig pa med phyir dang/ ma 'ongs sems can bsod nams thob bya'i phyir/ de nyid du ni ring bsrel mang sprul nas/ cha brgyad sku gdung mdzad la phyag ’tshal lo/

de ltar bstan pa’i bdag po bcom ldan gyi/ mdzad pa’i tshul la mdo tsam bstod pa yi/ dge bas ’gro ba kun gyi spyod pa yang/ bde gshegs nyis kyi spyod dang mtshungs par shog/ mdzad pa bcu gnyis kyi tshul la bstod pa zhes bya ba slob dpon klu sgrub kyi mdzad pa rdzogs so//

十二大法行颂赞

梵文作“Dvādaśakāra-nāma-nayastotra”。

藏文作“十二大法行颂赞·佛陀释迦牟尼之顶礼”。

菩提之心居首位，福泽智慧具圆满。此行广业之怙主、亲自行颂赋予汝，诸神持律知时节[1]。从天而降如大象，亲见种姓住母胎，摩耶夫人之顶礼。十月圆满释迦子，蓝毗尼园降生时，大梵天与帝释天，沐浴殊胜之名号，菩提族哭泣之顶礼。太子力士遍如天，阿阇玛喀达[2]试武艺，人间傲慢皆败去，无人匹敌之顶礼。随应世间之惯例，迎娶后妃与眷属，明察谋略护国政之顶礼。生死要义不知晓，出宫行走虚空后，清净塔前出家之顶礼。精进思维获菩提，泥连河畔六年中，勤勉苦行得究竟，证得无上禅定之顶礼。无穷精进有利果，羯摩陀菩提树旁，跏趺不动成佛陀，圆满菩提之顶礼。发慈悲疾鉴察，巴日阿赛[3]等礼拜，转法轮化众徒，入三乘行之顶礼。歹徒剩者退负处[4]，六道外师与天授[5]，轮围内域伏众魔，敌对交锋取胜之顶礼。三界超凡厚功德，舍卫城内大神变，天人众生皆供奉，圆满弘法之顶礼。一切懒汉勤勉励，拘尸那城洁净处，解脱之身如金刚，超脱忧苦之顶礼。真性不灭坚如故，未来有情得福报，即彼幻化成舍利，分八舍利之顶礼。

如此简略概括颂赞弘法之主佛陀一切行迹之善业，其与善逝如来自性之修习契合，十二大行法颂赞龙树师敬造。[6]

[1] dus mkhyen（知时），亦作 sgar rtsis mkhan（星象家）。
[2] 阿阇玛喀达（A ga ma ga dha）人名。
[3] 为人名，巴日阿赛（Ba ri a se）。
[4] tshar bcad，负处，指有存颠倒见解、错乱心识及出言失败者，即辩论失败者一方。
[5] lha byin，天授，外道名，梵语作提婆达多。
[6] 见 Klu sgrub, *mDzad pa bcu gnyis kyi tshul la bstod pa zhes bya ba,* D.1135, ka82b3-83a6; P.2026, vol.46, 95b1-96a7.

大约和龙树生活在同一时代的弥勒在其如来藏之论著《究竟一乘宝性论》（*Āryalalitavistara-nāma-mahāyāna-sūtra*）[1]的卷首，亦以偈颂体的形式将释迦牟尼生平事迹提炼成十二个特定的主题。该经典现存汉藏两种译本，汉译本由印度僧人勒那摩提（Ratnamati）译于508年，藏译本由西藏译师智具慧（bLo ldan shes rab，1059—1109）翻译于后弘初期。[2]两译本内容略有不同，其汉译本内容如下：

如来作示现　都史陀天降
入母胎出世　善巧诸技艺
受用王妃已　出家修苦行
后诣菩提场　降伏魔罗众
圆满无上觉　乃转大法轮
入无余涅槃　无量余示现[3]

经比较，《究竟一乘宝性论》和《十二大法行颂赞》两者在十二主题划分上基本一致。此外，收录在《大正藏》中由东晋西域沙门迦留陀伽翻译的《佛说十二游经》（No.195）虽经题与龙树撰写的《十二大法行颂赞》颇为相近，但内容与“十二弘化”毫无关联。

西藏史书、教法史中有关十二弘化故事的最早记载见于伏藏文献《柱间史——松赞干布遗训》[4]和《弟吴教法源流》（成书于12世纪中后期）。[5]前者由“兜率降世、入住母胎、圆满诞生、少年嬉戏、受用妃眷、出家为僧、行苦难行、趋金刚座、调

[1] 关于该经典，法鲁窝那（Erich Frauwallner）、渥德尔（A.K.Warder）和威帘斯（Paul Williams）等学者指出其成书于公元3世纪，高岐直道则倾向于公元5世纪。见E.Frauwallner, *Die Philosophie des Buddhismus*, Berlin: Akademie-Verlag, 1956, p.255; A.K.Warder, *Indian Buddhism* (1st edition), Delhi: Motilal Banarsidass, 1970, p.407; Paul Williams, *Mahayana Buddhism*, London & New York; Routledge, 1989, p.96.

[2] mGon po byama pa（Nāthamaitreya）著、bLo ldan shes rab, *Theg pa chen po rgyud bla ma'i bstan bcos rnam par bshad ba,* D.4024; P.5525, vol.108.

[3] 见《大正经》第31册，No. 1611，第卷一，第十品。藏译本译文如下：
从天退入胎 现生有父母
在家示婴儿 学诸技艺习
戏乐及游行 出家行苦行
现就外道学 降伏于天魔
成佛转法轮 示道入涅槃
藏译本翻译见谈锡永：《宝性论新译》，密乘佛学会，1996年，第56页。梵译汉见谈锡永：《〈宝性论〉梵本新译》，台北：全佛文化事业有限公司，2006年，第142—143页。

[4] 关于《柱间史》的发现及抄本传承研究，见群培亚东·达瓦次仁：《藏族史学名著〈柱间史〉的初次发现与抄本传承考证》，《西藏大学学报》2009年第4期，第60—65页。

[5] 该书成书年代参看弟吴贤者著、许德存译：《弟吴宗教源流》，拉萨：西藏人民出版社，2013年，第3页。

伏魔军、成正等觉、转妙法轮、入大涅槃”12 个主题构成。[1]后者内容除将前者中的“转妙法轮”置换为“示现神变”外，另将佛陀十二弘化又细分为十二境、十二目的、四住处和三行，其所含内容基本涵盖了佛传故事中的每一情节。[2]

《柱间史——松赞干布遗训》虽记载了“继世尊释迦牟尼在天竺示现十二相成道后，赞普松赞干布在逻些幻显神殿造十二弘化”，[3]但拉萨幻显神殿[4]的壁画现已被毁，目前已无从考证。“十二弘化”这种以“十二个特定情节”记载佛陀生平事迹的叙述模式是否早在印度已成形或相关图像在吐蕃时期初见端倪，均备受学界关注。甚至有学者提出《十二大法行颂赞》并非龙树本人撰写，[5]它很可能是龙树在西藏的转世——止贡法王吉丹贡布（’Bri gung chos rje ’Jig rten mgon po，1142—1217）的遗作，其原因在于该偈颂同时出现在吉丹贡布的文集中。[6]可以肯定的是，对释迦牟尼十二弘化做了深层剖析的布顿（Bu ston，1290—1364）在《布顿佛教史》（*Bu ston chos ’byung*，1322）中将此源头追溯到印度，其所据经典是莲花戒撰写的《如瑜伽修行》[7]和法友的《现观庄严论注疏》[8]。虽然这两部经典并没有对十二弘化具体内容详做论述，但均提出了“十二弘化”这一概念。其中《布顿佛教史》中对十二弘化的分类亦是基于《究竟一乘宝性论》卷首十二颂叙述的，[9]此外另参考经典有：

> 释迦牟尼十二弘化事业，在《阿含经》《佛本行赞》及《普曜经》等经典中均有不同的说法，在此主要依据《普曜经》撰写，其涅槃情节主要根据经典是《佛经杂事》，[10]至于详细密意，应在《善巧方便经》[11]中细心

[1]［古印度］阿底峡尊者发掘、卢亚军译注：《〈柱间史〉松赞干布的遗训》，北京：中国藏学出版社，2010 年，第 14 页。

[2] 弟吴贤者著、许德存译：《弟吴宗教源流》，拉萨：西藏人民出版社，2013 年，第 20—37 页。

[3]［古印度］阿底峡尊者发掘、卢亚军译注：《〈柱间史〉松赞干布的遗训》，北京：中国藏学出版社，2010 年，第 151 页。

[4] 根据《〈柱间史〉松赞干布的遗训》记载，拉萨幻显神殿为松赞干布（Srong btsan sgam po）之妻尼泊尔赤尊公主所建，这里的“幻显神殿”应指今天拉萨城中心的大昭寺。《〈柱间史〉松赞干布的遗训》第 142 页。

[5] 洛桑达杰：《佛陀十二事业——传龙树造的一首有争议的赞诗》，《西藏杂志》1984 年第 2 期，第 3—12 页。

[6] ’Jig rten mgon po, “Thub pavi bstod pa, ” *In The Collected Writings(gsung ’bum) of ’Bri gung chos rje ’Jig rten mgon po Rin chen dpal*, edited by Kangsar Tulku, New Delhi: Kangsar Tulku, 1969, pp.2-5.

[7] Kamalaśīla, *rNal ’byor bsgom pa ’jug pa*, D.3918, 70a5.

[8] Chos kyi bshes gnyen［Dharmamitra］, *Shes rab kyi pha rol tu phyin pa’i man ngag gi bstan bcos mngon par rtogs pa’i rgyan gyi tshig le’ur byas pa’i ’grel bshad tshig rab tu gsal ba*, D.3796, 55a1; 104a1.

[9] 布顿在讨论“佛陀十二事业”一节中，开篇提出“兹按《宝性论》偈颂，记述佛陀十二事业如下……”的记载。见布顿·仁钦珠著、蒲文成译：《布顿佛教史》，兰州：甘肃民族出版社，2007 年，第 51 页。

[10] ’Dul ba phran tshegs kyi gzhi，对应的汉文经典是《根本说一切有部毗奈耶杂事》，中华大藏经《甘珠尔》（藏文）第 10 卷，北京：中国藏学出版社，2008 年。

[11]《大正经》第 12 册，No.346《佛说大方广善巧方便经》四卷。

研读而得知。[1]

从布顿依据的经典看，《阿含经》《佛本行赞》《普曜经》中的故情节零散众多，或部分内容因缺载难以构成十二个特定主题。布顿虽借助早期经典并依托《究竟一乘宝性论》卷首十二颂将此整合，提炼成 12 个特定情节或固定主题，但其实在这 12 个主题之下又根据不同故事情节再将其细分为不同子题。另从布顿参考经典“*rGya rol*”看，[2] 应该是“*rGya cher rol pa*”的略写，所对应的梵文经典是*Lalitavistara*，可译作《神通游戏经》《游戏广说》《游戏展开》等。[3] 该经典的藏译本由世友（Jinamitra）、施戒（Dānaśīla）和智军（Ye shes sde）等人于 9 世纪译出。[4] 汉译本现存两个版本：一为西晋永嘉二年（308）由竺法护翻译的《普曜经》（八卷、三十品），系大乘佛传，记载了释迦牟尼从诞生到初转法轮等事迹。[5] 另一版本为印度沙门地婆诃罗于唐永淳二年（683）翻译的《方广大庄严经》（异名《神通游戏经》，十二卷二十七品），系佛住兜率天宫到降魔成道，再到初转法轮的事迹。[6] 该经典与《普曜经》为同一版本但品有开合。[7] 其中*Lalitavistara*中的佛传故事主要讲述了从兜率天降母胎、学习书艺婚配、离俗出家苦行、降魔成道与说法等情节。缺载的涅槃内容，为布顿依据《根本说一切有部毗奈耶杂事》中的记述而撰。

[1] 汉译本见布顿·仁钦珠著、蒲文成译：《布顿佛教史》，兰州：甘肃民族出版社，2007 年，第 71 页。藏文原文：mdzad pa bcu gnyis 'di dag la lung dang mngon 'byung dang rgya rol rnams la mi mthun pa ci rigs su 'byung mod kyi 'dir rgya rol gyi rjes su 'brangs te bshad cing mya ngan las 'das pa'i tshul phran tshegs bzhin bshad do/ 'di dag gi dgongs pa la sogs pa zhib tu thabs la mkhas pa'i mdo la sogs par shes par bya'o// 见布顿·仁钦珠著、多吉杰博编：《布顿佛教史》（藏文），北京：中国藏学出版社，1991 年，第 116—117 页。

[2] 郭和卿汉译本将此译作《普曜经》，见布顿·仁钦珠著、郭和卿译：《佛教史大宝藏论》，北京：民族出版社，1986 年，第 100 页；蒲文成译本将此译为《方广大庄严经》，见布顿·仁钦珠著、蒲文成译：《布顿佛教史》，兰州：甘肃民族出版社，2007 年，第 71 页，实则为同一梵文本的不同译本。

[3] 关于*Lalitavistara*名称考察，参看外薗幸一『ラリタヴィスタラの研究』（上巻），東京：大東出版社，1994 年，第 63—72 页。

[4] Dānaśīla, *'Phags pa rgya cher rol pa zhes bya ba theg pa chen po'i mdo*, P.763, vol.27; P.95. 藏译英及与梵文校勘本见 *The Play in full: Lalitavistara*, Translated by Dharmachakra Translation Committee, Boston: Snow Lion, 2013.

[5]《普曜经》第一品《论降神品第一》对佛传内容总括为：“是诸天子前白佛言。曾闻有经号名普曜大方等典。分别菩萨众德之本。从兜术天降神母胎。在于胎中娱乐开化。显示殊特复现出生。皆为一切诸立法行。在宫婇女爱欲之间。显诸艺术。现行学书计挍诸算。医药疗治射御手博。要誓掷象示现道力超诸群生。具足成就诸菩萨行。往来周旋。果实超殊名称流布。以菩萨力而自娱乐。降伏魔场。具足如来十力无畏。颁宣诸佛无量经典。敷演过去如来至真所讲说法。”

[6]《方广大庄严经》卷一《序品》对佛传内容总括为：“有经名为方广神通游戏大庄严法门。显示菩萨众德之本。处于兜率微妙天宫。思惟降生示现胜种。具诸功德行童子事。艺业伎术工巧书算捔力骋武。而于世间皆悉最胜。示受五欲具菩萨道降伏魔军。出生如来力无畏等一切佛法。”

[7] *Lalitavistara*的成立，版本传承及与《普曜经》和《方广大庄严经》的关系，详见外薗幸一『ラリタヴィスタラの研究』（上巻），東京：大東出版社，1994 年，第 82—110 页。

与*Lalitavistara*有间接关联的佛传故事亦见于蒙文佛传*Burqanu arban qoyar γokiyangγ*ui（《佛陀十二行》）中，内容现存4章（6—9章），分别为出家为僧、苦行、菩提道场、降魔四个场景。[1]根据译本后方跋文，该译本是由一位蒙古族的萨迦派僧人喜饶僧格（Shes rab seng ge，14世纪）在却吉沃色（Chos kyi 'od zer，14世纪前后）编集的藏文本基础上翻译的。遗憾的是在该译本中并未指出原藏文本的书名及来源，[2]但据蒙文译本标题，至少说明了14世纪前后西藏流行的释迦牟尼十二弘化故事已通过蒙古弘法僧人传至蒙古地区。

十二弘化在藏传佛教各教派中均有传存，但主题和内容略有差异。如噶当派觉丹·日贝热赤（bCom ldan rig pa'i ral gri，1227—1305）撰写的《佛陀华装》（*Thub pa'i bstan pa rgyan gyi me tog*）中，十二弘化第十一和第十二事业分别是初转法轮和涅槃，并非示现神变和分舍利事业。[3]而在萨迦派达仓宗巴·班觉桑布（sTag tshang pa dpal 'byor bzang po）于1434年撰写的《汉藏史集》（*rGya bod yig tshang chen mo*）[4]中，故事内容则按世间五功业（住胎、诞生、童年嬉戏、娶妻、执掌国政），出世间五功业（出家、苦修、转法轮、成佛、显示神变伏魔）和特别之二功业（涅槃、分舍利起塔）划分，[5]其主题分类更贴近于《十二大法行颂赞》。

此外，与十二弘化相近的文本亦见于佛本生与佛传故事兼糅的《释迦牟尼一百本生传》（*Sang rgyas bcom ldan 'das kyi skyes rabs brgya ba bzhugs so*）中。该文本为集成本，由108品构成。前34品系公元2世纪印度诗人马鸣撰写的佛本生故事《本生续》（*sKyes pa'i rabs kyi rgyud*），后67品为西藏噶玛噶举派黑帽系三世活佛让琼多杰（Rang byung rdo rje，1284—1339）在马鸣前34品基础上所做的续品。其中最后一品即合成本中的101品为佛传故事，内容包括了兜率天下降、白象入胎、树下诞

[1] 据蒙古学家鲍培（Nicholas Poppe，1897—1991）研究，蒙文佛传*Burqanu arban qoyar γokiyangγui*为*Lalitavistara*的抄本，现已被确认的6—9章相当于梵文本第13—21章内容。见Nicholas Poppe, *The Twelve Deeds of Buddha: A Mongolian version of the Lalitavistara, Mongolian text, notes, and English translation,* Wiesbaden: Otto Harrassowitz, 1967, p.17.

[2] Nicholas Poppe, *The Twelve Deeds of Buddha: A Mongolian version of the Lalitavistara, Mongolian text, notes, and English translation,* Wiesbaden: Otto Harrassowitz,, p.175；另见山口周子「ラリタヴィスタラとその「モンゴル語抄本」の研究——第13章を中心に—」,『印度學佛教學研究』2004年第1号，第287页。

[3] Christian Luczanits, "Prior to Birth II. The Tushita Episodes in Early Tibetan Buddhist Literature and Art." Birgit Kellner, H.Krasser, Horst Lasic, M.T.Much&H.Tauscher(eds.), *Pramāṇakīrtiḥ. Papers dedicated to Ernst Steinkellner on the occasion of his 70th birthday*, edited by Wiener Studien zur Tibetologie und Buddhismuskunde 70, Wien: Arbeitskreis für Tibetische und Buddhistische Studien Universität Wien, 2007, pp.497-543. 汉译本见廖旸译：《早期藏传佛教文献与艺术中的兜率天情节》，载王启龙主编：《国外藏学研究集刊》第一辑，上海：上海古籍出版社，2017年，第274页。

[4] 关于达仓宗巴·班觉桑布及《汉藏史集》成书年代考，见陈庆英：《关于〈汉藏史集〉的作者》，《西藏民族学院学报》2004年第2期，第11—17页。

[5] 达仓宗巴·班觉桑布著、陈庆英译：《汉藏史集》，兰州：西藏人民出版社，1986年，第19—36页。

生、学书习定、婚配赛艺、离俗出家、六年苦修、誓得大菩提、降魔成道、初转法轮、舍卫城神变、涅槃荼毗等 12 个故事情节。[1] 依此文本为参照绘制的壁画见于夏鲁寺集会大殿回廊，其中最后一品佛传内容绘在集会大殿回廊殿门之左侧。

15 世纪末至 16 世纪初，在西藏流行的十二弘化故事内容也散见于高僧文集中，[2] 该时期以描写佛陀行迹为主题的藏族文学已然盛行，尤其到 15 世纪末（1494）由那囊·格桑曲吉嘉措索南旺波结合藏传佛教诸经典编撰的《释迦牟尼大传》[3] 不仅内容齐全，且条理清楚，堪称当时的杰作，该著十二大主题划分虽与《布顿佛教史》一致，但故事情节已远远超过早期文本中所记载的十二弘化内容。

综上所述，十二弘化作为藏传佛教佛传故事叙述中所采用的一种相对固定的模式，早在 8 世纪前后的印度已经出现。但此时的十二弘化仅限于概念的提出，故事文本与叙述方式还未体系化，相关图像亦在印度各大石窟寺及文物遗存中未有发现。但不可否认的是，《究竟一乘宝性论》卷首十二颂及莲花戒、世友等班智达提出的十二弘化概念却对藏传佛教十二弘化故事文本的建构曾起到至关重要的作用。布顿、博东班钦·乔列南杰（Bo dong pan chen phyogs las rnam rgyal, 1375—1451）[4]、那囊·格桑曲吉嘉措索南旺波等撰写的十二弘化故事均是基于此展开。

后弘期以来，十二弘化概念及相关佛传经典通过雪域弘法僧人译介至藏地，西藏译师及上师基于此构建出具有体系化的十二弘化故事叙述模式。该模式逐渐被推广并深深影响到藏传佛教所在的文化圈内，乃至西藏晚期高僧大德的传记也是基于此主题分类撰写。[5] 从目前所传文本看，十二弘化主题划分总体趋同，最为显著的区别在于第十一和第十二事业的主体划分，以《第吴教法史》为首的传承其第十一和

---

[1] 中国藏语系高级佛学院编：《一百本生传》（藏文），北京：民族出版社，1995 年。其中前 100 品佛本生故事见 1—692 页，最后一品佛传故事见 692—725 页。

[2] 钦则旺布（mKhyen brtse'i dbang po，1524—1568）：《具胜无比上师释迦狮子足前莲花·十二大行入门颂赞·普贤法轮·宫格王子欢喜游戏》（*lHag dang bcas pa'i ston pa mnyam med shvakya seng ge'i zhabs kyi padma la mdzad pa bcu gnyis kyi sgo nas cung zad bsngags pa'i kun bzang 'khor lo'i revu mig rgyal sras bcas dgyes pa'i rol mo*），收录于《钦则旺布全集》KA 卷 29 叶及排版本页 1—58.

[3] 那囊·格桑曲吉嘉措索南旺波（sNa nam btsun pa skal bzang chos kyi rgya mtsho bsod nams dbang po）著：《释迦牟尼传》（原名《无误讲述佛陀出有坏美妙绝伦传记·善逝圣行宝藏》[*Sangs rgyas bcom ldan'das kyi rnam par thar pa rmad du byung ba mdzad pa 'khrul pa med par brjod pa bde bar gshegs pa'i spyod pa mchog gi gter*]），该书汉文本见达多译：《释迦牟尼大传》，北京：民族出版社，2002 年。

[4] Bo dong pan chen̩ phyogs las rnam rgyal, " sTon pa shākya'i dbang po'i mdzad pa bcu gnyis kyi rnam thar snyan ngags chen po, " In *Encyclopedia Tibetica.The Collected Works of Bo dong pan chen̩ Phyogs las rnam rgyal*, New Delhi: Tibet House, 1970, vol.12, pp.317-602.

[5] 如比丘贡噶坚赞（dGe slong kun dga' rgyal mtshan）和比丘崩哇巴（dGe slong Spong ba pa）于 1487 年为一世达赖喇嘛根敦嘉措（dGe 'dun grub pa dpal bzang po，1391—1474）撰写的传记《上师一切智传——希有十二弘化》（*Bla ma thams cad mkhyen pa'i rnam thar ngo mtshar mdzad pa bcu gnyis bzhugs*）。见沈卫荣、侯浩然：《文本与历史——藏传佛教历史叙事的形成和汉藏佛学研究的建构》，北京：北京大学出版社，2016 年，第 66 页。

第十二事业分别是“示现神变”和“涅槃”，而《布顿佛教史》中第十一和第十二事业则为“从天降凡”和“涅槃”（有些文本中八王分舍利包括在涅槃事业内，但部分文本又将此单设一个主题）。另随着时间的推移，晚期十二弘化故事内容变得愈加繁缛，基本囊括了佛传故事中的每一故事细节。

《十二大法行颂赞》《布顿佛教史》《汉藏史集》等经典中十二弘化主题

	十二大法行颂赞	柱间史	第吴教法史	布顿佛教史	汉藏史集
1	入胎	兜率降世	兜率降世	从兜率下凡	住胎
2	诞生	入住母胎	入住母胎	入胎	诞生
3	学艺	圆满诞生	圆满诞生	诞生	童年嬉戏
4	眷属	少年嬉戏	少年嬉戏	学书习定	迎娶王妃
5	出家	受用妃眷	受用妃眷	婚配赛艺	护法持国
6	苦行	出家为僧	出家为僧	离俗出家	出家
7	成佛	行苦难行	行苦难行	苦行	苦行
8	转法轮	趋金刚座	趋金刚座	誓得大菩提	转法轮
9	降魔	调伏魔军	调伏魔军	降魔成佛	成佛
10	现大神变	成正等觉	成正等觉	转法轮	降魔弘法
11	涅槃	转妙法轮	示现神变	从天降凡	涅槃
12	八分舍利	入大涅槃	入大涅槃	示现涅槃	分舍利

根据托林寺红殿经堂西壁北侧下方的题记记载（见“附录一”第七行末），佛堂所绘佛传为十二弘化事业。故事情节始于佛堂南壁下方至北壁下方，按礼拜顺序布局，严格按时间及故事情节发展的先后顺序呈带状（条形）排列，每一主题故事根据自身内容长短在带状构图范围内又分为不同的空间板块表述。各主题之间均有相应的界限隔开。这种界限区分的方法有的直接用线条隔挡成单元格，也有的用两大主题故事画面底色的不同来区分其各自的空间范围。单从构图看，佛堂三面墙壁佛传总体分为 12 大板块，在此之内根据各自内容的长短又将其划分成大小不一的不同小区块。将红殿佛堂十二弘化故事中的主题划分和每一主题下的故事情节与西藏所传十二弘化故事文本勘对比较后发现，其内容的划分与故事情节的叙述模式更接近于《布顿佛教史》的文本记载。

三、古格王国早中期所传十二弘化图像演变特征

从西藏所见十二弘化图像分布区域看，目前绝大部分，尤其早期的图像遗存主要集中在西藏阿里地区。张建林先生在讨论阿里阿钦沟石窟佛传壁画时曾提出该地

区所传十二弘化的图像文本存在“简”“繁”两种版本。[1]以纪传体体裁撰写的佛传故事用视觉语言呈现其内容时无疑具有多变性，故单论某一故事场景内容，很难用相对单一的视觉形象定论其文本来源。或许在某一时代的特定区域内，图像的流通与传播更多受其粉本的影响。

如前文所述，《柱间史——松赞干布遗训》中有载继释迦牟尼在天竺示现十二相成道后，吐蕃赞普松赞干布在逻些城幻显神殿曾绘过十二弘化行迹。吐蕃时代是否已出现十二弘化题材，因缺少实物证实，尚无定论。近年来，在青海玉树勒巴沟[2]和西藏山南隆子县日塘镇孝博夏的卓卡曲德寺（Grong mkhar chos sde）[3]中虽发现了疑为吐蕃时期的佛传摩崖石刻及壁画，但因故事情节不完整，仍不足以证明它们是否属于十二弘化范畴。

（一）后弘初期至15世纪早期阿里地区十二弘化图像特征

目前保存相对完整、年代最早的“十二弘化”故事壁画见于西藏阿里地区东嘎1号窟：[4]绘于窟室的南壁西侧，经西壁和北壁，至北壁东端结束。画面用分格构图法，画幅尺度最高处每格高达1米，长度一般在1米之内。[5]霍巍教授指出其所绘内容相比《布顿佛教史》和《汉藏史集》，缺少“从天而降事业”。[6]关于“从天而降

[1] 张建林：《阿钦沟石窟的佛传壁画——兼谈古格王国早中期佛传壁画的不同版本》，载中国藏学研究中心、奥地利维也纳大学编：《西藏西部的文化历史》，北京：中国藏学出版社，2008年，第18—19页。

[2] 青海玉树勒巴沟发现的佛传题材分别是“诞生”“降伏外道”“初转法轮”“从三十三天下降”“猕猴献蜜”和“涅槃”。其中“初转法轮”和“涅槃”两主题仅有图像，没有相关藏文题记，而“降伏外道”仅存题记，图像已毁。关于勒巴沟摩崖石刻佛传造像研究见李若愚：《青海玉树勒巴沟摩崖石刻佛传故事初探》，四川大学硕士学位论文，2013年。

[3] 卓卡曲德寺佛传壁画仅存“离俗出家”到“苦修”5个主题。关于该寺壁画年代及佛传辨识研究，见夏吾卡先：《西藏卓卡寺吐蕃壁画初探》，《考古与文物》2013年第1期，第90—93页。

[4] 东嘎石窟位于札达县城北面30千米处的东嘎村。关于该窟年代，玛伊莲·M.丽艾教授指出其开凿于11世纪晚期至12世纪初，见Marylin M.Rhie, Tibetan Painting: Style, Souuces and Schools, in M.Rhie & Robert Thumman (eds), *Worlds of Transformation: Tibetan Art of Wisdom and Compassion*, New York: Tibet House, 1999, p.48；克林伯格教授认为该窟壁画的绘制年代约在12世纪前后，见Deborah Klimburg-Salter, Style in Western Tibetan Painting, The Archaeological Evidence, *East and West*, vol.46, nos.3-4, 1996, p.320；日本学者田中公明认为建造该窟的上限为11世纪末，下限为13世纪，见田中公明「トゥンガ石窟の成立年代について」,『日本西藏学会会報』2003年第49号，第67页；森雅秀先生观点与田中先生一致，见森雅秀『チベットの仏教美術とマンダラ』，名古屋：名古屋大学出版会，2011年，第56页；国内学者霍巍、李永宪教授等认为该窟开凿于11世纪至12世纪，见霍巍、李永宪、更堆：《西藏阿里东嘎、皮央石窟考古调查简报》，《文物》1997年第9期，第20页。

[5] 关于东嘎1号窟十二弘化图像测绘及初步辨识，见四川大学中国藏学研究所等编著：《皮央·东嘎遗址考古报告》，成都：四川人民出版社，2008年，第46—59页。

[6] 霍巍：《试析东嘎石窟壁画中的佛传故事画——兼论西藏西部早期佛传故事画的式样及其源流》，《西藏研究》2000年第4期，第62—70页。

事业”，[1]在《汉藏史集》中仅作为“初转法轮事业”这一大主题之下的小情节呈现，而在《布顿佛教史》中则被单列独立主题。考虑到东嘎1号窟的壁画年代与《汉藏史集》和《布顿佛教史》的成书年代，可以排除受其影响的可能性。在图像表现上，该窟十二弘化与13世纪之后阿里地区普遍流行的“简版”及15世纪之后该区域常见的“繁版”十二弘化故事不同，其内容颇为复杂。虽从大的主题划分看与后弘初期西藏译师巴曹·尼玛札翻译的《十二大法行颂赞》主题相对接近，但该窟“十二弘化”藏文题跋庞杂，与西藏所传十二弘化文本内容暂未找到对应，故可否将此归为严格意义上的十二弘化故事，仍需找相关文本与壁画题记作进一步对勘研究。

桑达（sPang ’gram）1号窟[2]中的十二弘化故事壁画是西藏阿里地区目前保存较为完整的十二弘化遗存。该石窟所处的时代（13世纪前后）正是西藏西部绘画题材，尤其绘画风格的转型期。典型的波罗艺术与尼泊尔纽瓦尔绘画互为兼容所形成的新的艺术风格替代了自后弘期以来在阿里地区占有主导地位的克什米尔样式。这种绘画风格对该区域的影响长达近两个世纪之久（约12世纪末—14世纪中后期），而此时的古格王国正深陷在尼泊尔西北部地方政权亚泽王朝及周边兄弟王国的侵犯与割据中。[3]故有学者将该风格在阿里地区的传播归因于尼泊尔亚泽王朝对古格的统治。[4]当然，这种可能性并不是没有。然而当12世纪之后的阿里还沉湎于新译密典并忠实于克什米尔造像样式的同时，与它相隔遥远的卫藏地区正逢佛教复兴盛期，此时的波罗艺术与尼泊尔纽瓦尔造像样式相融日趋成型。12世纪中后期，萨迦派、噶举派等在阿里地方政权的扶持下已发展成为古格和拉达克的主要教派。[5]14世纪前后，虽然萨迦派势力在该地区雄踞首位，但噶举派在该区域的影响仍未间断。[6]故大约处在13—14世纪前后深受波罗艺术和尼泊尔造像样式浸染的桑达石窟和日土乌江村千佛洞（dbu byang yul tsho’i stong sku lha khang phug pa）壁画风格亦不能排除受卫藏

[1]《布顿佛教史》中记为“佛升三十三天度化其母后，复降临人世间……”见布顿·仁钦珠著、蒲文成译：《布顿佛教史》，兰州：甘肃民族出版社，2007年，第65页。《汉藏史集》中记为“当释迦牟尼成佛之后七年时，他上升三十三天，为其母说法，在天住了九十天，……在天界满足母亲心愿后，又于十月四日返回人世间，故十月四日被称为吉祥天降日。”见达仓宗巴·班觉桑布著，陈庆英译：《汉藏史集》，拉萨：西藏人民出版社，1986年，第29页。

[2]桑达石窟位于札达县达巴乡境内，有关该窟的初步报告见霍巍：《桑达石窟遗留在悬崖上的色彩》，《西藏人文理》2005年第3期，第21—25页。

[3]亚泽与古格王国关系史研究，见伯戴克著、张长虹译：《西部西藏的历史》，《藏学学刊》2013年第8辑，第151—155页。

[4]U.施伦德尔著，赵晓丽译、熊文彬校：《西部西藏金铜佛像》，载王尧、王启龙主编：《国外藏学研究译文集》第十五辑，拉萨：西藏人民出版社，2001年，第232—233页。

[5]黄博：《试论古格时期藏传佛教诸教派在阿里地区的弘传与纷争》，《四川师范大学学报》2012年第1期，第163页。

[6]房建昌：《止贡噶举派在西藏的兴起及发展》，《西藏研究》1988年第2期，第63—70页。

图 2-1-9　桑达石窟北壁下方十二弘化故事之诞生情节

弘法僧人的传播引介。此时阿里地区石窟寺对十二弘化题材青睐有加，且图像特征和故事情节也基本一致，亦与后弘初期萨迦派和噶举派僧人对此故事的整理编纂及弘法僧人的引入密不可分。古格王国中晚期（15—16 世纪），西藏西部十二弘化故事题材的构图方式及叙事模式出现了新的变化，绘画风格亦回归到 11 世纪前后阿里地区推崇的克什米尔造像样式，出现了复古主义倾向。

桑达石窟中的十二弘化故事绘于该窟北壁（正壁）药师佛曼荼罗、五方佛、三十五佛等主体壁画下方（图 2-1-9），以分幅长卷连环画的形式从左到右依次排列。画幅高约 27 厘米，宽窄不等，共有 22 个画面场景。采用红、蓝、白三种底色，部分画幅间因底色间错有明显的分格线。难能可贵的是在每一画幅内均有藏文乌梅体题记辅助图像说明（图 2-1-10）。有关该窟佛传故事，赫尔穆特 · F.诺依

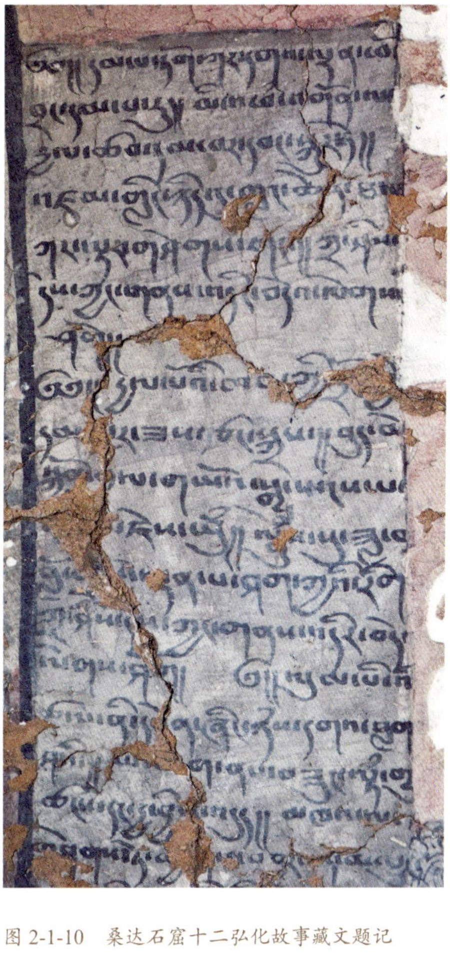

图 2-1-10　桑达石窟十二弘化故事藏文题记

图 2-1-11 日土县乌江村千佛洞正壁十二弘化故事（局部）

曼（Helm ut F.Neumann）、海蒂·A.诺依曼（Heidi A.Neumann）、库尔特·措普（Kurt Troppe）及龙析贝等从壁画图像辨识、题记整理翻译等方面做了讨论。[1] 根据他们的研究，该窟十二弘化表现了 22 个故事情节。[2] 与该窟一致，将十二弘化故事绘于窟室正壁主体壁画下方并与药师如来曼荼罗相组合的壁画还发现于日土县多玛乡乌江村千佛洞。乌江村千佛洞正壁中央为降魔触地印释迦牟尼佛和二胁侍菩萨，两侧横排中央四组分别为药师八佛和 16 胁侍菩萨，再两侧为上师对坐像，上下为贤劫千佛，底层从左到右为十二弘化（图 2-1-11），整个画面呈水平构图。十二弘化的分格构图及从左到右的叙述方式和桑达石窟一致。[3]

类似图像构成的十二弘化故事在阿里地区不仅限于以上石窟，在札达县达巴乡北部山谷中的阿钦石窟（Wa chen）和达巴村境内的谢尔（Shar）石窟中亦有发现。从壁画题材与风格特征看，这两处相比日土乌江村千佛洞壁画，其年代略晚，为 14 世纪中晚期至 15 世纪初的遗存。阿钦石窟中的佛传故事绘于东西两壁主体壁画——

[1] 有关该窟十二弘化故事的分布、风格特征及研究见 Neumann F.Helmut & Heidi A.Neumann, “The Wall Paintings of Pang gra phug; Augusto Gansser’s Cave,” *Orientations*, Vol.42, No.5, 2011, pp.1-9；对佛传藏文题记的录文整理，英译见 Kurt Tropper, *Inscriptions and Captions of the Buddhavita in Pang gra cave*. http://www.Asianart. com/articles/ tropper/；对题记汉译，并结合相关经典对此图像作详细分析的论文见龙析贝：《桑达 1 号石窟的题记与佛传故事画研究》，四川大学硕士学位论文，2014 年。

[2] 画面中仅一个场景尚未确定外，其余分别是：弥勒菩萨授记、白象入胎、树下诞生、九龙灌顶、仙人占相、宫中学习、婚配赛艺、婚后生活、出游四门、夜半逾城、削发出家、树下苦修、牧女献糜、降魔成道、转法轮、渡五比丘、调服醉象、猕猴献蜜、涅槃、荼毗、建八塔，这些内容均含括在十二弘化故事中。

[3] 乌江千佛洞中的佛传仍延续了早期分格构图的叙述法，据初步调查统计，该故事壁画由 22 格构成，画幅高度大约在 30 厘米左右，宽窄不等，一般在 20—40 厘米。22 个画幅内分呈红、黄、白三种底色，幅与幅之间的底色大多错开。22 个画幅内分别为十二弘化故事中的不同情节，并在每一故事旁另附有藏文题记，可惜多数已剥落。据笔者初步推断，该窟壁画虽整体倾向尼泊尔纽瓦尔绘画风格，但年代可能要晚至 14 世纪末期。

八大曼荼罗下方，亦采用分幅长卷构图法从左到右依次排列，如同展开的连环画。故事始于东壁北段，结束于西壁东端，画幅高仅有 29 厘米，宽窄不等，多在 20—40 厘米之间。故事从兜率天说法、白象入胎开始，到涅槃、荼毗建八塔结束，共计 33 个情节。[1] 谢尔石窟中的佛传绘于窟室主壁（西壁）释迦牟尼佛造像两侧的上师像下方，呈两排排列（图 2-1-12）。其构图与桑达、乌江村千佛洞及阿钦石窟一致，画幅以红、黄、白三色为底色，幅与幅之间的底色交错有致。共计 37 个画面，[2] 每一画面均配有相应的题榜说明。

此外，在拉达克地区阿奇寺（Alchi）松载殿（gSum brtsegs）和新殿（lHa khang so ma）中亦有绘制十二弘化故事的相关壁画。这两座佛殿壁画年代大致相当，为 12 世纪晚期至 13 世纪初的作品遗存。[3] 松载殿佛传绘在北壁弥勒塑像的裤裙上，分别讲述了释迦牟尼成佛之前在兜率天说法到涅槃分舍利的 48 个场景。[4] 新殿十二弘化绘在殿门内两侧（南壁西侧和东侧）下方（图 2-1-13），内容情节和松载殿基本一致，但与桑达、千佛洞、阿钦和谢尔石窟分幅长卷式的构图不同，尤其是松载殿，

[1] 有关该窟佛传详细辨识见张建林：《阿钦沟石窟的佛传壁画——兼谈古格王国早中期佛传壁画的不同版本》，载中国藏学研究中心、奥地利维也纳大学编：《西藏西部的文化历史》，北京：中国藏学出版社，2008 年，第 3—19 页。

[2] 谢尔石窟破坏严重，现存完整佛传画面共 34 组，另加上已被盗的三组（降魔成道等），共计 37 组。

[3] 有关阿奇寺松载殿和新殿年代，目前学界普遍倾向于 12 世纪晚期至 13 世纪初，其中新殿年代要比松载殿略早。见 Roger Goepper & Jaroslav Poncar, *Alchi: Ladakh's hidden Buddhist Sanctuary, The Sumtsek*, London: Serindia Publications, 1996, p.18；森雅秀『チベットの仏教美術とマンダラ』，名古屋：名古屋大学出版会，2011 年，第 90 页；罗杰・格佩尔（Roger Goepper）著、杨清凡译：《阿奇寺早期殿堂中的壁画》，载张长虹、廖旸主编《越过喜马拉雅——西藏西部佛教艺术与考古译文集》，成都：四川大学出社，2007 年，第 169—170 页。

[4] 关于松载殿佛传研究，见克里斯蒂安・卢恰尼茨（Christian Luczanits）著、廖旸译：《松载殿的佛传图》，载张长虹、廖旸主编：《越过喜马拉雅——西藏西部佛教艺术与考古译文集》，成都：四川大学出社，2007 年，第 187—199 页。

图 2-1-12　谢尔石窟西壁（正壁）下方十二弘化故事（局部）

其创意构图是将每一个故事情节绘在饰有中亚丝织团窠纹的弥勒裤裙上，设计理念别出心裁（图 2-1-14）。新堂佛传故事构图虽继承了西藏西部早期分幅长卷的构图模式，但它并未直接按线框或借用红、黄、白底色区分不同画幅的界面，而是巧妙地采用优波罗树的空间隔挡法，和兼用红蓝冷暖色调来区分不同故事情节的画面空间。

从以上分析看，阿里地区后弘初期至 15 世纪前期流行的佛传故事多为“十二弘化”。在构图叙述方式上，古格王国所属的桑达、乌江村千佛洞、阿钦石窟和谢尔石窟更为接近，均采用分幅长卷的构图法并以线框或红、黄、白三种底色区分不同画幅界面。而临近中亚的阿奇寺因地缘关系，在画面构图上，包括故事人物的着装更具中亚风尚。在图像内容上，桑达、乌江村千佛洞、阿钦石窟和谢尔石窟故事内容相对简洁概括，而阿奇寺松载殿则略趋复杂。

图 2-1-13　阿奇寺新殿南壁十二弘化故事（局部）

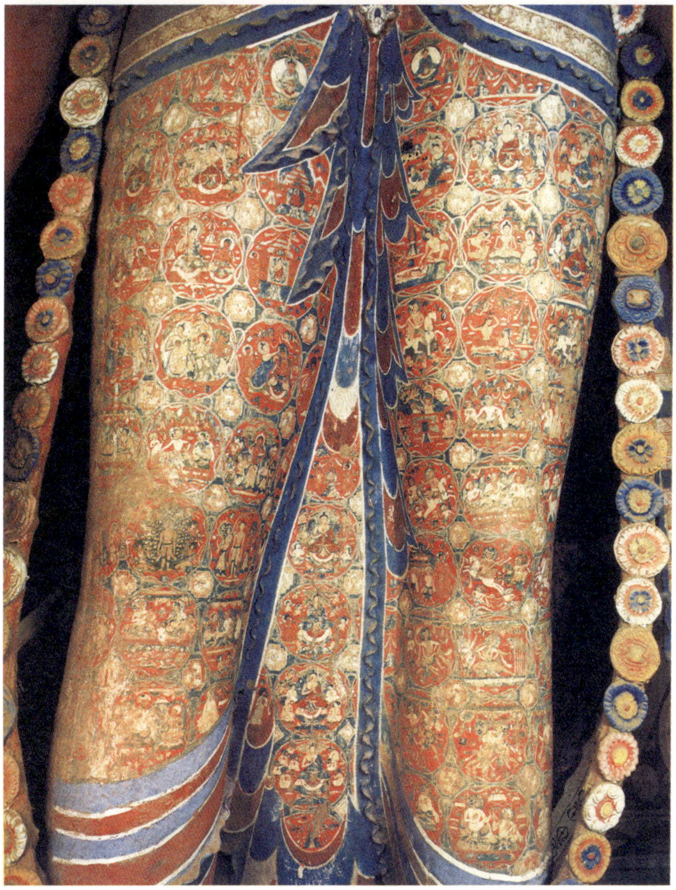

图 2-1-14　阿奇寺松载殿北壁弥勒塑像裤裙上的十二弘化故事

（二）15 世纪初至 16 世纪末阿里地区十二弘化图像特征

学界习惯将 15 世纪初宗喀巴大师弟子古格阿旺扎巴赴阿里弘法视为古格王国宗教变革的转折点，并将其之后称之为格鲁派时代。

古格阿旺扎巴在阿里地区的弘法时代，正值古格从亚泽王国长期纷扰与割据中挣脱出来第二次佛教复兴期。当时新建的寺院佛殿内多绘有十二弘化故事。其中以托林寺红殿、古格故城红殿、古格故城白殿[1]以及古格故城卓玛拉康（sGrol ma lha khang）殿最为典型。尤其是古格故城红殿（图 2-1-15）、白殿（图 2-1-16）与托林寺红殿，其故事情节的叙述模式、内容与构图基本完全一致，均采用早期分幅长卷的构图法沿着佛堂礼拜空间展开叙述。相比早期石窟艺术中的十二弘化，其画幅显得更为宽大，人物与环境的营造更趋丰富。尤其关键故事情节，诸如“婚配赛艺”“逾城出家”“六年苦修”“降魔成道”等，更注重在场人物的心理刻画和环境烘托，凸显故事情节的比重分配和画面跌宕起伏的戏剧性。特别是略晚于前三座佛殿的卓玛拉康殿内，出现了新旧两种画派和构图方式相容于同一殿堂的局面：东壁佛传采用了卫藏新型画派——勉唐派的技法；南壁和西壁则仍延续了早期克什米尔古典主义的造像手法。在构图上，东壁下方从“兜率天说法”到“削发剃度”情节构思于长卷画幅上，以青绿为底色，穿插有树木、山岳与建筑，打破了早期方框分幅的构图壁垒，使故事叙述更具情节性和流动性（图 2-1-17），而南壁从“六年苦行”到“涅槃起塔”则延续了早期分幅方框式的构图模式（图 2-1-18）。

古格卓玛拉康殿壁画的表现形式是阿里地区所见唯一且最早采用本土长期依赖的克什米尔古典主义造像手法与卫藏新生画派相融于一室的范例。它说明了自 16 世纪之后，卫藏新生画派对阿里地区相对单一画风有所影响。这种影响不应仅停留在技法层面，还体现在图像题材和文本传承上的互动往来。然而，同样以故事叙述追缅佛陀前世行迹的佛本生故事《如意藤菩萨本生》（*Byangs chub sems dpa' rtogs pa brdzod pa dpag bsam gyi 'khri shing*）[2]和佛本生与佛传相糅的《释迦牟尼一百本生传》

[1] 古格故城白殿坐北朝南，佛殿形制呈“凸”字形，十二弘化绘在佛龛（此龛型为早期佛堂的变体）左右两壁（西壁和东壁）下方，每壁分上下两层，故事始于西壁上层，终于东壁第二层，保存相对完整，每一幅故事下方均附有长篇藏文榜题。

[2] 该本生故事系 12 世纪印度诗人善自在（Kśemendra, dGe ba'i dbang po）造，由印度学者却吉桑布（Laksmikara）和 13 世纪萨迦派僧人雄顿·多吉坚赞（Shong ston rdo rje rgyal mtshan）翻译成藏文，并由却迥桑布（Chos skyong bzang po）校订收录于藏文《大藏经》（丹珠尔）佛本行经内，共由 108 品构成。该著作现有单行本出版，见［印］善自在王著、匈顿·多吉坚赞等译：《如意藤——释迦牟尼百行传》，拉萨：西藏人民出版社，2004 年；汉译本见戴作民译：《白话〈如意藤〉：释迦牟尼百行传》，成都：四川民族出版社，1998 年。

图 2-1-15 古格故城红殿十二弘化故事（降魔成道情节）

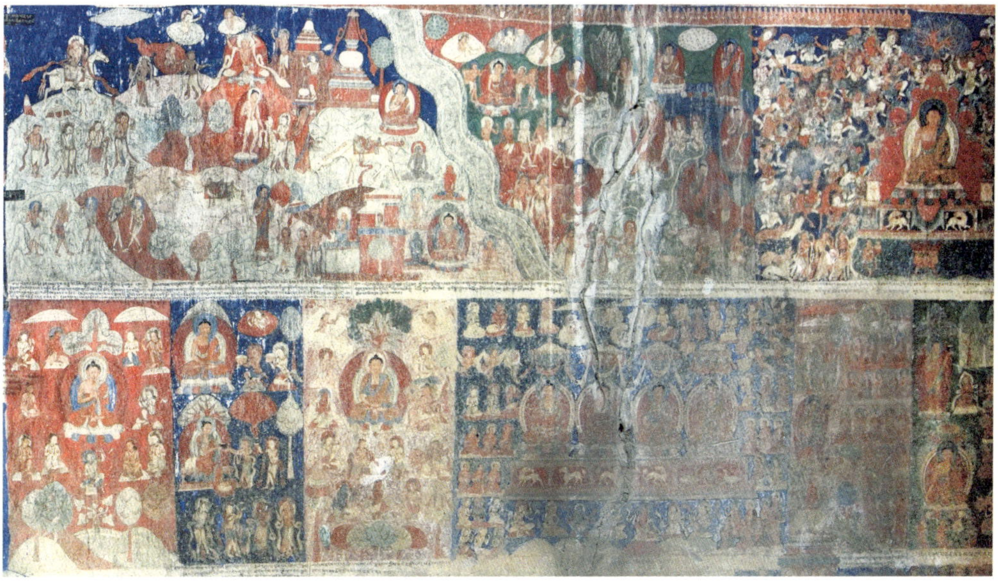

图 2-1-16 古格故城白殿佛龛北壁十二弘化故事（局部）

图 2-1-17 古格故城卓玛拉康殿十二弘化故事（从兜率天降凡到学书习定情节）

图 2-1-18 古格故城卓玛拉康殿十二弘化故事（从调伏醉象到涅槃起塔情节）

对 14 世纪以后的卫藏寺院壁画曾产生了深远的影响，[1] 并将这一绘画题材延伸到汉藏之间的甘肃和四川甘孜等地，[2] 却丝毫没有影响到阿里地区。相反，十二弘化故事自后弘初期以来，一直伴随着阿里石窟寺艺术走到了古格王国的灭亡。

第二节 佛堂西壁十六罗汉与居士达摩多罗

十六罗汉与居士达摩多罗绘于佛堂西壁降魔触地印释迦牟尼佛两侧的偏下方两排，与药师八佛和三十五佛并行排列（图 2-2-1；2-2-2）。壁面中除西壁北侧与西壁

[1] 在卫藏地区，夏鲁寺大殿回廊壁画为佛本生故事与佛传故事互为结合的典范。此外，受《如意藤菩萨本生》影响的佛本生故事壁画亦见于江孜白居寺主殿二楼回廊（1420—1425）和 15 世纪晚期贡嘎曲德寺（Gong dkar chos sde）集会大殿回廊。具体参阅熊文彬、夏格旺堆：《西藏山南贡嘎寺主殿集会大殿〈如意藤〉壁画初探》，《中国藏学》2012 年第 2 期，第 176—187 页。

[2] 关于甘肃省永登县妙因寺佛本生故事研究，可参阅谢继胜、李俊、郭丽平：《妙因寺万岁殿暗廊佛传壁画辨识与风格源流》，载谢继胜主编：《汉藏佛教美术研究》，北京：首都师范大学出版社，2010 年，第 344—349 页；关于四川省甘孜和阿坝州明代佛本生故事研究，可参阅故宫博物院、四川省文物考古研究院合著、罗文华主编：《木雅地区明代藏传佛教经堂碉壁画》，北京：故宫出版社，2012 年。

图 2-2-1　佛堂西壁南侧十六罗汉（局部）

南侧各一尊因油烟熏染和屋顶漏水壁画受潮有部分脱落暂无辨识之外，其余均保存良好。

一、佛堂西壁十六罗汉图像辨识

为了便于比对十六尊者与居士达摩多罗在诸经典中的排列次第和他们在佛堂西壁壁画中所处的位置关系，故以下笔者采用大写罗马字母“L”及后方数字对该殿西壁罗汉编号，其编号中的罗汉与西壁所绘罗汉配置图中（参看配置图 4）的位置次序一一对应。

根据经堂诸罗汉的手印与持物特征，判断身份如下：

L1　两手于胸前托宝冠，啰怙罗尊者。

L2　两手结禅定印，注荼半托迦尊者。

L3　右手示期克印并持经函，左手当胸托钵，宾度罗跋啰惰阇尊者。

L4　右手持经函，左手当胸施无畏印，半托迦尊者。

图 2-2-2　佛堂西壁北侧十六罗汉（局部）

L5　油烟熏染不清，根据排列顺序，推测应该是那迦犀那尊者。

L6　两手于胸前持经函，戍博迦尊者。

L7　两手当胸托塔，苏频陀尊者。

L8　左右两手于胸前合十并持香炉柄，左臂腋下携拂尘，因揭陀尊者。

L9　两手结禅定印，阿氏多尊者。

L10　右手向外与右肩平行并结期克印，左手当胸持拂尘，伐那婆斯尊者。

L11　左手当胸持物因龟裂不明，左手疑似持拂尘，推测应为迦理迦尊者。

L12　右手当胸结期克印，左手持拂尘，伐阇罗弗多罗尊者。

L13 右手胸前结说法印，左手结禅定印，跋陀罗尊者。

L14 两手于胸前结说法印，并持念珠，迦诺迦伐蹉尊者。

L15 两手结阿弥陀禅定印，迦诺迦跋厘堕阇尊者。

L16 右手于腹部握吐宝兽、左手当胸结与愿印，诺距罗尊者。

L17 达摩多罗伏虎罗汉。

二、西藏所传十六罗汉与佛堂十六罗汉之关系

十六罗汉在汉译佛典中最早出现于北凉道泰翻译的《入大乘论》，经中曰："有尊者宾头卢、尊者罗睺罗，如是等十六诸大声闻，散布诸处寻找佛法。"[1]之后，在唐释道宣（596—667）撰写的《续高僧传》中亦有提及，但此传并未对十六罗汉之尊名和住所逐一列举。[2]对此详载，主要见载于唐永徽五年（654）由玄奘翻译的《法住记》。[3]关于十六罗汉的画像，早在南梁时期画家张僧繇已有图绘。[4]或许是受《法住记》影响，[5]罗汉的信仰自唐以后风靡不断，除各大寺院壁绘之外，也成为文人士大夫案头常见的表现题材。据《宣和画谱》记载，唐乾元中，卢楞伽嗜好十六罗汉画像，诗人王维画十八罗汉四十八幅。[6]唐末五代，西蜀禅月大师笔下的罗汉更是以庞眉深目、隆鼻突额的胡貌梵像冠绝于世。入宋以后，随着禅余水墨画的兴起，罗汉又成为文人画家寓意禅机、渐悟佛道的门径。

十六罗汉，在藏文佛教典籍或史籍中通常被记作"十六大长老"或"十六大上座"（Mahāsthavira，gNas brtan chen po）。学界共识西藏罗汉传承主要源于两个流派：鲁梅仲群（Klu mes 'brom chung）所传汉地流派和阿底峡尊者（Atīśa）与释迦室利跋陀（Śākyaśrībhadra，1127—1225）所传印度流派。[7]虽然图齐认为罗汉这一概念从印度和汉地进入西藏的时间早于 9 世纪，[8]然目前在西藏所见罗汉最早的文字记录是后弘初期鲁梅仲群所传的汉地罗汉。根据格鲁派高僧甘钦益西嘉措（Ye shes rgyal

[1] 坚意菩萨造、北凉道泰等译：《入大乘论》卷上，见《大正新修大藏经》第 32 册，No.1634，台北：财团法人佛陀教育基金会出版部，1990 年，第 39 页中。

[2] 其实在《增一阿含经》《舍利弗问经》《弥勒下生经》等早期经典中均有"佛涅槃后，摩诃迦叶、屠钵叹、宾头罗、罗睺罗四大声闻，不入涅槃，住世护法"之记载。

[3]《法住记》有汉藏两种译本，汉译本由唐玄奘翻译于永徽五年（《大正新修大藏经》，No.2030），藏译本由 Ajitaśrībhadra 和释迦沃（Śākya 'od）翻译于后弘初期，藏译本经题为 *'Phags pa dga' ba'i bshes gnyen gyi rtogs pa brjod pa zhes bya ba*, D.4146; P.5647, Vol.127.

[4] 俞剑华注译：《宣和画谱》，南京：江苏美术出版社，2007 年，第 37 页。

[5] 关于该经典与十六罗汉的信仰关系见（法）莱维、孝阀纳著，冯承钧译：《〈法住记〉及所记阿罗汉考》，北京：商务印书馆，1930 年。

[6] 俞剑华注译：《宣和画谱》卷二、卷十，南京：江苏美术出版社，2007 年，第 69、225 页。

[7] 罗文华主编：《木雅地区明代藏传佛教经堂碉堡壁画》，北京：故宫出版社，2012 年，第 206—207 页。

[8] Guiseppe Tucci, *Tibetan Painted Scrolls II*, Kyoto: Rinsen Book, 1980, p.556.

mtshan）《能仁王圣者十六尊者传记·佛宝美饰金鬘》（*Thub pa'i dbang po 'phags pa gnas brtan bcu drug dang bcas pa'i rtogs pa brjod pa/ rgyal bstan rin po che'i mdses rgyan phul 'byung gser gyi phreng ba*）记载，鲁梅初访汉地时，除以汉地十六尊者塑像为摹本摹写了一套十六罗汉之外，还绘制了一幅释迦牟尼佛与达摩多罗唐卡，将此带回藏地供奉于查叶巴寺（Brag yer pa dgon）。[1]不仅如此，鲁梅还从汉地带回了一部《弥勒授记经》（*Byams pa'i lung bstan pa'i mdo*）抄本和汉地皇帝邀请十六尊者入驻中原说法的信件。[2]但是，鲁梅所传十六罗汉在西藏似乎仅限于技法，对罗汉供养法及修行次第并无太大影响。

十六罗汉在西藏的另一传承是阿底峡尊者所传的印度罗汉，该传承不仅限于绘画技法，[3]更为重要的是它对西藏罗汉的供养法及修习次第予以深远的影响。阿底峡传承在后弘初期主要由噶当派（bKa' gdams）继承，尊者将十六罗汉的观想实践与祈祷仪式传给随他入藏的三位弟子，其弟子又将此传给了翁绛曲穷乃（rNgog byang chub 'byung gnas）和波敦巴仁钦色（Po to ba rin chen gsal，1027—1105）等人。[4]

据拉钦·贡噶嘉措（Las chen Kun dga' rgyal mtshan，1432-1506）《噶当派史·噶当法源明灯》（*bKa' gdams kyi rnam par thar pa bKa' gdams chos 'byung gsal ba'i sgron me*）记载，纳塘寺（sNa thang）第 7 任座主钦·南卡扎（mChims Nam mkha' grags，1215—1289）曾撰写过《长老成就法·广本》（*gNas brtan gyi sgrub yig rgyas pa*）和《礼拜供养法·抄本》（*Phyag mchod bsdus pa*）两部注疏仪轨。[5]到纳塘寺第 12 任座主钦·洛桑扎巴（mChims blo bzang grags pa，？—1375）时，他基于第 7 任座主的注疏“广本”，就十六罗汉的观修实践（Cho ga'i lag len）又做了新注，并将此命名为“中本”（*sGub yig 'bring po*），此与钦·南卡扎的两部注疏并称“纳塘广中抄三部成就法”（sNar thang pa la sgrub yig rgyas bsdus gsum yod）。[6]在藏外所藏的《西藏撰述佛典目录》[7]中，十六罗汉仪轨除《噶当法源明灯》之“纳塘广中抄三部成就法”之

[1] 甘钦益西嘉措：《能仁王圣者十六尊者传记·佛宝美饰金鬘》，见扎雅·诺丹西绕著、谢继胜译：《西藏宗教艺术》，拉萨：西藏人民出版社，1997 年，第 147 页。

[2] 前揭扎雅·诺丹西绕著、谢继胜译：《西藏宗教艺术》，第 147 页。

[3] 该画法的图像特征是在十六尊者身上绘“三片叶状的印度僧衣”，据称，在 20 世纪中叶的西藏仍能见到类似的画法。前揭扎雅·诺丹西绕著、谢继胜译：《西藏宗教艺术》，第 148 页。

[4] 前揭扎雅·诺丹西绕著、谢继胜译：《西藏宗教艺术》，第 148—149 页。

[5] Las chen Kun dga' rgyal mtshan, *bKa' gdams kyi rnam par thar pa bKa' gdams chos 'byung gsal ba'i sgron me*, No.7036, fols.1-417; Las chen Kun dga' rgyal mtshan, *bKa' gdams chos 'byung gsal ba'i sgron me*, Lha sa: Bod jongs mi dmangs dpe skrun khang, 2003, p.521, 6-7.

[6] Las chen Kun dga' rgyal mtshan, *bKa' gdams chos 'byung gsal ba'i sgron me*, Lha sa: Bod jongs mi dmangs dpe skrun khang, 2003, p.521, 11-13.

[7] 金倉円照［ほか］編纂：『西藏撰述仏典目録』，仙台：東北大学文学部，1953 年。

外，[1]其余均为格鲁派僧人的撰注，数量多达 11 份，最为典型的除上文已引述的益西嘉措注疏《能仁王圣者十六尊者传记·佛宝美饰金鬘》以及与之相关的 6 篇之外，[2]另有二世达赖喇嘛根敦嘉措（dGe 'dun rgya mtsho，1475—1542）的《尊者礼拜供养》（*gNas brtan phyag mcod*）、[3]五世达赖喇嘛阿旺罗桑嘉措（Nag dban blo bzan rgya mtsho，1617—1682）的《十六罗汉供养·佛教无尽之摩尼宝》（*gNas brtan chen po bcu drug gi mchod pa rgyal bstan 'dsed med nor bu*）[4]和阿旺绛巴（Ngag dbang byams pa）的《四大学问寺·上下两怛特罗学院缘起"白莲花鬘"》（*Grwa sa chen po bshi dang rgyud pa stod smad chags tshul*）。[5]据日本学者羽田野伯猷先生的研究，格鲁派十六罗汉的主要传承者即二世达赖喇嘛（No.5561）、五世达赖喇嘛（No.5645）和益西嘉措（No. 6016—6022）的注疏均是在"纳塘广中抄三部成就法"基础上发展而来的。[6]据此可推，阿底峡所传十六罗汉在藏地起初是由噶当派传承，[7]而纳唐寺在该传承中无疑扮演着重要的角色，后格鲁派紧承这一传规，并将此推向高峰。

除此之外，西藏所传十六罗汉的注疏仪轨也散见于萨迦派咒师语自在（Sa skya pa sngags 'chang ngag gi dbang po）贡噶仁钦（Kun dga' rin chen，1339—1399）的《教主能仁王与眷属十六罗汉、达摩多罗居士之庄严许可法》（*bsTan pa'i gtso bo thub pa chen po 'khor gnas brtan bcu drug dge bsnyen dbar ma ta la dang bcas pa'i rjes gnang bya tshul gsal bar bkod pa*）和萨迦派高僧蒋扬钦则旺波（'Jam dbyang mkhyen brtse'i dbang po，1820—1892）与其弟子蒋扬洛特旺波（Jam dbyang blo gter dbang po，

[1] 在日本东北大学文学部编撰的藏外藏《西藏撰述佛典目录》中，《噶当法源明灯》目录编号为 No. 7036, fols.1-417.

[2] 在东北藏外收录文献中，益西嘉措《能仁王圣者十六尊者传记·佛宝美饰金鬘》之后另有 6 篇仪轨分别是：《能仁自在与圣十六尊者供养请愿之释法》（*Thub pa'i dbang po 'phags pa gnas brtan bcu drug dang bcas pa la mchod cing gsol ba gdab pa'i tshul bshad*, No.6017, Tha.216-270）；《能仁自在与圣十六尊者眷属归敬、供养、请愿要抄"精髓要卷"》（*Thub dbang gnas brtan bcu drug 'kho dang bcas pa la phyag mchod gsol 'deds mdor bsdus snying por dril ba*, No.6018, Tha.271-290）；《能仁自在与圣十六尊者眷属供养请愿利益》（*Thub dbang gnas brtan bcu drug 'kho dang bcas pa la mchod cing gsol ba btab pa'i phan yon*, No.6018, Tha.271-301）；《能仁自在与圣十六尊者供养祈愿之作法：名能仁王如意宝珠宏大故事之拔萃》（*Thub dbang gnas brtan bcu drug dang bcas pa la mchod cing gsol ba gdab pa'i tshul thub bstan rgyas byed yid bshin gyi nor bu shes bya ba rtogs brjod chen mo las zue du bkod pa*, No.6020, Tha.1-18）；《大乘授布萨之门：能仁自在与十六尊者礼拜、供养、请愿之仪轨"利验总生"》（*Theg pa chen po'i gso sbyong blang ba'i sgo nas thub dbang gnas brtan bcu drug dang bcas pa la mchod dang gsol gdab pa'i tshul dngos grub kun 'byung*, No.6021, Tha.1-7）；《尊者供养沐浴行事之作法》（*gNas brtan mchod pa'i skabs su khrus gsol bya tshul*, No.6022, Tha.1-3）。

[3] 东北藏外：No.5561.

[4] 东北藏外：No.5645.

[5] 东北藏外：No.6191.

[6] 羽田野伯猷『チベット·インド学集成』第一卷，京都：法藏館，1986 年，第 200 页。

[7] 据羽田野伯猷先生研究，波敦巴仁钦色之后噶当派传承人主要是：夏巴巴（Shar ba ba，1070—1141）—恰切喀巴（Bya 'chad kha ba，1101—1175）— 色齐布巴（Se spyil bu ba，1121—1189）。前揭羽田野伯猷：『チベット·インド学集成』第一卷，第 198 页。

1847—1914）编纂的《成就法集成》（*sGrub thabs kun btus*）中。[1]

以上藏文注疏和成就法就十六罗汉图像特征而言，各注之间的差异主要表现在各成员之间的排列次序上，以纳塘寺为代表的噶当派传承认为因揭陀（Aṅgaja，Yan lag 'byung）居于首位，[2]萨迦派贡噶仁钦[3]及《成就法集成》中收录的《能仁王释迦牟尼与十六罗汉及眷属的礼拜与许可》（*Thub dbang gnas brtan bcu drug 'khor dang bcas pa'i phyag mchod rjes gnang dang bcas pa*，图像及排列顺序见"资料篇一"）则认为啰怙罗（Rāhula，sGra gcan）应居于首位。格鲁派紧承噶当派，亦将因揭陀尊者置于首位（参看"资料篇二"）。值得注意的是，西藏所传十六罗汉仪轨中仅见十六罗汉，并没有"十八罗汉"这一称谓，达摩多罗和哈香这两位来自汉地的尊者在藏地被称为"居士"（dge bsnyen）或"大居士"（dge bsnyen chen mo），一向被视为是罗汉的追随者或供养者。其中也折射出汉藏多元文化交融演进的历史轨迹。

从十六罗汉排列次序中亦可反映出不同教派之间的传承关系，托林寺红殿佛堂中的十六罗汉与居士达摩多罗的图像特征与萨迦派和格鲁派传承并无二致。红殿佛堂西壁诸罗汉各分两排绘在主尊释迦牟尼佛的左右两侧（西壁北侧和南侧）偏下方，从排列顺序看，首先应起始于北侧两排之上紧邻主尊的啰怙罗尊者，而后转至第二排，与主尊右侧（南侧）两排之上排的因揭陀接续，最后到第二排的达摩多罗结束，这种排列关系和萨迦派罗汉传承次第一致。但这仅限于排列次第，十六罗汉在藏地的传播复杂多变，有很多问题悬而未解，还有待于新的材料重构详证。

第三节　小　结

综观古格王国早中期十二弘化故事壁画，其图像特征大致可分为早、中两个时期。古格·阿旺扎巴赴阿里弘法之前，即15世纪以前，该区域所传十二弘化相对简约，画面中出场人物较少，一般仅绘制与故事情节有直接关联的核心人物。构图均采用分幅长卷构图法，画幅普遍狭小，多以红、白、黄三种底色区分不同故事情节，画幅留白较多，缺乏场景式构图的流动感和叙述性。自15世纪早中期后，整个故事

[1] 该成就法集录的十六罗汉仪轨是《能仁王释迦牟尼与十六罗汉及眷属的礼拜与许可》（*Thub dbang gnas brtan bcu drug 'khor dang bcas pa'i phyag mchod rjes gnang dang bcas pa*），见*sGrub thabs kun btus*, Vol.5, fol.26, 1.4-27, 1.5.

[2] Marylin M. Rhie & Robert A. F. Thurman, *Wisdom and Compassion: The Sacred Art of Tibet*, New York, Harry N. Abrams, Publishers, 1996, pp.102-103.

[3] 贡噶仁钦注释中的十六罗汉排列顺序见Guiseppe Tucci, *Tibetan Painted Scrolls II*, Kyoto: Rinsen Book, 1980, p.560.

的画幅比重骤然扩增，场面宏大，虽然部分佛殿仍沿袭了早期长卷分幅的构图法，但已非早期构图严格刻板，而往往在画面中穿插山岳、树木、小桥流水与楼阁亭台，显得灵活多变。人物场景纷繁热闹，并以飞禽走兽烘托气氛，使得画面的情节性和叙述性更为活跃。

托林寺红殿佛堂十二弘化对故事情节及构图的灵活处理，以及画面内穿插大面积辅助故事情节解说的榜题，为该时期十二弘化故事壁画的典型代表。由于佛传故事的内容情节具有灵活多变性，不同于密教图像具有严格的图像志或仪轨限定，因此就红殿佛堂十二弘化故事所据文本的来源问题，也是本题讨论的难点。目前仅从壁画主题内容的总体划分与叙事关系看，其图像溯源更接近于《布顿佛教史》中对此的分类描述。

十六罗汉是继释迦牟尼之后维系佛法延续的使者，西藏罗汉主要受汉地和印度两个派系的影响。其中，汉地传承主要影响到西藏罗汉的造像手法，而由阿底峡引入的印度传承主要影响到西藏罗汉的供养法门和修习次第，且该传承在早期的噶当派和后期的格鲁派教法中均有着清晰的传承脉络。在尊像特征上，无论早期的噶当派、中期的萨迦派还是晚期的格鲁派基本趋同，唯独萨迦派传承与噶当及格鲁派在罗汉座次上略有差异，红殿佛堂十六罗汉与居士达摩多罗的排列次第与萨迦传承更为接近。

第三章　红殿佛堂药师八佛与三十五忏悔佛

第一节　佛堂西壁药师八佛

药师佛（Bhaiṣajyaguru），藏文名“Sangs rgyas sman bla”，系药师琉璃光佛或药师琉璃光如来（Bhaiṣajyaguruvaiḍūryaprabhārāja）之略称，为佛教东方净琉璃世界之教主。在藏文仪轨中，药师八佛是指七佛药师并释迦牟尼佛。托林寺红殿佛堂药师八佛除正壁主尊降魔触地印释迦牟尼佛之外，其余各尊绘于主尊两侧的三十五佛下方、十六罗汉与达摩多罗的两侧位置。

一、西藏药师佛传承谱系及经典

有关西藏早期药师佛的传承与发展，五世达赖喇嘛·阿旺洛桑嘉措在《药师七佛供养法汇》（*sMan bla bdun gyi mchod pa'i cho sgrig*）中指出，寂护（Śāntarakita，Zhi ba 'tsho，725—788）是其修习法门的开创者。对此，陈智音先生已做过梳理研究。[1]《药师七佛供养法汇》中共记载了两支源于寂护的药师传承，一支由吐蕃王室传，传承谱系是：寂护—赤松德赞（Khri srong lde btsan，755—797）—萨纳列（Sad na legs，又名赤德松赞［Khri lde srong brtsan］，798—815年在位）—赤祖德赞（又名热巴巾［Ral pa can］，815—838年在位）—拉隆帕多吉（lHa lung dpal rdo rje，刺杀朗达玛者）—沃松（'Od srung，朗达玛之子，838—842年在位）—帕阔赞（dPal 'khor btsan，沃松之子）—吉德尼玛贡（sKyid lde nyi ma mgon，帕阔赞长子）—扎西德（bKra shis lde，又称扎西衮［bKra shis mgon］，吉德尼玛贡次子，拉喇嘛益西沃的父亲）—柯热（Kho re，益西沃的哥哥，扎西德长子）—拉德（lHa lde，柯热之子）—沃德（'Od lde，拉德长子）—孜德（rTse lde，沃德之子）。

另一支药师传承源自寂护的故乡萨霍尔。传承谱系是：寂护—小菩提萨埵

[1] 陈智音：《寂护与药师佛信仰在西藏的开端》，载李国庆、邵东方主编：《天禄论丛：北美东亚图书馆员中国学文集》，桂林：广西师范大学出版社，2010年，第4页。

（Bodhisattva mchung ba）—萨霍尔王格威帕（dGe ba'i dpal）—阿底峡尊者（Atiśa）—拉尊绛曲沃（lHa btsun byang chub 'od）。[1]

综观以上两支传承，第一支的前期主要由吐蕃王室传承，后从吉德尼玛贡到孜德之间的6位是吐蕃后裔古格王室成员，最后一位是1076年汇集卫、藏、康三地大德于托林寺主持举办"火龙年法会"的古格王孜德。第二支后期的主要传承者是后弘初期藏地密教的引入者和噶当派创建人阿底峡尊者，他曾于1042—1045年在托林寺与大译师仁钦桑布共事，而其下任传承者正是迎请阿底峡尊者入藏的古格王绛曲沃。[2]

藏文《大藏经》中共收录了四部寂护撰写的药师七佛仪轨，其中《八如来赞》[3]和《七如来往昔誓愿广分别经教授》[4]明确署有作者的姓名。紧随其后的《七如来往昔誓愿广分别修诵仪轨·经文摄略》[5]和《七如来往昔誓愿殊胜广大经读诵七如来供养誓愿仪轨经集次第读诵》[6]虽在原经典的末尾未署作者与译者的姓名，但据此与前两部仪轨之关系，推测亦为寂护所撰。[7]此外，藏文《大藏经》中亦收录了两部与汉译药师佛经典相对应的仪轨，分别是"*'Phags pa bcom ldan 'das sman gyi bla bai ḍūdurya'i 'od kyi sngon gyi smon lam gyi khyad par rgyas pa zhes bya ba theg pa chen po'i mdo*"[8]和"*'Phags pa de bzhin gshegs pa bdun gyi sngon gyi smon lam gyi khyad par rgyas pa zhes bya ba theg pa chen po'i mdo*"[9]。这两部仪轨，前者系9世纪吐蕃译师智军（Ye shes sde）翻译，后者系印度译师施戒（Dānaśīla）翻译，前者与唐玄奘翻译的汉译本

[1]《药师七佛供养法汇》（*Dder gshegs bdun gyi mchod pa'i chog bsgrigs yid bzhin dbang rgyal*），《五世达赖喇嘛·阿旺洛桑嘉措文集》第15卷（藏文），北京：中国藏学出版社，2009年9月，第429—510页。

[2]关于绛曲沃迎请阿底峡进藏事迹，可参阅巴卧·祖拉陈瓦著，黄颢、周润年译注：《贤者喜宴——吐蕃史译注》，北京：中央民族大学出版社，2010年，第304页及第309页注释7。

[3]*De bzhin gshegs pa brgyad la bstod pa*, D.1166; P.2055, vol.46.

[4]*De bzhin gshegs pa bdun gyi sngon gyi smon lam gyi khyad par rgyas pa zhes bya ba'i mdo sde man ngag*, D.3132; P.3953, vol.80，经后跋文为"为自在圣主吉祥赞普天子赤松德赞寿命增长、王位巩固、权势宏阔、清净业障以及增广［福德智慧］二资粮，七如来往昔誓愿广分别经教授，阿阇黎菩提萨埵撰"，此处阿阇梨菩提萨埵（Bodhisattva）为寂护的同名异写，藏文史籍《巴协》（*dBa bzhed*）《布顿教法史》（*Bu ston chos 'byung*）及《青史》（*Deb ther sngon po*）中对此有载。

[5]*De bzhin gshegs pa bdun gyi sngon gyi smon lam gyi khyad par rgyas pa'i gzungs bklag pa'i cho ga mdo sde las btus pa*, D.3133; P.3954, vol.80.

[6]*De bzhin gshegs pa bdun gyi sngon sman lam gyi khyad par rgyas pa zhes bya ba mdo sde bklag cing de bzhin gshegs pa bdun mchod de smon lam gdab pa'i cho ga mdo sde las btus te rim par bklag pa,* D.3134; P.3955, vol.80.

[7]关于这四部仪轨为寂护撰写的讨论，可参见陈智音：《寂护与药师佛信仰在西藏的开端》，载李国庆、邵东方主编：《天禄论丛：北美东亚图书馆员中国学文集》，桂林：广西师范大学出版社，2010年，第6—9页。

[8]该经典的梵文经题为：*Āryabhagavānbhaiṣajyaguruvaiḍūryaprabhasyapūrvapraṇidhānaviśeṣavistaranāmama-hāyānasūtra*, D.504; P.136, vol.6，系印度译师施戒（Dānaśīla）、世友（Jinamitra）与西藏译师智军（Ye shes sde）合译。

[9]该经典的梵文经题为：*Ārya-saptatathāgatapūrvapraṇidhānaviśeṣavistara-nāma-mahāyāna-sūtra,* D.503; P.135, vol.6.系印度译师施戒（Dānaśīla）、世友（Jinamitra）、戒自在菩提（Śīlendrabodhi）和西藏译师智军（Ye shes sde）合译。

《药师琉璃光如来本愿功德经》(《大正藏》,No.450)对应，后者与唐义净翻译的《药师琉璃光七佛本愿功德经》(《大正藏》，No.451)对应，均出自同一部梵文本。

此外，在藏译本《药师琉璃光七佛本愿功德经》之后，另有一部《圣如来生三昧力琉璃光之陀罗尼》[1]，系印度世友(Jinamitra)、戒自在菩提(Śīlendrabodhi)和西藏译师智军翻译，属于前弘期译本，后由阿底峡和西藏译师楚陈杰瓦(Tshul khrims rgyal ba，1011—1064)于托林寺色康殿(gser khang)用新译语重新对此做了翻译和厘定工作。[2]

二、佛堂药师八佛图像辨识

药师七佛并释迦牟尼形成八佛的组合理念早在寂护撰写的《八如来赞》和后弘初期由阿底峡与楚陈杰瓦新译的《圣如来生三昧力琉璃光之陀罗尼》中已有体现。之后，在噶当派上师世尊明剑(bCom ldan rig pa'i ral gri，1227—1305)和格鲁派上师文集中亦有继承。[3]不过早期图像多以药师如来曼荼罗的形式呈现，八佛单独出现的时间相对较晚，15 世纪之后才逐渐兴起，并成为西藏西部佛寺中常见的造像题材。

红殿佛堂药师八佛除西壁主尊降魔触地印释迦牟尼佛之外，其余各尊均绘于主尊两侧的三十五佛下方、十六罗汉与达摩多罗的两侧，紧靠西壁与南北两壁相接处。具体位置详见配置图 4，其中配置图中用“Y”及后方数字表示药师八佛所处位置与排序。西壁北侧下方的四尊(编号为Y2，Y3，Y4，Y5)因油烟熏染、画面色彩已被覆盖，据可见尊像身色和手印，其编号Y1 身呈黄色，右手结无畏印，左手结禅定印，应该是善名称吉祥王如来(mTshan legs par yongs bsgrags dpal gyi rgyal po)；Y2 身呈黄色，右手结与愿印，左手结禅定印，为宝月智严光音自在王如来(Rin po che dang zla ba dang padmas rab tu brgyan pa mkhas pa gzi brjid sgra dbyangs kyi rgyal po)；Y3 身色不清，两手结说法印，疑似金色宝光妙行成就如来(gSer bzang dri med rin chen snang ba brtul zhugs grub pa)；Y4 身色不清，两手结禅定印，疑似无忧最胜吉祥如来(Mya ngan med mchog dpal)；Y5 身呈赤色，两手结说法印，疑为法海雷音如来(Chos bsgrags rgya mtsho'i dbyangs)；Y6 身呈赤色，右手结与愿印，左手结禅定印，

[1] *'Phags pa de bzhin gshegs pa'i ting nge 'dzin gyi stobs bskyed pa bai dūdurya'i 'od ces bya ba'i gzungs*, D.505; P.137, vol.6.

[2] *'Phags pa de bzhin gshegs pa'i ting nge 'dzin gyi stobs bskyed pa bai dūdurya'i 'od ces bya ba'i gzungs*, P.137, vol.6.p.140, 2.3-5.

[3] 噶当派上师世尊明剑《八如来供养法》(*bDe gshegs brgyad kyi mchod pa*)现存乌坚体和乌梅体两种版本，前者见《确丹·日巴让柴文集》(*bCom ldan rig pa'i ral gri'i gsung 'bum*)卷 10 tha，pp.147-154；后者见《噶当文集》(*bKa' gdams gsung 'bum phyogs bsgrigs thengs gnyis pa*)卷 17，第 413—418 页。

图 3-1-1　额钦石窟北壁药师八佛壁画（四铺曼荼罗上方）

为法海胜慧游戏神通如来（Chos rgya mtsho'i mchog gi blos rnam par rol pa mngon par mkhyen pa'i rgyal po）；Y7 身呈青绿色，右手结与愿印，左手结禅定印，为药师琉璃光如来（sMan bla beḍūdurya'i 'od）；Y8 身呈黄色，左手结禅定印，右手施触地印，为释迦牟尼佛。

早期阿里地区所传药师佛图像以药师曼荼罗为主，药师八佛图像出现的时间相对较晚，札达县达巴乡境内额钦石窟中的药师八佛壁画是目前所见最早的实物遗存（图 3-1-1），其年代大约在 14 世纪中晚期至 15 世纪初。虽在印度西北部西玛偕尔邦金瑙尔地区的那科寺 3 号佛殿主壁（西壁）塑有药师八佛，但考虑到该塑像技法拙劣，与原壁画年代不符，故有可能为后期重塑。[1] 额钦石窟中的药师八佛绘于窟室北壁主体

[1]［意］图齐著，魏中正、萨尔吉主编：《梵天佛地》第三卷第一册《斯比蒂与库那瓦》，上海：上海古籍出版社，2009 年，第 113—114 页。

壁画四部曼荼罗的上方，药师八佛作为附属图像，并非如 13—14 世纪阿里地区广为盛行的药师如来曼荼罗那样被绘在石窟或佛殿最引人注目的主壁位置。[1] 15 世纪以后，在阿里地区早期盛行的药师如来曼荼罗渐居次位，取而代之的是药师八佛的盛行。古格王国佛教第二次复兴期所建的古格故城红殿、白殿、卓玛拉康殿，托林寺红殿、白殿以及位于古格故城山脚高地上的洛当寺（Blo thang）[2] 中均可见实例。当时药师八佛多位于佛殿的主壁位置，与降魔触地印释迦牟尼佛、十二弘化故事、十六罗汉及三十五佛一并构成了新的图像组合体系（具体讨论详见本章第四节）。

第二节　托林寺迦萨殿药师佛与 13—15 世纪西藏阿里地区药师曼荼罗图像传承

一、迦萨殿与药师佛图像概述

托林寺迦萨殿（brGya rtsa lha khang）为古格王益西沃于 996 年初建托林寺时所建。该佛殿呈立体曼荼罗形，其内部绘塑在“文革”期间多已被毁，即便斑驳残见的也屈指可数。目前可确定该殿中央原塑像为金刚界大日如来及眷属，其四方另开有四座小殿，象征金刚界四方佛及眷属所居之地，[3] 其与中央主体佛殿构成立体金刚界曼荼罗之无量宫。在环围金刚界主殿的外重另开 22 间配殿，内部供有不同部派的诸天众神。

从残存的壁画痕迹及造像残件看，中央金刚界主殿及四角佛塔为初建该寺时的遗产。外重配殿中的塑像及壁画留有多次改造重绘痕迹，推测年代跨度从建寺初到 16 世纪之间。因塑像和壁画多被破坏，目前每一配殿的名称是在原造像痕迹的基础上借助史料和早年遗僧的记忆复原的。[4] 意大利藏学家朱塞佩·图齐于 1933 年和 1935 年考察该寺时，迦萨殿及配殿造像和壁画尚完好无损，他与随从摄影师欧金尼

[1] 关于额钦石窟壁画整理研究，详参古格·次仁加布：《阿里札达额钦石窟壁画艺术》，拉萨：西藏人民出版社，2011 年。

[2] 该寺现已毁坏，根据图齐早年调查，原佛殿内塑有释迦牟尼佛，释迦牟尼的两侧绘十六罗汉、药师八佛、三十五佛和佛传故事。见［意］图齐著，魏中正、萨尔吉主编：《梵天佛地》第三卷第三册《扎布让》，上海：上海古籍出版社，2009 年，第 90—91 页。

[3] 因造像大部分已毁，暂无法确知中央呈“十”字折角形（或考古学称为“亚”字形）佛殿之四方小殿中的具体造像，故无法肯定门朝中央主尊大日如来四方的四座小殿是否为金刚界四方佛及眷属之居所（当然，不能排除四方佛及眷属就塑于中央殿堂大日如来的四方）。但值得肯定的是，“十”字折角形佛殿早期的出现与金刚乘的兴起相辅相成，故在中央佛殿大日如来四方另开四座小殿，至少在功能上有象征金刚界四方佛及眷属之方位居所的意向。

[4] 托林寺迦萨殿外重各配殿命名见Roberbo Vitali, *Records of Tholing: A Literary and Visual Reconstruction of the Mother Monastery in Gu Ge*, Dharamshala, India: Amnye Machen Institute, 1999, pp.92-93.

图 3-2-1　宝月智严光音自在王如来，托林寺迦萨殿，13 世纪前后，盖尔西摄

奥·盖尔西（Eugenio Ghersi）[1]当年拍摄了大量有关迦萨殿的壁画，可惜这批宝贵的图片资料现仍封存在意大利国家东方艺术博物馆内，至今还未公布于众。托林寺迦萨殿的研究者，要化解其内部诸佛殿中的图像内容与配置关系这一谜团，仍需要漫长的等待。笔者有幸在阅读奥地利维也纳大学著名喜马拉雅艺术史学者黛博拉·克林伯格·塞尔特（Deborah Klimburg-Salter）早年论文《斯比蒂河谷中的唐卡绘画传统》[2]时，竟发现她在讨论 13—14 世纪西藏西部艺术风格时曾借用了当年盖尔西于托林寺迦萨殿拍摄的两张照片（图 3-2-1；3-2-2）。单从照片所反映的绘画风格看，其特征为 13 世纪前后的壁画作品。不过该照片具体摄自迦萨殿的哪一配殿，文中并未注明。这两张图片中的主尊，克林伯格教授将其推断为五方佛。[3]

若仔细分析这两幅照片中的图像，会发现其图像题材和绘画风格竟然与近年来

[1] 图齐与盖尔西考察合作事略，可参看魏正中、萨尔吉：《探寻西藏的心灵——图齐及其西藏行迹》，上海：上海古籍出版社，2009 年，第 65—69 页。

[2] Deborah Klimburg-Salter, "A Thangka painting Tradtion from the Spiti Vally, " *Art of Tibet: Selected Articles from Orientations 1981-1997*, Hong Kong: Orientations Magazine Ltd, 1998, pp.258-265.

[3] Deborah Klimburg-Salter, "A Thangka painting Tradtion from the Spiti Vally, " *Art of Tibet: Selected Articles from Orientations 1981-1997*, Hong Kong: Orientations Magazine Ltd, 1998, p.263.

图 3-2-2 金色宝光妙行成就如来，托林寺迦萨殿，13 世纪前后，盖尔西摄

西藏阿里地区发现的桑达石窟（sPang bka ['gram]）、帕尔噶尔布石窟（Bar dkar po）和羌衮巴石窟（Byang dgon pa）壁画中的风格题材有着惊人的相似性！只可惜仅凭这两张照片我们不能遍览整个迦萨殿当年之盛况。所幸的是，依据该照片所提供的信息，并参照阿里地区同一时期其他石窟壁画艺术，亦可构建出与此题材有关的图像系统，以及该图像在 13—14 世纪西藏阿里地区的信仰现状。

从照片显示的方位看，该组照片应摄于迦萨殿外重的某一配殿。其中图 3-2-1 主尊之右侧被雨水冲刷泛白处为正壁与侧壁的转角处，转角的右侧即进殿门的左壁。靠近正壁右侧的一尊虽在照片中仅露出半身，但从尊格头髻和头光特征看，他与正壁主尊保持一致。图 3-2-2 紧接图 3-2-1，在图 3-2-2 之后另有与此相同构图的壁画，因此暂可推测这组壁画应出自同一题材。另从主尊背龛特征看，图 3-2-1 与图 3-2-2 背屏呈椭圆形，用象、狮羊、羯摩鱼和金翅鸟等六拏具装饰，为典型的印度波罗艺术样式。两图片中的主尊均身着袈裟偏袒右肩，结金刚跏趺坐。黑色螺髻，天庭饱满，眼睑弯曲呈俯视状。左右胁侍发髻高耸，两足向外侧立，上身裸露璎珞严饰，下着彩色犊鼻裙。两主尊的区别是，除图 3-2-1 左手结禅定印，右手施与愿印，图

图 3-2-3 宝月智严光音自在王如来和金色宝光妙行成就如来，桑达石窟，13 世纪前后

3-2-2 两手结说法印外，另在图 3-2-1 主佛的螺髻顶端镶有珠宝，以及天庭两侧饰有呈圆形的八瓣花朵。

这两组图片无论绘画风格还是图像特征，均与桑达石窟（图 3-2-3）和帕尔噶尔布石窟药师如来曼荼罗壁画中的药师佛一致（图 3-2-4；3-2-5）。通过图像类比，盖尔西拍摄于迦萨殿中的这两幅图片的主尊分别是药师八佛中位于西南方的宝月智严光音自在王如来和西方的金色宝光妙行成就如来。两侧分别是各自的胁侍弥勒（Byams pa）和归依（sKyabs grol）以及辩积（sPobs pa brtsegs pa）与镇伏（rNam par gnon pa）菩萨。其中，图 3-2-1 宝月智严光音自在王如来右侧胁侍菩萨因佛殿屋顶漏水冲刷，在照片中已显示不清。

以下通过对西藏药师如来曼荼罗传承及图像文本的梳理，来进一步展开分析该图像与 13—14 世纪阿里地区所传药师如来曼荼罗图像配置之关系及信仰传承。

二、药师如来曼荼罗图像传承

从目前西藏所传仪轨与图像看，药师如来曼荼罗共有两种传承：一支是以药师琉

图 3-2-4 宝月智严光音自在王如来，帕尔噶尔布，13 世纪前后

图 3-2-5 金色宝光妙行成就如来，帕尔噶尔布，13 世纪前后

璃光佛为主尊配有药师七佛、四臂般若佛母、十六菩萨、十护方天及日月天、十二神将、四大天王的 51 尊曼荼罗；另一支是以般若经函（八百颂经夹）为主尊配有药师八佛、十六菩萨、十二护方天、十二神将和四大天王的 53 尊曼荼罗。前者自 13 世纪前后已经在藏地出现，尤其盛行于西藏阿里地区的各大石窟中。后者在藏地出现的时间相对较晚，目前所见实物遗存均在 15 世纪之后，相比前者并不盛行。

以上两种曼荼罗的传承，在早期汉文典籍中并没有相应的图像记载，直到清道光年间，北京净住寺住持阿旺扎什补译的《修药师仪轨布坛法》方弥补了这一缺憾。关于该译本的来龙去脉，在该经起首“重刻药师七佛供养仪轨经序”中有明确记载：

昔我佛在广严城。以梵音声说药师七佛本愿功德经。傅至唐特。西藏王颂藏刚布译为番文。以便彼国诵习。迨至国朝。王辈达赖喇嘛制供养仪轨经。体制尊严。仪文周密。后人如法修持。内具诚恳。外修节目。能令解脱世间众苦。速证无上菩提。益莫大焉。顾西番文字华人多以未谙。后见显亲王傅仪宾公工布查布所译汉本。文字允当与经旨相符。惜其原板无存。其中亦无布坛法仪。与供养佛相方位二事谨录。珍袭不敢自秘。久欲公之大众。因力未逮。以致稽迟。今逢大檀越宗室佑容斋少宰。见刻此经。指示添绘坛仪各方位佛相。与三十五佛之相。及救度佛母二十一相。并以写梵天文字数行。尤为庄重。复有檀越理藩院正郎定君。闻此刻经。欣然共济。既得二大檀越。偶善捐资。赞成斯举。(什)遂将译成汉文。诸品经数卷。凡诸佛号。悉书二体字。同付剞劂装成卷帙期传不朽。奉诸兰若。分诸信士。凡我同志共步善因。是役也不轻。予之夙愿克完。而诸善友之财施即法施也。不可不为志之。因为之序云

根据序文，阿旺扎什翻译的汉文本《修药师仪轨布坛法》源自藏文本。紧随序文的是以八百颂经夹为主尊的药师如来53尊曼荼罗的布坛法，以及诸天的方位及特征。[1]在此之前，由元初八思巴之徒沙啰巴（Shar pa, 1259—1314）翻译的汉译本《药师琉璃光王七佛本愿功德经念诵仪轨》（卷上）中已出现与药师如来曼荼罗布坛法有关的记载。[2]尤其在沙啰巴另一译本《药师琉璃光王七佛本愿功德经念诵仪轨供养法》（卷一）中，专门有对药师如来曼荼罗中八佛、十护方天、十二神将、四天王图像的简略描述。[3]遗憾的是该译本缺载十六菩萨的尊名和图像特征，亦未指明曼荼罗的结构与布局，故难以构成一部完整的药师如来51尊（或53尊）曼荼罗图像体系。陈智音先生同订出该译本的偈颂部分为萨迦派传承，[4]译文中没有明确指出该曼陀罗的主尊是谁，但根据文中多次出现“供养”或“赞叹”般若佛母之言辞，[5]故推测该译本有可能是以琉璃光药师佛为主尊配七佛、般若佛母等天众的药师如来51尊曼荼罗供养仪轨。

遗憾的是，有关该曼荼罗完整的早期图像传承，尚不明晰。现已发现的早期仪轨多以偈颂为主，除赞颂药师七佛名号外，对其他天众的名号涉及甚少，布坛法及图像描述更是凤毛麟角。目前所见对此名号涉及较为完整，并明确将般若佛母纳入药师如

[1]［清］阿旺扎什补译：《修药师仪轨布坛法》，见《大正新修大藏经》第19册，No.928，台北：财团法人佛陀教育基金会出版部，1990年，第62页下至66页中。

[2]在《药师琉璃光王七佛本愿功德经念诵仪轨》中，药师如来曼荼罗的布坛模型已见雏形，但对坛城尊神及特征并未详述。原文记载为：“至此当诵召请偈。如是召请观想诸圣。各从本国以神通力乘空而来。于胜妙宫诸宝狮子莲花座上。安八如来及安法宝。于第二层复安序分诸菩萨位。或设侍从诸菩萨位。面前安设曼殊师利菩萨。救脱菩萨。金刚手菩萨三菩萨位。警觉诸尊往昔誓愿作饶益行。第三左边安设十二药叉大将。右边安设大梵天王天主帝释。四门安设四大天王。”见《大正新修大藏经》第19册，No.925，台北：财团法人佛陀教育基金会出版部，1990年，第34页中及下。

[3]见《大正新修大藏经》第19册，No.296，台北：财团法人佛陀教育基金会出版部，1990年，第41—48页。

[4]陈智音：《寂护与药师佛信仰在西藏的开端》，载李国庆、邵东方主编：《天禄论丛：北美东亚图书馆员中国学文集》，桂林：广西师范大学出版社，2010年，第8页。

[5]诸如“圣教广大如虚空，胜义无缘超戏论，圆音妙相遍知性，供养般若诸佛母”“所有种种天妙水等至回向众生及佛道乐广作者应当赞叹般若佛母救度佛母等受持经律论藏……”等。

图 3-2-6 药师如来曼荼罗，卫藏地区，14 世纪中晚期

来曼荼罗图像体系中的仪轨是阿底峡与楚陈杰瓦于托林寺色康殿重新翻译厘定的《圣如来生三昧力琉璃光之陀罗尼》。据阿底峡在托林寺驻锡时间推算，该译本应翻译于 1042—1045 年。1045 年之后，尊者受仲敦巴迎请离开阿里前往卫藏弘法，并创立噶当派。另从两幅卫藏地区 14 世纪中晚期至 15 世纪初的药师如来 51 尊曼荼罗唐卡看，该曼荼罗很可能由阿底峡尊者传至噶当派，并由其支系噶举派红帽继承。其依据是在这两幅唐卡主尊药师琉璃光佛和左右胁侍日光与月光菩萨的基座正下方绘有噶举派红帽上师像（图 3-2-6；3-2-7）。

此外，从《续部总集》（*rGyud sde kun btus*）收录的《七如来曼荼罗灌顶仪轨——饶益之源》（*De bzhin gshegs pa bdun gyi dkyil 'khor du dbang bskur ba'i cho ga phan ba de'i 'byung gnas zhes bya ba*）看，药师如来 51 尊曼荼罗在萨迦派（俄系）教法中亦有传承。由萨迦派高僧蒋扬洛特旺波（Jam dbyangs blo gter dbang po）主持编纂的《续部总集》[1] 虽成书于 19 世纪，但内容多源自萨迦派早期曼荼罗传承。笔者发现，该集中收录的药师如来 51 尊曼荼罗其图像特征竟与噶当派高僧阿旺洛桑丹贝坚赞（Ngag dbang blo bzang bstan pa'i rgyal mtshan，1660—1728）所造、由其弟子洛桑耶培（bLo bzang yar 'phal，1686—1767）于蒙古库伦（Hal ha）刻印的《七如来曼荼罗灌顶仪轨——饶益之源如实简明注释》（*De bzhin gshegs pa bdun gyi dkyil 'khor du dbang skur*

[1] 'Jam dbyangs blo gter dbang po, *De bzhin gshegs pa bdun gyi dkyil 'khor du dbang bskur ba'i cho ga phan bde'i 'byung gnas*, *rGyud sde kun btus(glog klad par ma)*, Vol.1, pp.93-159. 该仪轨是蒋扬洛特旺波（'Jam dbyangs blo gter dbang po）依据贡敦·白确伦珠（'Khon ston dpal 'byor lhun grub，1561—1637）的手稿（yig cha）撰写。

ba'i cho ga phan bde'i 'byung gnas ji lta ba bzhin nag 'gros su bkod pa）[1]不仅标题相似，且所含天众除十二神将在《续部总集》中有明确方位规定外，其余图像特征竟如出一辙。

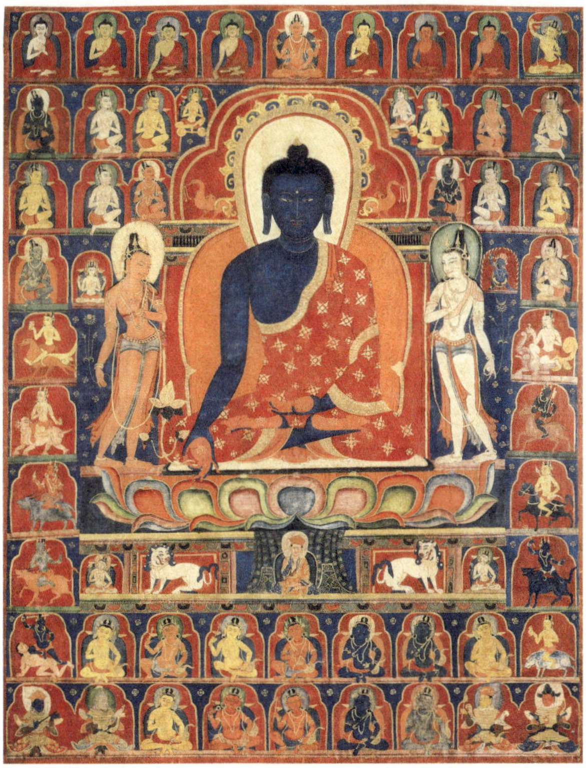

图 3-2-7　药师如来曼荼罗，卫藏地区，14 世纪中晚期

以下以阿旺洛桑丹贝坚赞《七如来曼荼罗仪轨——饶益之源如实简明注释》为底本，[2]并以收录于《续部总集》中的《七如来曼荼罗灌顶仪轨——饶益之源》为副本，[3]在解析该曼荼罗具体图像的基础上，对比这两文本之间的图像差异。其中，两文本之间在图像上的细节差异以下用脚注的形式标注说明，脚注中的《续》为《续部总集》之略称。此外，译文中诸尊之尊名参考了沙啰巴译《药师琉璃光王七佛本愿功德经念诵仪轨》中尊名的译法。

0. 曼荼罗内外结构、装饰及其诸尊座具规制

de nas sgom bzlas dngos la 'jug pa ni/ oṃ svabhāvasuddha sarvadharmā svabhāva suddho 'haṃ/ chos thams cad rang bzhin gyis stong pa'i stong pa nyid du gyur/ stong pa'i ngang las/ po las sna tshogs padma'i lte bar bhruṃ dkar po yongs su gyur pa las/ rin po che'i gzhal yas khang gru bzhi sgo bzhi pa/ phyi nas rim pa bzhin du sngo/ ser/ dmar/ ljang/ dkar ba'i rtsig pa rim pa lnga dang ldan pa'i steng du rin po che'i pha gu ser po/ de'i steng du chu srin gyi kha nas 'phyang ba'i rin po che'i dra ba dang dra ba phyed pa la/ dril bu dang rnga yab la

[1] Ngag dbang blo bzang bstan pa'i rgyal mtshan, *De bzhin gshegs pa bdun gyi dkyil 'khor du dbang skur ba'i cho ga phan bde'i 'byung gnas ji lta ba bzhin nag 'gros su bkod pa*, Vol.2, pp.21-79.

[2] 其中该注释中药师如来曼荼罗的建坛及图像内容见 Vol.2，页 25.1-29.4.

[3]《续部集成》中有关药师如来曼荼罗图像内容见 Vol.1，页 98.4-100.6.

sogs pas brgyan pa/ de'i phyi ngos su bya 'dab las 'phyang ba'i rin po che'i shar bu/ de'i steng du mda' yab padma 'dab ma phyed pa'i dbyibs can la/ ba dan dang rgyal mtshan la sogs pas mdzes par byas pa/

复次，直入［本尊］的修习和诵念，oṃ svabhāvasuddha sarvadharmā svabhāva suddho 'haṃ，诸法为自性清净之空性，念空性，由phaṃ生成的仰俯莲花中央，洁白的bhruṃ圆满地化现为四方有四门的宝殿。从外向内依次有青、黄、红、绿、白五面墙壁，在其上方饰有黄色的琉璃砖，再上部用垂于摩羯口中的宝石璎珞、铃铛和拂子等装饰。外重的飞檐处悬垂流苏，另有用华丽旗幡和胜幢等装饰的花瓣状墙檐。

phyi nas 'dod yon gyi snam bu dmar pos bskor ba/ sgo dang sgo 'khyud kyi mtshams dang/ grwa bzhir zla phyed rdo rje rin chen gyis spras pa/ sgo bzhi so so'i mdon du ka ba bzhi bzhis btags pa'i rta babs snam bu bcu gcig dang ldan pa'i rtse mor chos kyi 'khor lo'i gyas gyon du ri dwags pho mo dang bcas pa/ nang ka ba brgyad kyis btegs pa'i steng rdo rje'i gdung gis mdzes par phub pa/ rtse mo rdo rje nor bu rin po che'i tog gis mdzes par byas pa/ de'i phyi rol tu mtha' rin po che'i pha gus brtsigs pa/ gzhal yas khang gi nang gis gzhi thams cad shar sngo/ lho ser/ nub dmar/ byang ljang/ dbus dkar ba/ der po yongs su gyur pa las padma 'dab ma sum rim/ dbus kyi padma 'dab ma brgyad pa/ bar gyi padma 'dab ma barhu ga pa/

外部被赤色的供养女台阶环围，在门和月墙的间隙处以及四方用半月和金刚宝装饰。四门前方各立四柱，并设有十一层牌坊台阶，在其顶部法轮的左右方有雌雄对鹿。［门］内设有八柱，上方用华丽的金刚屋梁构成，顶端用金刚宝庄严。外墙用呈宝石般的方砖砌成。无量宫内部的东方呈青色、南方呈黄色、西方呈赤色、北方呈绿色、中央呈白色。在此，由phaṃ圆满化成三重莲花，其正中央安八瓣莲花，中间安十六瓣莲花，外重安二十二瓣花莲。

dbus kyi padma 'dab brgyad lde ba dang bcas pa'i steng du se dge'i khri chen po re'i steng du zla ba'i dkyil 'khor re/ bar gyi pad 'dab bcu drug la zla ba'i dkyil 'khor re/ phyi'i pad 'dab nyer gnyis kyi phyogs skyong bcu la brag ri'i gdan/ sde dpon bcu gnyis la za ’og gi gdan/ sgo bzhir pad zla’i gdan re re/

在中央，八莲花瓣中心［部位］的各狮子座上安月轮。中间十六莲瓣处各安月轮，外层二十二莲瓣之十护方为岩石座、十二神将为锦缎座、四门皆为莲花月轮座。

1. 中央：主尊药王佛

dbus kyi zla ba’i ste ba du/ tadyathā/ oṃ bhaiṣajye bhaiṣajye mahā bhaiṣajyerāja samudgate svāhā/ zhes pa’i sngags kyi ’phreng ba huṃ dang bcas pa nam mkhar sgra sgrags pa/ de rnams yongs su gyur pa las/ rang nyid bcom ldan ’dam sman ba’i rgyal po sku mdog sngon po phyag gyas mchog sbyin kyi phyag rgyas a ru ra dang/ gyon mnyam bzhag gi steng na lhung bzed bsnams pa/

中央月［轮］上方，伴随着Huṃ向虚空处发念tadyathā/ oṃ bhaiṣajye bhaiṣajye mahā bhaiṣajye rāja samudgate svāhā真言鬘，将诸［真言］转换为自性，即身呈青色的药王佛（药师琉璃光如来），他右手结与愿印并持呵梨勒，左手结禅定印并托钵。

2. 第一重：七佛与般若佛母

pad ’dab nang ma brgyad la shar lhor shākya thub ser po gyas sa gnon gyon mnyam bzhag mdzad pa/ lhor mtshan legs ser po gyas skyabs sbyin gyon mnyam bzhag mdzad pa/ lho nub tu sgra dbang ser po gyas mchog sbyin gyon mnyam bzhag mdzad pa/ nub tu gser bzang ser po phyag gnyis chos ’chad kyi phyag rgya mdzad pa/ nub byang du mya ngan med mchog dmar skya phyag gnyis ting nge ’dzin gyi phyag rgya mdzad pa/ byang du chos bsgrags dkar la dmar ba’i mdangs can phyag gnyis chos ’chad kyi phyag rgya mdzad pa/ byang shar du mngon mkhyen dmar po gyas mchog sbyin gyon mnyam bzhag mdzad pa/ thams cad kyang mtshan dpe’i rgyan dang ldan zhing sham thabs dang chos gos ngur smrig gsol ba sprul sku’i rnam pa can no/ shar du yum chen mo gser gyi mdog can zhal gcig phyag bzhi ma/ phyag dang po gnyis rdo rje dang po ti/ ’og ma gnyis mnyam bzhag mdzad pa/ dar dang rin po ches spras pa’o/

八瓣莲花之东南方为黄色的释迦牟尼佛，右手结触地印，左手结禅定印；南方为黄色的善名称（即善名称吉祥王如来），右手结无畏印，左手结禅定印；西南方为黄色的音自在（即宝月智严光音自在王如来），右手结与愿印，左手结禅定印；西方为黄色的金色妙贤（即金色宝光妙行成就如来），两手结说法印；西北方为浅红色的无忧最胜（即无忧最胜吉祥王如来），两手结三昧耶禅定印；北方为红白相兼（浅红色）的具光者法雷（即法海雷音如来），两手结说法印；东北方为赤色的神通（即法海胜慧游戏神通如来），右手结与愿印，左手结禅定印，以上诸尊相好庄严，身着裙衣与赤褐色袈裟，呈变化身相。东方为黄色的般若佛母，一面四臂，前二臂手持金刚与经函，后二臂手结禅定印，并用幡与珍宝装严。

3. 第二重：十六菩萨

de'i phyi rim pad 'dab bcu drug gi shar gyi pad 'dab bzhi la 'jam dpal ser po gyas ral gri dang gyon utpala'i steng na po ti/ spyan ras gzigs dkar po padma/ phyag rdo ra sngo ljang rdo rje/ nyi snang dmar ser padma'i steng na nyi ma/ lho'i pad 'dab bzhi la zla snang dkar po padma'i steng na zla ba/ blo gros chen po ser po padma'i lte bar spyan gyas mtshan pa/ byams pa ser po klu shing dang bum pa/ skyabs grol dkar po gyas chos mdzod 'dzin cing/ gyon brla'i steng na rdo rje khu tshur mdzad pa/ nub kyi pad 'dab bzhi la spobs pa brtsegs pa dkar po spos phor/ rnam par gnon pa ljang sngon ral gri/ bltan sdug dkar po padma'i steng na po ti/ mun pa thams cad nges par 'joms pa'i blo gros dkar ser rin chen dbyug pa/ byang gi pad 'dab bzhi la bsam pa legs par sems pa dkar po bdud rtsi'i bum pa/ lhon po brtsegs dkar po padma'i steng na zla phyed/ sang sang po'i dbyangs sngon po utpala'i steng na rdo rje/ lhun po chen po rtse 'dzan dkar po bum pa bdud rtsis gang ba 'dzin pa/ thams cad kyang dar dang rin po ches spras pa'o//

外院十六莲瓣之东方四莲瓣上，分别安黄色的文殊，右手执剑，左手持饰有经函的青莲；白色的观音持莲花；青绿的金刚手持金刚；赤黄色的日光遍照手持莲花上承载有太阳。南方四莲瓣上，白色的月光遍照手持饰月之莲花；黄色的大慧手持莲花中央饰眼睛；黄色的弥勒手持龙华树与瓶；白色[1]的归依右手持法藏，左手于左大腿处结金刚拳。[2]西方四莲瓣上白色的辩积持香炉；青绿色的镇伏手持剑；白色的妙看［端］莲花上饰经函；浅黄的破冥慧手持宝杖。北方四莲瓣上白色的善思维手持甘露瓶；白色的须弥积手持饰半月之莲花；青色的微妙音手持青莲上饰有金刚；白色的妙高峰王持盛满甘露的瓶子，［她们］均用幡和宝装饰。

4. 第三重：十护方天与十二神

4.1. 十护方天

de'i phyi rim gyi pad 'dab nyer gnyis la shar nas brtsams te gyas gral la/ tshangs pa ser po 'khor lo 'dzin pa ngang po'i khri la gnas pa/ brgya byin dkar po rdo rje 'dzin pa glang po che'i khri la gnas pa/ me lha dmar po ghu mdhe 'dzin pa ra skyes la gnas pa zhes 'gre'o/ gshin rje sngon po be con 'dzin pa ma he la/ srin po smug nag ral gri 'dzin pa ro langs la/ chu lha dkar po sbrul zhags 'dzin pa chu srin la/ rlung lha dud kha ba dan 'dzin pa sha ba la/ gnod sbyin ser po ne'u le 'dzin pa rta la/ dbang ldan dkar po rtse gsum 'dzin pa khyu mchog la/ sa'i lha mo ser po bum pa 'dzin pa phag la gnas pa'o/

外院二十二瓣莲花瓣从东方之右侧［开始依次］是：黄色的梵天，手持轮，鹅［雁］座；白色帝释天，手持金刚，象座；赤色火天手持水瓶，山羊座；青色的阎摩[3]持杖，水牛座；紫黑色的罗刹[4]持剑，起尸座；白色的水天[5]持蛇索，巨鳖座；赭色的风天[6]持飞幡，鹿座；黄色的药叉[7]持吐宝鼠，马座；白色的伊舍那天[8]持三叉戟，牛王座；黄色的地神[9]持瓶，骑猪。

4.2. 十二神将

shar nas brtsams te gyon gral la/ ci 'jigs ser po rdo rje 'dzin pa/ rdo rje dmar

[1] 续：赤黄色（dmar ser）99.5.
[2] 续：仅记做手持宝穗（rin po che'i snye ma）99.5.
[3] 续：尊名前加方位南（lho）100.2.
[4] 续：尊名前加方位西南（lho nub）100.2.
[5] 续：尊名前加方位西（nub）100.2.
[6] 续：尊名前加方位西北（nub byang）100.3.
[7] 续：尊名前加方位北（byang）100.3.
[8] 续：尊名前加方位东北（byang shar）100.3.
[9] 续：尊名前加方位西（nub）100.3.

po ral gri/ rgyan ’dzin ser po dbyug to/ gza’ ’dzin sngo skya dbyug to/ rlung ’dzin dmar po rtse gsum/ gnas bcas dud kha ral gri/ dbang ’dzin dmar po dbyug to/ gtung ’dzin ser po dbyug to/ smra ’dzin dmar skya sta re/ bsam ’dzin ser po zhags pa/ gyo ba ’dzin sngon po sbyug to/ rdzogs byed dmar po ’khor lo thams cad gyon pas ne’u le ’dzin pa/ yan lag ’thung zhing sha rgyas pa/ gsum pa che ba/ re re la yang ’khor gnod spyin bdun ’bum bdun ’bum gyis bskor ba’o//

［十二神将］从东方之左侧［开始依次为］：黄色的宫毗罗持金刚；赤色的跋折罗持剑；黄色的迷企罗持棒；浅青色的安底罗[1]持棒；赤色的安頞你罗持三叉戟；深赭色的珊底罗持剑；赤色的因陀罗[2]持棒；黄色的波夷罗持棒；粉色的摩虎罗持斧；黄色的真达罗[3]持索；青色的招住罗持棒；赤色的毗羯罗持轮。［以上］诸尊左手持吐宝鼠，手足短小，体态肥胖，被各自的眷属药叉七十万环绕。

5. 四门：四天王

shar sgor yul ’khor bsrung dkar po pi wang/ lhao sgor ’phags skyed po sngon po ral gri/ nub sgor spyan mi bzang dmar po sbrul zhags dang byang chub chen po’i mchod rten/ byang sgor rnam thos sras ser po rgyal mtshan dang ne’u le ’dzin pa/

东门为白色的持国天王，持琵琶；南门为青色的增长天王，持剑；西门为赤色的广目天王，持蛇索和大菩提塔；北门为黄色的毗沙门天，持胜幢和吐宝鼠。

三、13—15 世纪阿里地区药师如来曼荼罗遗存与图像构成

西藏目前发现的药师如来曼荼罗遗存主要集中在阿里地区，其中以札达县境内的帕尔噶尔布石窟（Par dgar po）、桑达石窟（sPang ’gram）、羌衮巴石窟（Byang dgon pa），日土县境内的乌江村千佛洞（dbu byang yul tsho’i stong sku lha khang phug pa）和普兰县境内的科迦寺卓玛拉康殿（sgrol ma lha khang）壁画最为典型，其年代均处在 12 世纪晚期到 14 世纪初，壁画风格相对统一，为波罗造像样式与尼泊尔纽

［1］续：尊名前加方位北方（byang phyogs）100.4.
［2］续：尊名前加方位西方（nub phyogs）100.4.
［3］续：尊名前加方位南方（lho phyogs）100.4.

瓦尔绘画风格的融合体。

从时代看，帕尔嘎尔布与桑达石窟相比其他三处年代要早。尤其鉴于帕尔嘎尔布石窟[1]在构建 12 世纪晚期至 14 世纪初西藏阿里与卫藏教法传承与图像互动关系上的重要性，近年来已有学者就此窟在西藏西部石窟考古发掘史中的意义[2]，以及壁画题记与图像关联等问题做了不少工作。[3]但就该石窟具体教派传承以及药师如来曼荼罗的图像配置问题，目前还少有学者专题讨论。2019 年，笔者基于张长虹对该窟内壁画题记的整理翻译，对其窟外题记做了系统的调查和录文工作。在录文中，意外发现反映该窟教派传承的信息：窟外东壁上师壁画中出现了噶举派早期的主要传承者拉堆玛波（rJe la stod dmar po）和绒穹桑杰（rJe rong chung sang rgyas）父子等。据《青史》对其记载，基本可以廓定他们父子俩主要活跃在 12 世纪中后期。该发现对学界进一步探索以帕尔嘎尔部石窟为中心的西藏西部阿里地区 12 世纪晚期至 13 世纪晚期以波罗样式和尼泊尔纽瓦尔绘画风格相融合，并具同类题材的石窟寺壁画传承打开了一扇相对明晰的线索。[4]以下笔者通过对该窟药师如来曼荼罗图像分析，并结合羌衮巴石窟、乌江千佛洞中该图像题材，以此来重构盖尔西 1933 年拍摄于托林寺迦萨殿中的药师图像配置。

相比曼荼罗严密的组织结构，帕尔嘎尔布石窟中的药师如来曼荼罗构图相对分散，主要尊神集中在窟室东西两壁（配置图 5），与九佛顶曼荼罗和金刚界曼荼罗一并呈对称平行排列，其中十六菩萨是作为药师八佛的胁侍，绘在药师八佛的左右两侧。

西壁（图 3-2-8）：在金刚界曼荼罗的右侧，绘原药师如来曼荼罗八佛中的善名称

[1] 该石窟遗址位于西藏阿里地区札达县卡孜乡的帕尔村境内，20 世纪 90 年代由四川大学中国藏学研究所等单位对该石窟群做了考古调查，报告中对裸露于崖面最高处的 4 座洞窟（编号为 ZKPK1-4）之形制与壁画做了实地测绘和图像辨析。见四川大学中国藏学研究所、西藏自治区文物局等：《西藏阿里札达县帕尔嘎尔布石窟遗址》，《文物》2003 年第 9 期，第 42—59 页。

[2] 霍巍：《变迁与转折——试论西藏西部帕尔嘎尔布石窟壁画考古发现的意义》，《文物》2003 年第 9 期，第 36—41 页。

[3] 对帕尔嘎尔布石窟壁画题记释读分析见张长虹：《西藏阿里帕尔嘎尔布石窟（K1）壁画题记释读与相关问题》，《文物》2016 年第 7 期，第 63—81 页。

[4]《青史》对拉堆玛波的学法、修法及前往印度游学状况均有详载。虽对其生平未明确记载，但根据拉堆玛波在贡塘与玛尔巴译师（1012—1097）相会受其教诲，以及二世噶玛巴·噶玛拔希（1204—1283）本人认为他是拉堆玛波的转世，推测拉堆玛波应出生于 11 世纪末至 12 世纪初，活跃于 12 世纪中期，圆寂于 12 世纪晚期。另据帕尔嘎尔布石窟窟外东壁噶举派上师画像下方题记："……赴上部阿里弘法泽恩藏地，顶礼杰尊拉堆玛波之尊容"（……mnga' ris stod du snams pas bod la skra drin che/ rje la stod dmar po'i sku la phyag 'tshal bstod）分析，拉堆玛波在有生之年应到过阿里，故帕尔嘎尔布石窟及阿里地区与之相关的石窟寺图像题材想必受他影响甚巨。《青史》对拉堆玛波记载见 'Gos lo gzhon nu dpal gyis brtsams, *Deb ther sngon po*, Si khron mi rigs dpe skrun khang, 1984, pp.1195-1200；汉文译本见郭诺·迅鲁伯著、郭和卿译：《青史》，拉萨：西藏人民出版社，1985 年，第 613—616 页。2019 年 10 月卡孜河谷石窟寺调查，蒙承西藏阿里札达县文化局罗丹局长照顾，尤其对帕尔嘎尔布石窟题记拍照、抄写、核对和识读的过程中，托林寺僧人扎西琼培以及一同考察的任赟娟老师给予很多的帮助。

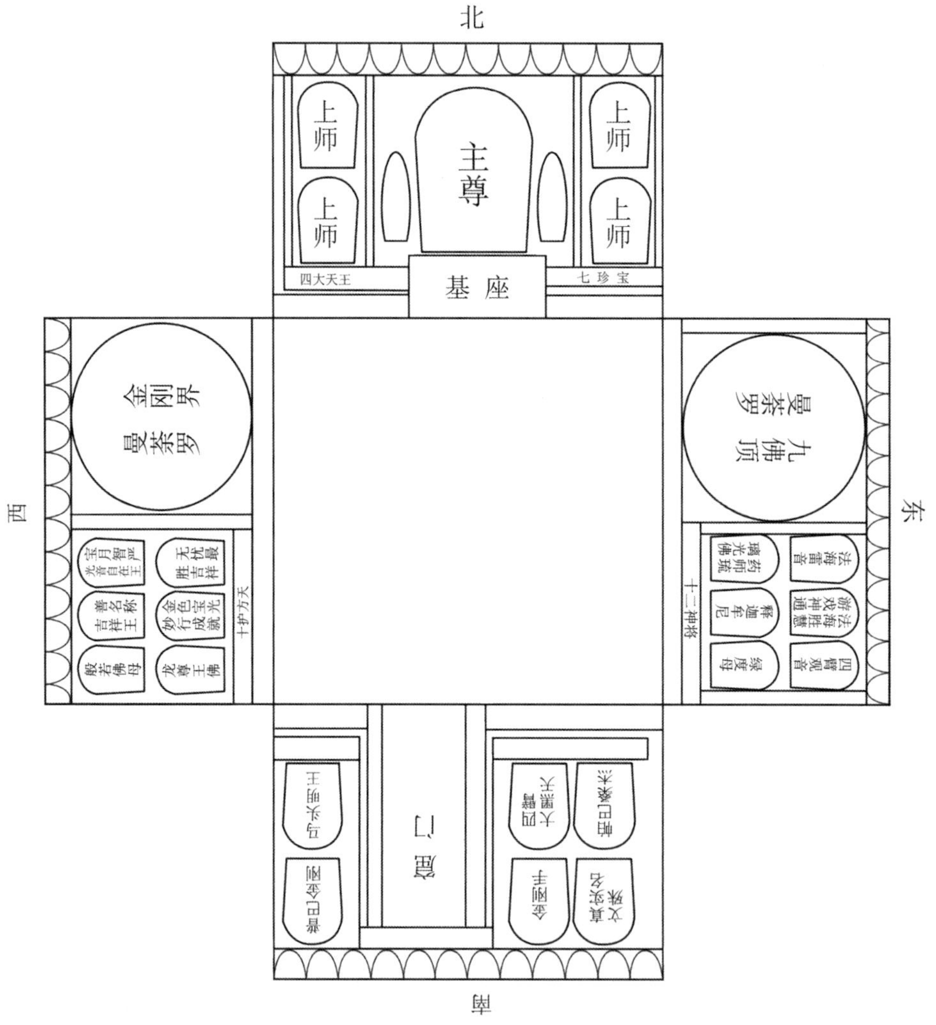

配置图 5　帕尔噶尔布石窟 1 号窟壁画配置图

吉祥王如来、宝月智严光音自在王如来、金色宝光妙行成就如来和无忧最胜吉祥王如来 4 尊，以及各自左右胁侍菩萨 8 尊，另将位于曼荼罗东方的四臂般若佛母绘于善名称吉祥王如来的右侧（其下方为龙尊王佛）。

东壁（图 3-2-9）: 在九佛顶曼荼罗的左侧，绘原药师如来曼荼罗八佛中的另 4 尊，即法海雷音如来、法海胜慧游戏神通如来、药师琉璃光如来和释迦牟尼佛，以及各自左右胁侍菩萨 8 尊。在他们的再左侧，紧邻南壁上下的两尊分别是四臂观音和绿度母。

以上为药师如来曼荼罗的主尊及第一、第二重眷属。

该曼荼罗第三重眷属即十护方神绘在南壁西侧（窟门左侧）普巴金刚与马头明

图 3-2-8　帕尔嘎尔布石窟西壁壁画

图 3-2-9　帕尔嘎尔布石窟东壁壁画

图 3-2-10　帕尔嘎尔布石窟南壁西侧下方十护方天之梵天与帝释天

图 3-2-11　帕尔嘎尔布石窟西壁南侧下方十护方天八尊

图 3-2-12　帕尔嘎尔布石窟东壁南侧下方十二神将

王下方，以及西壁南侧药师四佛、般若佛母和龙尊王佛的正下方。其中南壁西侧的两尊分别是梵天和帝释天（图 3-2-10），紧接西壁南侧下方的 8 尊（图 3-2-11），从南至北分别是火天、阎摩天、罗刹、水天、风天、药叉、伊舍那天和地神。该曼荼罗第三重眷属十二神将则绘在东壁南侧药师四佛、四臂观音与度母的正下方（图

图 3-2-13　帕尔嘎尔布石窟北壁西侧下方四天王

3-2-12），从北到南依次是宫毗罗、跛折罗、迷企罗、安底罗、安韵你罗、珊底罗、因陀罗、波夷罗、摩虎罗、真达罗、招住罗和毗羯罗。四门四天王绘于北壁（主壁）西侧上师像的正下方（图 3-2-13），从西到东分别是东门持国天王、南门增长天王、西门广目天王和北门毗沙门天。

图 3-2-14　桑达石窟主壁（北壁）壁画

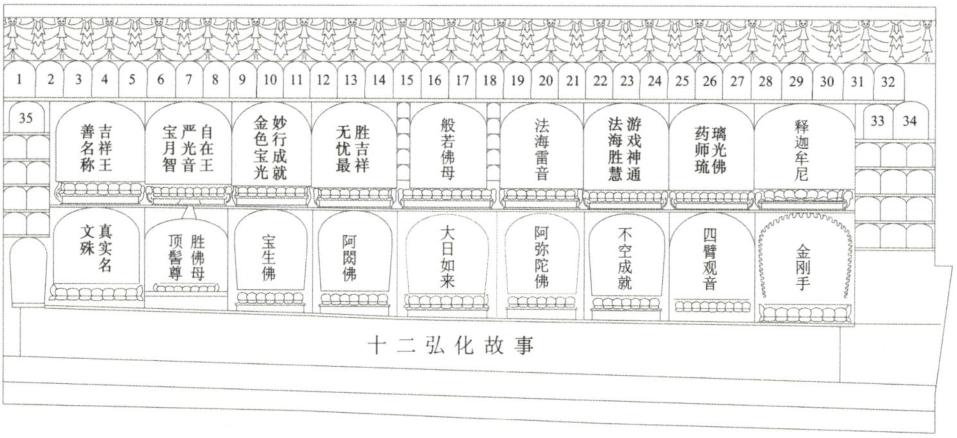

配置图 6　桑达石窟主壁（北壁）尊格配置图

桑达 1 号窟窟室形制与帕尔噶尔布石窟一致，平面呈长方形，坐北朝南，窟顶为平顶。主壁（北壁）分四排，药师如来曼荼罗主尊及第一、第二重眷属绘在第二排。原曼荼罗第二重中的十六菩萨作为药师八佛的胁侍绘在各自的左右侧，与帕尔噶尔布石窟的配置方式相似。在此之下为五方佛、真实名文殊、顶髻尊胜佛母、四臂观音和金刚手 9 尊。底层从右到左依次是十二弘化故事。最上层接近窟顶帷帐处绘三十五佛（图 3-2-14，配置图 6）。东西两壁中央为绿度母和阿弥陀佛，四周被贤劫千佛环绕。药师如来曼荼罗第三重眷属——十护方、十二神将及四天王则绘在南壁进窟门左右位置不动明王和马头明王的下方。[1]

[1] 关于该窟图像介绍，参见 Neumann F. Helmut & Heidi A.Neumann, "The Wall Paintings of Pang gra phug: Augusto Gansser's Cave," *Orientations*, Vol.42, No.5, 2011, pp.1-9.

图 3-2-15　羌衮巴石窟北壁壁画

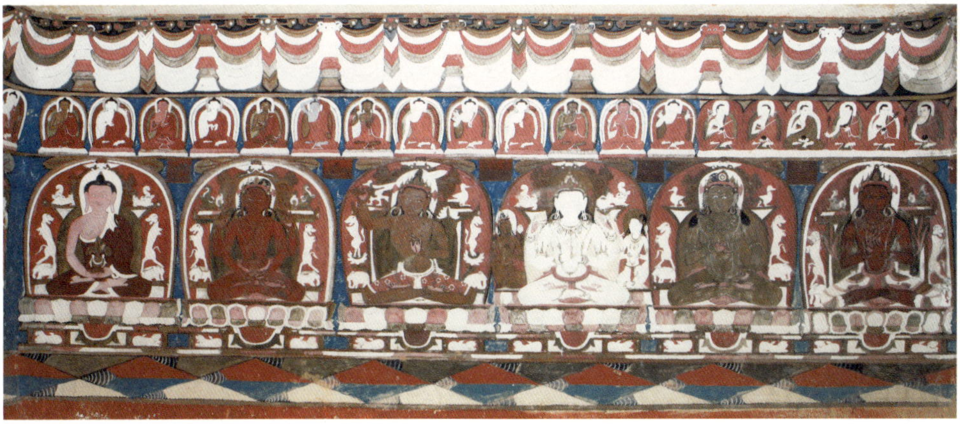

图 3-2-16　羌衮巴石窟东壁壁画

类似题材的壁画不仅限于以上两座石窟，在阿里地区近年来新发现的羌衮巴石窟和乌江千佛洞中亦有遗存。关于这两座石窟，截至目前还未有相关考古报告和研究。羌衮巴石窟位于札达县波林村境内，石窟坐北朝南。窟形与帕尔嘎尔布、桑达石窟基本一致。窟内平面呈长方形，平顶无彩绘，壁画绘于四壁，保存完整。其内容在帕尔嘎尔布和桑达石窟中均有涉及，但相比以上两座石窟壁画，图像题材相对简约。北壁壁画分上中下三排（图 3-2-15），上排从西到东为三十五忏悔佛中的前 22 尊。中排与下排为药师曼荼罗中的诸天众，中间一排从西到东依次为药师八佛及各自左右胁侍十六菩萨。下排主要是药师如来曼荼罗第三重即最外重眷属及四门四大天王。作为药师如来曼荼罗第二重眷属四臂般若佛母，则绘在东壁（图 3-2-16）的第二排，与无量光佛、文殊、四臂观音、金刚萨埵等并坐。在此之上排的小尊像从

图 3-2-17 日土县乌江村千佛洞主壁壁画

北到南前 13 尊为三十五忏悔佛中的后 13 尊，紧随其后的 6 尊为上师像。南壁进门正上方的 3 尊为当地护法神，左右两侧之南壁东侧 2 尊为绿度母和马头明王，南壁西侧的 1 尊为不动明王。整个图像题材与绘画风格紧承帕尔噶尔布和桑达石窟，尤其药师如来曼荼罗在以上三窟中的主导地位以及与四臂观音、绿度母、阿弥陀佛和窟门两侧护法马头明王与不动明王的固定搭配模式更是如出一辙。

此外，日土县乌江村境内的乌江千佛洞中亦存留有 14 世纪前后的药师如来曼荼罗壁画。该窟一半已坍塌裸露于野外，主壁中央主供佛为降魔触地印释迦牟尼佛，在其两侧绘药师八佛及各自的胁侍菩萨，再两侧各有一组对坐的上师像。药师如来曼荼罗第三重眷属十护方神和十二神将以及守护四门的四天王则被安置在降魔触地印释迦牟尼佛所在金刚座的正下方，分呈两排排列（图 3-2-17）。画面最底层一排为十二弘化故事，在此之上，药师八佛的上下及周围均为贤劫千佛。该石窟两侧壁破坏十分严重，从残存痕迹看，多数为无上瑜伽部诸曼荼罗，另有四臂观音和度母等尊像。

13—14 世纪西藏阿里石窟壁画中，与药师如来曼荼罗共处同一窟室的图像题材除四臂观音、绿度母、文殊、无量光佛及贤劫千佛外，另有三十五忏悔佛。这种图像组合不仅在桑达石窟与羌衮巴石窟中能找到实例，同时也见于普兰县科迦寺卓玛拉康殿。该殿药师如来曼荼罗绘在主壁（西壁），[1] 三十五忏悔佛绘于北壁，这两种图像组合题材与桑达石窟和羌衮巴石窟一致，为该时期的主流图像题材。笔者据帕尔噶尔布石窟中出现的噶举派上师传承，初步推测 12 世纪中晚期至 14 世纪初西藏

[1] Helmut F.Neumann & Heidi A.Neumann, “An Early Wall Painting of a Bhaiṣajyaguru Mandala in Western Tibet”, In Lo Bue, Erberto and Christian Luczanits(eds), *Tibetan Art and Architecture in Context.PIATS 2006: Tibetan Studies: Proceedings of the Eleventh Seminar of the International Association for Tibetan Studies, Königswinter 2006*, Halle: International Institute for Tibetan and Buddhist Studies, 2010, pp.121-142.

图 3-2-18 药师如来 51 尊曼荼罗，14 世纪，西藏西部，哈佛大学艺术博物馆

西部诸石窟寺中出现此类图像题材和组合关系可能与噶举派传承有关。

将话题再回到盖尔西当年拍摄于托林寺迦萨殿中的两张照片上。前文就此图片中的主尊、胁侍身份和绘画风格做了初步推断，辨认出图 3-2-1 和图 3-2-2 中的主尊分别是药师八佛中位于西南方的宝月智严光音自在王如来和西方的金色宝光妙行成就如来，左右胁侍分别是弥勒和归依，以及辩积和镇伏菩萨。根据以上对药师如来曼荼罗传承文本的解读，兼合与托林寺迦萨殿有着相同题材和绘画风格的帕尔噶尔布、桑达、羌衮巴石窟连同乌江村千佛洞中药师如来曼荼罗图像所做的比对分析，足以证明盖尔西当年拍摄于迦萨殿中的这两张图片应摄自该殿外重的某一配殿，并据此推测该配殿中原来应该绘有完整呈水平构图的药师如来曼荼罗。

此外，图片中宝月智严光音自在王如来和金色宝光妙行成就如来的正上方另绘有一排小佛。根据桑达石窟和羌衮巴石窟药师如来曼荼罗的构图，在药师八佛的上排，接近窟顶帷帐处绘有一排小佛——三十五佛，而盖尔西图片中所反映的构图及尊格特征恰好与桑达及羌衮巴石窟中药师八佛及其上方的三十五佛的排列方式一致，故推测托林寺迦萨殿配殿中的药师如来曼荼罗依旧遵循该时期流行的此类图像组合模式。

自 12 世纪中晚期以后，药师佛信仰在阿里地区持续升温，从早期石窟壁画到晚期佛殿绘塑均有增无减。而且，从早期的信仰传承中亦可窥其与吐蕃、古格王室之紧密关系，哈佛大学艺术博物馆所藏 14 世纪前后药师佛唐卡即为典型（图 3-2-18）。该唐卡主要由以药师琉璃光佛为主尊的药师如来 51 尊“曼荼罗”尊格和十六罗汉构

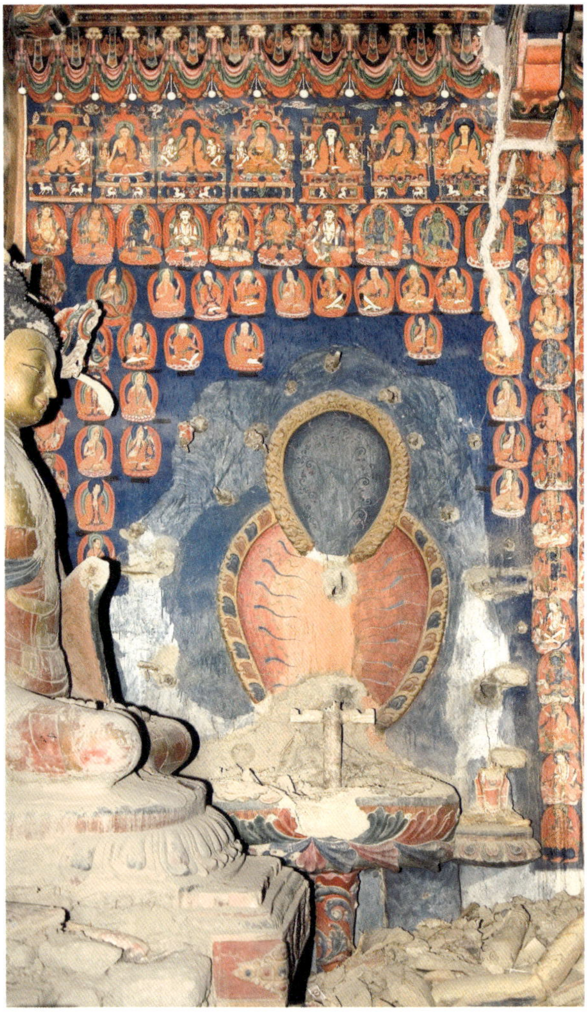

图 3-2-19 古格故城白殿东壁北侧药师如来 51 尊曼荼罗

成，其唐卡上部第一排末端和第二排绘头戴高缠头的吐蕃赞普和古格国王，再现了西藏药师佛信仰从吐蕃王室最终汇聚于古格王室的这一传承脉络。15 世纪之后随着格鲁派势力在古格的不断渗透，药师如来曼荼罗信仰传统虽在延续，但该时期图像题材的另一转折是药师八佛开始流行。这与当时格鲁派教法在阿里地区的渗透有直接关联。

相比药师八佛，药师如来 51 尊曼荼罗的信仰在阿里地区自 15 世纪以后相对减弱，但仍有迹可循，目前发现实物遗存除阿米·海勒已发表的一幅唐卡外，[1] 另在古格王室朝拜礼佛的大型佛殿古格故城白殿和卡孜河谷查宗贡巴石窟（Brag rdzong dgon pa）中有发现，但年代较晚，均为 16 世纪前后[2]的作品遗存。令人欣喜的是，古格故城白殿东壁北侧以绘塑形式相结合的药师如来 51 尊曼荼罗：主尊药师琉璃光佛和两胁侍日光、月光菩萨于壁面前方以塑像形式呈现，[3] 其余眷属及上师传承谱系于其后方以壁画的形式表述（图

[1] Amy Heller, “A 15th century Thangka of Bhaisajyaguru: Reflections on the Historical Significance of the Medicine Buddha Cycles in Murals Paintings of Western Tibet”,《藏学学刊》2013 年第 8 辑，第 64 页图 1。

[2] 关于查宗贡巴石窟药师如来 51 尊曼荼罗的讨论可见王瑞雷、任赟娟：《托林寺迦萨配殿药师图像重构——兼议 13—15 世纪西藏阿里地区药师如来信仰与图像配置》，《敦煌研究》2018 年第 2 期，第 103—115 页。

[3] 古格故城白殿塑像已毁，据图齐 1933 年的考察图片记录，可重构东壁北侧原为药师如来 51 尊曼荼罗传承。早期图像详见图齐著，魏正中、萨尔吉主编：《梵天佛地》之第三卷第二册《扎布让》，上海：上海古籍出版社，2009 年，第 227 页图 109（该画面左侧）。

3-2-19），在主尊塑像头光上部，亦绘制了头戴高缠头的古格王臣坐像，以之呼应药师佛信仰在历代古格王室中的重要地位。

从五世达赖喇嘛《药师七佛供养法汇》传承谱系可知，在西藏，由寂护所传的两支药师法门从吐蕃王室最终均汇聚在古格王室。对于统治者和被统治者而言，维护社会稳定、增长福寿、清净业障是他们供奉和修持药师佛今生与来世的希求。这也是该传承在西藏阿里地区得以盛行，并能相承古今、永续不断的根本原因所在。

第三节　佛堂西壁三十五忏悔佛

一、佛堂三十五忏悔佛图像辨识

红殿三十五佛绘于佛堂主壁降魔触地印释迦牟尼佛左右两侧的最上方（图 3-3-1），共三排呈水平构图。其中右侧（西壁南侧）三排中的每一排各有 6 尊，共 18 尊。左侧（西壁北侧）前两排各 6 尊排列，第三排有 5 尊，共计 17 尊。

为了方便比对佛堂三十五佛与西藏所传三十五佛之关系，以下将诸佛编号，并简要概括其图像特征。其中图表中各尊编号与佛堂正壁配置图 4 中的三十五佛编号与位置一一对应。

编号	佛名	身色	持物及手印
S1	释迦牟尼	黄	说法印
S2	金刚不坏［藏］	青	右手当胸执金刚；左手侧外持金刚。
S3	宝光	白	右手执金刚；左手持莲茎，莲头具红日。
S4	龙尊王	青	右手持那伽枝叶；左手当胸持青蛇。
S5	精进军	黄	右手当胸持经函；左手持青剑。
S6	精进喜	赤黄	右手外举持红日；左手持红莲。
S7	宝火	赤	右手持红莲，莲头置绿宝；左手持具火焰轮之白色花卉。
S8	宝月光	白	右臂屈肘外侧手持绿宝；左手持饰满月红花。
S9	现无愚	青	两手当胸持莲花，花头置物已残损。
S10	宝月	白	右手持花枝，花头嵌绿宝；左手持花茎，花头饰物残损。
S11	无垢	淡绿	两手当胸结说法印，其左手上托一面镜子。
S12	勇施	白	右手执苹果枝，具叶子与果实；左手屈肘于体侧结与愿印。
S13	清净	赤黄	右手持青莲茎；左手持饰红日的青莲。
S14	清净施	黄	右手当胸托满月，左手持白莲茎。
S15	婆留那	青	右手屈肘侧外托青色圆状物；左手当胸结说法印。
S16	水天	白	右手持青色圆形花朵；左侧躯体残损不明。
S17	贤德	赤	右手结与愿印并持红莲；左手当胸执如意枝。

续表

编号	佛名	身色	持物及手印
S18	旃檀功德	赤黄	右手持檀香；左手执苹果枝。
S19	无量掬光	赤	左右两手各持白莲茎，花头各具红日。
S20	光德	白	右手当胸持饰满月莲茎；左手侧外结与愿印。
S21	无忧德	灰蓝	两手当胸，其右手持无忧树枝。
S22	那罗延	青	右手屈肘侧外托须弥山；左手当胸结无畏状。
S23	功德花	黄	右手于胯部持黄色花卉；左手当胸执苹果枝。
S24	清净光游戏神通	白	左右两手分执红白莲枝并于胸前结说法印，其左手所持红莲之花头饰有带赤色光焰的绿宝。
S25	莲花光游戏神通	赤	右手当胸执青莲茎；左手屈肘于体侧外托红日。
S26	财功德具	白	左右两手各持青莲，莲头上方饰绿宝。
S27	德念	黄	左右两手分执青莲与红花，并于胸前结说法印，其青莲与红花上饰有经函与青剑。
S28	善名称功德	绿	左右两手上举并倒立于如来头髻正中央。
S29	红炎帝幢王	黄	右手持宝幢；左手烟熏不明。
S30	善游步功德	白	左右两手结触地印。
S31	闯战胜	黑	右手当胸执剑；左手于腹部握盔甲。
S32	善游步	白	右手结触地印；左手施无畏印。
S33	周匝庄严功德	黄	右手屈肘侧外托红日；左手当胸持嵌有绿宝的花茎。
S34	宝花游步	赤	左右两手分执青莲与白莲，并于胸前结说法印，其白莲花的花头嵌绿宝。
S35	宝莲善住婆罗树王	青	两手于胸前托须弥山。

二、西藏所传三十五忏悔佛与红殿三十五忏悔佛图像之传承关系

三十五佛信仰最早源自《大宝积经》第二十四品“优波离会”（Nye bar ’khor gyis zhus pa）。[1] 作为佛事忏罪仪式（ltung bshags）中经常诵请的本尊佛，三十五佛因具有净除罪障、增长善根和往生净土等现实利益，故信众广泛。

《大宝积经》“优波离会”的藏译本最初由胜友（Jinamitra）和智军（Ye shes lde）等人翻译于前弘期，全名《圣决定毗尼优波离所问大乘经》（*Phags pa ’dul ba rnam par gtan la dbab pa nye bar ’khor gyis zhus pa zhes bya ba theg pa chen po’i mdo*）。[2] 该译本与汉译《佛说决定毗尼经》均出自同一梵文本。后期出于念诵便捷，又将该经典中的“三十五佛名忏悔文”单独抄录出来流通，唐不空翻译的《佛说三十五佛名

[1] 汉译本有三类，分别是唐菩提流志的译本《大宝积经》第24会“优波离会”；西晋三藏的译本《佛说决定毗尼经》；唐不空的译本《佛说三十五佛名礼忏文》。《大正新修大藏经》第12册，经号分别是310、325、326。

[2] Ārya-*Vinayaviniś*caya-*Upā*lipariprۣ*cchānamā-mahāyānasūtra,* D.68.

图 3-3-1　红殿佛堂西壁南侧三十五佛（局部）

礼忏文》即属于此。在梵文本中，亦将这段单独摘录出来的三十五佛忏悔文称之为《三聚经》（*Āryatriskandhaka-nāma-mahāyā*na-*sūtra*）。[1]

根据大乘佛教瑜伽行和中观教义，可将三十五忏悔佛的释续及图像传承分为三支。除原典外，另两支注释分别是龙树（Nāgārjuna，Klu sgrub）的《菩提过犯忏悔

[1]《三聚经》全名为《最圣三蕴大乘经》（*'Phags pa phung po gsum pa zhes bya ba theg pa chen po'i mdo*），P.950, Vol. 37, pp.108.4.2-117.2.8.

注》(*Bodhyāpattideśanāvṛtti*)[1]和胜敌(Jaitāri)的《菩提过犯忏悔注菩萨学次第》(*Bodhyāpattideśanāvṛtti-bodhi-sattvaśikṣā-krama-nāma*)。[2]传至西藏后，西藏上师又对此做注，其中以萨迦班智达和宗喀巴大师的注释著称。此外，《三聚经》以及胜敌注释中的三十五佛图像特征是尊像仅结手印，并无持物。持物之三十五佛传承源自龙树的《菩提过犯忏悔注》。

有关三十五佛图像的早期研究，主要有意大利藏学家图齐[3]和日本学者田中公明[4]对宗喀巴《三十五佛现观并造像量度》(*Sangs rgyas so lnga'i mngaon rtogs dang lha sku'i phyag tshad*，东北藏外No.5366)的整理翻译，以及喜马拉雅艺术资源中心主任杰夫·瓦特(Jeff watt)对三十五佛传承体系的梳理。杰夫·瓦特指出，萨迦派、觉囊派、格鲁派以及噶玛噶举派三十五佛传承均以结手印之三十五佛为主，而噶举派所传三十五佛则与龙树传规一脉相承。[5]但他对龙树所传三十五佛图像志并未详做讨论，故以下笔者通过解读龙树《菩提过犯忏悔注》中三十五佛图像特征，借此分析红殿佛堂西壁三十五佛图像的传承问题。

龙树造《菩提过犯忏悔注》中三十五佛的图像特征[6]如下表

	汉文佛名	梵文名	藏文名	身色	持物与手印
1	释迦牟尼	Śākyamuni	Śākya thub pa	黄	说法印
2	金刚不坏	Vajrapramarthin	rDo rje snyin po	青	两金刚
3	宝光	Ratnārcis	Rin chen 'od 'phro	白	金刚与太阳
4	龙尊王	Nāgeśvararāja	Klu dbang gi rgyal po	青	那伽树与青蛇
5	精进军	Vīrasena	dPa' bo'i sde	黄	经函与剑
6	精进喜	Vīranandīn	dPas dgyes	赤黄	太阳与赤莲花
7	宝火	Ratnāgni	Rin chen me	赤	宝与火轮
8	宝月光	Ratnacandraprabha	Rin chen zla 'od	白	宝和月亮
9	现无愚	Amoghadarśin	mThong ba don yod	绿	两佛眼
10	宝月	Ratnacandra	Rin chen zla ba	白绿	宝和月亮
11	无垢	Nirmala	Dri ma med pa	淡绿	两面无垢镜子

[1] Klu sgrub, *Byang chub kyi ltung ba bshags pa'i 'grel pa*，印度堪布Śāntarakṣita与西藏译师Devaghoṣa翻译，P.5506, Vol.105, pp.142.2.4-147.1.6.

[2] Jaitāri, dGra las rnam par rgyal ba, *Byang chub kyi ltung ba bshags pa'i 'grel pa byang chub sems dpa'i bslab pa'i rim pa shes bya ba*, Bal po paṇḍit, Chag lo tsā ba译，P.5507, Vol.105，页码 147.1.6—150.4.3.

[3] Giuseppe Tucci, *Tibetan Painted Scrolls*, Kyoto: Rinsen Book, 1980, Vol. Ⅱ, p.358.

[4] 田中公明『詳解河口慧海コレクション：チベット・ネパール仏教美術』，東京：佼成出版社，1990年，第113—120页。

[5] http: //www.himalayanart.org/search/set.cfm?setid=660.

[6] 北京版No.5506，vol. 105，页码 143.4.3—145.2.7.

续表

	汉文佛名	梵文名	藏文名	身色	持物与手印
12	勇施	Śuradatta	dPas sbyin	白	苹果枝上有叶子与果实
13	清净	Brahman	Tshangs pa	赤黄	莲花与太阳
14	清净施	Brahmadatta	Tshangs pas sbyin	黄	月亮与莲花
15	婆留那	Varuṇa	Chu lha	青	水轮并结说法印
16	水天	Varuṇadeva	Chu lha'i lha	白	水天轮与镜子
17	贤德	Bhadraśrī	dPal bzangs ser po	赤	莲花与如意树
18	旃檀功德	Candarnaśrī	Tsan dan dpal	赤黄	檀香茎与木苹果
19	无量掬光	Anantaujas	gZi brjid mtha' yas	赤	两太阳
20	光德	Prabhāsaśrī	'Od dpal	白	白光轮
21	无忧德	Aśokaśrī	Mya ngan med pa'i dpal	蓝灰	无忧树
22	那罗延	Nārāyaṇa	Sred med kyi bu	青	须弥山，无畏印
23	功德花	Kusumaśrī	Me tog dpal	黄	黄色花卉与木苹果枝
24	清净光游戏神通	Brahmajyotirvikrīḍitābhijṇa	Tshangs pa'i 'od zer	白	莲花与聚光宝
25	莲花光游戏神通	Padmajyotirvikrīḍitābhijṇa	Pad ma'i 'od zer	赤	持莲花并托太阳
26	财功德具	Dhanaśrī	Nor dpal	赤白	二宝
27	德念	Smṛtiśrī	Dran pa'i dpal	黄	经函与剑
28	善名称功德	Suprakīrtitanāmadheyaśrī	mTshan dpal shin tu yong grags	绿	两手安立于如来头顶
29	红炎帝幢王	Indraketudhvaja	dBang po'i tog gi rgyal mtshan	黄	宝顶与宝幢
30	善游步功德	Suvikrāntaśrī	Shin tu rnam par gnon pa dpal	白	触地印
31	闯战胜	Vicitrasaṃkrama	gYun las shin tu rnam par rgyal ba	黑	铠甲与剑
32	善游步	Vikrāntagāmīn	rNam par gnon pas gshegs pa'i dpal	白色	触地印和无畏印
33	周匝庄严功德	Samantāvabhāsavyūhaśrī	Kun nas snang ba bkod pa'i dpal	黄	太阳与宝灶（枝）
34	宝花游步	Ratnapadmavikrāmin	Rin chen pad mas rnam par gnon pa	赤	宝与莲花
35	宝莲花善住婆罗树王	Śailendrarāja	Ri dbang gi rgyal po	如虚空青	两手捧须弥山

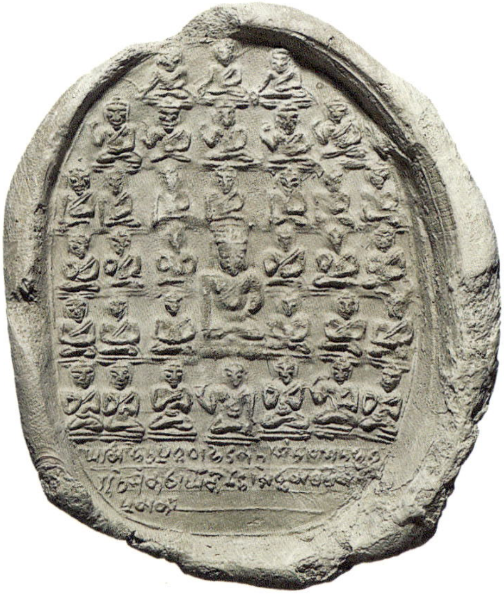

图 3-3-2　三十五佛擦擦，托林寺出土，11—12 世纪

图 3-3-3　释迦牟尼佛、十六罗汉与三十五佛唐卡，古格，15 世纪中后期，弗吉尼亚美术博物馆藏

从现存实物看，西藏阿里地区早在后弘初期已出现三十五佛擦擦造像（图 3-3-2）。996 年由益西沃主持兴建的塔波寺杜康殿，13—14 世纪前后象泉河流域的桑达石窟、羌衮巴石窟、谢尔石窟以及普兰县科迦寺卓玛拉康殿[1]中均有三十五佛遗存，但以上石窟寺院壁画中的三十五佛均系结手印之三十五佛传承。古格王国第二次复兴期（15 世纪初至 16 世纪中期）所建古格故城红殿、白殿，以及古格故城城脚下洛当寺中的三十五佛绘塑，因后期人为毁坏，现仅从图齐 1933 年的考察记录可窥一斑，具体传承已无从知晓。故托林寺红殿是阿里地区现存唯一一处受龙树传承影响的三十五佛壁画遗存，其图像特征与龙树注释《菩提过犯忏悔注》中的记载基本一致。

在可移动文物中，弗吉尼亚美术博物馆藏 15 世纪中后期古格唐卡《释迦牟尼佛、十六罗汉与三十五佛》中的三十五佛图像亦受龙树传承影响（图 3-3-3）。[2]该唐卡的主尊为降魔触地印释迦牟尼佛，三十五佛绘在唐卡外缘的最上层和两侧，其中在主尊背龛的左右上方分绘古格国王益西沃和格鲁派祖师宗喀巴大师及随从弟子。

［1］次仁加布、克黎斯坦·雅虎达、克黎斯坦·卡兰特利等著：《科迦寺文史大观》，拉萨：西藏藏文古籍出版社，2012 年，第 168—169 页。

［2］该唐卡的图像简评见 Guiseppe Tucci, *Tibetan Painted Scrolls* Ⅱ, Kyoto: Rinsen Book, 1980, p.363; Marylin M. Rhie & Robert A.F.Thurman, *Wisdom and Compassion: The Sacred Art of Tibet*, New York: Harry N. Abrams, 1996, pp.80-83.

图 3-3-4 纳塘寺藏三十五佛夹经板，13—14 世纪

此唐卡对探究 15 世纪中晚期至 16 世纪初西藏阿里地区降魔触地印释迦牟尼佛与十六罗汉、三十五佛的图像之组合关系提供了新的视角。

卫藏地区三十五佛图像传承亦多取自《三聚经》，其中以拉萨林周县境内的坚利寺（sByan legs）强巴佛殿、[1] 白居寺法王殿[2] 和吉祥多门塔壁画，[3] 以及纳塘寺所藏夹经板上刻印的三十五佛图像（图 3-3-4）最具代表性。

龙树所传三十五佛图像在卫藏地区并不多见，早期图像仅见夏鲁寺二层般若佛母殿外回廊一处（图 3-3-5）。壁画下方题记为“byang chub sems dpa'i ltung ba bshags pa'i mdo las/ shag rgya thub pa'i bris sku sangs rgyas sum ju so lngas bskor ba 'o/ mi mchog gang dag da ltar bzhugs pa dang/ gang dga 'das pa dag dang de bzhin gang ma phyon/ yon tan bsngags pa mi bzad rgya mtsho 'dug/……/（出自《菩萨堕忏经》，释迦

[1] 该殿建于 12—13 世纪，见夏吾卡先：《西藏林周县坚利寺的调查与研究》，《文物》2015 年第 2 期，第 74—83 页。

[2] 熊文彬：《中世纪藏传佛教艺术——白居寺壁画艺术研究》，北京：中国藏学出版社，1996 年，第 49—50 页。

[3] 白居寺吉祥多门塔一层第六间大殿顶阁（按：顶阁指大殿的顶部，其升高并且占据了第二层对应佛殿的位置）处绘有三十五佛壁画，根据殿内题记，该殿三十五佛据《三聚经》所绘。题记为：na mo Śākya mu ni ye/ 'di yi khyam stod dbu khang dang bcas pa la/ phung po gsum pa'i mdo las 'byung ba'i de bzhin gshegs pa sum cu rtsa lnga'i gzhugs ri mor bkod pa bzhugs pa/……（此带顶阁之廊中，据《三聚经》排列有三十五如来身像画……），其中藏文题记及汉译见［意］图齐著，魏中正、萨尔吉主编：《梵天佛地》第四卷《江孜及其寺院》第二册《题记》，上海：上海古籍出版社，第 13、312 页。

图 3-3-5　夏鲁寺般若佛母殿外回廊三十五佛壁画

牟尼画像被三十五佛围绕。是彼诸佛如此安住，无有胜彼及彼者，称颂功德广如海，……）”，由此判断其出自龙树注释《菩萨过犯忏悔注》。

通过以上案例分析，西藏所传三十五佛以结手印图像为主，该传承所据文本最早可追溯到《三聚经》。13—14世纪中后期，阿里地区受波罗—纽瓦尔艺术影响的桑达、羌衮巴、谢尔石窟以及科迦寺卓玛拉康殿中的三十五佛壁画，均与此有关。

龙树所传持物之三十五佛目前在藏地实例较少，阿里地区除弗吉尼亚美术博物馆藏品——15世纪中晚期古格唐卡《释迦牟尼佛、十六罗汉与三十五佛》之外，托林寺红殿佛堂三十五佛壁画可谓是该注本图像再现的典范之作。

第四节　释迦牟尼佛配十二弘化、十六罗汉、三十五佛及药师八佛图像演变

关于释迦牟尼佛与十六罗汉的组合可从汉藏译本《法住记》中找到相应的源头。当佛陀释迦牟尼涅槃之后，代佛陀住世、维系佛法传播的便是罗汉。这一思想后被噶当派和萨迦派继承，并由此传至格鲁派，故无论早期萨迦派还是晚期格鲁派所传十六罗汉仪轨中均能见到释迦牟尼佛与十六罗汉相组合的图像构成。至于降魔触地印释迦牟尼佛与佛传十二弘化故事组合，是题中应有之义，前章已经做过相关讨论，单尊降魔触地印释迦牟尼佛原本是佛陀一生行迹中于菩提迦耶之菩提树下降魔成道的重要组成部分。

一、降魔触地印释迦牟尼佛与二弟子配十二弘化、十六罗汉在西藏的形成

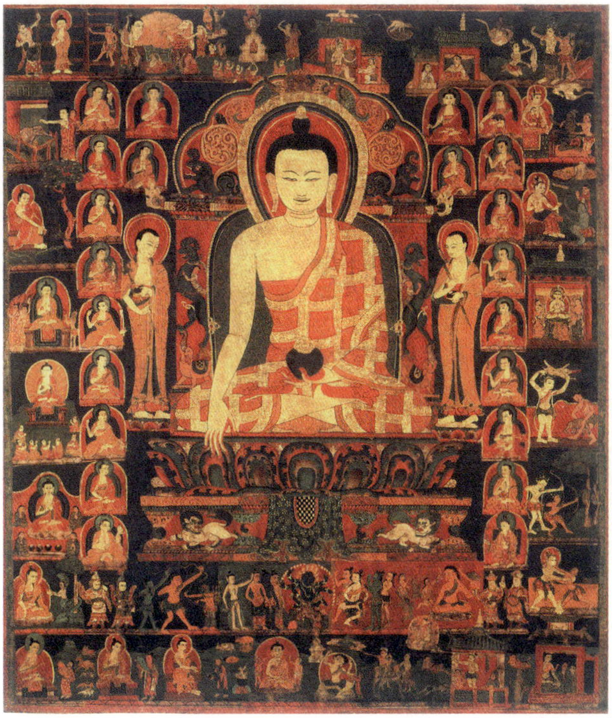

图 3-4-1　十二弘化故事与十六罗汉，14 世纪中晚期，卫藏地区

笔者在前文第一章第四节讨论“降魔触地印释迦牟尼佛于西藏的传入、图像配置与演变”时已指出，降魔触地印释迦牟尼佛与十二弘化的图像组合先于与十六罗汉的组合出现，其与两胁侍菩萨弥勒和观音的图像组合亦早于与二弟子舍利弗和目犍连及十六罗汉的组合。

在西藏，降魔触地印释迦牟尼佛与二弟子舍利弗和目犍连的图像组合替代自印度 7 世纪前后已形成的固定搭配——降魔触地印释迦牟尼佛与两胁侍菩萨弥勒和观音的图像组合大约发生在 13 世纪中后期。笔者推测这种关系的置换与当时罗汉在藏地的兴起有关。虽说罗汉自后弘初期已传至西藏，但目前所见十六罗汉注释仪轨在藏地的真正兴起约莫发生在 13 世纪中晚期。尤其到了 15 世纪，格鲁派将此推到顶峰。藏地罗汉图像的大规模形成则与十六罗汉仪轨的兴起相辅相成。

目前所见最早有关降魔触地印释迦牟尼佛与二弟子配十六罗汉、十二弘化的图像案例是乌尔里希·冯·施罗德（Ulrich von Schroeder）的藏品——13—14 世纪卫藏唐卡《佛传与罗汉》（见图 1-4-44）。类似组合案例在同期的藏地并不流行，现有寺院壁画中无一例遗存。该组合在西藏的真正成熟应始于 14 世纪中后期，盛行于 15 世纪前后，尤其在佛教第二次复兴期（15 世纪初—16 世纪中晚期）的阿里地区更为流行。

14 世纪中晚期，卫藏地区降魔触地印释迦牟尼佛与十六罗汉及十二弘化故事互构的典型案例是任默曼家族（Zimmerman Family）的藏品《十二弘化故事与十六罗汉》（图 3-4-1）。在该唐卡中，主尊释迦牟尼佛与二弟子居于画面正中央，两侧为

图 3-4-2 达隆寺香殿降魔触地印释迦牟尼佛、十六罗汉与十二弘化故事，15 世纪中期

十六罗汉，居士达摩多罗和哈香（Hwa shang），再外侧为十二弘化故事。[1]类似于此并附有藏文题记的壁画遗存，在卫藏地区最早见于山南地区浪卡子县的羊卓达隆寺香殿（sTag lung dgon gyi gtshan khang，亦称佛堂），该殿由达仓译师希绕仁钦坚赞（sTag tshang lo tsā ba shes rab rin chen rgyal mtshan，1405—1477/1478）所建，[2]其降魔触地印的释迦牟尼佛与十六罗汉及十二弘化故事绘于该殿西壁，呈长方形构图。画面以青绿为底色，山石突兀，树木郁葱，楼阁亭台鳞次栉比，车马行人错落有致，祥云缭绕，俨然一派田园风光，为早期藏地勉唐画派的典型代表。其主尊降魔触地印释迦牟尼佛与二弟子居于画面正中央（图 3-4-2），两侧为十六罗汉、达摩多罗和哈香分呈三排，画面最下排的两侧绘四大天王，再外侧为十二弘化故事。故事情节始于画面左上角，由上而下展开叙述，最后到画面右上角结束。画面底层有一排用

[1] 有关该唐卡的图像说明见朝日新聞社文化企画局東京企画部編集：『チベット密教美術展：天空の秘宝』解説編，東京：朝日新聞社文化企画局東京企画部，1997 年，第 72.7 页。

[2] 据《雪域圣迹导游》记载，达隆寺始建于蒙古阔端王（Thog mar rgyal po，?—1251）时期，后由达仓译师希绕仁钦坚赞扩建。藏文原文为“dgon de ni thog mar rgyal po go dan skabs bzhengs pa yin tshod ldebs ris las gsal zhes dang/ de rjes stag tshang lo tsā ba kun mkhyen shes rab rgyal mtshan gyis rgya bskyed gnang/ ”见 chos ’phel, *Gans can ljongs kyi gnas bshad lam yig gsar ma las: lho kha sa kul gyi gnas yig*, Pe can: Mi rigs dpe skrun khang, 2002, p.139；萨尔吉：《西藏山南地区达隆寺壁画题记的初步考察》，《藏学学刊》2014 年第 9 辑，第 85—86 页。

藏文乌坚体题写的偈颂，内容与画面所绘题材一致。[1]

二、三十五忏悔佛、药师八佛的导入与图像空间的重构

在西藏阿里地区，降魔触地印释迦牟尼佛与二弟子配十六罗汉题材大多绘在佛堂或石窟的主壁位置。主尊释迦牟尼佛位于主壁正中央，两侧为十六罗汉，十二弘化一般绘在主壁或连同主壁左右两侧壁主体壁画的下方，故事情节按礼佛顺序依次排列。在图像题材上，早在卫藏地区形成的这种固定组合模式到西藏阿里地区之后发生了重构，在原图像组合基础上又增加了药师八佛与三十五忏悔佛，重新构建了一套新的组合模式，这种组合在该区域主要流行于 15 世纪中晚期至 16 世纪初。

降魔触地印释迦牟尼佛和二弟子与十六罗汉的二重组合像，在拉达克地区的萨波洞窟（Sa spol，约 15—16 世纪）（图 3-4-3）[2] 和西藏阿里地区出土唐卡中鲜为多见。然释迦牟尼佛与十六罗汉及十二弘化故事的三重组合案例，在该区域早期石窟寺中并不常见，目前唯有额钦石窟（14 世纪中晚期至 15 世纪初）一处。窟室主壁（西壁）绘释迦牟尼佛、二弟子并十六罗汉（另有达摩多罗和哈香）（图 3-4-4），在他们的两侧分别是十一面六臂观音和弥勒菩萨。两侧壁即南北两壁主要由无上瑜伽部诸曼荼罗构成，在曼荼罗下方，连通主壁绘十二弘化故事。药师八佛绘在北壁四铺曼荼罗上方（见图 3-1-1），这是阿里地区石窟壁画中最早发现将药师八佛与降魔触地印释迦牟尼佛、二弟子及十六罗汉并入同一洞窟的孤例。虽然在早于额钦石窟的桑达等石窟中已有将药师如来曼荼罗和三十五佛、十二弘化绘在同一壁面，以及在乌江村千佛洞的主壁将降魔触地印释迦牟尼佛与药师如来曼荼罗、十二弘化及贤劫千佛组合在一起的先例，但这两处石窟的年代均早于额钦石窟，十六罗汉还未纳入该图像的组合体系中。

略晚于以上三座石窟，年代大约在 15 世纪前后的谢尔石窟，主壁中央出现了完整的降魔触地印释迦牟尼佛与二弟子配十六罗汉、三十五佛和十二弘化的图像题

[1] 与壁画相关藏文题记为：bstan ’dzin gnas brtan bcu drug dang/ bstan pa rgyas par mdzad pa’i tshul/ … dang lhums su ’jug bstams pa ……rol rab tu ’byung/ dka’ bcad byang chub shing drang gshegs/ bdud bcom sangs rgyas chos ’khor bskor/ sa la zung drung gshegs mdzad te/ bcu gnyis mdzad pas yongsu bskor/（守持佛法之十六尊者与护法四大天王被弘法之行迹……入胎、降生、……少年嬉戏、出家、苦修、趋于菩提树旁、降魔、成佛、转法轮、涅槃十二行环围）。题记录文整理见萨尔吉：《西藏山南地区达隆寺壁画题记的初步考察》，《藏学学刊》2014 年第 9 辑，第 106—107 页。

[2] 该题材绘于萨波洞窟群第 3 窟主壁中央位置，两侧为无上瑜伽部诸神。关于该窟的年代判断及研究见 Chiara Bellina, “The Paintings of the Caves of Sa spo la in Ladakh: Proof of the Development of the Religious Order of the dGe-lugs in Indian Tibet During the 15th Century”，载郑堆、弗朗西斯科·塞弗热主编：《从地中海到喜马拉雅——意大利藏学家朱塞佩·图齐诞辰 120 周年纪念文集》，北京：中国藏学出版社，2014 年，第 315—346 页；高清图像编目见加藤敬写真、松長有慶解説『マンダラ：西チベットの仏教美術—解說編』，大阪：每日新聞社，1981 年，第 129 页。

图 3-4-3 萨波洞窟正壁降魔触地印释迦牟尼佛与十六罗汉

图 3-4-4 额钦石窟西壁降魔触地印释迦牟尼佛与十六罗汉

材。因该窟被盗严重，主尊与二弟子已被毁坏，根据赤烈塔尔沁先生的早年调查，[1]原窟室主壁中央为降魔触地印释迦牟尼佛与二弟子舍利弗和目犍连塑像。在其两侧呈格状构图的空间内依次绘十六罗汉和三十五佛，主壁下方的两侧绘十二弘化故事。这种完善的组合关系进一步证实了降魔触地印释迦牟尼佛与二弟子配十六罗汉、三十五佛及十二弘化题材的组合模式经桑达石窟、乌江村千佛洞和额钦石窟的酝酿，到 15 世纪前后初见成形。

15 世纪中期，古格王国进入第二次佛教复兴期。由古格王洛桑绕丹妃子顿珠玛资助修建的古格故城红殿，仍延续了早期渐已成形的降魔触地印释迦牟尼佛与药师八佛、三十五佛和十二弘化故事题材相组合的图像传统。该配置是以悬塑的形式呈现于红殿的主壁（西壁）位置。遗憾的是，原塑像现已毁坏，仅存呈“工”字形的高台基座以及基座两侧供台和原造像的头背光。根据图齐先生 1933 年的考察记录和图片资料，主壁中央呈“工”字形基座上方原塑有金刚座降魔触地印释迦牟尼佛，在该像前方另置鎏金降魔触地印释迦牟尼佛金铜大像（图 3-4-5）。在主尊两侧的供台上方各塑四尊药师如来佛（图 3-4-6），在此之后方的墙面上悬塑小像三十五忏悔

[1] 赤烈塔尔沁：《阿里史地探秘》，拉萨：西藏人民出版社，2011 年，第 24 页。

佛，[1]十二弘化故事被绘在南北两侧壁主体壁画的下方。

此外，年代略晚于红殿，由古格王洛桑绕丹孙辈嘉央巴（'Jam dbyangs pa）和恰多尔（Phyag rdor）兄弟主持修建的古格故城白殿中亦有与此题材一致的图像组合——位于白殿佛龛。造像现已毁坏，仅存主尊左右两侧壁悬塑三尊，以及悬塑下方十二弘化故事壁画。据图齐公布的照片资料，原造像中央主尊为降魔触地印释迦牟尼佛（图2-4-7）。图齐指出悬塑于主尊左右两侧壁的小像为象征教法相续不断的贤劫千佛。[2]经笔者多次实地考察，发现两侧壁残存悬塑中有罗汉（图3-4-8）和四大天王（图3-4-9），基于目前已确认的造像身份和墙体残存榫卯孔口数量，推测该殿佛龛原亦有可能表现的是降魔触地印释迦牟尼与十六罗汉、四大天王、药师八佛、三十五佛和十二弘化故事。该种组合案例基本遍布此时古格故城的主要礼拜佛殿，哪怕是开凿在古格故城山腰之中的石窟，亦不忘却“借用”该组

图 3-4-5　古格故城红殿正壁（西壁）原主尊降魔触地印释迦牟尼佛塑像

图 3-4-6　古格故城红殿正壁（西壁）原药师八佛塑像（局部）

[1][意]图齐著，魏正中、萨尔吉主编：《梵天佛地》第三卷，第二册《扎布让》,2009年，第72—73页，图版117—120。

[2][意]图齐著，魏正中、萨尔吉主编：《梵天佛地》第三卷，第二册《扎布让》,2009年，第68页，图版100。

图 3-4-7　古格故城白殿佛龛正壁原塑像降魔触地印释迦牟尼佛

图 3-4-8　古格故城白殿佛龛东壁残存罗汉塑像

图 3-4-9　古格故城白殿佛龛东壁残存天王塑像

合模式。被考古学者命名为“编号 IVY35 供佛洞”中，[1] 其正壁残存壁画便沿用了降魔触地印释迦牟尼佛与二弟子及三十五佛、十六罗汉等题材相组合的图像传统（图 3-4-10）。

这种组合不仅盛行于古格王国所属的大型佛殿（约 15 世纪初至 16 世纪中晚期）内，在目前发现出自阿里象泉河流域 15 世纪中叶前后的唐卡中亦有同类题材作品，其中以海外藏品《降魔触地印释迦牟尼佛、十六罗汉与三十五忏悔佛》（图 3-4-11）[2] 和《降魔触地印释迦牟尼佛、十二弘化、十六罗汉与三十五忏悔佛》唐卡（图 3-4-12）[3] 最为典型。

除此之外，在阿里古格亦发现了以药师琉璃光佛为主尊，与三十五佛、十六罗汉和十二弘化故事互为组合的唐卡作品（图 3-4-13）。该唐卡中的主尊右手施与愿印并持诃子（Harītaki），左手结禅定印并托钵。两侧胁侍分别是月光菩萨和日光菩萨。在主尊头光正上方及头背光两侧分绘降魔触地印释迦牟尼佛、十六罗汉、达摩多罗和哈香。该唐卡中的三十五佛绘在主尊背龛外重最上方，呈四排排列；十二弘

[1] 西藏自治区文物管理委员会：《古格故城》（下），北京：文物出版社，1991 年，第 66—68 页。

[2] 关于该唐卡的图像分析见 Pratapaditya Pal, *Art of Tibet: A Catalogue of the Los Angeles County Museum of Art Collection*, New York: Harry N.Abrams, 1990, p.273.

[3] 关于该唐卡的图像及题记解读见 Guiseppe Tucci, *Tibetan Painted Scrolls* Ⅱ, Kyoto: Rinsen Book, 1980, pp.351-359; Marylin M.Rhie & Robert A.F.Thurman, *Wisdom and Compassion: The Sacred Art of Tibet*, New York: Harry N.Abrams, 1996, pp.86-89.

图 3-4-10　古格故城供佛洞正壁降魔触地印释迦牟尼佛、十六罗汉与三十五忏悔佛

图 3-4-11　降魔触地印释迦牟尼佛、十六罗汉与三十五忏悔佛，15 世纪中期，古格

图 3-4-12　降魔触地印释迦牟尼佛、十二弘化、十六罗汉与三十五忏悔佛，15 世纪中期，古格

图 3-4-13　药师佛、三十五佛、十六罗汉和十二弘化故事，15 世纪中期，古格

化故事绘在主尊莲座正下方之供养人左右白度母与绿度母的两侧，以白描的形式呈现。另在唐卡上方第四排两端三十五佛之内侧有两组上师像，其右侧为萨迦“白衣三祖”——贡噶宁布（Kun dga' snyin po，中间）、索南孜摩（bSod nams rtse mo，左侧）和扎巴坚赞（Grags pa rgyal mtshan，右侧），其形象与阿里普兰县境内喜得拉德寺（Zhi lde lha lde dgon）道果传承壁画中表现的萨迦“白衣三祖”一致。与之相应的左侧三尊上师均身着绛色袈裟，两手皆结说法印，中间一尊为宗喀巴大师，两侧应为其弟子。主尊莲台正下方的左右分别是顶髻尊胜佛母和阿弥陀佛，再下方是该唐卡的供养者和黄财神，其左右两侧是绿度母和白度母。于主尊龛柱的两侧及基座的下排，环围唐卡外缘一周的小像均为高僧像。[1]

该套唐卡中典型的克什米尔绘画风格、背龛装饰纹样及基座上的力士形象均与 15 世纪中晚期所建托林寺红殿、白殿及古格故城白殿壁画中的风格装饰一致。另从上师组像可以看出，虽然自 15 世纪之后，古格王国所在的象泉河流域及周边已接受了格鲁派教法，但萨迦派在该区域的影响势力还方兴未艾。

第五节　小　结

从以上案例分析得出的线索为：降魔触地印释迦牟尼佛与佛传十二弘化、十六罗汉、三十五佛及药师八佛的组合在阿里地区的形成与发展呈渐进模式。日土县乌江村千佛洞中最早出现了降魔触地印释迦牟尼佛与十二弘化及药师如来曼荼罗相结合的案例，后在额钦石窟中将释迦牟尼佛与十六罗汉绘在主壁中央，并与南北两侧壁的十二弘化和北壁主体壁画上方的药师八佛融入同一窟室。尤其在达巴乡境内的谢尔石窟中，降魔触地印释迦牟尼佛与十六罗汉、三十五佛、十二弘化故事同时出现在石窟的主壁位置，这种组合模式被古格王国第二次佛教复兴期所建的古格故城红殿、白殿以及托林寺红殿和白殿[2]所继承。它影响到当时整个佛殿的图像空间布局，即主尊降魔触地印释迦牟尼佛一般绘［塑］在整个佛殿主壁的正中央，两侧分别安置十六罗汉、三十五佛和药师八佛。而在佛殿主壁两侧或连同主壁主体壁画的正下方绘十二弘化故事，托林寺红殿无疑是目前所见该主题组合最为完整的图像遗例。

从该题材组合在阿里地区的历史演变脉络看，最为明显的特征是：12 世纪晚期

［1］关于该唐卡的图像简介见 Marylin M.Rhie & Robert A.F.Thurman, *Wisdom and Compassion: The Sacred Art of Tibet*, New York: Harry N. Abrams, 1996, p.142.

［2］托林寺白殿殿堂结构与古格故城白殿颇为相近，均呈“凸”字形。佛龛中央塑降魔触地印释迦牟尼佛，佛龛两侧壁绘十六罗汉与达摩多罗，再外侧壁（经堂北壁东西两侧壁）原塑有药师八佛，现已毁坏。

至14世纪初流行的药师如来曼荼罗（帕尔噶尔布、桑达、羌衮巴等石窟）到15世纪之后逐渐被药师八佛代替，并成为该区域信仰的主流。约与此同步，14世纪中晚期至15世纪初，十六罗汉进入降魔触地印释迦牟尼佛与佛传十二弘化故事、三十五佛和药师八佛的组合范畴中（谢尔、额钦石窟）。15世纪中后期，十六罗汉兼药师八佛的信仰抵达高峰。该时期十六罗汉的骤然兴起，与当时格鲁派教法在阿里地区的弘传密不可分。格鲁派注重戒律守持，十六罗汉作为释迦牟尼佛外化的显现，是释迦牟尼佛恩泽加持的大德和佛法的践行者，其积极修持和弘扬佛法的品德正吻合了格鲁派创立之初的戒律改革和向他者推行教法的理念。

降魔触地印释迦牟尼佛和二弟子、十二弘化、十六罗汉、三十五佛与药师八佛最终组合为一体，其原因一方面与图像自身的演进和后期逐渐形成的固定搭配有关。另一方面，对于普通礼佛者和供养者而言，消灾除障、增长福智是他们最为关切和共同向往的现实利益，而十六罗汉、三十五佛和药师佛信仰的背后其实包含了当下民众的精神寄托。[1]

[1] 十六罗汉在藏地的信仰除具有通晓戒受（行为规范）、定学（观修入定）、慧学（智慧）“三学”和弘扬佛法的功效外，另有祛除自身之误见与诟病，以及保佑、护持并益寿他人之功效。见扎雅·诺丹西绕著、谢继胜译：《西藏宗教艺术》，拉萨：西藏人民出版社，1997年，第147—148页。

中篇

红殿佛堂『瑜伽续部三部曲』之主曼荼罗

——金刚界、恶趣清净、金刚萨埵曼荼罗

随着佛教于雪域高原的传入，早在吐蕃赞普赤松德赞（Khri srong lde btsan，742—797）与赤祖德赞（Khri gtsug lde brtsan，802—838）期间，出于官方组织将印度传至西藏的佛教经典按三藏次第分类整编，集结成《旁塘目录》（*dKar chag 'phang thang ma*）、《丹噶目录》（*dKar chag ldan dkr ma*）和《青浦目录》（*dKar chag mchims phu ma*）三册，形成藏传佛教历史上最早的佛教典籍目录。[1] 当时大乘佛教经藏大多已具足，少数无上瑜伽密续亦有传存，但出于官方所限，以上目录中均未将无上瑜伽密续纳入其内。[2] 后弘初期，随着西藏佛教的再度复兴，大量不同部派的密教经典经由印度班智达和西藏译师传入西藏并翻译成藏文传诵。面对这些浩瀚如海的密续经典，藏传佛教集大成者布顿仁钦珠（Bu ston rin chen grub，1290—1364）将其与前弘期所传密续按佛教经典产生次第和部派源流分为四类，[3] 建立起完善的藏传佛教经典分类体系，这一“标准”为后人所沿用，直到格鲁派创始人宗喀巴大师弟子克主杰（mKhas grub rje，1385—1438）《密续部总建立广释》（*rGyud sde spyi'i rnam par gzhag pa rgyas par brjod*）中仍沿用了布顿的四分法。[4]

关于瑜伽密续，就所传经典而论，按布顿分类主要由《真实摄经》《恶趣清净怛特罗》《般若理趣经》三部构成。[5] 红殿佛堂南北两壁曼荼罗图像均出自以上三部经典注释。以下三章，笔者欲通过对以上三部经典及注释中所含曼荼罗图像的分层解析，来解读并进一步探讨佛堂南北两壁金刚界、恶趣清净、金刚萨埵曼荼罗图像所据文本的来源问题。

---

[1] 扎呷编著：《〈大藏经〉概论》，西宁：青海人民出版社，2008年，第42—48页。

[2] 根据田中公明研究，无上瑜伽密续在吐蕃占领期的敦煌亦有传存。但该类经典一般用潦草的藏文乌梅体（dbu med）抄写，且纸张质地粗糙，其特征与当时吐蕃王室认可并广为推行的以藏文乌坚体抄写在优质纸张上的《无量寿宗要经》等经典形成鲜明对比，故田中先生推测出现此类现象的原因很可能是无上瑜伽密续在当时受官方限制，仅限于修法者私下传阅，不允许向公众空间流布。相关讨论见田中公明『敦煌 密教と美術』、東京：法藏館，2000年，第120—121页。

[3] 布顿根据佛教经典发展次第及部派关系，将传译于西藏的经典注释分为四大类，分别是：1.所做（Bya ba）怛特罗；2.行（sPyod pa）怛特罗；3.瑜伽（rNal 'byor）怛特罗；4.无上瑜伽（rNal 'byor bla med）怛特罗。其中无上瑜伽怛特罗又细分为方便·父怛特罗（Thabs rnal 'byor pha'i rgyud）、般若·母怛特罗（Shes rab rnal 'byor ma'i rgyud）和不二怛特罗（gNyis su med pa'i rgyud）三类。

[4] 克主杰著、谈锡永导读：《密续部总建立广释》，北京：中国书店，2007年。

[5] 见布顿·仁钦珠著、蒲文成译：《布顿佛教史》，兰州：甘肃民族出版社，2007年，第199—121页。

第一章　佛堂南壁《真实摄经》之金刚界曼荼罗研究

红殿金刚界曼荼罗绘在佛堂南壁西侧，呈水平构图。主尊大日如来居于整个画幅的正中央，白色四面，结金刚跏趺坐，两手结智拳印并持五股金刚杵。主尊左右两侧为弥勒与文殊菩萨，呈立姿。三者背光上方从左到右分绘金刚杵、宝、莲花和羯磨。背屏两侧为眷属，呈横、竖各五排排列。画面中除主尊左右胁侍文殊和弥勒菩萨之外，该曼荼罗共由 53 尊天众构成（包括呈三昧耶形的四波罗蜜菩萨）。

关于该铺壁画，日本学者田中公明在论文《藏西托林寺与扎布让遗址的金刚界诸尊壁画》中将此与该殿经堂东壁南北两侧壁，以及扎布让（古格故城）白殿西壁三铺和东壁一铺曼荼罗做了类比研究，指出托林寺红殿的这三铺和古格故城白殿的四铺曼荼罗壁画是依据庆喜藏对《真实摄经》所造注释绘制。[1] 阮丽博士在博士论文中涉及有关托林寺红殿与古格故城白殿部分曼荼罗时，其观点沿用了田中先生的观点。[2]

在此，笔者在二位学者的研究基础上，从红殿佛堂南壁西侧金刚界曼荼罗壁画的实际考察出发，在梳理“瑜伽续部三贤”对《真实摄经》注释及后世论师对金刚界曼荼罗图像阐释的基础上，侧重阿阇梨庆喜藏注释及布顿基于此重新厘注的金刚界曼荼罗图像志，通过两者比对研究，来进一步讨论该铺曼荼罗的图像文本来源问题。

第一节　瑜伽续部三贤与《真实摄经》注释

《真实摄经》大约形成于 7 世纪末的南印度，全名《佛说一切如来真实摄大乘现证大教王经》。因该经典由十八部文献（十八会）集成，故学界普遍按“十八会”之第一会经题“一切如来真实摄经”，将此命名为《真实摄经》（*Tattvasaṃgraha, De nyid 'dus pa'i rtsa rgyud*）或《初会金刚顶经》。[3]《真实摄经》内容由金刚界品、降

---

[1] 田中公明「西チベット・トリン寺とツアパラン遺跡の金剛界諸尊壁画について」,『密教図像』1992 年第 11 号，第 11—22 页；译文见田中公明著，张雅静译：《藏西托林寺与扎布让遗址的金刚界诸尊壁画》,《藏学学刊》2010 年第 6 辑，第 279—189 页。

[2] 阮丽：《敦煌石窟曼荼罗图像研究》，中央美术学院博士学位论文，2013 年，第 82 页。

[3] 松長有慶『密教経典成立史論』，東京：法藏館，1998 年，第 194 页。

三世品、遍调伏品和一切义成就品4品22章构成。每一品中又各含有大、三昧耶、法、羯磨、四印、一印六种部属曼荼罗，另在降三世品中除六部属曼荼罗之外另增加了大、三昧耶、法、羯磨四种“三世轮教敕”曼荼罗，在《真实摄经》中总共记载了28个曼荼罗。[1]

《真实摄经》梵文写本是由意大利藏学家图齐于1932年考察尼泊尔时在该国境内发现，为9世纪贝叶写本，经题为“Sarvakula-tattvasiddhividhivistart”，现藏于尼泊尔国立档案馆（Nepal National Archives）。图齐将该写本中的“降三世品”翻译成意大利文并发表，这是国际学界利用梵文原典研究《真实摄经》的开端。1956年，英国学者大卫·施耐尔格罗夫（D.L.Snellgnrove）和约翰·布拉夫（John Brough）到访尼泊尔时又将该写本拍照制成微缩胶片后影印出版。[2]后日本学者一志山田和堀内宽仁分别在图齐手抄本和大卫·施耐尔格罗夫微缩本的基础上，结合汉藏译本及注释刊发了梵藏汉《初会金刚顶经》对勘研究。[3]

《真实摄经》汉译本主要有三部，[4]其中宋施护大中祥符八年（1015）翻译的30卷本与梵文本及藏译本内容最为契合。[5]唐不空于天宝十二年（753）至十四年（755）翻译的3卷本相当于施护30卷本中的前6卷，即金刚界品中“大曼拏罗广大仪轨分第一”内容。[6]最早由南印度高僧金刚智（Vajrabodhi，669—741）于唐开元十一年（723）翻译的《金刚顶瑜伽中略出念诵经》[7]仅限于“金刚界品”前半部分内容，在“金刚界品”中所载的6个曼荼罗中亦仅有大曼荼罗、法曼荼罗和三昧耶曼荼罗，而四印、一印、羯磨3个曼荼罗并未涉及。[8]

---

[1]《真实摄经》所载大、三昧耶、法、羯磨、四印、一印各曼荼罗的名称，详见堀内寛仁「金剛界九会マンダラの名称について」，『密教文化』1969年第88号，第1—9页；堀内寛仁「初会金剛頂経の諸マンダラの名称について」，『密教学研究』1970年第2号，第350—319页。

[2] Lokesh Chandra and David L. Snellgrove, *Sarva Tathāgata Tattva Saṅgraha: Facsimile Reproduction of a Tenth Century Sanskrit Manuscript from Nepal*, New Delhi: Sharada Rani, 1981.

[3] Yamada Isshi, *Sarva-tathāgata-tattva-saṅgraha nāma Mahāyāna-sūtra: A Critical Edition Based on a Sanskrit Manuscript and Chinese and Tibetan Translations*, Vol. 262, New Delhi: Sharada Rani, 1981. 堀内寛仁『初会金剛頂経の研究』（上、下），和歌山：高野山大学密教文化研究所，1983、1984年。

[4] 金刚智三藏译：《金刚顶瑜伽中略出念诵经》（4卷，《大正新修大藏经》，No.866）；不空三藏译：《金刚顶一切如来真实摄大乘现证大教王经》（2卷，《大正新修大藏经》，No.874）；北宋施护译：《佛说一切如来真实摄大乘现证三昧大教王经》（30卷，《大正新修大藏经》，No.882）。

[5] 施护译本经题为《佛说一切如来真实摄大乘现证三昧大教王经》（《大正新修大藏经》，No.882）。

[6] 不空于天宝十二年（753）至十四年（755）所翻译的2卷本经题为《金刚顶一切如来真实摄大乘现证大教王经》。需要补充的是，其实不空所译《真实摄经》系经典近10种（《大正新修大藏经》编号分别为：No.870、No.871、No.872、No.873、No.874、No.879、No.1122、No.1123等），其中译本《金刚顶一切如来真实摄大乘现证大教王经》最为系统，为后辈所推崇。

[7]《大正新修大藏经》，No.866。

[8] 关于《真实摄经》三部汉译本之关系的讨论，见松長有慶著『密教経典成立史論』，東京：法藏館，1998年，第192—194页。

《真实摄经》藏译本在前弘期已出现，吐蕃占领期的敦煌亦发现了与之相关的写本《圣真实摄成就法》（*De nyid 'dus pa'i bsgrub pa'i thabs*）和《金刚吽迦罗成就法》（*rDo rje hung zhes pa'i bsgrub pa'i thabs*），田中公明对此已做过深入研究。[1] 此外，吐蕃译经目录《旁塘目录》中也收录了若干与“降三世品”有关的译本。[2] 但迄今所见最为完整的译本是后弘初期由印度译师信作铠（Śraddhākaravarma）和西藏译师仁钦桑布翻译的新译本，[3] 其内容与现存梵文本基本一一对应。[4]

《真实摄经》作为瑜伽密续的代表性作品之一，其注释者主要由“瑜伽续部三贤”之佛密（Buddhaguguhya, Sangs rgyas gsang ba）、释迦友（Śākyamitra, Shākya bshegs gnyen）和庆喜藏（Ānandagarbha, Kun dga' snying po）三位构成，布顿在《入瑜伽续大海之船》（*rNal 'byor rgyud kyi rgya mtshor 'jug pa'i gru gzigs zhes bya ba*）中对他们三位注释的评价如下：

> 瑜伽续部三贤者：善巧内容者为佛密、善巧词藻者为释迦友、词藻内容兼善者为庆喜藏。或善巧理论者释迦友、善巧教诫者为佛密、承两者之门径巧善实践者为庆喜藏，名望远扬三贤者。[5]

瑜伽续部三贤的注释各有所长，庆喜藏兼佛密与释迦友二者之长，为辞藻和内容的兼善者。庆喜藏出生于南印度的摩揭陀国（Magadhā），他一生不仅对《真实摄经》有注解，且对同属于瑜伽密续的《吉祥最上本初》（*Śriparmādi*）、《恶趣清净怛特罗》（*Sarvadurgatiparisodhana-tantra*）以及无上瑜伽密续《秘密集会》（*Guhyasamāja*）等经典均有注释。多罗那他（Tāranātha）在《印度佛教史》（*rGya gar chos 'byung*）中对他的出生、部派、论著等给予简约记述，内容如下：

---

[1] 田中公明「『聖真実摂成就法』と敦煌における『初会金剛頂経』系密教」、「敦煌出土の『金剛吽迦羅成就法』」，分别收录于『敦煌密教と美術』，東京：法藏館，2000年，第120—134页。

[2] 田中公明：《〈旁塘目录〉与敦煌密教》，收录于樊锦诗主编《敦煌吐蕃统治时期：石窟与藏传佛教艺术研究》，兰州：读者出版社，2012年，第3—4页。

[3] 信作铠、仁钦桑布译：《一切如来真实摄大乘现证大教王经》（*De bzhin gshegs pa thams cad kyi de kho na nyid bsdus pa zhes bya ba theg pa chen po'i mdo*），P.0112，D.0479。

[4] 塚本啓祥、松長有慶、磯田熙文編著『梵語仏典の研究Ⅸ』，京都：平楽寺書店，1990年，第187页。

[5] 藏文原文为："de ltar na rnal 'byor rgyud la mkhas pa'i mi gsum/ don la mkhas pa sangs rgyas gsangs ba/ tshig la mkhas pa shākya bshes gnyen/ mig don gnyis ka la mkhas ba kun dga' snying po zhes sam/ rigs pa la mkhas pa shākya bshes gnyen/ man ngag la mkhas pa sangs rgyas gsang ba/ gnyis ka'i sgo nas lag len la mkhas pa kun dga' snying po ste/ mkhas pa'i mi gsum du grags so//" 见 Bu ston rin chen grub, *rNal 'byor rgyud kyi rgya mtshor 'jug pa'i gru gzigs zhes bya ba,* D.5104, p.129, 4-6.

庆喜藏阿阇梨诞生地是摩揭陀，[1] 种姓为贵族，宗派属大众部，宗义唯识中观。[当时]他在毗讫罗摩罗尸罗寺[2] 研习五明，听说藩伽罗国（Bhaṃgala）获得成就的国王钵罗迦舍旃陀罗（Prakaśacandra，即善明[Rab gsar lda ba]）的诸弟子讲说一切瑜伽续[行]，因此他来到此国，拜见了善现护（Subhūtipālita）等阿阇梨，并向其学习了全部的瑜伽续，其后他住在十二头陀功德（Dvādaśadhūtaguṇa），在林中修行时亲见金刚界大曼荼罗，并获得造论授记，对主尊亦如常人般交谈。因他获得持明咒之神力，故一切业聚无碍得成。由于庆喜藏成就悉地名望四方，故阿阇梨慧护（Prajñāpālita）特从中印度赶来学法，庆喜藏为他灌顶，除讲解《摄真实性》外，还为此作《金刚出现》（原书略作rdo rje 'byun ba，全名当译作《金刚界大曼陀罗仪轨一切金刚出现》）。之后慧护在中印度讲说此注释，摩醯波罗王（Mahīpāla）知道后，问曰："此法从谁听得？"答曰："[此人]就住在您的国家，怎么会不知道呢？藩伽罗国住着庆喜藏阿阇梨，我从他那里听取的。"国王生起敬信，迎请庆喜藏到摩揭陀炽燃岩洞附近的欧遮衍顶宝寺（Ocayanacūḍāmaṇi），前来听受密咒的人很多，此时他造《摄真实性》大疏和《真实作明》等众多论典。欧提毗舍国（Oḍṇiviśa）的国王毗罗阇梨耶（Vīracarya）和摩醯波罗王为同父兄弟，又迎请庆喜藏到以前纹阇王（Muñja）出生地的一座寺庙造《吉祥最胜本初》注释，此外他还作了《秘密集会》等多部注释续。部分西藏人说他曾造过一百零八种瑜伽密续注释，那时圣地瑜伽续似乎不满二十种，至于说每种瑜伽续都各造广略二注，正如诸

[1] 摩揭陀，梵文作Magádha，位于印度南部的比哈尔（Bihar）地区，主要以巴特那（Patna，即华氏城）、菩提伽耶为中心。据《大唐西域记》卷八载，摩揭陀国周广五千余里，土地肥沃，风俗淳朴，崇尚佛法，有伽蓝五十余所，僧徒万余人，多宗习大乘教法；复有天祠数十，异道亦多；华氏城附近有阿育王塔、佛足石、鸡园寺旧址、佛苦行处、三迦叶归佛处等著名佛教遗迹。

[2] 毗讫罗摩罗尸罗寺，梵文作Bigallamasirasa，又名超戒寺，为第四代达磨波罗（766—829）在位期间所建寺院之一。

贤者所言，我并不认同［此类观点］。因此，以上百个定数显然不妥当。[1]

关于释迦友，多罗那他在《印度佛教史》中指出他是德光（Guṇaprabha）弟子龙树（Nāgārjuna）的再传弟子。他曾在憍萨罗国注解《摄真实性》的注释《憍萨罗庄严》（即《俱差罗庄严真实摄疏》）。注释中提到他曾向 11 位上师请益，晚年回到迦湿弥罗，利益众生。但有关他的传记在藏地未见。[2]

而佛智足（Sangs rgyas ye shes zhabs）[3] 的弟子佛密，《印度佛教史》中对他的注释师承也附有略传，如下：

阿阇梨佛密与佛寂是佛智足前半生的弟子，［他们］师从这位阿阇梨的同时，也从其他金刚上师那里学到诸多普通密咒。尤其精通事、行、瑜伽三种怛特罗，并获得瑜伽怛特罗成就。其中觉密在住地婆罗奈斯（Wāraṇasī）成就了圣文殊师利悉地……

［1］藏文原文为：“slob dpon kun dga' snying po ni/ 'khrungs sa magadhāpa/ rigs rje rigs/ sde pa phal chen pa/ grub mtha' rnam rig dbu ma pa/ Pikramalaśīlara rig pa'i gnas lnga la sbyangs pa zhig yin la/ Bhaṃgala'i yul rgyal po'i grub thob Prakāśatsandra ste/ rab gsal zla ba'i slob ma rnams rnal 'byor gyi rgyud mtha' dag 'chad par byed do zhes thos nas yul der byon/ rab 'byor bskyangs la sogs pa slob dpon mang po la gtugs te/ rgyal 'byor rgyud mtha' dag la mkhas par byas so/ de nas sbyangs pa'i yon tan bcu gnyis la gnas bzhin pas nags khrod du sgrub pa mdzad pas rdo rje dbyings kyi dkyil 'khor chen po zhal gzigs/ bstan bcos rtsom par lung bstan thob/ lhag pa'i lha dang mi lab pa bzhin du byung/ rig sngags kyi mthu grub pas las tshogs thams cad thogs pa med par 'grub cing/ dngos grub kyang 'grub rung du bzhugs pa las/ yul dbus nas slob dpon Prajñāpālita zhes bya bas snyan pa thos te chos zhur 'ongs pa la dbang bskur te/ de kho na nyis bsdus pa bshad/ slob dpon de'i don du rdo rje 'byung ba mdzad/ des yul dbus su bshad pas rgyal po mahipālas thos nas/ chos 'di gang las thos zhes dris pa na/ rang gi yul na gnas pa yang ma mkhyen tam/ Bhaṃgala na slob dpon kun dga' snying po bzhugs pa de thos byas pas/ rgyal po dad pa skyes nas spyan drangs/ magadhā'i lho phyogs 'bar ba'i phug pa dang nye ba Otsayanagtsug gi nor bu zhes bya ba'i lha khang du spyan drangs/ gsang sngags nyan pa po shin tu mang bar byung zhing/ de nyid bsdus pa 'grel chen de nyid snang ba la sogs pa'i bstan bcos mang du mdzad/ Oḍibiśa'i yul gyi rgyal po biratsrya zhes bya ba mahipāla dang pha spun du 'gro ba zhig gis sngon rgyal po munydza byung ba'i gnas na gtsug lag khang zhig yod pa der spyan drangs/ dpal mchog dang po'i 'grel chen mdzad/ gzhan yang gsang ba 'dus pa sogs rgyud du ma la 'grel pa mdzad do/ bod kha cig ni yo ga'i rgyud brgya rtsa brgyad la 'grel pa mdzad zer te/ yo ga'i rgyud ni dus de tsam na 'phags yul na nyi shu longs pa yang yod yod mi 'dra/ yo ga'i rgyud re re la 'ang 'grel chen 'grel chung gnyis gnyis mdzad zer ba mkhas pa rnams kyis mi 'thad par bshad pa ltar yin/ des na brgya rtsa'i grangs nges mi 'thad par mngon no//” 见 Tāranātha, *rGya gar chos 'byung*, Si khron mi rigs dpe skrun khang gis bskrun, 1994, pp.273, 5-274, 17；汉译本见达热那他著、张建木译：《印度佛教史》，成都：四川民族出版社，1988 年，第 216—217 页。

［2］藏文原文为：“Shākya bshes gnyes gyis rnal 'byor gyi rgyud de kho na nyid bsdus pa'i 'grel pa ko sa la'i rgyan zhes bya ba yul ko sa lar brtsams/ khong nyid kyis bla ma bcu gcig tsam la zhus par 'grel pa de las bshad/ sku tshe'i smad la kha cher byon nas 'gro don cher byung//” 见 Tāranātha, *rGya gar chos 'byung*, si khron mi rigs dpe skrun khang gis bskrun, 1994, p.258, 3-7；汉译本见达热那他著、张建木译：《印度佛教史》，成都：四川民族出版社，1988 年，第 204 页。

［3］佛智足为寂护（Shāntirakṣita）的弟子，那烂陀寺班智达，与《文殊真实名经》的注释者嬉金刚（Līla-vajra）属于同一时代人。见ターラナータ著、寺本婉雅訳『印度仏教史』，東京：国書刊行会，1974 年，第 303 页注释 3。

此后，佛密在婆罗奈斯讲法几年后，圣文殊又同过去那样策励他，于是他去了底斯山（Ri ti se）成就悉地，因屡次亲见金刚界大曼陀罗，并和圣文殊一起时如同常人对话，［随后他］驱使一切非人，成就业聚并获得自在。那时，西藏赞普赤松德赞派遣Mañadzuśrī等人前来迎请他，因未经文殊许可，故未去。而是为他们讲说了瑜伽三部，造《金刚界成就诀入瑜伽》《毗卢遮那现等觉摄疏》以及《三昧后次第分别广释》等，此外也记录了很多他的口述注释。在他证得最胜悉地之后，不久便隐身。[1]

关于金刚界曼荼罗注释，《后藏志》紧承布顿对“瑜伽续部三贤”的注释评价，详列了该曼荼罗的文本依据和著译源流。

一般而言，金刚界曼荼罗的主尊是大日如来，另有三十七尊诸佛，此系《真实摄经》根本续四品之第一品规定。注释这一本续的有三人：善巧词义者阿阇黎庆喜藏的注释本分上下两卷，上卷由仁钦桑布翻译，下卷由尼泊尔大悲（Bal po thugs rje chen po）和尚噶译师（Zangs dkar lo tsā ba）翻译；善巧内容的佛密和善巧辞令的释迦友，其注释分别是《阿瓦热达》（A ba ta ra）和《憍萨罗庄严论》（Ko sa la'i rgyan，即指《俱差罗庄严真实摄

[1] 藏文原文为：“slob dpon sangs rgyas gsang ba dang/ sangs rgyas zhi ba ni sangs rgyas ye shes zhabs kyi sku tse stod kyi slob ma yin la/ slob dpon nyid dang gzhan yang rdo rje 'dzin pa mang po las spyir gsang sngang mang po gsan/ khyad par du bya spyod rnal 'byor rgyud gsum la mkhas/ rnal 'byor rgyud la grub pa'ang thob pa yin/ de las sangs rgyas gsang ba ni/ de las sangs rgyas gsang ba ni/ wāraṇasī'i gnas shig tu 'phags pa 'jam dpal bsgrubs pas nam zhig na bris sku bzhad/……de nas wāraṇasīr lo 'ga' zhig chos gsungs/ yang 'phags pa 'jam dpal gyis sngar bzhin bskul bas/ ri ti ser byon nas sgrub pa mdzad pas rdo rje dbyings kyi dkyil 'khor chen po yang nas du zhal gzigs shing/ 'phags pa 'jam dpal dang mo lab pa bzhin du gyur/ mi ma yin thams cad bran du 'khol/ las tshogs dang thun mong gi dngos grub la mnga' bsgyur ba zhig byung/ de'i tshe bod kyi btsan po khri srong lde btsan gyis dbas mañadzuśrī la sogs pa spyan 'dren du btang yang 'jam dpal gyis bka' ma gnang bar ma byon/ de rnams la krī yog sden gsum bshad/ rdo rje dbyings kyi sgrub thabs yo ga la 'jug pa dang/ rnam snang mngon byang gi bsdus 'grel dang/ bsam gtan phyi ma'i rgyas 'grel rnams mdzad/ de'i gsung la zin bris byas pa'i 'grel pa gzhan yang mang du yod/ mchog gi dngos grub ma brnyes kyang mi ring ba na sku lus mi snang bar gyur//” 见Tāranātha, *rGya gar chos 'byung*, Si khron mi rigs dpe skrun khang gis bskrun, 1994, p.269, 1-7; pp.270, 18-271, 11. 汉译本见达热那他著、张建木译：《印度佛教史》，成都：四川民族出版社，1988年，第212—213页。

疏》)。以上注释谓金刚界坛城的主尊大日如来。[1]

活跃于8世纪前后的佛密、庆喜藏和释迦友[2]为《真实摄经》三大注释家。西藏所传金刚界曼荼罗除依佛密《怛特罗义入》(*Tantrārthāvatāra*)[3]、释迦友《俱差罗庄严真实摄疏》(*Kosalāṃkāra*)[4]和庆喜藏的《真性作明》(*Tattvlāokakarī*)[5]之外。另有庆喜藏金刚界曼荼罗仪轨《一切金刚出现》(*Sarvavajrodaya*)[6]、11世纪晚期至12世纪初印度密教成就者无畏生护(Abhayākaragupta)的诸曼荼罗图像志《究竟瑜伽鬘》(*Nişhpannayogavali*)[7]及与之构成姊妹篇的曼荼罗仪轨书《金刚鬘》(*Va jrāvalī*)[8]。其中在《怛特罗义入》中并未对曼荼罗诸神作具体描述;《俱差罗庄严真实摄疏》除五佛之外，其他尊神之尊容亦未详载;庆喜藏《真性作明》和《一切金刚出现》不仅给出了具体的尊容特征，且明确标明主尊大日如来四方的四波罗蜜菩

[1] 藏文原文为:“spyir rnam par snang mdzad gtso bor bzhugs pa/ lha sum cu so bdun te rdo ra dbyings kyi dkyil 'khor 'di de nyid 'dus pa'i rtsa rgyud le'u bzhi yod pa'i le'u dang po nas bshad/ 'di 'grel byed mkhas pa mi gsum ste tshig don gnyis ka la mkhas pa slob dpon kun dga' snying pos 'grel pa de nyid gnang ba ste stod cha smad cha yod pa/ stod cha lo tsā ba rin chen bzang po'i dus bsgyur/ smad cha bal po thugs rje chen po dang/ zangs dkar lo tsā ba'i skabs su bsgyur ro/ don la mkhas pa sangs rgyas gsang ba dang/ tshig la mkhas pa shākya bshes gnyen gnyis kyi 'grel pa a ba ta ra/ ko sa la'i rgyan gnyis yod pa las nub ma'i gtsug lag khang 'di'i rnam par snang mdzad 'di ni rdo rje dbyings kyi dkyil 'khor gyi gtso bo rnan par snang mdzad yin la shākya bshes gnyen gyi bzhed srol ltar gyi rnam snang mi bzhi rgyab sprod kyi bzhigs tshul lo/ 见 Tāranātha, *Nyang chos 'byung*, Si khron mi rigs dpe skrun khang gis bskrun, 1994, pp.98, 16-99, 5;汉译本见达热那他著、余万治译:《后藏志》，拉萨:西藏人民出版社，2002年，第54页。

[2] 据日本学者松长有庆研究，这三位注释家均活跃于8世纪，见松長有慶『密教経典成立史論』，東京法藏館，1998年，第195页;高桥上夫认为庆喜藏应活跃于8—9世纪，见高橋尚夫「『略出念誦経』と『ヴァジュローダヤ』」，『密教学研究』1982年第14号，第56页注6。

[3]《怛特罗义入》(*Tantrārthāvatāra, rGyud kyi don la 'zug pa*)，佛密作，'Jam dpal go cha 译，D.2501; P.3324。

[4]《俱差罗庄严真实摄疏》又称作《真性集广释俱差罗庄严》(*Kosalālaṃkāratattvasaṃgrahaṭīkā, De kho na nyid bsdus pa'i rgya cher bshad pa ko sa la'i rgyan*)，释迦友作，法吉祥贤(Dharmaśrībhadra)与仁钦桑布译，D.2503; P.3326。

[5]《真性作明》原名《一切如来摄真实性大乘现观续释真实性作明》(*Sarva-tathāgata-tattvasaṃgraha-mahāyānābhisama ya-nāma-tantra-vyākhyātattvālokakarī-nāma, De bzhin gshegs pa thams cad kyi de kho na nyid bsdus pa theg pa chen po mnyon par rtogs pa shes bya ba'i rgyud kyi bshad pa de kho na nyid snang bar byed pa shes bya ba*)，庆喜藏(Ānandagarbha)作，仁钦桑布、大悲(Thugs rje chen po)，圣智('Phags pa shes rab)译，D.2510; P.3333。

[6] 亦作《金刚界大曼荼罗仪轨一切金刚出现》(*Vajradhātu-mahamaṇḍalavidhisarvavajrodaya-nāma, rDo rje dbyings kyi dkyil 'khor chen po'i cho ga rdo rge thams cad 'byung ba zhes bya ba*)，庆喜藏(Ānandagarbha)作，Buddhaśrīśānti、仁钦桑布译，D.2516; P.3339。

[7]《究竟瑜伽鬘》(*Nishpannayogavali, rDzogs pa'i rnal 'byor gyi phreng ba zhes bya ba*)，无畏生护(Abhayā karagupta, 'Jigs med 'byung gnas sbas pa)作，Thams cad mkhyen pa 译，D.3141; P.3962。

[8]《金刚鬘》(Vajrāvalī, rDo rje phreng ba zhes bya ba)，无畏生护作，'Khor lo grags 译，D.3140; P.3961。

萨是用四部族中的三昧耶表示；[1]而在《究竟瑜伽鬘》中，其主尊四方四波罗蜜菩萨是以具体女菩萨的形象呈现。[2]布顿紧承庆喜藏注释之精要，亦注有《一切金刚出现·广释如意宝说》（*rDo rje thams cad 'byung ba'i rgya cher bshad pa yid bzhin nor bu zhes bya ba bzhugs so*，后略称"一切金刚如意宝说"），[3]其内容与庆喜藏《一切金刚出现》如出一辙。此外布顿所撰图像志《释曼荼罗之日光品·自性根本续摄部族曼荼罗之庄严》（*dKyil 'khor gsal byed nyi ma'i 'od zer zhes bya ba'i skabs dang po las rtsa rgyud de nyid bsdus pa'i dkyil 'khor gyi bkod pa bzhugs so*，后略称"释曼荼罗日光品"）中亦有对金刚界曼荼罗图像的记载，[4]其特征与庆喜藏《真性作明》中的描述基本一致（参见资料篇三）。

第二节　佛堂金刚界曼荼罗配置及图像所据文本

红殿佛堂南壁西侧的金刚界曼荼罗由 53 尊构成（配置图 7，其中下文尊格前方数字与配置图中用以表示尊格方位的数字编号一一对应），主尊（1）大日如来绘于整个画幅的正中央，通体白色，金刚跏趺坐，四面二臂结智拳印并持五股金刚杵。主尊四隅四波罗蜜菩萨用四部族之三昧耶表述（图 1-2-1），其东方的（2）五股金刚杵与南方的（3）摩尼宝绘在主尊头光的右侧；西方的（4）莲花与北方的（5）羯磨绘于主尊头光的左侧。

诸眷属绘在主尊的左右两侧（图 1-2-2、图 1-2-3），呈横、竖各为 5 排对称排列

---

［1］藏文原文为："rDo rje sems ma ni badma dang zla ba'i gdan gyi steng na rdo rje rtse lnga pa dmar po/ rdo rje rin che ma la sogs pa'i gdan yang de lta bu nyid yin par shes par bya ste/ der rdo rje rin chen ma ni yin bzhin gyi nor bu ri po che ni rtse mo rdo rje rtse lnga pas mtshan pa'o/ rdo rje chos ma ni padma 'dab ma bcu drug pa/ mdog dkar dmar 'dab ma brgyad thur dud gyes pa/ 'dab ma brgyad gyen du gyes pa/ kha ma bye ba'i nang na rdo rje rtsi lnga pa chud pa'i/ rdo rje las ni sna tshogs rdo rje rtse mo bcu gnyis pa kha dog lnga pa ste/ de la dbus ni dkar po/ mdun sdon po/ gyas lo gser po/ rgyab dmar po/ gyon mar gad mdog can mo// "汉译：萨埵金刚女者，即莲花与月轮座上红色五股金刚杵也；宝金刚女等座具，亦与上（萨埵金刚女座）相同；此宝金刚女，以如意宝珠尖端之五股金刚杵表之；法金刚女者，以红白十六瓣莲花（八瓣向上、八瓣向下之未开莲花）中之五股金刚杵表之；业金刚女者，以五色十二股羯磨杵表之，杵之中央为白色，前方为青色，右方为黄色，后方为红色，左方为绿宝石色。《真性作明》中对此记载见 P.3333.Vol.71, p.185, 4, 7-185, 5, 2；《一切金刚出现》中的记载见 P.3339.Vol.74, p.16, 5, 3-6。在这两部经典中，代替金刚波罗蜜、宝波罗蜜、法波罗蜜、羯磨波罗蜜菩萨的分别为五股宝金刚杵、如意宝、莲花和羯磨杵。

［2］《究竟瑜伽鬘》中四波罗蜜的尊形描述详见《中华大藏经》（藏文）对勘本，丹珠尔 No.3141（phu 函），第 39 卷，北京：中国藏学出版社，1994—2008 年，第 324—325 页。

［3］该注收录于 Lokesh Chandra(ed.), *The Collected Works of Bu-ston,* Śata-piṭaka Series, Part 11, New Delhi: International Academy of Indian Culture, 1968, pp.185-831.

［4］见 Bu ston, *dkyil 'khor gsal byed nyi ma'i 'od zer zhes bya ba'i skabs dang po las rtsa rgyud de nyid bsdus pa'i dkyil 'khor gyi bkod pa bzhugs so*，收录于 Lokesh Chandra(ed.), *The Collected Works of Bu-ston,* Śata-piṭaka Series, Part 17, New Delhi: International Academy of Indian Culture, 1969, pp. 62, 7-69, 6.

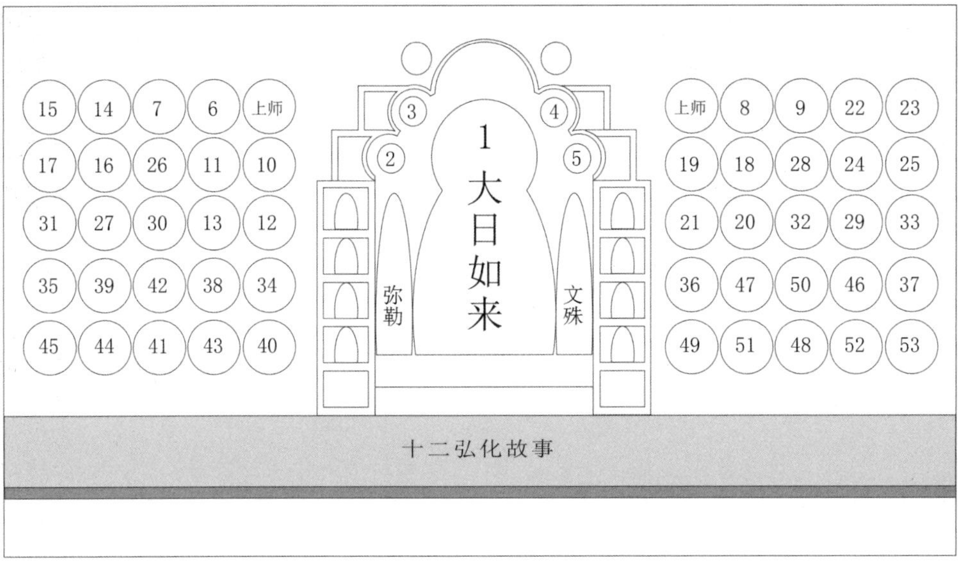

配置图 7　红殿佛堂南壁西侧金刚界曼荼罗配置图

（见配置图 7）。其中主尊右上方一排中的（6）、（7）与左侧一排中的（8）、（9）分别是四方佛阿閦佛、宝生佛、阿弥陀佛和不空成就佛；四方佛之东方阿閦佛的眷属（10）金刚萨埵、（11）金刚王、（12）金刚爱和（13）金刚喜绘在主尊下方偏左：横二、横三排之左侧；南方宝生佛的眷属（14）金刚宝、（15）金刚光、（16）金刚幢和（17）金刚笑绘在主尊右侧：横一、横二排的右侧；西方阿弥陀的眷属（18）金刚法、（19）金刚利、（20）金刚语和（21）金刚因绘在主尊下方偏右：横二、横三排之右侧；北方不空成就佛的眷属（22）金刚业、（23）金刚护、（24）金刚牙［夜叉］和（25）金刚拳绘在主尊的左侧：横一、横二排之左侧。

内四供养菩萨中的（26）嬉女和（27）鬘女绘在主尊右侧金刚幢菩萨的左侧与下方；（28）歌女与（29）舞女绘于主尊左侧金刚牙的右侧与下方。外四供养菩萨中的（30）香女和（31）花女绘在内四供鬘女的左右方；其余两尊（32）灯女与（33）涂香女绘于内四供舞女的右侧和左侧。

四门之东门与南门的（34）金刚钩和（35）金刚索分别绘于主尊的右侧——横四排的左右两端；西门的（36）金刚锁和北门的（37）金刚铃绘在主尊左侧——横四排的右端与左端。

曼荼罗外院十六贤劫菩萨中东方的（38）弥勒、（39）不空见、（40）灭一切恶

图 1-2-1　佛堂南壁西侧金刚界曼荼罗主尊与三昧耶形四波罗蜜菩萨

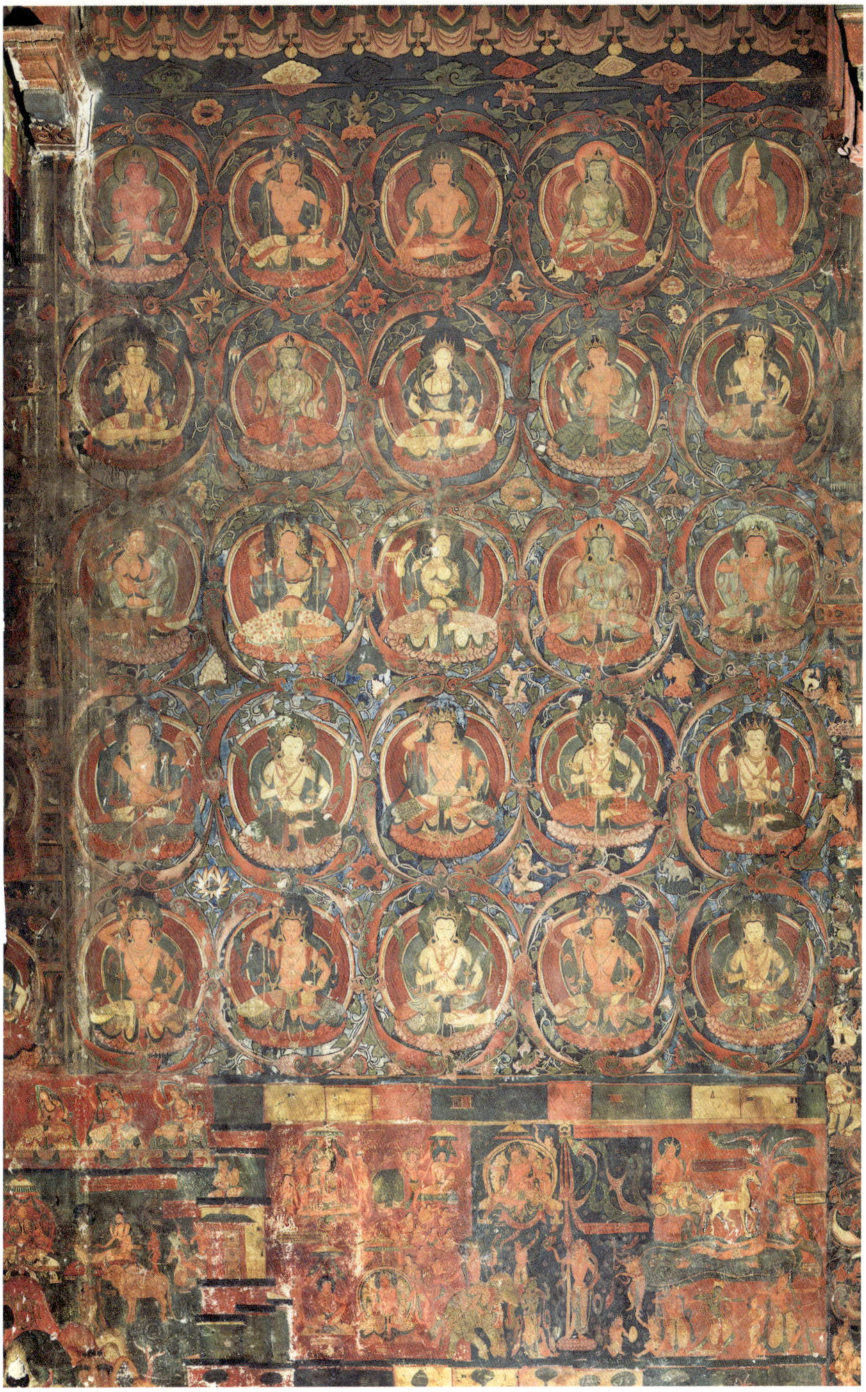

图 1-2-2　佛堂南壁西侧金刚界曼荼罗诸眷属（主尊右侧）

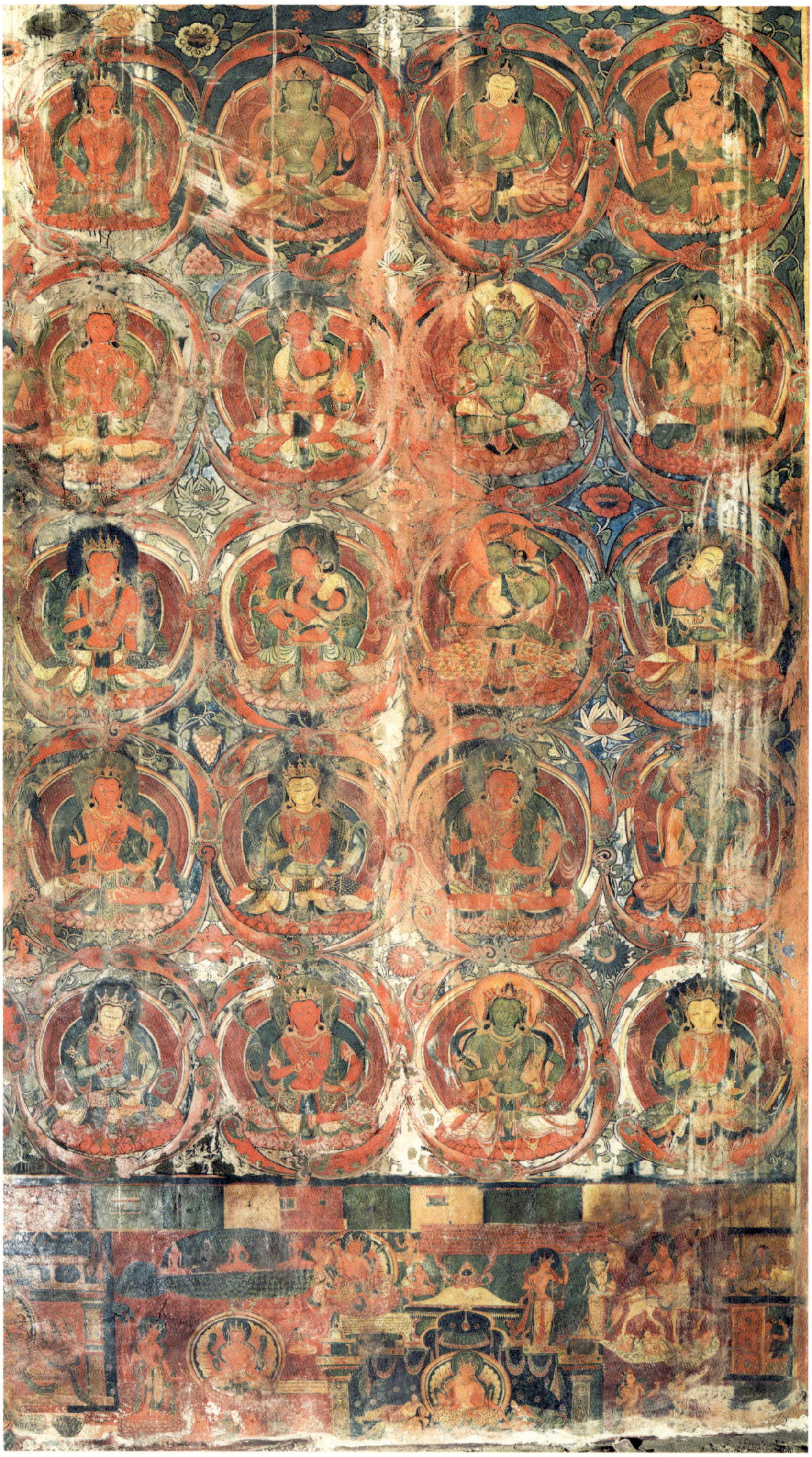

图 1-2-3　佛堂南壁西侧金刚界曼荼罗诸眷属（主尊左侧局部）

趣、（41）除幽暗和南方的（42）香象、（43）大精进［健行］、（44）虚空库以及（45）智幢分别绘在主尊右侧横四与横五排；西方的（46）无量光、（47）月光、（48）贤护和（49）光网与北方的（50）金刚藏、（51）无尽智、（52）辩积、（53）普贤分别绘于主尊左侧横四与横五两排。

该铺曼荼罗虽呈水平面构图，但其尊格安置顺序仍遵循方位空间的对称性。将曼荼罗中位于东方与南方的眷属安置于主尊的右侧（南壁东侧），西方与北方的眷属安置于主尊的左侧（南壁西侧），形成完整的对应关系。

由于该曼荼罗中的四波罗蜜菩萨由四部族中的三昧耶表述，故该曼荼罗在图像上受无畏生护《究竟瑜伽鬘》和《金刚鬘》影响的可能性极小，对金刚界曼荼罗尊格未作完整图像描述的释迦友和佛密的注释更不在其参照范围之内。因此，红殿佛堂南壁金刚界曼荼罗所据文本从理论上讲，只能靠向庆喜藏这一传承。但若将他的注释与布顿基于此注重新厘注的《一切金刚如意宝说》和曼荼罗图像志《释曼荼罗日光品》中有关该曼荼罗图像记载做一比较，两者在图像上的细微差异也正好解开了红殿佛堂金刚界曼荼罗所据文本的未解谜题。

在图像描述和行文结构上，庆喜藏注释《一切金刚出现》与布顿注释《释曼荼罗日光品》对金刚界曼荼罗的图像记载基本趋同。萨埵金刚女、宝金刚女、莲花金刚女、羯磨金刚女等四波罗蜜菩萨均呈三昧耶形，[1] 此为布顿沿用庆喜藏金刚界曼荼罗注释传承的显著特征之一。

在佛堂南壁金刚界曼荼罗中，外院十六贤劫菩萨中位于东方的四尊身色呈白色，左手持金刚铃，右手当胸握赤色五股金刚杵；南方四贤劫身色呈黄色，左手握金刚铃呈傲慢相，右手持具红色五股金刚杵之如意宝于右额前；西方四贤劫身色呈赤色，左手于胸前持金刚莲，右手当胸作揭开莲花状；北方四贤劫面呈白色，腰及两手为青绿色，面部以下至腰部为粉红色，两腿呈灰黄色，左手结金刚拳并握羯摩铃现傲慢姿，右手中指当胸举羯磨杵。

有关经典中对金刚界外院贤劫菩萨的图像记载，庆喜藏《一切金刚出现》中仅记作“具喜好之身色与装饰”（ji ltar mngon par dga' ba'i sku mdog dang/ rgyan dang ldan pa），[2] 并未指出每尊尊容。《真性作明》中被描述为“弥勒菩萨等居于东方之部

[1] 布顿《释曼荼罗日光品》中四波罗蜜菩萨的图像特征见 *dkyil 'khor gsal byed nyi ma'i 'od zer zhes bya ba'i skabs dang po las rtsa rgyud de nyid bsdus pa'i dkyil 'khor gyi bkod pa bzhugs so*，该仪轨收录于 Lokesh Chandra(ed.), *The Collected Works of Bu-ston*, Śata-piṭaka Series, Part 17 (TSA), New Delhi: International Academy of Indian Culture, 1969, p.63, 3-6.

[2] P.3339, Vol.74, p.19, 3, 1-2.

分，与金刚萨埵相同，俱持金刚也；居南方之部分，与金刚宝同，俱持宝珠也；居西方之部分，与金刚法同，俱持金刚莲也；居北方之部分，与金刚业同，俱持羯摩杵也；须强调之处，即此等均以宝冠而受灌顶也”。[1] 此处虽指出四方“部分”贤劫千菩萨的身色和持物，但“部分”贤劫菩萨的尊数和名称并未明确规定。布顿《一切金刚如意宝说》外院贤劫菩萨的图像特征虽与《真性作明》中的记载一致，但不同点在于:《一切金刚如意宝说》不仅说明了四方贤劫菩萨每方各 249 尊，且列出了每一尊的具体尊名。[2] 其数量之多亦与佛堂南壁仅绘 16 尊不符。相比之下，在尊数和图像特征上与佛堂南壁金刚界曼荼罗十六贤劫菩萨相符的文本唯有布顿注释《释曼荼罗日光品》。该注指出，在金刚界曼荼罗“外曼荼罗台阶处，弥勒等贤劫千菩萨分布于四方，或为十六菩萨布局。其东方为弥勒等两百四十九尊，或为弥勒、不空见、灭一切恶趣、除幽暗四尊与金刚萨埵相同；南方的两百四十九尊，或为香象、大精进[健行]、虚空库、智幢四尊与金刚宝相同；西方的两百四十九尊，或为无量光、月光、贤护、光网四尊和金刚法一致；北方的两百四十九尊，或为金刚藏、无尽智、辩积、普贤四尊和金刚业一致”。[3] 此外，《究竟瑜伽鬘》中所载的十六贤劫菩萨虽与《释曼荼罗日光品》中的尊名一致，但东、南、西、北各四尊的图像特征则与四方四部族之主阿閦佛、宝生佛、阿弥陀佛、不空成就佛一致。[4] 由此可见，就十六贤劫菩萨而言，布顿《释曼荼罗日光品》中对此记述与佛堂金刚界曼荼罗中的十六贤劫菩萨的图像特征更为接近。

除十六贤劫菩萨之外，其余尊格的图像特征在布顿《释曼荼罗日光品》与庆喜藏《真性作明》及《一切金刚出现》之间并没有实质性的差异（参见资料篇三及注释）。就图像细节而言，原在庆喜藏注释中的尊格持物与法器特征在布顿注释中

[1] 藏文原文为：“byams pa la sogs pa shar gyi chal ni rdo rje sems dpa’ dang ’dra bar rdo rje bsnams pa’o/ lhor ni rdo rje rin chen chen dang ’dra bar rin po che bsnams pa’o/ nub tu ni rdo rje chos dang ’dra bar rdo rje padma bsnams pa’o/ byang du ni rdo rje las dang ’dra bar sna tshogs rdo rje bsnams pa’o/ khyad par ni ’di yin te/ ’di ltal rin po che’i cod pan gyis dbang bskur ba mnga’ ba yin no/” P.3333, Vol.71, p.186, 3, 4-6.

[2] 有关布顿《一切金刚如意宝说》中贤劫千菩萨（佛）的图像描述和具体尊格名称，详见Lokesh Chandra(ed.), *The Collected Works of Bu-ston,* Śata-piṭaka Series, Part 11 (TSA), New Delhi: International Academy of Indian Culture, 1968, pp.638, 6-700, 4.

[3] 藏文原文为：“phyi’i dkyil ’khor gyi snam bu la byams pa la sogs pa bskal bzang gi byang chub sems dpa’ stong du bzhis mtshang pa ’am/ yang na sems dpa’ bcu drug bkod de/ shar phyogs su byams pa la sogs pa nyis brgya bzhi bcu zhe dgu ’am/ yang na/ byams pa/ mthong ba don yod/ ngan song kun ’dren/ mya nga dang mun pa thams cad nges par ’thoms pa’i blo gros te/ lho phyogs kyi nyis brgya bzhi bcu zhe dgu ’am/ spos kyi glang po/ dpa’ bar ’gro ba/ nam mkha’ ’dzod/ ye shes tog rnams rdo rje rin chen dang ’dra’o/ nub phyogs kyi nyis brgya bzhi bcu zhe dgu ’am/ ’od dpag med/ zla ’od/ bzang skyong/ dra ba can gyi ’od bzhi rdo rje chos dang ’dra’o/ byang phyogs kyi nyis brgya bzhi bcu zhe dgu ’am/ rdo rje snying po/ blo gros mi zang pa/ spobs pa brtsegs pa/ kun tu bzang po bzhi rdo rje las dang ’dra’o//”具体详见资料篇三与注释。

[4] 尊格数目、尊名与图像描述详见《中华大藏经》（藏文）对勘本，丹珠尔No.3141（phu函），第 39 卷，第 327 页第 14 行至第 328 页第 1 行。

图 1-2-4　金刚喜菩萨

更为精细化。如庆喜藏注释中仅指出法器的名称，而布顿注释中则对每一天众所持法器的颜色与特征又做了补充说明，这些被修饰过的图像细节恰好与佛堂南壁金刚界曼荼罗中所绘内容吻合。

如阿閦佛前方（东方）身色如绿玉的金刚喜（图 1-2-4），手势与持物在庆喜藏《一切金刚出现》中被描述为“两手作金刚拳，而与善哉之称呼，此即令一切如来欢喜相也”（phyag gnyis rdo rje khu tshur dang bcas pas legs so zhes bya ba sbyin ba'i tshul gyis de bzhin gshegs pa thams cad mnyes par byed cing bzhugs pa'o）。[1] 布顿《释曼荼罗之日光品》中则被细化为“持赤色五股金刚杵的两拳交合于胸口”（rdo rje dmar po rtse lnga pa bsnams pa'i khu tshur gnyis snying gar bsnol ba）。[2] 在持法器持物上，布顿注释与原壁画图像最为吻合。

又如位于宝生佛前方身色如日轮的金刚光菩萨（图 1-2-5A，5B），在庆喜藏《一切金刚出现》中被记为“右手持金刚日轮照耀一切如来，左手扶于座上”（phyag gyas na rdo rje nyi ma'i dkyil 'khor bsnams te/ de bzhin gshegs pa rnams kyi snang ba mdzad pa/ phyag gyon pa gdan la brten nas bzhugs pa'o）。[3] 布顿《释曼荼罗日光品》除紧承庆喜藏注释对此记载之外，还特意强调她右手所持“日轮的中央具五股金刚

[1] P.3333, Vol.71, p.185, 5, 6-7.
[2] Lokesh Chandra(ed.), *The Collected Works of Bu-ston,* Śata-piṭaka Series, Part 17 (TSA), New Delhi: International Academy of Indian Culture, 1969, pp.65, 4.
[3] P.3333, Vol.71, p.185, 5, 8-186, 1, 1.

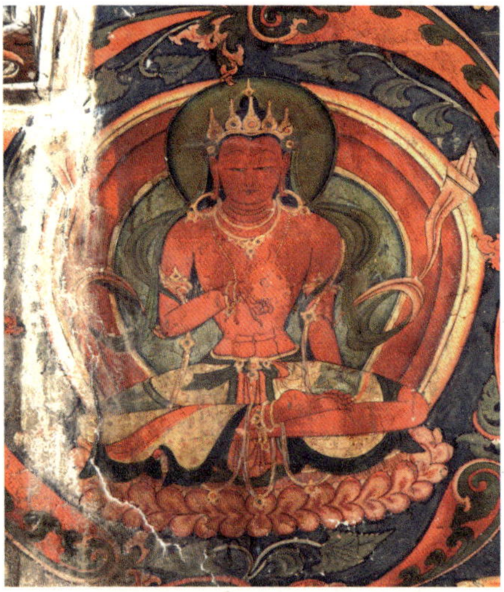

图 1-2-5A 金刚光菩萨

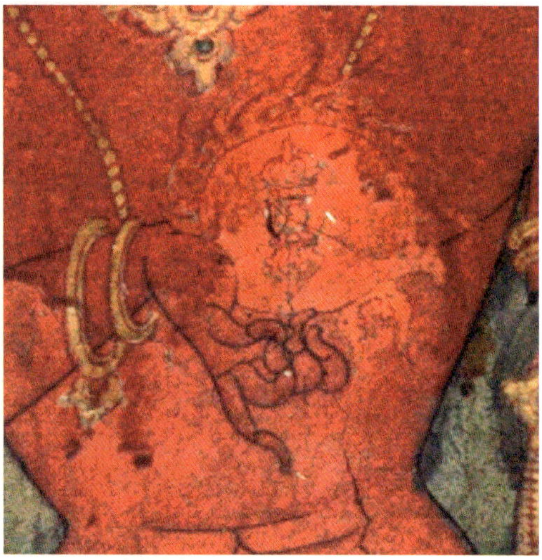

图 1-2-5B 金刚光菩萨持物

杵”（nyi ma'i dkyil 'khor lte ba na rdo rje rtse lnga pa yod）。[1] 此处被强化的图像细节与红殿佛堂南壁金刚界曼荼罗眷属金刚光所持法器完全一致。

通过以上对十六贤劫菩萨身色与持物的比对研究，证实了红殿佛堂南壁金刚界曼荼罗的图像特征与布顿基于庆喜藏注释重新厘注的文本《释曼荼罗日光品》中的图像志更为吻合。

第三节 西藏阿里地区早期金刚界曼荼罗图像体系

《一切金刚出现》和《真性作明》是两部体现金刚界曼荼罗思想要义和图像程序的注释仪轨。大约在 11 世纪前后由印度译师信作铠和西藏译师仁钦桑布等人译成藏文，其后，成为早期西藏阿里地区石窟寺艺术中首选的瑜伽部图像文本。后弘初期，在藏传佛教上路弘法史上曾占有主导地位、由古格王益西沃和大译师仁钦桑布在“阿里三围”弘法期间兴建的托林寺迦萨殿和塔波寺杜康殿内均有金刚界曼荼罗遗存，且皆以立体泥塑的视觉形式呈现在寺院的核心佛殿。

[1] Lokesh Chandra(ed.), *The Collected Works of Bu-ston,* Śata-piṭaka Series, Part 17 (TSA), New Delhi: International Academy of Indian Culture, 1969, p.65, 7.

图 1-3-1　迦萨殿中央主尊大日如来基座之北方标志羯磨金刚

“文革”时，托林寺迦萨殿原造像被毁，从目前佛殿布局及佛像残存基座分析，整个迦萨殿内重中心部位原来应该是一座严格按金刚界曼荼罗设计的立体坛城。根据佛殿中央基座四方影塑图案金刚、莲花、宝和羯摩（图 1-3-1）推测，该处呈三昧耶形的影塑图案很可能是金刚界曼荼罗四波罗蜜菩萨的雏形。以中央基座上方大日如来为中心的四方（与金刚、莲花、宝、羯摩相对应）分别为金刚界四方之东方阿閦、南方宝生、西方阿弥陀、北方不空成佛及其随从眷属之居所。因造像已毁，暂且无从考证其文本依据，但考虑到当时与益西沃共建托林寺的大译师仁钦桑布曾三渡迦湿弥罗精学《真实摄经》和翻译庆喜藏注释《真性作明》；[1] 力图在阿里地区建立瑜伽部怛特罗（以庆喜藏注释为主）之传规[2] 等迹象；加之迦萨殿中央主尊基座的四方影塑金刚、宝、莲花、羯摩三昧耶形图案，故作为初创托林寺时所建的迦萨殿，在图像文本的择取上理应受当时仁钦桑布大师推崇的庆喜藏之注释这一传规的可能性更大。

与托林寺同期所建塔波寺杜康殿[3] 中的金刚界曼荼罗[4]，为后弘初期西喜马拉雅地区保存最为完整的立体金刚界曼荼罗泥塑。塔波寺集会殿由门廊、杜康殿（经堂）和后殿（佛堂）三部分构成。金刚界曼荼罗主尊大日如来位于经堂中央偏后与佛堂邻

[1]［意］图齐著，魏中正、萨尔吉主编：《梵天佛地》第三卷《西藏西部的寺院及其艺术象征》第一册《斯比蒂与库那瓦》，上海：上海古籍出版社，2009 年，第 26 页。

[2] 郭诺·迅鲁伯著，郭和卿译：《青史》，拉萨：西藏人民出版社，2003 年，第 217 页。

[3] 该寺由拉喇嘛益西沃初创于火候年（996），1042 年又由其侄孙绛曲沃（Byang chub ’od）发心重绘。见 Deborah Klimburg-Salter, *The Silk Route and the Diamond Path: Esoteric Buddhist Art on the Trans-Himalayan Trade Routes*, Los Angeles: UCLA Arts Council, 1982, p.157.

[4] 克里斯蒂安·卢恰尼茨认为该殿泥塑创作于塔波寺重修期，即 1042 年。见 Christian Luczanits, *Buddhist Sculpture in Clay: Early Western Himalayan Art, Late 10th to Early 13th Centuries,* Chicago: Serindia Publications, 2004, p.44.

图 1-3-2 塔波寺集会殿金刚界曼荼罗之主尊大日如来

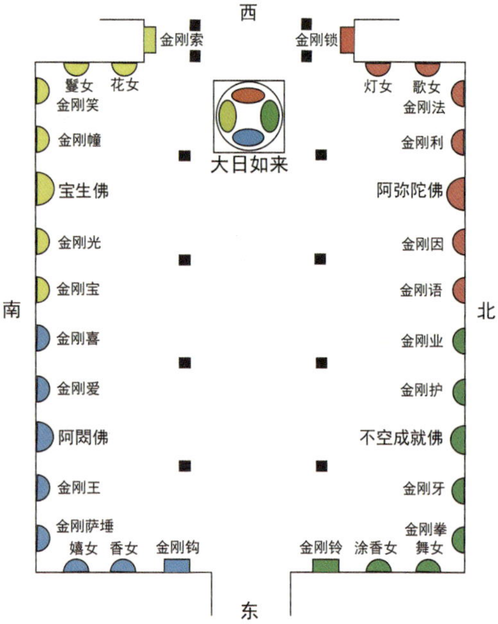

图 1-3-3 塔波寺集会殿金刚界曼荼罗尊格分布图

接的狮子莲花座上，四面四体，身呈白色，结说法印（图 1-3-2）。设计者将经堂分为四大区域，分别代表了金刚界曼荼罗四方之空间东、南、西、北（图 1-3-3）。其南壁东侧为东方阿閦佛及眷属金刚萨埵、金刚王、金刚爱、金刚喜的领地；南壁西侧为南方宝生佛及眷属金刚宝、金刚光、金刚幢、金刚笑的属地；北壁西侧为西方阿弥陀及眷属金刚法、金刚利、金刚因、金刚语的领地；北壁东侧为北方不空成就佛及眷属金刚业、金刚护、金刚牙、金刚拳的属地。四门金刚钩和金刚铃位于杜康殿大门的左右方，而四门卫中另两尊金刚索和金刚锁被塑在杜康殿经堂与佛堂相连入口的左右方，孔武有力，充当护门职责。内四供养菩萨嬉、鬘、歌、舞与外四供养菩萨灯、花、涂、香塑在东西两壁两侧。整个杜康殿金刚界曼荼罗尊格方位次第严格遵循礼拜顺序构思，从进门之东壁左方（东南方）开始，经东、南、西、北四方再回到东壁门口。

关于塔波寺金刚界曼荼罗，自意大利藏学家图齐首次将此判定为瑜伽部根本曼荼罗，即金刚界曼荼罗中的诸天众以来，[1] 一直备受西喜马拉雅艺术史学者的高度关

[1]［意］图齐著，魏中正、萨尔吉主编：《梵天佛地》第三卷《西藏西部的寺院及其艺术象征》第一册《斯比蒂与库那瓦》，上海：上海古籍出版社，2009 年，第 16—46 页。

注。日本学者塚本佳道、[1]维也纳大学黛博拉·克林伯格·索特、[2]伦敦大学克里斯蒂安·卢恰尼茨等已对此身份、图像配置等问题做过深入探究。但就该造像的文本依据问题，仍为学界未解之谜，其主要纠结点在于：（1）该曼荼罗的主尊大日如来是通过倚坐在同一狮子座上背靠背的四尊独立结说法印的塑像组成，其特征不同于后期壁画中常见的金刚界大日如来四面结智拳印之状貌；（2）大日如来的四周或整个杜康大殿内缺少四尊波罗蜜菩萨。

图 1-3-4　金刚杵

关于该殿金刚界曼荼罗塑像为 33 尊缺少四波罗蜜菩萨的问题，克里斯蒂安·卢恰尼茨虽指出置于主尊大日如来基座上的四根木基柱为四波罗蜜菩萨的象征，[3]但从目前所公布资料看，在四方佛及眷属十六菩萨泥塑后方的壁画中发现了金刚、宝、莲花和羯摩等三昧耶图案（图 1-3-4），故在此不能排除呈三昧耶形的四波罗蜜菩萨在该殿中是以壁画的形式呈现。因与之相关的案例在大译师仁钦桑布创建的 21 座小寺之日巴寺（Ri ba）金刚界曼荼罗造像中也有发现。[4]另就该殿四面四体大日如来呈说法印，与常见金刚界曼荼罗主尊为四面二臂结智拳印不同，氏家觉胜先生早年研究表明：四体四面现象可能与《真实摄经》原典中所载的“一切如来狮子座、一切面安立”有关，这与其注释《俱差罗庄严真实摄疏》中所载的“大日如来可按四尊佛安置”（bcam ldan ’das

[1] 塚本佳道「タボ寺の金剛界立体曼荼羅」,『密教学研究』1983 年第 15 号，第 83—103 页。

[2] Deborah Klimburg-Salter, *Tabo, A Lamp for the Kingdom: Early Indo Tibetan Buddhist art in the western Himalaya*, Milan: Skira Editore, 1997, pp.91-135.

[3] Christian Luczanits, *Buddhist Sculpture in Clay: Early Western Himalayan Art, Late 10th to Early 13th Centuries,* Chicago: Serindia Publications, 2004, pp.47-48.

[4] 该寺坐落在象泉河大峡谷的南岸，介于卡孜河谷与底雅什布奇村之间，南邻萨让镇。根据图齐早年拍摄照片（1933）：该寺主殿正壁表现的是金刚界曼荼罗诸天众，其中核心神灵五方佛为泥塑造像，其余眷属以壁画的形式表现，呈三昧耶形的四波罗蜜菩萨亦是如此。详见 Christian Luczanits, *Buddhist Sculpture in Clay: Early Western Himalayan Art, Late 10th to Early 13th Centuries,* Chicago: Serindia Publications, 2004, pp.286-288, fig.314-316.

图 1-3-5　拉隆寺金刚界曼荼罗之主尊大日如来，11—12 世纪

rnam par snang mdzad sangs rgyas bzhi bzhugs pa'i tshul du bzhag go）[1] 颇为相近，其目的是用具有相同尊容、面朝四方而坐的大日如来表示“一切面”。[2] 与之相关的图像表达在喜马拉雅西部的拉隆寺（La lung）金刚界大日如来泥塑造像（图 1-3-5）及卫藏达隆寺（sTag lung）所藏金铜佛像中均有遗例。关于结说法印大日如来之引据，除《恶趣清净怛特罗》九佛顶曼荼罗主尊释迦牟尼佛外，在其他瑜伽密续经典中均未发现。因后期无上瑜伽密续中有结说法印的大日如来，故氏家先生认为塔波寺集会殿金刚界曼荼罗有可能受其影响。[3] 若考虑到 10 世纪末至 11 世纪初的西藏阿里地区正处在后弘初期，无上瑜伽密续还未广泛推行，且从现存石窟寺壁画看，基本以瑜伽密续为主，很少发现有无上瑜伽类的图像遗存。故就该殿结说法印大日如来是否受后期无上瑜伽密续影响还有待考察。之后，克里斯蒂安·卢恰尼茨的研究表明：虽然瑜伽续部图像志中对大日如来结无上菩提印（即智拳印）做了规定，但藏文经典中无一例外地将其手印描述为右手掌心转向观众，结果在图像上就成了转法轮印。呈转法轮印而非无上菩提印，或与晚期大乘佛教经典中记载的大日

[1] *De kho na nyid bsdus pa'i rgya cher bshad pa ko sa la'i rgyan*, P.3326, p233, 3, 3.

[2] 氏家覚勝「タボ寺の尊像美術：毘盧遮那像と阿弥陀像を中心として」,『密教図像』1983 年第 2 号，第 5—8 页。

[3] 氏家覚勝「タボ寺の尊像美術：毘盧遮那像と阿弥陀像を中心として」,『密教図像』1983 年第 2 号，第 5—8 页。

图 1-3-6 结尔石窟窟顶金刚界曼荼罗

如来为释迦牟尼佛的报身有关。[1] 近年来札达县境内新发现 11 至 12 世纪的结尔石窟，[2] 其窟顶金刚界曼荼罗主尊所结手印（图 1-3-6；1-3-7）印证了在 10 世纪末至 12

[1] Christian Luczanits, *Buddhist Sculpture in Clay: Early Western Himalayan Art, Late 10th to Early 13th Centuries,* Chicago: Serindia Publications, 2004, p.47; pp.52-53; pp.297-298.

[2] 该窟自 2016 年被牧民发现通知当地文物部门之后已取得初步调查，但还未发表相关考古报告。根据西藏自治区文物保护研究所夏格旺堆老师提供的图片资料可知，该窟前壁已坍塌裸露于野外，窟顶壁画保存相对完整，为金刚界大曼荼罗。窟室正壁与两侧壁壁画破坏较为严重，其正壁中央位置残留有泥塑佛背龛痕迹，在背龛两侧各有一铺曼荼罗，由于破坏十分严重，已难以确认该曼荼罗的形制特征。两侧壁画由 5 排构成，基本呈镜面对称水平构图，最上排绘贤劫千佛，之下的四排从所存尊像身份判断，表现题材为法界语自在曼荼罗的可能性较大。

图 1-3-7 金刚界曼荼罗主尊与四方三昧耶形四波罗蜜菩萨

世纪初，结说法印的金刚界大日如来在西喜马拉雅艺术圈内已很普遍。

札达县城往北 30 千米处东嘎 1 号窟西壁北侧的金刚界曼荼罗（图 1-3-8）除主尊手印已被磨损难辨之外，其余无论曼荼罗形制还是尊格数目与特征均与结尔石窟窟顶金刚界曼荼罗完全一致。该曼荼罗中央部位的四面二臂白色大日如来被呈三昧耶形的四波罗蜜菩萨环围（图 1-3-9），四方为四方佛及随从眷属十六菩萨，四隅为内四供养菩萨。在金刚环外，外金刚墙内侧的四隅为外四供养菩萨，四方为十六贤劫菩萨，四门为四摄菩萨，总计 53 尊。其图像特征与配置呈现了庆喜藏金刚界曼荼罗之注释这一古老的传承体系。在此需要指出的是，因该曼荼罗主尊手印已被磨损，故不能排除其手印与结尔石窟、塔波寺杜康殿中金刚界曼荼罗主尊一致，亦呈报身，两手为结说法印之大日如来。

札达县境内卡孜河谷聂拉康石窟中的金刚界曼荼罗，亦存在着与塔波寺杜康殿相似的图像疑难。该窟壁画年代与塔波寺杜康殿年代同期甚至更早，其金刚界曼荼罗绘在窟室北壁西侧，水平构图，由 33 尊尊格构成，部分现已残缺，四波罗蜜菩萨呈三昧耶形（图 1-3-10）。画幅主尊大日如来身呈白色，两手结智拳印。两侧为四方佛及眷属。四方佛之南方宝生佛在该曼荼罗中的手印与常见右手结与愿印的印契不同，其特征是两手上举并于胸前持索（图 1-3-11）。对此，在相关经典壁画中均未发现，呈现此相是画工的有意选择还是另有他意？目前还难以给予充分的解释。单从该曼荼罗整体尊格的印相持物看，除宝生佛之外，其他与庆喜藏金刚界曼荼罗注释传承颇为接近。此外，据日本学者松长有庆先生的调查研究，拉达克地区阿奇寺松载殿（gSum brtsegs）二层绘有 10 余种与《真实摄经》有关的曼荼罗，其中南壁一

图 1-3-8　东嘎 1 号窟北壁西侧金刚界曼荼罗

图 1-3-9　金刚界曼荼罗主尊与四方三昧耶形四波罗蜜菩萨

图 1-3-10　聂拉康石窟北壁西侧金刚界曼荼罗

图 1-3-11　聂拉康石窟金刚界曼荼罗之南方宝生佛

铺主尊四隅的四波罗蜜菩萨呈三昧耶形，推测可能与庆喜藏注释《真性作明》有关。[1]

13 世纪之后，西藏阿里地区金刚界曼荼罗图像文本日趋多元。其中以卡孜河谷境内帕尔噶尔布K1 窟西壁北侧壁画（图 1-3-12）和桑斯噶尔河下游松达寺杜康殿正壁金刚界曼荼罗泥塑[2]（图 1-3-13）为代表。与早期表现形式不同的是，该时期金刚界曼荼罗中的四波罗蜜菩萨已现菩萨形，她们的身色与方位色一致，各自右手当胸持金刚、宝、莲花与羯摩，左手置于左腿上示期克印（松达寺杜康殿泥塑四波罗蜜菩萨经后期重绘，身色

[1] 松長有慶『松長有慶著作集』，東京：法藏館，1998 年，第 73 页。
[2] 关于该曼荼罗图像辨识及介绍见 Christian Luczanits, *Buddhist Sculpture in Clay: Early Western Himalayan Art, Late 10th to Early 13th Centuries,* Chicago: Serindia Publications, 2004, pp.178-185, p.302, table.5.

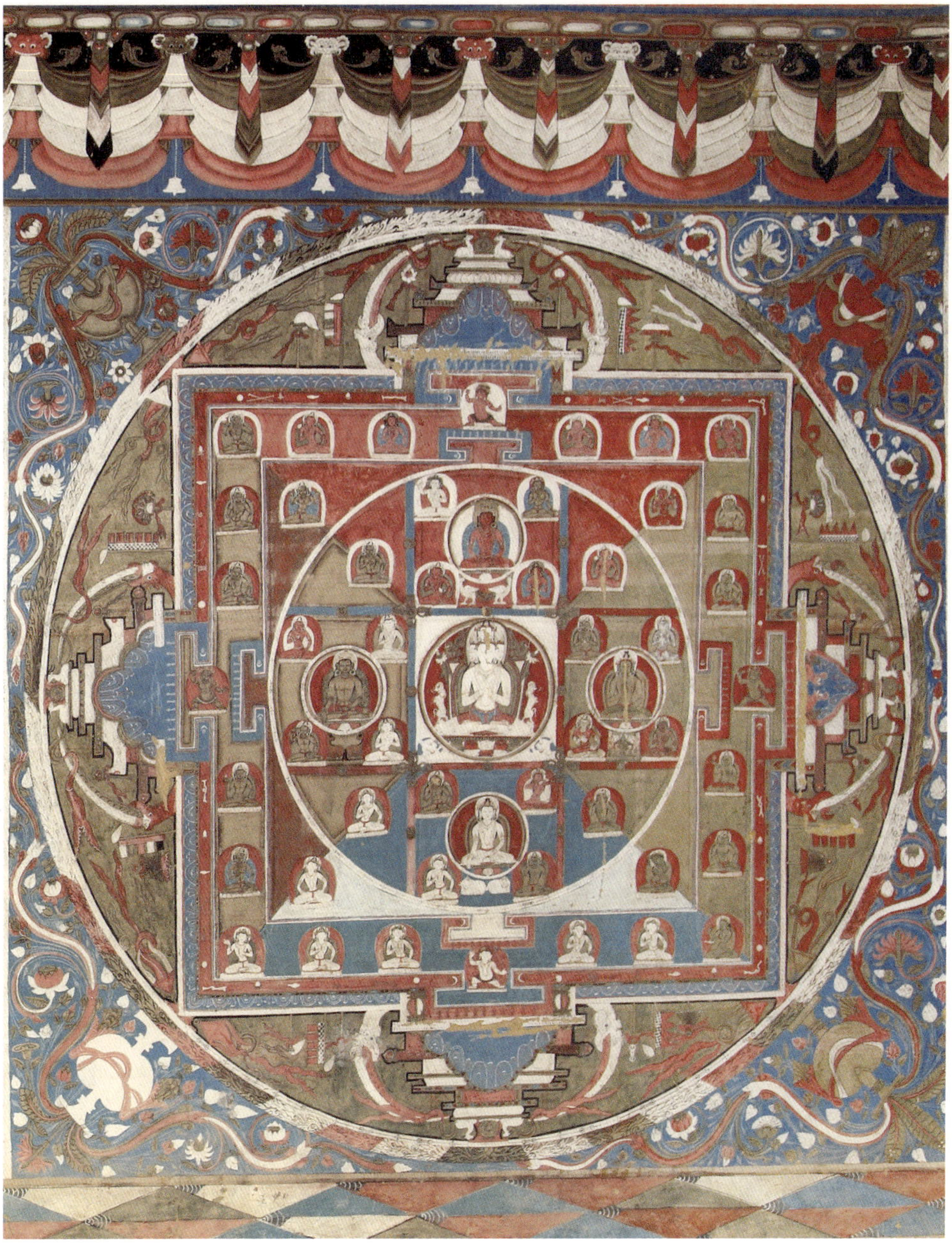

图 1-3-12　帕尔嘎尔布石窟西壁北侧金刚界曼荼罗

与手印不清），整体图像特征已非庆喜藏传承，而更接近于无畏生护《究竟瑜伽鬘》第 19 章金刚界曼陀罗图像志的记载。

图 1-3-13　松达寺杜康殿正壁金刚界曼荼罗造像

综上所述，后弘初期西藏阿里地区早期金刚界曼荼罗图像文本整体趋于庆喜藏注释传承。主尊大日如来由结说法印的报身像和结智拳印的法身像构成，一般以泥塑的表现形式呈现在寺院的核心佛殿，后才逐渐演化为壁画，并成为 12 世纪前后石窟寺壁画中常见的表现题材。12 世纪中晚期，以阿奇寺松载殿二层庆喜藏金刚界曼荼罗注释传承与其他各派并存为始端，到晚于松载殿的帕尔噶尔布石窟，金刚界曼荼罗图像文本在阿里地区已趋多元，12 世纪后译介于藏地用以曼荼罗观想的《究竟瑜伽鬘》已渗入其内。

第四节　庆喜藏系金刚界曼荼罗在后藏地区的传播

庆喜藏系金刚界曼荼罗不仅仅流行于后弘初期的西藏“阿里三围”，且在古代与阿里相接壤的现日喀则地区境内的定结县、岗巴县，以及亚东古道通往江孜年楚河流域的康马县和萨玛达乡境内均留有其遗迹。

地处楚坦尼玛拉雪山（mChod rten nyi ma la）朝圣古道沿线[1]的定结县恰姆石窟（Chang mo）和岗巴县乃甲切木石窟（Gnas mjal Che mo）为后藏地区早期佛教石窟遗存。定结与岗巴县位于西藏西部阿里与卫藏腹地的衔接地带，为古代交通要冲。从岗巴县的乃甲切木石窟出发，东经岗巴县县城，转东南至嘎拉措（sKar la mtsho），再朝北便是亚东古道通往江孜年楚河流域的康马县和萨玛达乡；西接上部阿里，紧邻定结县东南部的恰姆石窟；朝南沿叶如藏布江（Ye ru tsang po）至今天的岗巴县昌龙乡，经楚坦尼玛寺（mChod rten nyi ma）和楚坦尼玛拉山口即可进入锡金；西南方翻过尼拉山口有数条通道连接尼泊尔。沿高山草场与河流两岸冲刷形成的通道自古连接东、西、南、北四方，为早期文化交流的十字路口，亦是西部阿里上路秘法东传卫藏的必经之地。

一、乃甲切木与恰姆石窟金刚界曼荼罗窟造像构成

乃甲切木石窟位于西藏自治区日喀则市岗巴县昌龙乡（Grang slung）的纳加村（Na skya），开凿于11世纪末至12世纪初[2]。石窟坐落在苦曲藏布河（’Khol chu gtsang po）北岸的砾岩断壁上，现存5座洞窟，其中编号K 4窟[3]内保存有相对完整的石胎泥塑金刚界曼荼罗。石窟造像中细长弯曲的眼睑、方圆前突的额头、细小而棱角分明的鼻子、抿起弯曲的嘴唇以及扁平的头颅和其上高耸厚重的顶髻等，无不传递着东印度波罗艺术的早期造像特征。宽阔的双肩与收紧腹部所呈现出倒立三角形的体格，似乎也延续着早期上部阿里的造像特征。

石窟坐北朝南，窟内金刚界诸神的空间分布与塔波寺杜康殿金刚界曼荼罗配置

[1] 有关楚坦尼玛拉雪山作为朝圣圣地的早期藏文文献及研究，详见Buffetrille, K, “ Inceste et Pèlerinage: Le cas de mChod rten nyi ma”, in A.M.Blondeau (ed.), *Tibetan Mountain Deities, Their Cults and Representations*: *Proceedings of the 7th Seminar of the International Association for Tibetan Studies, Graz 1995*, *vol.3*. Wien: Verlag des Österreichischen Akademie des Wissenschaften, pp.19-42.

[2] Amy Heller, “The Caves of Gnas mjal che mo”, in D. Klimberg-Salter & E.Allinger(eds.), *The Inner Asian International Style 12-14th Centuries: Proceedings of the 7th Seminar of the International Association for Tibetan Studies, Graz 1995*, *vol.7.*Wien: Verlag der Österreichischen Akademie der Wissenschaften, 1998, p.141.

[3] 何强：《西藏岗巴县乃甲切木石窟》，《南方民族考古》第四辑，成都：四川科学技术出版社，1991年，第180页。

图 1-4-1　四波罗蜜菩萨之北方标志羯磨

图 1-4-2　东壁北侧东方阿閦佛及眷属

基本一致。均是在窟室方位不变的情况下，造像基本按金刚界五方佛的方位座次排列。乃甲切木金刚界曼荼罗是将主尊和呈三昧耶形的四波罗蜜菩萨安置于窟室的主壁位置（图 1-4-1）；东壁北侧为东方阿閦佛及眷属（图 1-4-2），南侧为南方宝生佛及眷属（图 1-4-3）；西壁南侧为西方阿弥陀佛及眷属（图 1-4-4），西壁北侧为北方不空成就佛及眷属（图 1-4-5）；门上与左右为内外四供养菩萨和四摄菩萨（图 1-4-6）。

关于该窟曼荼罗图像所据文本，艾米·海勒指出其图像可能依自庆喜藏对《真实摄经》的注释，[1]阮丽在博士论文中认为该窟塑像基本是依据庆喜藏注释《一切金刚出现》所塑。[2]笔者不揣浅陋，在此研究基础上对该窟遗存尊像手印与持物再做对比分析，因部分手印、持物现已残损，又庆喜藏注释《真性作明》与《一切金刚出现》两者在图像上的差异甚小，[3]故很难断定该窟造像到底依自庆喜藏两部注释中的哪一部为底本所造。单从四波罗蜜菩萨呈三昧耶形及完整尊格印契看，暂且只能将此归

[1] Amy Heller, “The Caves of Gnas mjal che mo”, in D. Klimberg-Salter & E.Allinger(eds.), *The Inner Asian International Style 12-14th Centuries: Proceedings of the 7th Seminar of the International Association for Tibetan Studies, Graz 1995, vol.7.*Wien: Verlag der Österreichischen Akademie der Wissenschaften, 1998, p.140.

[2] 阮丽:《敦煌石窟曼荼罗图像研究》，中央美术学院博士论文，2012 年，第 76 页。

[3] 有关《一切金刚出现》《真性光作》与《究竟瑜伽鬘》中金刚界曼荼罗诸天众的图像比对，详见松長惠史『インドネシアの密教』，東京：法藏館，1999 年，第 222—223 页。

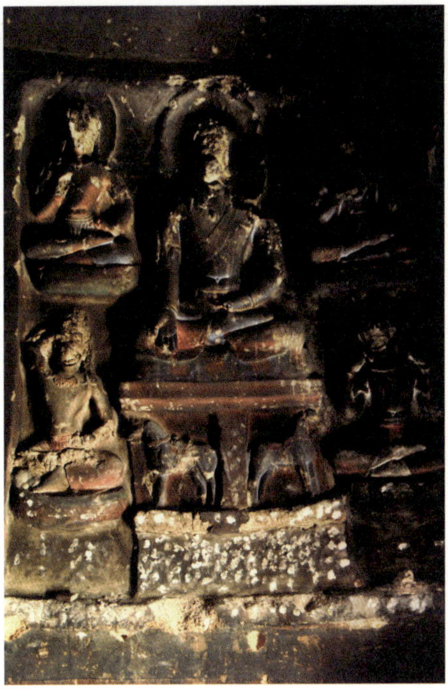

图 1-4-3　东壁南侧南方宝生佛及眷属

图 1-4-4　西壁南侧西方阿弥陀佛及眷属

为受庆喜藏注释传承影响。但需要强调的是，在 12 世纪前后，受庆喜藏注释传承影响的金刚界曼荼罗在后藏地区不仅限于乃甲切木石窟。与之近邻的恰姆石窟 1 号窟（IK1），[1] 也是一座反映该传承的曼荼罗窟。该窟建于 11 世纪前后，[2] 位于定结县琼孜乡（Khyung rtse）恰姆村以南的给曲河（dGe chu）西岸，随中尼边境果美山南北走向。石窟坐西朝东，窟内壁面外弧，平面呈马蹄形。泥塑和壁画主要分布在西壁、北壁和南壁，现仅存若干头背光和五组五方佛高浮雕基座（图 1-4-7）。造像已毁，仅存一尊菩萨的下肢部位和一处莲座位于东壁靠门上方。南壁和北壁的头背光之间有彩绘上师像和供养人（图 1-4-8、图 1-4-9）。完整泥塑背光现存 32 个，分布在窟内南壁、西壁和北壁。另在北壁东侧偏上方有背光残存痕迹一处（图 1-4-10）。从完整背龛 32 个、残损背龛 1 个合计 33 个的数目分析，该窟金刚界泥塑受庆喜藏注释传承影响的可能性较大。原因在于在庆喜藏所传金刚界曼荼罗这一派系中，呈三昧

[1] 恰姆石窟窟形编号见西藏自治区文物保护研究所、中国藏学研究中心西藏文化博物馆：《西藏定结县恰姆石窟》，《考古》2012 年第 7 期，第 68—82 页。

[2] 据 IK1 窟泥塑木桩碳十四测定，初步确定该窟开凿于 11—12 世纪中期。见西藏自治区文物保护研究所、中国藏学研究中心西藏文化博物馆：《西藏定结县恰姆石窟》，《考古》2012 年第 7 期，第 81 页。

图 1-4-5　西壁北侧北方不空成就佛及眷属

图 1-4-6　八供养菩萨及四摄菩萨

图 1-4-7　恰姆石窟东壁阿閦佛高浮雕座基及头背光

图 1-4-8　恰姆石窟北壁上师及供养人像

图 1-4-9　恰姆石窟北壁供养人像

图 1-4-10　恰姆石窟窟门侧上方残存背光（用黄色标出的部分）

图 4-4-11　艾旺寺供养人像

图 4-4-12　艾旺寺供养人像

耶形的四波罗蜜菩萨在塑像中往往有被省略现象。[1] 因窟内东壁窟门上方坍塌严重，无法判定之前是否有塑像。单从石窟整体布局看，在窟门上方仅有的空间内再塑 4 尊尊像，凑够 37 尊天众的可能性较小。

就泥塑造像形式而言，恰姆石窟和乃甲切木石窟所采用的悬塑样式很大程度上有承接西藏阿里地区 11 世纪前后佛殿泥塑金刚界曼荼罗传统的迹象。这一造像手法经定结、岗巴沿线的恰姆石窟和乃甲切木石窟朝东一直延伸至萨玛达地区 11—12 世纪的佛教寺院中，直到 15 世纪初江孜白居寺措钦大殿西配殿中的金刚界曼荼罗仍留有其余晖。恰姆石窟窟顶的团花纹样与塔波寺、东嘎石窟中的藻井装饰有异曲同工之处，而椭圆形的背龛紧承雅鲁藏布江南岸山南扎囊县 11 世纪末扎塘寺泥塑头光传统，尤其供养人形象、衣着穿戴与萨玛达地区 11 世纪早期艾旺寺壁画中的供养人形象（图 1-4-11、图 1-4-12）有着惊人的相似性。石窟虽已残损不全，但它处在文化交汇的交通要冲，具有承上启下的作用，为研究庆喜藏系金刚界曼荼罗在后藏地区的早期传播打开了一扇明窗。

[1] 西藏日喀则地区江孜白居寺一层大殿西配殿金刚界曼荼罗塑像中，四波罗蜜菩萨亦未被塑造出来。

二、萨玛达至江孜商道沿线的金刚界曼荼罗遗存

因朗达玛灭法，佛教在藏地一度陷于“黑暗”期。10世纪末，随着赴安多跟随喇钦·贡巴绕赛（bLa chen dgongs pa rab gsal，892—975）求法的洛顿·多杰旺秋（Lo ston rdo rje dbang phyug）和仓尊·喜饶僧格（Tshong btsun shes rab seng ge）学成返抵后藏，于年楚河流域（Nyang chu）的白朗（Pa snang）、江孜（rGyal rtse）、康马（Khang dmar）等地弘法为始端，佛教在卫藏复燃。[1]随着寺院的建立，求取真经成为当时佛教徒的当务之急。年楚河上游的江浦·白玛、江浦·曲洛（rKyang bu chos blo）和年堆·介夏（Nyang stod lce zhar）等人最先前往上部阿里求法，拜师当时阿里三围享有名誉的大译师仁钦桑布与小译师玛雷必喜饶（Lo chung rma legs pa'i shes rab）学习上部密法。[2]江浦·曲洛学成返回年楚河上游修建了江浦寺（rKyang phu）。[3]他为了弘传自己在上部阿里所学教法，还专门在江浦寺传授瑜伽怛特罗和《一切如来金刚三业最上秘密大教王经》等教义。[4]

江浦寺原址位于今天日喀则市康马县萨玛达乡（Sa ma da）以西的1.5千米处，离江孜以南约68千米，恰好处在通往锡金的交通要道上。寺院现已不存，只能借图齐于1932年和1941年的考察记录及相关藏文史料予以研究。江浦寺金刚界大日如来殿位于主殿二楼北侧，内主供金刚界诸佛（图1-4-13；1-4-14），塑像现已毁坏，根据图齐先生考察拍摄的图像资料，[5]五方佛及眷属头戴五佛冠，脸方圆，双眉弯曲，鼻梁挺直而鼻翼小巧；双耳垂珰，胸佩璎珞并饰臂钏和手镯，其风格特征显然深

[1] 洛顿先后为24位弟子受戒并在后藏广建寺院，主要包括释迦旬奴（Shākya gzhon nu）在拉堆玛尔（La stod dmar）修建的塘拉康（Thang lha khang），达洛旬奴尊（sTag lo gzhon nu brtson）主持修建的达洛拉康（sTag lo lha khang）以及杰尊喜饶琼乃（lCe btsun shes rab byung gnas）所建的夏鲁寺（shwa lu）。仓尊则在娘曲河上游发展自己的势力，先后建有库勒（khu le）、果玉（mGo yul）、厂琼（Grang chung）和江若（rGyang ro）等寺，见Roberto Vitali, *Early Temples of Central Tibet*, London: Serindia Pbulications, 1990, p.38.

[2] 达热那他著、余万治译：《后藏志》，拉萨：西藏人民出版社，2002年，第35—36页；藏文版见Tāranātha, *Nyang chos 'byung*, Si khron mi rigs dpe skrun khang gis bskrun, 1994, p.64.其中年堆地区的介夏（lCe zhar）初学于仁钦桑布大师，后依止于小译师玛雷必喜饶，他精于瑜伽部怛特罗和《吉祥最胜本初怛特罗》。见［意］图齐著，魏中正、萨尔吉主编：《梵天佛地》第二卷《仁钦桑波及公元1000年左右藏传佛教的复兴》，上海：上海古籍出版社，2009年，第23页。

[3] 图齐曾在该寺壁画中发现一处记有寺院创建者曲吉洛珠（Chos kyi blo gros）的题记，并指出该处的曲吉洛珠应指《青史》中所载的曲洛（Chos blo），他曾跟随大译师仁钦桑布学习金刚生起灌顶及《俱差罗庄严》等密法。见［意］图齐著，魏中正、萨尔吉主编：《梵天佛地》第四卷《江孜及其寺院》第一册《佛寺总论》，上海：上海古籍出版社，2009年，第73页。此外《后藏志》记载该寺最早建于松赞干布时期。见达热那他著、余万治译：《后藏志》，拉萨：西藏人民出版社，2002年，第35—36页；藏文版见Tāranātha, *Nyang chos 'byung*, Si khron mi rigs dpe skrun khang gis bskrun, 1994, p.64；乌尔里希·冯·施罗德认为该寺建于1076年之前，见Ulrich von Schroeder, *Buddhist Sculptures in Tibet*, Hong Kong: Visual Dharma Publications Ltd, 2001, Vol.II, p.844.

[4] Roberto Vitali, *Early Temples of Central Tibet*, London: Serindia Pbulications, 1990, pp.50-51.

[5]［意］图齐著，魏中正、萨尔吉主编：《梵天佛地》第四卷《江孜及其寺院》第三册《版图》，上海：上海古籍出版社，2009年，第25—30页。

受印度波罗艺术影响。就该造像而言，图齐并未做细节性描述，仅概括了其“再现了《真性集》相关曼荼罗或金刚界曼荼罗”。[1]

图 1-4-13　江浦寺金刚界大日如来殿之主尊大日如来

据多罗那他《后藏志》记载，11 世纪尼泊尔班智达大悲（Paṇḍita bal po thugs rje chen po）和尚噶译师（Zangs dkar lo tsā bo）曾在年堆江若（rGyang ro）的叶塘寺（gyar thang）受寺主觉塞京巴尔（Jo sras lje ’bar）资助，将仁钦桑布有生之年未译完的《真实摄经》注释之下品《真性作明》翻译成藏文。[2] 叶塘寺与江浦寺同处年堆江若，两寺相距不远，大悲译师和印度班底达旬努邦（Paṇḍita gzhon nu bum pa）常驻此寺，且尚噶译师圆寂后将自己的心脏装在用白旃檀做成的盒子内供奉于江浦寺[3]。另江浦寺建寺者江浦·曲洛在仁钦桑布第一次从克什米尔返回阿里后师从仁钦桑布学习信作铠金刚生起灌顶（rDo rje ’byung ba’i dbang bka’）和《俱差罗庄严》。仁钦桑布第二次游学克什米尔返抵阿里后，他又从仁钦桑布那里听受了《吉祥最胜本初怛特罗》注释未尽部分[4]。江浦·曲洛作为大译师仁钦桑布的弟子，曾两度深受其教诲，大译师的瑜伽理论学派势必给

[1][意] 图齐著，魏中正 萨尔吉主编：《梵天佛地》第四卷《江孜及其寺院》第一册《佛寺总论》，上海：上海古籍出版社，2009 年，第 84 页。

[2] 达热那他著、余万治译：《后藏志》，拉萨：西藏人民出版社，2002 年，第 36 页，藏文版见 Tāranātha, *Nyang chos ’byung*, Si khron mi rigs dpe skrun khang gis bskrun, 1994, p.64.

[3] 达热那他著、余万治译：《后藏志》，拉萨：西藏人民出版社，2002 年，第 36 页，藏文版见 Tāranātha, *Nyang chos ’byung*, Si khron mi rigs dpe skrun khang gis bskrun, 1994, p.64.

[4] 郭诺·迅鲁伯著、郭和卿译：《青史》，拉萨：西藏人民出版社，2003 年，第 218 页。

图 1-4-14　江浦寺金刚界大日如来殿金刚界曼荼罗眷属（局部）

予他深远的影响。古格堪钦·扎巴坚赞（Gu ge pan chen Grag pa rgyal mtshan）1480 年于托林寺完成的《拉喇嘛益西沃广传》中就记载了仁钦桑布“瑜伽上派”（Yo ga stod lugs）对卫藏地区“瑜伽下派”（Yo ga smad lugs）的影响：

> 时值大译师仁钦桑布三十余岁，［他］为教化有情众生编写了多部瑜伽舞曲。娘堆江浦·曲吉洛珠（myang bstod kyi rkyang bu chos kyi blo gros，即江浦·曲洛）、娘麦琼巴吾穷（myang smad kyi spre’u chung）、介夏（lce zhar）、杂迦巴（rtse skya pa）、索南（bsod nams）、努尔巴（gnur ba）、嘉巴（’jim pa）等众多卫藏高徒皆出自大译师仁钦桑布之门下。大译师在其前半生所创建的瑜伽之传规，后因上述高徒而得以弘传，并弘扬于下部卫藏地区，被称作“瑜伽下派”。在年堆江俄寺（myang stod rkyang ngur，即江浦寺）有座佛殿内专供金刚界众神（应指金刚界曼荼罗殿），殿内亦供有大译师所依本尊——金质释迦牟尼佛，其高逾十八掌，配座背与衬垫，内部装藏有大译师仁钦桑布的头发、祖衣、袈裟及东、西印度诸贤者曾誓愿加持过的圣物等。译师（仁钦桑布）最为殊圣的圣物仅藏于此像，当时所建上传律部及瑜伽院，如今依然兴旺盛达。[1]

综上关系网络及史料记载，亦不能排除江浦寺金刚界曼荼罗殿造像受庆喜藏注释传规的间接影响，因仁钦桑布“瑜伽上派”之建立，是基于庆喜藏所创立的瑜伽诸注释经典之上形成的。[2]

这种影响直到 13—15 世纪中期仍在持续。由夏鲁万户主扎巴坚赞（Grags pa rgyal mtshan）继嗣贡噶顿珠（Kun dga’ don grub）资助，布顿亲自设计建于 1333 至

---

［1］藏文原文为：Lo chen dgung lo sum bcu so bgrangs kyi dus su/ ’gro ba ma ’dul ba la dgongs nas/ yo ga’i dbyangs mang du brtsams/ myang bstod kyi rkyang bu chos kyi blo gros/ myang smad kyi spre’u chung ba/ lce zhar/ rtse skya pa/ bsod nams/ gnur ba/ ’jim pa la sogs pa dbus gtsang gi slob ma shin du mang bar byung/ sku tshe’i stod kyi phyag len rnams shin du rgyas shing/ mkhas pa de rnams sogs thams cad kyis sa cha smad phyogs su dar bar byas pas na/ yo ga smad lugs su grags so/ myang stod rkyang ngur［dur］na/ rdo rje dbyings kyi lha tshogs bzhugs pa’i lha khang chen po na/ dbus na lo chen gyi nang brten shakya thub pa’i gser sku dyab［rgyab］mtho bco brgyad/ khri dyab［rgyab］yol dang bcas pa/ lo chen gyi dbu skra/ rna char［snam sbyar］/ na bza’ rgya gar shar nub kyi mkhas grub du ma’i thugs dam byin rlabs dang bcas pa/ rten rdzong su bzhugs shing/ lo chen gyi nang brten che ba ni/ bod na ’di kho na yin la/ bstod ’dul gyi sde dang/ yo ga’i grwa chen po btsugs/ da dung yang tsud［cung zad］ma nyams pa yod do// 见 G[illegible] ge Pandita Grags pa rgyal mtshan gyis brtsams, ’Dar tsha Khyung bdag gis mchan btab, *lHa bla ma y[illegible] ’od kyi rnam thar rgyas pa’i mchan ’grel ti se’i mgul rgyan*, Krung go’i bod rig pa dpe skrun khang[illegible]153.

［2］具体详参 Gu ge Pandita Grags pa rgyal mtshan gyis brtsams, ’Dar tsha Kh[illegible]g gis mchan btab, *lHa bla ma ye shes ’od kyi rnam thar rgyas pa’i mchan ’grel ti se’i mgul rgy[illegible]* [illegible] go’i bod rig pa dpe skrun khang, 2015, p.165.

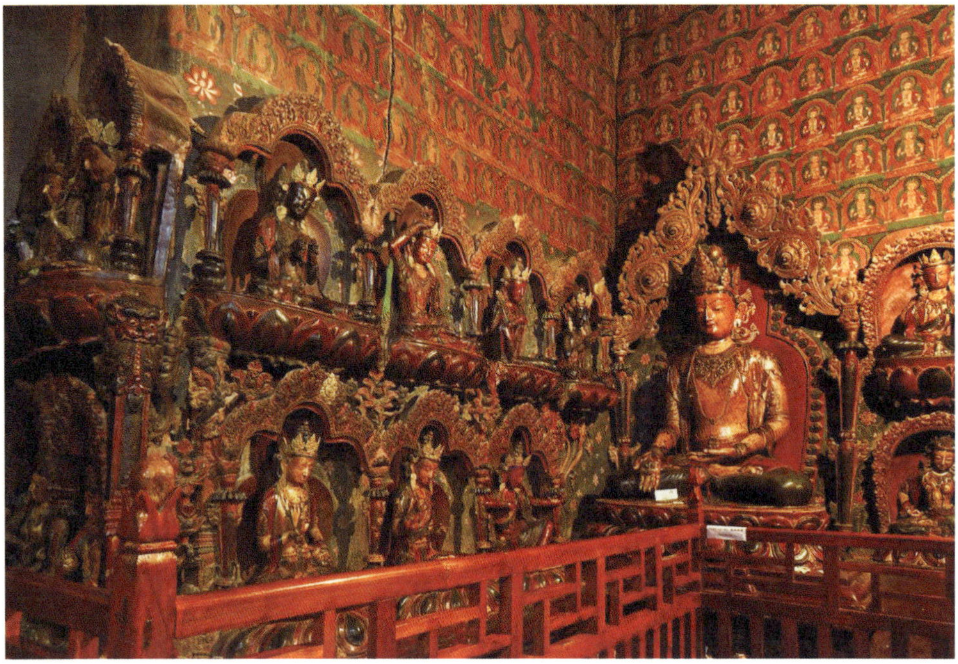

图 1-4-15　白居寺措钦大殿西配殿金刚界曼荼罗造像之诸眷属

1335 年[1]的夏鲁寺西无量宫，其殿内绘制的 44 幅曼荼罗均出自庆喜藏注释《真性光作》。[2]不仅如此，1422 年建成的江孜白居寺措钦大殿一层西配殿（图 1-4-15），[3]其殿内彩塑金刚界曼荼罗作为藏传佛教造像史上的最后一抹余晖，仍延续了早期庆喜藏系金刚界曼荼罗图像传规。此外，白居寺吉祥多门塔第五重，包括金刚界大曼荼罗在内的属于《真实摄经》系统的 39 铺曼荼罗，其图像亦根据庆喜藏注释《真性光作》所造。[4]在此需要指出的是自夏鲁寺西无量宫殿之后，西藏所传将四波罗蜜菩萨用三昧耶形式代替的金刚界曼荼罗传承，亦不能排除受布顿大师依庆喜藏注释重新厘注的图像志影响。

[1] 关于夏鲁寺东、南、西、北无量宫的建殿年代，参见 Roberto Vitali, *Early Temples of Central Tibet*, London: Serindia Pbulications, 1990, p.110.

[2] 川崎一洋「シャル寺の曼荼羅壁画について(III)：プトゥンの金剛界曼荼羅理解」,『密教図像』2002 年第 21 号，第 37—47 页。

[3] 关于白居寺大殿的建殿年代，见熊文彬：《中世纪藏传佛教艺术——白居寺壁画研究》，北京：中国藏学出版社，1996 年，第 23 页。

[4] 森雅秀「ペンコルチューデ仏塔第 5 層の『金剛頂経』所説のマンダラ」，立川武蔵·正木晃編『チベット仏教図像研究（国立民族学博物館研究報告別冊·第 18 号）』，吹田：国立民族学博物館，1997 年，第 269 页。

第五节　小　结

大约在 7 世纪中期形成于南印度的《真实摄经》，其完整的藏译本是由大译师仁钦桑布和印度译师信作铠翻译于 11 世纪前后。与此同时期或略晚，瑜伽续部三贤对《真实摄经》所做的注释也先后译介到西藏本土。因阿阇梨庆喜藏注释相比佛密与释迦友其在金刚界曼荼罗图像部分的记载更为翔实，加之当时仁钦桑布对《真实摄经》及庆喜藏注释的翻译和推崇，故阿里地区早期佛寺石窟中出现庆喜藏系金刚界曼荼罗之传承是在情理当中。后弘初期，起初在阿里地区形成的瑜伽密续之传规经由上路弘法使者将其引入卫藏，庆喜藏系金刚界曼荼罗也随之波及并影响到后藏的定日、岗巴等地以及年楚河流域萨玛达乡的一批早期佛教石窟与寺院造像。

阿阇梨庆喜藏对《真实摄经》所做的注释因“兼具辞藻与内容”故备受 14 世纪布顿的极力推崇。[1] 他本人不仅对庆喜藏注释《一切金刚出现》做注《一切金刚出现广大释如意宝说》，还将《真性作明》中金刚界曼荼罗图像部分重新厘注并汇编于《释曼荼罗日光品》中。由他设计被绘于夏鲁寺西无量宫中的 44 幅曼荼罗所据文本虽在《夏鲁寺东西南北无量宫殿曼荼罗目录》（*Zhwa lu'i gtsug lag khang gi gzhal yas khang nub ma/ byang ma/ shar ma/ lho ma rnams na bzhugs pa'i dkyil 'khor sogs kyi dkar chag*）中记载其依自庆喜藏注释《真性作明》，实则有可能是参照布顿厘注本而绘。正因为布顿对庆喜藏瑜伽注释续的高度评价和推崇，也直接影响到 15 世纪之后白居寺大殿西配殿及吉祥多门塔第五重佛殿中该类曼荼罗图像文本的择取。

因布顿《释曼荼罗日光品》中的金刚界曼荼罗与庆喜藏原注《真性作明》之间仍存在着细微的差异，若将两者之图像局部差异与现托林寺红殿佛堂南壁金刚界曼荼罗壁画逐一比较发现，该殿金刚界曼荼罗尊像的细节特征竟与《释曼荼罗日光品》中的记载更为吻合，这再次证实了自 14 世纪以后，由布顿基于庆喜藏注释重新厘注的新注本其影响流通范围不仅限于卫藏地区，对 15 世纪中后期的阿里地区亦有影响。

[1] 布顿对瑜伽三贤注释的评价，在达热那他《印度佛教史》以及宗喀巴（Tsong kha pa, 1357—1419）弟子克主杰（mKhas grub rje, 1385—1438）撰写的《密续部总建立广释》（*rGyud sde spyi'i rnam par gzhag pa rgyas par brjod*）中仍在沿用。见克主杰著、谈锡永编著：《密续部总建立广释》，北京：中国书店，2007 年，第 31—32 页。

第二章 佛堂北壁《理趣广经》之金刚萨埵曼荼罗研究

《理趣经》作为瑜伽密续“般若思想”（shes rab gtso bor ston pa）的核心经典，自20世纪30年代以日本学者梅尾祥云综合梵、藏、汉文经典的比对研究为始端，[1] 先后有松长有庆[2]、福田亮成[3]就《理趣经》的成立、发展以及其与瑜伽密续“方便思想”（thabs gtso bor ston pa）之核心经典《真实摄经》的关系做过深入研究。田中公明[4]、川崎一洋[5]等学者就金刚萨埵曼荼罗的图像构成亦有涉猎。本书基于前人研究，主要从《理趣广经》之注释——庆喜藏《吉祥最胜本初略释》、《吉祥最胜本初广释》、佚名作者译者《吉祥最胜本初曼荼罗仪轨》以及布顿厘注本《吉祥最胜本初怛特罗所说金刚萨埵曼荼罗仪轨·大三昧耶真如金刚出现》出发，通过对以上注释中有关金刚萨埵曼荼罗图像的对比分析，在呈现西藏所传金刚萨埵曼荼罗图像演变构成的同时，旨在分析红殿佛堂北壁西侧该铺曼荼罗所据文本的渊源问题，以及隐含于文本背后的教法传承。

[1] 梅尾祥雲著『理趣経の研究』，和歌山：高野山大學出版部，1930年。

[2] 松長有慶著『密教経典成立史論』，東京：法藏館，1998年；松長有慶著『理趣経』，東京：中央公論新社，2004年。

[3] 福田亮成著『理趣経の研究：その成立と展開』，東京：国書刊行会，1987年。

[4] 田中公明著『インドにおける曼荼羅の成立と発展』，東京：春秋社，2010年。

[5] 川崎一洋「チベットにおける『理趣広経』の曼荼羅の伝承—シャル寺南堂の作例を中心—」，『密教図像』2001年第20号，第55页。

第一节 《理趣广经》及相关注释

《理趣经》[1]广本《理趣广经》[2]，是《理趣经》从教义思想逐步向曼荼罗图像及修法次第发展延伸的扩充本。它相比唐不空翻译的《般若理趣经》和《般若理趣百五十颂》等略本，其广本的内容不仅限于教义，更是在曼荼罗数目上有所扩充。

《理趣广经》现存汉藏两种译本，藏译本由“大乐金刚不空三昧耶”（bDe ba chen po rdo rje yon pa'i dam tshig）“大乐金刚秘密”（bDe ba chen po rdo rje gsang ba）和“吉祥最胜本初”（dPal mchog dang po）三部仪轨构成。[3]在藏文《大藏经》中，“大乐金刚不空三昧耶”又被单列作名《吉祥最胜本初大乘仪轨王经》，[4]“大乐金刚秘密”和“吉祥最胜本初”的合成本又被称作《吉祥最胜本初真言仪轨品》。[5]前者由信作铠（Śraddhākaravarma）和仁钦桑布（Rin chen bzang po，959—1055）翻译，后者由拉赞普（lHa btsan po）和希瓦沃（Zhi ba'i 'od，1016—1111）翻译，翻译年代大约在11世纪中晚期至12世纪初期。

《理趣广经》的汉译本《佛说最上根本大乐金刚不空三昧大教王经》为宋代法贤所译，[6]该经典的内容构成与藏译本“大乐金刚不空三昧耶”和“吉祥最胜本初”两部仪轨有重合，其藏译本中的“大乐金刚秘密”在汉译本中缺译。[7]此外，从曼荼罗数目上讲，“大乐金刚不空三昧耶”中有15个、“大乐金刚秘密仪轨”中11个、“吉

[1] 汉译《理趣经》相当于梵文本《般若理趣百五十颂》（*Prajñāpāramitānayaśatapañcaśatikā*）卷一，唐不空译。全名《大乐金刚不空真实三昧耶经·般若波罗蜜多理趣品》（《大正新修大藏经》，No.243），在《大正新修大藏经》中归属《般若部》，相当于《大般若经》般若十六会中第十会“般若经理趣分”。现存类本有10种，其中汉译本有6种，藏译本3种，中亚阿利亚（Ariya）语系译本1种。见松長有慶著『密教経典成立史論』，東京：法藏館，1998年，第189页。

[2] “广本”是指后世研究者基于《理趣经》形成过程中所产生的类本与注释本，按其发展次第及注释详略给予的分类。一般而言，“广本”是指宋法贤翻译的《最上根本大乐金刚不空三昧大教王经》，以及与之对应的藏译本《吉祥最胜本初大乘仪轨王经》和《吉祥最胜本初真言仪轨品》。“略本”是指唐不空译本《般若理趣经》《般若理趣百五十颂》等。广、略两本的分类及关系讨论详见福田亮成著『理趣経の研究：その成立と展開』，東京：国書刊行会，1987年，第21—26页；松長有慶著『密教経典成立史論』，東京：法藏館，1998年，第198—218页。

[3] 栂尾祥雲著『理趣経の研究』，和歌山：高野山大學出版部，1930年，第386—387页。

[4] Śraddhākaravarma、Rin chen bzang po译：*dPal mchog dang po zhes bya ba theg pa chen po'i rtog pa'i rgyal po*，可译作《吉祥最胜本初大乘仪轨王》或《吉祥最胜第一大乘思维王续·佛说最上根本大乐金刚不空三昧大教王经》（1—13卷），D.0487；P.0119，Vol.5.

[5] Mantrakālaśa、lha btsan po、zhi ba'i 'od译：*dPal mchog dang po'i sngags kyi rtog pa'i dum bu zhes bya ba*，可译作《吉祥最胜本初真言仪轨品》或名为《吉祥最胜第一真言细仪轨书·佛说最上根本大乐金刚不空三昧大教王经》（14—25卷），D.0488；P.120，Vol.5.

[6] 宋法贤译：《佛说最上根本大乐金刚不空三昧大教王经》（7卷），《大正新修大藏经》，No.244。

[7] 川崎一洋「『理趣広経』に説かれるパタの儀礼について」，『印度學佛教學研究』2013年第61卷第21号，第959页。

祥最胜本初”中有 15 个，总计 41 个。[1]

虽在《理趣广经》中记载了 41 个曼荼罗，但目前在西藏所见，将此完整成体系绘制并保留至今的壁画唯有夏鲁寺南无量宫殿一处。[2] 一般情况下，西藏寺院所传《理趣广经》系曼荼罗均为该经典起首“般若分”中所载的金刚萨埵曼荼罗。该曼荼罗虽源自《理趣广经》“般若分”，但在原典“般若分”中对此并未详载，具体图像内容主要散见于后期的注释仪轨中。

与《理趣广经》金刚萨埵曼荼罗有关的注释有如下 3 部：

1. 庆喜藏注，仁钦桑布等译：《吉祥最胜本初略释》（*Śriparmādi-vṛtti, dPal mchog dang po'i 'grel pa*）。[3]

2. 庆喜藏注，希瓦沃等译：《吉祥最胜本初广释》（*Śriparmādiṭikā, dPal mchog dang po'i rgya cher bshad pa*）。[4]

3. 佚名作者、译者：《吉祥最胜本初曼荼罗仪轨》（*Śriparmā*di-*maṇḍa-vidhi-nāma*，*dPal mchog dang po'i dkyil 'khor gyi cho ga shes bya ba*）。[5]

从注释 1 和注释 2 译者为仁钦桑布和西瓦沃的生平年代看，其翻译年代应与原典《理趣广经》一致，为 11—12 世纪的译本，翻译地点很有可能就在托林寺。根据福田亮成的研究，著者和译者不明的注释 3 与注释 1、注释 2 之间因在内容、叙述方式上存在着紧密的关联。因此，他推测该注有可能亦为庆喜藏所造，或至少属于同一个流派，其形成年代应不晚于注释 1 和注释 2。[6]

[1] “大乐金刚不空三昧耶”中的 15 个曼荼罗分别是：金刚萨埵、毗卢遮那、降三世、观音、虚空藏、金刚拳、文殊、金刚轮、金刚库、金刚夜叉、集会（摄集）、大自在天、八母天、三兄弟和四姐妹曼荼罗；“大乐金刚秘密仪轨”中所载的 11 个曼荼罗分别是：金刚萨埵、如来、大乐金刚忿怒、世自在、虚空藏、集会（摄集）、三兄弟、四姐妹、阿修罗、龙王曼荼罗；“吉祥最胜本初”中所载的 15 个曼荼罗分别是：金刚萨埵、如来、火焰金刚、世自在、宝、三兄弟、四姐妹、龙王、烦恼度脱、集会（摄集）、金刚萨埵、金刚三昧耶、金刚火焰、世自在、虚空藏曼荼罗。详见川崎一洋「チベットにおける『理趣広経』の曼荼羅の伝承—シャル寺南堂の作例を中心—」,『密教図像』2001 年第 20 号，第 55 页。

[2] 川崎一洋「チベットにおける『理趣広経』の曼荼羅の伝承—シャル寺南堂の作例を中心—」,『密教図像』2001 年第 20 号，第 5 页。

[3] P.3334, Vol.72-73.

[4] P.3335, Vol.72.

[5] P.3343, Vol.74.

[6] 福田亮成著『理趣経の研究：その成立と展開』，東京：国書刊行会，1987 年，第 104 页。

第二节　佛堂金刚萨埵曼荼罗与早期注释之关联

一、佛堂金刚萨埵曼荼罗构成

托林寺红殿金刚萨埵曼荼罗绘于佛堂北壁西侧，画面呈水平构图（图 2-2-1、图 2-2-2），画幅中央为结金刚跏趺坐的主尊金刚萨埵（图 2-2-3），她上身裸露、下着五彩裙，头戴五佛冠，装饰具足，莲花手与金刚手菩萨侍立于她的两侧。以主尊为中轴，左右两方（主尊西侧与东侧）各有 25 个等大圆形单元格呈对称排列。除四方与四维的八菩萨、四方佛并八大菩萨、外四隅的四供养菩萨及位于四门的四摄菩萨每尊各占一个单元格外，其余外院二十二天均与伴妃共享一个单元格（图 2-2-4）。各尊被忍冬花鬘环绕，整个曼荼罗除主尊左右方的弥勒和文殊之外，总计 77 尊。

二、早期注释仪轨中金刚萨埵曼荼罗图像志

《理趣广经》汉藏译本中对金刚萨埵曼荼罗的图像记载相对概括。其中宋法贤汉译本《最上根本大乐金刚不空三昧大教王经》第一卷《大三昧耶真实性金刚细规王》中对此记载如下：

我今依佛旨　略说曼拏罗　三昧真实理　金刚安想法
四方与四隅　宝装四门楼　尾提炽盛光　曼拏罗周围
四隅门左右　安置半月相　种种宝严饰　悬铃珠瓔珞
宝盖及幢幡　明镜众花鬘　安外曼拏罗　内置八辐轮
分列八尊位　中位金刚手　是名金刚轮　于此曼拏罗
依法安尊像　月色及月相　炽盛光普照　手持金刚杵
而现高举势　处于莲华座　周匝金刚围　炽盛光焰照
持本尊心明　想起曼拏罗　乃至诸贤圣　亦持本心明
依金刚出生　宝像及画像　安本尊周匝　先于中尊前
安金刚萨埵　身相红白色　顶戴诸佛冠　手执金刚杵
现大钩召势　于右边安置　枳里枳罗尊　身色如大日
众宝严身相　于后复安置　念金刚大尊　其身青白色
手持摩竭幢　于左边安置　金刚拳大尊　身如紫金色
二手金刚拳　四隅安四尊　执持花幖帜　莲钵与佛顶
外曼拏罗隅　安祢嚩建拏　四门各中间　或像或幖帜

图 2-2-1　红殿佛堂北壁西侧金刚萨埵曼荼罗眷属（局部）

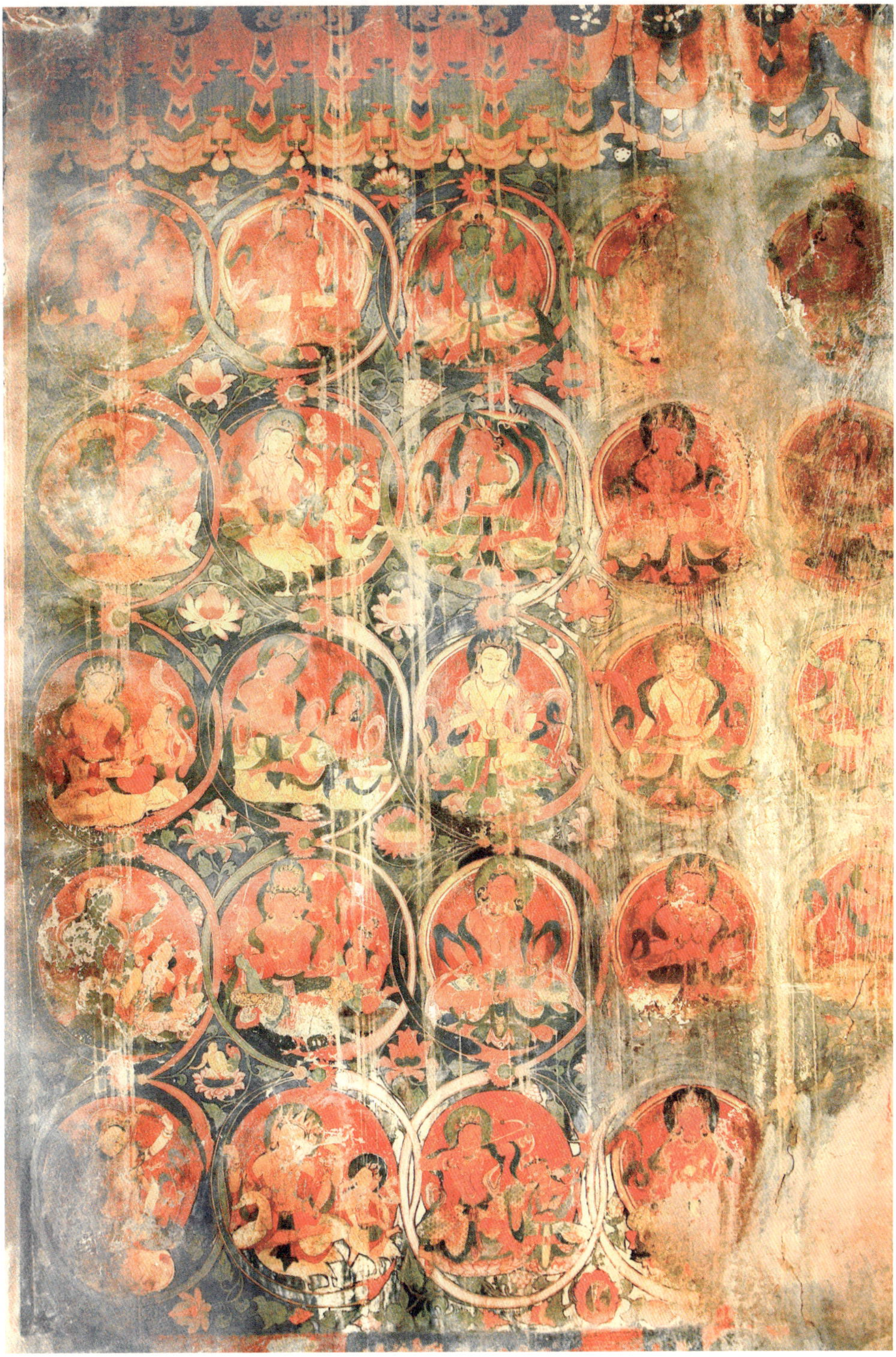

图 2-2-2 红殿佛堂北壁西侧金刚萨埵曼荼罗眷属（局部）

图 2-2-3　金刚萨埵曼荼主尊金刚萨埵

图 2-2-4　金刚萨埵曼荼罗外院二十二天与伴妃（局部）

内曼拏罗位　安金刚手等　尽彼金刚轮　遍满佛世尊
复外曼拏罗　安欲界天众　前置三界主　谓释梵自在
依如是等仪　作曼拏罗法[1]

与法贤《理趣广经》(《最上根本大乐金刚不空三昧大教王经》)相对应的藏译本《吉祥最胜本初大乘仪轨王》翻译于 11 世纪前后。与此同时期仁钦桑布也翻译出了

[1] 宋法贤《佛说最上根本大乐金刚不空三昧大教王经》(卷一),《大正新修大藏经》第 8 册，No.244，第 787 页上及中。与之相对应的藏文原文为："de nas yang dag bshad bya ba/ dkyil 'khor chen po dam pa ste/ de nyid dang po dang dam tshig che/ rdo rje byin brlabs zhes bya'o/ gru bzhir bgyi zhing sgo bzhi dang/ khyams rnams kyis ni yongs bskor ba/ rta bbas bzhi dang yang dag ldan/ 'od zer 'bar ba 'khrigs pa'i 'od/ dkyil 'khor gyi ni grwa rnams dang/ sgo khyud kyi ni mtshams rnams su/ zla ba phyed la rab gnas pa'i/ rin chen kun gyis nye bar mdzes/ rtse mo sna tshogs ba dan ni/ dril bu mchog btags rlung gis bskyod/ me tog tshun 'chang me long spras/ phyi'i dkyil 'khor bri bar bya/ de yi nang du 'khor lo ni/ dkyil 'khor brgyad dang mnyam pa ru/ rdo rje thig gis thig btab la/ rdo rje 'khor lo zhes byar bshad/ de yi dbus su ci rigs par/ sangs rgyas sku ni bzhag bya ste/ 'dzum bcas zla ba'i mdog can la/ rdo rje snyems pa 'dzin pa'i mchog/ rdo rje phreng stsogs kyis spras shing/ sna tshogs 'bar ba 'khrigs pa'i 'od/ padma'i gdan la bzhugs par ni/ lugs ma 'ma mdon par 'dus byas pa'o/ rang gi snying po kun bzlas te/ de tshe dkyil 'khor brtag par bya/ rdo rje sems stsogs sems dpa' rnams/ snying po nyid kyis yang dag dgod/ rdo rje shugs kyis rgal nas ni/ dkyil 'khor thams cad yang dag bsdus/ bzhag gam yang na bri bar bya/ tshogs rnams kun tu ston ba'o/ mdun du rdo rje sems dpa' ni/ sangs rgyas kun gyi dbu rgyan can/ rdo rje mtshon ni gsor bar brtson/ dmar skya rtag tu nges par dgod/ sangs rgyas kyi ni gyas logs su/ rdo rje ki li ki li na/ yan lag kun kyis yongs mkhyud pa/ rdo rje'i gzugs can nyi ma'i 'od/ rgyab tu rdo rje 'dod pa ni/ chu srin gyi ni rgyal mtshan thogs/ sngo skya'i mdog can ci rigs par/ blo dang ldan pas bzhag par bya/ gyon du rdo rje bsnyems pa ni/ bsnyems pa'i rdo rje gnyis kyis ni/ rdo rje bsnyems pa gnyis 'dzin pa/ btsho ma'i gser dang 'dra bar dgod/ sangs rgyas kyis ni 'tshams rnams su/ me tog la sogs kyis mtshan cing/ thal mo spyi bor legs 'jog pa'i/ mchod pa chen po bzhag par bya/ phyi yi dkyil 'khor 'tshams rnams su/ lho mo'i tshogs rnams dgod bar bya/ sgo yi dbus ni thams cad du/ gzugs mtshan la sogs bsdus pa dgod/ sangs rgyas dkyil 'khor can brgyad ni/ rdo rje 'dzin stsogs bri bar bya/ rdo rje 'khor lo thams cad du/ sangs rgyas rdo rje 'dzin gyis bskor/ phyi yi dkyil 'khor gnas rnams su/ 'dod pa'i dbang phyug bri bya ste/ mdun du 'jig rten gsum rgyal po/ 'dod pa'i tshangs pa zhi byed mcho/ de nas dkyil 'khor chen po 'dir 'jug pa la sogs pa'i cho ga rgyas pa 'byung ste// 见 Kun dga' snying po 注，Śraddhākaravarma、Rin chen bzang po 译：《吉祥最胜本初大乘仪轨王》(*dPal mchog dang po zhes bya ba theg pa chen po'i rtog pa'i rgyal po*，或名为《吉祥最胜第一大乘思维王续·佛说最上根本大乐金刚不空三昧大教王经》)，P.119, Vol.5, p.124, 3, 6-124, 5, 1.

庆喜藏对该经典的注释本《吉祥最胜本初略释》(简称“略释”)。确切地说，该注仅仅是对《理趣广经》之《吉祥最胜本初大乘仪轨王》前半部分“般若分”的注解，[1] 内容虽涵盖了金刚萨埵曼荼罗诸天的方位，但并未涉及每一尊尊像的图像特征。

庆喜藏《略释》中有关金刚萨埵曼荼罗图像的记载如下：

lha thams cad kyi gnas su sdong bu dang bcas pa'i sna tshogs padm'i gdan byas la/ de'i dbus su sems dpa'i mdun du rdo rje yid las byung ba/ gyas su rdo rje ki li ki li/ rgyab tu rdo rje dran pa gyon du rdo rje snyems pa'o/ me'i phyogs kya cha la rdo rje sbrang rtsi bden bral gyi phyogs su rdo rje sprin/ rlung gi phyogs su rdo rje ston/ dbang lngan gyi phyogs kyi re'u cha la rdo rje dgun no/ dkyil 'khor 'di'i rgyab rdo rje srad bu'i nang gi shar phyogs su mi bskyod pa gyas dang gyin logs ba phyag na rdo rje dang/ 'jam dpal 'khor du bzhags pa'o/ lho phyogs su rin chen 'byung ldan nam mkh'i snying po dang/ nam mkh'i mdzod kyis 'khor gyis bskor ba'o/ nub kyi phogs su 'od dpag med pa 'phags pa spyan rang gzigs dbang phyug dang/ sems bskyed ma thag tu chos kyi 'khor lo bskor bas 'khor du byas pa'o/ byang gi phyogs su don yod par grub pa rdo rje khu tshur dang/ rdo rje gnod sbyin gyis 'khor du bskor ba'o/ phyi'i dkyil gyi mtshams rnams su sgeg mo dang bzhad pa mo dang/ glu mkhan ma dang gar mkhan ma'o/ shar la sogs pa'i sgo rnams su ni gzugs dang sgra dang dri dang ro gzugs la sogs pa'i phyag rgya phyag na bsnams pa'o/ shar phyogs kyi phyi'i dkyil 'khor kyi snam bu la 'jig rten pa'i lha phyed la ngas pa/ 'dod pa'i tshangs pa/ khyab 'jug dang/ ka rti ka/ dbang bo drag po chung ma dang bcas pa'o/ lho phyogs su nyi ma/ zla ba/ spen pa/ mig dmar/ chung ma dang bcas pa'o/ nub kyi phyogs su gtun ban dang/ rlung dang/ me dang/ lus ngan po chung ma dang bcas pa'o/ byang gi phyogs su phag dang/ gshin rje dang/ log 'dren dang/ dbang po chu lha/ chung ma dang bcas par gnas pa'o/ sgo rnams su ni stibs bzang dang/ sbrang rtsi can dang/ rgyal ba dang rgyal ba thob pa chung ma dang bcas pa'o//

译文如下：

在诸神之圣地，具莲茎的斑莲之上方，中央驻金刚萨埵。前方为金刚

[1] 福田亮成著『理趣経の研究：その成立と展開』，東京：国書刊行会，1987年，第13页。

意生，右方为金刚呵哩呵哩，后方为金刚念，左方为金刚慢。东南方为金刚蜜［春］，西南方为金刚云［夏］，西北方为金刚秋，东北方为金刚冬。曼荼罗（第一重）的外重，即金刚线内之东方为不动如来，左右方为观自在和妙吉祥菩萨。南方的宝生如来被金刚藏和金刚库环绕。西方的阿弥陀佛被圣观自在和发心无间转法轮菩萨环围。北方的不空成就佛被金刚拳和金刚夜叉菩萨环围。外轮的四隅分别是嬉女、笑女、歌女和舞女。东方等各门分别结色、声、香、味等菩萨的大手印。东方外轮的天众台阶处为世间道之神，欲界梵天、那罗延天、喀帝科［俱摩罗天］、凶神等并伴有明妃。南方为日天、月天、土星、火星，伴有明妃。西方为罗刹天、风天、火天、毗沙门天等并伴有明妃。北方为猪面天，阎摩天、象鼻天、水天等并伴有明妃。诸门为善、蜜、制胜、取胜等并伴有明妃。[1]

翻译年代略晚于《略释》，由希瓦沃等翻译的《理趣广经》另一注本《吉祥最胜本初广释》（后略称“广释”），是庆喜藏对《理趣广经》全文的注解，[2]文中不仅详载了金刚萨埵曼荼罗八大菩萨的方位、身色与持物，同时也记录了四门四摄菩萨的持物。而四方佛和左右胁侍菩萨及外院东、南、西、北四方的二十二天在该注本中仅见尊名，具体图像并未详载（具体详参资料篇四）。

有关四方佛与八大菩萨，在《理趣广经》“大三昧耶真实性金刚细轨王”（Dam tshig chen po'i de kho na nyid rdo rje shes bya ba rtog pa'i rgyal po）中仅提到“内曼拏罗位、安金刚手等、尽彼金刚轮、遍满佛世尊”[3]（sangs rgyal dkyil 'khor can brgyag ni/ rdo rje 'dzin stsogs bri bar bya/ rdo rje 'khor lo thams cad du/ sangs rgyas rdo rje 'dzin gyis bskor）[4]。对此记载最早的文本详见于佚名作者的《曼荼罗仪轨》，该仪轨除外院二十二天及明妃的身色持物缺载外，其余各尊的尊形均有详载。需要指出的是，该仪轨中的四佛与以往常见的金刚界曼荼罗中的四方佛——东方阿閦佛（青）、南方宝生佛（黄）、西方阿弥陀佛（赤）、北方不空成就佛（绿）不同。其东方阿閦佛的身色为白色（dkar po）、宝生佛为青色（sngo）、阿弥陀佛身呈纯金色（gser btso ma lta bu）、不空成就佛为杂色（sku mdog sna tshogs）。且西方阿弥陀佛非常见结禅定印之

［1］见 Kun dga' snying po 注，Padmākaravarman、Rin chen bzang po 译：*dPal mchog dang po'i 'grel pa*, P.3334, Vol.72, p.156, 3, 3-156, 4, 4.

［2］福田亮成著『理趣経の研究：その成立と展開』，東京：国書刊行会，1987 年，第 13 页。

［3］《大正新修大藏经》第 8 册，No.244，第 787 页中。

［4］Kun dga' snying po 注，Śraddhākaravarma、Rin chen bzang po 译：《吉祥最胜本初大乘仪轨王》（*dPal mchog dang po zhes bya ba theg pa chen po'i rtog pa'i rgyal po*），P.119, Vol.5, p.124, 4, 8.

印契，而是以转法轮印（chos kyi ’khor lo bskor）的形象呈现。此外，位于外院四隅的嬉、笑、歌、舞四供养菩萨，除西南方的笑菩萨代替了原金刚界曼荼罗内四供养女中的鬘女外，其余三尊与金刚界曼荼罗一致（具体图像描述详参资料篇五）。

关于外院东、南、西、北四方护方天，《理趣广经》“大三昧耶真实性金刚细轨王”中仅简略地记作“复外曼拏罗、安欲界天众、前置三界主、谓释梵自在”[1]（phyi yi dkyil ’khor gnas rnams su/ ’dod pa’i dbang phyug bri bya ste/ mdun du ’jig rten gsum rgyal po/ ’dod pa’i tshangs pa zhi byed mcho//）[2]；庆喜藏《略释》与《广释》中也只记录了各尊的尊名和方位；佚名作者《曼荼罗仪轨》中虽未直接给出具体尊形，但在叙述完最后一位护方天水天（Chu lha）之后，另附“（这是）依《摄真实性》所载大手印而绘”（de kho na nyid bsdus pa las gsungs pa’i phyag rgya chen pos bri bar bya’o）。[3] 该条材料引出了金刚萨埵曼荼罗外院东、南、西、北四方护方天的图像出处。

此处的《摄真实性》（*De kho na nyid bsdus pa*），即庆喜藏对该经所做的注释《一切如来真性集大乘现观怛特罗释真性作明》（*De bshin gshegs pa thams cad kyi de kho na nyid bsdus pa theg pa chen po mngon par shes bya ba’i rgyud kyi bshad pa de kho na nyid snang bar pa zhes bya ba*，后略称《真性作明》），[4] 大悲（Thugs rje chen po）和圣智（’Phags pa shes rab）二位译师于后弘初期将此翻译成藏文。其中在该注第六节“三世间征服陀罗尼曼荼罗释”（*’Jig rten gsum las rnam par rgyal ba’i gzungs kyi dkyil ’khor gyi ’grel pa*）中，其降三世大曼荼罗外院便配有二十一天（由三界主、飞行天、虚空天、地居天、地下天五部构成）。

关于金刚界降三世大曼荼罗外院外金刚部二十一天的图像描述如下：[5]

de la thogs mar re zhig drag po’i shar gyi phyogs su glang khyu mchog la zhog pa/ phyag bzhi pa sku mdog dkar po/ nor bu rin po che’i cod pan dang/ zla ba phyed pas dbang bskur ba/ gyas pa’i phyag gcis u ma la ’khyud pa/ gnyis pa yis rdo rje gsum dang bcas pas mchog sbyin pa dang/ gyon pa’i phyag gcig gis mdung rtse

[1]《大正新修大藏经》第 8 册，No.244，第 787 页中。

[2] P.119, Vol.5, p.124, 4, 8-124, 5, 1.

[3] P.3343, Vol.74, p.56, 3, 1.

[4] P.3333, Vol.71.

[5] 对降三世大曼荼罗外院二十一天的图像描述，汉译本未见详载。但与二十一天相关的尊名和灌顶名则见载于宋施护翻译的《佛说一切如来真实摄大乘现证三昧大教王经》卷十“降三世曼拏罗广大仪轨分”第六之二（《大正新修大藏经》第 18 册，No.882，第 373 页上和中）。本篇译文是以藏译本《一切如来真性集大乘现观怛特罗释真性作明》为底本所做的翻译，其中译文括弧内的二十一天尊名借用施护汉译本译名。

gsum pa 'dzin pa dang/ gnyis pa ral gri 'dzin pa sbrul gyi mchong phyir thogs pa 'chang ba/ mgrin pa sngo ba/ o pa shu pa ti ni la ka ntwa u ma pri ya swa ha/ zhes bya ba 'dis bri bar bya'o/ khyab 'jug ni nam kha' sding la chibs pa/ mdog nag po phyag bzhi pa phyag gyas pa dag gi dbyug to dang/ rdo rje 'dzin pa gyon pa dag gis mdung dang 'khor lo 'dzin pa'o/ rdo rje gser ni gser gyi mdog can/ gdan dang phyag mtshan ni khyab 'jug bzhin no/ rdo rje dril bu ni rma bya la zhon pa/ mdog dmar po gdong drug pa/ phyag gyas pa dag gis mdung dang/ rdo rje 'dzin pa gyon pa dag gis khyim bya dang/ dril bu 'dzin pa'o/ rdo rje gzhon nu ma ni/ rdo rje dril bu bzhin du shes par bya'o/ thob pa rdo rje ni ngang ba la zhon pa/ gser gyi mdog can/ gdon bzhi pa/ phyag gyas pa dag gis rdo rje dang/ bgrang 'phreng 'dzin pa/ gyon pa dag gis dbyug ba dang/ spyi blugs 'dzin pa'o/ rdo rje zhi ba ma ni tshangs pa bzhin du blta bar bya'o/ rdo rje mtshon cha ni glang po che dkar po la zhon pa/ mdog dkar ser gyas pas 'jig rten las 'das pa'i rdo rje dang/ gyon pas rang gi rdo rje 'dzin pa'o/ rdo rje khu tshur ma ni rdo rje mtshon cha bzhin du blta bar bya'o/ khro bo rdo rje 'khyil pa ni/ mdog dmar po rtas drangs pa'i shing rta la zhon pa/ phyag gyas pa rdo rje dang bcas pa'i padma 'dzin pa/ gyon pa na nyi ma'i dkyil 'khor dang bcas pa'i padma 'dzin pa'o/ rdo rje bdud rtsi ma ni khro bo rdo rje 'khyil pa bzhin du bya'o/ khro bo rdo rje 'od ni mdog dkar po ngang ba zhon pa/ phyag gyas pa na rdo rje gyon pa na zla ba dang bcas pa'i padma 'dzin pa'o/ rdo rje mdangs ma ni khro bo rdo rje 'od bzhin no/ khro bo rdo rje dbyug pa ni rus sbal la zhog pa mdog sjon po phyag gyas na rdo rje gyon na dbyug pa 'dzin pa'o/ rdo rje dbyug mchog ma ni khro bo rdo rje dbyug pa dang mthun pa'o/ khro bo rdo rje ser skya ni ra la zhon pa/ mdog dmar po phyag gyas na rdo rje bsnams pa gyon nas mi mgo bzung nas za zhong gnas pa'o/ rdo rje rked bcings ma ni khro bo rdo rje ser skya dang mtshungs so/ tshogs kyi bdag po rdo rje myos ni/ mdog dkar po glang po la zhon pa/ phyag gyas pa na rdo rje bsnams pa/ gyon na thong gshol bsnams shing bzhugs pa'o/ rdo rje 'ju ma ni rdo rje myos pa dang mtshungs pa las/ khyad par ni 'di yod de gyon pa ral gri 'dzin pa'o/ tshogs kyi bdag po rdo rje phreng ba ni/ mdog sngo sangs khu byug la zhon ba/ phyag gyas rdo rje gyon me tog gi phreng ba 'dzin pa'o/ rdo rje za ba mo ni rdo rje phreng ba dang mtshungs pa las khyad par ni 'di yod de/ gyon na mdung rtse gcig pa thogs pa'o/ rdo rje dbang ni mdog ser skya rtas drangs pa'i shing rta la zhon pa/ phyag gyas na rdo rje gyon na chu srin gyi rgyal mtshan bsnams pa'o/ rdo rje bgo ba ma ni rdo rje dbang po dang mtshungs pa las khyad par ni 'di yod de/ 'di ltar mdog dmar po yon no/ tshogs kyi bdag po rgyal ba'i rdo rje ni mdog dkar po sbal ba la zhon pa/ gyas na rdo rje gyon na ral gri 'dzin pa'o/ rdo rje dbang mo ni rgyal ba'i rdo rje dang tshungs pa'o/ pho nya rdo rje tho ba ni/ mdog ser skya me tog can gyi khyogs la zhon pa phyag gyas na rdo rje 'dzin pa/ gyon na gtun shing 'dzin pa'o/ rdo rje pho nya ma ni rdo rje gtun shing dang mtshungs pa las/ khyad par ni 'di yod de/ 'di ltar lag pa gyon pa na kha twi ga 'dzin pa'o/ pho nya rdo rje rlung ni mdog sngon po ri dwags la zhon pa/ lag pa gyas na rdo rje lag pa gyon na ba dan bsnams pa'o/ rdo rje mgyogs ma ni pho nya rdo rje rlung dang mtshungs pa'o/ pho nya rdo rje me ni mdog dmar po rwa skyes la zhon pa/ 'od zer gyen du 'bar ba rtse mo gsum pa/ lag pa gyas pa rdo rje dang dgang gzar bsnams pa/ gyon pa gnyis na shing gi dbyug pa dang ril pa spyi blugs bsnams pa'o/ rdo rje 'bar ba mo ni pho nya rdo rje me dang mtshungs pa'o/ pho nya rdo rje 'jigs pa ni mdog sngon po ro langs la zhon pa phyag gyas pa na rdo rje/ gyon pa na be con bsnams pa'o/ rdo rje 'khyor ma ni pho nya rdo rje 'jigs pa dang mtshungs pa las khyad par ni 'di yod de/ phyag gyon na zhags pa 'dzin pa'o/ bran rdo rje lcags kyu ni mdog sngon po/ klu'i rgyal po she sha la zhon/ phag gi gdong can phyag gyas na rdo rje gyon na rdo rje lcags kyu bsnams pa'o/ bran mo rdo rje kha ni mdog sngon po skyes pa la zhon pa/ phag gi gdong can/ phyag gyas na rdo rje gyon ral gri 'dzin pa'o/ bran rdo rje dus ni mdog sngon pa/ ma he la zhon pa phyag gyas na rdo rje/ gyon na gshin rje'i dbyug pa bsnams pa'o/ bran mo rdo rje dus bas ni/ mdog nag po ro langs la zhon pa/ phyas gyas na rdo rje gyon na kha twi ga bsnams pa'o/ bran rdo rje bgegs kyi gtso bo ni mdog mer skya/ byi ba la zhon pa/ phyag gyas dag na rdo rje dang dgra sta/ phyag gyon pa dag na rtse gsum pa dang/ glang po che'i mche ba bsnams pa/ sbrul gyi mchod phyir thogs 'chang ba'o/ bran mo rdo rje rul ba ma ni mdog sngon po/ phyag gyas na rdo rje/ gyon na phyag shing bsnams pa byi ba la zhon pa'o/ bran glu rdo rje ni mdog ser skya/ rdo rje chu srin la zhon pa'o/ sbrul mgo gdengs ka brgyad dang ldan pa/ phyag gyas na rdo rje/ gyon na sbrul gyi zhags pa bsnams pa'o/ bran mo rdo rje chu srin ma ni mdog dkar po chu srin la zhon pa/ gdengs ka brgyad pa phyag gyas na rdo rje/ phyag gyon na chu srin gyi rgyal mtshan rdo rje mtshan pa bsnams pa'o//

译文如下：

起首的东方为忿怒金刚［大自在天］[1]，骑象，四臂，身呈白色。以宝冠和半月为之灌顶。右侧一手拥抱乌摩，另一手持三股金刚杵并结与愿印。左方一手持三叉戟，另一手持剑。蛇形络腋，喉咙为青色。乌摩和大自在天一致。幻化金刚［那罗延天］[2]乘金翅鸟，青黑色。四臂之右二臂持棒和金刚，左二臂持枪和轮。金刚色女，身呈金黄色，坐具及手印与那罗延天一致。金刚铃［俱摩罗天］乘孔雀，红色，六面。右二臂持长枪［矛］和金刚，左二臂持鸡和铃。金刚童子女和俱摩罗天一致。寂默金刚［梵天］乘鹅，身色为金黄色，四面。右二臂持金刚和念珠，左二臂持棒和净瓶。金刚寂默女和梵天一致。金刚器杖［帝释天］乘白象，身呈淡黄色。右手持出世间之金刚，左手持自金刚。金刚拳女与帝释天一致。忿怒金刚军茶梨［日天］，身色为红色，乘坐用马牵动的木车。右侧两臂分持金刚与饰有日轮的莲花。金刚甘露女与日天相同。忿怒金刚光［月天］乘天鹅，身色为白色。右手持金刚，左手持饰月莲花。金刚焰女与月天相同。忿怒金刚杖［彗星天］乘龟，身呈青色。右手持金刚，左手持杖。金刚胜杖女与彗星天相同。忿怒金刚冰诫罗［荧惑天］乘山羊，身色为红色，右手持金刚，左手执人头作食相。金刚宝带女与荧惑天相同。群主金刚醉[3]［金刚摧天］身呈白色，乘象。右手持金刚，左手持犁头。金刚隐没女与金刚摧天相同，所异者，唯左手持剑。群主金刚鬘［金刚食天］身呈青绿色，乘郭公鸟。右手持金刚，左手持花鬘。金刚食［吞伏］女与金刚食天相同，所异者，唯左手持一矛尖。金刚爱［金刚衣天］身呈棕黄色，乘用马牵动的木车。右手持金刚，左手持摩羯幢。金刚自在女与金刚天衣相同，所异之处唯身呈红色。最胜金刚［调伏天］，身呈白色，乘蛙。右手持金刚，左手持剑。金刚欢喜女与调伏天相同。金刚母裟罗[4]［罗刹天］，身呈棕黄色，乘花轿。右手持金刚，左手持木榔头。金刚使女与罗刹天相同，所异者，唯有左手持天杖。金刚风［风天］，身色为青色，乘鹿。右手持金刚，左手

［1］此处译作Se zhig drag po，与汉译灌顶名忿怒金刚有出入。

［2］此处译作Khyab 'jug（毗纽天），与施护译灌顶名相异，汉译灌顶名为幻化金刚（sGyu ma'i rdo rje）。

［3］此处译作Tshogs kyi bdag po rdo rje myos（群主金刚醉），与施护译灌顶名相异，汉译灌顶名为金刚舜拏（rDo rje glang po）。

［4］此处译作 rDo rje tho ba（金刚锤），与施护译灌顶名相异，汉译灌顶名为金刚母裟罗（rDo rje glang po）。

持幡。金刚敏捷女与风天相同。金刚火［火天］，身色为红色，乘山羊。闪耀的光芒呈三叉戟，右侧两臂持金刚和杓，左侧两手持杖和净瓶，骑山羊。金刚炽盛女与火天一致。金刚大恶［毗沙门天］，身呈青色，乘尸体。右手持金刚，左手持棍棒。金刚利女与毗沙门天相同，所异者，唯左手持羂索。金刚钩［金刚门天］，身呈青色，乘塞夏龙王，具猪面，右手持金刚，左手持金刚钩。金刚口女，身为青色，乘成年男子，猪面。右手持金刚，左手持剑。金刚葛罗［阎摩天］[1]，身呈青色，乘水牛。右手持金刚，左手持阎摩棒。金刚迦梨，[2]身呈黑色，乘尸体，右手持金刚，左手持天杖。金刚毗那耶迦［象鼻天］，身呈棕色，乘鼠。右侧两手持金刚和钺斧，左侧两手持三叉戟和象牙，具蛇形络腋。金刚布单那女[3]，身呈青色，右手持金刚，左手持扫帚，乘老鼠。龙金刚，身为棕黄色，乘金刚摩羯，具八蛇冠，右手持金刚，左手持蛇形羂索。金刚摩葛哩，[4]身为白色，乘摩羯，具八蛇冠，右手持金刚，左手持饰有金刚标志的摩羯幢。[5]

关于金刚萨埵曼荼罗外院的尊数，庆喜藏《略释》中16尊，[6]《广释》中22尊。[7]著者不明的《曼荼罗仪轨》之外院的排列次序除日天（Nyi ma）和月天（Zla ba）两者被颠倒外，其余各尊与《广释》一致。在尊格数目上，《曼荼罗仪轨》中除缺载东方俱摩罗天（Ka rti ka），另将《广释》中位于西方的“rNam par rgyal ba”（调伏天）、“Nor sbyin”（罗刹天）以及北方的“gShin rje”（阎摩天）和“Tshogs kyi bdag po”（象鼻天）四尊合为“rGyal ba nor sbyin”和“gShin rje tshogs kyi bdag po”两尊，但若将此分解开来理解的话，那么《曼荼罗仪轨》外院共记载了21尊天众。

通过以上对《理趣广经》及诸注释本的比对分析：金刚萨埵曼荼罗是以《理趣广经》第一章“大三昧耶真实性金刚细轨王”为基础，兼及诸注释才最终确立。在这一

[1] 此处译作rDo rje dus（金刚季），与施护译灌顶名相异，汉译灌顶名为金刚葛罗。

[2] 此处译作rDo rje dus ma（金刚季女），与施护译名相异，汉译名为金刚迦梨。

[3] 此处译作rDo rje rul ba ma（金刚腐女），与施护译名相异，汉译名为金刚布单那女。

[4] 此处译作rDo rje chu srin ma（金刚摩羯女），与施护译名相异，汉译名为金刚布单那女。

[5] 见Kun dga' snying po注，Thug rje chen po、'Phags pa shes rab译：《一切如来真性集大乘现观怛特罗释真性作明》（*De bshin gshegs pa thams cad kyi de kho na nyid bsdus pa theg pa chen po mngon par shes bya ba'i rgyud kyi bshad pa de kho na nyid snang bar pa zhes bya ba*），P.3333, Vol.71, p.254, 4, 1-255, 2, 5.

[6] 东方为：' Dod pa'i tshangs pa, khyab 'Jug, Ka rti ka, dBang bo drag po，南方为：Nyi ma, Zla ba, sPen pa, Mig dmar，西方为：gTugn ban, rLung, Me, Lus ngan po，北方为：Phag, gShin rje, Log 'dren, dBang po chu lha.

[7] 东方为：'Dod pa'i khams kyi dbang phyug, Tshangs pa, lHa chen po, Khyab 'jug, Ki rti ka, brgya sbyin；南方为：Zla ba, Nyi ma, sPen pa, Mig dmar；西方为：sTobs kyi lha, dPyid kyi lha, rGyal ba, rNam par rgyal ba, Nor sbyin rlung lha, Me lha, Lus ngan po；北方为：Phag gshin rje, Tshogs kyi bdag po, Chu lha.

发展过程中，庆喜藏的《略释》《广释》以及佚名作者的《曼荼罗仪轨》无疑对其图像志的形成和完善起到至关重要的作用。此外，该曼荼罗外院二十二天的早期图像与庆喜藏注释《真性作明》中所载的降三世大曼荼罗外金刚部的二十一天有着密切的关联。

第三节　佛堂金刚萨埵曼荼罗与早期及布顿注释之关系

一、布顿与庆喜藏注释中的金刚萨埵曼荼罗图像志

西藏历史上最负有名望的大学者、夏鲁寺主持布顿大师（1290—1364）一生对藏传佛教经典的厘定、编著成就非凡。他一生尤为推崇瑜伽密续，由他本人亲自设计的夏鲁寺东西南北无量宫殿瑜伽续部曼荼罗壁画便是历史写照。其中南无量宫殿是他集诸班智达之注释所绘制的《理趣广经》不同篇章中的曼荼罗传承。与此同时布顿也留下了十余篇与《理趣经》有关的注释，其中《吉祥最胜本初所说金刚萨埵曼荼罗仪轨·大三昧耶真如金刚出现》（*dPal mchog rdo rje sems dpa'i dkyil 'khor gyi cho ga/ dam tshig chen po'i de kho na nyid rdo rje 'byung pa'o*，后略称“布顿注本”）[1]是集诸家之言对早期《理趣广经》相关注释的厘注本，该注对金刚萨埵曼荼罗诸天的方位、身色以及持物有着系统而详备的描述（参见资料篇六）。若将此与庆喜藏所作的《略释》《广释》及佚名作者《曼荼罗仪轨》中所含金刚萨埵曼荼罗图像做一对比会发现，这四个文本之间存在着惊人的相似性和相承性。

以下将前3部早期注释与布顿厘注本从图像的叙述次序、尊神的身色及持物有无等方面作一简略比较（其中诸注本中有关该曼荼罗图像的细节描述请参资料篇四、五、六）。

1. 曼荼罗尊格的先后顺序：

①《略释》：金刚萨埵—四方—四维—四方佛并八大菩萨—外四隅—四门—外重诸天。

②《广释》：金刚萨埵—四方—四维—外重四隅—四门—四方佛并八大菩萨—外重诸天。

③《曼荼罗仪轨》：金刚萨埵—四方—四维—四方佛并八大菩萨—外四隅—内外四门—外重诸天。

[1] Bu ston rin po che, *dPal mchog rdo rje sems dpa'i dkyil 'khor gyi cho ga/ dam tshig chen po'i de kho na nyid rdo rje 'byung pa'o*, D.5128, pp.477-597.

④布顿注本：金刚萨埵—四方—四维—四方佛并八大菩萨—外四隅—内外四门—外重诸天。

2. 曼荼罗图像中尊格身色、持物等状况

①《略释》中仅涉及诸尊方位，其身色与持物缺载。

②《广释》中内四隅（蜜、云、秋、冬菩萨）、外四隅（嬉、笑、歌、舞菩萨）及四门（色、香、声、味）有方位和持物，但无身色记载。四方佛并胁侍八大菩萨及外院诸天只有方位，无身色与持物记载。

③《曼荼罗仪轨》中除外重诸天仅涉及方位之外，其余各尊方位、身色、持物俱全。

④布顿注本：各尊方位、身色及持物俱全。

从曼荼罗尊格叙述次序看，布顿注本与《略释》及《曼荼罗仪轨》一致。在外院二十二天的尊数（东方 6 尊、南方 4 尊、西方 8 尊、北方 4 尊）及其排列顺序上，布顿注本则与《广释》完全一致。此外，在尊名选用上，布顿注本与《广释》一一对应，《曼荼罗仪轨》则与布顿注本及《广释》存有差异，最为明显的特征是《广释》《略释》及布顿注本中将位于主尊四维的四菩萨命名为金刚蜜（rDo rje sbrang rtsi），金刚云（rDo rje sprin），金刚秋（rDo rje ston），金刚冬（rDo rje dgun）。而在《曼荼罗仪轨》中，其东南角为欢喜（Rab tu dga' bu）、西南角为欢喜女（Rab tu dga' ma）、西北角为佛眼（sPyan ma）、东北角为大吉祥女（dPal chen mo）。其余各尊，尤其外院二十二天的尊名差异较大。

基于以上分析，布顿注本中的金刚萨埵曼荼罗尊格数目、排列次第及尊名均与庆喜藏的《略释》和《广释》，以及佚名作者的《曼荼罗仪轨》之间有着密切的关联。据此推测，布顿注本应该是以庆喜藏及佚名作者的注释为底本，在此基础上综合其他注释仪轨厘定成型的。

二、佛堂金刚萨埵曼荼罗所据文本溯源

红殿佛堂北壁西侧金刚萨埵曼荼罗虽未严格按仪轨规定在曼荼罗的四方开四门，四门设门楼、牌坊，并用珍宝、半月、对鹿等装饰。但在有限的空间内，设计者巧妙地利用水平构图这一模式，将每一尊尊神按其仪轨规定的方位次第合理地安置在水平画面的空间内。

以下为佛堂北壁西侧金刚萨埵曼荼罗诸天的名称与配置（配置图 8），其中在该曼荼罗中诸天的方位次第是按前述经典对此记载排列。配置图 8 中的数字与以下尊

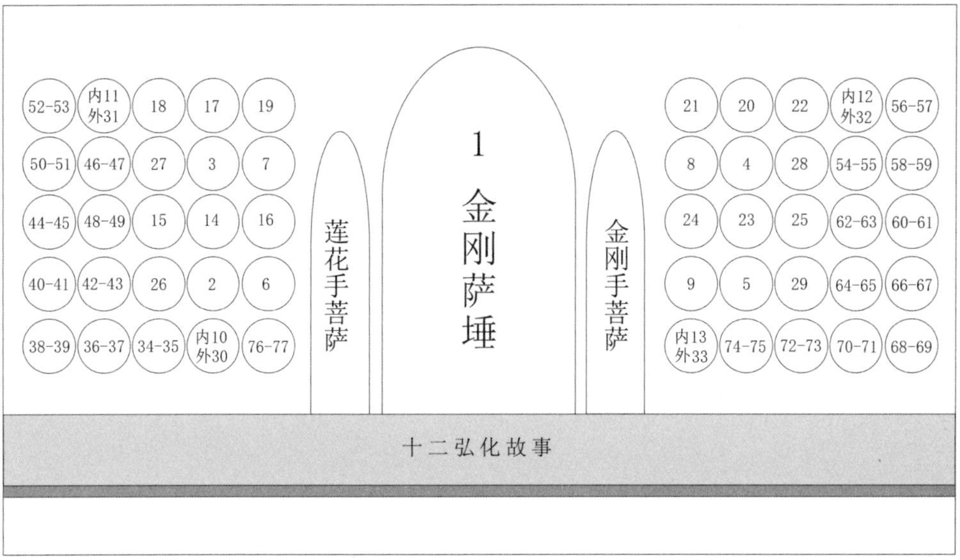

配置图 8 红殿佛堂北壁西侧金刚萨埵曼荼罗配置图

格前方数字，以及图表一（红殿佛堂金刚萨埵曼荼罗与布顿注释图像比较）中的金刚萨埵曼荼罗诸尊前方数字编号一一对应。

1. 第一重：主尊—四方—四维—四门四菩萨

该曼荼罗的主尊是（1）金刚萨埵，四方配（2）金刚意生、（3）金刚呵哩呵哩、（4）金刚念、（5）金刚慢四尊；四维配（6）金刚蜜、（7）金刚云、（8）金刚秋、（9）金刚冬四尊。内四门为（10）色、（11）声、（12）香、（13）味四菩萨。

2. 第二重：阿閦佛—宝生—阿弥陀佛—不空成就伴八大菩萨—四隅四菩萨与四门

第二重为四方佛，四方佛的左右方分别有两尊胁侍菩萨。东方（14）阿閦佛左右胁侍是（15）金刚手和（16）文殊菩萨；南方（17）宝生佛的左右胁侍是（18）虚空藏和（19）虚空库菩萨；西方（20）阿弥陀佛左右胁侍是（21）观自在和（22）发心无间转法轮菩萨；北方（23）不空成就佛左右胁侍是（24）金刚拳和（25）金刚夜叉。四隅分别绘（26）嬉、（27）笑、（28）歌、（29）舞四供养女菩萨。外四门与内院四门一致，亦为（30）色、（31）声、（32）香、（33）味四菩萨。

3. 第三重：二十二天及明妃

第三重外院东、南、西、北四方为伴有明妃的二十二天和四门的四供养菩萨。

东方为：欲界自在天—贤妃（34—35）、梵天—金刚寂静母（36—37）、大自在天一乌摩后（38—39）、那罗延天一金刚色母（40—41）、俱摩罗天一金刚童子女（42—43）、帝释天一金刚拳母（44—45）。

南方为：月天一金刚焰母（46—47）、日天一金刚甘露母（48—49）、土星一金刚杖母（50—51）、火星一金刚宝带母（52—53）。

西方为：力天一金刚隐没母（54—55）、吉祥天一金刚食母（56—57）、调伏天一金刚衣母（58—59）、最胜天一金刚欢喜母（60—61）、罗刹天一金刚使女（62—63）、风天一金刚敏捷母（64—65）、火天一金刚炽盛母（66—67）、毗沙门天一金刚利母（68—69）。

北方为：猪面天一金刚仆女（70—71）、阎摩天一金刚季母（72—73）、象鼻天一使女（74—75）、水天一摩羯母（76—77）。

若将以上佛堂北壁金刚萨埵曼荼罗诸天与庆喜藏《略释》《广释》及涵括在佚名作者《曼荼罗仪轨》中的图像相比较，它们彼此存在着间接的联系，部分在图像上也保持一致。具体差异性主要表现在曼荼罗外院二十二天的图像。虽在《曼荼罗仪轨》中指出该曼荼罗外院诸天的图像是基于《摄真实性》所载的大手印绘制，但事实在《摄真实性》外院金刚部中只记载了 21 尊，此与佛堂金刚萨埵曼荼罗外院二十二天相比缺载欲界自在天（'Dod pa'i khams kyi dbang phyug，伴妃为贤妃［Chung ma］）。且《摄真实性》外金刚部二十一天与金刚萨埵曼荼罗外院二十二天的方位次第也不尽一致。红殿佛堂金刚萨埵曼荼罗外院尊数虽与《广释》记载一致，但遗憾的是在《广释》中仅有尊名，缺载图像内容。相比之下，佛堂北壁西侧金刚萨埵曼荼罗除缺绘内或外四门四菩萨外，其余各尊无论身色还是持物与布顿注本最为接近（具体参见附表一与资料篇六）。

关于内外四门的四菩萨，《理趣广经》“大三昧耶真实性金刚细轨王”中被记作“诸门中央、集色标识置于门”（sgo yi dbus ni thams cad du/ gzugs mtshan la sogs bsdus pa dgod）[1]，庆喜藏《略释》中记为“在东方等各门，结色、声、香、味等手印”（shar la sogs pa'i sgo rnams su ni gzugs dang sgra dang dri dang ro gzugs la sogs pa'i phyag rgya phyag na bsnams pa'o）[2]，《广释》中记作“门的中央，东门绘金刚色、南门绘金刚声、西门绘金刚香、北门绘金刚味。按其排列次第依次绘（持）镜子、琵琶、香海螺和味器”（sgo'i dbus ni zhes bya ba la sogs pa la shar gyi sgor rdo rje gzugs/ lho rdo rje sgra/ nub du rdo rje dri/ byang du rdo rje ro kun tu bri bar bya ste/ 'di dga kyang

［1］P.119, Vol.5, p.124, 4, 7-8.
［2］P.3334, Vol.72, p.156, 3, 8-156, 4, 1.

go rim ji lta ba bzhin du me long dang/ pi bang dang dri'i dung chos dang/ ro'i snod dang bcas pa bri bar by'o）[1]。而布顿注本中内外四门被记作“内外两重门的东门处为红色的金刚色，手持镜子；南门为红色的金刚声，手持琵琶；西门为青灰色的金刚香，两手捧香海螺；北门为黄色的金刚味，手持味器”（sgo phyi nang gnyis ka'i sher sgor rdo rje gzugs dmar skya/ me long 'dzin pa/ lho sgor rdo rje sgra dmar skya/ pi lbang brdung ba/ nub sgor rdo rje dri sngo skya/ phyag gnyis na dri'i dung mchog bsnams pa/ byang sgor rdo rje ro gser btso ma'i mdog/ ro'i snod bsnams pa'o）[2]。

基于以上经典对四门四菩萨的记载，其中庆喜藏《略释》与布顿注本均指出该曼荼罗内外四门的四菩萨一致，而布顿注本中则明确记载了内外四门四菩萨的图像，其特征与庆喜藏《广释》一致。红殿佛堂北壁金刚萨埵曼荼罗仅绘一组四菩萨（或内或外）之因，或与该经典中内外四门的四菩萨身份与图像一致有关，故仅绘一重之门以供内外兼用。

第四节　小　结

通过对《理趣广经》原典及诸注释续中有关金刚萨埵曼荼图像的对比分析，本文指出：位于《理趣广经》诸曼荼罗首位的金刚萨埵曼荼罗是以《理趣广经》第一卷“大三昧耶真实性金刚细轨王”为根基，其图像的形成和发展与庆喜藏注释《略释》《广释》及佚名作者《曼荼罗仪轨》密不可分。而该曼荼罗外院二十二天的图像则与《真性作明》第六节“三世间征服陀罗尼曼荼罗释”中所载的降三世大曼荼罗外院诸天有关。后布顿基于早期注释，尤其以庆喜藏注释为底本重新厘注的《吉祥最胜本初所说金刚萨埵曼荼罗仪轨·大三昧耶真如金刚出现》，最终将该曼荼罗的图像完善定型。

将红殿佛堂金刚萨埵曼荼罗与以上诸注释中所载图像志做一比对后发现，该曼荼罗诸天的图像特征与布顿注本中的记载基本一致（详参附表一）。金刚萨埵曼荼罗在西藏阿里地区并不流行，目前仅存托林寺红殿和古格故城白殿两处。古格故城白殿东壁中段该曼荼罗构图与托林寺红殿一致，唯一区别在于白殿将其主尊单独分开以泥塑的形式呈现于诸眷属的前方（图 2-4-1）。[3] 因后期人为破坏，塑像现已残损，而塑像后方壁画中诸天的图像特征与托林寺如出一辙，属于同一个文本传承体系。

[1] P.3335, Vol.73, P.192, 2, 5-7.
[2] D.5128, p.558, 5-6.
[3] 具体详见王瑞雷：《古格故城白殿绘塑内容及图像程序重构——基于意大利藏学家朱塞佩·图齐及印度李·戈塔米的考察记录》，《艺术设计研究》2021 年第 2 期，第 16 页。

图 2-4-1　古格故城白殿东壁中段金刚萨埵曼荼罗

附表一　红殿佛堂金刚萨埵曼荼罗与布顿注释图像比较

	方位	编号	汉文尊名	藏文尊名	布顿注释中金刚萨埵曼荼罗尊格特征	红殿佛堂金刚萨埵尊格特征
主尊	中央	1	金刚萨埵	rDo rje sems dpa’	白色，左手持金刚杵，右手持金刚铃。	与布顿注本一致
方四	东	2	金刚意生	rDo rje yid las byung ba	赤色，左手持弓，右手持箭。	一致
	南	3	金刚呵哩呵哩	rDo rje ki li ki li	赤色，两手于胸前结金刚拳并持红色五股金刚杵，呈拥抱状。	一致
	西	4	金刚念	rDo rje dran	浅青色，左手持摩羯宝幢，右手扶坐垫，呈傲慢相。	一致
	北	5	金刚慢	rDo rje snyems ma	金色，两手结金刚拳并握五股金刚杵于胯部。	一致
四维	东南	6	金刚蜜（春）	rDo rje sbrang rtsi	赤色，两手于头顶持花鬘。	一致（持物略有残缺）
	西南	7	金刚云	rDo rje sprin	赤色，两手于头顶持熏香盒。	一致（略有残缺）
	西北	8	金刚秋	rDo rje ston	蓝色，两手于头顶持灯柄。	一致
	东北	9	金刚冬	rDo rje dgun	黄色，两手于头顶持海螺。	一致
四方佛及八大菩萨	东	14	阿閦佛	Mi bskyod pa	白色，手持五股金刚杵并结触地印。	一致
	右侧	15	金刚手	Phyag na rdo rje	白色，两手持金刚杵与金刚铃，并于左方现傲慢姿。	一致
	左侧	16	文殊	’Jam dpal	蔚蓝色，四臂，手持宝剑迎请如来佛。	一致
	南	17	宝生佛	Rin chen ’byung ldan	青色，手持金刚宝并结与愿印。	一致（左侧残缺）
	右侧	18	虚空藏	Nam mkha’i snying po	绿色，置念珠于头顶示灌顶状。	一致
	左侧	19	虚空库	Nam mkha’i mdzod	杂色，手持交杵和斑铃，端坐并呈傲慢姿。	一致
	西	20	阿弥陀佛	’Od dpag med	金黄色，手持莲花并结转法轮印。	一致
	右侧	21	观自在	’Jig rten dbang phyug	赤色，左手持莲茎，右指于胸前缓慢舒展开。	一致
	左侧	22	发心无间转法轮	Sems bskyed ma thag tu chos kyi ’khor lo bskor ba	黄色，左手扶坐垫，右手用中指于胸前顶八辐轮金刚。	一致
	北	23	不空成就佛	Don yod grub pa	杂色，手持羯磨并结无畏印。	一致
	右侧	24	金刚拳	rDo rje khu tshur	黄色，金刚拳握五股金刚杵。	一致
	左侧	25	金刚夜叉	rDo rje gnod sbyin	青色，两金刚拳于脸的两侧握金刚獠牙。	一致（身色偏黑）

续表

	方位	编号	汉文尊名	藏文尊名	布顿注释中金刚萨埵曼荼罗尊格特征	红殿佛堂金刚萨埵尊格特征
四隅	东南	26	嬉女	sGeg mo	赤色，用金刚拳握五股金刚杵于两胯外。	一致
	西南	27	笑女	bZhad ma	赤色，右手持饰有齿鬘的两股金刚杵，左手着坐垫。	一致
	西北	28	歌女	gLu chen mo	绿色，手持金刚琵琶。	一致
	东北	29	舞女	Gar ma	金色，两手持金刚杵并现舞姿。	一致
内外外四门	东	10 30	金刚色	rDo rje gzugs	赤色，持镜子。	一致（左腿部残缺）
	南	11 31	金刚声	rDo rje sgra	赤色，持琵琶。	一致
	西	12 32	金刚香	rDo rje dri	青灰色，持海螺。	一致
	北	13 33	金刚味	rDo rje ro	黄色，持味器。	一致（器内有花）
二十二天及明妃	东	34	欲界自在天	'Dod pa'i khams kyi dbang phyug	持饰有金刚花的弓箭。	一致
		35	贤妃	Chung ma	与欲界自在天一致。	一致
	东	36	梵天	Tshangs pa	黄色，乘鹅，四面四臂，右侧两臂持金刚与念珠；左侧两臂持棒与净瓶。	一致
		37	金刚寂静女	rDo rje zhi ba ma	与梵天一致。	一致
	东	38	大自在天	Ha chen	白色，颈部呈青色，乘大象，四臂。右侧两臂一手抱乌摩妃，另一手持三股金刚杵；左侧两臂分持三叉戟与宝剑。	一致（右侧磨损已模糊）
		39	乌摩	U ma	除身色为黄色外，其余特征与大自在天一致。	一致
	东	40	那罗延天	Khyab 'jug	黑色，乘金翅鸟，四臂，右侧两臂分持金刚杵与棒；左侧两臂持海螺与轮。	一致（右一臂已残缺）
		41	金刚色女	rDo rje ser mo	除身色为黄色外，其余特征与那罗延天一致。	一致（右一臂已残缺）
	东	42	俱摩罗天	Ka rti ka	赤色，六面，乘孔雀，右二臂持短矛和金刚，左二臂持鸡和铃。	一致
		43	金刚童女	rDo rje gzhon nu ma	与俱摩罗天一致。	一致

续表

	方位	编号	汉文尊名	藏文尊名	布顿注释中金刚萨埵曼荼罗尊格特征	红殿佛堂金刚萨埵尊格特征
二十二天及明妃	东	44	帝释天	brGya byin	黄色，乘六拏白象，左手于胯部持金刚，右手持出世间之金刚。	一致
		45	金刚拳女	rDo rje khu tshur ma	与帝释天一致。	一致
	南	46	月天	Zla ba	白色，乘鹅，右手持金刚，左手持饰月之莲花。	一致
		47	金刚焰女	rDo rje mdangs ma	与月天一致。	一致
	南	48	日天	Nyi ma	赤色，乘由七匹宝马牵动的马车，右手持具金刚之莲花，左手持饰日轮之莲花。	一致
		49	金刚甘露女	rDo rje bdud rtsi ma	与日天一致。	一致
	南	50	土星	sPen pa	青色，乘龟，右手持金刚杵，左手持杖。	一致
		51	金刚杖女	rDo rje dbyug pa ma	与土星一致。	一致
	南	52	火星	Mig dmar	赤色，乘山羊，右手持红色金刚杵，左手执人首作食状。	一致
		53	金刚宝带女	rDo rje rked chings ma	与火星一致。	一致
	西	54	力天（摧毁天）	sTobs kyi lha	白色，乘象，右手持金刚杵，左手持犁杖。	一致
		55	金刚隐没女	rDo rje ’ju ba ma	与力天一致，所异者，唯左手持天杖。	一致
	西	56	吉祥天	dPyid kyi lha	绿色，乘郭公鸟（杜鹃），右手持金刚杵，左手持花鬘。	一致
		57	金刚食（吞服）女	rDo rje za ba mo	与吉祥天一致，所异者，唯左手持尖矛。	一致
	西	58	调伏天	rGyal ba	黄色，乘鹦鹉车，右手持金刚杵，左手持摩羯幢。	一致
		59	金刚衣女	rDo rje bgo ba ma	与调伏天相同，所异者唯身色呈赤色。	一致
	西	60	最胜天	rNam par rgyal ba	白色，乘蛤蟆，右手持金刚杵，左手持剑。	一致
		61	金刚欢喜女	rDo rje dga’ ba mo	与最胜天一致。	一致

续表

	方位	编号	汉文尊名	藏文尊名	布顿注释中金刚萨埵曼荼罗尊格特征	红殿佛堂金刚萨埵尊格特征
二十二天及明妃	西	62	罗刹天	Nor sbyin	黄色，乘花轿，右手持金刚，左手持木榔头。	一致
		63	金刚使女	rDo rje pho nya mo	与罗刹天一致，所异者，唯左手持天杖。	一致
	西	64	风天	Rlung lha	青色，乘鹿，右手持金刚杵，左手持幡。	一致
		65	金刚敏捷女	rDo rje mgyogs ma	与风天一致。	一致（身色略偏黑）
	西	66	火天	Me lha	赤色，乘山羊，右侧两手持金刚杵和杓；左侧两手持杖和净瓶。	一致
		67	金刚炽盛女	rDo rje ’bar ba mo	与火天相同。	一致
	西	68	毗沙门天	Lus ngan po	青色，乘尸体，右手持金刚杵，左手持杖。	一致
		69	金刚利女	rDo rje khyor ma	与毗沙门天一致，相异之处，唯左手持羂索。	一致
	北	70	猪面天	Phag gdong	青色，猪面，乘塞夏龙王，右手持金刚杵，左手持铁钩。	一致
		71	仆女金刚	Bran mo rdo jie	猪面，乘人，右手持金刚，左手持剑。	一致
	北	72	阎摩天	gShin rje nag po	黑色，乘水牛，右手持金刚，左手持阎摩杖。	一致（身色略偏青）
		73	金刚季女	rDo rje dus ma	黑色，乘尸体，右手持金刚，左手持天杖。	一致（身色略偏青）
	北	74	象鼻天	Tshogs kyi bdag po	白色，象脸，乘鼠。右侧两手持金刚与钺斧，左侧两手持三叉戟与象牙。	一致
		75	使女	Pho nya mo	青色，乘鼠，右手持金刚，左手持木剑。	一致
	北	76	水天	Chu lha	白色，具八蛇冠，乘摩羯鱼，右手持金刚，左手持蛇形羂索。	残缺
		77	摩羯女	Chu srin ma	与水天相同，所异者，唯左手持具金刚标志之摩羯幢。	残缺

第三章　佛堂南北两壁东侧《恶趣清净怛特罗》之恶趣清净系曼荼罗研究

红殿恶趣清净普明大日如来和九佛顶曼荼罗分别绘在佛堂南北两壁东侧，即经堂步入佛堂入口台阶的左右两侧壁，两铺曼荼罗南北互映，呈平行对称构图。

有关《恶趣清净怛特罗》的文本研究，塔德乌茨·斯考茹普斯克（Tadeusz Skorupski）1983 年出版的专著《一切恶趣清净怛特罗》是对该文本研究的集大成之作。书中不仅系统地梳理了该经典的传承历史和译注人物，且详尽地比对了新旧两译本中的异同，并将新译本译成英文。[1] 弗吉尼亚大学史蒂芬·尼尔·卫恩伯格（Steven Neal Weinberger）在博士论文第二章中系统地梳理了《恶趣清净怛特罗》的不同译注本，并依据《布顿文集》对恶趣清净新旧译本中所述内容和所载曼荼罗做了系统的介绍。[2] 关于恶趣清净曼荼罗图像研究，日本学者川崎一洋在《夏鲁寺曼荼罗壁画——以北无量宫殿恶趣清净曼荼罗为中心》一文中以布顿撰写的《夏鲁寺东西南北无量宫曼荼罗配置目录》（*Zhwa lu'i gtsug lag khang gi gzhal yas khang nub ma/ byang ma/ shar ma/ lho ma rnams na bzhugs pa'i dkyil 'khor sogs kyi dkar chag*）为基准，在梳理文献的基础上，对绘于北无量宫中不同支系的恶趣清净曼荼罗壁画之配置等问题做了详细解读。[3]

因红殿佛堂普明大日和九佛顶曼荼罗仅绘出了各自的主尊和第一重眷属，并在其下方又绘制了 12 尊持物相近的天众。故就此图像，笔者一直不敢妄下定论，乃至有跳过此研究的想法。后基于多次调查并通过对经堂西壁北侧题记的释读，方为笔者提供了解决该组曼荼罗下方 12 尊天众身份及其图像配置的线索。为此，以下基于梳理恶趣清净怛特罗新旧两译注，并结合红殿经堂西壁题记，就佛堂南北两壁东侧

[1] Tedeusz Skorupski, *The Sarvadurgatiparīśodhana Tantra: Elimination of All Evil Destinies,* Delhi: Motilal Banarsidass, 1983.

[2] Steven Neal Weinberger, *The Significance of Yoga Tantraand the Compendium of Principles (Tattvasamgraha Tantra) within Tantric Buddhism in India*, M.A, University of Virginia, 2003.

[3] 川崎一洋「シャル寺のマンダラ壁画について(Ⅱ)：北堂の悪趣清浄マンダラを中心に」,『密教文化』2001 年第 207 号，第 78—79 页。

普明大日如来和九佛顶曼荼罗下方 12 尊尊神的身份及图像组合关系予以讨论。

第一节 《恶趣清净怛特罗》及注释

随着佛教的传入，因果报应和生死轮回等思想逐渐深入吐蕃社会。佛教中的生死观、往生观也潜移默化地影响着吐蕃人的丧葬习俗和生活观念。8 世纪中叶，《恶趣清净怛特罗》被译介至藏地。[1] 因它具有“迎请一切众神，令入坛城，对亡者授予灌顶，则可从恶趣中解脱，并往生于善趣天界或诸上界处”[2] 等现实利益，故赢得了吐蕃官方的认可，并将此收录于 824 年编纂的译经目录《丹噶目录》中。

相比吐蕃时期所传的旧译本，后弘初期由吉祥智（Mānṇikaśrījñā na）和洽译师法吉祥（Chos rje dpal）翻译的《清净一切如来阿罗汉等正觉者恶趣威光王仪轨》[3] 被后世称之为新译本。该译本与宋至道二年（996）法贤[4] 翻译的汉译本《佛说大乘观想曼拏罗净诸恶趣经》（二卷）[5] 均出自梵文写本 *Sarvadurgatiparīśodhanate jorājasya Tathāgatasya Arhato Samyaksambuddhasyakalpa*。相比之下，藏文译本更忠实于梵文原典，而汉译本更多为抄译。[6]

藏文新旧两译本在内容上相差不大，[7] 旧译本中记载了 12 个曼荼罗，新译本中为 11 个（第三节讨论）。因该仪轨具有净除恶趣、息灾增益、降伏净化、超度亡灵和往生净土的现实利益，故与之相关的图像不仅流行于西藏本土，且在吐蕃占领期

[1] *De bzhin gshegs pa dgra bcom pa yang dag par rdzogs pa'i sangs rgyas ngan song thams cad yongs su sbyong ba gzi brjid kyi rgyal po'i brtag pa phyogs gcig pa zhes bya ba*，译作：《清净一切如来阿罗汉等正觉者的恶趣威光王仪轨》（D.483; P.116）。由寂藏（Śāntigarbha）和胜护（Jayarakṣīta）翻译，宝胜（Rin chen mchog）校订。

[2] 洽译师释迦比丘曲杰贝译：《如来应供正等觉一切恶趣圆满净治荣宝王品》，拉萨版《甘珠尔》、密宗部“dza”函，第 440 叶 a 面。见才让《法藏敦煌藏文佛教文献 P.T.37 号译释》，载敦煌研究院编：《敦煌吐蕃文化学术研讨会论文集》，兰州：甘肃民族出版社，2009 年，第 224 页。

[3] *De bzhin gshegs pa dgra bcom pa yang dag par rdzogs pa'i sangs rgyas ngan song thams cad yongs su sbyong ba gzi brjid kyi rgyal po'i brtag pa phyogs gcig pa zhes bya ba*，译作：《清净一切如来阿罗汉等正觉者恶趣威光王仪轨一份》（D.485; P.117）。Devendradeva、Māṇikaśrījñāna 和 Chos rje dpal 翻译。

[4] 据赵安仁、杨亿等奉敕编修的《大中祥符法宝录》记载，该经典由法贤翻译于至道二年（996）。宋端拱二年（989）至咸平二年（999）他曾担任翻经官，共译出佛教经典 76 部 114 卷。

[5]《大正新修大藏经》，No.939。

[6] 汉译本与藏文新译本的对比研究，见酒井紫朗「悪趣清浄軌について」,『密教文化』1978 年第 123 号，第 1—25 页。

[7] 有关新旧两译本内容的相异点详见 Tedeusz Skorupski, *The Sarvadurgatiparīśodhana Tantra: Elimination of All Evil Destinies,* Delhi: Motilal Banarsidass, 1983, pp. xviii - xxiv .

的敦煌、[1]西夏时期的榆林窟、[2]蒙元时期北京居庸关过街塔券顶均有遗存。[3]

与《恶趣清净怛特罗》新旧译本有关的注释在德格版藏文《大藏经》中共收录有16篇（Nos.2624—2639），此与布顿在《丹珠尔目录》中列出的16篇《恶趣清净怛特罗》仪轨一致。[4]其中对恶趣清净怛特罗全文做注的有5篇，[5]这5篇均是对旧译本的注解，同时也是对旧译本中12个曼荼罗图像的解读。[6]

此外，11世纪末至12世纪初，无畏生护在曼荼罗仪轨《金刚鬘》和《究竟瑜伽鬘》第22章中均有对九佛顶曼荼罗图像配置的解说；[7]12世纪后半期至13世纪初，活跃于印度与尼泊尔两地的密教大成就者米扎（Mitrayogin）在其成就法《现观珍珠鬘》（*Abhisamayamuktāmālā*; *mNgon par rtogs pa mu tig gi phreng ba*）[8]所载的108个曼荼罗中亦涉及旧译本中的普明大日如来曼荼罗和新译本中的九佛顶曼荼罗；[9]藏传佛教集大成者布顿基于早期注释在重新厘注的《普明曼荼罗庄严》（*Kun rig gi dkyil 'khor gyi bkod pa bzhugs so*）和《九佛顶曼荼罗庄严》（*gTsug dgu'i dkyil 'khor gyi bkod pa bzhugs so*）中，分别就旧译本中普明大日如来曼荼罗和新译本中九佛顶曼荼罗的图像志做了增补完善。[10]此外，19世纪初，由萨迦派高僧蒋扬洛特旺波主持编纂的《续部总集》中亦含有恶趣清净新旧译本中的诸曼荼罗图像仪轨，另据此仪轨绘制

[1] 有关吐蕃占领敦煌期间恶趣清净曼荼罗仪轨及图像传存研究，见田中公明「敦煌出土の悪趣清浄曼荼羅儀軌と白描図像」,『敦煌密教と美術』，東京：法蔵館，2000年，第72—96页。

[2] 有关榆林窟第3窟恶趣清净九佛顶曼荼罗图像讨论，详见Kimiaki Tanaka, "*On the So-called Garbhadhatu-maṇḍala in Cave No.3 of An-xi Yu-lin Cave*"，收录于《汉藏佛教美术研究——第四届西藏考古与艺术国际学术讨论会论文集》，上海：上海古籍出版社，2014年，第155—160页；刘永增：《瓜州榆林窟第3窟恶趣清净曼荼罗及相关问题》，载敦煌研究院编《敦煌吐蕃统治时期石窟与藏传佛教艺术研究》，兰州：甘肃教育出版社，2012年，第231—235页；贾维维：《榆林窟第三窟壁画与文本研究》，杭州：浙江大学出版社，2020年，第269—277页。

[3] 谢继胜：《居庸关过街塔造像义蕴考——11至14世纪中国佛教艺术图像配置的重构》,《故宫博物院院刊》2014年第5期，第49—80页。

[4] Bu ston, *bsTan 'gyur gyi dkar chag: Yid bshin nor bu bdang gi rgyal pa'i phreng ba*，东北藏外No.5202，收录于Lokesh Chandra(ed), *The Collected Works of Bu-ston,* Śata-piṭaka Series, Part 26 (LA), New Delhi: International Academy of Indian Culture, 1971, pp.516, 1-518, 2.

[5] 这五部经典分别是：Buddhaguhya：《义字释》（*Arthavyañjanavrtti*, D.2624）；Kāmadhenu：《广释》（*Tīkā*, D.2625）；Vajravarman：《妍丽庄严》（*Sundarālaṃkāra*, D.2626）；佚名作者：《光明庄严》（*Ālokalaṃkāra*, D.2627）；Ānandagarbha：《分别释》（*Kalpaṭikā*, D.2628）。其中D.Nos.2630—2634为普明大日如来曼荼罗；D. Nos.2635—2639为九佛顶曼荼罗。

[6] 参见川崎一洋「シャル寺のマンダラ壁画について(Ⅱ)：北堂の悪趣清浄マンダラを中心に」,『密教文化』2001年第207号，第78—79页。

[7] 见《中华大藏经》（藏文）对勘本，丹珠尔No.3141.（phu函），第39卷，北京：中国藏学出版社，1994—2008年，第357—364页。

[8] P.5022, Vol.87, p.29, 2, 1-47, 5, 6.

[9] 其中普明大日如来曼荼罗位于P.5022, Vol.87, pp.32, 5, 7-33, 1, 8；九佛顶曼荼罗位于P.5022, Vol.87, pp.33, 1, 8-33, 2, 5.

[10] 这两部注释收录于Lokesh Chandra(ed), *The Collected Works of Bu-ston*, Part17(TSA), Śata-piṭaka Series vol.57, New Delhi: International Academy of Indian an Culture, 1969.其中《普明曼荼罗庄严》见第307—353页；《九佛顶曼荼罗庄严》见第355—375页。

的曼荼罗后来被收录在日本东亚文化研究中心编著的《西藏俄尔寺曼荼罗集》一书中。[1]

第二节　佛堂普明大日如来与九佛顶曼荼罗

恶趣清净新旧两译本中的曼荼罗主要以旧译本中的普明大日如来曼荼罗和新译本中的九佛顶曼荼罗著称。前者是以普明大日如来为本尊并由 200 余尊眷属构成的尊格群。主尊身呈白色，四面二臂，两手禅定印并结金刚跏趺坐。曼荼罗第一重呈八辐轮形，四方分别为一切恶趣清净王、宝胜、释迦族王和开敷花王。四维为佛眼、摩摩枳、白衣和多罗四佛母。第二重呈十六辐轮形，轮辐上为十六菩萨，其特征与金刚界曼荼罗一致。内外两重的四隅分别安内外八供养菩萨，四门为四摄菩萨，内院总计 37 尊。外院由贤劫十六尊、无比十六尊、十六罗汉、十六缘觉、八忿怒、四部众、八药叉、诸龙王、十护方、四大天王、八曜星、二十八星宿等诸天构成。

九佛顶曼荼罗的尊格构成与普明大日如来内院基本一致，为 37 尊。主尊为身呈黄色，一面二臂结说法印的释迦牟尼佛。第一重呈八辐轮形，轮辐上安驻八大佛顶，第二重四方廊台上为十六菩萨，内外四隅为内外四供养菩萨、四门为四摄菩萨。相比普明大日如来内院天众，其差异点主要表现在主尊及第一重 8 尊眷属上，其余尊格基本共用。

红殿佛堂南北两壁东侧普明大日如来（图 3-2-1）和九佛顶曼荼罗（图 3-2-2）仅绘出了各自的主尊和第一重眷属。其中普明大日如来曼荼罗中绘出的天众有：主尊、主尊四方的一切恶趣清净王（东）、宝胜佛（南）、释迦族王（西）、开敷花王（北）及四隅的佛眼、摩摩枳、白衣和多罗 9 尊。九佛顶曼荼罗中亦仅绘出了 9 尊，分别是主尊释迦牟尼佛和第一重居于八辐轮上的八大佛顶。两铺曼荼罗中的主尊均绘在呈倒立长方形构图的画面中央偏上方。

一、佛堂南壁东侧普明大日如来曼荼罗图像构成

以下为红殿佛堂南壁东侧普明大日如来曼荼罗的主尊、第一重眷属及其他部属曼荼罗中的尊格特征。其尊格前方数字、字母与配置图（配置图 9）中用以表示尊格

[1] bSod nams rgya mtsho & M.Tachikawa, *The Ngor Mandalas of Tibet: Plates*, Bibliotheca Codicum Asiaticorum 2, Tokyo: The Centre for East Asian Cultural Studies, 1989, p.39；图像解说见 *The Ngor Mandalas of Tibet: Listings of the Mandala Deities*, Bibliotheca Codicum Asiaticorum 4, Tokyo: The Centre for East Asian Cultural Studies, 1991, pp.72-73.

图 3-2-1　普明大日如来曼荼罗主尊及眷属（局部）

图 3-2-2　九佛顶曼荼罗主尊及眷属（局部）

配置图9　佛堂南壁东侧普明大日如来曼荼罗配置图

方位处所的数字及字母一一对应，字母表示的天众为恶趣清净系其他部属曼荼罗的尊像。

1. 普明大日　白色，四面二臂、结禅定印，托法轮。
2. 一切恶趣清净王佛　白色，两手结禅定印，托法轮，象座。
3. 宝胜佛　黄色，左手结禅定印并托宝，右手结与愿印，马座。
4. 释迦族王　赤色，两手结禅定印并托莲花，孔雀座。
5. 开敷花王　绿色，左手结禅定印，右手施无畏印并持羯磨杵，金翅鸟座。
6. 佛眼母　白色，右手于胸前持佛眼，左手置于左腿后方扶坐具。
7. 摩摩枳　绿色，右手于胸前持金刚杵，左手于左腿后方扶坐具。
8. 白衣　赤色，右手于胸前持赤色莲花，左手于左腿后方扶坐具。
9. 多罗　绿色，右手于胸前持赤色优菠罗花，左手于左腿后扶坐具。

A 金刚手　青色，右腿半屈，左腿伸展呈半蹲状。左右两手持金刚杵与金刚铃，并于胸前结金刚吽迦罗印。

B 金刚萨埵　白色，右手中指上举金刚杵于胸前，左手持铃置于左腿上。

C 无量寿佛　赤色，右腿半屈，结禅定印。

D 金刚萨埵　与B相同。

E 金刚手　青色，右手用中指上举金刚杵于胸前，左手持铃于左腿上。

F 金刚萨埵　与B相同。

在藏文旧译本中，普明大日如来曼荼罗主尊和第一重眷属的图像描述均相对简约，尤其第一重八辐轮四方的四佛和四维的四妃仅列出了尊名，其图像未有详载。[1]庆喜藏《一切恶趣清净大曼荼罗成就法》（*Ngan song thams cad yongs su sbyong ba'i dkyil 'khor chen po'i sgrub thabs*）中普明大日如来及第一重眷属记载与旧译本基本一致，亦无详述具体尊形与持物。[2]布顿以旧译本为底本，结合早期注释及传承口诀等[3]另行厘注的《普明曼荼罗之庄严》（*Kun rig gi dkyil 'khor gyi bkod pa bzhugs so*），是对旧译本逐字逐句的注解，其内容也包含了图像的详解。

为了方便比对原典与布顿注释两者图像之关系，以下仅抄译布顿注释中有关该曼荼罗主尊和第一重眷属部分，以此作为类比对象，分析佛堂南壁东侧普明大日如来曼荼罗的图像构成。其中引号所标部分为布顿注释中所引旧译本中的原文内容（引用部分与原旧译本中个别相异词汇及术语详参脚注）。

"dbus kyi phyogs su kun rig ni/ dung dang kun da zla 'dra la/ zhal bzhi pa la rdo rje yi/ seng ge'i gdan la zhugs pa dang/ ting[4] 'dsin phyag rgyar ldan pa dang/ rgyan rnams kun gyis brgyan par bri/ de yi[5] spyan sngar ngan song kun/ sbyong ba'i rgyal po bri bya ste/ phyag gnyis ting nge[6] 'dsin tshul du bsgom[7]/ zla ba

[1] 图像记载为：中央普明大日如来身色如同海螺与明月般皎洁。四面，居于金刚狮子座上，装束具足，两手结禅定印。其前方为两手结禅定印，身色如满月与莲花般庄严的一切恶趣清净王。后方为释迦族王，左右方为宝胜和开敷花王二尊。佛眼、摩摩枳、白衣和多罗与各自部族的特征一致，均位于四隅。藏文原文为"dbus kyi phyogs su kun rig ni/ dung dang kun da zla 'dra la/ zhal bzhi pa la rdo rje yi/ seng ge'i gdan la zhugs pa dang/ ting nge 'dsin phyag rgyar ldan pa dang/ rgyan rnams kun gyis brgyan par bri/ de'i spyan sngar ngan song kun/ sbyong ba'i rgyal po bri bya ste/ phyag gnyis ting 'dsin tshul du bsnol/ zla ba rgyas dang padma'i mdog/ rgyan rnams kun gyis legs rdzogs la/ rgyal mchog skyes bus gang bar bri/ rgyab tu Śakya'i rigs dbang po/ gtso bo thub pa bri bya/ gyon dang gyas kyi phyogs char ni/ rgyal mchog rin chen me tog gnyis/ lo tsa na dang mā ma kī/ de bzhin dkar mo sgrol ma rnams/ rang gi rigs kyi mtshan ma bzhin/ gru yi phyogs ni kun tu bri//" 见 P.116, Vol.5, p.84, 5, 4-7.

[2] 见 P.3457, Vol.76, p.192, 1, 1-6.

[3]《普明曼荼罗庄严》中参考注释及传承口诀主要有：阿底峡尊者的传承口诀（Jo bo rje'i man ngag brgyud pa）、大译师仁钦桑布的传承口诀（Rin chen bzang po'i man ngag brgyud pa）、前弘期的旧注释（sngog gyi 'bru 'grel rgan po）、阿阇梨庆喜藏（Kun dka' snying po）所作的注释《明灯》（*gSal pa'i sgron me*）、金刚护（rDo rje go cha）的注释《好丽庄严》（*mDzes pa'i rgyan*）、注者不明（mdzad byang ma smos pa）的注释《光明庄严》（*sNang ba'i rgyan*）、旺秋加措（dBang phyug rgyal mtshan）的传承、竹唐贡宁玛（sGrub thabs kun snying ma）和杰尊扎巴坚赞（rje btsun grags pa rgyal mtshan）的著作（yi ge）、努赛达（gNur si dha）的注（ṭīka）、扎瓦迦桑布（rTswa skya bzang po）的注、娘敦楚巴（gNyan ston tshul 'bar）的注和祥洛旦（Shong blo brtan）的著作。见 Lokesh Chandra(ed), *The Collected Works of Bu-ston*, Part17(TSA), Śata-piṭaka Series vol.57, New Delhi: International Academy of Indian an Culture, 1969, pp. 353, 1-4.

[4] ting 旧译本为 ting nge。

[5] de yi 旧译本为 de'i。

[6] ting nge 旧译本为 ting。

[7] bsgom 旧译本为 bsnol。

rgyas dang padma'i mdog/ rgyan rnams kun gyis legs rdzogs la/ rgyal mchog skyes bu[1] gang bar bri/ rgyab tu Śakya'i rigs dbang po/ gtso bo thub par bri bar bya[2]/ gyon dang gyas kyi phyogs char ni/ rgyal mchog ting 'dzin[3] me tog gnyis//" zhes pas dbus su kun rig rnam par snang mdzad dkar po bzhi pa/ 'di la kha cig/ zhal bzhi phyogs mdog tu byed pa ni/ nor te/ rnal 'byor gyi rgyud rnams nas de ltar ma bshad pa'i phyir/ des na zhal bzhai dkar po/ rtsa zhal shar du gzigs pa'o/ rdo rje seng ge'i gdan la bzhugs/ zhes pa ni/ kha cig/ seng ge'i khri'i dbus nas rdo rje bsgrengs pas brgyan pa la 'dod kyang/ rdo rje skyil mo krung gis seng ge'i khri dang padma zla'i steng du bzhugs pa'o/ ting nge 'dzin gyi phyag rgya ni/ rdo rje skyil krung gi steng du phyag gyon pa gan rkyal du bzhag pa'i steng du gyas pa gan rkyal du bzhag nas mthe bong gnyis rtse sprad pa'o/ rin po che'i prog zhu'i dbu rgyan snyan rgyan dang/ mgul rgyan dang/ se mo do dang/ do shal sang/ ska rags dang/ dpung gdub dang/ gdu bu dang/ sor gdub dang/ zhabs gdub ste/ rgyan kun gyis brgyan pa/ dar la'i stod gyogs smad gyogs dang ldan pa/ rdo rje rin po che'i cod pan can/ nor bu rin po che'i steng na rdo rje phyed pas mtshan pas spyi gtsug tu dbang bskur ba/ nyi ma'i rgyab rten can/ rab tu zhi ba'i nyams dang ldan pa'o//

shar du ngan song thams cad sbyong ba'i rgyal po/ zla ba rgyas dang padma'i mdog/ ces pa dkar la dmar par kha cig bzhed la/ dpe la la nas/ zla ba rgyas dang ba mo'i mdog/ ces pas dkar por bzhed do// phyag gnyis ting mge 'dzin gyi phyag rgya mdzad pa ste/ 'di la kha cig/ gyas sa gnon du bzhed pa ni/ rgyud dang 'gal lo// lhor rgyal mchog rin chen sngon po/ mchog sbyin gyi phyag rgya can/ rgyab tu Śakya thub/ kha cig ser por 'dod/ kha cig dmar por 'dod/ kha cig dmar ser du 'dod la/ phyag kha cig mnyam gzhag tu 'dod do/ kha cig chos 'chad du 'dod do/ byang du me tog cher rgyas ljang khu/ skyabs sbyin gyi phyag rgya can te/ rgyan che lugs bzhugs stangs rnams rnam snang dang 'dra'o// 'di la jo bo rje'i gsung yin zer nas lnga ga dkar po mnyam gzhag gi phyag rgya can du 'dod pa yod do/ kha cig phyag rgya 'di dag gis rigs lnga'i phyag mtshan bsnams par 'dod do/ gsal sgron nas thams cad kyang seng ge'i khri la mnyam gzhag gi phyag rgyas rigs

[1] bu 旧译本为 bus。

[2] thub par bri bar bya 在旧译本中为 thub pa bri bya。

[3] ting 'dzin 在旧译本中为 rin chen。

lnga'i phyag mtshan 'dzin par byas so//

［原著中］:“中央普明大日如来身色如同海螺与明月般皎洁。四面，居于金刚狮子座上，装束具足，两手结禅定印。主尊前方为两手结禅定印，身色如满月与莲花般庄严的一切恶趣清净王。后方为释迦族王，左右方为宝胜和开敷花王二尊。”其中，此处所谓“普明大日如来白色四面”，部分［人］认为四面应呈四方的方位颜色，但在瑜伽诸注释续中并不认同此观点。指出四面应呈洁白色，主面面东。所谓“居于金刚狮子座”，有些人认为在狮子座的中央应饰立状金刚杵，主尊结金刚跏趺坐居于狮子莲花月座上。“结禅定印”是指在金刚跏趺坐的上方，伸开上仰的左手与其上方伸展上仰的右手两拇指尖相抵交合。宝冠、头饰、耳饰、颈饰、项饰、双垂璎珞、衣带、臂钏、手镯、指环、脚钏等一切为其装饰。著帛纱披肩与贴身内裙，具金刚宝冠。摩尼宝上方饰金刚，并于头顶作灌顶［状］。背靠日轮，现寂静相。

东方一切恶趣清净王，呈“满月与莲花身色”，有些人认为其身色应取白与红两者之间，如同月霜，偏白色。对于“两手结禅定印”，有人认为右手作触地印，这与［注释］续相背离。南方为青色的宝胜佛，结与愿印。后方为释迦族王佛，一些人认为其身色应呈黄色，也有人指出呈赤色，个别人则认为应呈赤黄色。对于手印，部分人认为应结禅定印，另一部分人指出应结说法印。北方为绿色的开敷花王，无畏印，装饰风格与坐相等与普明大日如来一致。对此，以上五尊在阿底峡所传口诀中均记载为白色、诸尊皆现禅定印。但亦有人指出其手印均持五部族的法器。《明灯》[1]指出诸尊于狮子座上结禅定印并持五部族的法器。

“lo tsa na dang mā ma kī/ de bzhin dkar mo sgrol ma rnams/ rang gi rigs kyi mtshan ma bzhin/ gru yi phyogs ni kun tu bri// ” zhaes pas/ shar lhor spyan ma dkar mo/ gyas pas spyan 'dzin pa/ lho nub tu mā ma kī sngon mo/ gyas rdo rje/ nub byang du gos dkar mo dmar mo/ gyas padma/ byang shar du sgrol ma ljang

［1］此处“gsal sgron”(《明灯》) 应指阿阇梨庆喜藏对普明根本曼荼罗所做的注释，全名《如来阿罗汉等圆满正觉者清净一切恶趣威光王品》(*De bzhin gshegs pa dgra bcom pa yang dag par rdzogs pa'i sangs rgyas ngan song thams cad yongs su sbyong ba gzi brjid kyi rgyal po zhes bya ba'i brtag pa'i bshad pa*)，D.2628。

khu/ gyas utpal/ de rnams thugs kar ’dzin cing/ gyon gdan la brten pa/ rang gi yab la zur gyis ba lta zhing chags pa’i nyams can no/ ’di la rtswa skya pa dang gnur pas padma’i steng na/ spyan dang/ rdo rje dang/ utpal yod pa ’dzin par byas la/ gnur pas spyan ma ser mor byas te/ spyan ma ser mor ’ong ba’i rgyu mtshan med cing/ padma la ’ang rgyu mtshan yod par ma mthong ngo/ ’grel pa mrngos rgyan mar/ shar lhor mā ma kī dmar mo/ lho nub tu spyan ma dmar ser du bkod mod kyi/ mā ma kī dmar mor ’ong ba’i shes byed med cing ’gods ’ang nor ro//[1]

［原著中］：所谓“佛眼、摩摩枳、白衣和多罗与各自部族的特征一致，均绘于［四］方［隅］”是指东南方为白色的佛眼，右手持眼睛；西南方为青色的摩摩枳，右手持金刚；西北方为赤色的白衣，右手持莲花；东北方为绿色的多罗，右手持邬波罗花。诸女尊右手当胸各持自己的法器，左手扶坐具，向各自本尊现仰慕状。对此，班智达扎瓦迦巴（rTswa skya pa）[2]和努尔巴（gNur pa）[3]指出眼睛、金刚和邬波罗花等应置于所持莲花之上。另努尔巴亦认为佛眼的身色应呈黄色，但身呈黄色的佛眼并不多见，且持莲花［之说］亦未必成立。虽在注释《好丽庄严》[4]中南方为赤色的摩摩枳，西南为赤黄色的佛眼，但摩摩枳呈赤色并不多见。

普明大日如来手托法轮，以及四方佛手分别托金刚、宝、莲花、羯磨，并结禅定印的图像特征在旧译本及庆喜藏注释中均未发现。布顿综合前辈之观点指出“部分人认为其［普明大日如来及四方佛］手印俱持五部族法器”[5]与红殿佛堂普明大日如来曼荼罗主尊及四方佛的图像特征吻合。虽暂且无法得知布顿所引“部分人观点”具体是指哪位班智达的注释，但至少说明了结禅定印并托法轮的普明大日如来在布顿之前已有传存。其后，宗喀巴、克主杰以及四世班禅大师所传的《普明成就法》（*Kun rig sgrub thabs*）中，普明大日如来 37 尊曼荼罗的主尊和第一重眷属的图像特征均继承了布顿之注释传承。图像特征具体如下：

［1］Bu ston, *Kun rig gi dkyil ’khor gyi bkod pa bzhugs so*，收录于 Lokesh Chandra(ed.), *The Collected Works of Bu-ston,* Śata-piṭaka Series. Part 17, New Delhi: International Academy of Indian Culture, 1969, pp.314, 1-316, 2.

［2］此处的 rTswa skya pa 应指 rTswa skya bzang po 的注释。

［3］此处的 gNur pa 应指 gNur ye rgyal 的记录或 gNur si dha 的注释。

［4］此处“mrNgos rgyan mar”应指金刚护（Vajravarman, rDo rje go cha）的注释《好丽庄严》（*Sundarālaṃkāra*），D.2626。

［5］所谓“五部族”是指金刚界中的佛部、金刚部、宝部、莲花部和羯磨五部。其五部族的标识法器分别为法轮、金刚杵、宝、莲花和羯磨。

［中央］世尊普明大日如来身色为白色，白色四面，两手结禅定印并托八辐轮，以一切珍宝为之装饰。着帛纱披肩与贴身内裙，现寂静相，结金刚跏趺坐，具日光靠背；（东方）为身呈白色的恶趣清净王，两手结禅定印并托白色五股金刚杵；（南方）为身呈青色的宝胜佛，右手结与愿印，左手结禅定印并持摩尼宝。（西方）为身呈赤黄色的释迦族王，两手结禅定印并托用金刚装饰的莲花；（北方）为绿色的开敷花王，右手施无畏印并持羯磨杵，左手结禅定印。（东南方）白色的佛眼右手于胸前持眼睛，左手扶坐具；（西南方）青色的摩摩枳右手持金刚于胸前，左手扶坐具；（西北方）赤色的白衣右手持莲花，左手扶坐具；（东北方）绿色的多罗右手持邬波罗花，左手扶座具。（后略）[1]

红殿佛堂普明大日如来曼荼罗并非由完整的曼荼罗尊格构成。仅从主尊和第一重眷属看，其图像特征与布顿注释及格鲁派所传《普明成就法》一致。但考虑到该曼荼罗下方另绘有恶趣清净其他部属曼荼罗尊像，且其与北壁东侧九佛顶曼荼罗及下方部属曼荼罗尊像一并构成完整的《恶趣清净怛特罗》图像传承，又因格鲁派所传恶趣清净系曼荼罗仅为普明大日如来一种，其他部属曼荼罗似乎已中断或在该教法传承中并不流行。故而，从整体看，该铺曼荼罗所据文本仍倾向于布顿注释或早期经典传承。

二、佛堂北壁东侧九佛顶曼荼罗图像构成

以下为红殿佛堂北壁东侧九佛顶曼荼罗的主尊、第一重眷属及恶趣清净其他部属曼荼罗中的尊格特征。其尊格前方数字、字母与配置图（配置图 10）中用以表示尊格方位处所的数字及字母一一对应，字母表示的尊格为恶趣清净系其他部属曼荼罗的尊神。

[1] 藏文原文为："［dbus］bcom ldan kun rig sku mdog dkar po zhal bzhi dkar pa/ phyag gnyis ting nge 'dzin gyi phyag 'khor lo rtsebs brgyad pa bsnams shing chen po che'i rgyan thams cad kyis brgyan pa/ dar la'i stod gyogs dang smad gyosg can/ zhi ba'i gzigs stangs mdzad cing rdo rje'i skyil mo krung gis bzhugs pa nyi ma'i 'od kyis rgyab yol mnga' ba/［shar］ngan song sbyong ba'i rgyal po sku mdog dkar po phyag gnyis ting nge 'dzin gyi phyag rgyas rdo rje dkar po rtse lnga pa bsnams pa/［lho］rgyal mchog rin chen sku mdog sngon po gyas mchog sbyin gyon ting nge 'dzin gyi phyag rgyas rin po che mrgad cha dgu pa bsnams pa/［nub］Śakya rigs dbang dmar ser phyag gnyis ting nge 'dzin gyi phyag rgyas rdo rjes mtshan pa'i padma bsnams pa/［byang］me tog cher rgyus ljang gu gyas skyabs sbyin gyi phyag rgyas sna tshogs rdo rje bsnams shing gyon ting nge 'dzin gyi phyag rgya mdzad pa/［shar lho］spyan ma dkar mo phyag gyas thugs kar spyan 'dzin cing gyon pa gdan la brten pa/［lho nub］mā ma kī sngon mo gyas rdo rje thugs kar 'dzin cing gyon pa gdan la brten pa/［nub byang］gos dkar mo dmar mo gyas padma 'dzin cing gyon pa gdan la brten pa/［byang shar］sgrol ma ljang gu gyas utpal 'dzin cing gyon pa gdan la brten pa //" 见 Se ra Nam mkha' bstan skyong, *Kun rig sgrub thabs*，木刻印刷本，托林寺藏，17b-26b.

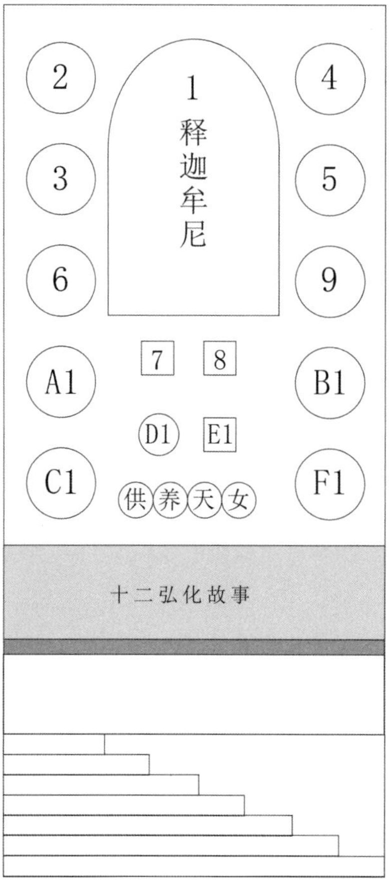

配置图 10　佛堂北壁东侧九佛顶曼荼罗配置图

1. 释迦牟尼佛	黄色，一面二臂，结说法印，狮子座。
2. 金刚大佛顶	白色，左手于腹部结禅定印，右手结触地印。
3. 宝佛顶	青色，左手结禅定印，右手施与愿印。
4. 莲花佛顶	赤色，双手于腹部结禅定印。
5. 羯磨佛顶	青色，左手结禅定印，右手施无畏印。
6. 光明佛顶	白色，右手于胸前持赤色日轮，左手握拳置于左腿上。
7. 宝幢佛顶	黄色，左手持花茎，花冠嵌宝，右手于胸前持嵌宝花冠。
8. 利佛顶	青色，右手于头顶持剑，左手于胸前持梵箧。
9. 白伞盖佛顶	白色，双手于胸前持白伞盖伞柄。

A1 忿怒降三世	青色，右腿半屈，左腿伸展呈半蹲状；六臂之前两臂之手于胸前结金刚吽迦罗印，其余右侧二手分持箭和剑，左侧一手持弓，另一手示期克印。
B1 金刚爱	赤色，左手拉弓，右手于胸前射箭。
C1 金刚手	青色，右腿半屈，左腿伸展呈半蹲状。左手（已毁，疑为金刚铃），右手持金刚，并于胸前结金刚吽迦罗印。
D1 金刚萨埵	白色，右手于胸前用食指举赤色金刚杵，左手于左腿处持铃。
E1 金刚手	青色，右腿半屈，左腿伸展呈半蹲状，两手于胸前（已毁）。
F1 金刚手	青色，三目，右腿半屈，左腿伸展呈半蹲状，两手紧握于胸前（手心疑持金刚）。

就九佛顶曼荼罗图像而言，藏文新译本、[1]汉译本、庆喜藏注释《一切恶趣清净曼荼罗仪轨》（*Ngan song thams cad yongs su sbyong ba'i dkyil 'khor gyi cho ga zhes bya ba*）[2]及无畏生护《究竟瑜伽鬘》四者之间并无差异。此外，布顿以新译本为底本，并基于早期注释及口诀传承重新厘注的《九佛顶曼荼罗庄严》（*gTsug dgu'i dkyil 'khor gyi bkod pa bzhugs so*）可视为一部与该曼荼罗有关的图像志。为了便于比对原典、注释续中所载图像与佛堂九佛顶曼荼罗之关系，以下仅节选抄译图像记载最为详备的布顿厘注本中有关该曼荼罗主尊及第一重眷属作为类比对象。有关汉译本、藏文新译本、庆喜藏注释及《究竟瑜伽鬘》中九佛顶曼荼罗图像比较，详见附表二。

dbus su padma'i ste ba la seng ge'i khri sna tshogs padma dang zla ba'i steng du Śakya seng ge ser po chos 'chang kyi phyag rgya mdzad pa'o/ padma dbus ma'i 'dab ma la/ rdo rje semas ma bri bar bya/ mtshams la rin chen bzhi po ni/ go rim bzhin du bri bar bya/ zhes pas phyogs bzhi'i 'dab ma la rdo rje rdo sems ma dkar mo/ gyas rdo rje thugs kar gtod de 'dzin pa/ gyon dril bu dkur brten pa'o/ mtshams kyi 'dab ma bzhi la rin po che bzhi/（kha cig rdo rje sems mas mtshon nas sema ma bzhi 'bri bar bzhed de/ de'i lugs ltar na/ lhor rin chen sema ma ser mo/ phyag gyas rin chen dbang bskur ba'i gnas su 'jog cing/ gyon dril bu dkur brten pa/ nub tu chos kyi sems ma sku mdog dkar dmar/ gyon padma'i pu ba dkur 'dzin cing/ gyas kyis de kha 'byed pa/ byang du las kyis sems ma ljang khu/ gyas snams tshogs rdo rje thugs kar gtod de 'dzin pa/ gyon sna tshogs rdo rje'i dri bu dgur brten pa'o/ gnur pas shar gyi 'dab ma la rdo rje zhig 'bri bar bzhed/）

中央莲花，即狮子座、仰俯莲月上方，为身呈黄色结说法印的释迦狮子佛。［四方］莲瓣中央安金刚菩萨女，［四］隅四宝依次第而绘。四方莲瓣处的金刚菩萨女身呈白色，右手于胸前持金刚，左手于小腹处持铃，四隅的四莲瓣处为四宝。“有人认为金刚菩萨女的装饰应从四菩萨女开始，若按此规定，南方则为黄色的宝菩萨女，右手持宝置灌顶处，左手持铃于小腹处；西方为法菩萨女、身色为粉红色，左手持莲茎于小腹处，右手现揭开莲花状；北方为绿色的业菩萨女，右手于胸部持羯磨杵、左手于腹部持羯磨

[1] 藏文新译本中九佛顶曼荼罗结构及图像描述见P.117, Vol.5, p.105, 1.2-106, 1.7。
[2] P. 3460, Vol.77; D 2635. 其中九佛顶曼荼罗结构及图像记载见P. 3460, Vol.77, p.7, 4, 6-9, 1, 4。

金刚铃，努尔巴（gnur pa）认为应该在东方莲瓣上绘一金刚……”

shar gyi rtsibs la rdo rje gtsug tor dkar po/ sa gnon gyi phyag rgya can/ lhor rin chen gtsug tor sngon po mchog sbyin gyi phyag rgya can/ nub tu padma'i gtsug tor dmar po mnyam gzhag can/ byang du sna tshogs gtsug tor ljang khu skyabs sbyin gyi phyag rgya can/（'di'i sku mdog gnor pas/ zhal dang bre mo man chad dang/ pus mo man chad dkar po/ snying ga dkar po/ phyal ser po/ phyag ljang khu/ brla nag por mdzad mod kyi rgyud las/ sna tshogs gtsug tor de bzhin gshegs/ sku mdog ljang khu 'od 'bar ba/ zhes ljang khur gsungs so/）mer gtsug tor gzi brjid dkar dmar phyag gyas nyi ma/ gyon dkur brten pa'o/ bden bral du gtsug tor rgyal mtshan dmar nag phyag gnyis yid bzhin gyi nor bu'i rgyal mtshan bsnams pa/ rlung du gtsug tor rnon po nam mkha' ltar sngo ba/ gyas ral gri 'phyar ba/ gyon glegs bam thugs kar bsnams pa/ dbang ldan du gtsug tor gdugs dkar po phyag gnyis gdugs dkar po'i yu ba mdun du 'dzin pa'o//[1]

东方的轮辐处为白色的金刚佛顶，触地印；南方为青色的宝佛顶，与愿印；西方为赤色的莲花佛顶，禅定印；北方为绿色的羯磨佛顶，无畏印。关于身色，努尔巴（gnur pa）认为“［其］面部嘴巴以下，以及膝盖下方为白色，胸部亦呈白色，腹部为黄色、手为绿色、大腿为黑色”。注释续中将其身色描述为如同闪烁的绿光，即绿色。东南方为光明佛顶，呈粉红色，右手持日，左手贴于小腹处；西南方为宝幢佛顶，赤黑色，两手持如意宝幢；西北方为利佛顶，如同虚空之蔚蓝，右手挥剑，左手于胸部持梵夹；东北方为白伞盖佛顶，身呈白色，双手于胸前持白伞盖的伞柄。

布顿注释不同于庆喜藏及《究竟瑜伽鬘》的是：环围主尊八辐轮的四方配有四萨埵女（四波罗蜜菩萨），并在四隅嵌珍宝，其余各尊特征基本一致。由于红殿佛堂九佛顶曼荼罗并非完整的曼荼罗尊格构成，仅在现有的 9 尊范围内，加上原典与诸注释中对该 9 尊图像记载基本一致，因此就该铺曼荼罗的文本依据问题，目前难以定论，只能从尊格身份和图像识别的角度给予解读。此外，在主尊四方绘有四波罗蜜

[1] Bu ston, *gTsug dgu'i dkyil 'khor gyi bkod pa bzhugs so*，收录于 Lokesh Chandra(ed.), *The Collected Works of Bu-ston,* Śata-piṭaka Series, Part 17 (TSA), New Delhi: International Academy of Indian Culture, 1969, p.358, 1-359, 1。

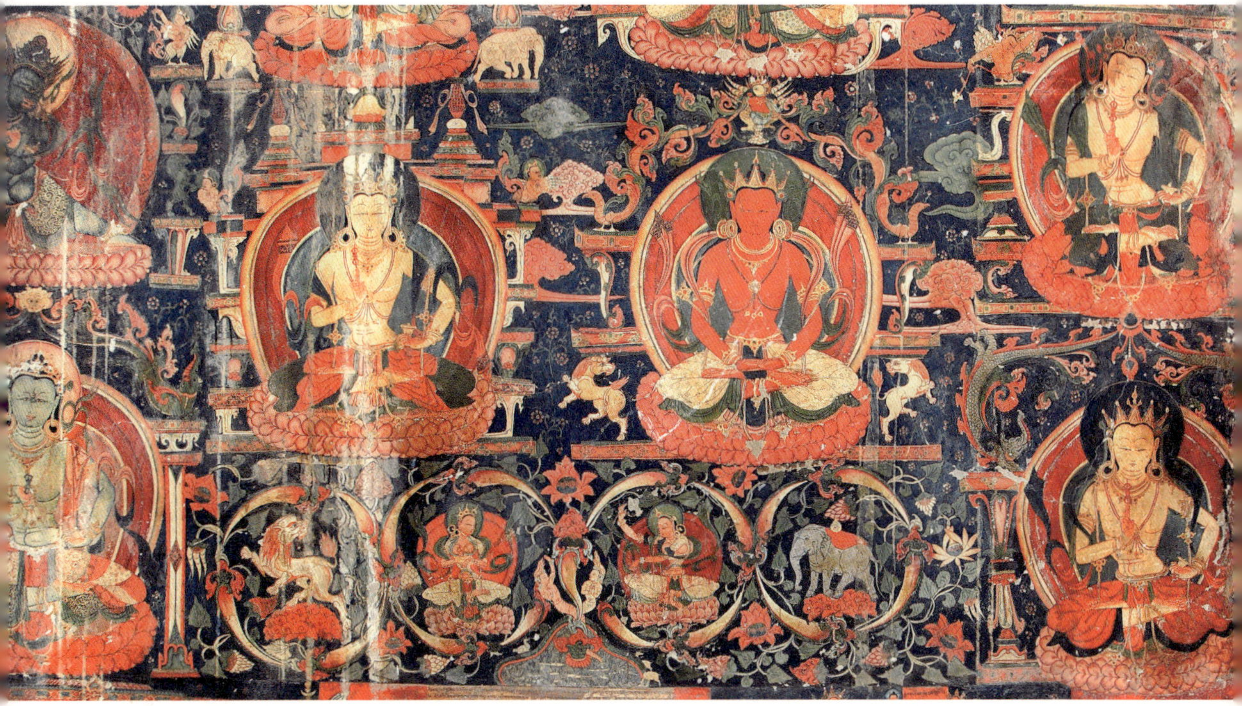

图 3-2-3　普明大日如来曼荼罗下方 6 尊附属曼荼罗之主尊（局部）

菩萨的九佛顶曼荼罗，在西藏阿里地区的东嘎 3 号窟窟顶、帕尔嘎尔布石窟以及卡俄普石窟中均有发现，相关研究详见本章第三节。

三、普明大日如来与九佛顶曼荼罗下方 12 尊尊像身份

在红殿经堂普明大日如来和九佛顶曼荼罗的下方（图 3-2-3），另各绘有两排尊像。该尊像在前文图像概述部分分别用字母 A、B、C、D、E、F 和 A1、B1、C1、D1、E1、F1 表示。在佛堂南北两壁所处的具体位置详见配置图 9 和配置图 10。两组主曼荼罗下方共 12 尊尊像中绝大多数呈金刚手和金刚萨埵形象，此形象与《恶趣清净怛特罗》新旧译本中所载其他各部属曼荼罗的主尊基本一致。

在藏文新旧两译本中，旧译本中所载的 12 个曼荼罗分别是：普明大日如来曼荼罗（Kun rig gi dkyil ’khor）、释迦牟尼曼荼罗（Śākya thub pa’i dkyil ’khor）、金刚手曼荼罗（Phyag na rdo rje’i dkyil ’khor）、四大天王环围金刚手曼荼罗（Phyag na rdo rje la rgyal chen bzhis bskor ba’i dkyil ’khor）、十护方曼荼罗（Phyogs skyong bcu’i dkyil 'khor)、八曜星曼荼罗(gZa' brgyad rgyu skar dang bcas pa'i dkyil 'khor)、八龙王(Klu chen brgyad kyi dkyil 'khor)、八怖畏曼荼罗('Jigs byed brgyad kyi dkyil 'khor)、八大天曼荼罗(lHa chen brgyad kyi dkyil 'khor)、无量寿佛曼荼罗(Tshe dpag med kyi dkyil 'khor)、转轮王摄部族曼荼罗('Khor los bsgyur ba rigs bsdus pa'i dkyil 'khor)和火焰[金刚]曼荼罗(Me ltar 'bar ba'i dkyil 'khor)。[1]新译本中有11个曼荼罗,除将旧译本中的主曼荼罗即普明大日如来曼荼罗置换成九佛顶曼荼罗,以及缺载火焰[金刚]曼荼罗外,其余称谓均与旧译本一致。

在图像表现上,新旧两译本中除主曼荼罗有所不同外,其余各部属的图像特征基本一致。[2]下表为新旧译本中共享的10个部属曼荼罗的主尊及特征,其中标号为11的曼荼罗仅在旧译本中有记载。

	曼荼罗名称	主尊	图像特征	新译本中页码	旧译本中页码
1	释迦牟尼曼荼罗	释迦牟尼佛		107, 1, 6-2, 3	88, 4, 8-9, 4
2	金刚手曼荼罗[3]	金刚手	面如满月,手持金刚杵与金刚铃。	108, 2, 2-8	90, 4, 3-8
3	四大天王曼荼罗	金刚手	伴有威容	108, 5, 3-7	91, 2, 4-8
4	十护方曼荼罗	金刚手	如四大天王曼荼罗	109, 2, 1-3	91, 4, 2-4
5	八曜星曼荼罗	金刚手	呈降三世状	109, 5, 3-6	92, 2, 5-8
6	八龙王曼荼罗	金刚手	甚黑	110, 6.2-1	92, 3, 8-4, 3
7	八怖畏曼荼罗	金刚手	大忿怒降三世状,脚下踩恶暴可畏主与明妃可畏母	110, 3, 7-4, 3	92, 1, 1-6
8	八大天曼荼罗	降三世		110, 5, 3-6	92, 2, 6-3, 1
9	无量寿曼荼罗	无量寿佛		111, 3, 7-4, 4	94, 1, 4-2, 1
10	转轮王摄部族曼荼罗[4]	金刚萨埵或普贤		113, 2, 2-7	95, 5, 1-7
11	火焰曼荼罗	金刚萨埵			

上表归纳了新旧两译本中除各自主曼荼罗之外其他各部属曼荼罗的主尊及特征。绝大多数与红殿佛堂南北两壁东侧普明大日如来和九佛顶曼荼罗下方尊格一致。红殿佛堂金刚手多以不同面相出现,有二臂和六臂之分,坐立不一。此类持不同面相

[1] 因新旧两译本中该曼荼罗的尊名表述略有不同,其中括弧内的藏文名称采用布顿整理后的定名,见Bu ston Rin chen grub, *rNal 'byor rgyud kyi rgya mtshor 'jug pa'i gru gzigs zhes bya ba*, D.5104, pp.78, 3-80, 2.

[2] 井酒真典先生已对新旧两译本中该曼荼罗的图像做过对比研究,详见酒井眞典『井真典著作集·金剛頂経研究』(第3卷),東京:法藏館,1985年,第227—245页。

[3] 新旧译本中将此命名为"一切障摧碎曼荼罗"。

[4] 新旧译本中被记作"法轮曼荼罗"。

的金刚手在夏鲁寺北无量宫殿，以及由俄钦·贡嘎桑布（Ngor chen kun dga' bzang po）在尼泊尔西北部木斯塘地区主持修建[1]的强巴佛殿（Byams pa lha khang）二楼同类题材曼荼罗壁画中亦能找到相应案例。[2]目前在以上12尊尊像中除多出一尊金刚手和九佛顶曼荼罗下方的B1金刚爱菩萨（图3-2-4）有待考察外，其余10尊的图像特征更倾向于恶趣清净新译本之部属曼荼罗的主尊特征。

图 3-2-4　金刚爱菩萨

以上研究即可印证经堂西壁北侧题记对佛堂南北两壁东侧之壁画内容记载："'普明大日五主部族与四母、下方清净续曼荼罗五主尊'（Kun rigs gtso la rigs lnga yum bzhi dang/ 'og tu sbyong rgyud dkyil 'khor gtso bo lnga/）与'顶……具有八……下方清净续曼荼罗五主尊'（gtsun……/……brgyad dang bcas/ de 'og tu sbyong rgyud dkyil 'khor gtso bo lnga/）（见附录一，第7行）"。[3]

第三节　11—13世纪西藏阿里地区九佛顶曼荼罗遗存

西藏西部现存恶趣清净曼荼罗以九佛顶和普明大日如来曼荼罗为主，尤其前者在11—13世纪的阿里地区更为流行，鲜见于该时期我国境内的东嘎3号窟、帕尔噶

[1] 强巴佛殿第二重殿内的曼荼罗绘制于1447至1448年。见川崎一洋「ローマンタン·チャンパ·ラカンの壁画マンダラについて—二階の瑜伽タントラ階梯のマンダラを中心に—」,『密教図像』1998年第17号，第110—122页。

[2] 有关夏鲁寺北无量宫殿恶趣清净曼荼罗图像研究，详见川崎一洋「シャル寺のマンダラ壁画について（Ⅱ）: 北堂の悪趣清浄マンダラを中心に」,『密教文化』2001年第207号，第78—79页。文中川崎先生仅公布了部分图像，并未对每铺曼荼罗展开分析。2015年暑假，笔者基于川崎先生的研究赴夏鲁寺北无量宫实地调查，发现绘于该殿北壁新旧译本中的5铺茶罗和其上方的八曜星、八大天、八怖畏及十护方曼荼罗已被经架遮挡外，其余曼荼罗与托林寺红殿佛堂同类题材曼荼罗的主尊特征一致。

[3] 此处省略号表示部分题记现已残缺无法识别。其中残缺部分前方的"gtsun"为顶、头之意，推测后方应指九佛顶。

配置图 11　帕尔嘎尔布 K1 窟东壁九佛顶曼荼罗配置图

尔布石窟、[1] 卡尔普石窟以及拉达克地区的塔波寺杜康殿和阿奇寺松载殿等。

关于帕尔嘎尔布编号为K1 窟东壁北侧的九佛顶曼荼罗，原报告将此定名为金刚界曼荼罗，[2] 后罗炤[3]、霍巍[4] 及张长虹[5] 已对此有专文讨论。本书基于前贤研究，就此窟与卡俄普礼佛窟东壁曼荼罗之定名及位于该曼荼罗中央主尊四方呈三昧耶形的四波罗蜜菩萨之文本依据问题再做补证。

帕尔嘎尔布K1 窟东壁北侧曼荼罗是阿里境内现存最为完整的一铺九佛顶曼荼罗，由三重共 37 尊构成（图 3-3-1，配置图 11，其中配置图中用数字替代的尊格名称详见本章附表一）。主尊（1）释迦牟尼佛位于曼荼罗中央，肤色呈黄褐色，一面两臂结说法印。黑色螺髻，身着红色袒右袈裟，结金刚跏趺坐于狮子座上（图 3-3-2）。第一重由八瓣莲花构成八辐轮形，四方莲瓣内分别绘有金刚杵（东）、宝珠（南）、莲花（西）和羯磨（北），为四波罗蜜菩萨的三昧耶形。四维莲瓣上嵌有呈不同形状的珍宝。第二重八瓣莲花上绘八佛顶，其中四方为（2）金刚大佛顶、（3）宝

[1] 卡俄普石窟亦位于西藏阿里地区札达县象泉河流域香孜乡的乡巴村境内，石窟坐北朝南，有壁画的洞窟仅存礼佛窟一处，年代约 13 世纪，壁画题材以曼荼罗为主。见四川大学中国藏学研究所、西藏自治区文物局等：《西藏阿里札达县象泉河流域卡俄普与西林衮石窟地点的初步调查》，《文物》2007 年第 6 期，第 49—68 页。

[2] 四川大学中国藏学研究所、西藏自治区文物局等：《西藏阿里札达县帕尔嘎尔布石窟遗址》，《文物》2003 年第 9 期，第 48 页图 13。

[3] 罗炤先生最早将该曼荼罗比定为胎藏界曼荼罗，见罗炤：《关于西藏帕尔嘎尔布石窟的一幅壁画》，《文物》2004 年第 11 期，第 86 页。

[4] 霍巍教授将该曼荼罗与绘制于卡俄普礼佛窟东壁的一铺曼荼罗比定为后期《恶趣清净怛特罗》中的普明曼荼罗，视主尊为毗卢遮那佛（普明大日如来）。见霍巍：《对西藏西部新发现的两幅密教曼荼罗壁画的初步考释》，《文物》2007 年第 6 期，第 47 页。

[5] 张长虹基于图像辨识，指出该曼荼罗属于金刚界的恶趣清净曼荼罗。见谢继胜、罗文华等主编：《汉藏佛教美术研究——第四届西藏考古与艺术研究》，上海：上海古籍出版社，2014 年，第 211 页。

图 3-3-1　帕尔嘎尔布石窟K1 窟东壁九佛顶曼荼罗

图 3-3-2 九佛顶曼荼罗主尊与四方四维

佛顶、(4)莲花佛顶和(5)羯磨佛顶，它们分别代表金刚、宝、莲花和羯磨四部佛顶，其特征与金刚界四方佛基本一致。四维依次为(6)光明佛顶、(7)宝幢佛顶、(8)利佛顶和(9)白伞盖佛顶。

第三重内四角为内四供养菩萨，分别为(10)金刚嬉、(11)金刚鬘、(12)金刚歌和(13)金刚舞。外四角为外四供养菩萨(14)金刚花、(15)金刚香、(16)金刚灯和(17)金刚涂；四方为十六菩萨，东方为(18)慈氏、(19)不空见、(20)除一切罪障和(21)破一切幽暗；南方为(22)香象、(23)勇猛、(24)虚空藏和(25)智幢；西方为(26)甘露光、(27)月光、(28)贤护和(29)炽盛光；北方为(30)金刚藏、(31)无尽意、(32)辩积和(33)普贤。曼荼罗的四门分别是四摄菩萨(34)金刚钩、(35)金刚索、(36)金刚锁和(37)金刚铃。

从现已公布的图片资料看，卡俄普礼佛窟东壁的一铺曼荼罗其东南角残损，根据同类曼荼罗构成可复原其原本面貌。它应该和帕尔噶尔布K1窟东壁北侧的九佛顶曼荼罗属于同一题材，其内部尊格亦由37尊构成(图3-3-3)。主尊为结说法印的释迦牟尼佛，肉髻螺发，身着红色通肩袈裟，金刚跏趺坐于狮子座上。曼荼罗第二重

图 3-3-3　卡俄普石窟礼佛窟东壁九佛顶曼荼罗

因残缺现存眷属 6 尊。根据图像特征和整体布局推测为八大佛顶中的 6 尊。第三重仅存十六菩萨中的 10 尊、内外供养菩萨各 2 尊及四门中的守护尊 2 尊。

帕尔噶尔布石窟和卡俄普石窟中的这两铺曼荼罗其主尊皆为结说法印的释迦牟尼佛，且曼荼罗第二重为八佛顶而非普明大日如来曼荼罗中的四佛和四明妃。故从曼荼罗构成、尊格数目和图像特征三方考察，将此比定为恶趣清净新译本中的九佛顶曼荼罗更为妥帖。

由于密教原典与诸注释续在图像表述上所存在的差异以及在后期传承过程中出现多元化趋势，因此即便在同一题材的壁画中因文本（粉本）的择取不一其表现在图像上也不尽一致。帕尔噶尔布石窟与卡俄普石窟九佛顶曼荼罗在图像构成上最为显著的特征是环围主尊四方的四波罗蜜菩萨是以三昧耶的形式呈现。对此，《究竟瑜伽鬘》等图像志中并未记载，而在宋法显汉译本《佛说大乘观想曼拏罗净诸恶趣经》（卷上）中有简约概述。[1] 内容如下：

> 如是轮辐之位。诸如来皆坐众宝莲华座。复次从心想出 oṃ 吽（引）trā 怛囕（二合）hrī 纥陵（二合）aḥ 恶真言。从此真言出生四亲近菩萨。其身色仪相及手印相。并依法则。安于轮外四隅之位莲华月上座。

虽然在该译本中出现了四波罗蜜菩萨的简约记载，但帕尔噶尔布及卡俄普石窟受此影响的可能性不大。与汉译本出自同一梵文本的藏文新译本对四波罗蜜菩萨的

[1] 见《大正新修大藏经》第 19 册，No.939、第 89 页下。

记载更是寥若晨星，但若将此与汉译本中的该部分内容相比较，亦能从蛛丝马迹中捕捉到与四波罗蜜有关的重要信息。与汉译本相应的藏译本如下：

> zla ba'i dkyil 'khor la bzhugs pa'i/ ……oṃ trāṃ hrīḥ aḥ sngags de rnams su brjod nas su/ thugs kha nas kyang dbyung ba dang/ mtshams kyi gnas ni bzhi bo ru/ pad ma zla bo'i dkyil 'khor la//[1]

> 住于月轮上的……，通过诵读真言 oṃ trāṃ hrīḥ aḥ，从心窝间化现并安住于轮外四隅莲月轮上。

综上汉藏译本，两者在四亲近菩萨真言、坐具与方位表述上基本一致。其汉译本中的四亲近菩萨真言“oṃ吽（引）trā怛囕（二合）hrī纥陵（二合）aḥ恶”与藏译本中的“oṃ trāṃ hrīḥ aḥ”基本对应。虽然在藏译本中没有明确指出“从心窝间化现并安住于轮外四隅莲月轮上”的对象“四亲近菩萨”，但根据真言与方位至少可以确认在该译本中同时也存在四波罗蜜菩萨。另外，印度译师法护（Dharmapāla）和11世纪西藏玛译师善慧（rMa lo tsā ba dge ba'i blo gros）翻译的《一切恶趣清净死尸护摩曼荼罗仪轨》中，同样记载了四亲近菩萨化现于大日如来心口的迹象。[2]但在该仪轨中除此内容之外，其他曼荼罗尊格并未详载。

四亲近菩萨亦称四波罗蜜菩萨，原指在金刚界曼荼罗成身会中位于中轮四方或四隅的金刚波罗蜜、宝波罗蜜、法波罗蜜和羯磨波罗蜜菩萨，在图像实物中一般将此表现于主尊大日如来的四方或四隅。最初她们仅象征四部族中的“印”（mudrā）——金刚、宝、莲花和羯磨，后来才被逐渐演化为“菩萨”或“女菩萨”。最为典型的例子为庆喜藏注释《真性作明》与无畏生护曼荼罗仪轨《金刚鬘》中的金刚界曼荼罗，前者四波罗蜜菩萨呈三昧耶形，后者呈女菩萨状。[3]

新译本中对四波罗蜜菩萨的表述相对隐匿，这反而拓宽了画家在创作时的自主选择空间。帕尔噶尔布和卡俄普礼佛窟中九佛顶曼荼罗四方的四波罗蜜菩萨呈三昧耶形，笔者推测此现象的发生应该是受庆喜藏《真实摄经》注释续的影响。从时间上看，《恶趣清净怛特罗》是晚于《真实摄经》之后形成的一部密续。它的形成深受

[1] P.117, Vol.5, p.105, 4.4.
[2] “rNam par snang mdzad du gyur pa'i snying ga nas grogs po sprul nas……”见*Ngan song thams cad yongs su sbyong ba'i ro'i sbyin sreg dkyil 'khor gyi cho ga*, D.2637, p.214a.
[3] 具体参看“中篇”第一章第一节“瑜伽续部三贤与《真实摄经》注释”部分。

图 3-3-4　东嘎 3 号窟窟顶九佛顶曼荼罗

《真实摄经》的影响，[1]被公认是《真实摄经》第二章“降三世品”和第三章“遍调伏品”的释怛特罗。[2]因此，帕尔噶尔布石窟和卡俄普石窟中的九佛顶曼荼罗图像志应取自后弘初期译介于藏地的新译本或其注释。此外，布顿《九佛顶曼荼罗庄严》虽详载了该曼荼罗主尊、四方四波罗蜜菩萨和四隅的四珍宝，且其身色、持物特征等与帕尔噶尔布和卡俄普礼佛窟壁画相吻合。但若以布顿注释作为以上两座石窟的年代分期标准，还需进一步考虑帕尔噶尔布石窟的下限年代是否能晚到 14 世纪中期，显然这种可能性极其有限。单从四波罗蜜菩萨呈三昧耶形这点而论，在壁画年代早于帕尔噶尔布石窟和卡俄普石窟的东嘎 3 号窟（图 3-3-4）中已有相应的案例[3]。

应该说，具有四波罗蜜菩萨的九佛顶曼荼罗在新译本中已见雏形，目前在阿里

[1] 頼富本宏「インド・ラダック地方のラマ教美術調査報告」(下),『仏教芸術』1979 年第 125 号，第 44 页。

[2] 田中公明『曼荼羅イコノロジー』，東京：平河出版社，1999 年，第 251 页。

[3] Helmut F.Neumann & Heidi A.Neumann, *Wall Paintings of The Dungkar Caves three and four: Iconography and Style.* 此论文为赫尔穆特·F. 诺依曼在“第五届西藏考古与艺术国际学术讨论会”上的发言稿，北京，2012 年。

地区发现的东嘎3号窟、帕尔噶尔布石窟以及卡俄普石窟中具有四波罗蜜三昧耶形的九佛顶曼荼罗，应该是在遵循原典新译本的基础上，其图像亦有可能受庆喜藏金刚界曼荼罗注释影响。帕尔噶尔布、卡俄普石窟中九佛顶曼荼罗主尊四隅另绘有珍宝虽与布顿注释吻合。但考虑到这两座石窟的下限年代不可能晚至14世纪以后，因此受此影响的可能性极小。当然，也不能排除帕尔噶尔布石窟与卡俄普石窟受其他注释或粉本的影响，具体还有待进一步的考察。

第四节 小 结

综上所述，绘于红殿佛堂南北两壁东侧的曼荼罗分别是恶趣清净旧译本中的普明大日如来曼荼罗和新译本中的九佛顶曼荼罗。两铺壁画均非完整的曼荼罗尊格构成，而是各取其主尊和第一重眷属为之表现。此外，在主曼荼罗下方的12尊尊格中除金刚爱菩萨和一尊金刚手之外，其余10尊均为恶趣清净新（旧）译本中部属曼荼罗的主尊。在南北两壁东侧有限空间内绘新旧译本中主曼荼罗的主尊、第一重眷属及部属曼荼罗之主尊作为“代表”，意在象征整个《恶趣清净怛特罗》的思想意涵与空间观念。

以九佛顶曼荼罗为主，西藏所传恶趣清净曼荼罗壁画早期主要集中在阿里地区，这与后弘初期《恶趣清净怛特罗》新译本在西藏西部的最早传入和翻译有关。遗憾的是，在该地区并未发现新译本中所传的呈体系化的恶趣清净曼荼罗群，而与之不同的是自14世纪之后，完整、成体系化的九佛顶及部属曼荼罗在后藏地区如雨后春笋般骤然兴起，在夏鲁寺、萨迦寺、[1]白居寺吉祥多门塔，[2]乃至尼泊尔穆斯塘地区由俄钦·贡嘎桑布主持修建的强巴佛殿中均有发现。笔者推测该现象的产生与布顿对《恶趣清净怛特罗》原典及注释的厘注，以及萨迦派对该传承的修持与推广有直接关联。从图像遗存来看，首次出现呈体系化的恶趣清净曼荼罗配置应是由布顿大师构思设计的夏鲁寺北无量宫殿，之后才逐渐延伸到萨迦派诸寺，乃至萨迦支系俄尔派将此继承至今。[3]

---

[1] 见川崎一洋「シャル寺のマンダラ壁画について(Ⅱ)：北堂の悪趣清浄マンダラを中心に」,『密教文化』2001年第207号，第85页。

[2] 有关白居寺吉祥多门塔三重恶趣清净诸曼荼罗研究，见［意］图齐著，魏正中、萨尔吉主编：《梵天佛地》第四卷《江孜及其寺院》第一册《佛寺总论》，上海：上海古籍出版社，2009年。

[3] 俄尔寺曼荼罗唐卡集中亦收录有旧译本中的12个曼荼罗和新译本中的九佛顶曼荼罗。图见bSod nams rgya mtsho & M.Tachikawa, *The Ngor Mandalas of Tibet*, Bibliotheca Codicum Asiaticorum 2, Tokyo: The Centre for East Asian Cultural Studies, 1989, pp.27-39.

由于托林寺佛堂恶趣清净曼荼罗是以“简约版”的形式呈现，在省略大部分眷属的情况下，单从图像而论很难断定该传承是否与布顿或萨迦派有关。但就该曼荼罗在西藏各大寺院的保存现状与后期传承脉络看，似乎仅存于萨迦派及俄尔派，在其他教派中并未发现。

附表一 恶趣清净系九佛顶37尊曼荼罗尊格群梵藏汉对照表

	方位	梵文尊名	藏文尊名	汉文尊名
主尊	中央	1. Śākyamuni	Sākya seng ge	释迦（狮子）佛
八佛顶	东	2. Vajroṣṇīṣa	rDo rje gtsug tor	金刚大佛顶
	南	3.Ratnoṣṇīṣa	Rin chen gtsug tor	宝佛顶
	西	4.Padmoṣṇīṣa	Pad ma gtsug tor	莲花佛顶
	北	5.Viśvoṣṇīṣa	sNa tshogs gtsug tor	羯磨顶
	东南	6.Tejoṣṇīṣa	gTsug tor gzi brjid	光明佛顶
	西南	7.Dhvajoṣṇīṣa	gTsug tor rgyal mtshan	宝幢佛顶
	西北	8.Tīkṣṇoṣṇīṣa	gTsug tor rnon po	利佛顶
	东北	9.Chatroṣṇīṣa	gTsug tor gdugs dkar	白伞盖佛顶
内四供养	东南	10.Lāsyā	sGeg mo	嬉菩萨
	西南	11. Mālā	Phreng ba ma	鬘菩萨
	西北	12. Gitā	Glu ma	歌菩萨
	东北	13. Nṛtyā	Gar ma	舞菩萨
外四供养	东南	14.Puṣpā	Me tog ma	花菩萨
	西南	15. Dhūpā	bDug spos ma	香菩萨
	西北	16. Dīpā	Mar me ma	灯菩萨
	东北	17. Gandhā	Dri chab ma	涂菩萨
十六大菩萨	东	18.Maitreya	Byams pa	慈氏菩萨
	东	19.Amoghadarśin	mThong ba don yod	不空见菩萨
	东	20.Sarvāpāyañjaha	Ngan so kun ’dren	除一切罪障菩萨
	东	21.Sarvaśokatamonirghātamati	Mya ngan dang mun pa thams cad ’joms pa’i blo gro	破一切幽暗菩萨
	南	22.Gandhahastin	sPos kyi glang po	香象菩萨
	南	23. Śūragama	dPa’ bar ’gro ba	勇猛菩萨
	南	24.Gaganagañja	Nam mkha’ mdzod	虚空藏菩萨
	南	25.Jñānaketu	Ye shes tog	智幢菩萨
	西	26.Amṛtaprabha	bDud rtsi’i ’od	甘露光菩萨
	西	27.Candraprabha	Zla ba’i ’od	月光菩萨
	西	28.Bhadrapāla	bZang skyong	贤护菩萨
	西	29. Jālinīprabha	Dra ba can gyi ’od	炽盛光菩萨
	北	30.Vajragarbha	rDo rje snying po	金刚藏菩萨
	北	31.Akṣayamati	Blo gros mi zad pa	无尽意菩萨
	北	32.Pratibhānakūṭa	sPobs pa brtsegs pa	辩积菩萨
	北	33.Samantabhadra	Kun tu bzang po	普贤菩萨

续表

	方位	梵文尊名	藏文尊名	汉文尊名
四摄菩萨	东	34. Vajrankuśa	rDo rje lcags kyu	金刚钩菩萨
	南	35. Vajrapāśa	rDo rje zhags pa	金刚索菩萨
	西	36. Vajrasphoṭa	rDo rje lcags sgrog	金刚锁菩萨
	北	37. Vajrāveśa	rDo rje 'bebs pa	金刚铃菩萨

附表二　恶趣清净系九佛顶 37 尊曼荼罗诸文本图像比照表

	汉文译本：《佛说大乘观想曼拏罗净诸恶趣经》			藏文新译本：《清净一切如来阿罗汉等正觉者恶趣威光王仪轨》			庆喜藏注释：《一切恶趣清净曼荼罗轨》			无畏生护曼荼罗图像志《究竟瑜伽鬘》		
尊格	身色	右手	左手	身色	右手	左手	身色	右手	左手	身色	右手	左手
释迦佛					转法轮印			转法轮印		黄	转法轮印	
金刚大佛顶	白	触地印		白	触地印		黄白且放光芒	触地印		白	触地印	
宝佛顶	大青	与愿印		青	与愿印		赤色	与愿印		青	与愿印	
莲花佛顶	赤	禅定印		如红莲花	禅定印		赤色且方光芒	禅定印		赤	禅定印	
羯磨佛顶	绿	无畏印		绿	无畏印		具各种光	无畏印		绿	无畏印	
光明佛顶	赤白	日轮	置腰侧	赤白	太阳	置腰侧	赤白	太阳	置胯部	赤白	日	置腰侧
宝幢佛	赤黑	如意宝幢		赤黑	如意宝幢		赤黑	如意宝幢		紫黑	如意宝幢	
利佛顶	虚空	剑	经书	虚空	剑	经书	如虚空蓝	剑	经书	蔚蓝	剑	经书
白伞盖佛顶	纯白	白伞盖		月色	白伞盖		白色且放光芒	伞盖		白	伞盖	
嬉菩萨	经典仅记载：香花灯涂、喜舞歌鬘内外八菩萨等，于曼荼罗轮外，次第各依本位莲花座上，如是安已。			白	无详述		身色、标志为部族母（sku mdog phyag mtshan rigs gyi yum）			白	有两臂持物无记载	
鬘菩萨				黄	无详述					黄		
歌菩萨				赤	无详述					红		
舞菩萨				绿	无详述					杂色		
花菩萨				对于花香灯涂四菩萨，该仪轨记载为：位于曼荼罗的四隅，住在有月轮的莲花之上。身色依据部族次第而绘。			接着花香灯涂四天女，[四隅]安置、依次第而绘。（de bzhin me tog bdug spos ma/ mar me dri yi lha mo bzhi na/ grwa yi cha du gnas pa ni/ go rim bzhin du dbyung bar bya/）			白	花	
香菩萨										黑	有两臂持物无记载	
灯菩萨										红		
涂菩萨										绿		

续表

	汉文译本：《佛说大乘观想曼拏罗净诸恶趣经》			藏文新译本：《清净一切如来阿罗汉等正觉者恶趣威光王仪轨》			庆喜藏注释：《一切恶趣清净曼荼罗轨》			无畏生护曼荼罗图像志《究竟瑜伽鬘》		
慈氏	黄	执龙花树枝		黄	持花龙树	净瓶	黄	龙花树花	净瓶	黄	龙花树花	净瓶
不空见	黄	执莲花	置腰侧	黄	莲花上饰眼	置腰侧	纯黄	莲花上饰莲眼	右拳贴小腹		莲花上饰眼睛	结拳置腰侧
除一切罪障	白	执钩	军持	白	铁钩		白色且具光芒	铁钩		白	铁钩	
破一切幽暗	浅黄	持宝杖	结拳置腰侧	浅黄	杖	结拳置腰侧	浅黄	杖	左拳贴小腹部	浅黄	杖	结拳置腰侧
香象	绿	擎香象	置腰侧	白色	盛满香水的海螺	结拳置腰侧	浅绿	香器	贴小腹部	浅绿	香螺盘	结拳置腰侧
勇猛	白	剑	结拳置腰侧	水晶色	剑	结拳置腰侧	色如海螺	剑	右拳贴小腹	白	剑	结拳置腰侧
虚空藏	虚空或浅黄	莲花花上饰妙法藏	置腰侧	浅黄	莲花上饰妙法藏	置腰侧	浅黄	莲花上饰法藏	贴小腹	浅黄	莲花上饰法藏	结拳置腰侧
智幢	大青	如意宝幢	结拳置腰间	青	如意宝幢	置腰侧	青	如意宝幢	贴小腹	青	如意宝幢	结拳置腰侧
甘露光	月色	甘露瓶	结拳置腰侧	月色	宝冠上饰甘露瓶	置腰侧	具月光之洁白	甘露瓶	右拳贴小腹处	白	宝冠上部饰甘露瓶	结拳置腰侧
月光	白	开敷莲花上饰月	结拳置腰侧	白	开敷莲花上饰月	结拳置腰侧	白	莲花上饰新月	左拳贴小腹处	白	莲花上饰月	结拳置腰侧
贤护	赤白	炽盛光明宝	结拳置腰侧	赤白	炽盛光明宝	结拳置腰侧	白赤	宝焰	左拳贴小腹部	白	闪烁的珍宝	结拳置腰侧
炽盛光	赤	金刚半惹啰		赤	金刚篓		白色且放光芒	金刚网		赤	金刚宝帐	结拳置腰侧

续表

	汉文译本：《佛说大乘观想曼拏罗净诸恶趣经》			藏文新译本：《清净一切如来阿罗汉等正觉者恶趣威光王仪轨》			庆喜藏注释：《一切恶趣清净曼荼罗轨》			无畏生护曼荼罗图像志《究竟瑜伽鬘》		
金刚藏	青白	优钵罗花上饰杵	置腰侧	青白	青色莲花上饰有金刚	结拳置腰侧	灰蓝	莲花上饰金刚	贴小腹	青	青色优钵罗花饰杵	结拳置腰侧
无尽意	月白	二手持知阏伽瓶		月色	智慧瓶		如月色之皎白	两手持智慧如意瓶		白	盛满甘露的瓶	
辩积	浅绿	莲花花上饰宝积	结拳置腰侧	赤	莲花上饰宝积	结拳置腰侧	如赤铜色	莲花上饰宝积	左拳贴小腹部	赤	莲花上饰宝积	结拳置腰侧
普贤	黄	宝树枝	结拳置腰侧	黄	宝穗	结拳置腰侧	黄色且放光芒	宝穗	左拳贴小腹部	黄	宝穗	结拳置腰侧
金刚钩	月色	无记载		无记载	无详细记载		如月色之洁白	钩		白	铁钩	
金刚索	黄	金刚索		无记载	无详细记载		黄色且放光芒	索		青	索	
金刚锁	赤	金刚锁		无记载	无详细记载		赤	锁		赤	锁链	
金刚铃	如玻璃色	金刚铃		无记载	无详细记载		杂色具宝光	铃		绿	金刚铃	

下篇

红殿经堂《文殊真实名经》广、中、略三注之主曼荼罗图像研究

《圣妙吉祥真实名经》（*Mañjuśrīnāmasaṃgīti*）通称《文殊真实名经》。它形成于8世纪初的南印度，为一切密续最为殊胜的根本经典之一。[1]因该经涵盖了大圆满的修行诀窍，为大乘佛教瑜伽行者实修实证的典范，故备受后世推崇。宋元时期翻译成汉文，后收录于《大正藏》中的版本有四种。[2]其藏译本早在吐蕃前弘期已出现，[3]在敦煌吐蕃藏文文书中也发现了同类译本。[4]后弘初期，大译师仁钦桑布对此又做了新译。[5]由于该经文辞简约而意涵广瀚，向以难解著称，故自8世纪以后已有文殊称、嬉金刚等对此做注。大约在11世纪前后，相关注释、成就法也相继被传译至藏地，后布顿大师从瑜伽、无上瑜伽和时轮密续三个解释学派出发，将此分为三大类，依次为：

1. 从瑜伽密续层面解释（D.2532—2622），代表性注释有：

Mañjuśrīkīrti 著 *Āryamañjuśrīnāmasaṁgītiṭīkā*（P.3357；D.2534）

Mañjuśrīmitra 著 *Nāmasaṁgītivṛtti*（P.3355；D.2532）

Avadhūtapāda 著 *Āryamañjuśrīnāmasaṃgītivṛtti*（P.3359；D.2536）

Līlāvajra 著 *Āryanāmasaṁgītiṭīkā-nāmamantrārthāvalokinī-nāma*（P.3356；D.2533）

2. 从无上瑜伽父续层面解释（D.2092—2121）[6]，代表性注释有：

Vimalamitra 著 *Nāmasaṁgītivṛtti-nāmārthaprakāśakaraṇadīpa-nāma*（P.2941；D.2092）

---

[1] Alex Wayman, *Chanting the Names of Mañjuśrī: The Mañjuśrī-nāma-saṃgīti Sanskrit and Tibetan texts*, Boston: Shambala, 1985, p.27-28.

[2] 此密续在《大正藏》中现存四个版本：a. 宋施护译：《佛说最胜妙吉祥根本智最上秘密一切名义三摩地分》（二卷）；b. 宋金刚总持等译：《文殊所说最胜名义经》（二卷）；c. 元沙罗巴译：《佛说文殊菩萨最胜真实名义经》（一卷）；d. 元释智译：《圣妙吉祥真实名经》（一卷）；编号依次为1187—1190。

[3] Marcelle Lalou, “Les textes Bouddhiques au temps du Roi Khri-sron-lde-bcan”, *Journal Asiatique*, vol. 241, 1953, pp.313-353. 参见塚本啓祥、松長有慶、磯田熙文編著『梵語仏典の研究Ⅳ』，京都：平楽寺書店，1990年，第203页及注释86。

[4] 参见塚本啓祥、松長有慶、磯田熙文編著『梵語仏典の研究Ⅳ』，京都：平楽寺書店，1990年，第204页及注释87。

[5] bLo gros brtan pa 著，Kamalagupta、仁钦桑布译：《圣妙吉祥真实名经典》（*'Jam dpal ye shes sems dpa'i don dam pa'i mtshan yang dag par brjod pa*），D.360；P.002.

[6] 塚本啓祥、松長有慶、磯田熙文編著『梵語仏典の研究Ⅳ』，京都：平楽寺書店，1990年，第205页及注释94。

Advayavajra著 *Nāmasaṁgītyupasaṁharāvitarka-nāma*（P.2943；D.2094）

3.从时轮密续层面解释（D.1395—1400）[1]，代表性注释有：

Raviśrījāna著 *Amṛitakaṇikā-nāma-āryanāmasaṁgītiṭippaṇī*（P.2111；D.1390）

又，布顿依据早期注释仪轨，在重新厘注的《名等诵曼荼罗庄严》（*mTshan brjod kyi dkyil 'khor gyi bkod pa bzhugs so*）中，按《文殊真实名经》瑜伽密续中所含曼荼罗类型与内容，将此注释分为四大流派。在此基础之上，又按注释详略再将其细分为大（广）、中、小（略）三注。具体分类如下：

> 《文殊真实名经》从瑜伽怛特罗的角度解释，可分为四个流派，依阿阇梨文殊称所造"大注"则为虚空无垢极净法界藏之大曼荼罗；依阿阇梨具德最胜菩提所造"中注"则为具密曼荼罗；依阿阇梨文殊吉祥友所造"小注"则为小虚空无垢曼荼罗；依阿阇梨阿瓦图提所造"小注"则为幻化网曼荼罗。[2]

需指出的是，托林寺红殿经堂壁画是按布顿对《文殊真实名经》广、中、略三注的分类体系所绘。以下三章主要基于经堂壁画题记所提供的线索，通过比对《文殊真实名经》早期注释续、成就法及布顿《名等诵曼荼罗庄严》中有关文殊曼荼罗图像的异同，并结合红殿经堂现存壁画，在解读该殿南壁法界语自在曼荼罗（即"虚空无垢极净法界藏大曼荼罗"），北壁文殊具密摄部族曼荼罗与具功德生处摄部族曼荼罗以及东壁小虚空无垢摄部族曼荼罗和文殊幻化网摄部族曼荼罗图像构成与文本源流的基础上，进一步分析隐含在图像文本背后的教派传承等问题。

---

[1] 塚本啓祥、松長有慶、磯田熙文編著『梵語仏典の研究Ⅳ』，京都：平楽寺書店，1990年，第342—343页。

[2] 藏文原文为：mtshan yang dag par brjod pa rnal 'byor gyi rgyud du dgongs pa bkral ba'i lugs la bzhi ste/ slob dpon 'jam dpal grags pas mdzad pa'i 'grel chen gyi rjes su 'brangs nas nam mkha' dri ma med pa/ shin tu rnam par dag pa/ chos kyi dbyings kyi snying po zhes bya ba'i dkyil 'khor chen po dang/ slob dpon dpal ldan byang chub mchog gis mdzad pa'i 'grel pa bar pa'i rjes su 'brangs pa gsang ldan gyi dkyil 'khor dang/ slob dpon 'jam dpal bshes gnyen gyis mdzad pa'i 'grel chung gi rjes su 'brangs pa nam mkha' dri med chung ba'i dkyil 'khor dang/ slob dpon avadhutipa'i mdzad pa'i 'grel chung gi rjes su 'brangs pa sgyu 'phrul dra ba'i dkyil 'khor ro// 见 Bu rton Rin chen grub, *mTshan brjod kyi dkyil 'khor gyi bkod pa bzhugs so.* 收录于 Lokesh Chandra(ed.), *The Collected Works of Bu-ston,* Śata-piṭaka Series, Part 17, New Delhi: International Academy of Indian Culture, 1969, p.264.

第一章　广注：经堂南壁法界语自在曼荼罗研究

红殿法界语自在曼荼罗绘于经堂南壁，主尊法界语自在文殊和本初佛（该尊非法界语自在曼荼罗所属眷属，而是《文殊真实名经》中、略二注中主曼荼罗主尊的观想本尊，本篇第二、第三章有专文讨论）位于壁面正中央，两侧分绘该曼荼罗第一、第二及第三重眷属。第四重眷属即婆罗门教和印度教诸天环围在经堂东、南、西、北四壁主体曼荼罗壁画下方距地面约 1.5 米高处。

经堂南壁曼荼罗下方有三处壁画题名，分别是：

1. chos kyi dbyings gsung gi dbang phyug gi lha tshogs rnams la phyag 'tshal lo//
   向法界语自在诸天顶礼。
2. chos dbyings gsung dbang gi 'khor rnams la phyag 'tshal lo//
   向法界语自在诸眷属顶礼。
3. chos dbyings gsung dbang gi rdo rje rigs pa rnams//
   法界语自在金刚部。

第一节　法界语自在曼荼罗注释传存

按布顿对《文殊真实名经》的注释分类，法界语自在曼荼罗（或称作“虚空无垢极净法界藏大曼荼罗”）应出自阿阇梨文殊称（Mañjuśrīkīrti, 'Jam dpal grags pa）所做“大注”虚空无垢。对此，觉囊多罗那他（Tāranātha）在《印度佛教史》（*rGya gar chos 'byung*）中亦有略述，如下：

> 文殊称是《文殊真实名经》大注的作者，是亲见法界语自在曼荼罗的一位金刚阿阇梨。若能仔细研习那部注释，则能达到圣言大海的彼岸。过去西藏所传他的传记都非常不合我意，如果想要打算了解，可从最胜学者

布顿撰写的《入瑜伽续航海之舟》入手。[1]

在《入瑜伽续航海之舟》（*rNal 'byor rgyud kyi rgya mtshor 'jud pa'i gru gzig*）中，布顿对文殊称的出生赋予了传奇色彩。[2] 他出生于南印度菇隆（gu lung）的一个贵族家庭，后与《真实摄经》的注释者庆喜藏在同一师门下学习密法。[3] 有关文殊称的注释和成就法，在藏文《大藏经》中共收录了 6 篇，[4] 其中与《文殊真实名经》有关的是《圣文殊师利名等诵广释》和《虚空无垢善清净法界智慧心髓》（略称：GGN）。[5] GGN 在北京版和德格版藏文《大藏经》中均缺载注者和译者的姓名。据萨迦派译师许钦·楚臣仁钦（Zhu chen lo tsā ba tshul khrims rin chen，1697—1774）文

[1] 藏文原文为：'jam dpal grags pa ni/ mtshan brjod kyi 'grel pa chen po mdzad pa po/ chos kyi dbyings gsung gi dbang phyug gi dkyil 'khor dngos su zhal gzigs pa'i rdo rje slob dpon chen po zhig ste 'grel pa de la rnam par brtags na gsung rab rgya mtsho'i pha rol tu son pa zhig ni yin par snang ngo/ 'di'i lo rgyus rgyas rgyas 'dra ba sngon bod la grags pa zhig snang ba kho bo'i yid la ni shin tu mi 'bab/ shes par 'dod na mkhas mchog bu ston gyis mdzad pa'i yo ga gru gzings su blta'o// 见 Tāranātha, *rGya gar chos 'byung*, Si khron mi rigs dpe skrun khang gis bskrun, 1994, pp.258. 汉译本见多罗那他著，张建木译：《印度佛教史》，成都：四川民族出版社，1988 年，第 204 页。

[2] 布顿《入瑜伽续航海之舟》中如此记载文殊称的出生："因父亲 Sahadhana 王与母亲 Patalomala 王妃一直没有得子，于是到 Khasarpani 佛殿一心供养佛法僧三宝，以求希愿。'最胜慈悲们！望能护佑我！祈求您能赐我一个优秀的孩子，我为此修持密法。舍弃世间苦难的大地之子、母亲、一切有情众生、慈悲智者，望通过主宰之钩授予我慈悲。'念诵满三个月后，（父亲）从梦中梦见王后怀孕，并生下一男婴。梦醒后，一个美貌的幼儿坐在角落，他大吃一惊，于是便问：'你是谁？'答曰：'啊！我呀，我是您发愿求来的孩子啊！我叫力士·文殊称，没有经受胎垢的污染，如同幻化般在有情众生的护佑下来到这里。'"藏文原文："yab rgyal po ha dha na zhes pa dang/ yum pa ta lo ma la zhes bya ba la bu med par gyur nas/ gtsug lag khang khasarpani sangs rgyas dang chos dang dge 'dun la mchod pa phul te smon las btab pa/ dam pa nye bar brtse ba rnams/ kun nas bdag la dgongs su gsol/ rgyud kyi sangs rgyas bsgrub pa'i phyir/ bu yi mchog cig stsal du gsol/'jig rten gdud ba sbang sa'i bu/ pha ma sems can thams cad la/ brtse bar sems pa'i blo gros can/ 'dren pa'i lcags kyus brtse bar shog/ ces brjod nas zla ba gsum lon pa dang/ rmi lam du btsun mo la bu gcig btsas par rmis so/ gnyid sad pa dang khye'u bzhin bzang mtsan dang ldan pa zhig pa ngan 'dug bar gyur nas ngo mtsar skyes te/ khyod su yin zhes brjod pa dang/ tshigs su bcad pa 'di smras par gyur to/ kye/ bdag ni khyod kyi smon pa'i bu mchog ste/ stobs chen 'jam dpal grags pa zhes bya yin/ mngal gyi dri mas bdag la mi gos te/ bdag ni sprul 'dra sems can mgon du 'ongs/ zhes so//" 见载于 Bu rton Rin chen grub, *rNal 'byor rgyud kyi rgya mtshor 'jud pa'i gru gzig*, D.5104.65a6-a7.

[3] Bu rton Rin chen grub, *rNal 'byor rgyud kyi rgya mtshor 'jud pa'i gru gzig*, D.5104.65a6-a7.

[4] 文殊称的 6 份注释分别是：1.*Vajrayānamūlāpattiṭīkā, rDo rje theg pa'i rtsa ba'i ltung ba'i rgya cher bshad pa*, P.3314, vol.70, D.2488; 2.*Śrīsarvaguhyavidhigarbhālaṁkāra-nāma, dPal gsang ba thams cad kyi spyi'i cho ga'i snging po rgyan zhes bya ba*, P.3316, vol.70, D.2490; 3.*Āryamañjuśrīnāmasaṁgītiṭīkā, 'Phags pa 'jam dpal gyi mtshan yang dag par brjod pa'i rgya cher bshad pa*, P.3357, vol.74, D.2534; 4. *Gaganāmalasupariśuddhadharma dhātujñānagarbha, Nam mkha' dri ma med pa/ shin tu yongs su dag pa/ chos kyi dbyings kyi ye shes kyi snying po zhes bya ba*, P.3416, vol.75, D.2589; 5.*Āryasarvadharmasvabhāvasamatāvipañcitasamādhirājanāmamahāyānasūtra ṭī-kākīrtimālā-nāma, 'Phags pa chos thams cad kyi rang bzhin mnyam pa nyid rnam par spros pa'i ting nge 'dzin gyi rgyal po zhes bya ba theg pa chen po'i mdo'i 'grel pa grags pa'i phreng ba zhes bya ba*, P.5511, vol.105, D.4010; 6. *Syādyantaprakriyā, Si la sogs pa'i mtha'i bya ba*, P.5778, vol.140, D.4287.

[5] 以德格版《藏文大藏经》为底本的校勘本，在《中华大藏经》中经题名为《虚空无垢善清净法界智慧心髓》（*Nam mkha'i dri ma med pa shin tu yongs su dag pa chos kyi dbyings kyi ye shes kyi snying po zhes bya ba*），D.2589；然在北京版《藏文大藏经》中则作名《法界语自在文殊曼荼罗仪轨》（*'Jam dpal chos dbyings gsung dbang gi dkyil chog bzhugs so*），P.3416。

集记载，该注的作者是印度班智达文殊称（'Jam dpal grags pa），译者分别是印度金刚上师信作铠（Śraddhākaravarman）和西藏译师仁钦桑布[1]。另，有关布顿的注释，除前文已讨论的《名等诵曼荼罗庄严》外，另有基于GGN所做的复注《法界语自在曼荼罗仪轨·智者喜宴》（*Chos kyi dbyings gsung gi dbang phyug gyi dkyil 'khor gi cho ga mkhas pa'i dga' ston bzhugs pa lags so*，略称：CSK）。[2]其中《名等诵曼荼罗庄严》中以白色身形为主尊的法界语自在曼荼罗与GGN中的图像记载一致[3]。该传承作为藏地法界语自在曼荼罗极为重要的支系，直至19世纪，萨迦派蒋扬洛特旺波（'Jam dbyang blo grer dbang po, 1847—1914）在其编著的曼荼罗仪轨书《续部总集》（*rGyud sad kun btus*）中仍有相关著述。[4]

法界语自在曼荼罗在藏地的另一支传承是以无畏生护（Abhayākaragupta）《究竟瑜伽鬘》（*Niṣhpannayogavali*，略称：NPY）[5]及姊妹篇《金刚鬘》（*Vajrāvalī*）[6]为首，主尊为身呈黄色的法界语自在文殊图像传承。[7]后继者有幢瓦麦隆（Jagaddarpaṇa, 'Gro ba'i me long）所作的《金刚阿阇梨所作集》（*Vajrācāryakriyāsamuccaya*）等[8]，其后格鲁派高僧班钦·洛桑却吉坚赞（Pan chen blo bzang chos kyi rgyal mtshan, 1567—1662）[9]和二世章嘉活佛阿旺洛桑却丹（lChang skya ngag dbang blo bzang chos

[1] "Nam mkha' dri ma med pa shin tu yongs su dag pa chos kyi dbyings kyi ye shes kyi snying po zhes bya ba slob spon 'jam dpal grags pas mdzad pa/ pndita Śraddhākaravarman dang/ lo tsā ba rin chen bzang po'i 'gyur//" 见许钦·楚臣仁钦（Zhu chen lo tsā ba tshul khrims rin chen），《许钦·楚臣仁钦文集》（*Zhu chen tshul khrims rin chen gyi gsung 'bum*）。

[2] Lokesh Chandra(ed.), *The Collected Works of Bu-ston,* Śata-piṭaka Series, Part 14, New Delhi: International Academy of Indian Culture, 1969, pp.289-425（记载图像部分的页码为：338, 4-359, 7）.

[3] Bu ston, *mTshan brjod kyi dkyil 'khor gyi bkod pa bzhugs so*，收录于Lokesh Chandra(ed.), *The Collected Works of Bu-ston,* Śata-piṭaka Series, Part 17, New Delhi: International Academy of Indian Culture, 1969, pp.264, 5-285, 4.

[4] bLo grer dbang po, *rGyud sde kun btus: texts explaining the significance, techniques and initiations of a collection of one hundred and thirty two mandalas of the Sa-skya-pa tradition*, Vol.30, New Delhi: N.Lungtok & N.Gyaltsan, 1971, Vol.16, pp.457, 2-481, 6.

[5] Abhayākaragupta（'Jigs med 'byung gnas sbas pa），*rDzogs pa'i rnal 'byor gyi phreng ba*, P.3961, Vol.80, pp.79, 1, 1-126, 3, 4.

[6] Abhayākaragupta, *dKyil 'khor gyi cha ga rdo rje phreng ba*, P.3961, Vol.80, pp.79, 1, 1-126, 3, 4. 有关《究竟瑜伽鬘》与《金刚鬘》的成书年代及两者之关系，详见森雅秀『「完成せるヨーガの環」の成立に関する一考察』,『密教図像』1996年第15号，第28—42页；森雅秀『「ヴァジュラーヴァリー」所説のマンダラ——尊名リストおよび配置図』,『高野山大学密教文化研究所紀要』(第14号)，和歌山：高野山大学密教文化研究所，2001年，第1—8页。

[7] GGN主要由图像和仪轨两部分构成,《究竟瑜伽鬘》第21章法界语自在曼荼罗是基于该注前半部分图像内容撰写，两者虽有个别差异，但整体内容趋同。相关图像比较研究，详见長野泰彦、立川武藏編『法界語自在マンダラの神々』，国立民族学博物館研究報告別冊7号，吹田：国立民族学博物館，1989年，第235—279页。

[8] 'Gro ba'i me long, *rDo rje slob dpon gyi bya ba kun las btus pa*, P.5012, Vol.86, pp.272, 4, 4-275, 4, 8.

[9] Pan chen blo bzang chos kyi rgyal mtshan, *rDo rje phreng ba'i dkyil 'khor chen pa bzhi bcu rtsa gnyis kyi sgrub thab, Rin chen dbang gi rgyal po'i phreng ba*, Pan chen blo bzang chos kyi rgyal mtshan gsung 'bum, Vol.2, New Delhi, 1973, pp.94, 5-111, 3.

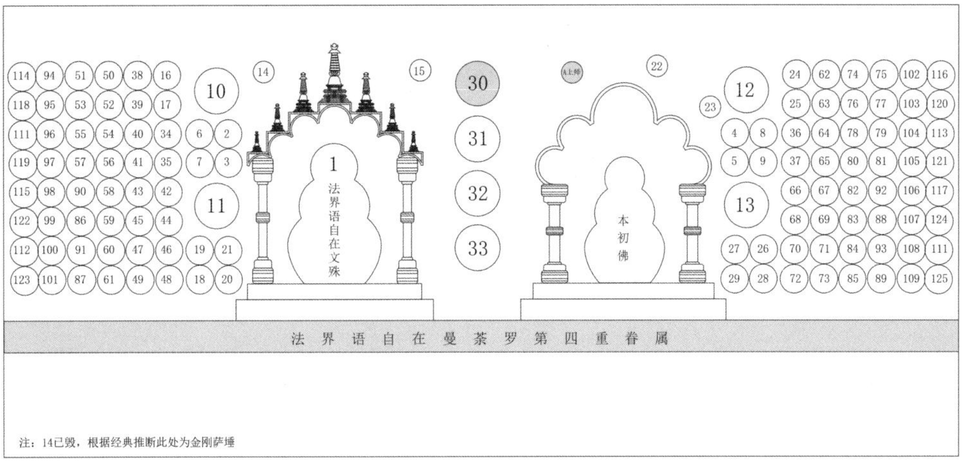

配置图 12　经堂南壁法界语自在曼荼罗主尊、第一重至第三重眷属配置图

sdan，1617—1682）传其衣钵，并对此作注。[1] 红殿经堂法界语自在文殊身呈白色，属于阿阇梨文殊称—布顿—蒋扬洛特旺波这一传承脉络。

第二节　经堂南壁法界语自在曼荼罗构成

红殿经堂南壁法界语自在曼荼罗与该殿其他曼荼罗一致，均采用“水平式”这一相对古老的构图模式（图 1-2-1）。[2] 将该曼荼罗中的诸天被巧妙而合理地安置在同一壁面的不同空间内：主尊与前三院的眷属绘于整个南壁（配置图 12），第四院眷属安置在经堂东、南、西、北四壁主体壁画之下方（配置图 13）。

主尊四面八臂白色法界语自在文殊（图 1-2-2）与本初佛（该尊像非该曼荼罗眷属，对此讨论详见本篇第二、第三章）位于南壁中央。该曼荼罗第一重眷属八佛顶绘在主尊的左右两侧，即南壁东侧与西侧。每一侧各四尊排列，分别位于阿閦佛与宝生

[1] Ngag dbang blo bzang chos sdan, *rDzog 'phreng dang rdor 'phreng gnyis kyi cho ga phyags len gyi rim pa lag tu blangs bde bar dgod pa*, P.6236, Vols.162-163, pp.12, 4, 6-18, 5, 1.

[2] 日本学者森雅秀在讨论东嘎 1 号窟法界语自在曼荼罗第四重眷属为何与第一、第二及第三重眷属分开，单独采用水平构图这一现状时指出，采用这种构图模式一般是为了尽可能地对有限的壁面空间加以利用，以及出于画家对画面设计的灵活调整。见森雅秀「インドの密教美術とピヤン・トンガ遺跡」，『西西蔵（チベット）石窟遺跡』，東京都：集英社，1997 年，第 117—124 页。

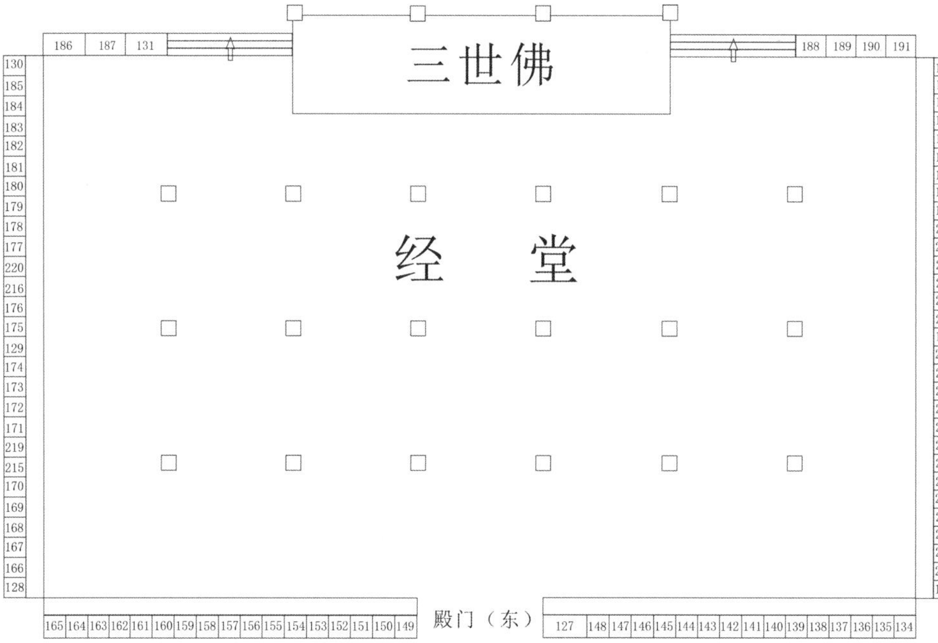

配置图 13　经堂南壁法界语自在曼荼罗第四重眷属配置图

佛，阿弥陀佛和不空成就佛之间。东方阿閦佛与南方宝生佛及各自眷属[1]绘于南壁东侧的上下；西方阿弥陀佛与北方不空成就佛及各自眷属绘于南壁西侧的上下；四方佛的四位明妃绘在主尊法界语自在文殊和本初佛两者之间，按先后顺序自上而下呈竖状排列。四摄菩萨中的金刚钩与金刚索绘于南壁东侧，紧靠南壁东侧八佛顶中的大佛顶、白伞盖佛顶、舍除佛顶和高佛顶。而西门中的金刚锁与北门中的金刚铃则绘于南壁西侧，紧靠南壁西侧八佛顶中另四尊聚光佛顶、最胜佛顶、高大佛顶和最胜佛顶。

曼荼罗第二重中的十二地菩萨（东方）、十二波罗蜜菩萨（南方）绘于南壁东侧，视主尊为中心依次向南排列。十二自在（西方）与十二陀罗尼菩萨（北方）绘于南壁西侧，以主尊为中心，依次向西排列；四门中位于东门的法无碍解、南门的义无碍解和四供养菩萨中位于东南方的嬉女、西南方的鬘女紧靠十二波罗蜜菩萨，均位于南壁东侧的右下方。而西门中的词无碍解和北门中的辩无碍解以及西北方的歌女和东北方的舞女紧靠十二陀罗尼菩萨，位于南壁西侧的左下方。

[1] 需要指出的是，位于该曼荼罗第二重东方阿閦佛的眷属金刚萨埵在该殿南壁东侧壁画中缺绘，按仪轨规定，金刚萨埵应绘在阿閦佛的近旁（东方）。后经调查发现，在该曼荼罗主尊右上方阿閦佛的左侧有一块墙面脱落，其脱落部分应该原绘有金刚萨埵（配置图 12 中编号为 15 的部位）。

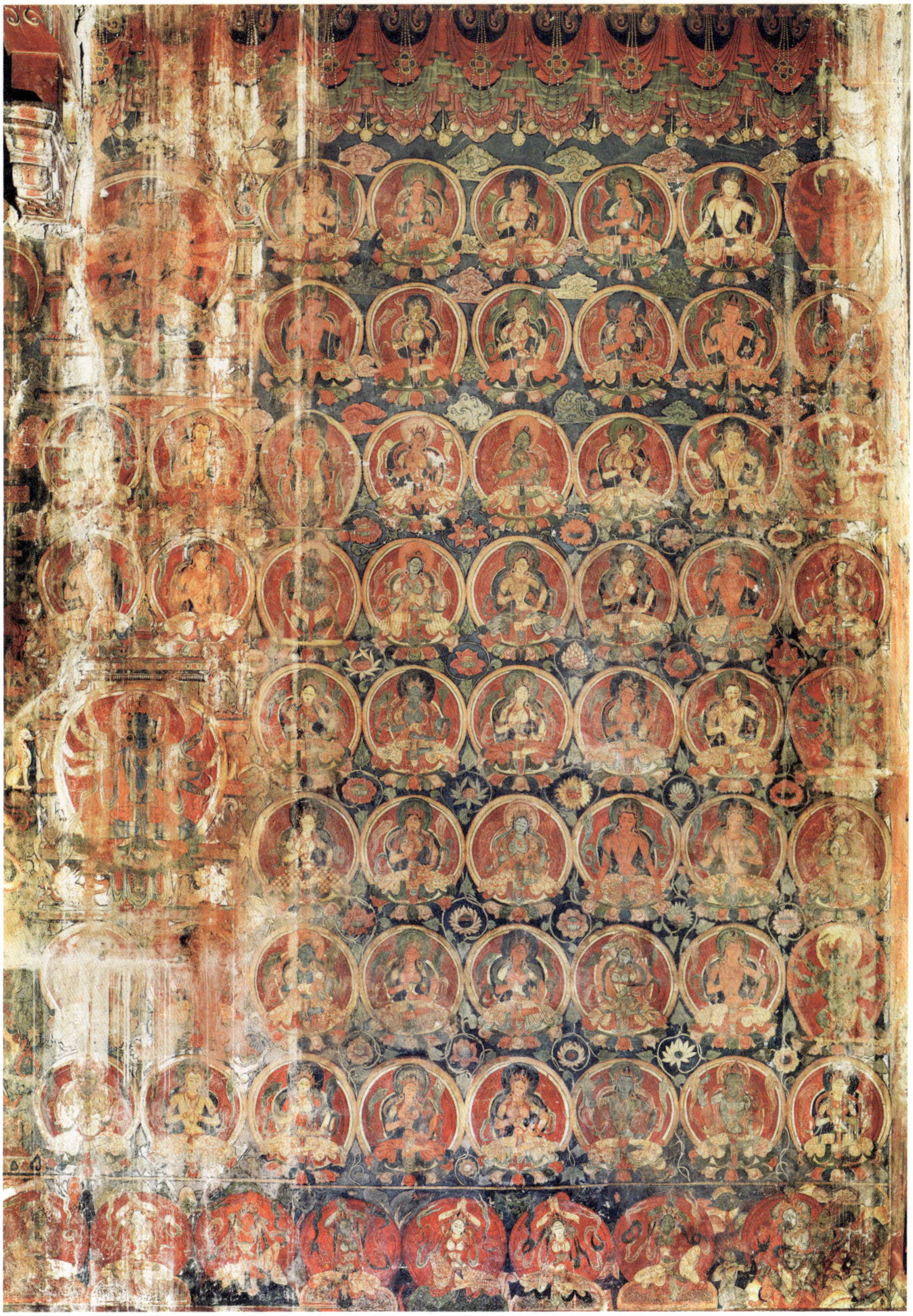

图 1-2-1　经堂南壁西侧法界语自在曼荼罗眷属（局部）

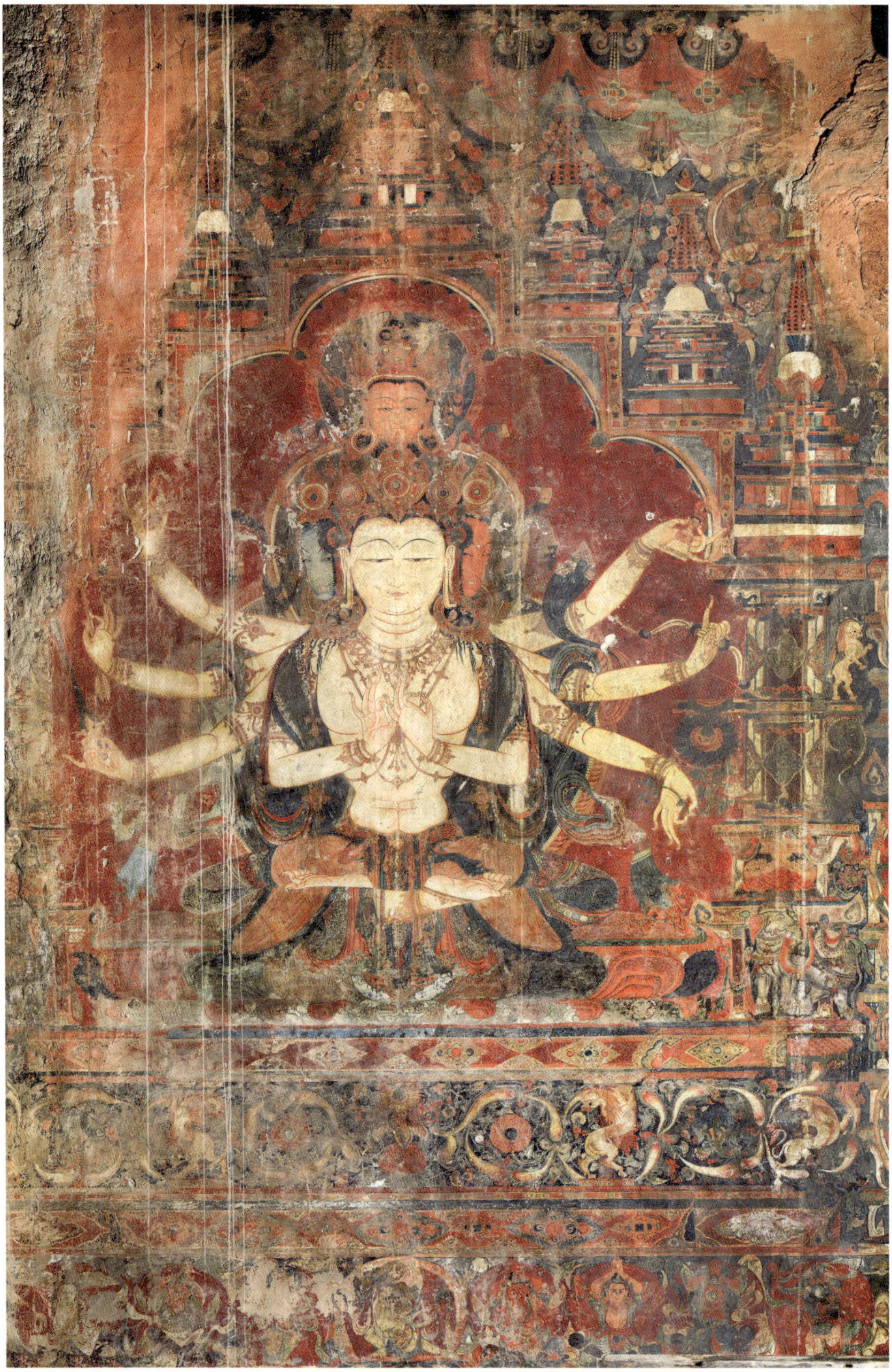

图 1-2-2　经堂南壁法界语自在文殊

第三重十六菩萨中东方的普贤、无尽智、地藏、虚空藏和南方的虚空库、宝手、海慧、金刚藏八尊位于南壁东侧；西方的观自在、大势至、月光、网明和北方的无量光、辩积、除忧暗、除盖障八尊绘于南壁西侧。八供养菩萨中的花女、香女、金刚色女、金刚声女以及八忿怒尊中位于四维的金刚烈火忿怒明王、大忿怒饮血金刚和位于四方的忿怒大威德、智慧阎罗王绘于南壁东侧，紧靠东壁位置，呈竖列状分布。而八供养菩萨中的灯女、涂香女、金刚味女、金刚触女和八忿怒尊中的另四尊——饮血金刚、最胜马、莲花阎罗王、忿怒魔阎罗王则绘在南壁西侧，紧靠西壁位置，亦呈竖列状分布。

从整个画面布局看，经堂法界语自在曼荼罗第一、第二、第三重眷属的方位是将原曼荼罗仪轨中位于东、南、东南、西南方的眷属均绘于南壁主尊的右方（南壁东侧）。而原曼荼罗仪轨中位于西方、北方、西北方和东北方的眷属均被统一安置在主尊的左方（南壁西侧）。左右两方眷属的数目均等，安置方位呈对称状。

该曼荼罗第四重中的八护方天、婆罗门教诸天、大黑天、罗刹自在、九星、八力贤、八龙王、四阿修罗、金翅鸟王、八夜叉、鬼子母、二十八星宿以及母神、象鼻天、外四摄菩萨和外四守护尊等眷属均绘于经堂东、南、西、北四方壁面主体壁画的下方。其中，外四摄菩萨和外四守护尊分别绘于第四重眷属所处位置的南壁与西壁下方偏中央位置。八护方天中位于四维的伊舍那天、火天、罗刹王、风天 4 尊绘于东、南、西、北四壁墙面各壁面相接处。其余以梵天为首的各尊紧靠伊舍那天，从东壁的东北角（进殿门右侧东壁与北壁相接处）开始向左（朝南）按顺时针依次排列。整个第四重共绘制了 97 尊眷属，加上南壁第一、第二以及第三重中的 125 尊，合计主尊共计 222 尊。

按：该殿法界语自在曼荼罗共绘制了 222 尊尊像，因篇幅所限，故本书将该曼荼罗图像解读部分置于“资料篇”中。其中“资料篇七”前部分内容是对早期文殊称注释《虚空无垢善清净法界智慧心髓》中有关法界语自在曼荼罗图像的解读。紧随其后的“补译”，是《虚空无垢善清净法界智慧心髓》中未载，而在布顿《名等诵曼荼罗庄严》和经堂该曼荼罗第四重中多出的外四门四守护尊。此外，“资料篇七”中所有眷属前方数字编号与用以表示经堂南壁法界语自在曼荼罗前三重眷属配置图 12 及环围经堂四壁下方该曼荼罗第四重眷属配置图 13 中所标尊像编号对应，亦与依据法界语自在曼陀罗仪轨复原的该曼陀罗方位结构图（配置图 14）中所标尊格方位次第的数字编号一一对应。

配置图 14　法界语自在曼荼罗结构、尊格与方位次第图

第三节　经堂南壁法界语自在曼荼罗图像渊源

以下基于阿阇梨文殊称的注释GGN、无畏生护曼荼罗集NPY以及布顿注释《名等诵曼荼罗庄严》中有关法界语自在曼荼罗图像记载，比对典型尊像的身色持物与

方位次第的同时，借此讨论经堂南壁法界语自在曼荼罗图像文本的来源问题。

第一，经堂南壁该曼荼罗主尊法界语自在文殊身色呈白色。对此，GGN中记载为"如同深秋之月色"（'od bzang ston ka'i zla ba'i 'od）[1]，NPY中被描述成"如同金色"（gser lta bu），[2]而《名等诵曼荼罗庄严》中则被记作白色（dkar po）。[3]身色"如同深秋之月色"与《名等诵曼荼罗庄严》中的白色相同，两者与经堂南壁法界语自在文殊身色一致。

第二，经堂南壁该曼荼罗第一重之北方不空成就佛的身色为黑色。在GGN中，不空成就佛呈黑色（nag po），[4]《名等诵曼荼罗庄严》中亦为黑色，[5]而在NPY中则记为绿色（ljang gu）。[6]其中GGN和《名等诵曼荼罗庄严》中对此记载与经堂该曼荼罗中的不空成就佛一致。

第三，GGN和NPY在该曼荼罗第一重上的差异还表现在环围主尊外围的七政宝[7]上。在GGN中，主尊四方与四维的八莲瓣狮子座上饰有七政宝，[8]NPY对此未载。该图像的差异虽未直接表现在经堂南壁壁画中，但在11—12世纪前后西藏阿里地区其他法界语自在曼荼罗图像中均能找到相应的案例。

第四，在NPY中，该曼荼罗第三重的上下门（西门和东门）有守护尊顶髻转轮忿怒明王（Usnīsacakravartin, gTsug tor 'khor los sgyur ba）和妙言王（Sumbharāja, gNod mdzes rgyal po），[9]但在GGN和《名等诵曼荼罗庄严》中缺载，恰好缺载的这两尊在红殿经堂该主题壁画中未被绘出。

第五，尊格排列次序上，GGN和NPY的差异点在：（1）第三重的八忿怒尊，NPY中的排列顺序是先四方后四维，[10]而在GGN和《名等诵曼荼罗庄严》中则为先四维后四方；[11]（2）曼荼罗第四重中的八护方天在NPY中是按先四方四尊后四维四

[1] 见《中华大藏经》（藏文）对勘本，丹珠尔No.2589.（ngu函），第33卷，北京：中国藏学出版社，1994—2008年，第499页第8行。

[2] 见《中华大藏经》（藏文）对勘本，丹珠尔No.3141.（phu函），第39卷，第339页第12行。

[3] Bu ston, *mTshan brjod kyi dkyil 'khor gyi bkod pa bzhugs so,* p.267.6.

[4] 见《中华大藏经》（藏文）对勘本，丹珠尔No. 2589（ngu函），第33卷，第502页第20行。

[5] Bu ston, *mTshan brjod kyi dkyil 'khor gyi bkod pa bzhugs so,* p.269.2.

[6] 见《中华大藏经》（藏文）对勘本，丹珠尔No.3141.（phu函），第39卷，第341页第6行。

[7] 七政宝是指法轮、摩尼宝、马宝、象宝、玉女宝、主兵宝和大臣宝，为佛前常设供器，原为古印度神话中转轮王福力所生之宝，代表"大圆满七觉支"，即能增长觉悟智慧的七种修行。

[8] 见《中华大藏经》（藏文）对勘本，丹珠尔No. 2589.（ngu函），第33卷，第499页。

[9] NPY中有关忿怒尊顶髻转轮忿怒明王和妙言王的图像描述，见《中华大藏经》（藏文）对勘本，丹珠尔No.3141.（phu函），第39卷，北京：中国藏学出版社，1994—2008年，第350页第14行至第351页第2行。

[10] NPY中有关四方与四维八忿怒尊的排列顺序，见《中华大藏经》（藏文）对勘本，丹珠尔No.3141（phu函），第39卷，第347页第20行至第350页第13行。

[11]《名等诵曼荼罗庄严》中有关八忿怒尊的排列顺序，见Bu ston, *mTshan brjod kyi dkyil 'khor gyi bkod pa bzhugs so,* pp.277, 1-280, 2；GGN中有关八忿怒尊的排列顺序见资料篇七。

尊的顺序排列，而在GGN和《名等诵曼荼罗庄严》中则是四维与四方交互排列。[1]（3）该曼荼罗第四重——从梵天到象鼻天9尊在NPY中位于二十八星宿之前，六面童子之后，而在GGN和《名等诵曼荼罗庄严》中则是排列在二十八星宿之后。

红殿经堂法界语自在曼荼罗第三重八忿怒尊和第四重眷属的排列次第完全与GGN和《名等诵曼荼罗庄严》中的记载一致。

问题在于，红殿经堂该曼荼罗第四重的尊格数目要比GGN和NPY记载多出4尊，为97尊。据经堂此曼荼罗下方尊名榜题[2]并结合实际壁画，可辨出这4尊分别是大威德金刚（Yamāntaka, gShin rje gshed）、无能胜明王（Aparājita, Khro bo gzhan gyis mi thub pa）、马头金刚（Hayagrīva, rta mgrin）和大威德怖畏金刚（Vajrabhairava, rDo rje 'jigs byed）。对此，布顿《名等诵曼荼罗庄严》[3]和《法界语自在曼荼罗仪轨·智者喜宴》，[4]以及萨迦派蒋扬洛特旺波曼荼罗仪轨《续部总集》[5]中均有记载。如前文所述，GGN在西藏后期的传承者主要是布顿大师和萨迦派蒋扬洛特旺波。《法界语自在曼荼罗仪轨·智者喜宴》其实是布顿以GGN为底本对该曼荼罗的复注，19世纪蒋扬洛特旺波编著的《续部总集》承其内容。关于这4尊护法神，据《法界语自在曼荼罗仪轨·智者喜宴》和《名等诵曼荼罗庄严》记载，该曼荼罗第四重的四门为双重门，除外四摄菩萨金刚钩（东门）、金刚索（南门）、金刚锁（西门）和金刚铃（北门）外，在四门的第二重另有大威德金刚、无能胜明王、马头金刚和大威德怖畏金刚四尊。此外，《名等诵曼荼罗庄严》中亦指出，虽在原典《广注》[6]和《究竟瑜伽鬘》中均未记载该4尊，但在《略说》中有载，并将此也纳入该曼荼罗的尊像体系中。[7]

《法界语自在曼荼罗仪轨·智者喜宴》和《名等诵曼荼罗庄严》两者在图像内容上并无差别，前者图像与仪轨兼容，后者为单纯的图像志，是布顿大师对《文殊真

[1]《名等诵曼荼罗庄严》中有关八护方天的排列顺序，见Bu ston, *mTshan brjod kyi dkyil 'khor gyi bkod pa bzhugs so*, pp.280, 7-281, 7; GGN中有关八护方天的排列顺序见资料篇七。

[2] 在整个红殿中，唯独法界语自在曼荼罗第四重尊格下方有尊名墨书题名，但因该榜题处在四壁壁画下方临近地面处，日久磨损较为严重，其所见题记录文，可参见附录七。

[3] Lokesh Chandra(ed.), *The Collected Works of Bu-ston,* Śata-piṭaka Series, Part 17 (TSA), New Delhi: International Academy of Indian Culture, 1969, p.285, 1-4.

[4] Lokesh Chandra(ed.), *The Collected Works of Bu-ston,* Śata-piṭaka Series, Part 14 (TSA), New Delhi: International Academy of Indian Culture, 1969, p.359, 4-6.

[5] bLo grer dbang po, *rGyud sde kun btus: Texts explaining the significance, techniques and initiations of a collection of one hundred and thirty two mandalas of the Sa-skya-pa traditio,* Vol.30, New Delhi: N.Lungtok & N.Gyaltsan, 1971, Vol.16, p.481, 4-6.

[6] 这里的原典《广注》即念著称的"大注"GGN。

[7] Bu ston, *mTshan brjod kyi dkyil 'khor gyi bkod pa bzhugs so*，收录于Lokesh Chandra(ed.), *The Collected Works of Bu-ston,* Śata-piṭaka Series, Part 17, New Delhi: International Academy of Indian Culture, 1969, p.285, 1-2.

实名经》瑜伽续部四大注释流派所传注释中诸曼荼罗的汇集解说，其开篇便是文殊称“大注”GGN中的法界语自在曼荼罗。

另据绘于该殿南壁法界语自在曼荼罗主尊左上方上师像下方墨书榜题“sLob dpon 'jam dpal”推断，此处已残缺的榜题题名应指《文殊真实名经》大注GGN的作者“sLob dpon 'jam dpal grags pa”（阿阇梨文殊称）。但由于在GGN原注法界语自在曼荼罗中缺载第四重护法神大威德金刚、无能胜明王、马头金刚和大威德怖畏金刚，因此，该殿法界语自曼荼罗图像更倾向于布顿基于GGN的厘注本《名等诵曼荼罗庄严》中所载的“阿阇梨文殊称所做《大注》（即GGN）中的法界语自在曼荼罗”。

第四节　11—13世纪阿里地区白色法界语自在曼荼罗图像遗存

11至13世纪初，盛行于西藏阿里地区的法界语自在曼荼罗与金刚界曼荼罗如同孪生姊妹，成为该时期石窟寺壁画中常见的表现题材。目前最早且有明确纪年的法界语自在曼荼罗发现于塔波寺杜康大殿。该殿由拉喇嘛益西沃初建于996年，45年之后的1042年又由其侄孙绛曲沃重饰。[1]殿内主供立体泥塑金刚界曼荼罗，法界语自在曼荼罗仅作为附属题材绘在大殿西壁北侧的正上方，目前可辨识的尊格仅有17尊，画面呈水平构图，主尊法界语自在文殊身呈白色。克林伯格教授结合NPY第21章图像志已对此做过研究，[2]但就现已释读出来的尊格特征看，其图像文本更接近于比NPY成书年代早，由仁钦桑布翻译的文殊称注释GGN。类似于此构图并遵循GGN图像志的法界语自在曼荼罗还发现于西藏阿里地区卡孜河谷的聂拉康石窟中。该窟坐西朝东，窟内坍塌严重，目前仅存南壁法界语自在曼荼罗和北壁金刚界曼荼罗保存相对完整。[3]单从风格学的角度考察，该窟壁画年代应与塔波寺杜康殿同期甚至更早。其中法界语自在曼荼罗的主尊为四面八臂白色法界语自在文殊（图1-4-1）。主尊右侧为阿閦佛和宝生如来佛，左侧为阿弥陀佛和不空成就佛，诸眷属呈6排排列。

略晚于塔波寺的东嘎石窟群中亦保留有3处法界语自在曼荼罗壁画遗存：1号窟

[1] Deborah Klimburg-Salter, *The Silk Route and the Diamond Path: Esoteric Buddhist Art on the Trans-Himalayan Trade Routes*, Los Angeles: UCLA Arts Council, 1982, p.157.

[2] Deborah Klimburg-Salter, “The Dharmadhātu-vāgiśvara-maṇḍala.Tabo 'Du kang”, In C.A. Scherrer-Schaub & E. Steinkellner (eds.), *Tabo Studies II: Manuscripts, Texts, Inscriptions, and the Art*, Vol.LXXXVII, Roma: Istituto italiano per L'Africa e L'Oriente, 1999, pp.299-320; Deborah Klimburg-Salter, *Tobo, A lamp for the kingdom: Early Indo Tibetan Buddhist art in the western Himalaya*, Milan: Skira Editore, 1997, pp.113-119.

[3] 见霍巍、李永宪、更堆：《西藏阿里东嘎、皮央石窟考古调查简报》，《文物》1997年第9期，第6—21页。

图 1-4-1 聂拉康石窟南壁法界语自在曼荼罗

北壁（图 1-4-2）、2 号窟窟顶（图 1-4-3）和 3 号窟的主壁与两侧壁。3 号窟与 1 号和 2 号窟相比，窟内壁画破坏十分严重，赫尔穆特·F.诺依曼根据窟内残存题记，首次提出该窟正壁（西）与左右两侧壁表现的是法界语自在曼荼罗。[1] 对于 1 号窟，赫尔穆特·F.诺依曼虽将此与NPY第 21 章中的图像志做了比对，并指出NPY中部分图像记载与该窟北壁法界语自在曼荼罗吻合。但考虑到西藏获得NPY这一图像文本的时间不一定是东嘎石窟的上限年代，因此他认为该曼荼罗很可能是依据一部业已遗失或至今还未发现的早期文本抑或口头传承绘制。[2] 笔者借此研究，通过多次实地调查并基于西藏所传该曼荼罗图像文本的比对研究，发现 1 号窟和 2 号窟中以白色四面八臂为主尊的法界语自在曼荼罗其所据文本应与文殊称的大注GGN有关，[3] 尤其是在以上两座石窟中其曼荼罗第二重东方阿閦佛身呈黑色（图 1-4-4），八佛顶周围绘七政宝（图 1-4-5）等，均与GGN中的图像记载完全吻合。

[1] 该研究为赫尔穆特·F.诺依曼 2012 年在北京“第四届西藏考古与艺术国际学术讨论会”上的主题发言。
[2] 赫尔穆特·F.诺依曼、张长虹译：《西藏西部东嘎石窟再现 11 世纪壁画》，载张长虹、廖旸主编：《越过喜马拉雅：西藏西部佛教艺术与考古译文集》，成都：四川大学出版社，2007 年，第 32 页。
[3] 王瑞雷：《西藏西部东嘎 1 号窟法界语自在曼荼罗图像与文本》，《敦煌研究》2013 年第 5 期，第 60—66 页。

图 1-4-2　东嘎 1 号窟北壁法界语自在曼荼罗

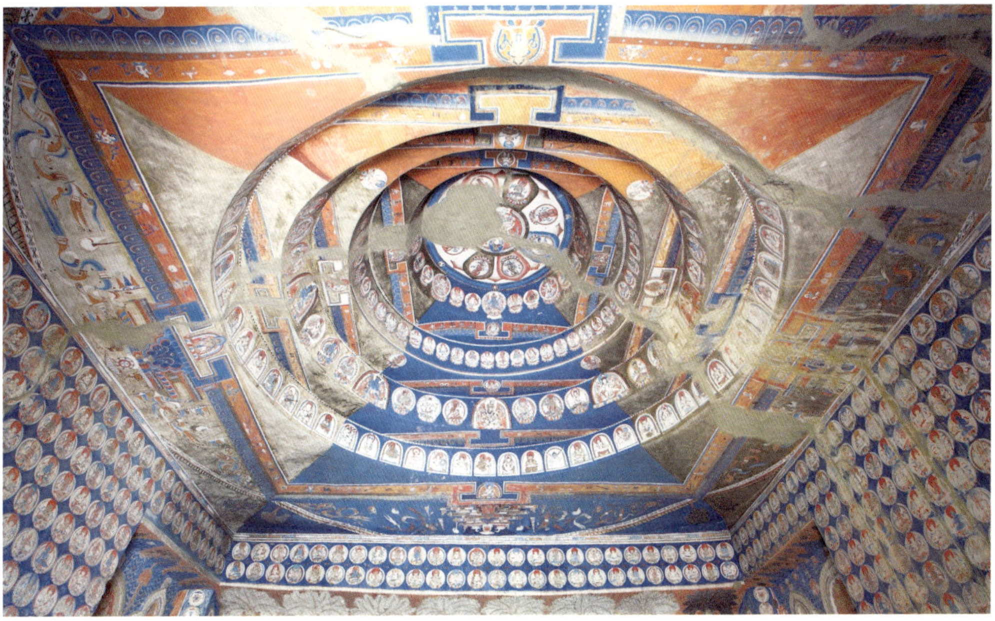

图 1-4-3　东嘎 2 号窟窟顶法界语自在曼荼罗

图 1-4-4 东嘎 1 号窟法界语自在曼荼罗第二重东方阿閦佛及眷属

图 1-4-5 东嘎 1 号窟法界语自在曼荼罗第一重八佛顶周围七政宝

位于印度西北部西马偕尔邦金瑙尔地区，地处斯比蒂河谷的那科寺译师殿是一座建于 12 世纪前后的早期佛殿。[1] 该殿南壁亦绘有一铺法界语自在曼荼罗，其中第一重至第三重眷属融在金刚围墙内，第四重眷属与东嘎 1 号窟一致，分绘于围墙外围的左右两侧并呈水平排列。[2] 主尊四面八臂身呈白色，八佛顶轮外四隅饰七政宝等诸相特征与东嘎 1 号窟相同，它们均源自同一图像体系。此类法界语自在曼荼罗在 11 世纪中晚期的阿奇寺杜康殿中亦有遗存[3]。该寺位于拉达克地区列城（Leh）以西 70 千米的阿奇村，由杜康殿、松载殿（gSum brtsegs）、译师殿（Lo tsā ba lha khang）、文殊殿（'Jam dpal lha khang）、新殿（lHa khang so ma）和甘珠尔殿（bKa' 'gyur lha khang）等 6 座不同时期的佛殿和 3 座佛塔组成。[4] 法界语自在曼荼罗绘在该寺最为古老的佛殿杜康殿的南壁西侧，主尊身呈白色，八佛顶轮外四隅饰七政宝（图 1-4-6）等诸特征与GGN记载一脉相承。

---

[1] 克林伯格教授认为该寺建于 12 世纪早期，Deborah Klimburg-Salter, The Noko Preservation Project, *Orientations*, Vol. 34, No.5, 2003, p.44；卢恰尼茨则倾向于 12 世纪前 20 年，Christian Luczanits, *Buddhist Sculpture in Clay: Early Western Himalayan Art, Late 10th to Early 13th Centuries*, Chicago: Serindia Publications, 2004, p.84.

[2] Christian Luczanits, "The 12th Century Buddhist Monuments of Nako", *Orientations*, Vol.34, No.5, 2003, pp.46-53.

[3] Roger Goepper & Jaroslav Poncar, *Alchi, Ladakh's hidden Buddhist Sanctuary, The Sumtsek*, London: Serindia Publications, 1996, p.18.

[4] 加藤敬写真、松長有慶解説『マンダラ：西チベットの仏教美術—解説編』，東京：毎日新聞社，1981 年，第 44—45 页。

图 1-4-6　阿奇寺杜康殿南壁西侧法界语自在曼荼罗（局部）

图 1-4-7A 松达寺杜康殿西壁法界语自在曼荼罗

距阿奇寺以南约 15 千米，地处桑斯噶尔河下游的松达寺（Sumda）[1] 也是一座建于 13 世纪前后的寺院。该寺主殿杜康殿呈“凸”字形，[2] 殿内主供金刚界立体曼荼罗。西壁绘法界语自在曼荼罗一铺（图 1-4-7A），其主尊身呈白色，八佛顶四维饰七政宝（图 1-4-7B）等特征与那科寺译师殿和阿奇寺杜康殿一致。[3]

综上所述，11—13 世纪前后流行于阿里地区，主尊呈白色身形的法界语自在曼荼罗图像所据文本与阿阇梨文殊称所造“大注”GGN 有直接关联。由无畏生护NPY

---

[1] 在桑斯噶尔下游地区有两个松达村，距阿奇寺村 15 千米的为小松达村（Sumda chun），再从小松达村朝西约 12 千米处为大松达村（Sumda chen），两处均有早期佛教遗迹。一般学界所讨论的松达寺是指小松达村的松达寺，也有学者称它为小松达寺。见 Christian Luczanits, *Buddhist Sculpture in Clay: Early Western Himalayan Art, Late 10th to Early 13th Centuries*, Chicago: Serindia Publications 2004, p.175；加藤敬写真、松長有慶解説『マンダラ：西チベットの仏教美術—解説編』，東京：每日新聞社，1981 年，第 46—47 页。

[2] Christian Luczanits, *Buddhist Sculpture in Clay: Early Western Himalayan Art, Late 10th to Early 13th Centuries*, Chicago: Serindia Publications, 2004, pp.175-190.

[3] 绘制于松达寺杜康殿西壁与阿奇寺杜康殿南壁西侧的法界语自在曼荼罗其内院四隅均饰有“八政宝”，其中多出的“一宝”为摩尼宝。此现象的出现笔者推测可能是出于构图上的美观对称。

图 1-4-7B　松达寺杜康殿西壁法界语自在曼荼罗第一重八佛顶及四隅七政宝

所传的法界语自在曼荼罗在阿里地区仅见恰恰普日寺（tsha tsha pu ri）东殿一处（图 1-4-8），为 15—16 世纪的壁画遗存。[1]

塔波、那科、松达和阿齐等一批于后弘初期陆续新建的寺院目前多数位于拉达克地区。该区域古代曾是西藏阿里玛域（mar yul）属地，与今天我国境内的古格、普兰等地构成了古代“阿里三围”。三地相连，文化共存。10 世纪末，古格国王松额出家为僧，力图弘扬佛教，大译师仁钦桑布三赴迦湿弥罗广求佛法，并迎请印度与迦湿弥罗班智达入住托林寺译经说法，使该区域佛教文化高度繁荣，并一度成为卫

[1] 恰恰普日寺位于阿奇寺以西约 1 千米处，该寺东殿东壁法界语自在曼荼罗主尊呈黄色，为典型的NPY传承。见加藤敬写真、松長有慶解説『マンダラ：西チベットの仏教美術—解説編』，東京：毎日新聞社，1981 年，第 32—46 页。

图 1-4-8　恰恰普日寺东殿东壁法界语自在曼荼罗

藏僧人前来求取真经的源泉。可以说，11—13 世纪前后流行于阿里地区，主尊呈白色身形的法界语自在曼荼罗在某种程度上与仁钦桑布对文殊称大注GGN的译介与持信有密切关联。

第五节　14—15 世纪后藏地区白色法界语自在曼荼罗图像传承

目前在后藏地区发现的法界语自在曼荼罗遗存最早见于夏鲁寺（Zhal lu）东无量宫殿。该殿由熟知君王妙法苑者大古相衮噶顿珠建于 1333—1335 年。[1] 殿内壁画由敬信且喜持瑜伽续者布顿设计并由擅长画技兼善知识索南坚赞绘制。[2] 法界语自在曼荼罗位于该殿正壁（西壁）中央。据布顿《夏鲁寺东西南北无量宫殿曼荼罗配置目录》（*Zha lu'i gtshug lag khang gi gzhal yas khang nub ma/ byang ma/ shar ma/ lha ma rnams na bzhgs pa'i dkyil 'khor sogs kyi dkar chag*，略称《目录》）载，"该曼荼罗主要是依阿阇梨文殊称和无畏生护两者样式绘制，但在设计时其图像文本更偏重于文殊称样式"[3] 从实物壁画看，主尊身色为黄色（图 1-5-1），并在该曼荼罗第三重的上下门（西门和东门）位置另绘有忿怒尊顶髻转轮忿怒明王和妙言王，此配置与无畏生护在NPY中所载的图像构成更为契合。《目录》中刻意强调"文殊称样式"，实则反映了该壁画设计者布顿本人的一种思想倾向。

具有"文殊称样式"的法界语自在曼荼罗在萨迦南寺三解脱门殿[4] 及其于 1427—1436 年所建的江孜白居寺吉祥多门塔[5] 3 层 6 号佛殿[6] 内亦有传存。其中吉祥多门塔 3 层 6 号佛殿呈"凸"字形，殿内内室主供佛为宝生如来。在主供佛的左侧（南壁）绘文殊具密摄部族曼荼罗（详见本篇第二章讨论），右侧（北壁）绘法界语自在曼荼罗的主尊（图 1-5-2）和该曼荼罗第一重眷属。第二和第三重眷属绘于外室东壁北侧和北壁，其他眷属绘在外室东壁南侧和南壁，第四重眷属主要分布在西壁两侧（门道左右侧），整个佛殿壁画保存完整，且在每尊尊像下方均有榜题题名。其中在内室北壁主尊下方靠近地面处有记载该曼荼罗图像源流的墨书题跋一处。录文如下：

[1] 有关夏鲁寺东、西、南、北四座无量宫殿的建殿年代，见Robert Vitali, *Early Temples of Central Tibet*, London: Serindia Pbulications, 1990, p.110。

[2] 相关记载见Lokesh Chandra(ed.), *The Collected Works of Bu-ston,* Śata-piṭaka Series, Part 17, New Delhi: International Academy of Indian Culture, 1969, p.26, 4-5。

[3] 'di la slob dpon 'jam dpal grags pa'i lugs dang/ slob dpon 'jigs med 'byung gnas sbas ba'i lugs gnyis las / 'dir slob dpon 'jam dpal grags pa'i lugs gtso bor byas te// 见Lokesh Chandra(ed.), Part 17, 1969, p.26, 6-7.

[4] 三解脱门殿该主题壁画绘于西壁北侧，见加納和雄、川崎一洋「サキャ南寺·三解脱門堂の歴史と曼荼羅壁画について」,『密教文化』2011 年第 224 号，第 14—15 页，第 20 页。

[5] 熊文彬：《中世纪藏传佛教艺术——白居寺壁画艺术研究》，北京：中国藏学出版社,1996 年，第 24 页。

[6] 该编号采用熊文彬《中世纪藏传佛教艺术——白居寺壁画艺术研究》一书中对吉祥多门塔佛殿编号。见熊文彬：《中世纪藏传佛教艺术——白居寺壁画艺术研究》，北京：中国藏学出版社，1996 年，第 28 页。

图 1-5-1　夏鲁寺东无量宫殿西壁中央法界语自在曼荼罗

图 1-5-2　白居寺吉祥多门塔三重 6 号佛殿内室北壁法界语自在曼荼罗主尊

'di ni rtsa rgyud bu dang po rdo rje dbyings kyi dum bu las 'phros shing/ de dang cha 'thun pa mtshan yang dag par brjod pa/ rnal 'byor gyi rgyud du dgongs pa bkral ba/ slob dpon 'jam dpal grags pas mdzad pa'i 'grel chen gyi rjes su 'brangs pa nam mkha' dri ma med pa shin tu yongs su dag pa chos kyi dbyings kyi ye shes kyi snying po …….

图 1-5-3 原俄尔寺藏依《续部总集》所绘法界语自在曼荼罗

该［曼荼罗］是从《本续》第一品“金刚界品”引出，与之相顺而按瑜伽续解释《文殊真实名经》之秘意者，即阿阇梨文殊称所造大注《虚空无垢善清净法界智慧心髓》……

题记中虽然指出了该曼荼罗所依据的图像文本是文殊称的注释《虚空无垢善清净法界智慧心髓》。但在此前方另加“大注”（'grel chen），暗示了在绘该曼荼罗时，设计者已采用了布顿对《文殊真实名经》注释“大、中、小”的分类体系。其图像文本很可能亦参照了布顿基于GGN的厘注本《名等诵曼荼罗庄严》。

从后藏地区仅存的3铺法界语自在曼荼罗壁画看，其所据文本整体以GGN为主，虽然在夏鲁寺东无量宫中存在着NPY和GGN两种传承兼容现象，但该曼荼罗的设计者布顿在这两者之间更侧重于GGN。且从当前所掌握的材料看，依据GGN绘制的法界语自在曼荼罗在后藏地区主要由萨迦派或受萨迦派影响的寺院传承。布顿在整个中世纪西藏GGN传承过程中无疑扮演着重要的角色，直到19世纪，由萨迦派高僧蒋扬洛特旺波编著的《续部总集》依然传承着布顿对该曼荼罗图像（图1-5-3）

的厘注本。[1]

属于NPY系的法界语自在曼荼罗虽然鲜见于西藏上师的注释论集中，但其壁画实物在后藏地区并不多见。另据立川武藏等日本学者对尼泊尔佛教寺院遗址的调查研究，发现属于NPY传承体系的法界语自在曼荼罗在尼泊尔纽瓦尔河谷的Haka Bahal、Na Bahal、Bu Bahal等寺中较为流行，时至今日，该传承还在延续。[2]

第六节 小 结

《文殊真实名经》的大注GGN大约在11世纪前后由仁钦桑布和信作铠传译至西藏。该注本与无畏生护基于此注编纂的图像志NPY21因在主尊身色、曼荼罗尊格数目与尊格排列次第上的不同，使得它们传到西藏后形成了两个图像流派。14世纪之后西藏上师对此所做的注释，以及在其文集中所收录的法界语自在曼荼罗仪轨基本都是从这两个流派发展而来。其中GGN在西藏的传承者主要是布顿和萨迦高僧蒋扬洛特旺波等人，而NPY的传承者主要是格鲁派高僧班钦·洛桑却吉坚赞和二世章嘉活佛阿旺洛桑却丹等。

主尊身呈白色的法界语自在曼荼罗在早期（11—13世纪）主要盛行于西藏阿里地区，该现象的出现与后弘初期大译师仁钦桑布对GGN的译介和信持有关。15世纪中晚期至16世纪初，绘制于托林寺红殿和古格故城白殿（图1-6-1）[3]的法界语自在曼荼罗虽继承了早期GGN传统，但其图像特征更倾向于布顿基于GGN的厘注本《名等诵曼荼罗庄严》中所载的“文殊称所做大注GGN中的法界语自在曼荼罗”。

从目前所掌握的材料看，受布顿对文殊称本人和GGN注释推崇，当时后藏地区GGN系的法界语自在曼荼罗主要由萨迦派（俄系）或与萨迦派有关联的寺院传承。

---

[1]《续部总集》所收录的139幅曼荼罗中，其法界语自在曼荼罗的图像见bSod nams rgya mtsho & M.Tachikawa, *The Ngor Mandalas of Tibet: Plates*, Bibliotheca Codicum Asiaticorum 2, Tokyo: The Centre for East Asian Cultural Studies, 1989, p.40；图像解说部分见*The Ngor Mandalas of Tibet: Listings of the Mandala Deities*, Bibliotheca Codicum Asiaticorum 4, Tokyo: The Centre for East Asian Cultural Studies, 1991, p.74-79。

[2]スダン·シャキャ『ネパールに生きる密教儀礼について：法界語自在マンダラ儀礼の調査報告』，種智院大学密教資料研究所紀要10，2008年，第29—36页；長野泰彦·立川武藏編『法界語自在マンダラの神々』，国立民族学博物館研究報告別冊7号，吹田：国立民族学博物館，1989年，第5—20页。

[3]王瑞雷：《古格故城白殿绘塑内容及图像程序重构——基于意大利藏学家朱塞佩·图齐及印度李·戈塔米的考察记录》，《艺术设计研究》2021年第2期，第17—19页。

图 1-6-1　古格故城白殿西壁中段法界语自在曼荼罗

第二章　中注：经堂北壁文殊具密摄部族与具功德生处摄部族曼荼罗研究

据红殿经堂北壁壁画下方和经堂与佛堂右转角处题记可知，绘于经堂北壁的两铺曼荼罗分别是文殊具密摄部族曼荼罗（’Jam dpal gsang ldan rigs bsdus pa’i dkyil ’khor）和具功德生处摄部族曼荼罗（Yon tan kun ’byung rigs bsdus kyi dkyil ’khor）。这两铺曼荼罗的主尊均为身呈白色，两手结智拳印的大日如来，两者居于整个北壁的正中央。其右侧（北壁西侧）为文殊具密摄部族曼荼罗诸天众，左侧（北壁东侧）为具功德生处摄部族曼荼罗诸天众。夹在两主尊之间呈竖状排列的四小尊从上而下依次是宝生佛、阿閦佛、宝生佛和阿弥陀佛。该四尊中的宝生佛和阿弥陀佛与主尊大日如来右侧的阿閦佛和不空成就佛构成了文殊具密摄部族曼荼罗中的四方佛，其余两尊阿閦佛与宝生佛和大日如来左侧的阿弥陀佛及不空成就佛构成了具功德生处摄部族曼荼罗中的四方佛。两铺曼荼罗均呈水平构图，各由 53 尊尊像构成。

北壁西侧文殊具密摄部族曼荼罗下方的题记为：

1. gsang ldan rigs bsdus kyi ’khor rnams la phyag ’tshol lo/
   向具密摄部族曼荼罗顶礼。
2. ’jam dpal gsang ldan gyi lha tshogs rnams la phyag ’tshal lo/
   向具密文殊诸天顶礼。

北壁东侧具功德生处摄部族曼荼罗下方的题记为：

1. yon tan kun ’byung rigs bsdus kyi ’khor rnams la phyag ’tshal lo/
   向具功德生处摄部族曼荼罗顶礼。
2. ’jam dpal yon tan kun ’byung rigs bsdus kyi lha tshogs rnams la phyag ’tshal lo/
   向文殊具功德生处摄部族诸天顶礼。

经堂因早年屋顶渗水，整个北壁尤其北壁西侧壁画剥落严重，很多地方已漫漶不清。本章在现存壁画基础上，结合壁画题记和文殊具密摄部族曼荼罗与具功德生处摄部族曼荼罗的相关注释仪轨，以夏鲁寺与白居寺吉祥多门塔中同类曼荼罗壁画为范例，讨论红殿经堂北壁该组曼荼罗的图像配置及图像源流问题。

第一节　嬉金刚与《文殊真实名经》具密注释

据布顿《入瑜伽续航海之舟》记载，嬉金刚（Līlavajra, sGeg pa'i rdo rje）的法名为“吉祥最胜菩提具缘”（dPal ldan byang chub mchog gi skal ba dang ldan pa），取得仁波切位（Rin po che'i gling du byon）后，又得名“最胜菩提”（Chub mchog mchog）。嬉金刚是他的“密名”（gSang mtshan），[1] 8 世纪中期人，文殊吉祥友的弟子。[2]

多罗那他在《印度佛教史》中对他的求学、宗派与注释用名有较为翔实的概述，内容如下：

> 提婆波罗（Devapāra）王在位四十八年后由儿子罗娑波罗（Rāsapāla）继位，在此期间十二年中他无任何佛教事业，因此不能被计入七波罗之内。那时，乌仗那国（Udyāna，Urgyan）的嬉金刚（Līlavajra）阿阇梨在吉祥那烂陀寺已住寺十年，多说真言乘，并著有《圣文殊真实名经》注释。具有世亲（dByig gnyen）之名的婆薮盘豆（Basuvandhu）阿阇梨也出世，多说《阿毗达摩藏部》（Abhidharmapitaka）。
>
> 阿阇梨嬉金刚出生于悉舍罗国（Ṣamṣa），后在乌仗那地方出家，宗派属唯识中道师。他精通一切明后，于晚年来到乌仗那摩提摩（Madhima）岛注释《文殊真实名经》，在接近完成时，文殊画像之圣容大放光芒，因久照他所在之处，故为他献号“如日”（nyi ma 'dra ba）。有几位邪见者需要内道班智达的五根作为修法资粮，遂前来此地欲暗杀阿阇梨［嬉金刚］。阿阇梨变成牛、马、童女、幼儿等多种相貌，邪见者无能辨识，于是退去。因此特又为他献号“具种种形”（sna tshogs gzugs can）。晚年，他在乌仗那国利益众生，最后获得“虹身金刚体”（mthar 'ja' lus rdo rje'i sku）。出家法名为“吉祥最胜菩提具缘”，密名“嬉金刚”。因此由他所造的经书一般均题写有

[1] Bu ston Rin chen grub, *rNal 'byor rgyud kyi rgya mtshor 'jug pa'i gru gzings*, D.5104, p.133, 6-7.

[2] R.M.Davidson, “The Litany of Names of Mañjuśrī”, in M.Strickmann(ed.), *Tantric and Taoist Studies in Honor of R.A.Stein*, Vol.1, Brussels: Institut Belge des Hautes Études Chinoises, 1981, pp.6-7 及脚注 18，22。

“嬉金刚、如日、具种种形、吉祥最胜菩提具缘经造”。[1]

关于文殊具密类注释，在藏文《大藏经》中共收录了 17 篇。其中与嬉金刚造经用名有关的注释有 5 篇，分别如下：

1.《圣名等诵广释名号秘密真言仪观察》（*'Phangs pa mtshan yang dag par brjod pa'i rgya cher 'grel pa mtshan gsang sngags kyi don du rnam par lta b ashes bya ba*, D. 2533; P. 3356）;

2.《圣文殊师利名等诵成就法》（*'Phangs pa 'jam dpal gyi mtshan yang dag par brjod pa'i sgrub thabs*, D. 2579; P. 3406）;

3.《圣文殊师利名等诵内部修习》（*mTshan yang dag par brjod pa'i bklag pa'i sgom khog*, D. 2580; P. 3407）;

4.《圣文殊师利名等诵护摩次第》（*'Phangs pa 'jam dpal gyi mtshan yang dag par brjod pa shes bya ba'i sbyin sreg gi rim pa*, D. 2581; P. 3408）;

5.《圣文殊师利曼荼罗仪轨功德生处》（*'Phangs pa 'jam dpal gyi dkyil 'khor gyi cho ga yin tan 'byung gnas shes bya ba*, D. 2582; P. 3409）。

这 5 篇注释均由印度班智达念著称（Smṛtijñānakīrti）从梵文本译成藏文，布顿将之称作“嬉金刚五法”（sGeg pa'i rdo rje'i chos lnga）。[2] 据《青史》（*Deb ther sngon po*）记载，念著称是后弘初期前来藏地，翻译新密经典的开创者，是一位功德具足的印度班智达，他在康区（Khams）弘法期间不仅翻译出《文殊真实名经》嬉金刚注释（mtshan yang dag par brjod pa sgeg pa rdo rje'i skor）、《瑜祇母怛特罗大王吉

[1] 藏文原文：rgyal po de wa pā las lo bzhi bcu zhe brgyad du rgyal srid byas/ de'i rjes su sras rā sa pā las rgyal srid lo bcu gnyis byas/ bstan pa'i bya ba gsar pa cher ma mdzad pas de ni pā la bdun la mi bgrang/ de'i tshe u rgyan gyi slob dpon sgeg pa'i rdo rjes dpal na leṇdrara lo bcu'i bar du bzhugs shing/ sngags kyi theg pa mang du gsungs/ mtshan yang dag par brjod pa'i 'grel pa yang mdzad/ slob dpon bā su baṇdhu zhes bya ba dbyig gnyen gyi mtshan can zhig byon te/ chos mngon pa'i sde snod mang du gsungs so// de la slob dpon sgeg pa'i rdo rje ni/ yul ṣhi ṣha ra zhes par 'khrungs/ u rgyan gyi gnas su rab tu byung zhing grub mtha' rnam rig dbu ma pa/ rig pa'i gnas thams cad la mkhas par byas pa'i mthang/ u rgyan gyi gling phran ma dhi ma zhes bya bar 'phags pa 'jam dpal gyi mtshan yang dag par brjod pa'i sgrub pa mdzad/ de'i tshe 'phags pa 'jam dpal 'grub tu nye ba na/ 'jam dpal gyi bris sku'i zhal las 'od zer chen po byung ste gling de yul ring du snang bar byas pas/ nyi ma dang 'dra ba zhes bya bar mtshan gsol/ log par lta ba 'ga' zhig la nang pa'i paṇḍita'i dbang po lnga sgrub rdzas la dgos pa byung/ slob dpon bkrong du 'ongs pas glang po dang rta dang bu mo dang khye'u sogs sna tshogs kyi gzugs su bsgyur bar su yin ngo ma shes par phyir ldog/ sna tshogs gzugs can zhes mtshan gsol/ sku tshe'i smad la u rgyan gyi yul du 'gro ba'i don cher mdzad/ mthar 'ja' lus rdo rje'i sku brnyes so/ rab tu byung ba'i mtshan dpal ldan byang chub mchog gi skal ba dang ldan pa/ gsang mtshan sgeg pa'i rdo rje zhes bya ba yin pas/ des mdzad pa'i bstan bcos rnams la sgeg pa'i rdo rje nyi ma dang 'dra ba sna tshogs gzugs can dpal ldan byang chub mchog gi skal ba dang ldan pas mdzad pa zhes 'byung ba yin no// 见：Tāranātha, *rGya gar chos 'byung*, Si khron mi rigs dpe skrun khang gis bskrun, 1994, pp.259-260.

[2] Bu ston Rin chen grub, *rNal 'byor rgyud kyi rgya mtshor 'jug pa'i gru gzings*, D.5104, p.178, 3.

祥四座》(*Śrīcatuḥpīṭha-mahāyoginītantrarāja-nāma*)和《秘密集会》(*Guhyasamāja*)等经典，[1]同时还翻译了塔嘎纳(Tha ga na)的《文殊真实名经》之密咒[2]、文殊具密、《世间日月之诺毗嘎》(*'Jig rten snang byed zla ba'i no pi ka*)[3]等多部注释和成就法。在他晚年完成《声论》(*sGra'i bstan brjos*)的著述之后，不久便圆寂，并在名为“绒”(rong)的地方转世为格西。[4]

从《青史》记载可知，念著称是一位后弘初期最早来康区弘传密法的印度班智达。他不仅在康区翻译出《文殊真实名经》嬉金刚文殊具密类注释，还亲自著有《圣文殊师利名等诵具密成就法注释慧明》[5]《成就法具密尺度仪轨》[6]《具密记录》[7]等与文殊具密有关的仪轨与口诀。据日本学者川越英真先生的研究，念著称大约在11世纪前半叶先到阿里，再途经卫藏到达康区进行弘法活动的。[8]如此推测成立，那么他在康区翻译《文殊真实名经》嬉金刚具密类注释的时间应该在11世纪早中期。

第二节　文殊具密摄部族与具功德生处摄部族曼荼罗图像源流

关于文殊具密摄部族曼荼罗，布顿在《名等诵曼荼罗庄严》中指出，其出自吉祥最胜菩提具缘对《文殊真实名经》所做的“中注”('grel pa bar pa)。[9]此外，江

---

[1] 藏文原文：gsang sngang gsar ma'i 'gyur gyi mgo jo bo Smṛtijñānakīrt zhes bya ba yod mod kyi/ des dbus gtang du ni 'gyur ma mdzad la/ khams su dus dus phyis mtshan yang dag par brjod pa sgeg pa rdo rje'i skor dang/ dpal gdan bzhi pa dang/ gsang ba 'dus pa'i skor la sogs pa mang du bsgyur mod kyi/ de bas lo hen rin chen bzang pos gsang sngags kyi 'gyur mdzad pa snga bar snang ste/ 'brom ston pa jo bo se btsun gyi gyog byed pa'i dus smṛtijñānakīrt lo tsā bslabs so zhes 'byung la// 见'Gos lo gzhon nu dpal gyis brtsams, *Deb ther sngon po,* Si khron mi rigs dpe skrun khang, 1984, pp.255-256；汉译本见廓诺·迅鲁伯著、郭和卿译：《青史》，拉萨：西藏人民出版社，1985年，第136页。

[2] 塔嘎纳(Tha ga na)对《文殊真实名经》注释即指Smṛtijñānakīri所造的*'Jam dpal mtshan brjo kyi bshad 'bum,* D.2538; P.3336.

[3] 此处的《世间日月之诺毗嘎》是指Smṛtijñānakīri所造的*'Jig rten snang byed zla ba'i no pi ka*, D.3584; P.4406.

[4] 根据上下文可知，此处的“格西”，应指前文提到的“格西绒桑·却季桑波”(gShes gnyen rong zom chos kyi bzang po)，见'Gos lo gzhon nu dpal gyis brtsams, *Deb ther sngon po*, Si khron mi rigs dpe skrun khang, 1984, pp.202-203；汉文译本见郭诺·迅鲁伯著、郭和卿译：《青史》，拉萨：西藏人民出版社，1985年，第107页。

[5] Smṛtijñānakīrt, *'Phags pa 'jam dpal gyi mtshan yang dag par brjod pa'i gsang ba dang ldan pa'i sgrub pa'i thabs kyi 'grel pa ye shes gsal ba zhes bya ba*, D.2584; P.3411, Vol.75.

[6] Smṛtijñānakīrt, *sGrub thabs gsang ba dang ldan pa'i thig gi cho ga*, D.2585; P.3412, Vol.75.

[7] Smṛtijñānakīrt, *gSang ldan gyi tho yig* (*Guhyāpannapattrikā*), D.2594; P.3421, Vol.75.

[8] 川越英真氏「Smṛtijānakīrtiをめぐるkhamsの仏教活動について」,『印度學佛教學研究』1986年35卷第1号，第323页。

[9] Bu ston, *mTshan brjod kyi dkyil 'khor gyi bkod pa bzhugs so*，收录于Lokesh Chandra(ed.), *The Collected Works of Bu-ston,* Śata-piṭaka Series, Part 17, New Delhi: International Academy of Indian Culture, 1969, p.264, 3-4.

孜白居寺吉祥多门塔三层6号佛殿[1]南壁（佛殿呈“凸”型，坐东朝西）所绘文殊具密摄部族曼荼罗壁画下方的藏文题记亦指明了该曼荼罗的图像出处。

题记内容如下：

> 'di ni rtsa rgyud bu dang po rdo rje dbyings kyi dum bu las 'phros shing de dang cha 'thun pa mtshan yang dag par brjod pa rnal 'byor gyi rgyud du dgongs pa bkral ba/ 'grel pa bar pa slob dpon sgeg pa rdo rje mdzad pa'i rjes su 'brangs pa/ 'jam dpal gsang ldan rigs bsdus pa'i dkyil 'khor gyi lha tshogs rnams kyi bkod pa'i ri mo'o//

> 该［曼荼罗］是从《本续》第一品“金刚界品”引出，与之相顺而按瑜伽密续注释《文殊真实名经》之秘意者，即阿阇梨嬉金刚所造“中注”，此曼荼罗即依此而安布文殊具密摄部族曼荼罗天众之画。

根据布顿《名等诵曼荼罗庄严》和吉祥多门塔壁画题记可知，文殊具密摄部族曼荼罗源自嬉金刚所造“中注”。对此，布顿在论及夏鲁寺东无量宫殿该曼荼罗时亦指出，此曼荼罗是“基于阿阇梨嬉金刚所造注释《真言仪观》而绘制”（slob dpon sgeg pa'i rdo rjes mdzad pa'i sngags don rnam gzigs kyi rjes su 'brangs pa）。[2]据此可推，以上所讲的“中注”，应指“嬉金刚五法”中的《圣名等诵广释名号秘密真言仪观察》（略称《真言仪观》）。[3]

关于文殊具功德生出摄部族曼荼罗，根据经堂北壁壁画下方题记“向具功德生出摄部族曼荼罗顶礼”，可从藏文《大藏经》索引目录中检索到与此相近的经题为嬉金刚注释《圣文殊师利曼荼罗仪轨功德生处》（略称《功德生处》）。此外，在夏鲁寺东无量宫殿中亦有同类题材曼荼罗，据布顿《目录》，该曼荼罗是依“《曼荼罗仪轨功德生处》中所言摄部族曼荼罗”（dkyil 'khor cho ga yon tan 'byung gnas nas bshad

[1] 该编号采用《中世纪藏传佛教艺术——白居寺壁画艺术研究》中对吉祥多门塔佛殿编号，见熊文彬：《中世纪藏传佛教艺术——白居寺壁画艺术研究》，北京：中国藏学出版社，1996年，第28页。

[2] *Zha lu'i gtshug lag khang gi gzhal yas khang nub ma / byang ma/ shar ma/ lha ma rnams na bzhgs pa'i dkyil 'khor sogs kyi dkar chag*，收录于Lokesh Chandra(ed.), *The Collected Works of Bu-ston,* Śata-piṭaka Series, Part 17, New Delhi: International Academy of Indian Culture, 1969, p.29, 1-2.

[3] 羽田野伯猷先生在讨论秘密集会怛特罗流派传承时也指出嬉金刚文殊具密中的“中注”是指《真言义观》。见羽田野伯猷「秘密集タントラにおけるヂニヤーナパーダ流について」,『文化』1950年第3号，東北大学文学会編，第156（16）页。

rigs bsdus pa'i dkyil 'khor）绘制[1]。故根据以上材料可推文殊具密摄部族曼荼罗和具功德生处摄部族曼荼罗的图像均出自"嬉金刚五法"中的"中注"《真言仪观》和《功德生处》。后布顿将此注中的曼荼罗图像部分单独分离出来，结合嬉金刚及《文殊真实名经》其他注释仪轨重新对此做注，并将其收录于《名等诵曼荼罗仪庄严》中。在这两篇类似于图像志的注释仪轨中，分别各含有7个曼荼罗，其中除位于各自首位的文殊具密摄部族曼荼罗[2]和具功德生处摄部族曼荼罗[3]之外，其他6个曼荼罗的名称均为一致。[4]

第三节　经堂文殊具密摄部族与具功德生处摄部族曼荼罗结构及图像配置

以下基于嬉金刚注释和布顿《名等诵曼荼罗庄严》中对文殊具密摄部族曼荼罗和具功德生处摄部族曼荼罗图像记载，以此构建红殿北壁这两铺曼荼罗的图像配置等问题。

一、文殊具密摄部族和具功德生处摄部族曼荼罗建坛结构

红殿经堂北壁文殊具密摄部族和具功德生处摄部族曼荼罗并未严格按仪轨规定的"程式"建坛设门，而是采用"水平式"这一相对古老的构图模式将其天众安置在同一平面内。关于文殊具密摄部族曼荼罗的结构设色，布顿在《名等诵曼荼罗庄严》中集诸家之言，对此有简略说明，具体内容如下：

> 坛城有内外两重门，并设有牌坊。在羯磨、金刚、火焰和山岳的中央

[1] Lokesh Chandra(ed.), *The Collected Works of Bu-ston,* Śata-piṭaka Series, Part 17, New Delhi: International Academy of Indian Culture, 1969, p.29.2-3.

[2] 见Bu ston, *mTshan brjod kyi dkyil 'khor gyi bkod pa bzhugs so*, pp.185.4-190.4.

[3] 见Bu ston, *mTshan brjod kyi dkyil 'khor gyi bkod pa bzhugs so*, pp.192.7-195.2.

[4]《真言仪观》和《功德生处》中除记载了位于该仪轨首位的文殊具密摄部族曼荼罗和具功德生处摄部族曼荼罗外，另含有6个子曼荼罗：（1）阿阇梨嬉金刚所造文殊具密摄部族曼荼罗后6个子曼荼罗分别是：阿弥陀佛曼荼罗（'Od dpag med kyi dkyil 'khor）、不动如来曼荼罗（Mi bskyod pa'i dkyil 'khor）、大日如来曼荼罗（rNam snang gi dkyil 'khor）、不空成就曼荼罗（Don yod grub pa'i dkyil 'khor）、宝生如来曼荼罗（Rin 'byung gi dkyil 'khor）和菩提心金刚曼荼罗（Byang sems rdo rje'i dkyil 'khor）；（2）阿阇梨嬉金刚所造具功德生处摄部族曼荼罗之后的6个子曼荼罗分别是：菩提心金刚曼荼罗、大日如来曼荼罗、不动如来曼荼罗、阿弥陀如来曼荼罗、宝生如来曼荼罗和不空成就曼荼罗。见Bu ston, *mTshan brjod kyi dkyil 'khor gyi bkod pa bzhugs so*，收录于Lokesh Chandra(ed.), *The Collected Works of Bu-ston,* Śata-piṭaka Series, Part 17, New Delhi: International Academy of Indian Culture, 1969, pp.290.4-192.7; pp.195.2-195.7。

图 2-3-1 夏鲁寺东无量宫殿南壁西侧文殊具密摄部族曼荼罗

图 2-3-2 白居寺吉祥多门塔三重 6 号佛殿内室南壁文殊具密摄部族曼荼罗

呈八辐轮形，八辐轮的外侧呈十六辐轮。外门的内侧亦呈十六轮辐状。每重轮辐的颜色随方位色，中央和边缘为白色，装饰图案呈黄色。方位色［依次］是：中央为白色、东方为青色、南方为黄色、西方为红色、北方为绿色。墙面从外到内依次呈青、黄、红、绿、白五色。狮子座设在中央轮辐的中心位置，轮辐的东方为象座、南方为马座、西方为孔雀座、北方为金翅鸟座，诸座之上又设宝、莲花、太阳、月亮和绫带座。此类相互叠加的六重座具之说出自西藏喇嘛的口述，在原典中仅记载了动物座。莲花座与绫带座［之说］在《三重勇识》中亦未记载。[1]

像这种严格按仪轨规定所绘制的文殊具密摄部族曼荼罗仅见于夏鲁寺东无量宫殿的南壁西侧（图 2-3-1）和萨迦南寺三解脱门殿（rNam thar sgo gsum）的西壁南侧[2]。白居寺吉祥多门塔中该曼荼罗构图（图 2-3-2）与红殿经堂北壁一致。

［1］见 Bu ston, *mTshan brjod kyi dkyil 'khor gyi bkod pa bzhugs so*, pp.285.5-286.1.

［2］加納和雄、川崎一洋「サキャ南寺・三解脱門堂の歴史と曼荼羅壁画について」,『密教文化』2011 年第 224 号，第 19—20 页。

具功德生处摄部族曼荼罗的建坛结构在曼荼罗仪轨《功德生处》中仅提到方位色：东方为青色、南方为黄色、西方如赤色莲花、北方为绿色。[1]其余细节并未展开讨论，而是将此作为辅助隐含在曼荼罗图像解说中。《名等诵曼荼罗庄严》中对该曼荼罗结构及尺寸解说如下：

> 首先将十六尺度的墨线分成三支，做成八刻度的基线环围在曼荼罗的中央。在四方造四辐轮，然后建金刚围墙。金刚围墙之外的四方造十六辐轮，然后再建金刚围墙。随后在十三与十九刻度之间取七刻度围墙处建门楼，门楼的外侧为虚空，其次为牌坊，然后为轮和伞盖，以上为曼荼罗内部结构。接着，在四或五大刻度的二分之一处建天众台阶，接着在四分之三处建与内轮一致的门。门外再建五个天众台阶，然后建外门，并绘金刚、火焰和山岳等，其方位色和墙体［色］与前方一致。[2]

以上为文殊具密摄部族和具功德生处摄部族曼荼罗结构建立总说。

二、六智慧轮的建立与本初佛及文殊智慧萨埵的观想次第

文殊具密摄部族和具功德生处摄部族曼荼罗的主尊均为四面、身呈白色结智拳印的大日如来。两者不同处主要表现在前者主尊胸前有观想本初佛（Dang po'i sangs rgyas）、六色智慧轮（Shes rab 'khor lo kha dog drug）和文殊智慧萨埵（'Jam dpal ye shes sems dpa'）环节。

据曼荼罗仪轨《功德生处》记载：首先在大日如来胸前由种子A生成白色五面八臂并具五髻首的本初佛。本初佛五面之东面为青色、南面为黄色、西面为红色、北面为绿色，顶部一面为白色并呈寂静相。八臂中的左四臂于胸前俱持《般若经》，其余右四臂手持智慧剑并现施射状。

---

［1］*'Phangs pa 'jam dpal gyi dkyil 'khor gyi cho ga yin tan 'byung gnas shes bya ba*, P.3409, Vol.75.

［2］藏文原文为：cha chen bcu drug tu thig gdab pa'i dang po gsum gsum la cha phran brgyad brgyad du byas pa'i tshangs thig la gnyis nas bskor ba la 'khor lo'i ste ba bya/ de nas bzhi la 'khor lo'i rtsibs bzhi bya/ de nas gcig la rdo rje'i ra ba bya/ de nas bzhir 'khor lo rtsibs bcu drug pa bya/ de nas gcig la rdo rje'i ra ba bya/ de nas cha phran bcu gsum pa re re la'ang nas bcu dgu pa'i bar bdun la rtsig pa nas sgo'i ya phubs kyi bar bya/ ya phubs kyi phyir gcig la nam mkha' stong par bya/ de nas gnyis la rta bbas bya/ de nas gnyis la 'khor lo dang gdugs bya ste/ dkyil 'khor nang ma'o/ de nas cha chen bzhi pa dang lnga pa gnyis phyed mar bgos pa'i cha gcig la lha snams bya/ lhag ma gsum po cha bzhi bzhir bgos la/ cha bcu gnyis la sgo la sogs pa sngar dang 'dra'o// lhag ma cha chen gsum la bzhi bzhir bgos pa'i dang po'i lnga la/ lha'i snam bu lnga bya/ lhag ma bdun phyed mar bgos pa'i bcu bzhi la/ bcu gnyis la sgo la sogs pa dang/ rdo ra me ri la re re'o// phyogs tshon dang rtsig pa lngar dang 'dra'o// 见 Bu ston, *mTshan brjod kyi dkyil 'khor gyi bkod pa bzhugs so*, p.293.1-5。

其次于本初佛胸前修习智慧轮（dang po'i sangs rgyas gyi thugs kar shes rab kyis 'khor lo bsgom par bya）。由本初佛胸前的种子A生成具六色六辐四辋（kha dog drug dang ldan ba pa rtsibs drug pa/ mu khyud bzhi dang ldan pa ）的智慧轮。思维于轮辐中央的种子A，并在白色轮外的四周修持“世尊智慧萨埵的根本真言”（bcom ldan 'das ye shes sems dpa'i rtsa ba'i sngags）及其他诸真言。其中第一轮辋内的真言是Oṃ sarvadharmābhāvasvabhāvavi suddhavajra A Ā Aṃ Aḥ；第一轮之外第二轮辋由吉祥如来（dPal de bzhi gshegs pa）十二地（Sa bcu gnyis）中所说的十二真言A ā i ī u ü e aio au aṃ aḥ构成。六辐轮中六真言的颜色与各部族的颜色一致[1]：第一轮辐中的真言是Oṃ vajratīkṣṇāya te namaḥ；第二轮辐是Oṃ duḥkhacchedāya namaḥ；第三轮辐是Oṃ prajnājnānamürtāya namaḥ；第四轮辐是Oṃ jñānakāyāya te namaḥ；第五轮辐是Oṃ vāgīśvarāya te namaḥ；第六轮辐是Oṃ arapacanāya te namaḥ。六轮辐之外的两轮是“世尊一切如来智慧身的真言鬘”（bcom ldan 'das de bzhin gshegs pa thams cad kyi ye shes kyi sku'i phreng ba'i sngags）：由第一轮内真言Āḥ sarvatathāgatahṛdayaṃ hara hara oṃ hüṃ hriḥbhagavanjñānamürti vāgiśvara mahāvāca sarvadharmagaganamalasuparisuddharmadhātujñānagarbha Āḥ和第二轮内的真言KA与HA构成。

最后观想住于轮辐中央由种子A生成的文殊智慧萨埵，其特征是六面，头髻呈蓝宝石色，身色如深秋之月色，周围被如同初升太阳般的光环包围，具“一切如来自性之庄严”（De bzhin gshegs pa thams cad kyi rang bzhin gyi rgyan）。身居仰俯莲座上坐禅入定，两手各持具《般若经》经函的青莲，面呈寂静相。[2]

六智慧轮的结构图（配置图15）和轮辐内种子的排列次第如下所示，其中配置图轮辐中所标数字与以下真言前方的数字一一对应。

1. A
2. Oṃ sarvadharmābhāvasvabhāvavi suddhavajra A Ā Aṃ Aḥ
3. A ā i ī u ü e aio au aṃ aḥ
4. Oṃ vajratīkṣṇāya te namaḥ
5. Oṃ duḥkhacchedāya namaḥ
6. Oṃ prajnājnānamürtāya namaḥ

[1] 布顿《名等诵曼荼罗庄严》中亦指出各轮辐的颜色随各部族的色彩，依次是红、青、白、绿、黄、白六色。见Bu ston, *mTshan brjod kyi dkyil 'khor gyi bkod pa bzhugs so*, p.287.1。

[2] 以上观想次第参见 *'Phangs pa mtshan yang dag par brjod pa'i rgya cher 'grel pa mtshan gsang sngags kyi don du rnam par lta b ashes bya ba*, P.3356, p.190, 1, 6-190, 2, 8. 另布顿《名等诵曼荼罗仪轨庄严》中本初佛、六智慧轮、文殊智慧萨埵的观想内容见Bu ston, *mTshan brjod kyi dkyil 'khor gyi bkod pa bzhugs so*, pp.286.2-288.1.

7. Oṃ jñānakāyāya te namaḥ

8. Oṃ vāgīśvarāya te namaḥ

9. Oṃ arapacanāya te namaḥ

10. Āḥ sarvatathāgatahṛdayaṃ hara hara oṃ hüṃ hriḥbhagavanjñānamürti vāgiśvara mahāvāca sarvadharmagaganamalasuparisuddharmadhātujñānagarbha Āḥ

11. KA HA

在红殿文殊具密摄部族曼荼罗中，主尊大日如来（图 2-3-3）胸前用以观想的本初佛并未如实地表现在其胸前，而是将此单独分开绘在经堂南壁法界语自在文殊的左旁（图 2-3-4）。本初佛胸前用以观想的六辐智慧轮和轮辐中央的文殊智慧萨埵在红殿该铺壁画中亦未被表现出来。如同此类三重叠加的“观想图式”在夏鲁寺东无量宫殿（图 2-3-5）和白居寺吉祥多门塔（图 2-3-6）此类曼荼罗中则如实地表现于主尊的胸前。

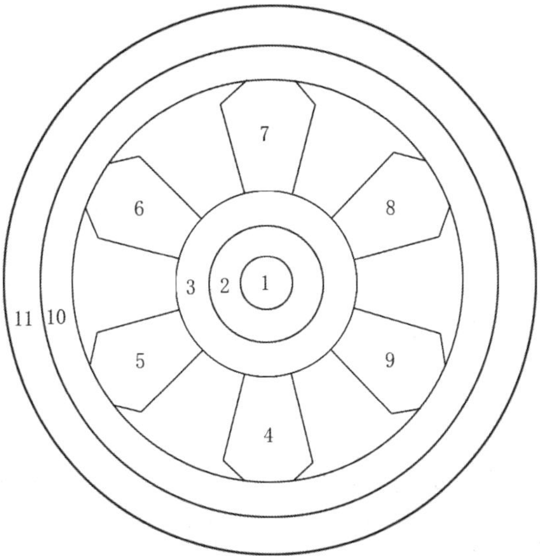

配置图 15　本初佛胸前六辐轮观想真言示意图

三、文殊具密摄部族和具功德生处摄部族曼荼罗图像配置

在完成主尊大日如来胸前“本初佛—六智慧轮—文殊智慧萨埵”的观想之后，便进入曼荼罗尊格的配置环节。

据《名等诵曼荼罗庄严》记载，文殊具密摄部族曼荼罗是由 3 重 57 尊天众构成。其中第一重是由主尊大日如来和位于八辐轮四方的四方佛及辐轮四隅的四明妃组成；第二重由外重十六辐轮中的十六菩萨，轮外四隅的嬉、鬘、歌、舞内四供养女和位于内四门的钩、索、锁、铃四门卫构成；第三重由居于外曼荼罗十六轮辐中的十六贤劫菩萨，外四隅中的香、花、灯、涂外四供养菩萨以及位于外四门的门卫钩、索、锁、铃构成。

图 2-3-3　红殿经堂北壁文殊具密摄部族曼荼罗主尊大日如来

图 2-3-4　红殿经堂南壁文殊具密摄部族曼荼罗主尊大日如来胸前观想本尊本初佛

图 2-3-5　夏鲁寺东无量宫殿文殊具密摄部族曼荼罗主尊大日如来胸前观想本尊本初佛与文殊智慧萨埵

（一）嬉金刚文殊具密摄部族曼荼罗的图像配置

经堂北壁西侧嬉金刚文殊具密摄部族曼荼罗图像构成（配置图 16）及据此曼荼罗仪轨所绘文殊具密摄部族曼荼罗结构与尊格方位次第构成图（配置图 17）如下，其中下文尊格前括弧中的数字与用以表示经堂及依曼陀罗仪轨所制文殊具密摄部族曼荼罗尊格构成图内所标数字一一对应。

图 2-3-6　白居寺吉祥多门塔文殊具密摄部族曼荼罗主尊大日如来胸前观想本尊本初佛与文殊智慧萨埵

1. 中央主尊

主尊（1）大日如来的尊格描述见前文观想次第部分。

2. 主尊四方四如来与四隅四金刚母

四方之东方为青色的（2）不动如来，触地印；南方为黄色的（3）宝生如来，与愿印；西方为赤色的（4）阿弥陀佛，禅定印；北方为绿色的（5）不空成就佛，无畏印。他们均结金刚跏趺坐，以珍宝为头饰。

接着为四隅，东南方为白色的（6）金刚母，手持金刚；西南方为青色的（7）宝金刚母，手持宝；西北方为红色的（8）法金刚母，手持莲花；东北方为绿色的（9）业金刚母，手持羯磨杵。她们各自以本部族之主的头冠为装饰，装束具足。[1]

3. 十六金刚菩萨

四隅外重的十六辐轮中，从东方的东北角开始，依次是（10）金刚萨埵，持金刚；（11）金刚王，持钩；（12）金刚爱，持弓箭；（13）金刚嬉，弹指施惠状；南方的（14）金刚宝，持宝；（15）金刚光，持太阳；（16）金刚幢，持幢；（17）金刚

[1] 藏文原文为：shar du mi bskyod pa sngon po sa gnon gyi phyag rgya can/ lhor rin chen 'byung ldan ser po mchog sbyin gyi phyag rgya can/ nub tu snang ba mtha' yas dmar po ting nge 'dzin gyi phyag rgya can/ byang du don grub ljang khu skyabs sbyin gyi phyag rgya can/ thams cad kyang rdo rje skyil krung gis bzhugs pa/ dbu rgyan la sogs pa'i rin po che'i rgyan gyis brgyan pa'o// de nas zur bzhir/ shar lhor sems ma rdo rje ma dkar mo/ rdo rje 'dzin pa/ lho nub tu rin chen rdo rje ma sngo mo/ rin po che 'dzin/ nub byang du chos rdo rje ma dmar mo/ padma 'dzin pa/ byang shar du rdo rje las ma ljang khu/ sna tshogs rdo rje 'dzin pa / thams cad kyang rang rang gi rigs kyi bdag pos dbu brgyan pa/ rgyan sna tshogs kyis brgyan pa'o//

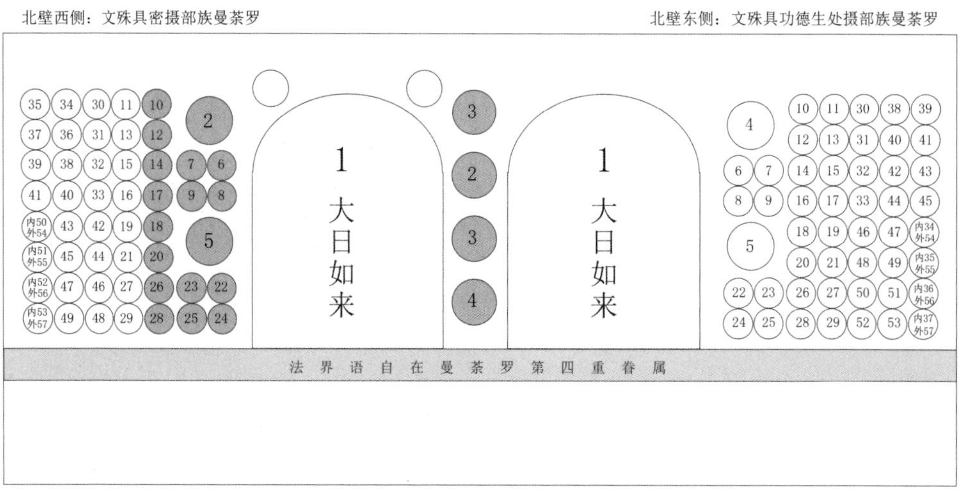

配置图 16　经堂北壁文殊具密摄部族曼荼罗与文殊具功德生处摄部族曼荼罗配置图

配置图 17　文殊具密摄部族曼荼罗结构与尊格方位次第构成图

笑，持齿鬘；西方的（18）金刚法，开启莲花状；（19）金刚利，持剑；（20）金刚因，持轮；（21）金刚语，持舌；北方的（22）金刚业，持羯磨杵；（23）金刚护，持铠甲；（24）金刚牙，持尖齿；（25）金刚拳，做拳状。[1]

4. 内外八供养菩萨

外轮的四隅，东南方为（26）金刚嬉女，两手用金刚拳握三股金刚杵于两胯部现傲慢姿；西南方为（27）鬘女，手持宝鬘；西北方为（28）歌女，手持琵琶；东北方为（29）舞女，现舞姿。

外轮再外重四隅的东南方为（30）香女，手持香盒；西南方为（31）花女，手持花盆；西北方为（32）灯女，手持灯；东北方为（33）涂香女，手持香海螺。[2]

5. 十六贤劫菩萨

外轮辐之东方的（34）弥勒、（35）妙吉祥、（36）香象和（37）智幢四尊手持金刚；南方的（38）贤护、（39）海慧、（40）无尽智和（41）辩积四尊手持宝；西方的（42）势至、（43）灭恶趣、（44）除幽暗和（45）网明四尊手持莲花；北方的（46）月光、（47）无量光、（48）虚空藏和（49）除盖障四尊手持羯磨杵。[3]

6. 内外四门

内外两门之东门为（50、54）金刚钩，手持钩；南门为（51、55）金刚索，手持绢索；西门为（52、56）金刚锁，手持锁链；北方为（53、57）金刚铃，手持铃。[4]

在该曼荼罗中，贤劫十六尊菩萨分位于东、南、西、北四方各四尊排列，其身

---

［1］藏文原文为：de'i phyi rol gyi rtsibs bcu drug la/ shar du byang shar nas brtsams te/ rdo rje sems dpa' rdo rje 'dzin pa/ rdo rje rgyal po lcags kyu/ rdo rje chags pa mda' gzhu/ rdo rje legs pa se gol gtogs pa/ lhor rdo rje rin chen rin po che bsnams pa/ rdo rje nyi ma nyi ma bsnams pa/ rdo rje rgyal mtshan rgyal mtshan bsnams pa/ rdo rje bzhad pa so'i phreng ba/ nub tu rdo rje chos padma kha 'byed pa/ rdo rje rnon po ral gri/ rdo rje rgyu 'khor lo/ rdo rje smra ba lce/ byang du rdo rje las sna tshogs rdo rje/ rdo rje bsrung ba go cha/ rdo rje gnod sbyin mche ba/ rdo rje khu tshur khu tshur 'dzin pa'o//

［2］藏文原文为：'khor lo'i phyi'i gru chad la/ shar lhor sgeg mo phyag gnyis rdo rje khu tshur gyis rdo rje rtse gsum dkur bzhag nas 'gying ba/ lho nub tu phreng ba ma rin po che'i phreng ba'i 'dzin pa/ nub byang du glu ma pi wang 'dzin pa/ byang shar du gar ma gar bsgyur ba'o// phyi'i phyi rol gyi gru chad la/ shar lhor bdug pa ma spos phor/ lho nub tu me tog ma me tog gi gzhong pa/ nub byang du mar me ma mar me/ byang shar du dri chab ma dri'i dung chos//

［3］藏文原文为：phyi'i dkyil 'khor gyi 'khor lo'i rtsibs la/ shar du byams pa/ 'jam dpal/ spos kyi glang po/ ye shes tog bzhi rdo rje 'dzin pa/ lhor bzang skyong/ blo gros rgya mtsho/ blo gros mi zad pa/ spobs pa brtsegs pa dang bzhi rin po che bsnams pa/ nub tu mthu chen thob/ ngan song kun 'dren/ mya ngan dang mun pa thams cad nges par 'joms pa/ dra ba can gyi 'od bzhi padma bsnams pa/ byang du zla 'od gzhon nu/ 'od dpag med/ nam mkha'i mdzod/ sgrib pa thams cad rnam par sel ba bzhi sna tshogs rdo rje'o//

［4］藏文原文为：sgo phyi nang gnyis ka'i shar sgor/ rdo rje lcags kyu lcags kyu bsnams pa/ lho sgor rdo rje zhags pa zhags pa bsnams pa/ nub sgor rdo rje lcags sgrog lcags sgrog bsnams pa/ byang du rdo rje 'bebs pa dri bu bsnams pa'o// 以上文殊具密摄部族曼荼罗的图像描述见 Bu ston, *mTshan brjod kyi dkyil 'khor gyi bkod pa bzhugs so*, pp. 288.1-289.7。

色与四部族之方位色（东—青；南—黄；西—红；北—绿）一致。[1]

（二）嬉金刚文殊具功德生处摄部族曼荼罗图像配置

文殊具功德生处摄部族曼荼罗与文殊具密摄部族曼荼罗前三重的尊格和配置方式一致，亦由大日如来、四方佛、四妃、十六菩萨、内外八供养菩萨、十六贤劫菩萨和内外四门中的钩、索、锁、铃等57尊构成。在此基础上，该曼荼罗外轮又增加了如来部、金刚部、宝部、莲花部和羯磨部5重727尊天众。

经堂文殊具功德生处摄部族曼荼罗图像构成（见配置图16）及据此曼荼罗仪轨所制文殊具功德生处摄部族曼荼罗结构与尊格方位次第构成图（配置图18）如下，其中下文尊格前括弧中的数字与用以表示经堂及按曼荼罗仪轨所制文殊具功德生处摄部族曼荼罗尊格构成图内所标数字一一对应。

1. 主尊大日如来、四部族四如来、四隅四母与十六金刚女

中央四辐轮的中心位置是（1）大日如来。（2—5）四部族居于四辐轮之中，（6—9）四母位于两轮辐之间。四辐轮之外的十六辐轮处，分别是白色的（10）金刚萨埵；黄色的（11）金刚王；赤色的（12）金刚爱；绿色的（13）金刚喜；黄色的（14）金刚宝；赤黄色的（15）金刚光；蔚蓝色的（16）金刚幢；白色的（17）金刚笑；粉色的（18）金刚法；青色的（19）金刚利；金黄色的（20）金刚因；古铜色的（21）金刚语；杂色的（22）金刚业；黄色的（23）金刚护；黑色的（24）金刚牙；黄色的（25）金刚铠甲。[2]

2. 内外四供养菩萨与内四门卫

内四隅为白色的（26）嬉女；黄色的（27）鬘女；粉红色的（28）歌女；绿色的（29）舞女。

外四隅为白色的（30）香女；黄色的（31）花女；粉红色的（32）灯女；绿色的（33）涂香女。

画四门的（34—37）门卫。[3]

---

[1] 见Bu ston, *mTshan brjod kyi dkyil 'khor gyi bkod pa bzhugs so*, p.290.1。

[2] 藏文原文为：dbus su 'khor lo rtsibs bzhi'i lte bar rnam snang/ rtsibs bzhi la rigs bzhi/ rtsibs mchan la yum bzhi/ de'i phyi'i rtsibs bcu drug la rdo rje sems dpa' sku mdog dkar po/ rdo rje rgyal po ser po/ chags pa dmar po/ legs pa ljang khu/ rin chen ser po/ gzi brjid dmar ser/ rdo rje rgyal mtshan nam mkha'i mdog can/ bzhad pa dkar po/ rdo rje chos dkar dmar/ rdo rje rnon po sngo bsangs/ rdo rje rgyu gser gyi mdog can/ rdo rje smra ba zangs kyi mdog can/ rdo rje las sna tshogs pa'i mdog can/ rdo rje bsrung ba ser po/ rdo rje gnod sbyin nag po/ rdo rje khu tshur ser po//

[3] 藏文原文为：nang gi gru chad bzhi la/ sgeg mo sku mdog dkar mo/ phreng ba ma ser mo/ glu mkhan ma dkar dmar/ gar ma ljang khu/ de nas phyi'i lha mo bzhi ni/ bdug pa ma sku mdog dkar mo/ me tog ma ser mo/ mar me ma dmar skya/

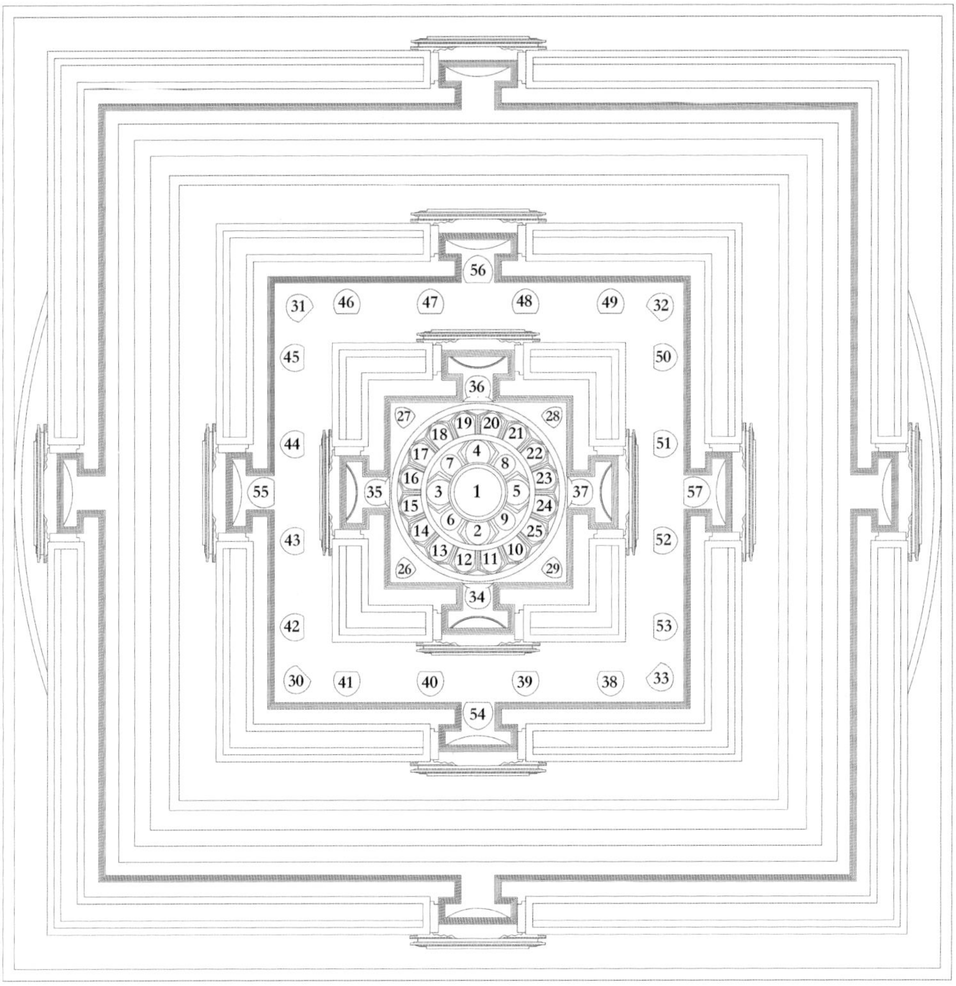

配置图 18　文殊具功德生处摄部族曼荼罗结构与尊格方位次第构成图

3. 十六贤劫菩萨与外四门卫

接着，于曼荼罗中轮走廊处的东方绘弥勒等四尊，白色，手持金刚。其他［南、西、北］三方的菩萨和门卫与前方一致。[1] 她们的法器、坐具、装饰等皆与前方摄部族曼荼罗一致。[2]

［1］这里的“前方”指“文殊具密摄部族曼荼罗”十六贤劫菩萨中位于南方、西方和北方的 12 尊菩萨以及外四门中的钩、索、锁、铃四门卫。

［2］藏文原文为：de nas dkyil ’khor bar ma’i khyams la shar gyi byams pa la sogs pa bzhi dkar po rdo rje bsnams pa/ phyogs gzhan gsum gyi sems dpa’ dang sgo ba sngar dang ’dra/ de rnams kyi phyag mtshan dang bzhugs stangs gdan dang rgyan la sogs pa thams cad sngar gyi rigs bsdus pa’i dkyil ’khor dang ’dra’o//

按：该处“与前方一致”，意指在文殊具功德生处摄部族曼荼罗十六贤劫菩萨中，位于东方的（38）弥勒、（39）妙吉祥、（40）香象、（41）智幢；南方的（42）贤护、（43）海慧、（44）无尽智、（45）辩积；西方的（46）势至、（47）灭恶趣、（48）除幽暗、（49）网明；北方的（50）月光、（51）无量光、（52）虚空藏、（53）除盖障和位于外四门的（54）金刚钩、（55）金刚索、（56）金刚锁、（57）金刚铃四门卫的图像特征除东方的四尊与文殊具密摄部族曼荼罗不同外，其余诸尊均一致。

4. 外轮五重如来部、金刚部、宝部、莲花部和羯磨部诸神

关于曼荼罗第三重，在《曼荼罗仪轨》中除未讨论五佛冠之外，亦未涉及轮［辐］的建立。据上师传统习惯，他们会按曼荼罗的次第［在第三重之外］再绘五重。根据《注释》记载，［该曼荼罗外五重眷属］与金刚界大曼荼罗外三重一致。按次第分别是：第一重为如来部的 181 尊天众，身呈白色，左手持轮，右手持宝剑；第二重为金刚部的 71 尊天众，身色为青色，怒相，紧锁眉目，额部颦蹙，龇牙咧嘴，装束具足，居于燃烧的火焰内，手持金刚杵和宝剑；第三重为莲花部的 275 尊天众，红色，面含笑，手持莲花和宝剑；第四重为宝部的 105 尊天众，黄色，手持宝和宝剑；第五重为羯磨部的 95 尊天众，绿色，手持羯磨杵和宝剑，呈奋力姿。以上除金刚部的诸忿怒尊屈左腿呈立姿外，其余各尊皆于莲花月座上结菩萨跏趺坐。此外，个别人认为诸小部族［的身色］应呈杂色，但在《注释》和《曼荼罗仪轨》中，其身色随各［部族］的方位色。装束衣着等与前方内［轮］中的菩萨一致。此为摄部族曼荼罗。[1]

布顿匣注本《名等诵曼荼罗庄严》和嬉金刚注释《具功德生处》对具功德生处摄

［1］藏文原文为：dkyil ’khor gsum pa la/ dkyil cho ga nas lha’i snam bu sngar gsungs pa ma gtogs pa ’khor lo’i rnam gzhag ma bshad/ bla ma’i phyag len la ’khor lo’i rim pa sngar mdzad de/ ’grel pas rdo rje dbyings kyi dkyil ’khor che po’i phyi rol du ’khor lo gsum pa la zhes sogs dang mthun par snang ngo/ de’i rim pa dang po la/ de bzhin gshegs pa’i rigs brgya brgyad cu rtsa gcig sku mdog dkar po/ gyon ’khor lo/ gyas ral gri bsnams pa’o/ rim pa gnyis pa la rdo rje’i rigs sku mdog sngon po khro gnyer dang bcas shing/ smin ma bsdus pa dang dpral ba gnyer ba/ mche ba gtsigs ba/ rgyan dang cha byad sna tshogs pa me dpung ’bar ba’i dbus na bzhugs pa/ rdo rje dang ral gri ’dzin pa bdun cu rtsa gcig go/ gsum pa la/ padma’i rigs kyi lha dmar po nyis brgya bdun cu rtsa lnga chags pa’i nyams can/ padma dang ral gri ’dzin pa’o/ bzhi pa la rin po che’i rigs kyi lha ser po brgya rtsa lnga/ rin po che dang ral gri bsnams pa/ rgyas pa’i nyams can no/ lnga pa la las kyi rigs kyis lha dgu bcu rtsa lnga ljang khu/ sna tshogs rdo rje dang ral gri bsnams pa brtson pa’i nyams can no/ thams cad kyang gdan padma dang zla ba la sems dpa’i skyil mo krung gis bzhugs pa ste/ ’on kyang rdo rje’i rigs kyi khro bo rnams ni/ gyon brkyang gis bzhugs dgos par mdon no/ de ltar rigs re re la yang lnga lngar phye la dgod par bya’o/ ’di la kha cig/ rigs chung rnams kha dog so sor mdzad mod kyi/ ’grel pa dang dkyil cho ga nas kha dog phyogs gcig tu gsal ba’o/ rgyan na bza’ la sogs pa sngar gyi nang gi sems dpa’ dang ’dra’o/ rigs bsdus pa’i dkyil ’khor ro//以上文殊具功德生处摄部族曼荼罗的图像描述见 Bu ston, *mTshan brjod kyi dkyil ’khor gyi bkod pa bzhugs so*, pp.288.1-289.7.

部族曼荼罗的图像配置及尊格特征的记载基本一致。不同之处在于位于该曼荼罗第三重之外的如来部、金刚部、莲花部、宝部和羯磨部每部在《具功德生处》中仅见尊格身色和持物，而在《名等诵曼荼罗庄严》中除身色和持物之外，并对其特征和尊数亦有记载。有关嬉金刚注释中具功德生处摄部族曼荼罗的图像记载，详见“资料篇八”。

第四节　经堂文殊具密摄部族与具功德生处摄部族曼荼罗图像来源

红殿经堂北壁文殊具密摄部族和具功德生处摄部族曼荼罗其主尊皆为身呈白色并结智拳印的大日如来，两者共居于北壁中央位置。其文殊具密摄部族曼荼罗诸眷属绘于北壁西侧，具功德生处摄部族曼荼罗诸眷属则绘于北壁东侧，而夹在两主尊之间呈竖状排列的四尊自上而下依次是宝生佛、阿閦佛、宝生佛和阿弥陀佛。该四尊中的宝生、阿弥陀与主尊大日如来右侧的阿閦佛和不空成就佛构成了文殊具密摄部族曼荼罗中的四方佛。其余两尊阿閦佛和宝生佛与大日如来左侧的阿弥陀佛和不空成就佛构成了具功德生处摄部族曼荼罗中的四方佛。

除夹在两主尊中间的宝生佛、阿閦佛、宝生佛和阿弥陀佛外，文殊具密摄部族和具功德生处摄部族曼荼罗中其他诸眷属则分呈横八尊，竖七尊的水平构图有序排列，其中四方佛所占空间是其他眷属的四倍。整个北壁是以夹在两铺曼荼罗主尊中间的宝生佛、阿閦佛、宝生佛、阿弥陀佛四尊为总轴线向左右扩散，其左右两侧的尊格数目和排列方式均呈对称性。

将红殿经堂北壁文殊具密摄部族和具功德生处摄部族曼荼罗壁画与嬉金刚注释及布顿《名等诵曼荼罗庄严》中的图像做一类比后发现：

1.在嬉金刚注释和布顿《名等诵曼荼罗庄严》中，文殊具密摄部族和具功德生处摄部族曼荼罗均有内外四门，但在红殿经堂中仅绘出一组门卫。出现此现象的原因或与文献中记载该曼荼罗内外设有四门，且其内外门卫特征一致有关，故在经堂中仅绘出一组作为内外兼用。

2.关于具功德生处摄部族曼荼罗，在曼荼罗仪轨《功德生处》和《名等诵曼荼罗庄严》中规定其第三重之外另有五重（如来部、金刚部、莲花部、宝部、羯磨部），但经堂北壁东侧壁画中并未如实表现。究其原因可能有两点：第一，壁画设计者出于对北壁两铺曼荼罗在尊格数目和构图上达成对称平衡而有意做出的取舍；第二，因该曼荼罗外五重眷属数目多达700余尊，在经堂北壁东侧仅有的空间内，要容下如此庞大的尊格群在设计上具有难度，故将此省略也在情理之中。而严格执行

图 2-4-1A　夏鲁寺东无量宫殿文殊具功德生处摄部族曼荼罗（局部）

曼荼罗仪轨规定，绘于夏鲁寺东无量宫殿西壁北侧的该曼荼罗，其外五重眷属则如实地表现在此画面当中（图 2-4-1A；图 2-4-1B）。

3. 按仪轨规定，文殊具密摄部族曼荼罗主尊大日如来胸前有“本初佛—六智慧轮—文殊智慧萨埵”三步观想环节，但在北壁该曼荼罗中仅将本初佛单独分出绘在经堂南壁法界语自在文殊的左旁，而用于本初佛胸前观想的六智慧轮和文殊智慧萨埵则未能如实地表现出来。

4. 从北壁现存可辨尊格特征看，其图像特征更接近于布顿于《名等诵曼荼罗庄严》中所载的嬉金刚文殊具密摄部族和具功德生处摄部族曼荼罗的图像特征。

此外，北壁文殊具密摄部族和具功德生处摄部族曼荼罗两者在十六贤劫菩萨上的相异主要表现在：前者手持法器和身色均与各部族的印契（东—金刚、南—宝、西—莲花、北—羯磨）及方位色（东—青、南—黄、西—赤、北—绿）一致，后者除东方四尊身呈白色未随其部族的方位色（青色）而随五部族之如来部的方位色外，其余诸

图 2-4-1B　夏鲁寺东无量宫殿文殊具功德生处摄部族曼荼罗外五重诸天（局部）

特征一致。这些细节性的图像差异与《名等诵曼荼罗庄严》中的记载完全吻合。

第五节　小　结

通过对布顿《入瑜伽续航海之舟》和多罗那他《印度佛教史》中有关阿阇梨嬉金刚生平及文殊具密类注释的梳理，并结合《青史》中有关念著称对此注的翻译及红殿壁画的考察分析，可得出如下结论：

一、阿阇梨嬉金刚在那烂陀寺驻寺期间已开始对《文殊真实名经》做注，晚年他回到自己的家乡乌仗那国摩提摩岛后仍笔耕不辍，坚持为《文殊真实名经》做注。

二、《文殊真实名经》嬉金刚“具密”类注释是由印度班智达念著称于 11 世纪早中期在素有佛教“下路弘法”之美誉的康区将其翻译成藏文。

三、《名等诵曼荼罗庄严》中的文殊具密摄部族和具功德生处摄部族曼荼罗是布

图 2-5-1　古格故城白殿西壁北段具功德生处摄部族曼荼罗

顿基于嬉金刚注释，并结合其他文殊具密类仪轨对此重新所做的厘注本。在该注中，布顿将这两铺曼荼罗归为《文殊真实名经》瑜伽部大、中、小三注中的“中注”。

就图像而言，文殊具密摄部族和具功德生处摄部族曼荼罗最早出现在“嬉金刚五法”——《真言义观》和《功德生处》中。后布顿将此仪轨中的图像部分单独提炼出来，结合嬉金刚等其他相关注释对此厘定并重新做注，收录于《名等诵曼荼罗庄严》中。从红殿经堂北壁这两铺曼荼罗所呈现出的图像特征看，其所据文本更偏向于布顿的厘注本《名等诵曼荼罗庄严》。此外，红殿“文殊具密摄部族曼荼罗”和“具功德生处摄部族曼荼罗”的名称亦沿用了《名等诵曼荼罗庄严》中的用名，因此不能排除该殿北壁的这两铺曼荼罗受布顿《名等诵曼荼罗庄严》的影响。

受此传规影响的曼荼罗遗例在阿里地区不仅限于托林寺红殿一处，距该寺以西不到 15 千米，由古格王吉丹旺秋帕噶德（’Jig rten dbang phyug pad dkar lde）于 16 世纪初修建的古格故城白殿内，亦绘有此类曼荼罗（图 2-5-1；图 2-5-2）。[1]

按时间排序，由嬉金刚所传的这两类曼荼罗最早出现在衮噶顿珠（Kun dga’ don grub）于 1333—1335 年建成的夏鲁寺东无量宫殿，布顿在《目录》中已指出该图像所据文本源自嬉金刚注释《真言义观》和《功德生处》。同时，相关图像在白居寺吉

[1] 王瑞雷：《古格故城白殿绘塑内容及图像程序重构——基于意大利藏学家朱塞佩·图齐及印度李·戈塔米的考察记录》，《艺术设计研究》2021 年第 2 期，第 17—18 页。

图 2-5-2　古格故城白殿西壁北段文殊具密摄部族曼荼罗

祥多门塔（1427—1436）和俄尔寺曼荼罗图集中亦有传承。[1]此外，文殊具密摄部族曼荼罗在后藏亦见于萨迦南寺的三解脱门殿（rNam thar sgo gsum）。[2]据该殿内遗存题记，其壁画最初绘于1303/1308年之后，藏历水猪年（chu mo phag gyi lo，1383）又由贡噶扎西坚赞贝桑布（Kun dga' bkra shis rgyal mtshan dpal bzang po，1349—1425）做过修复。[3]

综观以上绘有文殊具密摄部族曼荼罗的几座寺院或晚期所建佛殿，均与萨迦派及支系俄尔派有着千丝万缕的关联。据《青史》记载，大约与该书作者廓诺·迅鲁伯（'Gos lo gzhon nu dpal gyis brtsams，1392—1474）处在同一时代的西藏，在"俄派诸人中还存有曼荼罗仪轨具密派的实践传统和《文殊真实名经》的讲解"。[4]由此可见，文殊具密类仪轨及图像在15世纪主要由俄派传承，直到19世纪，此类传规在萨迦派高僧蒋扬洛特旺波编撰的曼荼罗仪轨《续部总集》中仍有传存。

[1] bSod nams rgya mtsho & M.Tachikawa, *The Ngor Mandalas of Tibet: Plates*, Bibliotheca Codicum Asiaticorum 2, Tokyo: The Centre for East Asian Cultural Studies, 1989, p.41.

[2] 笔者曾多次考察萨迦寺南寺，均因三解脱门殿关闭不对外开放没能亲眼目睹该殿壁画，在此借用日本学者川崎一洋和加纳和雄的调查研究。具体详见川崎一洋、加納和雄「サキャ南寺・三解脱門堂の歴史と曼荼羅壁画について」，『密教文化』2011年第224号，第19—20页。

[3] 加納和雄「サキャ南寺・三解脱門堂再訪—北壁面銘文を中心に—」，『高野山大学論叢』2015年第50号，第46—47页。

[4] 藏文原文为："dkyil chog gsang ldan lag len dang bcas pa/ mtshan yang dag par brjod pa'i bshad pa ni rngog pa rnams la ding sang gi bar du yod do/ "《青史》藏文版见 'Gos lo gzhon nu dpal gyis brtsams, *Deb ther sngon po*, Si khron mi rigs dpe skrun khang, 1985, pp.434；中译本见郭诺·迅鲁伯著、郭和卿译：《青史》，拉萨：西藏人民出版社，2003年，第219—220页。

第三章 小注：经堂东壁文殊小虚空无垢摄部族与幻化网摄部族曼荼罗研究

据红殿经堂东壁南北两侧壁壁画下方的题记可知，绘于此壁上方的壁画分别是小虚空无垢摄部族曼荼罗（Nam mkha' dri med chung ba rigs bsdus kyi dkyil 'khor）和文殊幻化网摄部族曼荼罗（'Jam dpal sgyu 'phrul dra ba rigs bsdus kyi dkyil 'khor）。这两铺壁画的主尊均为身呈白色、四面、两手结智拳印的大日如来。各主尊两侧的眷属分呈横八排，竖四列分布，两曼荼罗各由 53 尊天众构成。

东壁南北两侧壁壁画下方的题记分别是：

Nam mkha' dri med chung ba rigs bsdus kyi lha tshogs rnams la phyag 'tshal lo/

向小虚空无垢摄部族诸天顶礼。

'Jam dpal sgyu 'phrul dra ba rigs bsdus kyi lha tshogs rnams la phyag 'tshal lo/

向文殊幻化网摄部族诸天顶礼。

关于这两铺曼荼罗，日本学者田中公明已有研究，并指出此与佛堂南壁西侧的一铺均为金刚界曼荼罗，其图像文本依自庆喜藏对《真实摄经》的注释《真性作明》。[1] 经笔者多次调查并对壁画题记识读，对田中先生早年研究提出更多思考。故本章主要从经堂东壁南北两侧壁及经堂西壁南侧与佛堂转角处的 4 处题记入手，基于对小虚空无垢摄部族和文殊幻化网摄部族曼荼罗早期注释传承的解读，并综合布顿厘注本——《名等诵曼荼罗庄严》中有关对文殊吉祥友小虚空无垢摄部族曼荼罗和阿瓦图提文殊幻化网摄部族曼荼罗图像志记载，重新识读并讨论这两铺曼荼罗尊格的图像配置及文本来源问题。

[1] 田中公明著、张雅静译：《藏西托林寺与扎布让遗址的金刚界诸尊壁画》，《藏学学刊》2010 年第 6 辑，第 279—189 页。

第一节　文殊小虚空无垢摄部族和幻化网摄部族曼荼罗图像源流

红殿经堂除东壁南北两侧壁壁画下方遗留有墨书题记外，另在经堂西壁南侧与佛堂转角处另存有两处题记，其中与东壁南侧和北侧壁画有关的题记是“文殊吉祥友样式，主尊大日如来及诸天众”（’Jam dpal bshes gnyen lugs/ gtso bo rnam snang de’i lha tshogs bcas）和“阿瓦图提所说的摄部族主轮的一切天众”（Avadhūti’i bshad srol gyi/ rigs bsdus gtso ’khor lha tshogs tshang bar bzhugs）。根据以上题记可知，东壁南北两侧的小虚空无垢摄部族曼荼罗和文殊幻化网摄部族曼荼罗其图像文本分别源自阿阇梨文殊吉祥友和阿瓦图提的注释。

在《名等诵曼荼罗庄严》中，布顿从瑜伽解释学派出发，将文殊吉祥友和阿瓦图提对《文殊真实名经》所做的注释归为“小注”（’grel chung）。此与前章“中注”中的“文殊具密摄部族曼荼罗”和“文殊具功德生处摄部族曼荼罗”一样，“小注”中除主曼荼罗（文殊小虚空无垢摄部族和幻化网摄部族曼荼罗）外，在各自的后方另有 6 个子曼荼罗。[1]

根据日本东北大学刊印的《西藏大藏经总目录》统计，在《文殊真实名经》瑜伽部诸注释续中，文殊吉祥友所做的注释多达 35 篇。其中与文殊小虚空无垢摄部族曼荼罗图像有关的注释仅一份，名为《名等诵曼荼罗仪轨虚空无垢》（*mTshan yang dga par brjod pa’i dkyil ’khor cho kha nam mkha’ dri med ces bya ba*），该注由印度堪布苏扎巴（mKhan po su bdzra ba）和西藏译师法智（Chos kyi shes rab）翻译成藏文。[2] 在北京版藏文《大藏经》中，《名等诵曼荼罗仪轨虚空无垢》之后另附有 6 份文殊吉祥友的同名仪轨《圣文殊师利名等诵曼荼罗仪轨》，[3] 此 6 份仪轨分别讲述了菩提心金刚（No.3369）、大日如来（No.3370）、不动如来（No.3371）、阿弥陀如来（No.

[1] 6 个子曼荼罗的名称及排列顺序：（1）阿阇梨文殊吉祥友所造“小注”文殊小虚空无垢摄部族曼荼罗之后的 6 个子曼荼罗依次是：大日如来曼荼罗（rNam snang gi dkyil ’khor）、不动如来曼荼罗（Mi bskyod pa’i dkyil ’khor）、宝生如来曼荼罗（Rin ’byung gi dkyil ’khor）、阿弥陀如来曼荼罗（sNang ba mtha’ yas dkyil ’khor）、不空成就如来曼荼罗（Don yod grub pa’i dkyil ’khor）和菩提心金刚曼荼罗（Byang sems rdo rje’i dkyil ’khor）；（2）阿阇梨阿瓦图提所造“小注”文殊幻化网摄部族曼荼罗之后的 6 个子曼荼罗分别是：菩提心金刚曼荼罗、大日如来曼荼罗、不动如来曼荼罗、阿弥陀如来曼荼罗、宝生如来曼荼罗和不空成就如来曼荼罗。见 Bu ston, *mTshan brjod kyi dkyil ’khor gyi bkod pa bzhugs so*，收录于 Lokesh Chandra(ed.), *The Collected Works of Bu-ston,* Śata-piṭaka Series, Part 17, New Delhi: International Academy of Indian Culture, 1969, pp. 299.7-300.7; pp.304.1-305.2。

[2] 该仪轨末尾署名为文殊吉祥（’Jam dpal bshes gnyen），译者是堪布苏扎巴（mKhan po su bdzra ba）和西藏译师法智（Chos kyi shes rab）。见《名等诵曼荼罗仪轨虚空无垢》（*mTshan yang dga par brjod pa’i dkyil ’khor cho kha nam mkha’ dri med ces bya ba*），P.3367, vol.75, p.124, 5, 2-3. 另该注中文殊小虚空无垢摄部族曼荼罗的尊格配置及图像解说见 p.199, 5, 8-120, 4, 5.

[3] ’Jam dpal bshes gnyen, *’Phags pa ’jam dpal gyi mtshan yang dag par brjod pa’i dkyil ’khor gyi cho ga zhes bya ba*, P.Nos.3369-3374, Vol.75.

3372）、宝生如来（No.3373）和不空成就如来（No.3374）6个曼荼罗。而在德格版藏文《大藏经》中，在该注之后另有3篇同名仪轨，经比对发现，这3篇同名仪轨是原北京版6篇的合成本（Nos.2545—2547），其所载曼荼罗数目和图像特征与北京版一致。此6篇合计《名等诵曼荼罗仪轨虚空无垢》中的文殊小虚空无垢摄部族曼荼罗，应指布顿在《名等诵曼荼罗庄严》中所载的“阿阇梨文殊吉祥友所造小注中的七个曼荼罗”（sLob dpon ’jam dpal bshes gnyen gyis mdzid pa’i ’grel pa chung ba’i rjes su ’brangs pa’i dkyil ’khor bdun）。

相比文殊吉祥友，阿瓦图提的注释在藏文《大藏经》中仅存4篇。[1] 其中《圣文殊师利名等诵注释》中就包含了文殊幻化网摄部族、大日如来、金刚萨埵、[2] 宝生佛、阿弥陀佛以及不空成就佛等曼荼罗。遗憾的是，该注并未对每一个曼荼罗尊格的图像特征与配置关系详作解说。后布顿以此为底本并结合阿瓦图提的其他注释，[3] 在其厘注本《名等诵曼荼罗庄严》中：“乌伏那国阿阇梨阿瓦图提所做注释中的七个曼荼罗”（U rgyan gyi slob dpon Avadhūtipas mdzad pa’i ’grel pa’i rjes su ’brangs pa’i dkyil ’khor bdun）即以上7个曼荼罗的图像详解，其中位于首位的便是文殊幻化网摄部族曼荼罗。

第二节　经堂文殊小虚空无垢摄部族与幻化网摄部族曼荼罗结构及图像配置

以下主要基于阿阇梨文殊吉祥友和阿瓦图提的早期注释，以及布顿《名等诵曼荼罗庄严》中有关文殊小虚空无垢摄部族和文殊幻化网摄部族曼荼罗图像志，借此解读红殿经堂东壁壁画构成与文本依据。

---

[1] 分别是：《圣文殊师利名等诵注释》（*Āryamañjuśrīnāmasaṃgītivṛtti*, P.3359; D.2536）、《圣文殊师利名等诵成就法》（*Āryamañjuśrīnāmasaṁgītisādhana-nāma*, P.3427; D.2599）、《文殊师利智慧菩萨本初佛成就法》（*Jñānasattvamañjuśryādibuddha-nāma-sādhana*, P.3431; D.2604）和《智多成就仪轨略摄》（*Caityasādhanavi dhipiṇḍita*, P.3432; D.2605）。另据《布顿佛教史》记载，《文殊真实名经》阿阇梨阿瓦图提的注释有5篇，但在《西藏大藏经》中仅发现了4篇。见布顿·仁钦珠著、蒲文成译：《布顿佛教史》，兰州：甘肃民族出版社，2007年，第201页。

[2] 在该注中被记为“大威德曼荼罗”（rDo rje ’jigs byed kyi dkyil ’khor），但实际图像中的主尊为金刚萨埵（rDo rje sems dpa’），故该曼荼罗在此以主尊名命名。见Avadhūtipa, *’Phags pa ’jam dpal gyi mtshan yang dag par brjod pa’i ’grel pa*, P.3359, Vol.75, p.1.3。

[3] 根据《名等诵曼荼罗庄严》中文殊幻化网摄部族曼荼罗图像解说部分的补充注释，该曼荼罗可能是以阿瓦图提的某一注释本为底本，并结合其他成就法（sGrub thabs）和曼荼罗仪轨（dKyil cho ga）撰写而成。

一、文殊小虚空无垢摄部族与幻化网摄部族曼荼罗的建坛结构

红殿经堂东壁（进入殿门左右两侧）文殊小虚空无垢摄部族和幻化网摄部族曼荼罗的构图方式是：两铺曼荼罗各由53尊构成，主尊居于东壁南北两侧壁的正中央，诸眷属分呈横八排竖四列的组合模式被安置于主尊的两侧。在注释仪轨中，这两铺曼荼罗均有严格的结构和尊格构成，其中《名等诵曼荼罗仪轨虚空无垢》中对小虚空无垢摄部族曼荼罗的建坛结构及装饰记载如下：

无量宫四方有四门，月墙由宝石花蔓装饰，外围四方亦饰有珍珠屋檐和铃铛。牌坊的廊柱上垂有各种嵌有珍宝的璎珞，牌坊也用绿色宝石装饰，并以鹿、法轮、幡、宝幢、华盖和闪烁的宝石庄严。

无量宫殿的内部，在狮子、大象、宝马、孔雀及金翅鸟的上方精心设置莲花、月亮和太阳坐具，众眷属按次第依次思维于莲花月座上。在坛城中央的坐垫上，由自己的心灵神变生出ā li kā li鬘，由ā li kā li鬘的聚喜甘露生成日月，并以此来装饰［无量宫］。其中由日月中的a生成的白色金刚用a装饰，所有的这些均从聚喜中闪烁着光焰。[1]

布顿在阿阇梨文殊吉祥友注释基础上，对该曼荼罗的装饰构成又做了进一步的注解。他指出，该曼荼罗是由5个子曼荼罗构成，这5个子曼荼罗分别安置于大曼荼罗内的中央与四方，其所处方位正是5部族主尊所居之地。对此具体描述如下：

该曼荼罗的门楼与金刚界曼荼罗基本一致。曼荼罗四方用华丽的月城装饰，外四方悬垂珍珠屋檐滴槽和銮铃，在马柱牌楼的柱子上悬挂有各种宝鬘。六无量宫之外重由对鹿、法轮、伞盖和珠宝巧妙构成。其中在主曼荼罗的内重另含有五个子曼荼罗，各曼荼罗均有牌楼。虽然有些书中指出

［1］藏文原文为：lha’i gzhal yas khang gru bzhi pa la sgo bzhi pa sgo khyud rin po che’i pa tras mdzes par brgyan pa/ phyi rol na mu tig gi za ra chags dang dril bu gyer kha gra bzhi nas ’phyang ba/ rin po che sna tshogs kyi chun ’phyang kyang rta babs kyi ka ba ’phyang ba/ rta babs kyang ta ra na la sogs pas brgyan cing/ ri dags dang chos kyi ’khor lo dang/ ’phan dang rgyal mtshan dang/ gdugs dang rin po che ’od du ’bar ba’i tog gis mdzes par byas te// gzhal yas khang gi nang du seng ge dang glang po che dang/ rta mchog dang/ rma bya dang/ nam mkha’ lding gi steng du padma dang zla ba dang/ nyi ma’i gdan mdzes par bkram pa dang/ ’khor rnams kyang go rims su padma dang/ zla ba’i gdan bkram par bsams la/ dkyil ’khor gyi dbus kyi gdan thog tu rang gi sems kyi cho ’phrul las a li ka li’i phreng ba byung ba las/ de’i spro bsngu’i byin rlabs las zla ba dang nyi ma la de dang des mtshan par gyur/ de’i nang du a las byung ba’i rdo rje dkar po as mtshan par gyur/ de rnams spro zhing bsdus nas ‘od ’bar ba las// 详见P.3367, Vol.75, pp.119.5.8-120.1.5.

> 仅在五个子无量宫内设牌楼，但这种说法未必成立。以下曼荼罗的结构与此观点不同，它是一个由五个子曼荼罗构成的大曼荼罗，各子曼荼罗的外重、中央及主曼荼罗的中心均呈白色，另其东方呈青色、南方呈黄色、西方呈红色、北方呈绿色。围墙从外到内依次由青、黄、赤、绿、白五色构成。位于东方的曼荼罗颜色呈青白交替色、南方的呈黄白交替色、西方为赤白交替色、北方为绿白交替色。四方曼荼罗西方的中央之以西区域主要用日月装饰，而五个曼荼罗的中间位置用金土和珍宝装饰。另在外重设金刚、火焰和山岳，再外重设有四角，饰如意树和宝瓶等。[1]

与小虚空无垢摄部族曼荼罗不同，文殊幻化网摄部族曼荼罗的结构是：在主曼荼罗的内重中央位置及东、南、西、北四方绘 5 朵莲花，每一朵莲花由花蕊和 4 片花瓣构成，因所处方位不同，故莲瓣与花蕊的颜色也不尽一致。具体如下：

> 曼荼罗外重的四方有四门和四牌坊。中央用金刚和火焰环围。从中央到外轮一半尺度的内轮四角、四门和牌坊分别用金刚杵和珍珠瓔珞环围。将内轮分为九支，其中央和四方呈四片莲花瓣状。中央的花蕊为白色、东方为青色、南方为黄色、西方为红色、北方为绿色。东方莲花花瓣的颜色呈青白相间色、南方呈黄白相间色，与最初的次序一致、莲花花瓣的各角呈绿色。内轮的外重呈十六轮辐状，轮辐色与方位色一致，莲角亦呈绿色。方位色与中央莲花一致，围墙从外到内分呈青、黄、红、绿、白五色。五瓣莲花的中央分别安置狮子、大象、马、孔雀和金翅鸟。据《曼荼罗仪轨》

[1] 藏文原文为：’di la phal cher dkyil ’khor sgo sbrag/ rdo rje dbyings dang mtshangs pa zhig bzhed par snang mod kyi/ dkyil ’khor las/ gru bzhi pa la sgo khyud kyis mdzes par brgyan pa dang/ phyi rol na mu tig gi za ra tshags dang/ dril bu gyer kha gra bzhi nas ’phyang ba/ rin po che sna tshogs kyi chun ’phyang yang rta bbas kyi ka ba la ’phyang ba/ rta bbas kyang rta ran la sogs pas brgyan cing/ ri dwags dang/ chos kyi ’khor lo dang/ gdugs dang/ rin po che ’od du ’bar ba’i tog gis mdzes par byas pa’i gzhal yas khang drug gi nang du zhes gsungs pa’i phyir/ dkyil ’khor gcig gi nang du dkyil ’khor lnga yod pa thams cad kyang rta bbas dang bcas par gsal lo/ dpe kha cig las/ gzhal yas khang lnga’i nang du zhes ’byung ba ni/ ma dag ste/ ’og nas dkyil ’khor drug bskyed par ’dod pas zhes pa dang ’gal ba’i phyir ro/ de la dbus kyi dkyil ’khor dang/ gzhi’i dkyil ’khor gnyis/ dbus dkar/ shar sngo/ lho ser/ nub dmar/ byang ljang rtsig pa phyi nas sngo ser dmar ljang dkar/ shar gyi dkyil ’khor la dkar po dang sngon po brje/ lho’i la dkar po dang ser po brje/ nub kyi la dkar po dang dmar po brje/ byang gi la dkar po dang ljang khu brje/ phyogs bzhi’i dkyil ’khor la shar ni/ gtso bo la phyogs pa shar yin no/ gtso bo’i gnas rnams nyi ma’i ’od la zla ba’i ’od kyis brgyan pa byas la/ dkyil ’khor lnga po’i bar bar la gser gyi sa gzhi la rin po ches gcal du bkram pa’o/ dkyil ’khor gyi phyir rdor ra me ri/ de’i phyir gru bzhir byas pa la/ gra bzhir dpag bsam gyi shing dang/ bum pa bzang po la sogs pa ci mdzes bya’o/ 见 Bu ston, *mTshan brjod kyi dkyil ’khor gyi bkod pa bzhugs so.* 见载于 Lokesh Chandra(ed.), *The Collected Works of Bu-ston,* Śata-piṭaka Series, Part 17, New Delhi: International Academy of Indian Culture, 1969, pp.296.2-297.1.

规定，在此之上有莲花座。另在《成就法》中有在莲花上另设月座之记载。[1]

图 3-2-1　夏鲁寺东无量宫殿西壁南侧文殊小虚空无垢摄部族曼荼罗

因红殿经堂中的文殊小虚空无垢摄部族曼荼罗和文殊幻化网摄部族曼荼罗均呈水平构图，因此我们无法用视觉感官的形式去体验该曼荼罗原有的空间构成。但在夏鲁寺东无量宫殿西壁南侧和南壁中央同类题材曼荼罗（图 3-2-1；图 3-2-2）中，其各自的中央和四方各设有五座小无量宫殿和五瓣莲花，每重金刚围墙四方的中央位置饰有华丽的牌坊和门楼。这种具有二围空间的独特布局方式是严格按照布顿《名等诵曼荼罗庄严》中的规定绘制。

二、智慧轮的建立与本初佛及文殊智慧萨埵的观想次第

红殿经堂东壁文殊小虚空无垢摄部族和文殊幻化网摄部族曼荼罗的主尊均为身呈白色，四面二臂结智拳印的大日如来（图 3-2-3；图 3-2-4）。

[1] 藏文原文为：phyi gru bzhi sgo bzhi rta bbas dang bcas pa rdo ra me ris bskor ba'i dbus su phyi'i dkyil 'khor gyi phyed kyi tshad kyi nang gi dkyil 'khor gru bzhi sgo bzhi rta bbas dang bcas pa'i nang du rdo rje'i gdud dang dra bas bskor ba'i nang le tshe dgur byas pa'i dbus dang phyogs bzhir padma 'dab ma bzhi pa/ dbus kyi 'dab ma ze 'bru dkar/ 'dab ma shar sngo/ lho ser/ nub dmar/ byang ljang/ shar gyi padma la dkar po dang sngon po brje/ lho'i la dkar po dang ser po brje ba sogs sngar dang 'dra ba la/ padma'i gru chad ljang khu'o/ nang gi dkyil 'khor gyi phyi rol du 'khor lo rtsibs bcu drug pa/ rtsibs phyogs mdog/ gru chad ljang khu'o/ phyogs mdog dbus kyi padma dang 'dra/ rtsig pa phyi nas sngo ser dmar ljang dkar ro/ padma lnga'i lte ba la/ seng ge dang/ glang chen dang/ rta dang/ rma bya dang/ shang shang gi khri'i steng du padma'i steng du/ dkyil chog las/ padma'i steng du zhes pa dang/ sgrub thabs las/ zla ba'i gdan dang bcas pa ste// 见 Bu ston, *mTshan brjod kyi dkyil 'khor gyi bkod pa bzhugs so*, pp.301.1-4.

图 3-2-2　夏鲁寺东无量宫殿南壁正中文殊幻化网摄部族曼荼罗

图 3-2-3　红殿经堂东壁南侧文殊小虚空无垢摄部族曼荼罗主尊

图 3-2-4　红殿经堂东壁北侧文殊幻化网摄部族曼荼罗主尊

文殊吉祥友注释《名等诵曼荼罗仪轨虚空无垢》中对小虚空无垢摄部族曼荼罗主尊大日如来胸前的观想记载如下：

> 大日如来具四面，第一面朝东，第二面朝南，第三面朝西，第四面朝北。每朝四方的双手结如来一切智印并持白色五股金刚杵，装束具足。五面八臂本初佛从大日如来胸间的种子a中化现而出，其右四臂手持智慧剑，左四臂手持《般若经》，持物与四面方向一致。本初佛的胸间有六轮，用六金刚持装饰。六轮中央为六面二臂文殊智慧萨埵，她右手持剑，左手持经函。文殊智慧萨埵在月轮上修持种子a，若完成［此仪式］的话，则为初合等式。[1]

在布顿《名等诵曼荼罗庄严》中，文殊小虚空无垢摄部族曼荼罗之主尊大日如来胸前的观想内容与文殊吉祥友注释相比，除缺载本初佛的面色之外，其余特征均一致。[2] 此外，在文殊吉祥友注释中，主尊在完成本初佛及文殊智慧萨埵的观想之后，另附有成就一切如来真言的种子鬘内容，[3] 这在《名等诵曼荼罗庄严》中并无记载。

文殊幻化网摄部族曼荼罗和小虚空无垢摄部族曼荼罗之主尊的观想方式一样，亦是从胸前的本初佛开始，具体如下：

> 中央为大日如来，白色四面，智拳印。在他的心口处为本初佛，五面八臂，面色与五方方位色一致。八臂中的右四臂持剑，左四臂于胸口持经函，并在胸口处化现四辐智慧轮，智慧轮之西方的种子为o bdzra ti kshana，东方为du khatsetshada，中央为pradznyādznyā na murta ye，南方为wā gi shā ra，北方为dznyā na kā ya。接着在中央与东方等处依次设种子a ra ba tsa na，其辐轮的色相与方位色一致。在四辋内装经藏和种子。智慧轮的中央为文

［1］藏文原文为：bCom ldan ’das rnam par snang mdzad chen po zhal bzhi pa zhal dang po shar du gzigs pa/ gnyis pa lho/ gsum pa nub/ bzhi pa byang ngo/ phyogs bzhi ka na phyag gnyis gnyis pa/ byang chub mchog gi phyag rgya’i steng na rdo rje dkar po rtse lnga pa skyes pa/ rgyan thams cad kyis brgyan pa/ de’i thugs kar yi ge dki las/ dang po’i sangs rgyas zhal lnga pa/ phyag brgyad pa/ gyas bzhi na shes rab kyi ral gri/ gyon bzhi na shes rab kyi pha rol tu phyin pa’i po ti yod pa/ zhal bzhi phyogs dang mthun pa/ dbung dmar ser ro/ de’i thugs kar shes rab kyi ’khor lo rtsibs drug pa la/ gsang sngags rgyal po drug gis mtshan pa/ de’i dkyil du ’jam dpal ye shes sems dpa’ zhal drug phyag gnyis pa/ gyas ral gri gyon po ti ’dzin pa/ de’i steng du zla ba dang/ a bsgom par byao/ de ltar na de ni sbyor ba dang po’i ting nge ’dzin no// 见 ’Jam dpal bshes gnyen, *mTshan yang dga par brjod pa’i dkyil ’khor cho kha nam mkha’ dri med ces bya ba,* P.3367, Vol.75, pp.120.1.5-8.

［2］本初佛五面的面色为：四面为方位色，中央的一面白中偏黄（zhal bzhi phyogs mdog/ dbus dkar po la cung zad ser ba’o）。见Bu ston, *mTshan brjod kyi dkyil ’khor gyi bkod pa bzhugs so*, p.297.3。

［3］关于成就一切如来真言种子鬘，详见P.3367, Vol.75, pp.120.2.1-4。

图 3-2-5 红殿经堂南壁中央本初佛

殊智慧萨埵，据注释，其身色为白色，具六面，禅定印并持载有经函的青莲。[1]

这两铺曼荼罗主尊的不同点在于：小虚空无垢摄部族曼荼罗的主尊结智拳印并持有五股金刚杵，而文殊幻化网摄部族曼荼罗的主尊仅结智拳印，并无持物。此外，在“智慧轮”描述方面，前者为“六辐轮”，后者为“四辐轮”，并对每一轮辐的种子字和色相均有明确的规定。

两主尊间观想对象的细微差异也如实地反映在红殿经堂壁画中。关于这两铺曼荼罗主尊胸前的观想对象与次第——“本初佛—智慧轮—文殊智慧萨埵”，在红殿壁画中做了局部调整：主尊观想的第一步“本初佛”被单独分离出来，与法界语自在曼荼罗的主尊法界语自在文殊同处南壁中央（图 3-2-5）。而本初佛胸前观想对象文殊智慧萨埵，文殊吉祥友注释中记为“六面二臂，右手持剑，左手持经函”，布顿《名等诵曼荼罗庄严》中则被记作“具六面，与前方一致，右手持剑，左手于胸前持经函”（zhal drug sngar dang ’dra ba/ phyag gyas ral gri/

[1] 藏文原文为：dbus su rnam snang dkar po zhal bzhi pa/ byang chub mchog gi phyag rgya can gyi thugs kar dang po sangs rgyas zhal lnga phyogs mdog/ phyag brgyad kyi gyas rnams ral gri/ gyon rnams po ti bsnams pa’i thugs kar shes rab ’khor lo rtsibs bzhi pa/ rtsibs bzhi la o bdzra ti kshana nub tu/ du khatsetshada shar du/ pradznyā dznyā na murta ye dbus su/ wā gi shā ra lhor/ dznyā na kā ya byang du’o/ yang dbus nas shar la sogs pa rim pa bzhin a ra pa tsa na dgod cing rtsibs kyang phyogs mdog go/ mu khyud bzhi dang ldan pa la snying po dang dbyangs gsal byed la sogs pa dgod par gsungs te/ dgod lugs sngar bshad pa’i ’grel pa bar pa dang ’dra bar mdon no/ ’khor lo’i lte bar ye sher sems dpa’ ni/ ’grel par mdog dkar zhal drug mnyam gzhag utapala po tis mtshan/ zhes gsungs pa star ro// 见 Bu ston, *mTshan brjod kyi dkyil ’khor gyi bkod pa bzhugs so*, pp.301.4-302.1。

图 3-2-6 经堂文殊小虚空无垢摄部族曼荼罗主尊胸前本初佛观想本尊文殊智慧萨埵

图 3-2-7 经堂文殊幻化网摄部族曼荼罗主尊胸前本初佛观想本尊文殊智慧萨埵

gyon po ti thugs kar 'dzin pa'o）。[1]根据《名等诵曼荼罗庄严》对《文殊真实名经》不同注释中所载曼荼罗的叙述次序，此处的“具六面，与前方一致”应指嬉金刚“文殊具密摄部族曼荼罗”中用以本初佛胸前观想的文殊智慧萨埵之面色，即“四面与方位色一致，上方的两面为白色”（zhal bzhi phyogs mdog/ steng zhal gnyis dkar por bzhed do）。在红殿经堂文殊小虚空无垢摄部族曼荼罗中，原本在主尊大日如来胸前用以本初佛胸前智慧轮中观想的文殊智慧萨埵亦被单独分开，绘在该曼荼罗主尊的左上方（图 3-2-6）。其图像特征是六面二臂，下方四面分呈青、黄、赤、绿，与四方色一致，上方的两面为白色。左手于胸前持经函、右手持剑，其特征与《名等诵曼荼罗庄严》中的记载一致。而经堂东壁北侧文殊幻化网摄部族曼荼罗中的本初佛也绘于经堂南壁，与小虚空无垢摄部族曼荼罗共享。其胸前四辐智慧轮中的文殊智慧萨埵也被单独拆开绘在东壁北侧该曼荼罗主尊的右上方（图 3-2-7），六面，身呈白色，两手结禅定印并持饰经函之青莲的图像特征与《名等诵曼荼罗庄严》中的记载完全吻合。

夏鲁寺东无量宫殿中的小虚空无垢摄部族曼荼罗和文殊幻化网摄部族曼荼罗其

[1] Bu ston, *mTshan brjod kyi dkyil 'khor gyi bkod pa bzhugs so*, p.297.4.

图 3-2-8　夏鲁寺东无量宫殿文殊小虚空无垢摄部族曼荼罗主尊胸前“本初佛—智慧轮—文殊智慧萨埵”三重观想图

图 3-2-9　夏鲁寺东无量宫殿文殊幻化网摄部族曼荼罗主尊胸前“本初佛—智慧轮—文殊智慧萨埵”三重观想图

主尊的观想环节与红殿经堂中的表现形式不同，它严格按照“本初佛—智慧轮—文殊智慧萨埵”的观想次第绘制，是将“本初佛—智慧轮—文殊智慧萨埵”依次三重叠加在大日如来的胸前（图 3-2-8；图 3-2-9）。

三、文殊小虚空无垢摄部族和幻化网摄部族曼荼罗的图像配置

在完成主尊胸前的观想之后，接着解说曼荼罗尊格的图像配置。

据布顿《名等诵曼荼罗庄严》记载，小虚空无垢摄部族曼荼罗内由五个子曼荼罗构成，它们分别位于主曼荼罗内重的中央和四方。其中中央子曼荼罗内安主尊和四菩萨母；四方曼荼罗内分别安四方佛和十六金刚菩萨；四方曼荼罗之外、主曼荼罗的内外四隅分别是内外八供养菩萨；而主曼荼罗外重的四方为十六贤劫菩萨和位于四门的四摄菩萨，总共由 53 尊构成。

（一）文殊小虚空无垢摄部族曼荼罗的图像配置

红殿经堂东壁南侧文殊小虚空无垢摄部族曼荼罗呈水平构图，主尊大日如来居于画面的正中央，其他眷属分呈横 8 排、竖 4 列的组合模式被安置在主尊两侧，其中四方佛所占空间是其他天众的四倍（图 3-2-10A、图 3-2-10B）。

经堂文殊小虚空无垢摄部族曼荼罗图像构成（配置图 19）及据此曼荼罗仪轨所

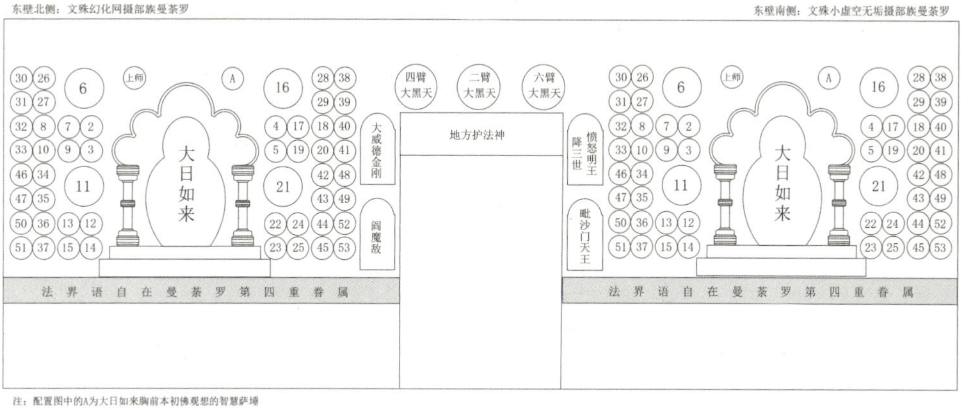

配置图 19　经堂东壁文殊小虚空无垢摄部族曼荼罗与文殊幻化网摄部族曼荼罗配置图

图 3-2-10A　红殿经堂东壁南侧文殊小虚空无垢摄部族曼荼罗眷属

制文殊小虚空无垢摄部族曼荼罗结构与尊格方位次第构成图（配置图 20）如下，其下文尊格前括弧中的数字与用以表示经堂及按曼荼罗仪轨所制文殊小虚空无垢摄部族曼荼罗尊格构成图内所标数字一一对应。

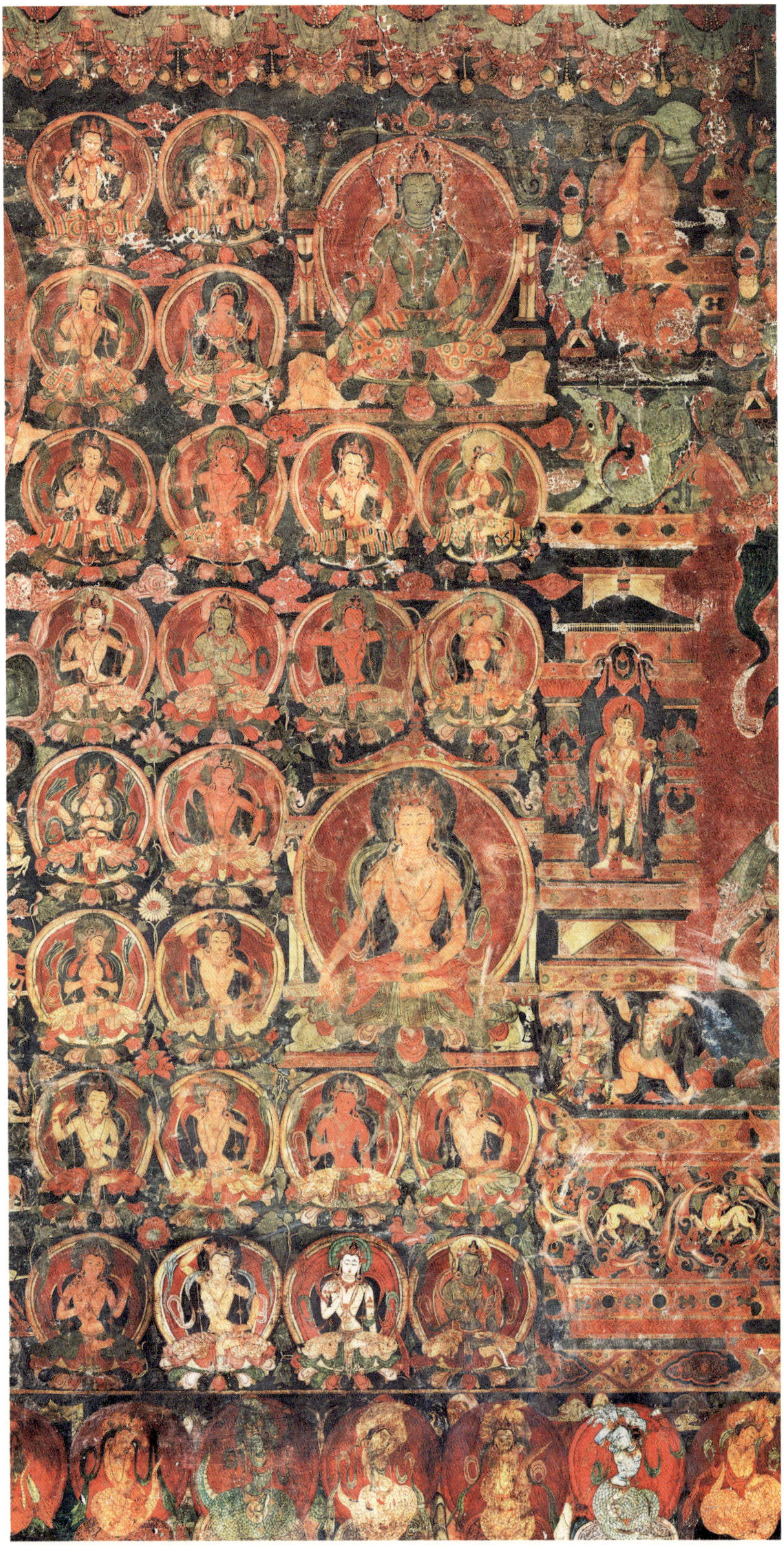

图 3-2-10B 红殿经堂东壁南侧文殊小虚空无垢摄部族曼荼罗眷属（局部）

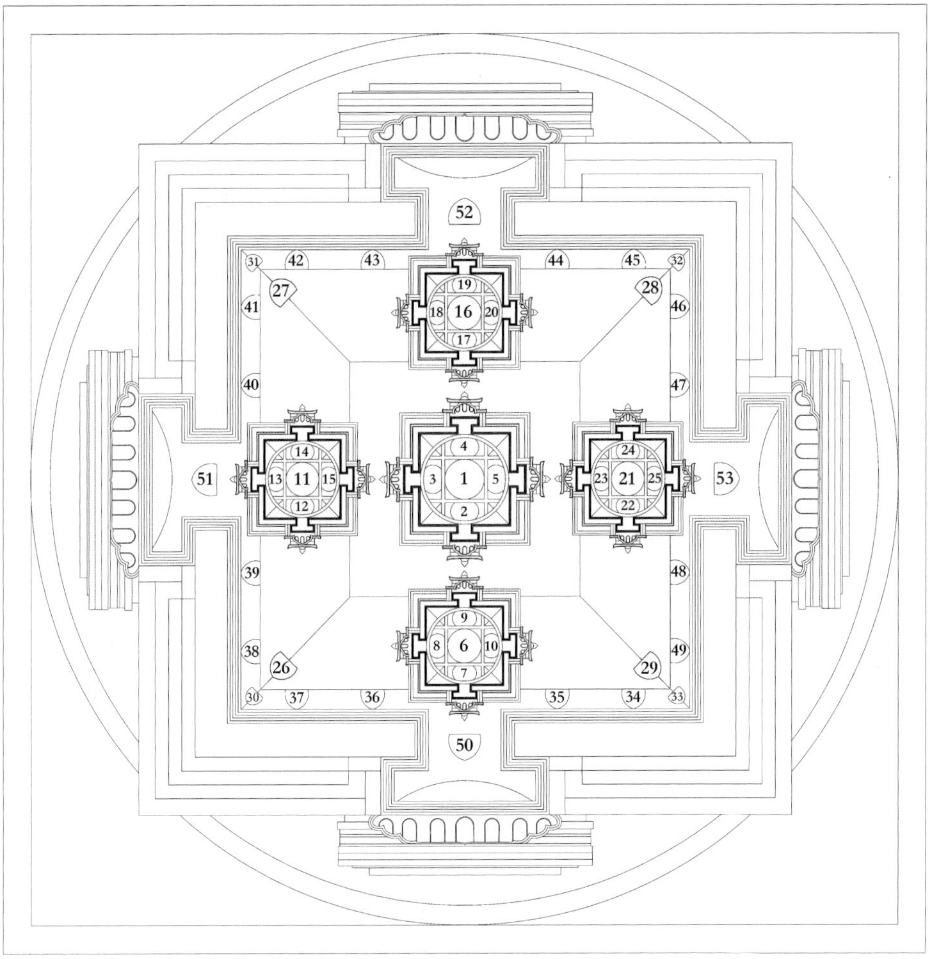

配置图 20 文殊小虚空无垢摄部族曼荼罗结构与尊格方位次第构成图

1. 主尊大日如来

主尊（1）大日如来，图像特征见前文“智慧轮的建立与本初佛及文殊智慧萨埵的观想次第”部分。

2. 主尊四方秘密四菩萨母

四方之东方为（2）金刚菩萨、南方为（3）宝菩萨、西方为（4）法菩萨、北方为（5）业菩萨。秘密四菩萨母的身色、手印与最初四菩萨[1]一致。

[1] 根据该注前后关系，此处的“最初四菩萨”，应指“文殊具密摄部族曼荼罗”四隅的四菩萨，分别是东南方的金刚女，白色、手持金刚；西南方的宝金刚女，青色，手持宝；西北方的法金刚女，红色，手持莲花；东北方的业金刚女，绿色，手持羯磨杵。藏文原文为：phyogs bzhi'i le tshe la shar du sems ma rdo rje/ lhor rin chen sems ma/ nub tu chos kyi sems ma/ byang du las kyi sems ma ste/ gsangs ba'i yum bzhi sku mdog phyag mtshan sems dpa' dang po bzhi dang 'dra ba'o//

3. 四方佛与十六金刚菩萨

东方曼荼罗中央的大象与日月莲座上为青色的（6）不动如来，结触地印并持五股金刚杵，装饰具足。其前方为白色的（7）金刚萨埵，右手于胸前持金刚，左手于左胯侧方持银色金刚铃；右方为黄色的（8）金刚王，手持钩；后方为赤色的（9）金刚爱，手持弓箭；左方为绿色的（10）金刚喜，手持金刚并现弹指施惠状。南方曼荼罗中央的马与日月莲座上为黄色的（11）宝生如来，结与愿印并持摩尼宝，装饰具足。其前方为黄色的（12）金刚宝，右手于额前持宝，左手于胯部持铃；右方为（13）金刚光（有些经书中记为青色，个别指出为红色），手持太阳；后方为青色的（14）金刚幢，手持幢；左方为白色的（15）金刚笑，手持齿鬘。西方曼荼罗中央的孔雀与日月莲座上为红色的（16）阿弥陀佛，一面二臂，两手结禅定印并持红色莲花，装饰具足。其前方为红色的（17）金刚法，手于胸口持莲茎并示开莲状；右方为青色的（18）金刚利，手持剑；后方为黄色的（19）金刚因，手持轮；左方为赤色的（20）金刚语，手持舌。北方曼荼罗中央的金翅鸟与日月莲座上为绿色的（21）不空成就佛，一面二臂施无畏印，并持有羯磨杵，装饰具足。其前方为绿色的（22）金刚业，手持羯磨杵和铃；右方为黄色的（23）金刚护，手持金刚铠甲；后方为黑色的（24）金刚牙，手持尖齿；左方为黄色的（25）金刚拳，以誓约的金刚拳紧握金刚杵。[1]

[1] 藏文原文为：shar gyi dkyil 'khor gyi dbus su glang po che dang/ padma dang/ zla ba dang/ nyi ma'i steng du mi bskyod pa sngon po sa gnon gyi phyag rgyas rdo rje rtse lnga pa 'dzin pa/ rgyan thams cad kyis brgyan pa'o/ de'i mdun du/ rdo rje sems dpa' dkar po/ gyas rdo rje thugs kar gtod pa/ gyon dngul dkar gyi dril bu dkur nang du bstan nas 'dzin pa/ gyas su rdo rje rgyal po ser po/ lcags kyu thogs pa/ rgyab tu rdo rje chags pa dmar po/ mda' gzhu 'gengs pa/ gyon du rdo rje legs pa ljang khu/ rdo rje 'dzin pa'i se gol gyis legs so ster ba'o// lho'i dkyil 'khor gyi dbus su rta'i khrir padma dang zla ba dang nyi ma'i steng du rin 'byung ser po/ mchog sbyin gyi phyag rgyas yid bzhin gyi nor bu bsnams pa/ rgyan thams cad kyis brgyan pa'o/ de'i mdun du rdo rje rin po che ser po/ gyas rin po che dpral par gtod pa/ gyon dril bu dkur brten pa/ gyas su rdo rje nyi ma/ dpe kha cig nas sngon po zhes 'byung ste/ gzhung gzhan nas dmar po 'byung ba'i phyir dmar po nyi ma thogs pa'o/ rgyab tu rdo rje dbal sngon po/ rgyal mtshan thogs pa'o/ gyon du rdo rje bzhad pa dkar po/ tshems kyi phreng ba thogs pa'o// nub kyi dkyil 'khor gyi dbus su rma bya'i khri dang padma dang zla ba dang nyi ma'i steng du snang ba mtha' yas dmar po/ zhal gcig phyag gnyis pa/ phyag gnyis mnyam gzhag gi phyag rgyas padma dmar po bsnams pa/ rgyan thams cad kyis brgyan pa'o/ de'i mdun du rdo rje chos dmar po padma'i sdong bu snying gar kha 'byed pa/ gyas su rdo rje rnon po sngon po ral gri 'dzin pa/ rgyab tu rdo rje rgyu ser po 'khor lo thogs pa/ gyon du rdo rje smra ba dmar po lce thogs pa'o// byang gi dkyil 'khor gyi dbus su nam mkha' lding gi khrir padma dang nyi ma'i steng du don grub ljang khu/ zhal gcig phyag gnyis pa/ skyabs sbyin gyi phyag rgyas sna tshogs rdo rje 'dzin pa/ rgyan thams cad kyis brgyan pa'o/ de'i mdun du rdo rje las ljang khu sna tshogs rdo rje dang dril bu 'dzin pa/ gyas su rdo rje bsrung ba ser po rdo rje'i khrab 'dzin pa/ rgyab tu rdo rje gnod sbyin nag po mche ba 'dzin pa/ gyon du rdo rje khu tshur ser po dam tshig rdo rje khu tshur gyis rdo rje 'tshir ba'o//

4. 内外四隅八供养菩萨

主曼荼罗四隅之东南方为白色的（26）嬉女，两手持金刚；西南方为黄色的（27）金刚鬘，手持宝鬘；西北方为红色的（28）歌女，手持琵琶；东北方为绿色的（28）舞女，手持三股金刚杵并献舞姿。外重四角的东南方为白色的（30）香女，手持香盒；西南方为蓝色的（31）花女，手持花盆；西北方为红色的（32）灯女，手持灯；东北方为绿色的（33）涂香女，手持香液。[1]

5. 外重十六贤劫菩萨

廊台东方的（34）弥勒、（35）不空见、（36）灭恶趣和（37）除幽暗四尊呈白色，手持金刚；南方的（38）香象、（39）大精进、（40）虚空藏和（41）智顶四尊呈黄色，手持宝穗；西方的（42）无量光、（43）月光、（44）贤护和（45）网明四尊呈红色，手持莲花；北方的（46）金刚藏、（47）无尽慧、（48）辩积和（49）普贤四尊呈绿色，手持羯磨杵，各自均一面二臂装饰具足。[2]

6. 四门

东门为白色的（50）金刚钩，手持钩；南门为黄色的（51）金刚索，手持羂索；西门为红色的（52）金刚锁，手持锁链；北门为绿色的（53）金刚铃，手持铃。他们略现忿怒相，露齿，装饰具足。[3]

文殊吉祥友的注释和《名等诵曼荼罗庄严》在文殊小虚空无垢摄部族曼荼图像上的典型差异与红殿壁画之关系如下：

其一，在尊格数目方面，三者均为 53 尊。

---

[1] 藏文原文为：gzhi'i dkyil 'khor gyi nang gi gra bzhir shar lhor sgeg mo dkar mo/ rdo rje gnyis bsnams pa/ lho nub tu rdo rje phreng ba ma ser mo/ rin po che'i phreng ba 'dzin po/ nub byang du glu ma dmar mo/ pi wang 'dzin pa/ byang shar du gar ma ljang khu/ rdo rje rtse gsum 'dzin cing gar bsgyur ba'o// de'i phyir gra bzhir shar lhor bdug spos ma dkar mo spos phor 'dzin pa/ lho nub tu me tog ma mthing kha me tog gi gzhong pa 'dzin pa/ nub byang du mar me ma dmar mo mar me 'dzin pa/ byang shar du dri chab ma ljang khu dri'i lde gu 'dzin pa'o//

[2] 藏文原文为：snam bu la/ shar du byams pa/ mthong ba don yod/ ngan song kun 'dren/ mya ngan kun 'joms bzhi dkar po rdo rje 'dzin pa/ lhor spos kyi glang po/ dpa' bar 'gro ba/ nam mkha' mdzod/ ye shes tog bzhi ser po/ rin po che'i snye ma thogs pa/ nub tu 'od dpag med/ zla ba'i 'od/ bzang skyong/ dra ba can gyi 'od rnams dmar po padma'i sdong bu 'dzin pa/ byang du rdo rje snying po/ blo gros mi zad pa/ spobs pa brtsegs pa/ kun tu bzang po bzhi ljang khu sna tshogs rdo rje 'dzin ba'o/ thams cad kyang zhal gcig phyag gnyis rgyan thams cad kyis brgyan pa'o//

[3] 藏文原文为：shar sgor rdo rje lcags kyu dkar po lcags kyu 'dzin pa/ lho sgor zhags pa ser po zhags pa 'dzin pa/ nub sgor lcags sgrog dmar po lcags sgrog 'dzin pa/ byang sgor 'bebs ba ljang khu dril bu 'dzin pa/ de rnams cung zang khros pa/ mche ba lhag ge ba/ rgyan thams cad kyis brgyan pa'o// 以上小虚空无垢摄部族曼荼罗眷属的图像描述详见 Bu ston, *mTshan brjod kyi dkyil 'khor gyi bkod pa bzhugs so*, pp.297.4-299.5.

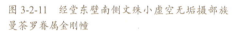

图 3-2-11　经堂东壁南侧文殊小虚空无垢摄部族曼荼罗眷属金刚幢

图 3-2-12　经堂东壁南侧文殊小虚空无垢摄部族曼荼罗眷属金刚语

其二，在尊格次第方面，《名等诵曼荼罗庄严》中的排列依次是：主尊大日如来—四方四秘密菩萨母—四方佛和十六菩萨—内外八供养菩萨—十六贤劫菩萨—四门卫。在文殊吉祥友注释中，四秘密菩萨母所在位置不在四方，而在四方佛之后的四隅，其余各尊与《名等诵曼荼罗庄严》中的记载一致。

其三，在尊格持物方面，两经典并无差异，但在尊格身色上两者之差异主要表现在：《名等诵曼荼罗庄严》中十六菩萨中的金刚幢为青色、金刚语为赤色，内四供养中的歌女为赤色、四门卫中的金刚钩为白色。而在文殊吉祥友注释中以上四菩萨的身色分别为赤色、青色、青色、青色（关于文殊吉祥友注释中的尊格图像特征详见资料篇九）。若将这两文本中的图像差异部分与红殿经堂东壁南侧文殊小虚空无垢摄部族曼荼罗做一比较的话，其经堂东壁南侧壁画中的金刚幢、金刚语、歌女和金刚钩的身色与《名等诵曼荼罗庄严》中对此记载完全一致（图 3-2-11；3-2-12；3-2-13；3-2-14）。

（二）文殊幻化网摄部族曼荼罗的图像配置

按布顿《名等诵曼荼罗庄严》规定，文殊幻化网摄部族曼荼罗是由五朵莲花状的子曼荼罗构成，它们分别位于主曼荼罗内重的中央和四方。其主尊位于中央莲花的花蕊上，四方莲瓣处绘四尊金刚母；东、南、西、北四方莲花上分别安置四方佛与

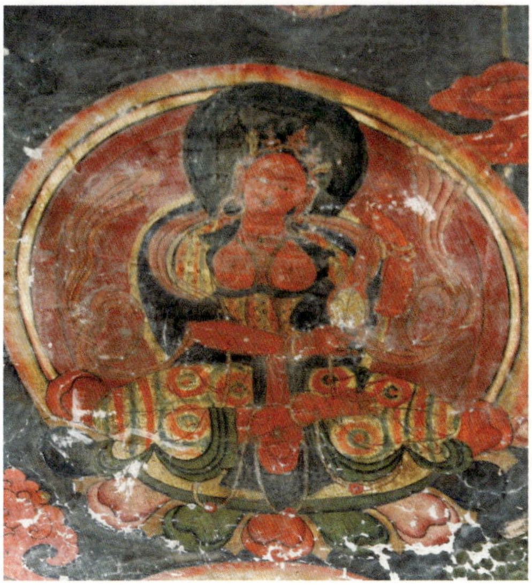

图 3-2-13 经堂东壁南侧文殊小虚空无垢摄部族曼荼罗眷属歌女

图 3-2-14 经堂东壁南侧文殊小虚空无垢摄部族曼荼罗眷属金刚钩

十六菩萨；内外四隅为八供养菩萨；外重十六轮辐处绘十六贤劫菩萨；四门绘四守护尊，总计 53 尊。

红殿经堂东壁北侧该曼荼罗亦由 53 尊构成，但其构图方式并未严格按曼荼罗仪轨规定绘制，而是采用水平构图这一相对简约的方式来表达曼荼罗内错综复杂的尊神体系。主尊大日如来居于画面的正中央，其他眷属分呈横 8 排竖 4 列的组合方式被绘在主尊的左右两侧，其中四方佛所占空间是其他天众的 4 倍（图 3-2-15）。

经堂文殊幻化网摄部族曼荼罗图像构成（参见配置图 19）及据此曼荼罗仪轨所制文殊幻化网摄部族曼荼罗结构与尊格方位次第构成图（配置图 21）如下，其下文尊格前括弧中的数字与用以表示经堂及按曼荼罗仪轨所制文殊幻化网摄部族曼荼罗尊格构成图内所标数字一一对应。

1. 中央主尊

主尊（1）大日如来，其图像特征见前文“智慧轮的建立与本初佛及文殊智慧萨埵的观想次第”部分。

2. 四隅四金刚母

四瓣莲花瓣的东方为青色的（2）金刚萨埵母，手持金刚；南方为黄色的（3）宝

图 3-2-15 经堂东壁北侧文殊幻化网摄部族曼荼罗

金刚母，手持宝；西方为红色的（4）金刚莲花母，手持莲花；北方为绿色的（5）业金刚母，手持羯磨杵。四尊佛母皆现傲慢姿。成就法中的宝金刚母为青色，而在《曼荼罗仪轨》中则被记作黄色，且诸尊坐于莲月座上。[1]

3. 四方四方佛及十六菩萨

东方的中央为青色的（6）不动如来，略现愤怒相，结触地印并持金刚杵。诸花瓣从前向右绕依次为青色的（7）金刚萨埵，手持金刚和铃；黄色的（8）金刚王，手持钩；红色的（9）金刚爱，手持弓箭；黄色的（10）金刚喜、弹指善惠状。

南方的中央为黄色的（11）宝生如来，手结与愿印并持如意宝。莲花上依次为黄色的（12）金刚宝，手持宝；红色的（13）金刚光，手持太阳；绿色的（14）金刚

[1] 藏文原文为：pad 'dab bzhi la shar du sems ma rdo rje ma sngon mo rdo rje/ lhor rin chen rdo rje ma ser mo rin po che/ nub tu rdo rje padma ma dmar mo padma/ byang du rdo rje las ma ljang khu sna tshogs rdo rje bsnams pa/ bzhi ga'ang 'gyid dang ldan pa'o/ 'dir sgrub thabs las rin chen rdo rje ma sngon mor bshad/ dkyil chog las ser por bshad cing/ thams cad kyang pad zla'i gdan la gnas pa'o//

配置图 21　文殊幻化网摄部族曼荼罗结构与尊格方位次第构成图

幢，手持幢；青色的（15）金刚笑，手持齿鬘。

西方的中央为红色的（16）阿弥陀佛，禅定三昧印并持莲花。四方莲花上分别为红色的（17）金刚法，手持莲花；绿色的（18）金刚利，手持剑；蓝色的（19）金刚因，手持轮；黄色的（20）金刚语，手持舌。

北方的中央为绿色的（21）不空成就佛，结无畏印并持羯磨杵。莲花上依次为绿色的（22）金刚业，手持羯磨杵；蓝色的（23）金刚牙，手持牙；赤黄色的（24）金刚护，手持铠甲；蓝色的（25）金刚拳，手握金刚拳。各自均坐于月座上，装饰具足。[1]

4. 内四供养菩萨

东南方为白色的（26）嬉女，手持镜子；西南方为黄色的（27）鬘女，手持鬘；西北方为红色的（28）歌女，手持琵琶；东北方为绿色的（29）舞女，现舞姿。她们装束具足，个个窈窕妩媚，并坐于莲花月座上呈金刚跏趺坐。[2]

5. 外重十六贤劫菩萨

外轮东方轮辐处为赤黄色的（30）弥勒，手持青莲；黄绿色的（31）妙吉祥，手持经书；蓝色的（32）香象，手持香炉；白色的（33）智幢，手持幢。南方为赤黄色的（34）海慧，手持宝；赤黄色的（35）无尽智，手持闪烁的珍宝；青色的（36）贤护，手持香炉；蓝色的（37）辩积，手持经函。西方为红色的（38）势至，手持莲花；赤黄色的（39）灭恶趣，手持钩；白色的（40）除忧暗，手持宝剑；白色的（41）网明，手持网。北方为淡黄色的（42）月光，手持月亮；白色的（43）无量光，手持钩；绿色的（44）虚空库，手持宝剑；黄色的（45）虚空藏，手持用珍宝装饰的宝箱。诸尊均用珍宝装饰。[3]

6. 外四供养菩萨

四隅之东南方为蓝色的（46）香女，手持香盒；西南方为白色的（47）花女，手持花篮；西北方为红色的（48）涂香女，手持涂香器；［东北方为］绿色的（49）味

---

［1］藏文原文为：shar gyi dbus su mi bskyod pa sngon po cung zad khros pa'i tshul can/ sa gnon gyis rdo rje bsnams pa'o/ 'dab ma rnams la mdun las gyas bskor gyis rim pa bzhin rdo rje sems dpa' sngon po rdo rje dril 'dzin pa/ rgyal po ser po lcags kyu/ chags pa dmar po mda' gzhu/ legs pa ser po se gol gyis legs so ster ba'o/lho'i dbus su rin 'byung ser po mchog sbyin gyis yid bzhin gyi nor bu bsnams pa/ 'dab ma la rdo rje rin chen ser po rin chen/ nyi ma dmar po nyi ma/ rgyal mtshan ljang khu rgyal mtshan/ bzhad pa sngon po so phreng ro/ nub kyi dbus su 'od dpag med dmar po mnyam gzhag gi ting nge 'dzin gyis padma bsnams/ 'dab ma la rdo rje chos dmar po padma/ rnon po ljang khu ral gri/ rgyu mthing kha khor lo/ smra ba dmar ser lje'o/ byang gi dbus su don grub ljang khu skyabs sbyin gyis sna tshogs rdo rje bsnams pa/ 'dab ma la las ljang khu sna tshogs rdo rje bsnams pa/ gnod sbyin mthing kha che ba/ bsrung ba dmar ser go cha/ khu tshur mthing kha khu tshur ro/ thams cad kyang zla ba'i gdan la bzhugs pa rgyan thams cad kyis brgyan pa'o//

［2］藏文原文为：shar lhor sgeg mo dkar mo me long/ lho nub tu phreng ba ma ser mo phreng ba/ nub byang du glu ma dmar mo pi wang/ byang shar du gar ma ljang khu chags shing/ thams cad kyang rgyan dang ldan cing sgeg pa/ pad zla'i gdan la bzhugs pa ste/ 'di yan chad kyi lha thams cad rdo rje skyil krung ngo//

［3］藏文原文为：phyi'i dkyil 'khor shar gyi rtsibs la/ byams pa dmar ser kun da/ 'jam dpal ljang ser utapala/ spos glang mthing kha spos phor/ ye shes tog dkar po rgyal mtshan no/ lhor blo gros rgya mtsho dmar ser chin po che/ blo gros mi zad ba dmar ser rin po che 'bar ba/ bzang skyong sngon po spos phor/ sbobs brtsegs mthing kha po ti'o/ nub tu mthu chen dmar po padma/ ngan song kun 'dren dmar ser lcags kyu/ mya ngan 'joms dkar po ral gri/ dra ba can gyi 'od dkar po dra ba bsnams pa'o/ byang du zla 'od gzhon nu dkar ser zla ba/ 'od dpag med dkar po lcags kyu/nam snying ljang khu ral gri/ nam mkha' mdzod ser po rin chen zur brgyad pa'i sgrom bsnams pa'o/ thams cad kyang rin po che'i rgyan sna tshogs kyis brgyan pa'o//

女，持美味器。她们均呈菩萨跏趺坐姿。[1]

7. 四门

东门为青色的（50）金刚钩，手持钩；南门为黄色的（51）金刚索，手持羂索；西门为红色的（52）金刚锁，手持铁锁；北门为（53）绿色的金刚铃，手持铃。诸尊住于月座上呈忿怒相。[2]

"中注"中的文殊具密摄部族和具功德生处摄部族曼荼罗，以及本章所讨论的文殊小虚空无垢摄部族曼荼罗其十六贤劫菩萨均以四尊为一组分别分布在各自曼荼罗外重的四方（东—南—西—北），她们手持法器与各自部族的标志一一对应（东—金刚；南—宝；西—莲花；北—羯磨）。但在文殊幻化网摄部族曼荼罗中，十六贤劫菩萨的身色和持物与以上曼荼罗的图像特征不同，她们中的每一尊都有各自所具有的身色和法器。此外，在布顿《名等诵曼荼罗庄严》中，文殊小虚空无垢摄部族曼荼罗中四秘密菩萨之东方的金刚菩萨、四内供养中位于东南方的嬉女以及四门中位于东门的金刚钩，其身色均随如来部族的方位色，即白色。而在文殊幻化网摄部族曼荼罗中则随东方金刚部族的方位色，为青色。这些细微的图像差异也如实地呈现在经堂东壁北侧文殊幻化网摄部族曼荼罗中。

由于在阿阇梨阿瓦图提署名的 4 篇注释中均未发现文殊幻化网摄部族曼荼罗图像的专文记载，故笔者在此主要以布顿《名等诵曼荼罗庄严》中收录的"阿瓦图提之文殊幻化网摄部族曼荼罗"的厘注本为参照本，并与经堂壁画作了比对研究，其结果发现，经堂东壁北侧该曼荼罗诸天的图像特征与《名等诵曼荼罗庄严》中的记载完全契合。

第三节　小　结

本章主要从文殊吉祥友和阿瓦图提对文殊小虚空无垢摄部族和文殊幻化网摄部族曼荼罗的注释入手，并结合布顿《名等诵曼荼罗庄严》中对此重新厘注后的图像

[1] 藏文原文为：gra bzhir shar lhor bdug pa ma mthing kha spos phor/ lho nub tu me tog ma dkar mo me tog gi snod/ nub byang du dri ma dmar me dri'i snod/ byang shar du ro ma ljang khu ro mchog bsnams pa ste/ nyi shu po thams cad sems dpa'i skyil krung ngo//

[2] 藏文原文为：shar sgor lcags kyu ma mthing kha lcags kyu/ lho sgor zhags pa ma ser po zhags pa/ nub sgor lcags sgrog ma dmar mo lcags sgrog/ byang sgor dril bu ma ljang khu dril bu 'dzin pa/ thams cad kyang khros pa'i cha byad can/ phyi'i lha thams cad zla ba'i gdan la bzhigs so// 以上文殊幻化网摄部族曼荼罗眷属之图像配置和尊格特征见 Bu ston, *mTshan brjod kyi dkyil 'khor gyi bkod pa bzhugs so,* pp.302.1-303.6。

志“文殊吉祥友所注小虚空无垢摄部族曼荼罗”和“阿瓦图提所注文殊幻化网摄部族曼荼罗”，比较研究红殿经堂壁画中该图像。其结果是，绘制于经堂东壁南侧和东壁北侧的文殊小虚空无垢摄部族曼荼罗和文殊幻化网摄部族曼荼罗与《名等诵曼荼罗庄严》中所载的图像志完全一致。

由此可推，经堂与佛堂转角题记中所指的“阿阇梨文殊吉祥友和阿瓦图提样式”，实指布顿在《名等诵曼荼罗庄严》中基于文殊吉祥友和阿瓦图提注释，重新厘注后的“文殊吉祥友所注文殊小虚空无垢摄部族曼荼罗”和“阿瓦图提所注文殊幻化网摄部族曼荼罗”样式，并非单指这两位阿阇梨某一注释中的图像传规。

结　语

一、红殿初建与重建

托林寺红殿作为古格王国复兴期所建、遗留至今的大型佛殿，其壁画艺术紧承后藏地区的夏鲁寺、萨迦寺和白居寺，是阿里边陲中世纪古格王国佛教艺术的典范与珠峰，在美学和藏传佛教艺术史上均占有重要的地位。通过对红殿历史题记的考释，在图像与历史文献的双重互证下，最终考证出如下线索。

红殿的建殿年代分为前后两个时期。前期是由西瓦沃与其侄子古格王孜德建于 11 世纪中晚期，原殿名为“吉祥赡部洲庄严”。后因佛教衰微，该佛殿毁于烈火之中。

其后在古格王洛桑绕丹在位期间进行了重建，本次重建的主持者是洛桑绕丹的爷爷、前古格国王赤·南喀旺布平措朗杰德贝桑布（出家法名为“拉杰尊释迦沃”）。他不仅是本次重建的主持者，也是整个红殿壁画的设计者。重建年代应在他 1449 年出家为僧之后，即孙辈洛桑绕丹执掌国事期间。按洛桑绕丹出生于虎年（1458）及赤·南喀旺布平措朗杰德 72 岁（1481）寿终正寝于古格扎布让（古格故城）山顶宫殿的时间推算，暂将红殿的重建年代置于 1458 年到 1481 年较为妥当。

如今世人可见的托林寺红殿是 11 世纪中晚期在人为毁坏的原殿堂遗址基础上的重建，其结构仍延续了早期原殿堂构成。红殿初建和重建的人物线索也穿缀出古格王国的历史脉络。他们拥有高贵的吐蕃血统、至尊的古格王统以及至上的政教权力。他们作为托林寺红殿的修建者和主持者，一方面可使其丰功伟绩彪炳史册，另一方面，选择在该寺极为重要的礼拜空间内主要布置先祖益西沃和仁钦桑布时期所创立的“瑜伽上派”（Yo ga stod lugs）曼荼罗艺术之传规（此为后弘初期经后藏江浦·曲洛等在年楚河流域诸寺传承，再经布顿、萨迦派父子叔侄弘扬发展后重返古格的一种传规），亦可看作 15 世纪之后古格王国复兴期借古开今政教策略的表达。

二、壁画内容、文本依据与主题

红殿壁画以瑜伽部曼荼罗为主体，兼及当时西藏西部普遍流行的图像组合模式：佛堂主壁绘降魔触地印释迦牟尼佛与十六罗汉、三十五佛、药师八佛和十二弘化故事。这种组合模式其实是对早期藏传佛教寺院佛堂礼拜空间功能的后期延续。重建红殿时，将原佛堂两侧转经道隔断，于佛堂两侧设狭长小殿，此为早期转经礼佛道之遗迹。而今将礼佛对象释迦牟尼佛绘在佛堂主壁正中央，将忏悔祈福的三十五佛和治病消灾的药师八佛及行使弘法职责的十六罗汉绘在主尊两侧，然将纪念佛陀生平事迹的十二弘化故事绘在佛堂主壁与两侧壁主体壁画下方按顺时针礼佛顺序依次设计，为早期礼佛功能的延续。

在保持原佛堂应有礼佛功能的基础上，整个红殿壁画主要是由大乘佛教后期瑜伽密续不同阶层注释续中的曼荼罗构成。这里所说的“不同阶层”，是指各类密教经典与注释续在形成与发展过程中彼此所产生的相互关联和次第关系。其中红殿佛堂南北两壁壁画分别由《真实摄经》《般若理趣经》和《恶趣清净怛特罗》之瑜伽注释续中主曼荼罗——金刚界曼荼罗、金刚萨埵曼荼罗和恶趣清净之普明大日如来与九佛曼荼罗构成。由此，笔者通过梳理不同注释续和成就法中与佛堂金刚界等四铺曼荼罗有关的图像志，并基于实物壁画做了比对研究后发现，该四部曼荼罗壁画所据图像文本更偏向于布顿根据早期注释传承所作的厘注本。

托林寺红殿经堂可被视为一座反映《文殊真实名经》瑜伽注释续不同阶层观修次第的“文殊堂”。《文殊真实名经》瑜伽注释续与瑜伽三部论著之核心经典《真实摄经》之间有着密切的关联，它是在原《真实摄经》“五相成身观”即“五部族”[1]的基础上又添加了“菩提心金刚部”（Bodhicittavajrakula）的观想环节。该文本内容增删情况若反映在图像上，其特征是在原《真实摄经》金刚界大曼荼罗主尊大日如来胸前增加了本初佛、智慧轮与文殊智慧萨埵的三重观想。在此环节中，文殊已非菩萨身显现，而是“拥有五智”（ye shes lnga dang ldan pa）、“住于一切如来之胸间”（de bzhin gshegs pa thams cad kyi thugs kar gnas pa）、有“不二智般若波罗蜜之自性”（gnyis du med pa'i ye shes shes rab kyi pha rol du phyin pa de nyid），[2]其身份有如《真实摄经》中的大日如来。故在经堂壁画中，除南壁法界语自在曼荼罗主尊为法界语自在文殊之外，其余北壁文殊具密摄部族与文殊具功德生处摄部族，东壁文殊小虚

[1] 五部族是指佛部、金刚部、莲花部、宝部与羯摩部。

[2] 嬉金刚著、念智称译：《圣名等诵广释名号秘密真言仪观察》（*'Phags pa mtshan yang dag par brjod pa'i rgya cher 'grel pa mtshan gsang sngags kyi don du rnam par lta ba shes bya ba*），P.3356, vol.74, p.187, 1, 7-187, 2, 2。

空无垢摄部族和文殊幻化网摄部族四铺曼荼罗的主尊均以大日如来的身形呈现。

关于经堂《文殊真实名经》瑜伽部五铺曼荼罗，虽按经堂题记，该 5 铺曼荼罗分别依据文殊称、嬉金刚、文殊吉祥友和阿瓦图提的样式绘制（参看附录二、四）。但经笔者将此与布顿重新厘注——集文殊称、嬉金刚、文殊吉祥友和阿瓦图提注释于《名等诵曼荼罗庄严》中的图像比对后发现，整个经堂 5 铺曼荼罗的图像特征及配置均严格按布顿重新厘定后的版本绘制。其中南壁为阿阇梨文殊称所做“大注”中的法界语自在曼荼罗；北壁为嬉金刚所造“中注”中的文殊具密摄部族和文殊具功德生处摄部族曼荼罗；东壁为阿阇梨文殊吉祥友和阿瓦图提所做“小注”中的文殊小虚空无垢摄部族和文殊幻化网摄部族曼荼罗。南、北、东三壁严格按《名等诵曼荼罗庄严》中对其注释详略——大、中、小分类有序设计。

艺术史作为一门学科，其价值在于发掘图像证据，补充文字史料不足或文献缺载的历史空缺。透过红殿壁画所反映出的图像特征与经典注释传承，亦可钩沉出当时的教法传承与文本传播脉络。红殿瑜伽系曼荼罗文本更倾向于 14 世纪布顿重新厘注的版本，这是本书对整个殿堂图像源流问题的考察成果之一。

此外，从这些曼荼罗后期（15—16 世纪）的传承看，主要是由萨迦派和萨迦派支系俄尔派僧人完成。19 世纪由萨迦派高僧蒋扬洛特旺波集早期萨迦派和俄尔派等曼荼罗仪轨编纂而成的曼荼罗理论书《续部总集》中，除个别文殊曼荼罗传承缺载外，其绝大多数与红殿经堂所绘内容一致。另据廓诺·迅鲁伯（1392—1474）《青史》记载，大约在他同时代的卫藏，只有“俄派诸人中还保留有曼荼罗仪轨具密派的实践传统和《文殊真实名经》的讲解”。这些史料的引证与图像的构建，不得不将红殿壁画传承置于萨迦派或俄尔教法体系中去思考。

三、萨迦抑或俄尔教法与红殿壁画之关系

13 世纪随着蒙元帝国统治者与藏传佛教萨迦派结成施供关系，并扶持萨迦派管理西藏政教事务以来，西藏阿里地区自 13 世纪中晚期之后亦随之成为萨迦派的势力范围。古格作为阿里地区的政教中心，自然也受萨迦派的管辖。14 世纪中叶，大司徒绛曲坚赞（Ta’i si tu Byang chub rgyal mtshan，1302—1364）率领的帕竹政权在卫藏地区压倒萨迦派势力取得上风，1357 年左右大司徒绛曲坚赞率军平定萨迦内乱大获全胜，萨迦寺渐在他的监管之下。此时的萨迦派势力丧失殆尽，已无法行使他对整个西藏宗教事务的管治。同年，元中央政府正式册封绛曲坚赞为大司徒，并授权

他接替萨迦派政权经办西藏地方与元中央政府的各种政教事务，[1]萨迦派在西藏的管制权已彻底让位于帕姆竹巴。但是，从阿里地区的宗派看，尤其在古格和普兰，并没有因为帕竹政权接替萨迦派行使对西藏宗教事务的管辖权而影响其教法对该区域的传播，虽然两者在古格曾发生过争执，但直到1406年前，托林寺的宗教事务仍非帕姆竹巴直接管辖。[2]随后，格鲁派势力逐渐蔓延至古格王室，从古格阿旺扎巴于1424年作为古格国王赤·南喀旺布平措朗杰德登基典礼的作证人来看，至少说明了这位出生在古格，早年赴卫藏随宗喀巴学法后返抵家乡的弘法使者，在1424年已经受到古格王室的认可。

然而，从目前古格王国核心区域象泉河流域遗留下来的寺院壁画看，在15世纪中期之前，该区域寺院壁画的取材还未直接深受格鲁派教法影响。虽然在托林寺红殿经堂西壁北侧出现宗喀巴大师及弟子肖像，这让人误以为该殿壁画与格鲁派教法有着密切的关联。其实不然，整个红殿图像系统证实了15世纪中后期萨迦派或俄尔教法在该寺中仍占有一席之地。

宗喀巴大师肖像的出现，与格鲁派势力的后起及当时政局的整体走向密不可分，亦与其弟子阿旺扎巴受古格王室的信赖有关。当时的古格王室在宗教事务上其实采取了两种战术，一方面为大局所迫，不得不维护好与新型政教势力格鲁派的关系往来，另在教法传承上仍受前期信仰影响，生活在该区域的子民（上至王室僧侣、下至普通百姓）大多仍延续着萨迦派与帕姆竹巴等早期教派在该区域的信仰根基。

格鲁派与萨迦派教法在早期其实并不排斥，在经堂宗喀巴大师肖像下方的弟子画像题名中就有两位持萨迦派噶希巴（dka' bzhi pa）和噶久巴（dka' bcu pa）学位的僧人（参看附录五）。[3]此学位表明他俩曾学过萨迦派法门，并通过严格考试获得学位。

更能说明问题点的是，托林寺红殿的重建者与壁画设计者古格王赤·南喀旺布

[1] 陈庆英、高淑芬主编：《西藏通史》，郑州：中州古籍出版社，2003年，第226—227页。

[2] Roberto vitali, *Recoeds of Tholing: A Literary and Visual Reconstruction of the "Mother"Monastery Gu-ge*, Dharamshala, India: Amnye Machen Institute, 1999, p.36.

[3] 萨迦派（后俄派沿用）共设有五等学位，五等学位一等比一等高，其中第一等为噶希巴（dka' bzhi pa），"噶希"意为四难，需要精通《中观论》《现观庄严论》《律经论》《俱舍论》四部大论，通过辩经后才能获得学位；第二等噶阿巴（dka' lnga pa），需精通《律本论》《现观庄严论》《因明论》《中观论》四部经论；第三等为噶久巴（dka' bcu pa），"噶久"意为十难，需精通十部经纶；第四、第五等已达到了绕强巴（rab 'byams pa）和堪钦（mkhan chen）地位，即大班智达位置。宗喀巴弟子贾曹杰曾在萨迦派仁达瓦（1349—1412）门下善巧辩经，最后取得噶久巴学位。详参东噶·洛桑赤列编：《东噶藏学大辞典》，北京：中国藏学出版社，2002年，第128页；土观·洛桑却季尼玛著、刘立千译：《土观宗派源流》，拉萨：西藏人民出版社，1984年，第312页；赛仓·洛桑华丹著、王世镇译注：《藏传佛教格鲁派源流》，北京：宗教文化出版社，2002年，第88页。

平措朗杰德 41 岁（1449）出家为僧（法名［拉］杰尊释迦沃），其剃度出家寺院科迦寺此时已改宗为萨迦派（俄派）。据 16 世纪瓦根达噶玛（Wa ginadra krmas）撰写的《科迦寺志》[1]记载，1425—1450 年，俄派创始人俄钦·贡噶桑布（Ngor kun dga' bzang po，1382—1456）在科迦寺绘制了许多壁画，在此期间科迦寺僧人亦为他绘制壁画。[2]另据俄钦·桑结彭措《俄钦·贡噶桑布传记》[3]载，藏历火龙年（1436），贡噶桑布为古格王赤·南喀旺布平措朗杰德在科迦寺三尊银像前受戒，后赤·南喀旺布平措朗杰德在觉沃佛前供无数盏酥油灯，誓言弘扬佛法。[4]贡噶桑布曾三次（1425、1436、1447）赴洛当（blo stangs）弘法，其中在第二次洛当期间曾受古格王赤·南喀旺布派遣古格堪钦·却吉僧格（Gu ge mkhan chen chos nyid seng ge）邀请，在成百随从僧侣的陪同下来到普让，并驻锡杰德乌（rGyal de'u）三个月，在此期间为古格、比蒂（Pi ti）和芒域（Mang yul）僧众灌顶讲法。[5]1449 年，即古格王赤·南喀旺布平措德在科迦寺出家那年，俄钦·贡噶桑布从阿里收到 300 盎司的黄金礼物，在他生命的晚年又在科迦寺度过了一段岁月。[6]当时古格与俄尔派互通往来，还曾向俄尔派奉献学者，其中最著名的是古格堪钦·扎巴坚赞（Gu ge pan chen Grag pa rgyal mtshan），他后来成为洛波堪钦·索南伦珠（glo bo mkhan chen bsod nams lhun grub，1456—1532）的老师。[7]

古格国王赤·南喀旺布平措朗杰德由俄钦·贡噶桑布受戒且其出家取得解脱幢的寺院为科迦寺，后来他又迎请俄钦·贡噶桑布在普让弘法，为俄尔派贡献学者，这些朦胧的历史线索让我们不得不重新考量此时的萨迦（俄派）与古格的关系。尽管 15 世纪之后宗喀巴弟子古格阿旺扎巴已在古格王室拥有一席之地，但诸上历史线索与红殿壁画图像系统证实：格鲁派在古格王室的存在，并没有影响到作为古格王家寺院

［1］该寺志原名为《觉沃仁波切银色三怙主志·极喜赞歌》（Jo bo rin po che dngul sku mched gsum rten dang brten par bcas pa'i dkar chag rab dag'i glu dbyangs）。

［2］次仁加布、克黎斯坦·雅虎达、克黎斯坦·卡兰特利著：《科迦寺文史大观》，拉萨：西藏藏文古籍出版社，2012 年，第 60 页。

［3］该传全名《佛金刚持贡噶桑布传·格言集河成海》（*rGyal ba rdo rje 'chang kun dga' bzang po'i rnam par thar pa legs bshad chu bo 'dus pa'i rgya mtsho*），为俄钦·桑结彭措（Ngor chen sangs rgyas phun tshogs，1649-1705）1688 年在 1455 年穆巴钦波·贡确坚赞（Mus pa chen po dkon mchog rgyal mtshan，1388-1469）所作传记基础上完成的。

［4］《俄钦·贡噶桑布传记》TBRC 德格版（39a 叶第 3 行至第 4 行）。

［5］《俄钦·贡噶桑布传记》TBRC 德格版（38b 叶第 6 行至 7 行到 39a 叶第 1 行）。

［6］《俄钦·贡噶桑布传记》TBRC 德格版（32a 叶至 33a 叶）。

［7］俄钦·贡却论珠（Ngor chen dKon mchog lhun grub，1497-1557）著：《俄尔教法史》（*Ngor chos 'byung*）该书全名为：*Dam pa'i chos kyi byung tshul legs par bshad pa bstan pa rgyal mtshor 'jug pa'i gru chen*，由俄钦·贡却论珠始撰于 1550 年，后在 1692 年由桑结彭措（Sangs rgyas phun tshogs）续编完成。Ngawang Topgay 据 Burmiok Athing 图书馆所藏 1705 年德格版木刻印版再版，新德里，1973 年，171a. 见伯戴克著、张长虹译：《西部西藏的历史》，《藏学学刊》2013 年第 8 辑，第 158 页。

托林寺红殿重建时受萨迦（俄派）的影响。也就是说，15 世纪中后期的古格王室，萨迦（俄派）的教法仍然占有主要地位。笔者推测这一方面与古格王赤·南喀旺布平措朗杰德于科迦寺受戒萨迦派（俄派）教法，以及与该教派对古格前期影响之遗影有关。另一方面可能与此时的古格王室借萨迦派父子叔侄于后藏地区弘扬发展的益西沃与仁钦桑布时期所创立的“瑜伽上派”之传规重构复兴期的古格政教秩序有密切关联。以上考察点，与传统学界过去普遍假设的、萨迦（俄派）仅以阿里普兰科迦寺为据点，而自 15 世纪以后的古格王室完全依赖于格鲁派，有相当的差异。

四、承前启后与历史回流

明镜鉴形，以艺载道。托林寺红殿壁画可谓 15 世纪古格王国复兴期昭显政教韬略的历史之镜。殿内壁画一方面反映了此时的王室宗主借古开今的强烈宏愿：他们竭力追溯先祖益西沃与仁钦桑布时代建立的“瑜伽上派”（Yo ga stod lugs）之传规和以教护国的政教合作制。另从壁画所据文本（经典仪轨）传承中亦可见其与卫藏地区的萨迦派（俄派）保持着紧密的联系。

继往开来，迈向复兴。正如红殿经堂西壁北侧具有“历史纪念碑”性质的壁文所载：“吉德尼玛与其子，前往阿里创善业。扎西贡王之长子，人间享乐视露珠，斩断世间儿女情，身披袈裟归佛门。出家国王益西沃。招募四方贤能者，仁钦桑布等智者，一流人才御前聚。从此伪教诸行为，埋入地下深层处，佛法正理扬天下，圆满劫期降人间。先王功绩所造化，世间贤者当楷模。……象雄[1]善缘终未尽，阿旺扎巴燃佛灯，继承仁钦桑布之伟业，佛法再度逞辉煌，绛色架装满地红……”[2]红殿壁画的核心内容与题材亦如实复兴了益西沃与仁钦桑布时代所建立的教法之传统，即“瑜伽上派”之传规。《真实摄经》《般若理趣经》《恶趣清净怛特罗》《文殊真实名经》及相关注疏经典大部分是在藏传佛教后弘初期由仁钦桑布译介于藏地，后世将之称为“瑜伽新密续”。这些注释仪轨亦成为大译师“瑜伽上派”之传规的核心经典。正因为受仁钦桑布及古格国王益西沃等主要政教首领的大力推崇，使之由“瑜伽上派”之核心经典所衍生出的图像成为当时古格王家寺院及仁钦桑布所建立的“108 座”镇边寺院的首选绘塑题材：位于古格王国政教腹地的王家寺院托林寺其初

[1] 象雄，即古代西藏阿里的旧称。
[2] 次多：《阿里托林寺红殿壁文考》，《西藏艺术研究》1998 年第 2 期，第 35 页。

建时期所建佛殿迦萨殿、色康殿[1]和迦萨殿四角塔；古格王国夏都——东嘎所在地的东嘎—皮央石窟群；仁钦桑布父系家族驻地及其晚年修行地——卡孜河谷所在区域的聂拉康石窟；以及与托林寺迦萨殿同期开工，由益西沃于996年主持修建的塔波寺杜康殿和位于“阿里三围”之拉达克地区的阿齐寺杜康大殿等一批11—12世纪前后的石窟寺院内，其绘塑所据的经典无不绝大多数以《真实摄经》《文殊真实名经》《恶趣清净怛特罗》的注释仪轨为文本参照。

仁钦桑布所创的“瑜伽上派”对后弘初期的后藏地区，尤其年楚河（Nyang chu）流域的年堆（Nyang stod）、江若（rGyang ro）等地予以深远的影响，并形成了与其紧密关联的“瑜伽下派”（Yo ga smad lugs）之传规。[2]该传规在萨迦派父子叔侄[3]所处的后藏地区仍备受推崇，尤以对庆喜藏（Ānandagarbha, Kun dga' snying po）瑜伽注释续最为推崇。

1480年，古格堪钦·扎巴坚赞于托林寺完成的《拉喇嘛益西沃广传》中有载：

> 大译师（仁钦桑布）对［印度］后期兴起的仪轨并不青睐。在瑜伽方面，他博闻修学并讲授庆喜藏所创立的经典仪轨。大译师在后半生所倡导的瑜伽注释仪轨在上部阿里得以弘扬，故以“瑜伽上派”著称，之后得到了喇嘛萨迦派父子及叔侄的重视和发展。当今萨夏二寺，注重并发展了大译师仁钦桑布一生所推崇的所有瑜伽仪轨。时至今日，仍有完整的传承体系。[4]

---

［1］托林寺色康殿现已被毁，其内部造像壁绘现状在《阿里王统》中有略载，该殿修建历时5年（1067—1071年），分为三层，底层绘与《文殊真实名经》有关的曼荼罗诸天；中层塑与拉喇嘛益西沃等身大小的文殊身像；顶层绘与《恶趣清净怛特罗》之普明大日如来主曼荼罗。详见Gu ge mkhan chen ngag dbang grags pa, *mNga' ris rgyal rabs*，第65—66页。

［2］Gu ge Paṇḍita Grags pa rgyal mtshan gyis brtsams, 'Dar tsha Khyung bdag gis mchan btab, *lHa bla ma ye shes 'od kyi rnam thar rgyas pa'i mchan 'grel ti se'i mgul rgyan*, Krung go'i bod rig pa dpe skrun khang, 2015, p.153.

［3］萨迦派父子叔侄即指萨迦五祖：初祖贡噶宁波（1102—1158）、二祖索南孜摩（1142—1182）、三祖扎巴坚赞（1147—1216）、四祖萨迦班智达·贡噶坚赞（1182—1251）、五祖八思巴·洛追坚赞（1235—1280，萨迦班智达侄子）。

［4］Lo chen gyis phyis rting man chad gyi phyag len thams cad spros pa chung/ yo ga la kun dga' snying po'i phyag len dang yig cha la nyan bshad gtso bor mdzad cing/ lo tstsha bo'i sku tshe'i smad kyis phyag srol thams cad sa cha stod du lus pas/ yo ga stod lugs su grags/ bla ma sa skya pa yab sras khu dbon thams cad lugs 'di la rtsigs su che zhing dar rgyas su mdzad pa yin no/ da lta sa zhal gnyis kyi yo ga sogs lo chen gyi phyag len sku tshe stod smad kyi chos lugs thams cad gtso bor ston de dar bar mdzad pas/ da dung yang legs par yod do/ 见Gu ge Paṇḍita Grags pa rgyal mtshan gyis brtsams, 'Dar tsha Khyung bdag gis mchan btab, *lHa bla ma ye shes 'od kyi rnam thar rgyas pa'i mchan 'grel ti se'i mgul rgyan*, Krung go'i bod rig pa dpe skrun khang, 2015, p.165.

由此可见，仁钦桑布“瑜伽上派”之传规在后藏地区经年楚河流域传播，后得到了萨迦派父子叔侄的重视和传承。直至古格堪钦·扎巴坚赞所处的时代，该传规仍在萨迦和夏鲁两寺中得以弘扬。本书在“中篇”和“下篇”诸章节中已系统地论述了红殿瑜伽部曼荼罗与夏鲁寺、萨迦寺及白居寺瑜伽部曼荼罗在文本（经典）和图像构成上的紧密关系，并指出了其图像多数是依布顿基于仁钦桑布等译本所作的厘注本而绘。其对庆喜藏瑜伽注释仪轨的偏好和推崇，布顿和仁钦桑布有着共同的价值取向。

由萨迦派父子和叔侄所推崇的仁钦桑布“瑜伽上派”之经典经布顿整理和厘定后，在萨迦派及萨迦支系俄派寺院中得到了广大的发展。若从藏地溯本求源，这些深受萨迦派推崇的注释仪轨仍可视为仁钦桑布“瑜伽上派”之传规的后期衍生。

历史兴亡，轮回更替。益西沃与仁钦桑布所处的时代，正值西藏阿里拉开藏传佛教后弘期历史帷幕之时，更是盛世开元以佛兴国的古格王国鼎盛之时。然世事艰辛，沧桑遽变，12 世纪之后，古格王国逐渐卷入周边民族的战火和兄弟王国之间的长期割据与斗争中，在政教上数易其主。而其再次复兴和强盛则发生在古格王赤·朗杰德贝桑布（Khri rnam rgyal lde dpal bzang po，1372—1439）和赤·南喀旺布平措德（Nam mkha’i dbang po phun tshogs lde，1049—1481）父子时代。此时在王国所辖区域兴建的大批佛殿，尤其由古格国王赤·南喀旺布平措德主持重建、在古格历史上具有正统性的托林寺红殿，其在图像题材的择取上刻意选用先祖益西沃与仁钦桑布时代所建立的“瑜伽上派”之传统，而这种政教秩序的构建，在红殿西壁南侧以益西沃为中心的为古格佛教作出彪炳贡献的历代国王及仁钦桑布肖像中亦有视觉呈现。然而，因古格历史上早期传统秩序曾有中断，复兴期红殿的重建，则是借用受先祖遗产影响、在后藏地区仍得以传承的“瑜伽上派”之传规来恢复这一传统秩序，并以此彰显其正统性。

资料篇

资料一

萨迦贡噶仁钦（Kun dga’ rin chen）造《能仁王释迦牟尼佛与十六罗汉眷属之礼供持诵》（*Thub dbang gnas brtan bcu drug ’khor dang bcas pa’i phyag mchod rjes gnang dang bcas pa*）

0. shākyi thub pa sku mdog gser btso ma’i mdog lta bu/ phyag gyas pa se gnon / gyon pa mnyam gshag/ rdo rje’i skyil krung du bshugs pa/

释迦牟尼佛身色如同纯金色，右手结触地印，左手结禅定印，结金刚跏趺坐。

1. gnas brtan chen po sgra gcan zin phyag gyas na rin po che’i prog shu bsnams pa/

罗怙罗尊者，右手持宝冠。

2. gnas brtan chen po lam phran brtan/ phyag gnyis mnyam par bshag pa/

注荼半托尊者，两手结禅定印。

3. gnas brtan chen po bha ra dhva dza bsod snyoms len phyag gyas na glegs bam/ gyon mnyam gshag gi steng na lhung bzed bsnams pa/

宾度罗跋罗堕尊者，右手持经函，左手结禅定印，其上托钵。

4. gnas brtan chen po lam phyag gyas na glegs bam/ gyon chos ’chad kyi phyag rgya mdsad pa’o/

半托迦尊者，右手持经函，左手结说法印。

5. gnas brtan chen po klu’i sde phyag gyas bum pa/ gyon ’khar gsil bsnams pa/

那迦犀那尊者，右手持瓶，左手持锡杖。

6. gnas brtan chen po sbed byed phyag na glegs bam bsnams pa/

戒博迦尊者，手持经函。

7. gnas brtan chen po mi phyed pa phyag gnyis thal mo sbyar ba’i bar na byang chub

po'i mchod rten bsnams pa/

苏频陀尊者，两手合掌，中间托有大菩提塔。

8. gnas brtan chen po yan lag 'byung phyag gnyis thal mo sbyar ba'i dbus na spos phor bsnams pa/ mchan khung gyon na rnya yab bsnams pa'o/

因竭陀尊者，两手合掌并持香炉，右腋挟拂子。

9. gnas brtan chen po ma pham pa phyag gnyis mnyam par bshag pa/

阿氏多尊者，两手结禅定印。

10. gnas brtan chen po nags na gnas phyag gyas shi ba'i sdigs mdsub/ gyon rnya yab bsnams pa/

伐那婆斯尊者，右手结息灾期克印，左手持拂子。

11. gnas brtan chen po dus ldan phyag na gser gyi rna kor bsnams pa/

迦哩迦尊者，手持耳环。

12. gnas brtan chen po rdo rje mo'i bu phyag gyas shi ba'i sdigs mdsub mdsad pa / gyon rnya yab bsnams pa'o/

伐阇罗佛多尊者，右手结息灾期克印，左手持拂子。

13. gnas brtan chen po bzang po phyag gyas chos 'chad/ gyon mnyam par bshag pa/

跋陀罗尊者，右手结说法印，左手结禅定印。

14. gnas brtan chen po gser be'u phyag gnyis rin po che'i shags pa bsnams pa/

迦诺迦伐蹉尊者，手持宝珠链。

15. gnas brtan chen po bha ra dhva dza gser can phyag gnyis mnyam par bshag pa/

迦诺迦跋黎堕阇尊者，两手结禅定印。

16. gnas brtan chen po ba ku la phyag na nevu le bsnams pa'o/

巴沽拉尊者，手持吐宝兽。

17. 'phags pa'i dge bsnyen chen po dharmata phyag na rnya yab dang bum pa bsnams pa/ ral pa'i thod bcings pa/ sde snod kyi glegs bam mang pa khur ba/ mdun gyi nam mkha' la sangs rgyas snang ba mtha' yas bshugs pa/ dar gyi na bza' lhab tu gsol ba / pus mo brdses pa/ pus mo gyas pa las stag gi tshogs sprul pa/

达摩多罗优婆塞尊者，手持拂子和净瓶，头髻缠头巾，背负《大藏经》，前方空中现阿弥陀佛，身着飘飘绢衣，右膝前方现老虎。

资料二

《能仁王释迦牟尼佛与十六尊者供·具献祈祷沐浴佛教日光如意宝》（*Thub dbang gnas brtan bcu drug dang bcas ba la mchod cing gsol ba gdab pa'i tshul khrus gsol dang bcas pa thub bstan rgyas byed yid bzhin gyi nor bu zhes bya ba bzhugs so//*）

0. mtshungs me blta bas mi ngoms shing/ gser gyi mdog can mdzes pa'i sku/ zhal gcig phyag gnyis skyil krungs bzhugs/ sa gnon mnyam gzhag mdzad phyag 'tshal/

无比释迦牟尼佛身呈金黄色，一面两臂，跏趺坐，结触地印。

1. 'phags pa gnas brtan yan lag 'byung spos phor rnga yab 'dzin phyag 'tshal/

尊者因竭陀，持香炉与拂尘。

2. 'phags pa gnas brtan ma pham pa/ phyag gnyis mnyam gzhag gdzad phyag 'tshal/

尊者阿氏多尊者，两手结禅定印。

3. 'phags pa gnas brtan nags na gnas/ sdig mdzub rnga yab 'dzin phyag 'tshal/

尊者伐那婆斯，结期克印并持拂尘。

4. 'phags pa gnas brtan dus ldan ni/ gser gyi rna kor 'dzin phyag 'tshal/

尊者迦里迦，手持金耳环。

5. 'phags pa gnas brtan rdo rje mo yi bu/ sdigs mdzub rnga yab 'dzin phyag 'tshal/

尊者伐阇罗佛多，结期克印并持拂尘。

6. 'phags pa gnas brtan bzang po ni/ chos 'chad mnyam gzhag mdzad phyag 'tshal/

尊者跋陀罗，手结说法与禅定印。

7. 'phags pa gnas brtan gser be'u/ rin chen zhags pa 'dzin phyag 'tshal/

尊者迦诺迦伐蹉，手持宝链。

8. bha ra dhva dza gser can ni/ phyag gnyis mnyam gzhag mdzad phyag 'tshal/

尊者迦诺迦跋黎堕阇，两手结禅定印。

9. 'phags pa gnas brtan ba ku la/ phyag gnyis ne'u le 'dzin phyag 'tshal/

尊者巴沽拉，两手持吐宝兽。

10. 'phags pa gnas brtan sgra gcan 'dzin/ rin chen prog zhu 'dzin phyag 'tshal/

尊者罗怙罗，手持宝冠。

11. 'phags pa gnas brtan lam phran brtan/ phyag gnyis mnyam gzhag mdzad phyag 'tshal/

尊者注荼半托尊者，两手结禅定印。

12. bha ra dhva dza bsod snyoms len/ glegs bam lhung bzed ’dzin phyag ’tshal/

宾度罗跋罗堕，手持经函并托钵。

13. ’phags pa gnas brtan lam brtan ni/ glegs bam chos ’chad mdzad phyag ’tshal/

尊者半托迦，手持经函并结说法印。

14. ’phags pa gnas brtan klu yi sde/ bum pa ’khar gsil ’dzin phyag ’tshal/

尊者那迦犀那，手持瓶与锡杖。

15. ’phags pa gnas brtan sbed byed ni/ phyag gnyis glegs bam ’dzin phyag ’tshal/

尊者戒博迦，两手持经函。

16. ’phags pa gnas brtan mi phyed pa/ byang chub mchod rtan ’dzin phyag ’tshal/

尊者苏频陀，手持菩提塔。

17. dha rma ta la ni/ ral pa’i thod bcings glegs bam khur/ snang ba mtha’ yas mdun gnas shing/ rnga yab bum pa ’dzin phyag ’tshal/

达摩多罗，头缠头巾，背负经书，前方有大日如来（无量光佛），手持拂尘与瓶。

yul ’khor srung dang ’phags skyes po/ spyan mi bzang dang rnam thos sras/ rgyal chen bzhi la phyag ’tshal lo/

持国天王与增长天王、广目天王与多闻天王，礼拜四天王。

资料三

《真性作明》《究竟瑜伽鬘》与《释曼荼罗之日光品》中有关金刚界曼荼罗图像部分译注。

以下以庆喜藏注释《真性作明》为底本，[1]结合《究竟瑜伽鬘》及布顿厘注本《释曼荼罗之日光品》，就三者金刚界曼荼罗图像之差异作一比对。

1. 藏题：*De bzhin gshegs pa thams cad kyi de kho na nyid bsdus pa theg pa chen po mnyon par rtogs pa shes bya ba’i rgyud kyi bshad pa de kho na nyid snang bar byed pa shes bya ba//*

汉译名：《一切如来摄真实性大乘现观续释真性作明》

[1] 关于《真性作明》中有关金刚界曼荼罗，梅尾祥云先生已有与文秘之《秘藏记》中该曼荼罗图像的对比译介。详见梅尾祥云著、吴信如主编：《曼荼罗之研究》（上册），北京：中国藏学出版社，2011 年，第 310—317 页。

作者：庆喜藏（Ānandagarbha, Kun dga' snying po）

译者：仁钦桑布（Rin chen bzang po）、大悲（Thugs rje chen po）、圣智（'Phags pa shes rab）

收录经号与图像页码：北京版藏文《大藏经》，No.3333。页 185, 3, 8—186, 3, 6.

2. 藏题：*dKyil 'khor gsal byed nyi ma'i 'od zer zhes bya ba'i skabs dang po las rtsa rgyud de nyid bsdus pa'i dkyil 'khor gyi bkod pa bzhugs so//*

汉译名：《释曼荼罗之日光品·自性根本续摄部族曼荼罗之庄严》

作者：布顿

收录出处与图像页码：Lokesh Chandra, *The Collected Works of Bu-ston.* Śata-piṭaka Series. Part 17 (TSA). New Delhi: International Academy of Indian Culture, 1969, pp.62, 7-69, 6. 以下简称“布顿”。

3. 藏题：*rDzogs pa'i rnal 'byor gyi phreng ba zhes bya ba//*

梵题：*Nishpannayogavali*

汉译名：《究竟瑜伽鬘》

作者：无畏生护（Abhayākaragupta）

译者：Thams cad mkhyen pa'i dpal bzang po

收录出处与图像页码：《中华大藏经》（藏文）对勘本，丹珠尔No.3141.（phu函），第 39 卷，北京：中国藏学出版社，1994—2008 年，页 324, 4—329, 18. 以下简称“NPY”。

一 第一重

1. 主尊

del bcom ldan 'das rnam pa snang mdzad ni sku mdog dkar po/ byang chub mchog gi phyag rgyas rdo rje rtse lnga pa bsnams pa/ seng ge'i gdan la padma dang zla ba'i dkyil 'khor gyi steng du rdo rje skyil mo krung gis bzhugs pa nyi ma'i 'od mnga' ba/ dar la'i stod gyogs dang smad gyogs bsnams pa/ rin po che'i cod pan dang dar dpyangs kyi dbang bskur ba dang ldan pa/ zhal bzhi pa/ zhal dang po shar du gzigs pa'o/

世尊大日如来，身呈白色，持五股金刚杵[1]结最胜菩提印，于狮子莲花月轮座上结金刚跏趺坐，浮光跃金，着罗衣与裙裤，宝冠与缯帛为之灌顶。四面，第一面朝东。

[1] 布顿：黄色五股金刚杵（rdo rje ser po rtse lnga pa），页 63, 2。

2. 四方佛

de bzhin du mi bskyod pa la sogs pa yang go rim ji lta ba bzhin du/ sku mdog sngon po dang/ ser po dang/ dmar po dang/ ljang gu dang/ glang po che dang/ rta dang rma bya dang/ nam mkha' lding gi khril padma dang zla ba'i steng na rdo rje'i skyil mo krung gis bzhugs pa/ sa gnog dang/ mchog sbyin dang/ ting nge 'dzin mchog dang/ mi 'jigs pa'i phyag rgya dang/ rdo rje dang/ rdo rje rin po che dang/ rdo rje padma dang/ sna tshogs rdo rje bsnams pa/ nyi ma'i 'od kyi dkyil 'khor can/ rin po che'i cod pan dang dar dpyangs kyis dbang bskur ba dang ldan ba/ zhal gcig pa rnam par snang mdzad la mngon bar phyogs pa ste/

复次，阿閦佛等，分呈青、黄、赤、绿之身色，又各自以金刚跏趺坐坐于象、马、孔雀、金翅鸟座之莲花和月轮上，依次结触地、与愿、禅定和无畏印，各持金刚、[1]金刚宝、金刚莲和羯磨，俱具日光轮，且有宝冠及缯帛为之灌顶，仅有一面，其面与大日如来相对向。

de bzhin gshegs pa lnga po 'di dag bdzra dhā tu zhes bya ba'i de bzhin gshegs pa lnga'i spyi'i snying po zlos shing bri ba 'am bzhag la/ bar snang la bzhugs pa phab ste gcig tu bya'o/ de bzhin dus twā bdzri zhis bya ba nas/ padzra wā be sha zhes bya ba'i bar zlos shid rdo rje sems ma la sogs pa nas/ rdo rje 'bebs pa'i bar du bri ba 'am bzhag la/ bar snang la ni bzhugs pa phab ste/ gzub / sa brnyan dang lhan gcig tu bya'o/

若画或安立此等五佛之时，需诵念金刚界五如来之共用心真言，令现于空中之影降临而与之合二为一。如彼，或画或安立萨埵金刚母乃至金刚遍入，亦令现于空中之影者降临，与本像合为一体。

3. 四波罗蜜菩萨[2]

rdo rje sems ma ni badma dang zla ba'i gdan gyi steng na rdo rje rtse lnga pa dmar po/ rdo rje rin che ma la sogs pa'i gdan yang de lta bu nyid yin par shes par bya ste/ der rdo rje rin chen ma ni yin bzhin gyi nor bu ri po che ni rtse mo rdo rje rtse lnga pas mtshan pa'o/ rdo rje chos ma ni padma 'dab ma bcu drug pa/ mdog dkar dmar 'dab ma brgyad thur dud gyes pa/ 'dab ma brgyad gyen du gyes pa/ kha ma bye ba'i nang na rdo rje rtsi lnga pa chud pa'i/ rdo rje las ni sna tshogs rdo rje rtse mo bcu gnyis pa kha dog lnga pa ste/ de la dbus ni dkar po/ mdun sdon po/ gyas lo gser po/ rgyab dmar po/ gyon mar gad mdog can no//

萨埵金刚女者[3]，即莲花与月轮座上之红色五股金刚杵也；宝金刚女等之座，亦

[1] 布顿：五股金刚杵。页 63, 7。
[2] 布顿：四波罗蜜的位置在四方佛之前，主尊大日如来之后，位于四方。
[3] 布顿：东方为青色的萨埵金刚女之自性。页 63, 3。

与上（萨埵金刚女座）同；此宝金刚女，[1]以如意宝珠尖端之五股金刚杵表之；法金刚女者，[2]以红白之十六瓣莲花（八瓣向上、八瓣向下之未开莲花）中之五股金刚杵[3]表之；业金刚女者，[4]以五色之十二股羯磨杵表之，杵之中央呈白色，前方为青色，右方为黄色，后方为红色，左方为绿宝石色。

4. 十六金刚菩萨

rdo rje sems dpa' la sogs pa nas bskal pa bzang po'i byang chub sems dpa'i bar dag kyang padma dang zla ba'i steng na sems dpa'i skyil mo krung gis bzhugs pa yin re/ rdo rje sems sogs dang po'i mgon/ rdo rje phyed pa'i gdan la bzhugs zhes bshad pa'i phyir ro/

自金刚萨埵乃至贤劫菩萨，皆住于莲月上之萨埵座，以说金刚萨埵等第一尊，坐于半金刚座上故。

de la rdo rje sems dpa' ni sku mdog dkar po gyon pa'i rdo rje khu tshur dril bu dang bcas pa bsnyems pa'i tshul du skur brten pa/ phyag gyas pa khatvanga'i phyag rgyar bzhag pa'i gung mo la dang po'i rdo rje rtse lnga pa rang gi thugs kar stod pa'i tshul gyis bsnams pa'o/ rdo rje rgyal po ni gser gyi mdog can rdo rje lcags kyus de bzhin gshegs pa thams cad sdud par mdzad cing bzhugs pa'o/ rdo rje chags pa ni sku mdog dmar po mda' dang gzhus de bzhin gshegs pa thams cad la 'bigs pa'i tshul du mdzad pa'o/ rdo rje legs pa ni mar gad kyi mdog can phyag gnyis rdo rje khu tshur dang bcas pas legs so zhes bya ba sbyin ba'i tshul gyis de bzhin gshegs pa thams cad mnyes par byed cing bzhugs pa'o/ rdo rje rin chen sku mdog ser po gyon pa'i rdo rje khu tshur gyis rin po che'i dril bu bsnams shing bsnyems pa'i tshul gyis bzhugs pa/ gyas pa'i khu tshur gyis yid bzhin gyi nor bu rin po che'i rtse mo rdo rje rtse lnga pas/ mtshan pas dpral ba'i steng na bsnams pa'o/ rdo rje nyi ma nyi ma'i mdog can phyag gyas na rdo rje nyi ma'i dkyil 'khor bsnams te/ de bzhin gshegs pa rnams kyi snang ba mdzad pa/ phyag gyon pa gdan la brten nas bzhugs pa'o/ rdo rje rgyal mtshan nam mkha' mdog can phyag gyas na yid bzhin gyi nor bu'i rgyal mtshan phyag gyon gdan la brten par bzhugs pa'o/ rdo rje bzhad pa dung dang padma'i rtsa ba ltar dkar po/ phyag gyas kyis so'i phreng ba gnyis kyis rtse mo na rdo rje yod pa bsnams te/ de bzhin gshegs pa rnams 'dzum pa la nges par sbyor ba/ phyag gyon gdan la brten pas bzhugs pa'o/ rdo rje chos ma sku mdog dkar dmar phyag gyon pa dkur brten pas rdo rje padma bzung ste/

[1] 布顿：南方为黄色宝金刚女之自性。页 63, 3。
[2] 布顿：西方为法金刚女之自性。页 63, 4。
[3] 布顿：红色五股金刚杵。页 63, 5。
[4] 布顿：北方为业金刚女之自性。页 63, 5。

phyag gyas pas de'i 'dab ma rang gi thugs kar 'byed pa'o/ rdo rje rnon po nam mkha' ltar sngo bsangs phyag gyon gyis rang gi thugs kar shes rab kyi pha rol tu phyin pa'i glegs bam bsnams pa/ gyas kyi ral gri bsnams pa de bzhin gshegs pa thams cad la 'debs pa'i tshul gyis yang dag par bzhugs pa'o/ rdo rje rgyu gser gyis mdog can phyag gyas kyis gung mo'i rtse mo na 'khor lo rtsibs brgyad pa bskor bar mdzad pa/ gyon pa gdan la brten nas bzhugs pa'o/ rdo rje smra ba zangs kyi mdog can phyag gyas kyis rdo rje lce bsnams nas/ de bzhin gshegs pa rnams dang/ smra bar mdzad cing gyon gdan la brten pa'i tshul gyis bzhugs pa'o/ rdo rje las zhal dkar po/ rked pa'i bar dang phyag gnyis sngo skya/ lhag ma mdog sngo/ zhal gyi 'od nas rked pa'i bar du dmar skya/ brla gnyis ser skya/ lhag ma byin pa gnyis nas zhabs kyi bar du dkar po/ phyag gyon gyi rdo rje khu tshur gyis sna tshogs rdo rje dril bu dang bcas pa bsnems pa'i tshul gyis 'jog pa/ phyag gyas kyi gung mo la sna tshogs rdo rje rang gi thugs kar bstod pa'i tshul gyis bsnams pa'o/ rdo rje srung ba gser gyi mdog can phyag gnyis kyi rdo rje go cha bsnams te/ de bzhin gshegs pa thams cad go bskon pa'i tshul gyi bzhugs pa'o/ rdo rje gnod sbyin sku mdog nag po lto ba yangs pa/ zhal gyi mche ba gtsigs pa rdo rje khu tshur gnyis kyis zhal gyi mtha' gnyis su mche gnyis 'dzin cing bzhugs pa'o/ rdo rje khu tshur sku mdog ser po dam tshig gi khu tshur gnyis kyi nang du rdo rje chud pa/ dam tshig gi khu tshur gyis 'tshir zhing bzhugs pa'o/

其中金刚萨埵[1]身呈白色，左手结金刚拳而握铃，现傲慢相，并以右手结交床印，此印即举其中指之本初五股金刚杵[2]当于自胸也；金刚王菩萨，身金黄色、以金刚钩摄集一切如来；[3]金刚爱，身赤色，以弓箭[4]刺一切如来；金刚喜，身如绿玉，两手作金刚拳[5]而与善哉之称呼，此即令一切如来欢喜之相也。金刚宝，[6]身黄色，左手结金刚拳印并握铃，现傲慢相，右手结金刚拳，而以具如意宝珠尖端之五股杵为标志且持之当于额上；金刚光，身色如日轮，右手持金刚之日轮[7]而照耀一切如来，左手安于座上；金刚幢，身色如虚空，[8]右手持如意宝珠之幢，左手安于座上；[9]

[1] 布顿：在不动佛前方（64, 6），后三尊分别位于不动佛的右方（65, 1），左方（65, 2）和后方（65, 4）。
[2] 布顿：红色五股金刚杵，页 64, 7。
[3] NPY：右手用金刚钩作勾召姿，左手持羂索。页 325, 12—13。
[4] 布顿：具花箭的弓（me tog gi mda' dang bcas pa'i gzhu），页 65, 1。
[5] 布顿：持赤色五股金刚杵的两拳当胸交合（rdo rje dmar po rtse lnga pa bsnams pa'i khu tshur gnyis snying gar bsnol ba），页 65, 4。
[6] 布顿：金刚宝在宝生佛前方（65, 6），后三尊分别位于宝生佛的右方（65, 7）、左方（66, 1）和后方（66, 3）。
[7] 布顿：日轮的中央具五股金刚杵（nyi ma'i dkyil 'khor lte ba na rdo rje rtse lnga pa yod）。页 65, 7。
[8] NPY：绿色，页 326, 4。
[9] NPY：两手持如意宝幢且挥舞，页 326, 5。

金刚笑，身呈白色，如海螺贝与莲根，右手持两端饰有齿鬘的金刚[1]而令诸如来欢笑，左手安于座上。[2]金刚法，[3]身赤白色，左手持金刚莲当胁，以右手当胸，作开其莲花之势；金刚利，身色如虚空之青蓝，左手持《般若经》当自胸，右手持剑，作挥斫一切如来之势；金刚因，身金黄色，转八辐轮[4]于右手之中指端，左手安于座上；[5]金刚语，身铜色，[6]右手持金刚舌，与诸如来共语，左手安于座上；[7]金刚业，[8]容颜白色，腰及二手青绿色，余处青色，面以下至腰部为粉红色，两腿黄灰色，两肩及足部均呈白色，[9]左手结金刚拳握羯磨铃且现傲慢之相，右手中指举羯磨杵[10]当于自胸。金刚护，身黄金色，二手持金刚铠甲，[11]作铠护一切如来相；金刚药叉，身黑色，阔腹獠牙，以二金刚拳于面之两旁作持牙相。[12]金刚拳，身黄色，于三昧耶拳中插金刚，作抽出三昧耶拳之状。[13]

5. 内外四供养菩萨

sgeg mo sku mdog dkar ba/ rdo rje khu tshur gnyis kyis rdo rje rtse lnga pa gnyis bsnams te/ rdo rje ’gying ba’i tshul gnyis kyis sgeg pas gyon du cung zad ’dud pa’o/ phreng ba ma sku mdog ser ba/ rin po che’i phreng bas de bzhin gshegs pa rnams dbang bskur ba’o/ glu ma sku mdog dmar skya pi wang brdung ba’o/ gar ma sku mdog rdo rje las lta bu rdo rje rtse gsum pa bsnams te/ phyag gnyis kyis gar mdzad cing bzhugs pa’o/

bdug pa ma sku mdog dkar mo rdo rje spos snod kyis de bzhin gshegs pa rnams tshim par mdzad pa’o/ me tog ma ser mo phyag gyon gyis rdo rje me tog gi snod thogs te/ phyag gyas kyis me tog gi char ’bebs par mdzad pa’o/ mar me ma sku mdog dmar skya mar me’i sdong bu bsnams te/ snang ba’i tshogs kyis mchod par mdzad pa’o/ byug pa ma gar ma ltar sna tshogs pa’i mdog can phyag gyon na dri’i dung chos bsnams te/ phyag gyas kyis dri’i

[1] 布顿：红色金刚，页 66, 4。
[2] NPY：左手亦持两端饰有齿鬘的金刚，置于口前方。
[3] 布顿：金刚法于阿弥陀佛的前方（66, 4），后三尊分别位于阿弥陀佛的右方（66, 6），左方（66, 7）和后方（66, 7）。
[4] 布顿：旋转饰有独股金刚杵的八辐轮（rdo rje rtse gcig pa’i dbyibs can gi ’khor lo rtsibs brgyad pa bskor ba），页 66, 7。
[5] NPY：左手的中指旋转如光焰般的转法轮印。页 326, 16—17。
[6] NPY：赤色。页 326, 17。
[7] NPY：左手持法号［海螺］。页 326, 17。
[8] 布顿：金刚业在不空成就佛的前方（67, 1），后三尊分别位于不空成就佛的右方（67, 3），左方（67, 4）和后方（67, 5）。
[9] NPY：身色统一为绿色。页 327, 1。
[10] NPY：十二股金刚杵，或两手合掌于头顶持十二羯磨金刚。页 327, 2—4。
[11] 布顿：两手持两端饰有五股金刚杵的铠甲。页 67, 3—4。
[12] 布顿：结金刚拳的两手于面之两侧持饰锁之五股金刚作獠牙状。页 67, 4—5；NPY：两手之小指作金刚獠牙状，并置于面前现凶恶残暴相。页 327, 5—6。
[13] 布顿：两三昧耶拳中插有赤色五股金刚杵，并以三昧耶拳相扣。页 67, 5。

sprin gyis de bzhin gshegs pa rnams la mchod cing bzhugs pa'o/

嬉女，[1]身白色，以二金刚拳各持五股金刚杵，作二金刚慢，略偏左方，呈喜悦状；鬘女，身黄色，以宝鬘[2]灌一切如来之顶；歌女，身粉红色，弹琵琶；[3]舞女，身色如同金刚业，[4]持三股金刚，二手作舞蹈之相。

香女，[5]身白色，以金刚香器，令诸如来满足；花女，身黄色，左手持金刚花器，右手散花；灯女，身粉红色，持灯烛，以光聚而为其供养；涂香女，如同舞女，身杂色，[6]左手持涂香之海螺，右手以涂香云供养诸如来。

6. 四门四摄[7]

rdo rje lcags kyu sku mdog dkar po rdo rje lcags kyus de bzhin gshegs pa rnams spyan 'dren par mdzad pa'o/ rdo rje zhags pa sku mdog ser po rdo rje zhags pas de bzhin gshegs pa rnams gzhug par mdzad pa'o/ rdo rje lcags sgrog sku mdog dmar skya rdo rje lcags sgrog gis de bzhin gshegs pa rnams 'ching bar mdzad pa'o/ rdo rje 'bebs pa sna tshogs pa'i mdog can phyag gyas kyis rdo rje dril bu bsnams te/ de bzhin gshegs pa rnams 'bebs par mdzad pa/ phyag gyon gdan la brten te bzhugs pa'o/

金刚钩，身白色，以金刚钩，钩召诸如来；金刚索，身黄色，以金刚索引入诸如来；金刚锁，身赤灰色，以金刚锁缚诸如来；金刚遍入，杂色，[8]右手持金刚铃而遍入诸如来，左手安于座上。

7. 小结

de la de bzhin gshegs pa rnams ni zhi ba'i nyams dang ldan pa/ rgyan thams cad kyis brgyan pa/ zhi ba'i gzigs stangs dang/ 'dzum pa dang bcas pa'o/ rdo rje sems dpa' la sogs pa ni rab tu dgyes pas spyan gdar/ sgeg pa'i nyams dang 'dzum pa'i dang/ bcas pa sangs rgyas lnga'i con pan dang dar dpyangs kyis dbang bskur ba dang ldan pa/ rgyan thams cad kyis brgyan pa'o/

以上所说之中，诸如来则具寂静相，以一切庄严为之庄严，作静相，略呈微笑。金刚萨埵等菩萨则以妙悦而开眼，均具欢喜心而微笑，以五佛冠及缯帛而受灌顶，

[1] 布顿：嬉女、鬘女、歌女、舞女分别位于东南（67, 6）、西南（67, 7）、西北（68, 1）和东北（68, 1）四隅。
[2] 布顿：饰有赤色五股金刚杵的金刚宝鬘。页 67, 7—68, 1。
[3] 布顿：演奏用红色金刚杵装饰的琵琶（rdo rje dmar pos mtshan pa'i pi wang brdung ba'o）。页 68, 1。
[4] NPY：绿色。页 327, 13。
[5] 布顿：香女、花女、灯女、涂香女分别位于外轮的东南（68, 2）、西南（68, 2）、西北（68, 3）和东北（68, 3）四隅。
[6] NPY：绿色。页 328, 7。
[7] 布顿：设内外两门，两门之尊像同为金刚钩，金刚索、金刚锁和金刚遍入。页 68, 4—6。
[8] 布顿：身色如同金刚业（sku mdog rdo rje las lta bu），即杂色。页 68, 6；NPY：绿色，页 328, 10。

以一切庄严而为庄严。

二　第二重

byams pa la sogs pa shar gyi chal ni rdo rje sems dpa' dang 'dra bar rdo rje bsnams pa'o/ lhor ni rdo rje rin chen chen dang 'dra bar rin po che bsnams pa'o/ nub tu ni rdo rje chos dang 'dra bar rdo rje padma bsnams pa'o/ byang du ni rdo rje las dang 'dra bar sna tshogs rdo rje bsnams pa'o/ khyad par ni 'di yin te/ 'di ltal rin po che'i cod pan gyis dbang bskur ba mnga' ba yin no/

弥勒菩萨等居于东方之部分者，与金刚萨埵相同，俱持金刚也。其居于南方之部分者，与金刚宝同，俱持宝珠也。其居于西方之部分者，与金刚法同，俱持金刚莲也。其居于北方之部分者，与金刚业同，俱持羯磨杵也。其特意注意者，即此等均以宝冠而受灌顶。

phyi'i dkyil 'khor gyi snam bu la byams pa la sogs pa bskal bzang gi byang chub sems dpa' stong du bzhis mtshang pa 'am/ yang na sems dpa' bcu drug bkod de/ shar phyogs su byams pa la sogs pa nyis brgya bzhi bcu zhe dgu 'am/ yang na/ byams pa/ mthong ba don yod/ ngan song kun 'dren/ mya nga dang mun pa thams cad nges par 'thoms pa'i blo gros te/ lho phyogs kyi nyis brgya bzhi bcu zhe dgu 'am/ spos kyi glang po/ dpa' bar 'gro ba/ nam mkha' 'dzod/ ye shes tog rnams rdo rje rin chen dang 'dra'o/ nub phyogs kyi nyis brgya bzhi bcu zhe dgu 'am/ 'od dpag med/ zla 'od/ bzang skyong/ dra ba can gyi 'od bzhi rdo rje chos dang 'dra'o/ byang phyogs kyi nyis brgya bzhi bcu zhe dgu 'am/ rdo rje snying po/ blo gros mi zang pa/ spobs pa brtsegs pa/ kun tu bzang po bzhi rdo rje las dang 'dra'o/

外曼荼罗的台阶处，弥勒等贤劫千菩萨分布于四方，或为十六菩萨布局。在东方为弥勒等两百四十九尊，或为弥勒、不空见、灭一切恶趣、除幽暗四尊与金刚萨埵相同；南方的两百四十九尊，或香象、大精、虚空库、智幢与金刚宝相同；西方的两百四十九尊，或无量光、月光、贤护、光网四尊和金刚法一致；北方的两百四十九尊，或金刚藏、无尽智、辩积、普贤四尊和金刚业一致。[1]

---

[1] NPY：于中央无量宫殿外侧的台阶处，东方诸莲座上的弥勒、不空见、灭一切恶趣和除幽暗四尊与阿閦佛一致；南方诸莲座上的香象、大精进、虚空库和智幢与宝生佛相同；西方诸莲座上的无量光、月光、贤护和光网与阿弥陀佛一致；北方诸莲座上的金刚藏、无尽智、辩积和普贤与不空成就佛相同。见页 327, 14—328, 1。

资料四

《吉祥最胜本初广释》中有关金刚萨埵曼荼罗图像部分择译

藏题：*dPal mchog dang po'i rgya cher bshad pa//*

汉译名：《吉祥最胜本初广释》

作者：庆喜藏（Kun dga' snying po）

译者：Śraddhākaravarman，希瓦沃（Zhi ba 'od）

收录经号与图像页码：北京版藏文《大藏经》，No.3335，第 72 卷

1. 第一重

1.1 金刚萨埵 四方

rdo rje sems dpa'i mdun gyi ngos la rdo rje yid las byung ba zhes bya ba'i/ rdo rje sems dpa' sangs rgyas lnga'i dbu rgyan gyon pa rdo rje khu tshur gyis gzhu bsnams pa/ phyag gyas pas mda' gsor bar brtson pa sku mdog dmar skya dgod par bya'o// dpal rdo rje sems dpa'i gyas logs su rdo rje kwi li kwi li la sku thams cad la kun nas 'khyud pa/ phyag gnyis kyis rdo rje khu tshur bcings pas thugs ka'i phyogs su 'khyud pas/ sku mdog de nyid dang 'dra bas dmar skya bya'o// dpal rdo rje sems dpa'i rgyab tu rdo rje 'dod pa phyag gyas pa na chu srin gyi rgyal mtshan thogs pa/ gyon gdan la rten pa dang bcas pa sku mdog sngo skya dgod par bya'o// dpal rdo rje sems dpa'i gyon du rdo rje bsnyems pa rdo rje khu tshur gnyis kyis rdo rje tse lnga pa gnyis bsnams nas rked pa'i phyogs gnyis su bsnyems pas 'dzin pa/ gser btso ma'i mdog 'dra ba dgod pa 'am/ bri bar bya'o//

金刚萨埵的前方为金刚意生，头戴金刚萨埵五佛冠，左手结金刚拳而握弓，右手奋力挥箭，身呈赤色，含笑。金刚萨埵的右方为金刚呵哩呵哩，全身相簇，两手于胸前握金刚拳，身色与本性一致，呈赤色。金刚萨埵的后方为金刚爱（念），右手持摩羯幢，左手安于座上，身呈青色，含笑。金刚萨埵的左方为金刚慢，两手于腰侧结金刚拳并持五股金刚杵现傲慢姿，身色如同纯金，面含微笑。

1.2 金刚萨埵 四维

shar lho'i mtshams su rdo rje sbrang rtsi thal mo khong stong kha phye bas spyi bo'i phyogs su rdo rje me tog gi tshogs thogs pa dang/ lho nub kyi mtshams su rdo rje sprin gyi bdug pa'i spos khang thogs pa'o/ nub byang mtshams su rdo rje ston ka ma bzhin du mar kyi sdong bu 'dzin pa'o/ byang shar gyi mtshams su rdo rje dgun de bzhin du dri'i dung chos thogs par dgod pa ’am bri bar bya’o//

东南角为金刚蜜（春），于头顶合掌，掌心中空而持金刚花束，西南角为金刚云，手持熏香盒。西北角为金刚秋，手持形如莲花的灯柄。东北角为金刚冬，手持香海螺，含笑。

1.3 四隅

phyi’i dkyil ’khor gyi lha’i snam bu la me’i phyogs mtshams su rdo rje sgeg mo rdo rje khu tshur gnyis kyis rdo rje gnyis thogs nas/ rdo rje bsnyems par gnas pa’o/ bden bral gyi phyogs su rdo rje bzhad pa dang/ rdo rje khu tshur gnyis kyis so’i phreng ba gnyis dang ldan pa’i rdo rje gnyis thogs nas dpal rdo rje sems dpa’ la sogs pa ’dzum zhing ngo mtshar du gyur pa la rab tu ’jog pa’o/ rlung gi phyogs su rdo rje glu chen po rdo rje pi bang bjung ba’o/ dbang ldan gyi phyogs su rdo rje gar/ lag pa gnyis rdo rje rtse gsum pa gnyis thogs te gar byed pa’i tshul gyi gnas pa bri bar bya’o//

曼荼罗外重南台阶的东南角为金刚嬉女，用金刚拳紧握两金刚杵，现金刚傲慢姿。西南角为金刚笑女，金刚拳握饰有双齿鬘的两股金刚杵，面朝金刚萨埵现嬉笑状，美丽多姿。西北角为大金刚歌女，手持琵琶。东北角为金刚舞女，两手各持三股金刚杵且现舞姿，坐姿。

1.4 四门

sgo’i dbus ni zhes bya ba la sogs pa la shar gyi sgor rdo rje gzugs/ lho rdo rje sgra/ nub du rdo rje dri/ byang du rdo rje ro kun tu bri bar bya ste/ ’di dag kyang go rim ji lta ba bzhin du me long dang/ pi bang dang dri’i dung chos dang/ ro’i snod dang bcas pa bri bar bya’o//

门的中央，东门为金刚色、南门为金刚声、西门为金刚香、北门为金刚味，依次持镜子、琵琶、香海螺和味器。

1.5 四方佛和八大菩萨

rdo rje thig gi nang du shar phyogs su bcom ldan ’ngas mi bskyod pa/ de’i gyas logs su rdo rje sems dpa’o/ gyon du ni ’phags pa ’jam dpal lo/ lho phyogs su na bcom ldan ’ngas rin chen ’byung ldan te/ de’i gyas logs su ni rnam mkha’i snying po’o/ gyon du ni rnam mkha’i mdzod do/ nub phyogs su ni ’od dpag tu med pa ste/ de’i gyas logs su rdo rje chos so/ gyon du sems bskyed ma thag tu chos kyi ’khor lo bskod ba’o/ byang phyogs su ni don yod grub pa ste/ de’i gyas logs su rdo rje khu tshur/ gyon du rdo rje gnod sbyin bri bar bya’o//

金刚墙内之东方为不动佛，其右方为金刚萨埵，左方为圣文殊。南方为宝生如来，其右方为金刚藏，左方为金刚库。西方为阿弥陀佛，其右方为金刚法，左方为发心无间转法轮菩萨。北方为不空成就佛，其右方为金刚拳，左方为金刚夜叉。

2.第二重

2.1　二十二天

phyi'i dkyil 'khor gyi lha'i snam bu la shar phyogs su 'dod pa'i khams kyi dbang phyug dang/ tshangs pa dang/ lha chen po dang/ khyab 'jug dang/ ki rti ka dang/ brgya sbyin chungma dang bcas pa bri bar bya'o/ lho phyogs su ni/ zla ba dang/ nyi ma dang/ spen pa dang/ mig dmar ro dang/ nub phyogs su stobs kyi lha dang/ dpyid kyi lha dang/ rgyal ba dang/ rnam par rgyal ba dang/ nor sbyin dang/ rlung lha dang/ me lha dang/ lus ngan po'o/ byang du phag dang/ gshin rje dang/ tshogs kyi bdag po dang/ chu lha chung ma dang bcas par bri bar bya'o/

外轮天众台阶之东方，依次为欲界自在天、梵天、大自在天、那罗延天、喀帝科（俱摩罗天）、帝释天及明妃。南方为月天、日天，土星、火星。西方为力神（金刚摧天）、瑞气天（金刚食天）、金刚衣天、调伏天、罗刹天、风天、火天、毗沙门天。北方为面天、阎摩天、象鼻天、水天等并伴有明妃。

资料五

《吉祥最胜本初曼荼罗仪轨》中金刚萨埵曼荼罗图像部分择译

藏题：*dPal mchog dang po'i dkyil 'khor gyi cho ga shes bya ba//*

汉译名：《吉祥最胜本初曼荼罗仪轨》

著者：不明

收录经号与图像页码：北京版藏文《大藏经》，No:3343，第74卷，页55，4.3—56，3.2

1.第一重

1.1　主尊

dkyil 'khor gyi lte bar sna tshogs padma'i gdan la/ dpal rdo rje sems dpa' mtshan nyid sngar bshad pa lta bu'i lugs ma la sogs pa'i gzugs bkong la/ hvu gis kyang bar snang gi phyogs nas spyan drangs nas/ gzugs dang cig tu bsre bar bya'o/

曼荼罗的中央，具德金刚萨埵如同演说五性之相，端坐于仰俯莲花之上，向虚空方向迎请种子吽，并与其身性相融。

1.2 四方

de'i mdun du rdo rje yid las byung ba sku mdog dmar skya/ de bzhin gshegs pa lnga'i cod pan can/ gyon pa'i rdo rje khu tshur gyis me tog can gyi gzhu bsnams pa/ phyag gyas pa rdo rje rtse gcig pa'i mde'u can gyi mda' dsor ba brtson pa'o/ de'i gyas logs su rdo rje ki li ki li sku mdog rdo rje yid las byung ba dang mthun pas/ rdo rje tshur bcing pa'i phyag gnyis kyis rang gi thugs ka'i phyogs su dang po'i rdo rje rtse lnga pa mdog dmar po bsnams nas 'khyud pa'i tshul du bzhugs pa'o/ de'i rgyab tu rdo rje dran pa sku mdog sngo dmar skya/ phyag gyas na chu srin gyi rgyal mtshan bsnams pa phyag gyon gyi gdan la bsnyems pa dang bcas pas bzhugs pa'o/ de'i gyon logs su rdo rje bsnyems pa dang bcas pa'i gser btso ma lta bu'i mdog can/ rdo rje khu tshur gyi rdo rje rtse lnga pa gnyis bsnams te/ sku gnyis su bsnyems pa dang bcas pa/ dbu gyon du cung zad 'dud la//

金刚萨埵的前方为金刚意生，身呈赤色，戴五佛冠，左手结金刚拳并持饰花弓箭，右手持饰有独股金刚杵箭头的箭柄。金刚萨埵的右方为金刚呵哩呵哩，身色与金刚意生一致，其于胸前结金刚拳并持红色五股金刚杵现簇拥相。金刚萨埵的后方为金刚念，身呈青红色，右手持摩羯宝幢，左手扶座垫呈傲慢姿。金刚萨埵的左方为金刚慢，身呈纯金色，两手于腰侧结金刚拳并握两枚五股金刚杵，头朝右方略俯视，现傲慢姿。

1.3 四维

nang gi dkyil 'khor de nyid kyi shar lho'i mtshams su rab tu dga' bu sku mdog rdo rje yid las byung ba dang mthun pa'o/ lho nub mtshams su rab tu dga' ma sku mdog kwi li kwi li dang mthun pa'o/ nub byang mtshams su spyan ma sku mdog rdo rje dran pa dang mthun pa'o/ byang shar mtshams su dpal chen mo rdo rje bsnyems pa dang mthun pa'o/ de dag kyang go rims ji lta ba bzhin du/ me tog gi bra ma tog dang/ spos khad dang/ mar me'i sdong bu dang/ dri'i dung chos rang gi spyi bo'i phyogs su thal mo kha phye bas 'dzin pa'o//

内轮的东南角为欢喜，身色与金刚意生一致；西南角为欢喜女，身色与呵哩呵哩一致；西北角为佛眼，身色与金刚念一致；东北角为大吉祥女，身色与金刚慢一致。她们亦按前方的次第排列，依次于各自头顶持最胜花、香盒、灯柄和香海螺。

1.4 四方佛和八大菩萨

1.4.1 东院

rdo rje 'phreng ba'i phyi rol gyi nang du shar phyogs su bcom ldan 'das mi bskyod pa dkar po/ rtse lnga pa bsnams pa sa gnon gyi phyag rgyas bzhugs pa'o// de'i gyas phyogs su phyag na rdo rje dril bu bsnams shing gyon bsnyems pa dang bcas pa'o/ gyon du 'jam dpal gzhon nur gyur pa nam mkha'i mdog can/ gzhon nu'i cha lugs 'chang ba/ 'dzum pa dang bcas pa phyag bzhi ral gri bzhi de bzhin gshegs pa rnams la 'debs pa'o//

金刚鬘外重中央之东方为身呈白色的阿閦佛，结触地印并持五股金刚杵。阿閦佛的右侧为金刚手，手持金刚杵和铃并于左前方现傲慢姿。左侧为文殊，少年装束，身呈蔚蓝色，年轻貌美且含微笑，四臂各持四剑，现启请一切如来相。

1.4.2 南院

rdo rje phreng ba'i nang lho phyogs su rin chen 'byung ldan bee rhvu rya sngo bsangs lta bu'i mdog can/ rdo rje rin po che mchog sbyin pa'i phyag gis bsnams pa'o/ de'i gyas logs su byang chub sems dpa' nam mkha'i snying po sku mdog ma rgad lta bu rang gi mgo la dbang bskur ba'i phreng ba rang nyid 'ching ba zhal rnam par bzhad pa'o/ gyon logs nam mkha' mdzod sku mdog sna tshogs pa/ phyag na rdo rje dang/ sna tshogs dril bu bsnams nas rdo rje snyems 'gyings nas bzhugs pa zhal rnam par bzhang mdzad pa'o//

金刚鬘内之南方为宝生如来，身呈青色，与愿印并持金刚宝。宝生如来之右方为金刚藏菩萨，身如翠玉，持念珠并于头顶作灌顶状，面含笑容。左方为虚空库，身呈杂色，手持交杵和斑铃呈傲慢相，端坐，面含笑容。

1.4.3 西院

rdo rje phreng ba'i nang gi nub phyogs su 'od dpag tu med pa gser btso ma lta bu'i mdog can padma snams pa chos kyi 'khor lo'i phyag rgyas chos ston par mdzad pa'o/ de'i gyas logs su 'jig rten dbang phyug sku mdog dmar skya/ gyon pa snyems bas padma sdong bu 'dzin pas phyag gyas pas rang gi thugs kar padma kha phyed par mdzad pa'o/ gyon logs su sems bskyed ma thag tu chos kyi 'khor lo bskor ba gser gyi mdog can/ phyag gyon pa gdan la brten pa/ phyag gyas pa'i gung mo'i rtse mor rdo rje 'khor lo rtsi bas brgyad pa rang gi thugs ka'i phyogs su bskor ba'i tshul du bsnams pa zhal rnam par bzhang pas bzhugs pa'o//

金刚鬘内之西方为阿弥陀佛，身色如纯金色，手持莲花结说法印。右方为赤色的观自在，左手持莲茎，右手当胸作开其莲花姿。左方为发心无间转法轮菩萨，身呈黄色，左手扶座垫，右手当胸，其中指之指尖举金刚八辐轮呈旋转势，面含笑容。

1.4.4 北院

rdo rje phreng ba'i nang gi byang phyogs su dog yod grub pa sku mdog sna tshogs/ mi 'jigs pa sbyin pa'i phyag rgyas sna tshogs rdo rje bsnams pa'o/ de'i gyas logs su khu tshur gser gyi mdog can dam tshig gi khu tshur gyis rdo rje rtse lnga pa bsnams nas zhal rnam par bzhad nas bzhugs pa'o/ de'i gyas logs su rdo rje gnod sbyin sku mdog sngon po rdo rje mche ba rnam par gtsigs pa/ 'bar ba'i 'phreng ba kun tu 'khrigs pa'i 'od mnga' ba/ 'jigs par mdzad pa/ ha ha zhes gsal bar bzhad pa'i zhal gyis bzhugs shing/ rdo rje khu tshur gnyis kyis rdo rje mche ba'i mtshon cha bsnams nas zhal gyi grwa gnyis su 'jog pa'o//

金刚鬘内北方为不空成就佛，身呈杂色，结无畏印而持交杵。不空成就佛之右方为黄色的金刚拳，以仇恨之金刚拳紧握五股金刚杵，面含笑容。不空成就佛之左方为青色的金刚夜叉，金刚獠牙外露，闪耀的光芒笼罩其鬘链，现畏惧状，面呈哈哈清朗之嬉笑相，紧握金刚拳，以金刚獠牙为武器置于脸的两侧。

1.5 四隅

phyi'i dkyil 'khor gyi lha'i snam bu la shar lho mtshams kyi phyogs su rdo rje sgeg mo/ rdo rje yid las byung ba'i mdog can/ rdo rje khu tshur gnyis kyis rdo rje rtse lnga pa gnyis bsnams nas gnyis ka bsnyems par bya ste/ dbu gyon du 'dud pas phyag 'tshal ba'o/ lho nub mtshams su rdo rje bzhang pas rdo rje kwi li kwi li dang mdog 'dra ba phyag gyas na so'i 'phreng ba gnyis dang ldan pa'i rdo rje gnyis bsnams nas bzhad pa'i tshul du mdzad pa'o/ gyon gyi gdan la brten te bzhugs pa'o/ nub byang du rdo rje glu chen mo sku mdog rdo rje dran pa dang 'thun pa'o/ rdo rje pi bang brdung ba la brtson na par mdzad pa'o/ byang shar mtshams su rdo rje gar na rdo rje bsnyems pa dang/ 'thun pa phyag pa phyag gnyis kyis rtse gsum pa bsnams te/ gar mdzad pa'o//

外轮的天众台阶处，紧邻东南角的是金刚嬉女，其身色与金刚意生同，两手于胯部以金刚拳握五股金刚杵，头偏左，现敬礼状。西南角为金刚笑，身色与金刚呵哩呵哩一致，右手持饰有双齿鬘的两股金刚杵并现嬉笑状，左手扶座垫。西北角为大金刚歌女，身色与金刚念一致，手持金刚琵琶。东北角为金刚舞女，身色与金刚慢一致。两手各持三股金刚杵呈舞姿。

1.6 内外四门

nang dang phyi rol tu bcas pa'i shar gyi sgo gnyis su rdo rje gzugs sku mdog rdo rje yid las byung ba dang 'thun pa/ phyag na me long bsnams pa'o/ lho phyogs gyi sgo gnyis su rdo rje sgra sku mdog kwi li kwi li dang 'thun pa/ byang phyogs gyi sgo gnyis su rdo rje ro sku mdog rdo rje bsnyems pa dang 'thun pa/ phyag na ro'i snod bsnams pa'o/ de'i phyir 'di dag ni rdo rje lcags kyu la sogs pa gnyis yin par 'dod de/ me long dang/ pi bang dang/ dri'i snod dang/ ro'i snod ni gzugs la sogs pa'i phyag mtshan yin la/ rdo rje lcags kyu la sogs pa'i phyag mtshan no/ shes rtsa ba'i rgyud las gsungs pa yin pas so//

内外四门的东面两门处为金刚色，身色与金刚意生一致，手持镜子。南方两门为金刚声，身色与呵哩呵哩一致。北方两门为金刚味，身色与金刚念一致，手持味器。此外，另有金刚钩等两尊。镜子、琵琶、香器和味器是（金刚）色等的法器。金刚钩等法器依《根本续》绘。

2.第二重

2.1 二十二天

phyi'i dkyil 'khor gyi shar gyi 'khyams kyi nang du/ 'dod pa'i khams kyi dbang phyug dang/ tshangs pa dang/ lha chen po dang/ khyab 'jug dang/ brgya byin chun ma dang bcas par bri'o/ lhor nyi ma dang/ zla ba dang/ spen pa dang/ mig dmar ro/ nub du stobs kyi lha/ dpyid kyi lha/ rgyal ba/ rgyal ba mor sbyin/ rlung lha/ me lha/ lus ngan po rnams bri'o/ byang du phag dang/ gshin rje tshogs kyi bdag po dang/ chu lha la sogs pa rnams sngar bshad pa'i rim gyis chu lha'i mtha' thug gi bar du chung ma dang bcas par 'phags pa de kho na nyid bsdus pa las gsungs pa'i phyag rgya chen pos bri bar bya'o//

外轮东方之内为欲界自在天、梵天、大自在天、那罗延天、帝释天及伴妃。南方为日天、月天、土星、火星。西方为力神（金刚摧天）、瑞气天（金刚食天）、金刚衣天、调伏天、罗刹天、风天、火天、毗沙门天。北方为面天、阎摩天、象鼻天、水天等。依起初次序，在水天之后还伴有明妃，此为依《摄真实性》所载大手印而绘。

资料六

《吉祥最胜（本初所说）金刚萨埵曼荼罗仪轨“大三昧耶真如金刚出现”书》中有关金刚萨埵曼荼罗图像部分择译

藏题: *dPal mchog rdo rje sems dpa'i dkyil 'khor gyi cho ga/ dam tshig chen po'i de kho na nyid rdo rje 'byung pa'o//*

汉译名:《吉祥最胜（本初所说）的金刚萨埵曼荼罗仪轨“大三昧耶真如金刚出现”书》

作者: 布顿（Bu ston）

收录经号与图像页码: 德格版藏文《大藏经》，No.5128，页 555—561。

1.第一重

1.1 主尊

dbus kyi re mig la sdong bu dang bcas pa'i sna tshogs padma'i steng du rdo rje sems dpa' sku mdog dkar po/ cung zad bzhad cing 'dzum pa/ phyag gyon pa dril bu dang bcas pa'i rdo rje khu tshur khan nga du bstan te/ gyon pa'i rked pa'i phyogs su bkan nas 'jog pa/ phyag gyas pa snying ga'i phyogs su ba dan gyi gung mo'i sor mo la dang po'i rdo rje chen po rtse mo gyen du gtod bar bzhag pa'i tshul gyis gsor zhing 'dzin pa/ gyon phyogs su 'gying ba/ dbu la dang por sna tshogs rdo rje'i phreng ba/ de nas padma'i phreng ba/ de nas rdo rje rin po che'i preng ba/ de nas spyi bo nas brtsams te de bzhin gshegs pa lngas brgyan ba/ dmar po dang/ sngon po dang/ ser po dang/ dkar po'i mdog can gyi ri mo sna tshogs pas 'bar ba'i 'od kyi dkyil 'khor la rgyab brten pa/ sems dpa'i skyil mo krung gis bzhugs pa hwu zhes pas dgod/

［曼荼罗］中央带枝蔓的仰俯莲花上为身呈白色，面含微笑的金刚萨埵。其左手持金刚杵并握拳于左腰侧，右手当胸以呈短刀的中指举金刚杵之尖端于右前方现傲慢挥舞姿。头部用羯磨金刚鬘、莲花花鬘、金刚宝等装饰，并饰有五佛。红、黄、蓝、白诸色图案闪烁着光环。

1.2 四方

de'i mdun du nye ba'i shar gyi le tshe la rdo rje yid las byung ba sku mdog dmar skya/ de bzhin gshegs pa lnga'i cod pan can/ phyag gyon pa rdo rje khu tshur gyis me tog can gyi gzhu bsnams pa/ gyas rdo rje rtse gcig pa'i mde'u can gyi mda' gsor ba la brtson pa'i/ gyas su lho'i re mig la rdo rje ki li ki li sku mdog dmar skya/ rdo rje khu tshur bcings pa'i phyag rgya gnyis gyis rang gi thugs ka'i phyogs su dang po'i rdo rje rtse lnga pa mdog dmar po bsnams nas 'khyud pa'i tshul gyis bzhugs pa'o/ nub kyi le tshe la rdo rje dran bskul mdog sngo skya/ phyag gyas chu srin gyi rgyal mtshan bsnams pa/ gyon gyi gdan la snyems pa dang bcas pas bzhugs pa'o//

在金刚萨埵的前方，临近东方为金刚意生，身呈红色，饰五佛冠。左手结金刚拳并持饰花之弓，右手持饰有独股金刚杵箭头的箭柄。在临近右侧的南面为红色的金刚呵哩呵哩，其于胸前结金刚拳并持红色五股金刚杵现拥抱姿。西方为淡青色的金刚念，左手持摩羯宝幢，右手扶座垫呈傲慢相。左方朝北为身呈金色的金刚慢，两手于胯部结金刚拳并握两枚五股金刚杵，头微俯视，现傲慢姿，妖娆妩媚。

1.3 四维

shar lho’i le tshe la rdo rje sbrang rtsi sku mdog dmar skya/ lho nub kyi le tshe la rdo rje sprin sku mdog dmar skya/ nub byang gi le tshe la rdo rje ston sngo skya/ byang shar gyi le tshe la rdo rje dgun gser bcam’i mdog can te/ de rnams rang gi spyi bo’i phyogs su thul mo khong stong pa phye bas me tog gi zam tog dang/ spos khang dang/ mar me’i sdong bu dang/ dri’i dung chos rnams rim pas bsnams pa’o//

东南方的金刚蜜（春）身呈红色，西南方的金刚云身呈红色，西北方的金刚秋身呈蓝色，东北方的金刚冬身呈黄色。他们依次于各自的头顶上方合掌，掌心中空持花鬘、熏香盒、灯柄和香海螺。

1.4 四方佛和八大菩萨

1.4.1 东院

rdo rje phreng pa’i nang du shar gyi le tshe’i dbus su mi bskyod pa dkar po/ rdo rje rtse lnga pa bsnams pa sa gnon gyi phyag rgyas bzhugs pa’o/ de’i gyas su phyag na rdo rje dkar po/ rdo rje dang dril bu bsnams nas gyon du snyems pas bzhugs pa’o/ gyon du ’jam dpal nam mkha’i mdog can/ gzhon nu’i cha lugs ’chang ba/ ’dzum pa dang bcas pa phyag bzhi ral gri bsnams nas de bzhin gshegs pa rnams la ’debs pa’o//

金刚鬘内之东方，其中央为白色的阿閦佛，手持五股金刚杵，结触地印。阿閦佛的右侧为白色的金刚手，手持金刚杵和铃并于左方现傲慢姿。左侧为文殊，身呈蔚蓝色，年轻美貌，以手持宝剑的四臂作启请如来相。

1.4.2 南院

lho phyogs kyi le tshe’i dbus su rin chen ’byung ldan bee d’urya lhar sngo bsangs/ rdo rje rin po che mchog sbyin pas bsnams pa’o/ de’i gyas su nam mkha’i snying po ljang khu/ rang gi phreng ba rang gi mgo la dbang bskur ba’i rnam par ’ching ba/ zhal rnam par bzhad pa’o/ gyon du nam mkha’i mdzod sna tshogs mdog/ sna tshogs rdo rje dang sna tshogs dril bu bsnams nas snyems pa’i tshul gyis bzhugs pa/ zhal rnam par bzhad pa’o//

南方之中央为青色的宝生如来，结与愿印并持金刚宝。其右侧为绿色的金刚藏，手于头顶持念珠并作灌顶姿，笑容灿烂。其左侧为虚空库，身呈杂色，手持交杵和斑铃端坐，现傲慢姿，面含笑容。

1.4.3 西院

nub gyi le tshe’i dbus ’od dpag med gser btso ma’i mdog can/ padma bsnams pa/ chos kyi ’khor lo’i phyag rgyas chos ston par mdzad pa/ de’i gyas su ’jig rten dbang phyug dmar skya/ gyon snyems ba dang bcas pas padma'i sdong bu dgur bzung nas phyag gyas pa'i mtheb mdzub kyis rang gi thugs kar kha 'byed pa/ gyon du sems bskyed ma thag tu chos kyi 'khor lo bskor ba gser gyi mdog can/ gyon gdan la brten pa/ gyas pas gung mo'i rtse mor rdo rje 'khor lo rtsi pas brgyad pa rang gi thugs ka'i phyogs su bskor ba'i tshul gyis bsnams pa/ zhal rnam par bzhad pa'o//

西方的中央为阿弥陀佛，身如金色，手持莲花，结说法印。右方为红色的观自在，左手持曲枝莲花呈傲慢相，右手手指当胸缓慢舒展。左方为发心无间转法轮，身呈黄色，左手安座垫，右手于胸前用中指指尖高举旋转的八辐轮金刚之顶端，面含笑容。

1.4.4 北院

byang gi me tshe'i dbus su don yod grub pa sna tshogs mdog/ mi 'jigs pa'i phyag rgyas sna tshogs rdo rje bsnams pa/ de'i gyas su rdo rje khu tshur gser gyi mdog can/ dam tshig gi rdo rje khu tshur gyis rdo rje rtse lnga pa bsnams pa/ zhal rnam par bzhad pa'o/ gyon logs su rdo rje gnod sbyin sngon po/ mche ba rnam par gtsigs pa/ 'bar ba'i phreng pas kun tu 'khrigs pa'i 'od mnga' ba/ 'jigs par mdzad pa/ ha ha zhes gsal bar bzhad pa'i zhal/ rdo rje khu tshur gnyis kyis rdo rje mche ba'i mtshon cha bsnams nas zhal gyi grwa gnyis su 'jog pa'o//

北方的中央为不空成就佛，身呈杂色，结无畏印并持交杵。其右方为黄色的金刚拳，两拳紧握五股金刚杵，面含笑容。左面为青色的金刚夜叉，獠牙外露，其闪烁的光芒呈鬘链状，笼罩于四处。畏惧相，面含嬉笑，以金刚双拳所握金刚獠牙为武器，置于脸的两侧。

1.5 四隅

phyi'i dkyil 'khor gyi lha'i snam bu la/ shar lhor sgeg mo dmar skya/ rdo rje khu tshur gnyis kyis rdo rje'i rtse lnga pa gnyis bsnams nas gnyis ka dkur bzung ste snyems pa'i tshul gyis dbu gyon du 'dud cing phyag 'tshal ba'o/ lho nub tu rdo rje bzhad ma dmar skya/ phyag gyas na so'i phreng ba gnyis dang ldan pa'i rdo rje gnyis bsnams nas bzhad pa'i tshul du mdzad cing gyon gdan la brten pa/ nub byang du glu chen mo sngo skya/ rdo rje'i lbang bzung ba/ byang shar du rdo rje gar ma gser btsho ma'i mdog can/ phyag gnyis rdo rje rtse gsum pa gnyis snams nas gar mdzad pa//

外轮的天众台阶处，东南方为赤色的嬉女，两金刚拳于胯部紧握五股金刚杵，头左倾示献礼状。西南方为红色的笑女，左手扶座垫，右手持饰齿鬘之两股金刚杵呈嬉笑状。西北方为绿色的歌女，手持金刚琵琶。东北方为金刚舞女，身如纯金色，两手各持三股金刚杵而现舞姿。

1.6 内外四门

sgo phyi nang gnyis ka'i sher sgor rdo rje gzugs dmar skya/ me long 'dzin pa/ lho sgor rdo rje sgra dmar skya/ pi lbang brdung ba/ nub sgor rdo rje dri sngo skya/ phyag gnyis na dri'i dung mchog bsnams pa/ byang sgor rdo rje ro gser btso ma'i mdog/ ro'i snod bsnams pa'o//

内外两门的东门为红色的金刚色，手持镜子。南门为红色的金刚声，手持琵琶。西门为青灰色的金刚香，手持海螺。北门为黄色的金刚味，手持味器。

2.第二重

2.1 二十二天

2.1 东方

phyi'i snam bu la shar du 'dod pa khams kyi dbang phyug dmar po/ rdo rje me tog gi mda' gzhu bsnams pa/ chung ma 'ang de dang 'dra pa'o// tshangs pa gser gyi mdog can/ gdong bzhi lag pa bzhi pa/ gyas gnyis na rdo rje dang 'gring phreng/ gyon gnyis na dpyug pa dang spyi blugs thogs pa/ ngang ba la zhon pa/ rdo rje zhi ba ma tshangs pa dang 'dra'o// lha chen mdog dkar po/ lag pa bzhi pa gyas kyi lag pa gcig gis u ma la 'khyud pa/ gnyis pas rdo rje rtsa gsum pa dang bcas pas mchog sbyin pa/ gyon pa gnyis kyis mdung rtse gsum pa dang/ ral gri 'dzin pa/ glang khyu mchog la zhon pa/ sbrul gyi mchod phyir thogs yod pa/ rin po che'i cod pan can/ zla ba phyed pas dbu brgyan pa/ mgrin pa sngon po can no/ u ma mdog gser mdog/ phyag 'dra// khyab 'jug mdog nag po/ phyag bzhi pa/ phyag gyas gnyis na rdo rje dang dbyug pa thogs pa/ gyon gnyis na dung dang 'khor lo 'dzin pa/ nam mkha' lding la zhon pa'o/ de'i gyon du rdo rje ser mo gser gyi mdog can/ gdan dang phyag mtshan khyab 'jug dang 'dra ba// ka rti ka dmar po gdog drug pa/ phyag gyas gnyis na mdung thung dang rdo rje/ gyon gnyis na khyim bya dang dril bu thogs pa/ rma bya la zhon pa/ rdo rje gzhon nu ma ka rti ka dang 'dra'o// brgya byin ni/ mdog ser po/ gyon rang gi rdo rje thogs nas dkur brten pa/ gyas 'jig rten las 'das pa'i rdo rje thogs pa/ glang po che dkar po mche bdrug pa la gnas pa/ rdo rje khu tshur ma ni/ brgya byin dang 'dra'o//

廊外台阶处，东方为赤色的欲界自在天，手持饰有金刚花的弓箭。贤妃的身色和持物与欲界自在天一致；梵天身呈黄色，四面四臂，右二臂手持金刚杵和念珠，左二臂手持棒和净瓶，乘坐鹅（雁）。金刚寂静女与梵天相同；大自在天，身呈白色，四臂，右侧一臂拥抱乌摩后，另一臂持三股金刚杵，左二臂分持三叉戟和宝剑，骑大象，蛇形络腋，头戴宝冠，半月头饰，颈呈青色。乌摩后身呈黄色，手中持物与大自在天一致；那罗延天，黑色，四臂，右二臂手持金刚杵和棒，左两臂手持海螺和轮，骑金翅鸟。其左侧的金刚色女的身色呈黄色，坐具和手势标识等与那罗延天一致；俱摩罗天，红色，六面，右二臂持短矛和金刚，左二臂持鸡和铃，乘孔雀。金刚童女与俱摩罗天一致；帝释天，黄色，左手于胯部持金刚，右手持出世间之金刚，骑六拏白象。金刚拳女与帝释天一致。

2.2 南方

lho ru zla ba dkar po gyas rdo rje/ gyon padma la gnas pa'i zla ba 'dzin pa/ ngang ba la zhon pa/ rdo rje mdangs ma ni/ zla ba dang 'dra'o// nyi ma ni/ mdog dmar po/ phyag gyas kyis padma dang bcas pa'i rdo rje thogs pa/ gyon nyi ma'i dkyil 'khor dang bcas pa'i padma 'dzin pa/ rta bdun gyis drangs pa'i shing rta la gnas pa/ rdo rje bdud rtsi ma ni/ nyi ma dang 'dra'o// spen pa sngon po/ gyas rdo rje/ gyon dbyug pa thogs pa/ rus sbal la zhon pa/ rdo rje dbyug pa ma ni/ spen pa dang 'dra'o// mig dmar mdog dmar po/ gyas rdo rje dmar po thogs pa/ gyon mi mgo thogs nas za zhing gnas pa/ ra la zhon pa/ rdo rje rked chings ma ni/ mig dmar dang 'dra'o//

南方为白色的月天，右手持金刚，左手持饰月之莲花，乘骑为鹅。金刚焰女与月天一致；日天，赤色，右手持饰金刚之莲花，左手持饰日轮之莲花，乘骑为用七匹马拉动的马车。金刚甘露女与日天一致；土星，青色，右手持金刚杵，左手持杖，乘骑为龟。金刚胜杖女，与土星相同；火星，红色，右手持红色金刚杵，左手执人头作食相，乘山羊。金刚宝带女，与火星相同。

2.3 西方

nub tu stobs kyi lha mdog dmar po/ gyas rdo rje/ gyon gshol thogs te glang po la zhon pa/ rdo rje 'ju ba ma ni/ stobs kyi lha dang 'dra ba las khyad par/ gyon na kha twi ga thogs pa// dpyid kyi lha mdog ljang khu/ gyas rdo rje/ gyon me tog gi phreng ba 'dzin pa/ khu byug la zhon pa/ rdo rje za ba ma dpyid kyi lha dang 'dra ba las khyad par/ gyon mdung rtse gcig pa thogs pa'o// rgyal ba ser skya/ gyas rdo rje/ gyon chu srin gyi rgyal mtshan 'dzin pa/ ne tso'i shing rta la zhon pa/ rdo rje bgo ba ma rgyal ba dang 'dra ba las khyad par/ mdog dmar po'o// rnam par rgyal ba dkar po/ gyas rdo rje/ gyon ral gri 'dzin pa/ sbal pa la zhon pa/ rdo rje dga' ba mo rnam par rgyal ba dang 'dra'o// nor sbyin ser po/ gyas rdo rje/ gyon gtun shing/ me tog can gyi khyogs la zhon pa/ rdo rje pho nya mo nor sbyin dang 'dra ba las khyad par/ gyon kha twi ga 'dzin pa'o// rlung lha sngon po/ gyas rdo rje/ gyon ba dan bsnams pa/ dgas la zhon pa/ rdo rje mgyogs ma rlung dang 'dra'o// me lha mdog dmar po/ gyas gnyis na rdo rje dang dgang gzar thogs pa/ gyon gnyis na dbyug pa dang ril ba spyi blugs thogs pa/ 'od zer gyen du 'bar ba'i rtse mo gsum pa/ rwa skyes la zhon pa/ rdo rje 'bar ba mo me lha dang 'dra'o// lus ngan po mdog sngon po/ gyas rdo rje/ gyon dbyig pa thogs pa/ ro langs la zhon pa/ rdo rje khyor ma lus ngan dang 'dra ba la khyad par/ gyon na zhags pa thogs pa'o//

西方为白色的力天，右手持金刚杵，左手持犁杖，乘象。金刚隐没母，与力神同，所异者，唯左手持天杖；吉祥天，绿色，右手持金刚杵，左手持花鬘，乘郭公鸟。金刚食母，与吉祥天同，所异者，唯左手持尖矛；调伏天，黄色，右手持金刚杵，左手持羯摩幢，乘鹦鹉车。金刚衣母，与调伏天同，所异者，唯其身色呈赤色；最胜天，白色，右手持金刚杵，左手持剑，乘蛤蟆。金刚欢喜母，与最胜天相同；罗刹天，黄色，右手持金刚杵，左手持木榔头，乘坐花轿。金刚使女，与罗刹天同，所异者，唯左手持天杖；风天，青色，右手持金刚杵，左手持幡，乘鹿。金刚敏捷母与风天相同；火天，赤色，右侧两手持金刚杵和杓，左侧两手持杖和净瓶，乘骑为山羊。金刚炽盛母与火天同；毗沙门天，青色，右手持金刚杵，左手持杖，乘尸体。金刚利母，与毗沙门天同，相异之处，唯左手持羂索。

2.4 北方

byang du phag mdog sngon po gyas rdo rje/ gyon lcags kyu/ phag gi gdong can/ glu'i rgyal po she sha la zhon pa/ bran mo rdo rje ni/ sbon mo phag gdong can/ gyas rdo rje/ gyon ral gri thogs pa/ mi la zhon pa'o// gshin rje nag po/ gyas rdo rje/ gyon gshin rje'i dbyug pa thogs pa/ ma he la zhon pa/ rdo rje dus ma nag po/ gyas rdo rje/ gyon kha twi ga/ ro langs la zhon pa'o// tshogs kyi bdag po dkar po/ glang po che'i gdong pa can/ gyas gnyis na rdo rje dang dgra sta/ gyon gnyis na mdung rtse gsum dang/ glang po che'i mche ba bsnams pa/ sbrul gyi mchod phyir thogs 'chang ba/ byi ba la gnas pa/ pho nga mo ru ma ni/ sngon mo/ gyas rdo rje/ gyon phyags shing thogs pa byi ba la zhon pa'o// chu lha dkar po/ gyas rdo rje/ gyon sbrul zhags sbrul mgo'i gdengs ka brgyad dang ldan pa/ chu srin la zhon pa/ chu srin ma ni/ dkar mo/ sbrul mgo'i gdengs ka brgyad dang ldan pa/ gyas rdo rje/ gyon pas chu srin gyi rgyal mtshan rdo rjes mtshan pa 'dzin pa/ chu srin la zhon pa//

北方为青色的猪面天，右手持金刚杵，左手持铁钩，猪面，乘塞夏龙王。仆女金刚，猪面，右手持金刚杵，左手持剑，乘人；阎摩天，黑色，右手持金刚杵，左手持阎摩杖，乘水牛。金刚季母，黑色，右手持金刚杵，左手持天杖，乘尸体；象鼻天，白色，象面，右侧两手持金刚和钺斧，左侧的两手持三叉戟和象牙，具蛇形络腋，乘鼠。使女，青色，右手持金刚杵，左手持木剑，乘老鼠；水天，白色，右手持金刚杵，左手持蛇形羂索，饰八蛇冠，乘摩羯鱼。摩羯母，白色，具八蛇冠，右手持金刚杵，左手持饰金刚之摩羯幢，乘摩羯鱼。

资料七

《虚空无垢善清净法界智慧心髓》中有关法界语自在曼荼罗图像内容择译

藏题：*Nam mkha' dri ma med pa shin tu yongs su dag pa chos kyi dbyings kyi ye shes kyi snying po//*

汉译名：《虚空无垢善清净法界智慧心髓》

著者：文殊称（Mañjśrīkīrti, 'Jam dbyang grags pa）

收录经号与图像页码：北京版藏文《大藏经》，No.3416，第 75 卷，页 192.1.4—222.4.7.

1.第一重

1.1　主尊

dbus kyi dkyil 'khor dbus su ni/ sna tshogs padam yid 'ong ba/ 'dab ma brgyad pa ge sar bcas/ dga pa thams cad rab tu gnas/ de yi lte ba'i dbus su ni/ 'od bzang ston ka'i zla ba'i 'od/ nyi ma 'char ka'i dkyil 'khor 'dra/ sen mo'i 'od ni shas cher dmar/ chags bral la sogs chags pa che/ kha dod sna tshogs 'bar ba'i 'od/ skra mchog chen po mthon ka'i rtse/ sangs rgyas rin chen cod pan ldan/ zhal bzhi pa la phyag brgyad pa/ sgeg pa la sogs nyams dang ldan/ sna tshogs na sum cu rtsa gnyis dang/ dpe byad brgyad cus yang dag brgyan/ chos kyi 'khor lo'i phyag rgya ches/ phyag gnyis dag ni rgam par brgyan/ ral gri mda' dang rdo rje yis/ gyas pa'i phyag mchog rnam par mdzes/ shes rab pha rol phyin dang dzhu/ rdo rje dril mchog gyon pa na/ dri med dpe bral bsam mi khyab/ shes rab ye shes dri ma med/ mgon po sangs rgyas kun gyi dngos dkyil 'khor mdun gyi gtso gyur la/ rdzogs sangs rdo rje'i skyil krung bcas/ 'jam pa'i dbyangs ni nges par dgod/ padam'i 'dab ma thams cad la/ seng ge'i gdan gyi stengs bzhugs shing/ thams cad rin chen bdun bskor bar/ dkyil lo can ni brgyad bri'o//

于曼陀罗中央的中心位置置仰俯莲花，花瓣九瓣且具花蕊，为一切清净无瑕之圣地。在此中央的（1）主尊，[身色]如同闪耀的深秋之月光，如初升的日轮，甲耀红辉，因离弃贪念欲等，故闪烁着各色光芒。头髻顶部饰蓝宝石，其上佩大佛宝冠，四面八臂，现娇柔等相，着诸般净衣。孩童庄严，三十二相和八十种随形好为其庄严。[前两手]结转法轮印。其余左手持剑、矢和金刚杵，右手作礼供姿，并持般若经函、弓和金刚铃。洁净无垢智慧，为所有怙主佛陀之悉地，化作坛城前方的主尊，现圆满金刚跏趺坐，此为文殊菩萨安驻之地。

1.2 八佛顶

gtsug tor chen po yi ge bdag/ shar gyi 'dab mar yang dag bri/ gtsug tor gdugs ni dkar po dag/ nub kyi 'dab mar dgod par bya/ gzi brjid phung po lho phyogs su/ gtsug tor rnam rgyal byang phyogs su/ rnam par 'thor ba dbang ldan phyogs/ me yi phyogs su gyen 'byung dgod/ gyen 'byung chen po bden bral phyogs/ rgyal ba rlung gi phyogs su mdog/ sngags rnams kun la 'ang sgrub pa po// 'khor los sgyur ba brgyad ni kun kyang gser gyi mdog can/ rdo rje'i skyil mo krung gis bzhugs pa/ rin po che'i dbu rgyan can/ phyag gyas na 'khor lo bstod de bsnams pa/ phyag gyon gyis gdan la mnyes pas brten par mdzad pa'o//

狮子座上的莲瓣被七宝环绕，呈八轮：（2）大佛顶于东方花瓣处，（3）白伞盖佛顶于西方莲瓣处，（4）聚光佛顶于南方，（5）最胜佛顶于北方。东北方为（6）舍除佛顶，东南方为（7）高佛顶，西南方为高大佛顶（8），西北方为（9）最胜顶。八佛顶身色均呈黄色，金刚跏趺坐，饰宝冠。右手上倾持轮，左手扶座垫。

1.3 四方佛和十六菩萨

1.3.1 东院不动如来

zhe sdang chen po bcom ldan 'das mi skyod po ni/ utpa la sngon po'i mdog can zhal bzhi pa/ phyag brgyad pa rdo rje'i skyil mo krung gis glang po'i gdan la bzhugs pa/ rin po che'i dbu rgyan can/ zhal gyon pa tshems kyi sgros gnon pa/ zhal rgyab ma mchog tu gdug pa thams cad skrag par mdzad pa/ phyag gyas pa rnams na ral gri dang/ rdo rje dang/ mda' dang/ lcags kyu bsnams pa/ phyag gyon rnams ni sdigs mdzub bsgeng ba dang/ dril bu dang/ gzhu dang zhags pa bsnams pa'o/

嗔之世尊（10）不动如来，身呈青色，四面八臂，结金刚跏趺坐于象座上，饰宝冠。主面忿怒、右面凶猛、左面獠牙、背面残暴，呈怖畏相。右四臂分持剑、金刚杵、箭和钩，左四臂示期克印，持铃、弓和索。

1.3.2　南院宝生如来

chags pa chen po bcom ldan ’das rin chen ’byung ldan ni gser gyi mdog can rin po che’i dbu rgyan mnga’ ba/ zhal ser po dang/ nag po dang/ dkar po dang/ dmar po dang ldan pa phyag brgyad pa/ rdo rje’i skyil mo krung gis rta’i gdan la bzhugs pa/ phyag gyas rnams na rdo rje dang/ ral gri dang/ mda’ dang/ lcags kyu bsnams pa/ phyag gyon rnams na yid bzhin gyi nor bu’i rgyal mtshan dang/ dril bu dang/ gzhu dang zhags pa bsnams pa’o/

贪之世尊（11）宝生如来，身呈黄色，头戴宝冠，具黄、黑、白、红四面，八臂，结金刚跏趺坐于马座上，右四臂分持金刚、剑、箭和钩，左四臂分持如意宝幢、铃、弓和索。

1.3.3　西院无量寿佛

’dod chags chen po bcom ldan ’das ’od dpag tu med pa ni sku mdog dmar po rin po che’i dbu rgyan can/ zhal bzhi pa/ phyag brgyad pa/ rdo rje’i skyil mo krung gis rma bya’i gdan la bzhugs pa/ zhal sgeg pa la sogs pa dang ldan pa dmar po dang nag po dang/ dmar po dang/ ser po mnga’ ba/ phyag gyas rnams ni rdo rje dang/ mda’ dang/ ral gri dang/ lcags kyu bsnams pa/ phyag gyon ba padma dang/ gzhu dang/ zhags pa dang/ dril bu bsnams pa’o/

欲之世尊（12）无量寿佛，身呈红色，头戴宝冠，四面八臂，于孔雀座上结金刚跏趺坐，妩媚相，面呈红、黑、白、黄四色。八臂，右四臂各持金刚杵、箭、剑和钩，左四臂分持莲花、弓、羂索和铃。

1.3.4　北院不空成就佛

khro bo chen po bcom ldan ’das don yod grub pa ni sku mdog nag po rin po che’i dbu rgyan can/ zhal bzhi pa/ phyag brgyad pa/ rdo rje’i skyil mo krung gis nam mkha’ lding gi khri la bzhugs pa/ zhal dang po mche ba gtsigs pa/ kha dog nag po/ gyas pa zhi ba/ kha dog dmar po rgyab sgeg pa/ kha dog dmar po/ gyon pa zhi ba’i tshul can mdog dkar po/ phyag gyas pa rnams ral gri dang rdo rje dang/ mda’ dang lcags kyu bsnams pa/ phyags gyon rnams na dril bu dang/ gzhu dang ldigs mdzub dsgreng ba dang/ zhags pa bsnams pa’o/

怒之世尊（13）不空成就佛，身呈黑色，饰宝冠，四面八臂，于金翅鸟座上结金刚跏趺坐。中央之面呈黑色，现獠牙切齿相，右面呈白色，现柔和相，后面呈红色，现娇媚相，左面呈白色，现寂静相。八臂，右四臂之手分持剑、金刚杵、箭和钩，左四臂各持铃、弓、示期克印、羂索。

de bzhin gshegs pa de dag thams cad kyang ni ma’i ’od mnga’ ba/ rang gi gdan gyi steng du nyi ma'i dkyil 'khor la bzhugs par bya'o//

诸佛皆具光芒，坐于座具日轮上。

1.3.5 东院眷属

rdo rje sems dpa' la sogs pa 'ang sna tshogs rgyan dang gos 'chang ba/ dbang ldan phyogs nas brtsams nas ni/ go rims ci bzhin bri bar bya/ zhes bya ba la/ de bzhin gshegs pa'i dkyil 'khor de nyid du/ bcom ldan 'das mi bskyod pa'i dkyil 'khor la dbang ldan gyi phyogs su rdo rje sems dpa' sku mdog dkar po/ phyag gyas kyis rang gi thugs kar rdo rje bstod pa'i tshul kyis bsnams pa/ gyon bsnyems pas dril bu bsnams pa'o/ padam dang zla ba'i dkyil 'khor gyi steng na rdo rje'i skyil mo krung gis bzhugs pa/ rdo rje sems dpa'i gdan dang/ skyil mo krung dang/ dbu rgyan gyi nges pa ni rdo rje rgyal po la sogs pa dang/ thun mong yin la khyad par rnams ni bri bar bya ste/ rdo rje rgyal po sku mdog ser po rdo rje dang lcags kyu 'dren zhing bzhugs pa'o/ rdo rje chags pa sku mdog dmar po mda' dang gzhu bsnams pa'o/ rdo rje legs pa mrgad kyi mdog can phyag gnyis kyis legs so zhes bya ba stsol ba'o/

金刚萨埵等身着华丽裙衣，自东北方开始，如来等各自轮辐依次而绘。阿閦佛轮辐的东北方为（14）金刚萨埵，身呈白色，右手当胸持金刚杵现赞颂相，左手持铃现傲慢姿，结金刚跏趺坐于莲花月轮上。金刚王的坐具、坐姿及头饰等与金刚萨埵相同。区别在于（15）金刚王身呈黄色，手持金刚并挽钩。（16）金刚爱身呈赤色，手持箭与弓。（17）金刚喜身如绿宝，两手持金刚杵并献美妙赏赐相。

1.3.6 南院眷属

bcom ldan 'das rin chen 'byung ldan gyi dkyil 'khor du/ rdo rje rin chen sku mdog ser po rang gi dbang bskur ba'i gnas su/ phyag gnyis kyis dbang bskur ba'i phreng ba 'ching zhing bzhugs pa'o/ rdo rje nyi ma sku mdog dmar po/ phyag gnyis kyis rang gi thugs kar nyi ma'i dkyil 'khor bsnams pa'o/ rdo rje rgyal mtshan sku mdog nam mkha' ltar sngo bsangs/ phyag gnyis yid bzhin nor bu'i rgyal mtshan bsnams pa'o/ rdo rje bzhad pa ni sku mdog padam'i rtsa ltar dkar ba/ so'i phreng ba gnyis dang ldan pa'i rdo rje gnyis pa bsnams pa'o//

在世尊宝生如来的轮辐中，身呈黄色的（18）金刚宝两手于灌顶处持灌顶花鬘。赤色的（19）金刚光两手于胸前执日轮。身如虚空蔚蓝色的（20）金刚幢两手握如意宝幢。身如白莲的（21）金刚笑手握两根饰有双齿链的金刚杵。

1.3.7 西院眷属

bcom ldan ’das ’od dpag tu med pa’i dkyil ’khor du rdo rje chos sku mdog dmar skya/ phyag gyon pa bsnyems pas padam’i sdong bu ’dzin cing phyag gyas pas padam’i ’dab ma kga ’byed pa’o/ rdo rje rnon po ni ’dir sku mdog gur gum lta bu phyag gyas kyis ral gri ’phyar ba/ phyag gyon pas thugs kar shes rab kyi pha rol tu phyin pa’i glegs bam bsnams pa’o/ rdo rje rgyu sku mdog gser gyi mdog can chos kyi ’khor lo’i phyag rgya dang ldan pa’o/ rdo rje smra ba sku mdog dmar po phyag gyas pa lce’i phyag dang ldan pa/ phyag gyon pas dung bsnams pa’o//

在世尊阿弥陀如来的轮辐中，粉色的（22）金刚法左手以妙姿轻持莲茎，右手作开其莲花势。身如红花的（23）金刚利右手挥剑，左手当胸持《般若经》经函。黄色的（24）金刚因手结转法轮印。赤色的（25）金刚语右手结舌姿，左手持海螺。

1.3.8 北院眷属

bcom ldan ’das don yod grub pa’i dkyil ’khor du/ rdo rje las sku mdog ljang gu phyag gnyis na rdo rje rtse gsum pa bsnams nas spyi bor ’jog cing de bzhin gshegs pa rnams la mchod pa’i don du gar mdzad cing bzhugs pa’o/ rdo rje srung ba sku mdog ser po phyag gnyis kyis rdo rje go cha bsnams pa’o/ rdo rje gnod sbyin sku mdog nag po phyag gnyis kyis mche ba gnyis rang gi zhal du ’dzin cing gdug pa thams cad ’jigs par mdzad pas bzhugs pa’o/ rdo rje khu tshur sku mdog dkar po phyag gnyis kyis rdo rje khu tshur bsdams nas bzhugs pa’o//

在世尊不空成就如来的轮辐中，绿色的（26）金刚业两手于头顶持三股金刚杵供施诸如来，并现舞姿。黄色的（27）金刚护两手握金刚铠甲。黑色的（28）金刚牙两手于脸的两侧现獠牙姿，呈恐吓相。白色的（29）金刚拳两手相扣金刚拳。

1.4 四妃

mtshams rnams su spyan ni ’jam pa’i dbyangs dang ’dra’o/ mva ma kvi ni mi bskyod pa dang ’dra’o/ gos dkar mo ni ’od dpag tu med pa dang ’dra’o/ sgrol ma ni don yod par grub pa dang ’dra’o//

在诸四维，（30）佛眼的特征与文殊菩萨一致，（31）摩摩枳的特征与阿閦佛相同，（32）白衣的特征与阿弥陀佛一致，（33）多罗的特征与不空成就佛相同。

1.5 四摄菩萨

de’i shar gyi sgor rdo rje lcags kyu sku mdog dkar po rdo rje lcags kyu bsnams pa gyas brgyang bas bzhugs pa’o/ lho’i sgor rdo rje zhags pa sku mdog ser po phyag na rdo rje zhags pa bsnams pa gyon brkyang bas bzhugs pa'o/ nub kyi sgor rdo rje lcags sgrog sku mdog dmar po phyag gnyis kyis rdo rje lu gu rgyud bsnams pa sa ga'i 'dug stangs kyis bzhugs pa'o/ byang phyogs kyi sgor rdo rje 'bebs pa sku mdog ljang gu phyag gnyis kyis rdo rje bsdams pas rdo rje dang dril bu bsnams pa zlum po'i 'dug stangs kyis bzhugs par bri bar bya ste nang gi dkyil 'khor ro//

东门为白色的（34）金刚钩，手持金刚钩，展右腿而立。南门为黄色的（35）金刚索，手执金刚手之羂索，展左腿而立。西门为赤色的（36）金刚锁，手持金刚连环套，曲腿呈半蹲状。北门为绿色的（37）金刚铃，两手紧握金刚与铃，呈聚拢蹲姿。此为内部曼荼罗（即第一重眷属）。

2.第二重

2.1 东方十二地

gnyis pa nang gi dkyil 'khor gyi nyis 'gyur te gzungs kyi dkyil 'khor ro/ gnyis pa der yangs shar phyogs su sa bcu gnyis bri bar bya ste/ kun kyang sna tshogs padam la sems dpa'i skyil mo krung gis bzhugs pa/ rin po che'i dbu rgyan can/ phyag gyas na rdo rje bsnams pa/ phyag gyon na rang gi mtshan ma bsnams pa'o//

第二重的陀罗尼轮是内轮（第一重）的双倍大。第二重亦是从东方开始绘十二地，她们均于仰俯莲瓣上结菩萨跏趺坐，头戴宝冠，右手持金刚杵，左手持各自的法器。

de la mos pas spyod pa'i sa ni mdog padam ltar dmar ba phyag gyon na padam dmar po bsnam pa'o/ rab tu dga' ba'i sa ni rin po che padam rva ga'i mdog can/ phyag gyon na yid bzhin gyi nor bu bsnams pa'o/ dri ma med pa'i sa ni nor bu tshon shel gyi mdog can/ phyag gyon gyis thams cad dag par so sor rtog pa'i padam dkar po bsnams pa'o/ 'od byed pa'i sa ni nyi ma 'char ka'i mdog can/ phyag gyon gyis sna tshogs padam'i steng du nyi ma'i dkyil 'khor bsnams pa'o/ 'od 'phro ba'i sa ni mrgad lta bu'i mdog can phyag gyon na utpal la bsnams pa'o/ shin tu sbyangs dka' ba'i sa ni sku mdog ser po phyag gyon pa pang bar bkan nas bzhig pas nor bu mrkat bsnams pa'o/ mngon du gyur pa'i sa ni gser btso ma lta bu'i mdog can/ phyag gyon gyis padam'i steng du shes rab kyi pha rol tu phyin pa'i glegs bam bsnams pa'o/ ring du song ba'i sa ni nam mkha' ltar sngo bsangs phyag gyon gyis sna tshogs padam'i steng du sna tshogs rdo rje bsnams pa'o// mi gyo ba'i sa ni ston ka'i zla ba ltar dkar ba/ phyag gyon pa bsnyems pas padam'i steng du zla ba'i dkyil 'khor de'i steng du rdo rje lnga pa mdog dmar po ste/ padam'i sdong bu 'dzin pa'o/ legs pa'i blo gros kyi ni sku mdog dmar skya phyag gyon gyis utpa la'i steng du ral gri bsnams pa'o/ chos kyi sprin gyi ni gser gyi mdog can phyag gyon gyis chos kyi sprin gyis yongs su bskor ba'i shes rab kyi pha rol tu phyin pa'i glegs bam bsnams pa'o/ sangs rgyas kyi kun du 'od ni nyi ma gung gi mdog can phyag gyon pas padam'i steng du yang dag par rdzogs pa'i sangs rgyas ston par byed pa'i sangs rgyas kyi sku gzugs bsnams pa'o//

首先为（38）信解行地，身如莲花呈红色，左手持红莲。（39）欢喜地，身如宝莲之花蕊（粉色），左手持如意宝。（40）离垢地，身呈水晶色，左手持俱无垢洁净之白莲。（41）发光地，身色如初日，手持饰日轮之仰俯莲花。（42）焰慧地，身色如绿宝石，左手持青莲。（43）难胜地，身呈黄色，左手上仰于腹前现回旋状，持绿宝。（44）现前地，身色如赤黄色的金子，手持饰《般若经》之莲花。（45）远行地，身如虚空之蔚蓝色，手持饰有交杵的仰俯莲花。（46）不动地，身如中秋之月白，手持饰月轮之莲茎，其月轮上方置赤色五钴金刚杵。（47）善慧地，身呈粉红色，手持饰剑之青莲。（48）法云地，身呈黄色，左手持法云缭绕的《般若经》经函。（49）善光地，身色如同正午之日光，左手持莲花，花头具正等觉无量光佛。

2.2 南方十二波罗蜜

lho phyogs su pha rol tu phyin pa bcu gnyis sna tshogs padam'i steng du zlang ba'i dkyil 'khor la sems dpa'i skyil mo krung gis bzhugs pa/ rgyan sna tshogs 'chang ba/ gzhon zhing dar la bab pa zhal gyi padma sgeg pa'i nyams kyis rgyas pa/ rin po che sna tshogs pas spras pa'i gser gyi gdu bus lag ngar bkang ba/ rin po che'i rgyan dang/ rtse bran mnga' ba/ phyag gyas pas sems can thams cad kyi bsam pa yongs su rdzogs par mdzad pa'i phyir yid bzhin gyi nor bu rin po che bsnams pa/ phyag gyon pas rang gi mtshan ma bsnams pa rim bzhin du bri bar bya'o//

de la rin po che padma'i pha rol tu phyin pa ni padma dmar po ltar sku mdog dmar po phyag gyon pas padma'i steng du zla ba'i dkyil 'khor bsnams pa'o/ sbyin pa'i pha rol tu phyin pa sku mdog dmar skya/ phyag gyon pas 'bru dang rin po che sna tshogs pa'i snye ma bsnams pa'o/ tshul khrims kyi pha rol tu phyin pa sku mdog dkar po phyag gyon pas a shwa ka'i me tog gi mgo lcogs 'dab ma dang bcas pa bsnams pa'o/ bzod pa'i pha rol tu phyin pa gser gyi mdog can phyag gyon pas padma dkar po bsnams pa'o/ brtson 'grus kyi pha rol tu phyin pa mrkat kyi mdog can/ phyag gyon pas utpa la bsnams pa'o/ bsam gtan gyi pha rol tu phyin pa nam mkha' ltar sngo bsangs phyag gyon pas padma dkar po bsnams pa'o/ shes rab kyi pha rol tu phyin pa gser gyi mdog can phyag gyas kyis chos kyi 'khor lo'i phyag rgya dang ldan pa'o/ phyag gyon gyis shes rab kyi pha rol tu phyin pa'i glegs bam bsnams pa'o/ thabs kyi pha rol tu phyin pa pri yang ku ltar sku mdog ljang gu phyag gyon pas padma dkar po'i steng du rdo rje bsnams pa'o/ smon las gyi pha rol tu phyin pa utpa la sngon po lta bu'i mdog can phyag gyon gyis utpa la'i steng du ral gri bsnams pa'o/ stobs kyi pha rol tu phyin pa nyi ma'i mdog can phyag gyon gyis shes rab kyi pha rol tu phyin pa'i glegs bam bsnams pa'o/ ye shes kyi pha rol tu phyin pa ston ka'i zla ba lta bu'i mdog can phyag gyon pas rin po che sna tshogs kyi 'bras bus brgyan pa'i byang chub kyi shing gi yal ga bsnams pa'o/ rdo rje las kyi pha rol tu phyin pa sku mdog sna tshogs pa phyag gyon pas sna tshogs padma bsnams pa'o//

南方十二波罗蜜结菩萨跏趺坐于仰俯莲座之月轮上，装束具足。著绫罗，年轻美貌，犹如莲花般娇媚，肘腕佩钏镯，一切珍宝为之装饰。为成就一切有情众生之意乐，其右手当胸持如意宝，左手持各自标识，依次第而绘。

首先出现的是（50）宝莲花波罗蜜，身色如同红莲花，左手持饰有月轮的莲花。（51）布施波罗蜜，粉红色，手持饰有珍宝的谷穗。（52）持戒波罗蜜，白色，手持无忧花之穗枝。（53）忍辱波罗蜜，黄色，手持白莲花。（54）精进波罗蜜，绿色，手持青莲。（55）禅定波罗蜜，蔚蓝色，手持白莲花。（56）般若波罗蜜，金黄色，右手结转法轮印，左手持《般若经》经函。（57）方便波罗蜜，身呈唐古特之绿，手持饰有金刚杵之白莲。（58）愿波罗蜜，身色如青色睡莲，手持饰宝剑之青莲。（59）力波罗蜜，身色如日光，手持《般若经》经函。（60）智波罗蜜，身色如同中秋之月色，手持饰有各种宝果的菩提树枝。（61）金刚业波罗蜜，杂色，手持仰俯莲花。

2.3 西方十二自在

nub phyogs su dbang bcu padam dang zla ba'i dkyil 'khor gyi steng du sems dpa'i skyil mo krung gis bzhugs pa/ rgyan dang na bza' sna tshogs pa mnga' ba/ gzhon zhing dar la bab pa/ sgeg pa'i nyams dang ldan pa/ zhal gyi padam cung zad 'dzum pa dang/ spyan utpa la sngon po'i 'dab ma 'dra ba/ 'od mtha' yas pa'i rin po che'i dbu rgyan can/ phyag gyas na padam bsnams pa/ gyon na bsnyems pas rang gi mtshan ma bsnams par rim bzhin du bri bar bya/

de la tshe la dbang ba sku mdog dmar skya/ phyag gyon na padam rva ga'i nor bu'i 'dab ma'i dbus su bcom ldan 'das tshe dpag tu med pa ting nge 'dzin la snyoms par bzhugs pa'i sku bsnams pa'i/ sems la dbang ba zla ba'i mdog can phyag gyon gyis me tog bndu ka ltar dmar ba'i rdo rje rtse lnga pa bsnams pa'o/ yo byad la dbang ba sku mdog ser po phyag gyon na yid bzhin gyi nor bu rin po che'i rgyal mtshan bsnams pa'o/ las la dbang ba mrkat lta bu'i mtog can phyag gyon sna tshogs rdo rje bsnams pa'o/ skye ba la dbang ba sku mdog sna tshogs pa/ phyag gyon kha dog sna tshogs pa dzva ti'i yal ga bsnams pa'o/ rdzu 'phrul la dbang ba sku mdog ljang gu phyag gyon na padam'i steng du nyi ma dang zla ba'i dkyil 'khor bsnams pa'o/ mos pa la dbang ba padam'i rtsa ba ltar mdog dkar ba/ phyag gyon na me tog pri yang ku'i snye ma bsnams pa'o/ smon lam la dbang ba gser gyi mdog can phyag gyon na utpa la sngon po bsnams pa'o/ ye shes la dbang ba mthon ka chen po'i mdog can/ phyag gyon na utpa la sngon po'i steng du ral gri bsnams pa'o/ chos la dbang ba sku mdog dmar skya/ phyags gyon na padam'i steng du bum pa bzang po bsnams pa'o/ yid bzhin nor bu'i tshon shel gyi mdog can/ phyag gyas na padam dkar po bsnams pa'o/ phyag gyon na rin po che'i shing gi yal kha bsnams pa'o/ sangs rgyas kyi byang chub gser btso ma lta bu'i mdog can phyag gyas na padam ser po'i steng du rdo rje rtse lnga pa bsnams pa/ phyag gyon na yid bzhin gyi nor bu rin po che'i rgyal mtshan gyi steng du 'khor lo bsnams pa'o/ 'di gnyis kyi gdan dang dbu rgyan la sogs pa'i dbang rnams dang 'dra bar bya'o//

西方为十二自在，结菩萨跏趺坐于莲花月轮上。华丽多姿，年轻妩媚，面若初莲，若含微笑，眼如邬波罗（青莲）花瓣，头饰无量光之宝冠。右手持莲花，左手结各自印契，风姿绰约，依次第而绘。

首先出现的是（62）命自在，身呈粉红色，左手持宝莲花、其花瓣中央为结禅定印的无量寿佛。（63）心自在，身同月色，手持赤色五股金刚杵。（64）财自在，身呈黄色，手持如意宝幢。（65）业自在，身呈宝绿色，手持交杵。（66）生自在，身呈杂色，手持各色肉蔻花枝。（67）神通自在，身呈绿色，手持饰日月轮的莲花。（68）胜解自在，身如莲根之洁白，手持唐古特青之蓝花穗子。（69）愿自在，黄色，手持青色睡莲。（70）智自在，蓝宝石色，手持具宝剑之青莲。（71）法自在，身呈粉色，手持饰有如意宝瓶之莲花。（72）如是女，身同如意宝，右手持白莲，左手持饰金刚宝之树枝。（73）佛菩提女，纯金色，右手持饰有五股金刚杵的黄莲花，左手持饰轮之如意宝幢。其中后两尊的坐具与头冠等与中央尊像一致。

2.4 北方十二陀罗尼

byang phyogs su gzugs bcu gnyis sna tshogs padam'i steng du zla ba'i dkyil 'khor la sems dpa'i skyil mo krung gis bzhugs pa/ rgyan thams can kyis brgyan pa/ rin po che'i dbu rgyan gyi rtse bran can/ phyag gyas na sna tshogs rdo rje bsnams pa/ phyag gyon gyis dkur brten pas rang gi mtshan ma bsnams par rim bzhin du bri bar bya'o/

de la nor ldan gyi gzungs ni gser gyi mdog can/ phyag gyon na 'bras kyi snye ma bsnams pa'o/ rin chen sgrol ma'i gzungs ni padam rva ga'i mdog can/ phyag gyon na yid bzhin gyi nor bu'i rgyal mtshan bsnams pa'o/ gtsug tor rnam par rgyal ba'i gzungs ni sku mdog dkar po/ phyag gyon na nor bu chu shel gyi bum pa bsnams pa'o/ 'od zer can gyi gzungs ni sku mdog dmar skya/ phyag gyon na khab dang skud pa bsnams pa'o/ ri khrod lo ma can gyi gzungs ni/ sku mdog ljang gu phyag gyon na lo ma sbom pa bsnams pa'o/ dug sel ma'i gzungs ni sku mdog dkar po phyag gyon na dug gi me tog gi snye ma bsnams pa'o/ sgo mtha' yas pa'i gzungs ni sku mdog pri yang ku ltar ljang ser/ phyag gyon na padam dmar po'i steng du mi zad pa'i gter chen po'i bum pa bsnams pa'o/ skul byed ma'i gzungs ni ston ka'i zla ba lta bu'i mdog can/ phyag gyon na phreng ba 'phyang ba'i bum pa bsnams pa'o/ shes rab 'phel ba'i gzungs ni ston ka'i zla ba nya ba lta bu'i mdog can phyag gyon na utpa la sngon po'i steng du ral gri bsnams pa'o/ las kyi sgrib pa thams cad rnam par sbyong ba'i gzungs ni nor bu mrkad lta bu'i mdog can/ phyag gyon pa na rdo rje rtse gsum pas mtshan pa'i padam dmar skya bsnams pa'o/ ye shes mi zad pa'i zam ma tog gi gzungs ni/ sku mdog dmar po phyag gyon na rin po che'i za ma tog bsnams pa'o/ sangs rgyas thams cad kyi chos kyi mdzod dang ldan pa'i gzungs ni gser btso ma'i mdog can phyag gyon na kha tog sna tshogs pa'i sgrom bu bsnams pa'o//

北方为十二陀罗尼，于仰俯莲花之月轮上结菩萨跏趺坐。饰宝冠，装束具足。右手持交杵，左手置小腹处持各自的法器。依次第而绘。

首先出现的是（74）具财陀罗尼，身呈黄色，手持稻穗。（75）宝度母陀罗尼，身色如同rva kha莲花，手持如意宝幢。（76）佛顶尊胜陀罗尼，身呈白色，手持水晶宝瓶。（77）摩利支陀罗尼，粉红色，手持针线。（78）叶衣陀罗尼，身呈绿色，手持束起的树叶。（79）除毒陀罗尼，身呈白色，手持有毒花穗。（80）无量门陀罗尼，身色如同唐古特青绿色，手持饰无尽宝藏瓶之红莲。（81）准提陀罗尼，身色如同中秋之月色，手持饰念珠之净瓶。（82）智慧增长陀罗尼，身色如同中秋之满月，手持饰宝剑之青莲。（83）除一切业障陀罗尼，身色如同绿宝，手持饰三股金刚杵之粉色莲花。（84）无尽智箧陀罗尼，身呈红色，手持宝盒。（85）持一切佛法陀罗尼，身呈金黄色，手持各色小箱子。

2.5 四无碍解

gzungs kyi dkyil ’khor ’di nyid kyi shar phyogs kyi sgor/ chos so so yang dag par rig pa sku mdog dmar skya/ rgyan thams cad kyis brgyan pa/ rin po che’i cod pan can phyag na rdo rje lcags kyu dang zhags pa bsnams pa sems dpa’i skyil mo krung gis bzhugs pa bri’o/ lho phyogs kyi sgor don so so yang dag par rig pa sku mdog mrkat lta bu phyag na rin po che’i zhags pa bsnams pa/ rgyan thams cad kyis brgyan pa sems dpa’i skyil mo krung gis bzhugs pa’o/ nub phyogs kyi sgor nges pa’i tshig so so yang dag par rig pa sku mdog dmar skya/ phyag na mtha’ gnyis su padmas mtshan pa’i lcags sgrog bsnams pa/ gdan dang rgyan la sogs pa ni snga ma bzhin no/ byang phyogs kyi sgor spobs pa so so yang dag par rig pa sku mdog mrkat ltar ljang gu/ phyag gnyis kyis rdo rje rtse gsum pas mtshan pa’i dril bu nsnams pa ste lhag ma rnams ni snga ma bzhin no/

陀罗尼轮之东门：（86）法无碍解，粉红色，头戴宝冠，装束具足，结菩萨跏趺坐，两手持金刚钩与羂索。南门（87）义无碍解，身呈绿宝，手持宝羂索，装饰具足，结菩萨跏趺坐。西门（88）词无碍解，粉红色，手持锁链，其两端饰有莲花。北门（89）辩无碍解，身呈绿宝石，双手持饰有三股金刚杵的金刚铃，其余与前者一致。

2.6 四供养菩萨

shar lho’i mtshams su lha mo sgeg mo gser gyi mdog can rin po che’i cod pan mnga’ ba/ rdo rje skyil mo krung gis bzhugs pa/ phyag gnyis ka rdo rje bsnyems pa’i tshul ’chang ba’o/ lho nub mtshams su phreng ba ma sku mdog dmar skya/ phyag na rin po che’i phreng ba bsnams pa/ bzhugs tshul la sogs ni sgeg mo dang ’dra’o/ nub byang mtshams su glu ma sku mdog dmar po pi wang brdung ba la brtson pa ste/ lhag ma ni sngam dang ’dra’o/ byang shar mtshams su gar ma sku mdog ljang gu/ phyag gis mchog gi rtsed mo dang gar mdzad pa ste lhag ma ni sgeg mo dang ’dra’o/ nang gi dkyil ’khor gyi sgo srungs rnams ni tshangs pa’i gnas bzhi’i ngo bo nyid do/ dkyil ’khor bar ma ni so so yang dag par rig pa bzhi’o/ phyi’i dkyil ’khor gyi sgo srung rnams ni bsdu ba’i dngos po bzhi’i rang bzhin yin no//

东南隅为黄色的（90）嬉女，头戴宝冠，金刚跏趺坐，两手持金刚杵并现傲慢姿。西南隅为粉色的（91）鬘女，手持宝鬘，坐姿与嬉女同。西北隅为赤色的（92）歌女，演奏琵琶，其余与前者一致。东北隅为绿色的（93）舞女，两手现殊胜游戏舞蹈姿，其余与嬉女一致。内轮诸门守护尊为四无碍解，次轮诸门守护尊为四摄菩萨。

3.第三重

3.1 十六菩萨

3.1.1 东方

rim pa gsum pa'i shar phyogs su kun du bzang po gser gyi mdog can rgyan thams cad kyis brgyan pa/ rin po che'i dbu rgyan can phyag gyas kyis mchog stsol ba/ phyag gyon gyis utpa la'i steng du ral gri bsnams pa/ padma'i steng du zla ba'i dkyil 'khor la sems dpa'i skyil mo krung gis bzhugs pa'o/ blo gros mi zad pa gser gyi mdog can phyag gyas na ral gri bsnams pa'o/ phyag gyon gyis chos ston pa'i tshul gyis padma bsnams pa ste/ rgyan dang/ bzhugs tshul la sogs pa ni kun du bzang po dang 'dra'o/ sa'i snying po gser btso ma'i mdog can phyag gyas kyis sa gnon/ phyag gyon padma'i steng na dpag bsam gyi shing bsnams pa'o/ nam mkha'i snying po sku mdog mrkat ltar ljang ser phyag gyas kyis rin po che thams cad kyi char 'bebs pa/ phyag gyon na yid bzhin gyi nor bu'i rgyal mtshan bsnams pa'o//

第三重东方为黄色的（94）普贤，头戴冠冕，装束具足，右手结与愿印，左手持饰剑之青莲，结菩萨跏趺坐于莲花月轮上。黄色的（95）无尽智，右手持剑，左手结说法印并持莲花，装束、坐姿等与普贤一致。纯金色的（96）地藏，右手结触地印，左手持饰有如意树的莲花。身呈黄绿色的（97）虚空藏右手作祈雨姿，左手持如意宝幢。

3.1.2 南方

lho phyogs su nam mkha' mdzod gser gyi mdog can phyag gyas na yid bzhin gyi nor bu bsnams pa'o/ phyag gyon na bum pa bzang po las 'phyang ba'i dpag bsam gyi shing bsnams pa/ phyag na rin po che sku mdog ljang gu phyag gyas pa rin po che sbyin pa la brtson pa/ phyag gyon pa na padma'i steng du byang chub kyi zla ba bsnams pa'o/ rgya mtsho'i blo gros ston ka'i zla ba ltar dkar ba/ phyag gyas na dung bsnams pa/ phyag gyon na ral gri bsmams pa'o/ rdo rje snying po sku mdog utpa la sngon po'i 'dab ma lta bu phyag gyas na rdo rje bsnams pa/ phyag gyon na sa bcu ston pa'i glegs bam bsnams pa'o//

南方为（98）虚空库，身呈黄色，右手持如意宝，左手持饰有如意宝瓶的如意树。（99）宝手，身呈绿色，右手作施宝状，左手持具菩提月之莲花。（100）海慧，身如中秋月色之洁白，右手持海螺，左手持剑。（101）金刚藏，身色如同青莲花瓣，右手持金刚杵，左手持《十地经》经函。

3.1.3 西方

nub phyogs su spyan ras gzigs kyi dbang phyug sku mdog dkar po 'od dpag tu med pa’i cod pan can phyag gyas kyis dma pa sbyin pa/ phyag gyon na padma bsnams pa’o/ mthu chen po thob pa gser gyi mdog can/ phyag gyas na ral gri bsnams pa/ phyag gyon na padma bsnams pa’o/ zla ba’i ’od padma’i rtsa ba ltar dkar ba/ phyag gyas na rdo rje’i ’khor lo bsnams pa/ phyag gyon gyis padma’i sten du zla ba’i dkyil ’khor bsnams pa/ dra ba can gyi ’od sku mdog dmar skya phyag gyas na ral gri bsnams pa/ phyag gyon na padma’i steng du nyi ma’i dkyil ’khor bsnams pa’o/

西方为（102）观自在，白色，头饰无量光佛之宝冠，右手结与愿印，左手持白莲。（103）势至，黄色，右手持剑，左手持莲花。（104）月光，身色有如莲根般洁白，右手持金刚轮，左手持饰月轮之莲花。（105）网明，粉色，右手持剑，左手持饰日轮之莲花。

3.1.4　北方

byang phyogs su ’od dpag tu med pa sku mdog padma’i rtsa ba ltar dkar ba/ phyag gyas na sna tshogs rdo rje bsnams pa/ phyag gyon na padma’i steng du bum pa bsnams pa’o/ spobs pa brtsegs pa gser gyi mdog can phyag gyas kyis se gol brdebs par brtson pa phyag gyon na padma’i steng du ral gri bsnams pa’o/ mya ngan gyi mun pa thams cad nges par ’joms pa’i blo gros gur gum gyi mdog can phyag gyas na ’od ’phro ba mang po ’khrugs pa’i rdo rje rtse lnga pa bsnams pa/ phyag gyon na mdung thung bsnams pa’o/ sgrib pa thams cad rnams par sel ba utpa la sngon po’i ’dab ma’i mdog can phyag gyas na ral gri bsnams pa/ phyag gyon na sna tshogs rdo rjes mtshan pa’i ba dan bsnams pa bri bar bya ste/ de dag thams cad kyi bzhugs tshul dang/ rgyan dang na bza’ dang/ dbu rgyan rnams ni kun du bzang po dang ’dra bar shes par bya ste/ spyan ras gzigs dbang phyag ni ’od dpag tu med pa’i cod pan can te khyad par ni de yod do//

北方为（106）无量光，身色犹如莲根般洁白，右手持交杵，左手持饰有净瓶的莲花。（107）辩积菩萨，身呈黄色，右手作弹指施慧姿，左手持饰有宝剑的莲花。（108）尽除一切幽暗智，身同红花，右手持聚诸焰慧之五股金刚杵，左手持短矛。（109）除一切盖障，身色如同青莲花瓣，右手持剑，左手持饰交杵之飞幡。她们的坐姿、装饰、衣着、头饰等均与普贤一致，不同之处唯独观自在的头冠上饰有无量光化佛。

3.2　八忿怒尊

3.2.1　四维

byang chub sems dpa’i gnas de nyid kyi byang shar mtshams su khams gsum rnam par rgyal ba utpa la sngon po'i 'dab ma lta ba'i mdog can/ zhal bzhi pa/ phyag brgyad pa/ zhal dang po khro bo sgeg pa ste/ dmar ba gyas pa/ drag po gyon pa/ 'jigs su rung ba/ rgyab dpa' bo'i zhal dang ldan pa/ phyag gnyis rdo rje dang dril bu dang ldan pa sre/ de gnyis kyi thugs ka hvu mdzad kyi phyag rgya 'chang ba/ phyag gyas rnams na ral gri dang lcags kyu dang/ mda' bsnams pa/ phyag gyon rnams na gzhu dang/ zhags pa dang/ rdo rje bsnams pa/ gyon brkyang bar bzhugs pa'i zhabs gyon pas dbang phyug chen po'i spyi bor gnon pa/ zhabs gyas pas u ma'i nu ma rgyas pa mnan pa/ sangs rgyas kyi me tog gi phreng ba brgyus pa la sogs pa'i rgyan dang/ na bza' sna tshogs mnga' ba/ gdug pa can thams cad gdul bar bya ba'i phyir des par gzhag par bya'o//

东北方为（110）降三世明王，身色如同青莲花瓣，四面八臂。主面呈忿怒相，右面呈赤色、左面呈威猛怖畏相、后面呈勇猛无畏相。两手于胸前结金刚吽印并持金刚杵和铃，其余右手分持剑、钩和箭，左手分持弓、羂索和金刚杵。伸左腿呈半立，左脚踏大自在天头部，右脚踩邬摩妃乳房。以花鬘和华丽衣着为其装饰。

shal lho mtshams su khro bo rdo rje me ltar 'bar ba char sprin gyi mdog can 'od can gyi phreng ba 'bar bas kun du 'khrug pa/ zhal bzhi pa/ phyag brgyad pa/ zhal sgeg pa dang/ dpa' ba dang/ 'jigs su rung ba dang/ snying rje chen po la sogs pa'i nyams dang ldan pa/ phyag gyas rnams na rdo rje dang/ ral gri dang/ mda' dang/ 'khor lo bsnams pa/ phyag gyon rnams ni dril bu dang/ zhags pa dang/ gzhu dang/ kha tva btags pa'i ba dan sna tshogs pa bsnams pa/ me ser skya 'bar ba'i sgra'i tshogs shin tu 'jigs su rung ba/ sbrul chen po'i gdu bu dang/ dbu rgyan dang ska rags dang/ zhabs gdub dang/ mgur chu dang/ rna rgyan dang/ cod pan gyis brgyan pa/ sgyu 'phrul chen po'i 'khor lo dgod pa la mkhas pa las/ gyon brkyang bas khyab 'jug chung ma dang bcas pa gnon pa bri bar bya'o//

东南角为（111）金刚烈火忿怒明王，身色如同乌云，其放射的光鬘有如光焰般剧烈。四面八臂，四面分呈优柔、勇猛、怖畏和慈悲相。右四臂分持金刚杵、剑、箭和轮。左四臂分持铃、羂索、弓和饰有各种飞幡的天杖。黄色火焰缭绕周身，孔武有力，以巨蛇为臂钏，冠冕、腰带、足镯、项圈、耳环、宝冠等为其装束。左足平展并踩踏其伴妃遍如天母。

lho nub mtshams su khro bo chen po rdo rje khrag 'thung sku mdog mthing shun ltar sngo ba/ zhal bzhi pa/ phyag brgyad pa/ zhal dang po drag po/ zhal gyas pa rab tu rmongs pa rnams sems rmongs par byed pa/ zhal gyon pa sgeg pa dang ldan pa/ zhal rgyab ba za bar byed pa/ phyag gyas pas rdo rje rtse lnga 'bar ba bsnams pa/ phyag gyon na dril bu dang ba dan dang bcas pa’i kha twa ga bsnams pa dang gar mdzad pa/ yang gnyis kyis ’jigs byed chen po’i pags pa rlon pa rlung gi gos ’dzin pa’i tshul gyis bzung nas bsnams pa/ yang gnyis na mda’ dang gzhu bsnams pa/ yang phyag gyas na ma hva rktas yongs su bkang ba’i ka pva la’i thod tshal tsa sha ka bsnams pa/ yang phyag gyon na snying gi padma’i nang na ma hva mva sas bkang ba’i ka pva la bsnams pa/ sangs rgyas lngas mtsan pa’i thod pa lnga’i dbu rgyan gyis sangs rgyas kyi gtsug gi nor bu can cod pan mnga’ ba/ ’od zer sngon po ’bar ba’i rang bzhin mnga’ ba/ ’od zer dmar po ’bar ba’i dkyil ’khor can zhes bya ba’i ’od kyi dkyil ’khor dmar po mnga’ ba/ gyon brgyang bas tshangs pa chung ma dang bcas pa mnan nas bzhugs par bri’o//

西南角为（112）大忿怒饮血金刚，身色如同靛皮青，四面八臂。主面孔武有力、右面愚痴难辨、左面妩媚娇柔、后面大食食物。右手持光芒耀射的五股金刚杵。左手持铃和饰有飞幡的天杖，现舞姿。另两手紧执大威德湿皮作风衣，剩余两手持箭与弓。此外，一右手持盛满鲜血的天灵盖，另一左手持满载生血的嘎巴拉碗。头饰五佛天灵盖之宝冠，冠顶嵌末尼宝，蓝色自性光芒照耀四方，且在赤色光芒中若现一红色光环。其左脚伸展踩伴妃梵天而立。

nub byang mtshams su rta mchog sku mdog ljang gu zhal bzhi pa zhabs bzhi pa phyag brgyad pa/ zhal dang po khro bo sgeg pa’i nyams dang ldan pa/ spyan gsum pa/ zhal gyas drag po/ zhal gyon tshangs pa’i gdong dang ldan pa/ spyi bo’i zhal ljang gu mchu dang spyi bo’i gtsug nas gyen du ’degs pa/ phyag gyas kyis ba dan gsum pa lta bu’i sna tshogs rdo rje dang bcas pas ’degs pa’i tshul du mdzad pa/ phyag gyon na kha tva ga sna tshogs padma bsnams pa/ phyag gyas pa’i gnyis pas ba dan gsum pa lta bus gyen du slong ba’i tshul du mdzad pa/ phyag gyon pa’i gnyis pa na mdung thung bsnams pa/ yang phyag gyas kyi gnyis na ral gri dang mda’ bsnams pa/ gyon gyi phyag gyis na dbyug pa dang gzhu bsnams pa/ gyon brkyang ba’i gnas pas bzhugs pa/ gyas pa gcig gis dbang po dang dbang mo mnan pa/ gnyis pas dga’ ba mo dang mgu ba mo mnan pa/ gyon gyi dang pos brgya byin dang khyab ’jug mnan pa/ gnyis pas rgyal bar byed pa dang ’dod pa’i lha mnan nas bzhugs par bri’o//

西北方为（113）最胜马，身呈绿色，四面四足，八臂。主面呈忿怒兼妩媚状，具三眼。右面威猛相、左面形如梵天。头上一面自头髻而出，状如绿色马头。右手持饰幡之交杵，现举姿。左手持饰天杖之莲花，右侧第二只手持三面飞幡，举姿。左侧第二只手持短矛，其余右侧二手持剑和箭。左侧二手持杖和弓。展右足而立，其右侧一足脚踏帝释天和吉祥天女，另一足脚踩喜女和悦女，左边一足脚踏帝释天和遍入天，另一足踩踏制胜和欲界天。

3.2.2 四方

de nyid kyi shar phyogs kyi sgor khro bo gshin rje gshed char sprin gyi mdog can/ zhal drug pa phyag drug pa zhabs drug pa/ zhal drug po sgeg pa dang/ dpa' ba dang/ 'jigs su rung ba dang/ zhi ba dang/ drag po dang rngam pa ste/ nyams rnam pa sna tshogs pas yongs su khyab cing rgyas pa/ phyag gyas na lcags kyu bsnams pa/ phyag gyon pas thugs kar sdigs mdzub bsgreng ba dang/ zhags pa bsnams pa/ yang phyag gyas pa gnyis na ral gri dang mda' bsnams pa/ phyag gyon gnyis na gzhu dang dril bu bsnams pa/ thod pa'i phreng ba'i cod pan can sbrul gyis brgyan pa stag gi pags pa bsnams pas/ ma he'i steng du rol pa'i stang stabs kyis bzhugs pa bri'o//

东门为（114）忿怒大威德，身色如同乌云，六面，六臂，六足。六面分呈妩媚、无畏、怖畏、寂静、强暴和忿恨等面相。右手持钩，左手于胸前示期克印并持羂索。其余右侧两手分持剑和箭，左侧两手分持弓和铃。头冠上饰有天灵盖花鬘，蛇形虎皮衣，于水牛上呈游戏坐。

lho phyogs kyi sgor shes rab mthar byed ge sar ser po lta bu'i mdog can/ zhal bzhi pa phyag brgyad pa/ zhal dang po sgeg pa/ zhal gyas pa gdangs shing 'jigs su rung ba/ zhal gyon pa zhi ba/ zhal rgyab ma shin tu drag cing gtum pa/ phyag gyas na gzhug par byed pa'i zhags pa bsnams pa/ de las gzhan pas rdo rje dang ral gri dang mda' bsnams pa/ phyag gyon pas thugs ka'i phyogs su lcags kyu dang bcas pa'i sdigs mdzub bsgreng ba la brtson pa de las gzhan par dril bu dang mdung thung dang gzhu bsnams pa/ sbrul gyis brgyan pa/ mi bskyod pa'i cod pan can/ rol pa'i stang stabs kyis nyi ma'i dkyil 'khor la bzhugs par bri'o//

南门为（115）智慧阎罗王（无能胜），身色如同花蕊呈黄色，四面八臂。主面娇柔，右面狰狞，左面寂静，后面凶残。八臂中的右四臂之前臂持羂索，其余分持金刚杵、剑和箭。左四臂之前臂于胸前示期克印并持钩，其余分持金刚铃、短矛和弓。蛇形装饰，头戴不动佛之宝冠，游戏坐于日轮上。

nub phyogs kyi sgor padma mthar byed sku mdog dmar po/ zhal bzhi pa/ phyag brgyad pa zhal dang po dang/ gyas pa dang gyon pa dang/ rgyab ma ste bzhi po grangs ji lta ba bzhin du sgeg pa dang/ drag po dang zhi ba dang/ dgod pa'i nyams dang ldan pa/ gyas dang gyon gyi phyag gnyis kyis rdo rje lcags sgrog bsnams pa/ phyag gyas rnams kyis rdo rje dang ral gri dang mda' bsnams pa/ phyag gyon rnams kyis sdigs mdzub dang/ zhags pa dang gzhu bsnams pa/ klu'i rgyal pos brgyan cing stag gi pags pa mnabs pa/ sangs rgyas kyi byang chub la brtan par chags shing/ ’ching ba dang/ padma dang nyi ma’i steng du rol pa’i stang stabs kyis bzhugs par bri bar bya’o/

西门为赤色的（116）莲花阎罗王（马头），四面八臂。主面、右面、左面及后面分呈妩媚、凶恶、寂静和欢喜相。八臂中的右四臂之前臂持金刚索，其余分持金刚杵、剑和箭，左四臂之前臂示期克印、其余分持羂索和弓。龙王装饰、虎皮为衣。信持菩提，于莲花之太阳座上呈游戏坐。

byang phyogs kyi sgor khro bo bgegs mthar byed sprin sngon po’i mdog can/ zhal bzhi pa/ phyag brgyad pa/ zhal sgeg pa la sogs pa’i nyams dang ldan pa/ phyag gyas dang gyon gnyis kyis rdo rje bcings pas dril bu bsnams pa/ phyag gyas rnams na ral gri dang mda’ dang lcags kyi bsnams pa/ phyag gyon rnams na sdigs mdzub zhags pa dang bcas pa dang/ gzhu dang dril bu bsnams pa/ sku la sbrul gyis brgyan pa/ sangs rgyas kyi cod pan can gyon brkyang bas tshogs kyi bdag po mnan nas bzhugs pa bri’o//

北门为（117）忿怒阎罗王（军荼利），身色如青蛇，四面分呈妩媚等相。八臂，左右臂之前二臂手持金刚铃并现金刚缚结状，其余右臂分持剑、箭和钩，左臂分持羂索并结期克印、弓和铃。蛇形装束，佩戴如来宝冠。伸展左腿踩踏群主呈立姿。

4.3 八供养女

phyi’i dkyil ’khor gyi mtshams su ri mo bris la me tog la sogs pa’i mchod pa rnams dgod par bya ste/ me’i phyogs su me tog ma sku mdog ser ba phyag gnyis me tog gis bkang ba’o/ bden bral gyi phyogs su bdug pa ma sku mdog sngo ba/ phyag na spos khang bsnams pa’o/ rlung gi phyogs su mar me ma sku mdog dmar ba phyag na mar me’i sdong bu bsnams pa’o/ dbang ldan gyi phyogs su byug pa ma sku mdog ljang gu phyag na dung chos bsnams pa’o/ shar phyogs kyi sgo’i mtshams su rdo rje gzugs ma sku mdog ser po phyag gyas na me long bsnams pa’o/ lho phyogs kyi sgo’i mtshams su rdo rje sgrol ma nam mkha’ ltar sngo bsangs/ phyag na rdo rje pi wang bsnams pa’o/ nub phyogs kyi sgo’i mtshams su rdo rje dri sku mdog ljang gu phyag na dri’i snong bsnams pa’o/ byang phyogs kyi sgo’i mtshams su rdo rje ro sku mdog sna tshogs pa phyag na ro’i snod bsnams pa’o/

外轮四隅装饰图案处有花卉等供物。东南方为黄色的（118）花女，两手持花。西南方为青色的（119）香女，持香盒。西北方为赤色的（120）灯女，持灯柄。东北方为绿色的（121）涂香女，持小海螺。东门为黄色的（122）金刚色女，手持镜子。南门为身如虚空般蔚蓝的（123）金刚声女，手持琵琶。西门为绿色的（124）金刚香女，手持香器。北门为杂色的（125）金刚味女，手持味器。

4.第四重

4.1 护方神

rdo rje shugs kyis byung la phyi rol gyi rdo rje rigs kyi dkyil 'khor du dbang ldan gyi phyogs nas brtsams te/ yongs su bskor bar tshangs pa la sogs pa go rims ji lta ba bzhin du bri bar bya'o/ de la byang shar mtshams su dbang ldan mdog dkar po ral pa dang cod pan yod pa/ kha tva ga rtse gsum pa thod pa 'dzin pa/ lag pa gnyis kyis thal mo sbyar nas mgor bzhag pa ste/ bcom ldan 'das la phyag 'tshal ba/ khyu mchog la zhon pa/ lha mo u ma dang bcas pa dkyil 'khor la mngon du phyogs par bri'o/ de bzhin du thams cad kyang phyag 'tshal ba'i thal mos 'dud par byed pa la mchog tu gzhol ba/ dkyil 'khor la mngon par phyogs par bri'o/ de la 'jig rten skyong ba brgyad ni phyogs dang mtshams rnams su bri bar bya ste/ shar du brgya byen mdog ser po rdo rje thogs pa/ glang po che dkar po la zhon pa chung ma dang bcas pa bri'o/ shar lhor me lha mdog dmar po lag pa bzhi pa/ gyas gnyis na blugs gzar dang dbyug pa thogs pa/ gyon gnyis phreng ba dang gundhe thogs pa ra skyes la zhon pa chung ma dang bcas pa bri bar bya'o/ phyag 'tshal ba'i thal mo ni thams cad kyi thun mong ma yin pas so sor ma smras so/ lhor gshin rje mdog nag mo dbyug pa dang mdung thung thogs pa/ me he la zhon pa chung ma dang bcas pa bri'o/ lho nub tu srin po'i bdag po mdog sngon po lag na ral gri dang phub thogs pa/ mi ro la zhon pa chung ma dang bcas pa bri'o/ nub tu chu lha mdog dkar po gyas dang gyon gnyis na dung dang sbrul gyi zhags pa thogs pa/ chu srin la zhon pa gdengs ka bdun pa chung ma dang bcas pa bri'o/ nub byang du rlung lha nam mkha'i mdog can lag pa gnyis na ba dan thogs pa ri dwags la zhon pa chung ma dang bcas pa bri'o/ byang du lus ngan po gser gyi mdog can gyas na lcags kyu thogs pa/ gyon na dbyug pa thogs pa mi la zhon pa chung ma dang bcas par bri'o/ 'di dag gi chung ma rnams kyi mdog la sogs pa ni de rang rang gi khyo dang 'dra bar blta bar bya'o/

由金刚力所生成的外金刚轮，从东北方开始环绕，梵天等依次而绘。东北隅为白色的（126）伊舍那天，饰云肩飘带和宝冠，手持三叉戟和天灵盖，于头顶合掌顶礼世尊。坐骑为公牛，携乌摩妃，礼拜的双手聚神于心。八护方神绘于诸方和诸隅。东方为黄色的（127）帝释天，持金刚杵，乘白象，携明妃。东南方为赤色的（128）火天，四臂，右二臂持圆勺和棒，左二臂持念珠和净瓶，乘山羊，携明妃，合掌叩头献礼姿。南方为黑色的（129）阎摩，手持杖和短矛，乘水牛，携明妃。西南方为青色的（130）罗刹王，手持剑和盾，坐于死体上，携明妃。西方为白色的（131）水天，左右二手分持海螺和蛇索，乘巨鳌，佩戴七蛇冠，携明妃。西北方为虚空色的（132）风天，两手持飞幡，乘麋鹿，伴明妃。北方为黄色的（133）多闻天，右手持钩，左手持棍棒，乘人，伴明妃。以上诸伴妃的身色等与其各自主人的（身色、持物等）一致。

4.2 婆罗门教的至高神

dbang ldan dang nye bar tshangs pa mdog ser po gdong bzhi pa lag pa bzhi pa/ lag pa gnyis na padma dang phreng ba thogs nas phyag 'tshal ba'i thal mo sbyar te/ 'jog pa de las gzhan pa gnyis kyis dbyug pa dang spyi blugs 'dzin pa/ ngang pa la zhon pa chung ma dang bcas pa'i 'khor gyis bskor bar bri'o/ de'i 'og tu khyab 'jug mdog nag mo lag pa bzhi pa gyas dang gyon gnyis kyis 'khor lo dang mdung thogs nas spyi bor thal mo sbyar te 'jog pa/ de las gzhan pa gnyis kyis sha ra'i gzhu dang dbyug pa 'dzin pa nam mkha' lding la zhon pa chung ma dang bcas pa'i 'khor gyis bskor bar bri'o/ dbang phyug chen po mdog dkar po lag pa gnyis na thod pa dang/ rtse gsum thogs te thal mo sbyar ba zla ba'i rtse bran thogs pa khyu mchog la zhon pa chung ma'i tshogs dang bcas pas yongs su bskor bar bri'o/ gzhon nu kvrti ka mdog dmar po byis pa'i gzugs can gdong drug pa/ lag pa drug pa lag pa gnyis kyis thal mo sbyar ba byas la/ yang lag pa gnyis na mdung thung dang rdo rje thogs pa/ yang gnyis na khyis bya dang/ dril bu thogs pa rma bya la zhon par bri'o//

临近东北方为黄色的（134）梵天，四面四臂。前两臂手持莲花和念珠并合掌现礼拜姿，另两臂之手分持杖和净瓶，乘野雁，明妃眷属绕其身。梵天之后为黑色的（135）遍如天，四臂，左右两臂之手于头顶合掌持海螺和轮，另两臂持弓和杖，乘金翅鸟，明妃眷属伴其身。白色的（136）二臂大自在天持天灵盖和三叉戟，合掌，月形头髻，乘牛，被众妃簇拥。赤色的（137）六面天具少年神采，六面六臂，前两臂合掌，另两臂分持短矛和金刚杵，其余二臂分持野鸡和铃，乘孔雀。

4.3 大黑天与罗刹自在

nag po chen po mdog nag po mdung rtse gsum pa dang thod pa thogs pa'o/ dga' byed dbang phyug ni mdog nag po rdza rnga brdung ba la brtson pa rdza rnga la zhon pa'o/

黑色的（138）大黑天手持三叉戟和天灵盖。黑色的（139）罗刹自在骑在泥婆罗鼓上奋力击鼓。

4.4 九星

nyi ma ni mdog dmar po lag pa gnyis na padma la gnas pa/ myi ma'i dkyil 'khor thogs pa rtas drangs pa'i shing rta la zhon pa'o/ zla ba ni mdog dkar po lag pa gnyis na padma'i steng du zla ba'i dkyil 'khor thogs pa ngang pa la zhon pa'o/ mig dmar ni mdog dmar po la lag pa gyas pa na chu gri thogs pa/ lag pa gyon pa na mi mgo za bar byed pa glang po che la zhon pa'o/ gza' lag ni mdog ser po lag na mda' gzhu thogs pa padma la 'dug pa'o/ phur bu mdog dkar po lag na phreng ba dang spyi blugs thogs pa padma la gnas pa'o/ pa ba bsangs mdog dkar po phreng ba dang gundhe thogs pa bus pa la 'dug pa'o/ speng pa mdog nag po dbyug pa thogs pa rus sbal la zhon pa'o/ sgra gcan mdog dmar nag lag na nyi zla thogs pa'o/ mjug rings mdog nag po ral gri dang sbrul gyi zhags pa thogs pa'o/

赤色的（140）日天左右两手持饰有日轮的莲花，乘马车。白色的（141）月天左右两手持饰月轮之莲花，坐在鹅背上。赤色的（142）火星右手持匕首，左手作食人头状，骑在大象上。黄色的（143）水星手持弓箭，坐在莲花上。白色的（144）木星手持念珠和净瓶，坐在莲花上。白色的（145）金星手持念珠和净瓶，坐在壶（鼓腹瓶）上，黑色的（146）土星手持杖，骑在乌龟上。赤黑色的（147）罗睺手持日月轮。黑色的（148）彗星手持剑和龙索。

4.5 力贤

stobs bzang mdog nag po ral gri dang gshol thogs pa glang po che la zhon pa'o/ rgyal bar byed pa mdog ljang gu me tog gi phreng ba dang/ mda' dang gzhu dang kham phor thogs pa/ ko ki la'i shing rta la zhon pa'o/ sbrang rtsir byed pa mdog dkar po lag na chu srin gyi rgyal mtshan dang/ mda' dang gzhu dang kham phor thogs pa ne tsho'i khri la zhon pa'o/ dpyid kyi lha mdog dkar po lag na mda' dang gzhu dang/ kham phor dang ral gri thogs pa sprin la zhon pa'o//

黑色的（149）力贤骑在象背上，手持剑和犁。绿色的（150）制胜者（阇夜羯罗，Jayakara，rgyal bar byed pa）坐在考拉鸟（kokila）牵动的车子上，手持花鬘、箭、弓和碗。白色的（151）作蜜者（Madhukara，sbrang rtsir byed pa）坐在鹦鹉座上，手持摩羯幢、箭、弓和碗。白色的（152）瑞气天（Vasanta，dpyid kyi lha）乘于云（猕猴，spre'u）上，手持箭、弓、碗和剑。

4.6 八龙王

mtha' yas dang mor rgyas dang/ 'jog po dang/ stobs kyi rgyu dang/ padma dang/ padma chen po dang/ dung skyong dang/ rigs ldan te klu'i rgyal po brgyad de gdengs ka bdun bdun dang ldan pa/ thal ma sbyar ba byas pa bri'o/ de la mtha' yas dang/ rigs ldan gnyis ni bram ze'i rigs te mdog dmar po me lha'i bu'o/ nor rgyas dang dung skyong gnyis ni rgyal rigs te/ mdog ser po brgya byin gyi bu'o/ 'jog po dang padma chen po gnyis ni dmangs rigs te mdog nag po rlung lha'i bu'o/ stobs kyi rgyu dang padma gnyis ni rje'u rigs te/ mdog dkar po chu lha'i bu'o/ de dag kyang 'khor dang bcas pa bri'o//

（153）无边龙王、（154）广才龙王、（155）安止龙王、（156）力行龙王、（157）莲花龙王、（158）大莲龙王、（159）护贝龙王及（160）具种龙王等八龙王均头饰七蛇冠，两手合掌。其中无边和具种二龙王为婆罗门族——火神的儿子，身呈红色。广才和护贝两龙王为刹帝利族——帝释天的儿子，身呈黄色。安止和大莲二龙王为戍陀罗族——风神的儿子，身呈黑色。力行和莲花两龙王为吠舍族——水神的儿子，身呈白色。以上龙王均携眷属。

4.7 阿修罗

thags bzangs ris dang stobs ldan dang/ rab dga' dang/ rnam par snang byed la sogs pa lha ma yin gyi dbang po rnams ni mdog nag po ral gri dang phub la sogs pa mtshon cha sna tshogs pa lag na go cha gon zhing chas pa 'khor dang bcas pa bri'o/

（161）净心天、（162）非天、（163）极喜和（164）明照者等阿修罗诸王，身呈黑色，手持剑和盾等各种法器。穿铠甲，并携眷属。

4.8 金翅鸟王等

nam mkha' lding gi dbang po rnams ni gshog rgyang ring ba kha dog sna tshogs pa pus mo'i lha nga'i bar du kha ba ltar dkar ba/ de'i steng du lte ba'i khung bu la thug gi bar du gser gyi mdog can/ de nas lkog ma'i bar du nyi ma 'char ka'i mdog can/ de nas klad pa'i steng gi mthar thug par ma lus par unydzva na bcag pa lta bu'i mdog can/ nam mkha' lding du mas yongs su bskor bar bri'o/ mi'am ci'i rgyal po ljon pa ni mdog dmar skya/ lag pi wang thogs pa rgyan thams cad kyis brgyan pa/ mi'am ci'i rgyal po du mas yongs su bskor bar bri'o/ dri za'i rgyal po gtsug phud lnga pa ni gser gyi mdog can rgyan thams cad kyis brgyan pa/ dri za'i rgyal po du mas yongs su bskor bar bri'o/ rig pa 'dzin pa'i dbang po'i rgyal po don thams cad grub pa ni gser btso ma lta bu'i mdog can/ rgyan thams cad kyis brgyan pa/ rig pa 'dzin pa'i rgyal po du mas yongs su bskor bar bri'o/

（165）金翅鸟王展翅，呈彩色。足到膝之间的颜色如雪白，膝至脐以上呈黄色，脐到喉之间如日光色，喉到头顶之间呈红色，其被诸金翅鸟环围。（166）人非人王（紧那罗王），身呈粉红色，手持琵琶，装饰具足，被人非人簇拥。（167）乾达婆王五髻者，黄色，装束具足，被乾达婆王紧围。（168）持明王一切义成就者，身同金色，装束具足，被持明王簇拥。

4.9 八夜叉

gnod sbyin rnams kyang lag na panytsa pu ra dang ne'u le thogs pa'o/ gang ba bzang po sngon po/ nor bu bzang po ser po/ nor sbyin dmar po/ rnam thos kyi bu ser po/ pi tsi kun dha li dmar po/ ki li mq li ljang gu/ sgo'i dbang po ser po/ spyod pa'i dbang po ser po ste/ gang ba bzang po la sogs pa'i gnod sbyin gyi bdag po 'di dga ni phyag gnyis kyi gyas kyis shing thog pi dza phu ra dang gyon ne'u le 'dzin pa'o/

诸夜叉手持枸橼（佛手橘）果实和吐宝兽:（169）满贤，身呈青色;（170）宝贤，身呈黄色;（171）施财，身呈赤色;（172）多闻子，身呈黄色;（173）Civikuṇḍalin，身呈赤色;（174）Kelimālin，身呈绿色;（175）门王（Sukhendra），身呈黄色;（176）所做王（Calendra），身呈赤色。

4.10 鬼子母

'phrog ma ser gyi mdog can de la bu dang bcas pa'o/ de dag thams cad kyang rgyan thams cad kyis brgyan par bri'o//

（177）鬼子母，身呈黄色，有孩子，且个个装束具足。

4.11 二十八星宿

tha skar mku mdog dkar po/ bra nye mdog ljang gu dang/ smin drug mdog ljang ser/ snar ma mdog dmar skya/ mgo mdog nag po/ lag mdog dkar po/ nab so mdog dkar po/ rgyal mdog ljang gu/ skag mdog dkar po/ mchu mdog dkar po/ bre mdog pri yang ku ltar ljang ser/ dbo mdog ljang gu/ me bzhi mdog dkar po/ nag pa mdog ljang gu/ sa ri mdog dkar po/ sa ga mdog nag po/ lha mtshams mdog ljang gu/ snron mdog dkar po/ snrubs mdog dkar po/ chu stod mdog nag po/ chu smad mdog skya bo/ gro bzhin mdog dmar skya/ byi bzhin dog ljang gu/ mon gru mdog nag po/ mon gre mdog ser po/ khrums stod mdog ljang gu/ khrums smad mdog ser po/ nam gru mdog ser skya ste/ rgyu skar nyi shu rtsa brgyad po de dag thams cad kyang rgyan dang ldan zhing gos gyon pa/ thal mo sbyar ba/ bud med kyi gzugs su bri'o/

白色的（178）娄宿、绿色的（179）胃宿、草绿色的（180）昂宿、粉色的（181）毕宿、黑色的（182）嘴宿、白色的（183）参宿、白色的（184）井宿、绿色的（185）鬼宿、白色的（186）柳宿、白色的（187）星宿、黄绿色的（188）张宿、绿色的（189）翼宿、红色的（190）轸宿、绿色的（191）角宿、白色的（192）亢宿、黑色的（193）氐宿、绿色的（194）房宿、白色的（195）心宿、白色的（196）尾宿、黑色的（197）箕宿、灰色的（198）斗宿、粉色的（199）牛宿、绿色的（200）女宿、黑色的（201）虚宿、黄色的（202）危宿、绿色的（203）室宿、黄色的（204）壁宿、淡黄色的（205）奎宿。此二十八星宿均着连衣，合掌，如藏文草书体的形式而绘。

4.12 母神

tshangs pa ma ni tshangs pa dang ’dra bar/ drag mo ma ni drag po lta bu’o/ khyab ’jug ma ni khyab ’jug lta bu’o/ gzhon nu ma ni krti ka lta bu’o/ dbang po ma ni brgya byin lta bu’o/ phag mo ni mdog nag po ste/ yi dags la zhon pa/ nya rlon pa dang/ thod pa lag na thogs pa’o/ dga’ byed ma ni mdog dmar po yi dags la zhon pa/ kva ti ra dang thod pa lag na thogs pa’o/ de dang nye ba nyid du bhring gi ri ti bri ste/ ma mo bdun bhring gi ri ti dang bcas par bri bar bya’o/

（206）梵天之后（诸尊之特征）与梵天相同。（207）大自在天之后（诸尊之特征）与大自在天相同。（208）遍如天之后（诸尊之特征）与遍如天相同。（209）童子女和六面天相同。（210）帝释天母和帝释天相同。黑色的（211）金刚亥母坐在饿鬼上，手持湿鱼和天灵盖。赤色的（212）遮天荼坐在饿鬼上，两手持弯刀和天灵盖。（213）毗哩覸哩枳与其相似。[1]

4.13 象鼻天

tshogs kyi bdag po ni mdog dkar po lag pa bzhi pa/ glang po che’i mdog can lag pa gyas dang gyon pa na la du dang la phug thogs pa/ de las gzhan pa gnyis na mdung rtse gsum dang dgra sta thogs pa/ sbrul ser mkhar thogs pa/ byi la la zhon pa/ tshogs du mas yongs su bskor ba bri bar bya’o/ lha gzhan dag kyang gzhal yas khang na gnas par bri’o//

（214）象鼻天，身呈白色，四臂，象面。左右二臂持面饼和萝卜，其余二臂持三叉戟和钺斧。蛇形络腋，乘老鼠，众眷属环围。其他诸尊亦住于无量宫内。

4.14 外四摄菩萨

’dir yang sgo srung rnams ni rdo rje lcags kyu la sogs pa de dag nyid yin no/

此重诸门卫金刚钩等与他们（第一重门卫）一致。

按:（215）金刚钩，手持金刚钩，展右（腿）而立。南门为黄色的（216）金刚索，手执金刚手之羂索，展左（腿）而立。西门为赤色的（217）金刚锁，手持金刚连环套，曲腿呈半蹲状。北门为绿色的（218）金刚铃，以金刚缚紧握金刚与铃，呈聚拢坐姿。

[1] 黑色、特别瘦弱，两臂持念珠和净瓶，其余两手合掌持念珠（nag mo shin tu skem pa/ phyag gnyis phreng ba dang spyi blugs ’dzin pa/ thal mo sbyar bar phreng bar bshad do/）。

补译：[1]

sgo bzhir lcags kyu la sogs pa bzhi'o/ de nas/ gzhung 'di'i rgyas bshad kyi skabs dang phreng bar ma byung yang/ mdor bstan gyi skabs nas phyi sgo'i shar gyi cha la ni/ gshin rjeg gshed po'i phyag rgya che/ thams cad srung la rab brtson pa/ rnam pa kun tu legs par gzhag/ gyon brkyang pas ni legs bzhugs shing/ phyag gyas dbyug pa 'phyar mdzad la/ phyag gyon thugs kar sdigs mdzub bsgreng/ rab tu drag pa bri bar bya/ gzhan gyis mi thub khro po che'i/ phyag rgya chen po lho phyogs su/ khro bo'i rgyal po rta mgrin ni/ phyag rgya chen po nub phyogd su/ rdo rje 'jigs byed spyan gyi ni/ phyag rgya chen po byang phyogs su//

金刚钩等四尊位于四门。虽然在原典广注等章节及《究竟瑜伽鬘》中对此并未详载，但在略注等章节中记载了其外部东方诸门为双重之门。分别是（219）大威德金刚大手印，勤于一切护持，展左腿而立。右手持棒，左手当胸示期克印；（220）大忿怒尊无能胜明王的大手印于南方；（221）忿怒王马头金刚的大手印于西方；（222）大威德怖畏金刚的大手印于北方。

资料八

《圣文殊师利曼荼罗仪轨功德生处》中具功德生处曼荼罗图像部分择译

藏题：*'Phags pa 'jam dpal gyi dkyil 'khor gyi cho ga yon tan 'byung gnas zhes ba//*

汉译名：《圣文殊师利曼荼罗仪轨功德生处》

注者：Varabodhi，Byang chub mcho

译者：Smṛtijānakīrti

收录经号与图像页码：北京版藏文《大藏经》，No. 3409，第 75 卷，页 162，3.3—162，4.4

1. 主尊大日如来 四部族四如来 四隅四母

dbus su rnam par snang mdzad do/ 'khor lo'i rtsibs bzhi ni rigs bzhi'o/ gru chad bzhi yum bzhi'o/

中央为大日如来，四辐轮处为四部族，四隅为四母。

[1] Bu ston, *mTshan brjod kyi dkyil 'khor gyi bkod pa bzhugs so*，收录于 Lokesh Chandra, *The Collected Works of Bu-ston.* Śata-piṭaka Series. Part 17 (TSA). New Delhi: International Academy of Indian Culture, 1969, p.285, 1-4.

2. 十六金刚菩萨

de'i phyi rol tu 'khor lo rtsibs bcu drug la rdo rje sems dpa' sku mdog dkar po/ rgyal po ser po/ chags pa dmar po/ legs pa ljang khu/ rin chen ser po/ gzi brjid dmar ser/ rgyal mtshan nam mkha'i mdog can/ bzhad pa dkar po/ chos dkar dmar/ rnon po sngo bsangs/ 'khor lo ser po smra ba zangs kyi mdog can/ rdo rje las sna tshogs pa'i mdog can/ rdo rje bsrung ba ser po/ gnod sbyin nag po/ khu tshur ser ljang/

四辐轮之外的十六辐轮处分别是白色的金刚萨埵；黄色的金刚王；赤色的金刚爱；绿色的金刚喜；黄色的金刚宝；赤黄色的金刚光；蔚蓝色的金刚幢；白色的金刚笑；粉色的金刚法；青色的金刚利；黄色的金刚轮；[1]古铜色的金刚语；杂色的金刚业；黄色的金刚护；黑色的金刚牙；黄色的金刚铠甲。

3. 内外四供养菩萨、四门

nang gi gru chad bzhi la sgeg mo dkar mo/ phreng ba ma ser mo/ glu ma dkar mo/ gar ma ljang khu'o/ de nas phyi'i lha mo bzhi ni/ bdug pa ma sku mdog dkar mo/ me tog ma ser mo/ mar me ma dmar skya/ byug pa ma ljang khu/ sgo bzhir sgo ba rnams dgod par bya'o//

内四隅为白色的嬉女、黄色的鬘女、白色的歌女、[2]绿色的舞女。外四隅为白色的香女、黄色的花女、粉色的灯女、绿色的涂香女。四门的诸门卫呈嬉笑相。

4. 十六贤劫菩萨

de nas dkyil 'khor phyim la byams pa la sogs pa byang chub sems dpa' bcu drug khyams su dgod par bya ste/ de'ang shar phyogs pa rnams ni sku mdog dkar po rd rje rtse lnga bsnams pa/ lho phyogs pa rnams ni sku mdog ser po radana bsnams pa'o/ nub phyogs pa rnams ni sku mdog dmar po pad ma bsnams pa'o/ byang phyogs pa rnams ni sku mdog ljang khu sna tshogs rdo rje rgya gram bsnams pa'o//

接着，外轮走廊处的弥勒等十六尊菩萨面含微笑。东方诸尊身呈白色，手持五股金刚杵；南方诸尊身呈黄色，手持宝；西方诸尊身呈赤色，手持莲花；北方诸尊身呈绿色，手持羯磨十字金刚。

[1] 布顿：金色的金刚因（rdo rje rgyal）。
[2] 布顿：红白色（dkar dmar）。

5. 四门卫

de nas sgo bzhir sgo ma lcags kyu ma dkar mo/ zhags pa ma ser mo/ lcags sgrogs ma dmar skya/ dril bu ljang gu'o//

四门为白色的［金刚］钩母，黄色的［金刚］索母、粉色的［金刚］锁母和绿色的［金刚］铃。[1]

6. 外轮五重：如来部、金刚部、宝部、莲花部和羯磨部诸神

de'i phyi ril gyi khyams la rim pa dang po la de bzhin gshegs pa'i rigs sku mdog dkar po 'khor lo dang ral gri bsnams pa'o/ rim pa gnyis pa la rdo rje'i rigs sku mdog sngon po rdo rje dang ral gri bsnams pa'o/ rom pa gsum pa la/ pad ma'i rigs dmar po pad ma dang ral gri bsnams pa'o/ bzhi pa la rin po che'i rigs ser po rin po che dang ral gri bsnams pa/ rim pa lnga pa las kyi rigs ljang khu sna tshogs rdo rje dang ral gri bsnams pa/ thams cad gdan pad ma dang zla ba la bzhugs pa'o//

外轮再外重的廊道处依次第一重为如来部，身呈白色，手持轮和剑；[2]第二重为金刚部，身呈青色，手持金刚和剑；[3]第三重为莲花部，身呈赤色，手持莲花和剑；[4]第四重为宝部，身呈黄色，手持宝和剑；[5]第五重为羯磨部，身呈绿色，手持羯磨金刚和剑；[6]诸尊端坐于莲花月座上。

资料九

《名等诵曼荼罗仪轨虚空无垢》中文殊虚空无垢摄部族曼荼罗图像部分择译

藏题：*mTshan yang dga par brjod pa'i dkyil 'khor cho kha nam mkha' dri med ces bya ba//*

汉译名：《名等诵曼荼罗仪轨虚空无垢》

作者：文殊吉祥友造（Mañjuśrīmitra, 'Jam dpal bshes gnyen）

---

［1］布顿：指出以上诸尊法器、坐具、装饰等均与《真言义观》中的摄部族曼荼罗一致。
［2］布顿：指出尊数，为 181 尊。
［3］布顿：指出尊数，为 71 尊，身色为青色，怒相，眉毛紧锁，额部颦蹙，龇牙咧嘴，各种装束，住于燃烧的团火中，手持金刚杵和宝剑。
［4］布顿：指出尊数，为 275 尊，含笑。
［5］布顿：指出尊数，为 105 尊。
［6］布顿：指出尊数，为 95 尊，呈奋力姿。

译者：印度译师mKhan po su bdzra ba、西藏译师法智（Dharmaprajā, Chos kyi shes rab）

收录经号及图像页码：北京版藏文《大藏经》, No.3367，第 75 卷，页 124，5.2-3.

1.第一重

1.1 主尊 大日如来

bcom ldan 'das rnam par snang mdzad chen po zhal bzhi pa zhal dang po shar du gzigs pa/ gnyis pa lho/ gsum pa nub/ bzhi pa byang ngo/ phyogs bzhi ka na phyag gnyis gnyis pa/ byang chub mchog gi phyag rgya'i steng na rdo rje dkar po rtse lnga pa skyes pa/ rgyan thams cad kyis brgyan pa/ de'i thugs kar yi ge dki las/ dang po'i sangs rgyas zhal lnga pa/ phyag brgyad pa/ gyas bzhi na shes rab kyi ral gri/ gyon bzhi na shes rab kyi pha rol tu phyin pa'i po ti yod pa/ zhal bzhi phyogs dang mthun pa/ dbung dmar ser ro/ de'i thugs kar shes rab kyi 'khor lo rtsibs drug pa la/ gsang sngags rgyal po drug gis mtshan pa/ de'i dkyil du 'jam dpal ye shes sems dpa' zhal drug phyag gnyis pa/ gyas ral gri gyon po ti 'dzin pa/ de'i steng du zla ba dang/ a bsgom par byao/ de ltar na de ni sbyor ba dang po'i ting nge 'dzin to//

大日如来具四面，第一面朝东，第二面朝南，第三面朝西，第四面朝北。每朝四方的两手结如来一切智印并持白色五股金刚杵，装饰具足。五面八臂本初佛从大日如来胸口种子a中化现而出，其右四臂手持智慧剑，左四臂手持《般若经》经函，（持物）与四面的方向一致。本初佛胸前具六辐轮，轮辐用六金刚持装饰。在六辐轮的中央现六面二臂文殊智慧萨埵，其右手持剑，左手持经函。文殊智慧萨埵在月轮上修行种子a，若完成（这一仪式的）话，则为初合等式。[1]

2.第二重 四方佛和十六大菩萨

2.1 东院 阿閦佛及眷属

shar phyogs kyi gling gi nyi ma la sangs rgyas mi bskyod pa sngon po zhal gcig phyag gnyis pa/ sa gnon gyis rdo rje rtse lnga pa 'dzin pa rgyan thams cad kyis brgyan pao/ mdun du rdo rje sems dpa' dkar po gyas rdo rje thugs kar bstod pa/ gyon dril bu dku la gtad pa'o/ gyas ngos su rdo rje rgyal po mdog ser pot ho ba thogs pao/ rgyab tu rdo rje chags pa dmar

[1] 初合等持亦称初行等持，密乘生次三等持之一。主尊双身化现坛中诸尊之定。生于余二等持之前故名初，方便智慧无二结合，故名为行。

po mda' 'gengs pao/ gyon du rdo rje legs pa ljang gu rdo rje 'dzin pa/ se gol gyis legs pa ster bao//

东方领地日轮上为青色的阿閦佛，一面二臂，结触地印并持五股金刚杵，装饰具足。其前方为白色的金刚萨埵，右手当胸持金刚，左手持铃于胯部。右侧为身呈黄色的金刚王，手持铁锤。后方为红色挽弓射箭的金刚爱。左侧为绿色持金刚杵的金刚喜，结妙贤弹指施惠印。

2.2 南院 宝生佛及眷属

lho phyogs kyi gling gi nyi ma la/ sangs rgyas rin chen 'byung ldan ser po zhal gcig phyag gnyis pa/ mchog sbyin rin po che bsnams pa/ rgyan thams cad kyis brgyan pao/ mdun du rdo rje rin chen ser po gyas rin po che rdo rje dpral bar bstod pa gyon dril bu dkur bsten pao/ gyas su rdo rje nyi ma sngon po nyi ma 'dzin pao/ rgyab tu rdo rje dbang po dmar po rgyal mtshan bsnams pao/ gyon du rdo rje bzhad pa dkar po so shing gi phreng ba thogs pao//

南方领地日轮上为黄色的宝生佛，一面二臂，结与愿印，握宝，装饰具足。前方为黄色的金刚宝，其右手于额前持饰宝金刚杵[1]，左手于胯部持铃。右方为青色的金刚光，手持太阳。后方为红色[2]的金刚幢，手持宝幢。左方为白色的金刚笑，手持杨柳鬘。

2.3 西院 阿弥陀佛及眷属

nub phyogs kyi gling gi nyi ma la sangs rgyas snang ba mtha' yas dmar po zhal gcig phyag gnyis pa/ mnyam gzhag gi thog na padma dmar po 'dzin pa rgyan thams cad kyis brgyan pao/ mdun du rdo rje chos dmar po padma'i sdong bu snying gar kha bye ba 'dzin pao/ gyas su rdo rje rnon po sngon po ral gri thogs pao/ rgyab tu rdo rje rgyu ser po 'khor lo can no// gyon du rdo rje smra ba sngon po lce thogs pao//

西方领地日轮上为红色的阿弥陀佛，一面二臂，结禅定印，其上托红莲，装饰具足。前方为红色的金刚法，手当胸持莲，作开其莲花之姿。右方为青色的金刚利，手持宝剑。后方为黄色的金刚因，手持轮。左方为青色[3]的金刚语，手持舌。

2.4 北院 不空成就佛及眷属

byang phyogs kyi gling gi nyi ma la sangs rgyas don yod grub pa ljang gu zhal gcig phyag gnyis pa skyabs sbyin mdzad cin rgya gram can rgyan thams cad kyis brgyan pao/

---

[1] 布顿：持宝。
[2] 布顿：青色。
[3] 布顿：赤色。

mdun du rdo rje las ljang gu sna tshogs rdo rje dang dril bu thogs pao/ gyas su rdo rje srung ba ser po rdo rje'i khrab thogs pao/ rgyal tu rdo rje gnod sbyin nag po mche ba thogs pao/ gyon du rdo rje khu chur ser po rdo rje thogs pao//

北方领地日轮上为绿色的不空成就佛，一面二臂，施无畏印并持羯磨杵，装饰具足。前方为绿色的金刚业，手持交杵和铃。右方为黄色的金刚护，手持金刚铠甲。后方为黑色的金刚牙，手持獠牙。左方为黄色的金刚拳，手持金刚。

2.5 四隅四波罗蜜菩萨

de nas gtsobo'i dkyil 'khor gyi mtshams bzhi nas rdo rje sems dpa' dang/ rin chen sems dpa' dang/ padma sems dpa' dang/ las gyi sems dpa' dang/ rigs bzhi'i sems dpa' bsgom mo//

其次，从坛城中轮的四隅分别修行金刚菩萨、宝菩萨、莲花菩萨和业菩萨。

3.第三重

3.1 八供养女菩萨

de'i phyi rol mtshams bzhi na sgeg mo dkar mo rdo rje nyi ma 'dzin pa dang/ phreng ba ma ser mo rin po che'i phreng ba 'dzin pa dang/ gli ma sngon mo pi bang 'dzin pa dang/ gar ma ljang gu rdo rje rtse gsum 'dzin pa dang/ de rnams shar lho nas brtsams te bsgom mo/ gru chad bzhi la spos me ma dkar mo spos phor thogs pa dang/ me tog mthing ga me tog 'dzin pa dang/ mar me ma dmar mo mar me thogs pa dang/ dri chab ma ljang gu dri'i lde gu thogs pa dang/ de rnams kyang shar lho mtshams nas rim bzhin no//

中轮外重的四角分别是：白色的嬉女手持金刚太阳；黄色的鬘女手持宝鬘；青色[1]的歌女手持琵琶；绿色的舞女手持三股金刚杵。她们自东南方开始修习于四角。外四角为：白色的香女手持香炉；蓝色的花女手持花；红色的灯女手持明灯；绿色的涂香女手持香羹。她们亦自东南角顺次而列。

3.2 十六菩萨

de'i phyi rol gyi khyams rnams su byams pa dang/ mthong ba don yod dang/ ngan song kun 'dren dang/ mya ngan kun 'joms rnams mdog dkar po rdo rje thogs pa rnams ni shar duo/ spos kyi blo gros dang/ dpa' bar 'gro ba dang/ nam mkha' mdzod dang/ ye shes tog dang/ de rnams mdog ser po rin che'i snye ma thogs pa rnams ni lho ruo/ od dpag med dang zla ba'i od dang/ bzang skyong dang/ drab a can gyi od rnams mdog dmar po padma'i

---

[1] 布顿：红色。

sdong bu thogs pa rnams ni nub tu'o/ rdo rje snying po dang blo gros mi zad pa dang/ spobs pa brtsegs pa dang/ kun du bzang po rnams mdog ljang gu rgya gram thogs pa rnams ni byang du'i/ byang chub sems dpa' de rnams kyang zhal gcig phyag gnyis pa rgyan thams cad kyis brgyan pa'o//

在曼荼罗外重的走廊，弥勒、见益、普度三途菩萨，除忧暗等位于东方，身呈白色，手持金刚杵。香智慧、勇行、虚空库、智顶等位于南方，身呈黄色，手持宝穗。无量光、月光、贤德、网明等位于西方，身呈红色，手持莲茎。金刚藏、无尽智、辩积、普贤等位于北方，身呈绿色，手持十字杵。以上菩萨均为一面两臂，装束具足。

3.3 四摄菩萨

shar gyi sgor ni rdo rje lcags kyu sngon po lcags kyu thogs pa'o/ lho'i sgor ni rdo rje zhags pa ser po zhags pa thogs pa'o/ nub kyi sgor ni rdo rje lcags sgrog dmar po lcags sgrog thogs pa'o/ byang gi sgor ni rdo rje 'bebs pa ljang nag dril bu thogs pa'o/ sgo ba de rnams kyang cung zad khro ba/ zhal mche ba lhag ge ba rgyan thams cad kyis brgyan pa'o//

东门为青色[1]的金刚钩，手持铁钩。南门为黄色的金刚索，手持羂索。西门为红色的金刚锁，手持锁链。北门为深绿色的金刚铃，手持铃。以上守护者不仅略显威相，且獠牙切齿。

[1] 布顿：白色。

附录篇

附录一

经堂西壁北侧历史性题记

第一行：ཨོཾ་སྭ་སྟི། དཔལ་ལྡན་བློ་ཡི་མེ་ལོང་དག་པ་ལ། ཐུབ་པའི་ལུགས་བཟང་གཟུགས་མཛེས་གསལ་བར་འཆར། ××ཕྲེང་བ་ཟླ་བའི་ཟེར་འཕྲོ་བ། རྗེ་བཙུན་ཙོང་ཁ་པ་དེ་རྒྱལ་གྱུར་ཅིག། རྒྱ་ཆེན་ཚོགས་གཉིས་རྒྱ་མཚོའི་དབུས་ན་མཐོ། བསྡུ་བཞིའི་བང་རིམ་མཛེས་པས་དམ་དུ་མཐུད། མཁྱེན་བརྩེའི་ཉི་ཟླའི་འོད་རིས་གསལ་བ་ཅན། ཐུབ་དབང་ལྷུན་པོའི་དབང་པོར་ཕྱག་བགྱིད་དོ། རྟེན་འབྱུང་ཟང་མོའི་ཧྲ་ལྷང་གིས་དྲང་བ། མཐའ་གཉིས་སྤངས་པ་ཤར་རིའི་རྩེ་ནས་འོང་། རྟོག་གེའི་ངན་པའི་མུན་པ་ལས་རྒྱལ་བ། ཀླུ་སྒྲུབ་ཉིན་མོའི་མགོན་དེས་བདག་སྐྱོངས་ཤིག། མི་ཕམ་ཐུགས་ཆུད་དབུ་པའི×××། རིག་གྲུབ་མཐའི་རླབས་ཕྲེང་རབ་ཏུ་གཡོ། རིགས་ལམ་སྟོང་གི་ནོར་བུའི་དཔལ་མངའ་བ། ཐོགས་མེད་ཆུ་གཏེར་ཆེ་དེས་གཟིགས་གྱུར་ཅིག། རྒྱལ་དང་ཤིང་རྟ་ཆེ་གཉིས་རྗེས་འབྲངས་

第二行：བཅས། དག་པའི་ཞིང་གཞན་གཤེགས་པས་ཐུབ་བསྟན་འདི། སྣུམ་བྲལ་མར་མེའི་གནས་སྐབས་བསྙེན་པའི་ཚེ། སྐྱེ་བོ་འདི་དག་ལོག་པའི་ལམ་ངན་ཞུགས། དུས་འདིར་མཐའ་དག་འགྲོ་ལ་སྤྱན་རས་ཀྱིས། རྟག་ཏུ་གཟིགས་པ་ཕྱག་ན་ཆུ་སྐྱེས་ཅན། མགོན་དེས་གངས་རིའི་ཁྲོད་འདིར་དཀར་པོའི་ལས། རྒྱས་པར་བྱ་ཕྱིར་རྒྱལ་པོའི་རྣམ་སྤྲུལ་བཟུང་། རྗེ་བཙུན་ངག་གི་དབང་ཕྱུག་མཐུ་སྟོབས་གཏེར། ××××འཇིག་རྟེན་དབང་ཕྱུག་གིས། ཐུབ་བསྟན་རྒྱས་པའི་ཁུར་ཆེན་འདེགས་པ་ལ། འགྲན་ཞིང་ཁ་བ་རི་པའི་དཔལ་དུ་གྱུར། ནག་ཕྱོགས་འབྱུང་པོའི་གདོན་གྱིས་ཐུགས་བརླམས་པ། དར་མས་བསྟན་པ×××××། སྐྱིད་ལྡེ་ཉི་མ་མགོན་སྲས་དང་བཅས་པས། གངས་ཅན་སྟོད་འདིར་སྒྲོན་མེད་བསྐལ་བཟང་བྱས། དཔལ་ལྡན་བཀྲ་ཤིས་མགོན་སྲས་ཐུ་བོ་མཆོག། འཁོར་བའི་ཕུན་ཚོགས་

第三行：རྩ་རྩེའི་ཟིལ་པ་ལྟར། དགོངས་ཏེ་སྲས་དང་བཙུན་མོ་བཅས་པ་ཡི། ངུར་སྨྲིག་རྒྱལ་མཚན་བླངས་ཏེ་དུལ་བར་གནས། ཡི་ཤེས་སྤྱན་ལྡན་འོད་ཀྱི་མཐའ་ཅན་དེས། འཕགས་ཡུལ་མཁས་པའི་མདུན་སར་མི་འཇིགས་པའི། མཁྱེན་པ་མཐོ་ལྡན་རིན་ཆེན་བཟང་པོ་སོགས། མཁས་པ་བརྒྱ་ཕྲག་དག་གིས་གང་བར་མཛད། དེ་ལྟར་ཡང་དག་ལུགས་བཟང་སྲོལ་གཏོད་པས། སྦྱོར་སྒྲོལ་ལ་སོགས་ལོག་པའི་ལམ་ངན་དག། ས་འོག་གཏིང་རུམ་དག་ལ་སྐྱབས་བྱས་པས། རྫོགས་ལྡན་བཞིན་དུ×ཆེན་བསྐལ་བཟང་བྱས། བརྩེ་ལྡན་ཡབ་མེས་གོང་མའི་རྣམ་འཕྲུལ་ལ།

སྲིད་པའི་མིག་ཡངས་གྱེན་དུ་མངོན་ཕྱོགས་པ། ××××××སྲས་དང་བཅས། རྒྱལ་བའི་བསྟན་ལ་རྒྱལ་བ་བཞིན་དུ་གྱུར། ལྷག་པར་མཁྱེན་པའི་ཉི་འོད་འབར་བ་ཡིས། མ་ལུས་ཤེས་བྱའི་པད་མོ་ཁ་ཕྱེ་བས། མདོ་སྔགས་གཞུང་བརྒྱའི་

第四行：ཟེ་འབྲུ་གསལ་བ་ཅན། ལྷ་རྗེ་བླ་མ་ཞི་བ་འོད་དེ་རྒྱལ། གང་དེའི་བཀའ་ལུང་སྤྱི་གཙུག་ལ་འགོད་པ། ས་བདག་རྩེ་ལྡེས་མཐུན་རྐྱེན་ཡོ་བྱད་དག། ཚོགས་པར་བྱས་པས་དཔལ་ལྡན་འཛམ་གླིང་བརྒྱན། སྐལ་ལྡན་མིག་གི་དགའ་སྟོན་ལྷ་བུར་བསྒྲུབས། ལྗོངས་འདི་སྐྱེ་བོའི་ལེགས་བྱས་དམན་པ་དང་། ནག་པོའི་ཕྱོགས་ཀྱི་སྟོབས་ཆེན་རྒྱས་པ་ལས། དགེ་འདུན་སྡེ་གཤིག་གཙུག་ལག་ཁང་ཆེན་དག། མཐའ་དག་མེ་ལ་འབྲས་ཡོས་བཞིན་དུ་བྱས །དེ་ནས་རིང་ཞིག་ལོན་ཚེ་ཙོང་ཁ་པ། སྲས་ཀྱི་མཆོག་གྱུར་ངག་དབང་གྲགས་པའི་དཔལ། ཞང་ཞུང་སྐྱེ་བོའི་བསོད་ནམས་ཇོ་ཉ་ཡིས་། ལེགས་པར་སྤྱན་དྲངས××××× མགོན་དེས་རིན་ཆེན་བཟང་པོའི་རྒྱལ་ཚབ་མཆོག། ལེགས་པར་བཟུང་ནས་རྒྱ་མཚོའི་གོས་ཅན་འདིས། ལི་ཁྲིའི་བླ་གོས་བླངས་པ་ལྟར་བྱས་སྟེ། དགའ་ལྡན་གནས་

第五行：ཀྱི་མི་ཕམ་མདུན་སར་གཤེགས། དེ་ཡི་རྒྱལ་ཚབ་ཆོས་ཀྱི་སྤྱན་ལྡན་པ། ནམ་མཁའི་མཚན་ལྡན་སློབ་མར་བཅས་པ་ཡིས། སྙིང་སྟོབས་མཆོག་དང་ལྷག་བསམ་མི་དམན་པས། སླར་ཡང་ལྷ་རྗེ་བླ་མའི་རྣམ་འཕྲུལ་བསྟན། དཔལ་ལྡན་ཤྲཱི་རིགས་ཀྱི་ཐིག་ལེ་མཆོག། རྗེ་བཙུན་ཤཱཀྱ་འོད་དང་དེ་ཡི་སྲས། མི་ཡི་དབང་པོ་བྷུད་ཛྷ་པ་ལི་ཏ། བློ་བཟང་རབ་བརྟན་ཕྱོགས་ལས་རྒྱལ་གྱུར་ཅིག། བརྩེ་ལྡན་ཆོས་འཛོམས་པུ་ཏི་ནམ་མཁའ་སྒྲོན། དཔལ་ལྡན་འདྲེན་དང་རྒྱལ་བུ་རྒྱལ་མོ་སོགས། འདི་དག་རྣམས་ཀྱིས་སྒྲུ་མའི་ཟས་ནོར་ལ། སྙིང་པོ་ལེན་ཕྱིར་མཐུན་རྐྱེན་དཔག་མེད་མཛད། འཛིག་རྟེན་མེས་པོའི××××× ཞི་བར་མི་ནུས་མིག་གི་བདུད་རྩི་འདི། པིར་ཐོགས་དབང་པོ་སངས་རྒྱས་བཟང་པོ་དང་། གཟོ་རིག་མཐར་སོན་དཀོན་མཆོག་རྡོ་རྗེ་སོགས། ཞང་ཞུང་ལྗོངས་འདིའི་མཁས་

第六行：པ་མཐའ་དག་གིས། ལེགས་པར་བྲིས་པས་འཕགས་ཡུལ་ནུབ་ཕྱོགས་ཀྱི། གཟོ་རིག་ཀུན་ལ་ཆགས་བྲལ་གྱུར་ཏེ་འདུག། འདི་ཡི་ཤིང་གཟོ་ལྷུན་གྲུབ་མགོན་པོ་དང་། དཔལ་ལྡན་ཆོས་བཟང་ལྷ་བཙུན་གྲགས་རྡོར་སོགས། མཁས་པ་དུ་མའི་སོར་མོའི་རྩེ་མོ་ལས། ཟློན་མེད་གསར་པའི་རྣམ་འཕྲུལ་འདི་ལྟར་རོ། ལྷ་ཡི་བཀོད་པ་ཟློན་མེད་འདི་འདྲ་བ། རྗེ་བཙུན་ཤཱཀྱ་འོད་ཀྱི་རྣམ་དཔྱོད་ཀྱིས། ལེགས་པར་དབྱེད་ལས་འབྱུང་བ་གཞན་དག་ལ། འདི་མཚུངས་མོ་གཤམ་བུ་ཡི་འགྲིང་ཕག་ཡི། ལྷ་ཡི་སྐུ་མདོག་ཕྱག་མཚན་བཞུགས་སྟབས་སོགས། རང་རང་གཞུང་ནས་ཇི་ལྟར་བཤད་པ་བཞིན། མ་ནོར་གསལ་པོར་འཁོད་པའི་ཞལ་×× ནམ་བསོད་××××××ཡིན། འདི་ཡི་ཕྱིར་དུ་ལུས་ངག་ཡིད་གསུམ་གྱིས། ལེགས་པར་འབད་པ་འོད་ཟེར་རྒྱལ་མཚན་དང་། སློན་ལམ་གྲགས་སོགས་གཉེར་བྱེད་ཐམས་

第七行：ཅད་ལའང་། འཇམ་དཔའི་དབྱངས་ཀྱི་གཟིགས་པ་འཇུག་གྱུར་ཅིག། འདི་དག་ཀུན་འདི་ཀུན་ནས་འབད་པ་ཀུན། ཀུན་མཁྱེན་གོ་འཕང་×གྱིས་ཐོབ་གྱུར་ཅིག། བསྟན་དང་བསྟན་འཛིན་ཡུན་རིང་གནས་པ་དང་། དགེ་འདུན་དགེ་ལེགས་རྒྱས་པའི་བཀྲ་ཤིས་ཤོག། གཙང་ཁང་དབུས་སུ་སྟོན་པ་སངས་རྒྱས་ལ། སངས་རྒྱས་སོ་ལྔ་གནས་བརྟུས་ལེགས་པར་བསྐོར། གཡས་སུ་རྫོར་དབྱིངས་གཙོ་བོ་རྣམ་སྣང་ལ། དེའི་རྩེ་ལྷ་སྐལ་བཟང་རྣམས་ཀྱིས་བསྐོར། ཀུན་རིགས་གཙོ་ལ་རིགས་ལྔ་ཡུམ་བཞི་དང་། འོག་ཏུ་སྦྱོང་རྒྱུད་དཀྱིལ་འཁོར་གཙོ་བོ་ལྔ།

ཕྱུགས་ཀྱི་གཡོན་ཕྱོགས་དཔལ་མཆོག་རྡོར་སེམས་ཀྱིས། གཙོ་འཁོར་ལྷ་ཚོགས་ཚང་བ་ལེགས་པར་བཞུགས། བཙུན××××××××། ×××××× བརྒྱད་དང་བཅས། དེ་འོག་སྤྱོད་རྒྱུད་དཀྱིལ་འཁོར་གཙོ་བོ་ཞྭ། འོག་གི་ཁོར་ཡུག་སྟོན་པའི་མཛད་པ་དག། མ་ལུས་རྫོགས་པ་བཅུ་གཉིས་དག་གིས་བསྐོར། ཤུ་བྷཾ།

附录二

经堂西壁南侧与佛堂转角处记载经堂南壁以及东壁南侧壁画内容题记

༄༅ ཁྱམས་ཆེན་གཡས་ཀྱི་ཕྱུགས་སུ་ལྷ་བླ་མ། ཡེ་ཤེས་འོད་ལ་ཤྲ་དྷ་ལོ་ཆེན་དང་། དེ་བ་ན་ག་པྲ་ཛྙ་སྲས་མཆོག་གཉིས། བྱང་ཆུབ་འོད་དང་ཞི་བ་འོད་ཀྱིས་བསྐོར། གཡས་ཕྱོགས་དང་པོའི་སངས་རྒྱས་(ཕྱག)་རྡོར་ལུགས། མ་གཏོག་ཆོས་དབྱིངས་གསུང་དབང་ལྷ་ཚོགས་བཞུགས། གཡས་ཀྱི་ཡར་འགྱུར་འཇམ་དཔལ་བཤེས་གཉེན་ལུགས། གཙོ་བོ་རྣམ་སྣང་དེའི་ལྷ་ཚོགས་བཅས། ཡར་འགྱུར་འབྲེལ་ཆེན་ལུགས་ཀྱི་གཤིན་རྗེ་གཤེད། དེ་འོག་རྣམ་སྲས་རྟ་བདག་བརྒྱད་དང་བཅས། སྒོ་སྐྱེངས་གུར་གྱི་མགོན་པོ་གྲི་གུག་མ། གཡས་གཡོན་ཕྱག་བཞི་ཕྱག་དྲུག་དག་གི་འོག། ནེ་དཔོན་སློན་གསུམ་འགྲོག་གནས་ཕྱེལ(ས?བ?)་དང་། གནོད་སྦྱིན་དབང་པོ་དགྲ་ལྷ་ཡང་ནེ་ཕར་། གཡས་དང་གཅིག་ཤོས་འོག་གི་འཁོར་ཡུག་ལ། ཆོས་དབྱིངས་གསུང་དབང་ཕྱི་ན་སྒོ་བ་བརྒྱད། ཕྱི་རོལ་རྡོ་རྗེ་རིགས་ཀྱི་ལྷ་ཚོགས་གཞུགས།

附录三

经堂西壁南侧益西沃大师肖像的左右、四隅及下方古格诸王肖像题名

中央：

ཡེ་ཤེས་འོད།

左右：

དེ་བ། ན་ག།

四隅：

ཤྲདྡྷ། ལོ་ཆེན། བྱང་ཆུབ་འོད། ཞི་བ་འོད།

下方：

མི་དབང་བློ་བཟང་རབ་བརྟན།

ཐམས་ཅད་མཁྱེན་པ་རྗེ་བཙུན་ཤཱཀྱ་འོད་ལ་ན་མོ།

ལྷ་བཙེ་རབ་ཏུ་བྱུང་བ་དྷ་རྨ་པྲ་བ་ལ་ན་མོ།

མངའ་བདག་རྩེ་ལྡེ་། ཁྲི་རྣམ་རྒྱལ་ལྡེ་།

མངའ་བདག་བྱུད་ཧྣ་པ་ལ་ཏེ།

སྦྱིན་བདག་རྣམས་ཡིན།

སྦྱིན་བདག་རྣམས་ཡིན།

附录四

经堂西壁北侧与佛堂转角处记载经堂北壁以及东壁北侧壁画内容题记

༄༅ ཁྱམས་ཆེན་གཡོན་གྱི་ཕྱོགས་སུ་ཙོང་ཁ་པ། བློ་བཟང་གྲགས་པའི་དཔལ་ལ་ཀླུ་སྒྲུབ་དང་། ཐོགས་མེད་རྒྱལ་ཚབ་ཆོས་རྗེ་འདུལ་བ་འཛིན། དགེ་ལེགས་དཔལ་དང་ངག་དབང་གྲགས་པས་བསྐོར། གཡོན་ངོས་དང་པོར་གསང་ལྡན་རིགས་བསྡུས་ཀྱི། དཀྱིལ་འཁོར་ལྷ་ཡི་ཚོགས་རྣམས་ཚང་པར་གཞུགས། དེ་འོག་ཡོན་ཏན་ཀུན་འབྱུང་ལྷ་ཚོགས་ལ། རྡོ་རྗེ་རིགས་ཀྱི་ལྷ་ཚོགས་རྣམས་ཀྱིས་དམན། ཡར་འགྱུར་ཨ་ཥ་ཧྲུ་ཏིའི་བཤད་སྲོལ་གྱི། རིགས་བསྡུས་གཙོ་འཁོར་ལྷ་ཚོགས་ཚང་བར་བཞུགས། སློ་བྲུར་སྟེང་དུ་འཇམ་དཔལ་ གྲགས་པའི་ལུགས། ཁྲོ་བོའི་རྒྱལ་པོ་ཁམས་གསུམ་རྣམ་པར་རྒྱལ། དེ་འོག་ལས་ཀྱི་གཤིན་རྗེ་ཙ་མུན་ཏི། དགྲ་བགེགས་ཤ་ཁྲག་དག་ལ་ཧམ་ཞེན་སྡེད།

附录五

经堂西壁北侧宗喀巴大师肖像左右、四隅及下方上师像题名

中央：

ཙོང་ཁ་པ།

左右：

རྒྱལ་ཚབ་རྗེ།

འདུལ་འཛིན་གྲགས་པ་རྒྱལ་མཚན།

四隅：

ཀླུ་སྒྲུབ།

ཐོགས་མེད།

མཁས་སྒྲུབ་ཆོས་རྗེ།

ངག་དབང་གྲགས་པ།

下方：

དཀའ་བཞི་འཛིན་པ་དཀོན་མཆོག་དཔལ་མགོན་ལ་ན་མོ།

འདུལ་བ་འཛིན་པ་ནམ་མཁའི་མཚན་ཅན་ལ་ན་མོ།

དཀའ་བཅུ་འཛིན་པ་ལྷ་དབང་བློ་གྲོས་ལ་ན་མོ།

མཁས་སྒྲུབ་ཆོས་སྐྱོང་དཔལ་ལ་ན་མོ།

ཆོས་རྗེ་ཞ་ལུ་པ་ལ་ན་མོ།

འདུལ་བ་འཛིན་པ་རིན་ཆེན་རྒྱལ་མཚན་ལ་ན་མོ།

附录六

经堂南壁、北壁及东三壁曼荼罗下方壁画内容题记

南壁题记：

དང་པོའི་སངས་རྒྱས་ལ་ཕྱག་འཚལ་ལོ།

དང་པོའི་སངས་རྒྱས་ཀྱི་སྦྱིན་བདག་དཔོན་བརྩོན་ཨ་ཧྲ་ཡིན།

ཆོས་དབྱིངས་གསུང་དབང་གི་འཁོར་རྣམས་ལ་ཕྱག་འཚལ་ལོ།

北壁题记：

ཆོས་དབྱིངས་གསུང་དབང་གི་རྡོ་རྗེ་རིགས་པ་རྣམས།

གསང་ལྡན་རིགས་བསྡུས་ཀྱི་འཁོར་རྣམས་ལཕྱག་འཚལ་ལོ།

འཇམ་དཔལ་གསང་ལྡན་གྱི་ལྷ་ཚོགས་རྣམས་ལ་ཕྱག་འཚལ་ལོ།

འཇམ་དཔལ་ཡོན་ཏན་ཀུན་འབྱུང་རིགས་བསྡུས་ཀྱི་ལྷ་ཚོགས་རྣམས་ལ་ཕྱག་འཚལ་ལོ།

ཡོན་ཏན་ཀུན་འབྱུང་རིགས་བསྡུས་ཀྱི་འཁོར་རྣམས་ལ་ཕྱག་འཚལ་ལོ།

东壁题记：

ནམ་མཁའ་དྲི་མེད་ཆུང་བ་རིགས་བསྡུས་ཀྱི་ལྷ་ཚོགས་རྣམས་ལ་ཕྱག་འཚལ་ལོ།

ནམ་མཁའ་དྲི་མེད་ཆུང་བའི་རྡོ་རྗེ་རིགས་པ།

འཇམ་དཔལ་སྒྱུ་འཕྲུལ་དྲྭ་བ་རིགས་བསྡུས་ཀྱི་ལྷ་ཚོགས་རྣམས་ལ་ཕྱག་འཚལ་ལོ།

ཆོས་དབྱིངས་གསུངས་དབང་གི་རྡོ་རྗེ་རིགས་པ།

附录七

经堂东、南、西、北四壁下方法界语自在曼荼罗第四重眷属残存题名

东壁北侧：

གཞོན་ཀར་ཏི་ཀ། ནག་པོ་ཆེན་པོ། དབང་བྱེད་དབང་ཕྱུག། ཉི་མ། ཟླ་བ། མིག་དམར། ལྷག་པ། ཕུར་བུ། པ་སངས་། སྤེན་པ། སྒྲ་ཅན། བརྒྱད་མ།

东壁南侧：

ས་བཟངས། སྲུང་རྣར་བྱེད་པ། དབྱིང་ཀྱི་ལྷ། མཐའ་ཡས། ནོར་རྒྱུས། བརྗོག་པོ། མཚོ···། བར་མན།

པར་མ་ཆེན་མོ། དུང་སྐྱོང་། དགའ་ལྡན། ཐག་བསངས་རི་འཁོར་བཅས། སྟོབས་ལྡན་འཁོར་བཅས།

རབ་དགའ་འཁོར་བཅས། སྣམ་པར་སྣང་བྱེད་འཁོར་བཅས། ནམ་མཁའ་སྡིང་གི་དབང་པོ་འཁོར་བཅས།

南壁：

མི་ལྷ་འཁོར་བཅས། མིའམ་ཅི་རྒྱལ་བ་འཁོར་བཅས། དྲི་ཟ་རྒྱལ་མོ་འཁོར་བཅས། ···གི་འཆི་འཁོར་བཅས་ཁམས་གནས་གྲུབ་པ། ནོར་བུ་བཟང་པོ། ལྕགས་སྒྲོ་ཀྱཱ། གཤིན་རྗེ་གཤེད། གནོད་སྦྱིན། རྣམ་སྲས། པི་ཙི་ཀུན་ཏུ་ལི། ཀི་ལི་མ་ལི། གཤིན་རྗེ་འཁོར་བཅས། སྦྱོད་པའི་དབང་པོ། ཞགས་པ། གཞན་གྱིས་མི་ཐུབ། ཁྲོག་མ་བུ་དང་བཅས་པ། ཐར་སྐར། ཐ་སྐྱེ། ན་དྲུག། སྐར་མ། མགོ། ལག། ནབ་སོ། རྒྱལ། སྐྱིན་པོ་འཁོར་བཅས།

北壁：

ས་ཁ། ས་རི། ····ཆུང་མ། རྡོ་རྗེ་འཇིག་བྱེད། མནར་མ། དྲག་མ། ཁྱབ་འཇུག་མ། གཞོན་ནུ་མ། མཁར་མ། ཕག་མོ། རྣན་བྱེད་མ། འབྲིང་གི་རི་ཏྭ། ཚོགས་བདག་གི་ཆུང་མ། ···ལྡན་འཁོར་བཅས།

附录八

门廊东壁南北两侧壁十六金刚舞女题名

1. 东壁北侧上方四尊从北到南： ཛ་ཀྵ་བ་ཛྲེ། ཏི་སྣ་ན་བ་ཛྲེ། ཏེ་ཏུ་བ་ཛྲེ། ཧྲ་ག་བ་ཛྲེ།

2. 东壁北侧下方四尊从北到南： ཀ་ཀྵ་བ་ཛྲེ། ར་ཀླ་བ་ཛྲེ། ཡ་ཀླ་བ་ཛྲེ། ས་རྐྵེ་བ་ཛྲེ།

3. 东壁南侧上方四尊从北到南： ས་རྒྱུ་བ་ཛྲེ། ར་ག་བ་ཛྲེ། ར་ཏྣ་བ་ཛྲེ། སྭ་ཏྲ་བ་ཛྲེ།

4. 东壁南侧下方四尊从北到南： ཏ་ས་བ་ཛྲེ། ཀི་ཏུ་བ་ཛྲེ། ཏེ་ཛོ་བ་ཛྲེ། 漫漶不清

附录九

佛堂十二弘化故事题记

一、南壁题记

南壁东段：

1. དགའ་ལྡན་གྱི་གནས་ཀྱི་གཞལ་མེད་ཁང་ཆེན་པོ་ཆུ་དང་རྒྱུར་པག་ཚད་དྲུག་བཅུ་རྩ་བཞི་གང་དུ་བྱང་ཆུབ་སེམས་དཔའ་བཞུགས་ཏེ། དགའ་ལྡན་གྱི་ལྷ་རྣམས་ལ་ཆོས་བསྟན་པ་ཅེས་སོགས་ནས་ཞེས་བྱ་བ་ཡོད་དེ། རྒྱལ་ཆེན་རིགས་ནི་བཞི་པོ་དང་། སུམས་བཅུ་རྩ་གསུམ་ལྷ་རྣམས་དང་། ཐབ་བྲལ་གྱི་ལྷ་རྣམས་དང་། དགའ་ལྡན་གྱི་ལྷ་རྣམས་ཐམས་ཅད་དང་། འཕྲུལ་དགའ་ལྷ་རྣམས་མ་ལུས་དང་། གཞན་འཕྲུལ་དབང་བྱེད་ཅེས་བྱ་བ། དགའ་ལྡན་ལྷ་རྣམས་ཆོས་སྟོན་གསུང་། གདུལ་བྱ་ཉེ་ལ་དགོངས་མཛད་ནས། གསུངས་ཀྱི་གདུལ་བྱ་མ་ལུས་པའི། འཕྲིན་ལས་ཐུན་པའི་གཉིད་བདུལ་བྱ། མ་ལུས་པའང་ཉན་པར་བྱེད། ཀུན་ཀྱང་གྲོལ་བའི་ལམ་ལ་ཞུགས། ས་བཅུའི་དབང་ཕྱུག་གང་ཡིན་པ། མངོན་པར་ཤེས་པ་ཆེན་པོའི་གྲུས། འཇིག་རྟེན་ཁམས་རྣམས་མ་ལུས་པར། སངས་རྒྱས་དང་མཉམ་མཛད་པ་ནི། མ་ལུས་པར་ནི་ཀུན་མཛད་ཅེས། མདོ་སྡེ་ས་བཅུ་ལ་གསུངས་པས། དགའ་ལྡན་གནས་ན་བཞུགས་ན་ཡང་། མཛད་པའི་ཤེས་བྱ་མ་ལུས་ཁྱབ།

2. བྱང་ཆུབ་སེམས་དཔའ་གླང་པོར་སྤྲུལ་ནས་ཡུམ་གྱི་ལྷུམས་སུ་ཞུགས་པ།

3. དེ་ཚེ་བྱང་ཆུབ་སེམས་དཔའ་དགའ་ལྡན་གྱི། རིས་ནས་འཕོས་ཏེ་ཡུམ་གྱི་ལྷུམས་ཞུགས་ཚེ། ས་ཆེན་འདི་ནི་ཤིན་དུ་གཡོས་པར་གྱུར། འཇིག་རྟེན་ཐམས་ཅད་འོད་ཀྱིས་གསལ་འགྱུར་ཅིང་། ཇི་ལྟར་སྤྲིན་ནི་རྒྱ་ཆེན་ལེགས་འདུས་པ། ཆུ་མང་བསགས་པ་ཀླུང་གིས་བསྐྱོད་བ་ལྟར། དེ་བཞིན་བློ་ལྡན་དེ་ནི་ལྷུམས་འཇུག་པ། སྟོན་ཀའི་སྤྲིན་ཅམ་ཟླ་རྒྱས་ཇི་བཞིན་ནོ། གང་ཚེ་རྩལ་ལྡན་མཉམ་མེད་ཉེར་གཤེགས་ལ། དེ་ཚེ་འཇིག་རྟེན་སོ་སོའི་གླིང་བཞི་རུ། མུན་གྱིས་ཁེབས་གསལ་ཕྱོགས་ཀུན་ཤིན་དུ་ནི། གསལ་སྣང་བྱུང་འགྱུར་དེ་འདིར་ཆོས་ཉིད་དོ།། བཙུན་མོ་སྒྱུ་འཕྲུལ་རྨི་ལམ་བཞི་མཐོང་སྟེ། གླང་པོའི་ཕྲུག་གུ་ཙམ་གཡས་ནང་ཞུགས་དང་། སྟེང་གི་མཁའ་ལ་དཀྱིལ་དཀྲུངས་གིས་ཚོགས་དང་། སེང་གེའི་གདན་ལ་འདུག་ནས་ཆོས་སྟོན་དང་། ལྷ་དང་ལྷ་མིན་བཅས་པའི་འཇིག་རྟེན་རྣམས། བདག་ལ་ཕྱག་བྱེད་རྨི་ནས་ཟས་གཙང་གིས། མཐོས་མཚན་མཁན་རྣམས་ལ་དྲིས་པ་དང་། མཚན་མཁན་རྣམས་ཀྱིས་འདི་ལྟར་ལུང་བསྟན་ཏེ། འཁོར་ལོ་བསྒྱུར་བའི་སྲས་གཅིག་བལྟམ་པར་འགྱུར། འདི་ནི་རྫུ་འཕྲུལ་ཆེ་ཤིང་མཐུ་ཆེ་པ། གལ་ཏེ་རབ་ཏུ་བྱུང་པར་འགྱུར་པ་ན། འཁོར་རྣམ་བཞི་ལ་ཆོས་ནི་སྟོན་པ་དང་། འཇིག་རྟེན་ཀུན་གྱིས་མཆོད་ཅིང་བསྟོད་པར་འགྱུར། བྱང་ཆུབ་སེམས་དཔའ་ཡུམ་གྱི་ལྷུམས་ཞུགས་ཚེ། ལྷ་མཆོག··········བརྒྱ་བྱིན་གྱིས་སྨྲས་པ། ཁྱེད་རྣམས་སོང་ལ་ལྷ་མི་རྣམས་ཀྱི་ནི། ཤིན་དུ་མཆོག་གྱུར་ཡུམ་དེ་ཇི་ལྟ་བུའང། གནོད་མ་བྱེད་པར་གུས་པས་ཡོངས་སུ་བསྲུངས། དེ་རྣམས་ཤིན་དུ་འབད་བྱས་དགའ་བ་དང་། རྒྱ་བྱིན་ལུས་ནི་སྤྱི་བོས་མནོས་ནས་སུ། རྣམ་ཀུན་མདའ་མདུང་རལ་གྲི་ལག་ན་ཐོགས། བྱང་ཆུབ་སེམས་དཔའི་ཡུམ་ནི་བསྲུང་བར་

བྱེད། གཡུལ······དུ་རྒྱལ་གྱུར་ལྷ་གཞིས་ཐྲས་པ་དང་། དེ་ནི་ཉིན་མཚན་སྣ་ཚོགས་རྒྱུན་འཆང་ཞིང་། ལྷ་མོ་རང་ཁྱིམ་ནང་གནས་རྣམ་རོལ་པ། དགའ་པའི་ཚུལ་ན་སྤྱོད་པ་ལྟ་བར་སྤྱོད།།

4. དེ་ནས་བཙུན་མོ་སྒྲུ་འཕྲུལ་ཆེན་མོས་ལུམ་བི་ནིའི་ཚལ་མཐོང་བ་ན་སེམས་རྩེ་ཅིག་ཏུ་གྱུར་བ་དང་། དེ་ཕྱོགས་ལས་བབས་ཤིང་སྦྱ་ངན་ཚང་མེ་ཏོག་ཡང་དག་པར་རྒྱས་པ་མཐོང་བས་དགའ་བ་དང། ཡིད་བདེ་བ་སྐྱེས་ཏེ། དེ་དེར་སོང་ནས་མེ་ཏོག་དང་འདྲ་པ་་མའི་གཡུར་གྱིས་དུད་པའི་ཡལ་ག་ལ་འཇུས་ཏེ། བུད་མེད་རྣན་པས་བསྐོར་ནས་གནས་སོ། དེ་ནས་ལྷ་རྣམས་ཀྱི་དབང་པོ་རྒྱ་བྱིན་འདི་སྙམ་དུ་སེམས་ཏེ། བཙུན་མོ་སྒྲུ་འཕྲུལ་ཆེན་མོ་ཐྲས་བཙམ་པར་ཉེ་བར་གནས་ཀྱིས། མ་ལ་བདག་གིས་བྱང་ཆུབ་སེམས་དཔའ་དེ་དང་པོ་བཙམ་པ་ན་བླང་བར་བྱའོ། སྙམ་དུ་བསམས་པ་དང་། བྱང་ཆུབ་སེམས་དཔའ་འདི་སྙམ་དུ་དགོངས་ཏེ། བརྒྱ་བྱིན་འདི་བདག་གིས། བྱང་ཆུབ་སེམས་དཔའ་བླངས་སོ་ཞེས་དྲིགས་པར་སྐྱེ་བར་འགྱུར་བ་མཁྱེན་ནས། ངོ་བོ་ཉིད་ཀྱི་རྡོ་རྗེའི་སྙིང་པོ་ཅན་གྱི་སྐུར་བྱིན་གྱིས་བརླབས་ཏེ། ལྷུམས་སུ་ནི་ཡུམ་འཛིན་པས་སྐྱོན་སྨོངས་པར་མ་འགྱུར་ཅིག་སྙམ་དུ་དགོངས་ནས་ཡང་བར་མཛད་དེ་བཞུགས་པ་ཡིན་ནོ། དེ་ནས་ལྷའི་དབང་པོ་བརྒྱ་བྱིན་གྱིས་མཛོན་པར་མ་ནུས་པ་་དང་འདར་བར་གྱུར་ཏོ། བྱང་ཆུབ་སེམས་དཔས་བཀའ་སྩལ་པ། ཀཽ་ཤི་ཀ་ཐོང་ཐོང་དེ་སྐད་ཅེས་བཀའ་སྩལ་བ་དང་། ལྷའི་དབང་པོ་བརྒྱ་བྱིན་གྱིས་བྱང་ཆུབ་སེམས་དཔའ་ས་ལ་གཞག་གོ།།

སེམས་ཅན་ཐམས་ཅད་ཀྱི་སྔོན་དུ་འགྲོ་བར་བྱའོ།
འགྲོ་བ་ཐམས་ཅད་ཀྱི་ཡོན་གནས་སུ་གྱུར་བར་བྱའོ།
སྐྱེ་བ་འདི་ནི་ཐ་མ་ཡིན་པར་འགྱུར་རོ།
སྲིད་པའི་རྒྱ་མཚོ་ལས་རྒལ་བར་བྱའོ།།

ཀླུའི་རྒྱལ་དགའོ།

ཉེར་དགའ།

རྩེ་པའི་མ་མ།

དྲི་མ་འབྲུད་པའི་མ་མ།

པང་ན་མཆོ་བའི་མ་མ།

ནུ་མ་བསྣུན་པའི་མ་མ།

དྲང་སྲོང་ནག་པོ།

ཞོན་པའི་གླང་།

5. དེའི་ཚེ་རིའི་རྒྱལ་པོ་གངས་རིའི་དེས་ལ་དྲང་སྲོང་ནག་པོ་ཞེས་བྱ་བ་མངོན་པར་ཤེས་པ་ལྔ་དང་ལྡན་པ། ཞིག་ཐུག་ཏེ·····ཚ་བོ་མེས་

བྱིན་ཞེས་བྱ་བ་དང་ལྡན་པ་དང་ལྷན་ཅིག་ཏུ་འདུག་པ་ལས་འོངས་ནས། དེས་བྱང་ཆུབ་སེམས་དཔའ་བརྩམས་བ་དེ······ཟས་གཙང་མས་གཞུན་ནུ་དོན་ཐམས་ཅད་གྲུབ་པ་དེ་ལག་པར་བླངས་ནས་མཚན་སྟོན་པའི་།

6. དར་ཡོལ་ཏུས་ཤིང་སྨྱུར་ལ་མགོ་སྐྱོག། ལག་ན་ཁར་བ་ཐོགས་པ་མི་གཟིགས་ནས། འདི་དག་ཏུས་ལས་མ་འོངས་ཅེས་གྲགས་ཅེས། དེ་ནས་མི་དགྱེས་ཐུགས་ངན་དགོངས་པ་མཛད།

7. མི་དབང་ཟས་བཙང་མཛེས་བྱས་ནས། གཞོན་བསྲུང་ཕྱིར་སྒོ་ཕད་ནི། ···འདུས་བྱས་དྲིལ་བུ་མང་སྣགས་ནས། ཕོ་བྲང་འཁོར་ནས་གྲོང་ཁྱེར་སྐོར། རྒྱལ་པོ་ཟས་བཙང་ཤར་སྒོ་སྲུང་།

རྒྱ་བརྩལ་གྱི་སློབ་དཔོན་བཟང་ལེན་།

ཡི་གེའི་སློབ་དཔོན་སྲིན་པོའི་གོ་ཆ།

ཡིག་རྩིས་ཀྱི་བྱིས་པ།

གཞོན་ནུ་དོན་གྲུབ།

བྱང་ཆུབ་སེམས་དཔའ།

8. ལྷ་བརྒྱའི་བྱིས་པ་དང་བཅས་ཡིག་གླར་ཞུགས། ཡི་གེའི་དཔོན་ལས་ཁྱད་འཕགས་ཚངས་ཡིགས་མཁྱེན། འཛིག་རྟེན་བཟོའི་སྦྱོར་པ་མང་པོ་དག། བསྐལ་པ་བྱེ་མང་སྦོན་ནི་འདི་དག་བསྟབས། འོན་ཀྱང་སྐྱེ་ཡི་རྗེས་སུ་མཐུན་མཛད་དེ། བྱི་བ་མང་པོ་ཐེག་པ་མཆོག་ལ་བཀོད།

9. གླང་ཆེན་གཞོན་དང་འཕོངས་སོགས་རྒྱངས། སྟོབས་བཅུ་མངའ་བའི་གླང་ཆེན་ཕྱིབས། མདུང་དང་འཁོར་ལོ་ཅན་གྱི་གྲངས། དཔོངས་སྨོགས་སྦྱངས་པ་ལ་སོགས་པ།

10. གླང་པོའི་དབང་པོ་རྗེ་པ་བཞིན་བཞུད་པ། ཞབས་ཀྱི་མཐེ་བོས་གླང་པོའི་དབང་པོ་བླངས། ར་བ་བདུན་དང་འོབས་བདུན་ཡོངས་བརླས་ནས། གྲོང་ཁྱེར་འདིའི་ཕྱི་རོལ་རྒྱང་རིང་འཕངས།

11. དགེ་བའི་སྙིང་པོ་བྱ་བའི་ཤིང་། ཉི་མ་རེ་ལ་འབྲུ་བརྒྱ་སྐྱེ། དེ་ནི་བྱང་ཆུབ་སེམས་དཔས་བླང་།

12. ལྷས་བྱིན་གྱིས་གསད་གླང་ཆེན་ནི་། བཅུ་བཞི་ལས་འདས་རི་སྒྱུར་བས། དེ་ནི་གླང་པོ་ཤོངས་སུ་གྲགས་་། དགའོ། ལྷ་སྦྱིན། གཞུ་ནུ་དོན་གྲུབ་··། ཟས་དཀར་····།

南壁西段：

13. མི་ནི་ལུས་རིད་ནག་པོ་ཐབ་ཐབ་པོ། རང་དབང་མེད་པའི་ནད་ཐེབས་འདིར་གཟིགས་ནས། ནད་ལས་བདག་མ་འདས་པ་ལྷ་ཞིག་ཅེས། དེ་ནས་མི་དགྱེས་ཐུགས་ངན་དགོངས་པ་མཛད་།

14. ………དུས་གྱི་བཅས………ཞེས།

15. ཞིང་པ་ལ་གཟིགས……ཤེགས་ཆེ། མཚན་མཁན་རྣམས་ཀྱིས་ལུང་བསྟན་པར། གཞོན་ནུ་ཞག་བདུན…བཞུགས་ན་འཁོར་ལོ་སྒྱུར་བའི་རྒྱལ་པོར་འགྱུར།

16. འཛམ་བུའི་རྩར་བཞུགས་གྲིབ་མས་གཟུང་། བསམ་གཏན་དང་པོ་ལ་སྙོམས་ཞུགས། དེའི་ཚེ་ན་དྲང་སྲོང་ནི། མངོན་པར་ཤེས་པ་ལྔ་ལྡན་ལྔ། མཁའ་ལ་གཤེགས་པ་ས་ལ་ལྷུང་།

17. མདའ་རྒྱ་འཁྲོན་པ་ཅན……

18. བྱང་ཆུབ་སེམས་དཔའ་རྨི་ལམ་དུ། ས་ཆེན་ཉིད་ཀྱིས་བཟེམས་མལ་དང་། རི་རབ་རི་རྒྱལ་དབུ་སྔས་བས། ཤར་ནུབ་རྒྱ་མཚོ་རིམ་པ་བཞིན། ཕྱག་གཡས་དང་ནི་གཡོན་པ་འཇུག། ཞབས་གཉིས་རྒྱ་མཚོ་ཆེན་པོར་འཇུག། ནམ་ཁར་འཕགས་ཏེ་འདུག་པ་དང་། བྱ་རྣམས་སྣ་ཚོགས་ཕྱོགས་བཞི་ནས། འོངས་ནས་ཁ་དོགས་གཅིག་གྱུར་དང་། མི་གཙང་པའི་རི་སྟེང་ན། བདག་ཉིད་མི་གཙང་མ་གོས་སོགས། རྨི་ལམ་རྣམ་པ་དུ་མ་བྱུང་། བྱང་ཆུབ་སེམས་དཔའ་ཐུགས་དགྱེས་ཏེ། རིང་པོར་མི་ཐོགས་ཚང་རྒྱར་འགྱུར།།

19. དེ་ནས་བརྒྱ་བྱིན་གྱིས་ཁང་བཟངས་ཀྱིས་ཞི་ལ་འདུག་སྟེ། བྱང་ཆུབ་སེམས་དཔའ་ལ་འདི་སྐད་ཅེས་གསོལ་ཏོ། ………ན་བཞུས་པའི་སྤྲིའུ་འདྲའ་ཐུགས། གལ་ཏེ་འདོད་པའི་ཡོན་ཏན་མ……ན། དེ་ལ་ཤིན་ཏུ་གསལ་པའི་སྣང་པ་གཟིགས། ནྡ་གྲོས་བཟང་པོ་བཞེངས་ཤེག་བཞེངས། ས་ནི་སྲུངས་ཏེ…ཞུགས་མཛོད་ལ། འགྲོ་བ་དག་ནི་སྒྲོལ་པར་མཛོད། བྱང་ཆུབ་སེམས་དཔས་གསུངས་པ། ཀོའི་ཤི་ཀ་ཁྱོད་ཀྱིས་མ་མཐོང་ངམ། ང་ནི་རི་དགས་བདག་པོ་རྒྱས་བསྐོར་ལྟར། མི་ནི་མཐུ་ལྡན་གཞུ་མཆོན་རལ་གྲི་ཐོགས། རྟ་གླང་ཤིང་རྟ་དཔུང་ཚོགས་མང་པོ་ཡིས། གྲོང་ཁྱེར་སེར་སྐྱ་ཀུན་ནས་ཡོངས་སུ་བསྐོར། ཟས་གཙང་ལ…ཤཱཀྱའི…འདི་དག། གླང་ཆེན་རྟ་ཞོན་ལེགས་པར་གོ་བགོས་ལུས། མི་ཐྲུག་སྣ་ཚོགས་ལག་ན་མཚོན་ཐོགས་ཏེ། ཁྲམས་དང་རྟ་བབས་ཁང་བཟང་གཞིས་གནས། པོ་བྲང་དང་ནི་ཁྱིམ་སྒོ་དང་། དེ་བཞིན་གྲོང་ཁྱེར་སྒོ་དག་ཡང་། བཅང་ནས་བརྟན་པ་དམ་པ་བརྩུག་སྟེ། དེ་བཞིན་ཀུན་ནས་བསྲུངས་པར་གྱུར། ཡང་བརྒྱ་བྱིན་གྱིས་གསོལ་པ། ངེས་པར་མར་མེ་མཛད་ཀྱི་ལུང་བསྟན་དང་། ཐུག་བསྩལ་ཀྱིས་གདུངས་འཇིག་རྟེན་འདི་དང་ ཡང་། ཁྱོད་ཀྱི་སྔོན་གྱི་དམ་བཅས་དགོངས་མཛད་ལ། ཁབ་དག་སྤྲངས་ཏེ་ངེས་པར་བྱུང་བར་མཛོད། ཇི་ལྟར་ཁྱོད་ནི་གེགས་མེད་པར། དེང་ཉིད་ནག་སུ་གཤེགས་གྱུར་ན། བདག་ཅག་ཚངས་སུགས་བཅས་བ་ཡི། ལྷ་རྣམས་ཀྱིས་ནི་དེ་བཞིན་བགྱི། ཞེས་སྨྲས་པ་དང་། དེ་ནས་བྱང་ཆུབ་སེམས་དཔས་ལེགས་སོ་ཞེས་གསུངས་ནས་དགྱེས་པར་གྱུར་ཏོ།

20. ……གི་སོ་ལྕགས་པ་དང་། དུང་ཁྲི་་པ་ཆག་པ་དང་ཟླ་བ་ས་ལ་བྱང་ཆུབ་སེམས་དཔའ་ལ་གསོལ་བས། ཁྱོད་ཀྱི་སོ་ནས་ཁ་ནང་གནས། ……ཀྱི་གདུང་བ་གསལ་ནས་ནི། དོགས་མེ…གཉིད་ལོག……སོ།

21. ··བརྒྱ་བྱིན་གྱིས་མི་རྣམས་གཉིད་ཀྱིས་ཉོས་བར་(པར)བྱས་ནས། ཐུ་རྩན་ལ་བསྒོ་བ། གྲོགས་པོ་བྱང་ཆུབ་སེམས་དཔའ་སྟེང་གི་ཁང་བཟང་ནས་བབས་ཀྱི་སྐབས་་ལང་··། ··སྐབས་བླངས་པ་ལ། བྱང་ཆུབ་སེམས་དཔའ་བབས་པ་དང་། འདུན་པ་ལ་སྨྲས་བ་འདུན་པ་ལོངས་གི་

ཁྲིམ་ནས་སྤྱུར་དུ་ནི། ངའི་རྟ་པོ་རིན་ཆེན་ཐུགས་ལྡན་ཡོང་། སྔོན་གྱི་རྒྱལ་པོས་ཡོངས་སྤྱོད་དཀའ་ཐུབ་ཚོལ། ཐུབ་རྣམས་དགྱེས་པར་མཛད་པར་གཤེགས་སོ། གྲགས་འཛིན་མ་གཉིད་སད་ནས་སློས་པ། དོན་གྲུབ་དེ་ནི་གཤེགས་པར་འགྱུར་གྱིས། ཁྲིམ་ཐབ་སྡུག་བསྔལ་གྱིས་གདུངས་ནས། སྡུག་བསྔལ་ཉམས་ཐག་དུ་མ་འོང་། ཁྲིམ་ཐབ་སྡུག་པ་དེ་གློག་ཤིག། དེས་ནས་འདི་སྐད་ཀུས་ཏ་བ་ཀུང་། འདི་སྐད་ལྷ་རྣམས་བྱིན་རླབས་ཀྱིས། ནོན་པོ་འོ་དོད་པོས་པ་བཞིན། འགའ་ཡང་སད་པར་མ་གྱུར་ཏོ། དེ་ནས་བྱང་ཆུབ་སེམས་དཔའ་ཡབ་ཀྱི་ཞབས་ལ་ཕྱག་བྱས་ནས་གསུངས་པ། བདག་ཀུང་ཡིད་ལ་བརྩེར་ལྡན་ཞིང་། བདག་ཀུང་ཉེ་དུ་རྣམས་ལ་དགའ། འོན་ཀུང་འཁོར་བའི་རང་བཞིན་ངན། འདི་མཐོང་ནས་ནི་འཆི་བ་ལགས། ལུས་ཅན་འདུ་བ་ངེས་པར་ནི། འཐར་ནི་འབྲལ་འགྱུར་ཉིད་ལགས་པས། བདག་ནི་ཐེས་སུ་དགོངས་ནས་ནི། རྫོངས་པས་ཐུགས་ངན་མ་མཛད་ཅིག། ཅེས་གསུངས་ནས་ཆས་སོ།།

22. ས་མཆོས་བདུན་པ་རྟ་མཆོག་འཐོང་གྱུར་ནས། བརྒྱལ་བར་འགྱུར་ཏེ་སའི་སྟེང་དུ་འགྱེལ།། བུད་མེད་ཚོགས་ནི་ཐམས་ཅད་རབ་བརྗོན་པར། རྒྱ་དག་བླངས་ནས་ཤཱཀྱའི་བུ་མོ་འབྲུད། དང·····མི།།

འདོད་པ་ན་སྤྱོད་པའི་ལྷ།

ཡོ་མ་གྲོན་མ།

འོད་གཟེར་ཅན་མ།

མང་གུ་(གུར)།

ལྷའི་བུ་སྨུ་གུ།

གཟུགས་ན་སྤྱོད་པའི་ལྷ།

གཞོའ་ཟས་ནུབ་སྔོ་སྲུང་བ།

二、西壁题记

西壁南段：

23. བྱང་ཆུབ་སེམས་དཔའ་རང་ཉིད་ཀྱིས། ཤུད་དཔལ་སྤོ་འདྲའི་རལ་གྱི་ཡིས། སྐྲ་བྲེགས་མཁའ་ལ་འཐོར་བ་དང་། རྒྱ་བྱིན་གྱིས་བླངས་ལྷ་གནས་སུ། རྩུག་ཕུད་ཀྱི་ནི་མཆོད་པ་བརྩུགས།

24. བདུན་པ་ཐུགས་ལྡན་ལོག་པའི་ཚེ། ཞབས་ལ་ཐུགས་ལྡན་ལྕེའི་ལྷགས། མཆོད་བསྟེན་རྣམ་དག། བདུན་པ་···ལོག་གི་མཆོད་བསྟེན།

25. དེ་མས་མ་ག་ཏར་གཤེགས་ཏེ། ·······མས་ལ་གཤེགས་པའི། སྤྱོད་ལམ་ཡིད་འོག་དེ་འཐོང་ནས། གཟུགས་ཅན་སྙིང་པོ་དད་པར་གྱུར།

26. སྐྱབ་སེང་ལ་ནི་མངོན་གཤེགས་ཏེ། དེ་ལ་གནས་ནི་བཏབ་པར་གྱུར། རྒྱལ་པོས་དེ་ལ་འདི་སྐད་གསོལ། བླ་མེད་གྱུར་ཆེ་བདགས་

ལ་དགོངས། དེ་སྐད་དགྱེའོ་ཞེས་གསུངས་ནས། བྱ་རྒོད་སྤུངས་པའི་རི་ལ་གཤེགས།

27. བྱ་རྒོད་སྤུངས་པའི་རི་འདབས་ན། དྲང་སྲོང་གནས་པར་ཕྱིན་པ་དང་། དེ་དག་ཉི་མ་གཅིག་ཉིད་ལ། ཐུན་གཅིག་སྐད་ཅིག་མ་ཐ་སྙས་(སྙན)། (ཐུབ་)པས་དེའི་ཉིས་འགྱུར་འཛད།

28. དྲང་སྲོང་ལ་སྨྲས་ཐུབ་པ་ཡིས། དཀའ་ཐུབ་འདིའི་དོན་གང་ལགས། ཚངས་སྤྱོགས་དོན་དུས་གཉེར་ཞེས་ཞུ།

29. བྱང་ཆུབ་ལམ་མིན་ཞེས་དགོངས་ནས། དེ་སླངས་རེངས་བྱེད་དུ་པུ་ཤྐག་སྤྱོད། སྲིད་རྩེའི་སྙོམས་འཇུག་ཐོབ་དྲུང་བ·····དེ་ཕྱིན་ཏིང་འཛིན···དེ་ཉིད་ཀྱིས། ཤེས་དང་མཐོང་བར་མི་ནུས་ཕྱིར། རྫོགས་པའི་བྱང་ཆུབ·····ཞེས། དེ་སངས་རྒྱས་ནི་གཤེགས་པར་འགྱུར།

30. དེའི་ཚེ་མི་དབང་ཟས་གཙང་གིས། སྲས་ལ་གཡོག་མེད་ཁྲམ་ཐོས་ནས། སྐྱེ་བོ་སུམ་བརྒྱའི་ཞབས་འབྲིང་བཏང་། ··········གྱིས། དེ་བཞིན་སྐྱེས་བུ་གཉིས་བརྒྱ་བཏང་། ལྷ་བརྒྱ་དང་ནི་ལྷན་ཅིག་ཏུ། ནགས་རྒྱ···བསྐོངས་ཏེ། ཡུམ་ཡབ་ཕྱོགས་ནས་རིམ་པ་བཞིན། གསུམ་དང་གཉིས་གཞག་ལྷག་མ་སྐྱེ།

31. དེའི་ཚེ་ལྷ་མོ་སྒྲ་འཕྲུལ་མ་ལྷུའི་བུ་བཅིག་གིས་གཞོན་ནུ་ཤེའོ་ཞེས་བརྗོད་པས། ལྷ་མོ་འོངས་པ་དང་བྱང་ཆུབ་སེམས་དཔའ་སྐམས་པ་དང་ཤེས་འདུ་བ་མཐོང་ནས་སྨྲས་པ། ལྷ་མོ་མ་ཐག་ཏུ་ངའི་སྐྱེ་བ་འདི། ཐ་མ་ཡིན་ནོ་··ནི་བརྗོད་པ་དང་། དྲང་སྲོང་ནག་པོས་ལུང་བསྟན་བྱས་པ་རྫུན། ཞེས་སླེ་ཐུགས་བརྗོད་པ་དང་། བྱང་ཆུབ་སེམས་དཔས་སྨྲས་པ། ཉེ་བླ་སྐར་སོགས་ས་ལ་ལྷུང་འགྱུར་སྲིད། སོ་སོ་སྐྱེ་བོ་ཡིན་ཡང་མི་འཆི། དེ་ཕྱིར་འདིའི་(སྨྲ་ངན་)ཁྲོད་མ་བྱེད། རིང་པོར་མི་ཐོགས་བྱང་ཆུབ་ཐོབ་པར་འགྱུར། ཞེས་སྨྲས་པས་དགའ་ཏེ་གནས་སུ་སོང་ངོ་།

32. ནི་ལྷུར་འི་འགྲམ་དུ་ནི། བདག་ནི་སྙིགས་མ་ལྔ་དུས་སུ། བརྟུལ་ཞུགས་ངན་པས་(···བར་)ནི། འཛིན་པ་རྣམས་ནི་སུན་ཕྱུང་ཕྱིར། བརྟུལ་ཞུགས་དཀའ་ཐུབ་བརྩོམ་སྙམ་ཏེ། ལོ་ན་དྲུག་ཁྱབ་ཏིང་འཛིན་ལ། ཏིལ་འབྲུ་གཅིག་དང་རྒྱ་ཤུག་གཅིག། འབྲས་འབྲུ་གཅིག་གིས་དཀའ་སྤྱད་བཞུགས།

33. སྡེ་ཅན་གྲོང་མཆོའི་བུ་མོ་ནི། དགའ་མོ་དགའ་སྟོབས་ཞེས་བྱ་ཡིས། གངས་རི་དང་ཉེ་བསྐལ་ལྡན་འགྲམ། དྲང་སྲོང་སེར་སྐྱའི་གནས་སུ་ནི། ཤཱཀྱའི་གཞོན་ནུ་གཟུགས་བཟང་ལ། ལྷ་མཛེས་མཚན་དང་དཔེ་བྱད་ལྡན། སྐྱེ་བོའི་འདི་འཁྲོག་བྱེད་པ་ཁྲུངས། གླིང་བཞིའི་འཁོར་ལོ་སྒྱུར་བར་འགྱུར། བུད་མེད་གང་གིས་ལོ་བཅུ་གཉིས། དཀའ་སྤྱད་བཅུ་དྲུག་བརླབས་འོངས་པ། དེ་ནི་ཁྲོ་ཏུ་འགྱུར་མཐོང་ནས། རིམ་པ་དེ་བཞིན་འགྲུབ་བྱ་སྟེ། ར་མངར་ཤེལ་གྱི་སྣོད་བླངས་ལ། འོ་མ་བཙུག་ནས་སྦྱིན་ལེན་བྱས།

34. དགའ་མོ་དགའ་སྟོབས་ལ་གསུངས་པ། སྦྱིན་པ་འདི་ཅི་དོན་དུ་གཉེར། དེས་ན་སྦྱིན་པ་འདི་ཡིས་ནི། ཅི་བཞིན་དོན་གཉེར་འདོད་རྒྱུས་མཛོད། དེ་ནི་འདོད་ཐངས་རབ་བྱུང་ཟེན། དེ་གཉིས་ཀྱིས་ནི་ལྟར་གསོལ་པ། གལ་ཏེ་འདོད་དོན་མི་སྟེར་ན། གསོད་པར་ཕུལ་བའི་བསོད་ནམས་ཅི་མཆིས་པ། གྲགས་དང་ལྡན་པའི་དོན་རྣམས་ཀུན་གྲུབ་པ། མི་ཡི་མཆོག་གྱུར་བློ་མཆོག་ལྡན་དེ་ཡི། དོན་ཀུན་མྱུར་དུ་ཤིན་དུ་འགྲུབ་པ་གྱུར་ཅིག། ལྷ་མོ···འཕྲུལ། དགའ་མོ། བརྒྱ་བྱིན། མཚམས་པ། བཟང་མའི་ལྷ། ཤིང་ཐུབ། དགའ་མོ།

西壁北段：

35. བྲག་རི་མེ་ཏོག་འབྲས་ལྡན་རྩེར། སྐྱིལ་དཀྱུངས་བཅས་རྗེས་(རི་)ཉིལ་བས། བདག་ནི་ཉེས་དང་། བཅས་སྡམས་དགོངས། ལྷ་རྣམས་ཀྱིས་ནི་ཐུགས་ཤེས་ནས། ནོངས་པ་མི་མངའ་ཆོས་ཉིད་ཀྱིས། ངོགས་པས་གཟུང་ཛོ་མི་ཐོག་གཉིས། རྩ་བ་ཆད་དང་དགེ་སྦྱངས་པའོ། ཐུབ་ཕྱོད་དགེ་པ་སྦྱངས་པ་ལགས། བཅོམ་ལྡན་འདིར་བཞུགས་གནས་མ་ལགས། འདས་དང་མ་འོངས་ད་ལྟར་གྱི། སྐྱེ་བ་གཅིག་གིས་ཐོགས་རྣམས་ཀྱིས། བླ་མེད་ཡེ་ཤེས་བརྙེས་པ་ཡི། རྡོ་རྗེ་གདན་མཆིས་དེར་བཞེགས་རིགས་གཟུགས།

36. འཕྲིན་ཡིག་སྐྱིལ་ཁན་ཡིན་ནོ་གོའམ།

37. སྟོན་རྒྱས་ཀྱིས་བསྟན་པའི་ལམ་ནས་བྱང་ཆུབ་སྙིང་པོ་གང་ལ་བདེར་གཤེགས་ཏེ། སྟོང་གསུམ་གྱིས་སྟོང་ཆེན་པོའི་འཇིག་རྟེན་གྱི་ཁམས་ཀྱི་འཁོར་ལོའི་ལྟེ་བའི་རྡོ་རྗེ་གདན་ལ་བརྟེན་ཞིང་དེ་པ་ཉིད་ཀྱིས་རྫུ་རྣམས་མ་འཁྲུགས་པ་དང་། སྟུགས་པ་མེད་པར་བཀྲམ་ནས། ཐུགས་··ཅིང་ཆོག་ཏུ་ཡང་གསུངས་པ། ཇི་སྲིད་སྡུག་བསྔལ་ཀུན་གྱི་མཐའི། ཟག་ཟད་ཡང་དག་མ་ཐོབ་པ། དེ་སྲིད་སྲོག་འཐར་གྱུར་ཀྱང་ནི། བསྐྱིལ་དཀྱུང་འདི་ནི་གཞིག་མི་བྱ། ཞེས་གསུངས་ནས་བཞུགས་པ་དང་། བདུད་སྡིག་ཅན་གྱི་གནས་གཡོས་པར་གྱུར་ཏོ། དེ་ནས་སྡིག་ཅན་འདི་སྙམ་དུ་བསམ་ཏེ། ཟ་གཙང་གི་རྡོ་རྗེ་རིག་(གང་ན་ལ་)འདུག་གིས། བདག་གིས་གེགས་བྱའོ་སྙམ་དུ་བསམ་ནས། ཕྲིན་ཡིག་སྐྱིལ་བ། སྒྲ་གྲེན་དུ་རྗེས་པ་ཞིག་གི་གཟུགས་སྤྲུལ་ནས། བྱང་ཆུབ་སེམས་དཔའ་ལ་སྨྲས་པ། གྲོང་ཁྱེར་སེར་སྐྱ་ལྡ་སྦྱིན་གྱི་གནན་ན། ཕྱོད་ཅིའི་ཕྱིར་གནས་བཏབ་ཏེ་འདུག། བྱང་ཆུབ་སེམས་དཔས······བླ་ན་མེད་པའི་ཡེ་ཤེས་ཐོབ་པར་བྱ་བའི་ཕྱིར་རོ། དེ་ནས་སྡིག་ཅན་གྱིས་དཔུང་མཆོག་དང་ལྡན་པ་བྱེ་བ་ཁྲག་སུམ་བཅུ་རྩ་དྲུག་པོ་དང་ལྷན་ཅིག་ཏུ་བསྐོར་ནས། བདུད་སྡིག་ཅན་རང་ཉིད་གཞུ་རྣ་དང་དྲུང་དུ་ཀང་ནས་འདུག་གོ། དེ་ནས་བྱང་ཆུབ་སེམས་དཔས་བདག་གིས······ལ་སྦྱར་པར་བྱའོ་སྙམ་དུ་དགོངས་ནས། དེ་ཞི་བའི་ཐབས་(དགོངས་ནས་)བརྩམས་སོ། བྱང་ཆུབ་སེམས་དཔས་ཤེས་རབ་བྱས་པའི་གཞལ་ཡས་ཁང་སྤྲུལ་བ་དང་། ཚོན་ཆ་ཐམས་ཅད་གཞལ་ཡས་ཁང་གི་སྟེང་དུ་བབས་པ་དང་། གཞལ་ཡས་ཁང་གི་སྒྲས་བདུད་ཀྱི་སྡེ་ཐམས་ཅད་སྐྲག་ནས་ཀུན་བྱེར་བ་འགྱུར་ཏོ། དེ་ནས་བྱང་ཆུབ་སེམས་དཔས་ནམ་གྱི་ཐུན་དང་པོ་ལ་རྟག་ཏུ་བྱ་བ་དང་ཞེས་པ་ནས། དེ་ཉིད་དུ་བླ་ན་མེད་པ་ཡང་དག་པར་རྫོགས་པའི་བྱང་ཆུབ་མངོན་པར་རྫོགས་པར་སངས་རྒྱས་སོ། བདུད་སྡིག་ཅན་ལག་པ་ནས་གཞུ་ཤོར་པ་དང་། རྒྱལ་མཚན་རྩེ་མོ་ཐུར་དུ་བལྟ་པ་དང་། གནས་གཡོས་པར་འགྱུར་ཏོ། དེ་ནས་བཅོམ་ལྡན་འདས་ཀྱིས་བྱམས་པའི་མཚོན་གྱིས་བདུད་བྱེ་བ་ཁྲག་སུམ་བཅུ་རྩ་དྲུག་སྡུག་བསྔལ་ཞིང་ཡིད་མི་བདེ་ལ་ཡིད་བཅགས་ཏེ་མི་སྣང་པར་གྱུར་ཏོ།

三、北壁题记

北壁西段：

38. བཏང་བཟུངས་གནས་སུ་གཤེགས་པ་དང་། ཞག་བདུན་དུས་མིབ་སྲིན་ཆགས་པས། ཀླུ་དབང་ལུས་ཀྱིས་ལན་བདུན་གྱིས། མགོ་བོའི་བདེངས་ཀ་བྱས་ནས་གནས། དེ་ཀྱོལ་ཐལ་མོ་སྦྱར་བྱས་ཏེ། སྐུ་ལ་གནོད་པ་མི་མངའམ་ཞུས།།

39. བ་ར་ན་སིའི་གྲོང་དུ་གཤེགས། དེའི་ཚེ་ཀུན་མཆོ་ཉེར་འགྲོ་ཡིས། བདེ་བར་གཤེགས་པ་དེས་མཐོང་ནས། དབང་པོའི་(མདོག་)དག་འཕགས་མདོག་གསལ། ཁྱོད་སྟོན་གང་ཡིན་སུ་རབ་བྱུང་། བདེ་བར་གཤེགས་པའམ་ཡང་གསུངས་པ། ང་དང་འདྲ་བ་ཡོད་མིན་པས། ང་ལ་སློབ་དཔོན་མཁའ་ཡོད་དོ། ང་དང་འདྲ་བ་ཡོད་མ་ཡིན། ང་ནི་གཅིག་པུ་རྫོགས་སངས་རྒྱས། གསིལ་འགྱུར་ཟག་པ་ཡོད་མ་ཡིན། ཀུན་མཆོ་ཉེར་འགྲོ་ཡང་སྨྲས་པ། བདག་ཉིད་རྒྱ་པར་ཞལ་ཆེ་(ཆེའ་)པ། ང་ནི་སྡིག་པའི་མཆོ་ལས་རྒྱལ།། དེ་བ(ལ)ས་ཉེ་འགྲོ་ང་རྒྱལ་ཡིན།།

40. དེ་ནས་བ་ར་ན་སིར་བྱོན་ནས་བསོད་སྙོམས་བཞུས་ཏེ། ཟས་ཀྱི་བྱ་བ་བྱས་ཏེ། དྲང་སྲོང་ལྟུང་བར་གཤེགས་སོ། ལྔ་སྡེས་སྟོན་པ······སྟེ། དགེ་སྦྱོང་གོ་ཏ་མ་ལྟོད་པ་མང་དུ·······ཉམས་པ་འདི་འོང་གིས། སུས་ཀྱང་གསུ་པར་མི་བྱ། ལྷ··················དང་། ལྟུང་བཟེད་བླང་བར་མི་བྱ། སྟན་ཡོད་ཀྱི·····ན་འདུག་ཅེས་(ཟེར)··འི་འོག་ཁྲིམས་བཅས་ཏེ། ཀུན་ཤེས······ཀྱིས་ཁས་བླངས་སོ། དེ་ལྟར་སྟོན་པ་བྱོན་པ་དང་། ལྔ་སྡེས་མ་བཟོད་ནས་ཁྲིམས་(ཧྲལ་)ཏེ། བསྟན་ལ་ལངས་ཏེ། ལ་ལ་བསུ། ལ་ལ་གདན་ཤོམ་མོ། ལ་ལ་·ཞབས་བཀྲུ་བའི་ཆུ་བཤམས་ནས། ཁྱོད་ལེགས་པར་བྱོན་ཏེ། བསྟན་འདི་ལ་བཞུགས་སོ་གསོལ་ཞེས་གསོལ་པ་དང་། སྟོན་པས་བསྟན་ལ་བཞུགས་ནས་ལྔ་སྡེས་ལ་མ་གུ་བར་བྱ་བའི་གཏམ་མང་པོ་བྱས་སོ།

41. དེ་ནས་ལྷ་རྣམས་ཀྱིས······ཀྱི་འཁོར་ལོ་རྩེབས་སྟོང་ལྡན་པ་ཕུལ་ནས། ཆོས་ཀྱི་འཁོར་ལོ་བསྐོར་བར་གསོལ་བ་དང་། ནན་གྱིས་དེ་ལ་ཅང་མི་གསུང་པ་དང་། གུང་མཐུན་ལ་ཡག་དག་པར་འཆགས་པའི་གཏམ་དང་། ཆ་སྙད་(སྙིང་)ལ་ལྔ་སྡེས་ལ་བཀའ་(བརྩལ་)པ། དགེ་སློང་དག་མཐའ་གཉིས་པོ་འདི་དག་ནི། འཇུག་པར་བྱ་བ་མ་ཡིན་ཏེ། འདོད་པ་བསོད་ཉམས་དང···དེ་ལ་ཞེང་དུབ་པའི་མཐའོ། མཐའ···ནས་དབུ་མའི་ལམ་གྱིས་དེ་བཞིན་གཤེགས་པ་ཆོས་སྟོན་ཏོ། འདི་ལྟ་སྟེ། འཕགས་པའི་ལམ་ཡན་ལག་བརྒྱད་དོ། དགེ་སློང་དག·····སྟེ། སྡུག་བསྔལ་དང་། ཀུན་འབྱུང་བ་དང་འགོག་པས་ལམ་མོ། སྡུག་བསྔལ་ལ་ནི་ཡོངས་སུ་ཤེས་པར་བྱའོ། ཀུན་བྱུང་ནི་སྤང་བར་བྱའོ། ཞེས་སོགས་ནས་སྡུག་བསྔལ་ཡོངས་སུ་ཤེས་སོ། ཀུན་བྱུང་སྤངས་སོ། ······གསུམ་བཟླས་པ་རྣམས་པ་བཅུ་གཉིས་ ཀྱིས་འཁོར་ལོ་བསྐོར། ཀཽ་དི་ནྱ་ས་དགྲ་བཅོམ་ཏེ་དཀོན་མཆོག་གསུམ་གྲུབ་པོ། (དེ་ནས་རྣམ་)པ་བཅུ་གཉིས་ཀྱིས། ཆོས་ཀྱི་འཁོར་ལོ་རབ་བསྐོར་བས། ཀཽ་དི་ནྱ······ར་གྲུབ། དེ་ནས་གནོད་སྦྱིན་རྣམས་ཀྱིས་འདི······གྲོགས་པོ་དག བཅོམ་ལྡན་འདས་ཀྱིས···སེར་དྲང་སྲོང་སྨྲ་བ་རི་དགས་ཀྱི་ནགས་སུ་ལན་གསུམ་དུ་བཟླས་ཏེ། རྣམ་པ་བཅུ·····ཆོས་དང་ལྡན་པ། དགེ་སྦྱོང་དང་། བྲམ་ཟེའམ། ལྷ·····དང་མཐུན་པར་(མ)བསྐོར། སྐྱེ་བོ་མང་པོ་ལ་ཕན་པ་དང་། སྐྱེ་བོ་མང་པོ···བདེ་བ་དང་འཇིག་རྟེན་ལ་སྙིང་བརྩེ་བ་དང། ལྷ་དང་མི་རྣམས་ཀྱི་དོན་དང་། ཕན་པ་དང་བདེ་བའི་ཕྱིར་བསྐོར·········མ་ཡིན·········བསྒྲ··སོ།། ····འདིར་ཕྱིན་ནས། ཆོས་ཀྱི་འཁོར་ལོ་བསྐོར་བ··ལ་པའི······དྲི་མ་མེད་པ་རྟོགས་པ་བཤད་དུ་གསོལ། བདུད་རྣམས་བཅོམ་པས་བཀའ་སྩལ་པ····རྟོགས་མི་འགྱུར། རྫུན་ལས་ལོག་ཕྱོགས་འགྲོ་པའི་ལམ། ཟབ་ཅིང་ཤིང་ཏུ་མཐང་དཀར་བ····མཉམ་དང་། ·ལས་འཕགས་པ་ཆོས་པ་ཏེ། དེ་བཞིན་འཇིག་རྟེན་འབྲུངས་པ་ལས། དབང···ས་ཉམས་གྱུར་ཞིང་། རིན་ཆེན་ཆོས་ཚལ་འགྱུར་མཆིས་ཀྱིས། བཅོམ་ནས་ཆོས···དུ་གསོལ་ཞུས···
·········ཆོས···········མདོ་ཙམ་བཤད········འདུན་ལགས། ·····དེ་བཞིན་གཟིགས········ལྷ་བུ······

42. དེ་ལྟར་རྣམ་པ་བཅུ་གཉིས་ཀྱི། དེ་ལྟར་ཆོས་འཁོར་རབ་བསྐོར་བའི། ཀཽ་ད་ཉུས་ཀུན་ཤེས་ཏེ། དཀོན་མཆོག་གསུམ་ནི་མངོན་དུ་གྲུབ། ཚངས་པའི་གྲོང་ཁྱེར་གནས་ཀྱི་བར། གཅིག་ནས་གཅིག་ཏུ་སྒྲ་སོང་བ། འཇིག་རྟེན་མགོན་པོ་སྐྱོབ་པ་ཡིས། རྟུལ་མེད་འཁོར་ལོ་རབ་ཏུ་བསྐོར། གང་དག་འཇིག་རྟེན་རབ་དཀོན་པ། དཀོན་མཆོག་གསུམ་ནི་བྱུང་བར་གྱུར། ཀཽནྡིནྱ་ལ་སོགས་པ་དགེ་སློང་དག་ནི་ལྔ་པོ་དང་། ལྷ་ནི་བྱེ་བ་དྲུག་བཅུ་རྣམས། ཆོས་ཀྱི་མིག་ནི་རྣམ་པར་སྦྱངས། ཆོས་ཀྱི་འཁོར་ལོ་བསྐོར་བ་ན་གཟུགས་ཀྱི་ཁམས་ན་འཁོད་པའི་ལྷ། གཞན་ཡང་བྱེ་བ་བརྒྱ་བཅུ་པོ། དེ་དག་མིག་ནི་རྣམ་པར་སྦྱངས། བརྒྱད་ཁྲི་བཞི་སྟོང་མི་རྣམས་ཀུན། གང་དག་ལྷགས་པ་དེ་དག་ཀྱང་། མིག་ནི་རྣམ་པར་སྦྱངས་གྱུར་ཏེ། ཐམས་ཅད་ངན་པར་འགྲོ་ལས་གྲོལ།

北壁东段：

43. དེ་ནི་སྡེ་ཅན་གྲོང་ཁྱེར་དུ། བསོད་སྙོམས་ལ་ནི་ཞུགས་པ་ན། ཐོག་མར་སུ་ལ་ཆོས་མཆད་དགོངས། བརྩོན་སྡུག་བསྡུལ་སྤང་བ་ལ། རྗེས་སུ་བརྩོན་པར་གནས་པ་ན། འོ་ཐུགས་སྦྱང་རྩེ་འདི་ཡིས་འཕྱུལ། སྐམ་དུ་དགོངས་ནས་ཆོས་གསུངས་པས། དགའ་མོ་དགའ་སྟོབས་བདེན་ལ་བཀོད།

44. ···རིམས་ཀྱིས་རྒྱ་ཞིང་གཤེགས་པ་ན། སྟེང་(སྟང་)རྒྱས་གྲོང་ཁྱེར་སྡེ་ཅན་གྱིས་། (རས་པལ་)ཅན་···ཚང་ཚོང་ཞུགས། དེའི་ཚེ་བཟང་སྡེ་དྲུག་བཅུའི་ཚོགས། ཉིན་རེ་བུད་མེད་རོལ་མོརབཅས། རྩེ་རང་དགའ་མགུར་སྤྱོད་པ་(སྤྲ)། ཁྲིམས་དུལ་མཛེས་མ་གཅིག་བྲོས་ནས། ·········ལ་ཕྱིར། རས་བལ་ཚང་ཚོང་ནགས་སྡོད་པས། དེ་ནས་བཟང་སྡེ་དྲུག་བཅུ་ཡིས། དབང་པོ་(བ)་ཐུགས་ཞི་བ། གསེར་གྱི་མཆོད་རྡོང་ལྟ་བུ་ཡི། བཅོམ་ལྡན་གང་དྲུང་གཞན·······གསོལ། བཅོམ་ལྡན་བུད་མེད་གཅིག་གཟིགས་སམ། གཞོན་ནུ་བུད་མེད་ཁྱེད་ཅིར། བཙུན་པ་གྲོངས་ཁྱེར་སྡེ་ཅན་འདིར།། བདུག···བཟང་སྡེ···ཚངས···བགྱིད། དགའ་མགུར་སྤྱོད་པ་བགྱིད་པ་ན། བུད་མེད་གཅིག་བྲོས་བདག་ཅག་ཚོལ། བཅོམ་ལྡན་འདས་ཀྱིས་བཀའ་སྩལ་པ། བུད་མེད་ཚོལ་བ་གང་ཡིན་དང་། བདག་ཉིད་ཚོལ་བ་གང་འདམ་གསུངས། བཙུན་པ་བདག་ཅག་བུད་མེད་ཀྱིས། ཅི་བགྱི་བདག་ཉིད་ཚོལ་བ་འདམ། བཅོམ་ལྡན་འདས་ཀྱིས་ཆོས་བཤད་ནས། དཀོན་མཆོག་གསུམ་ལ་སྐྱབས་སུ་སོང་།

སྟེང་རྒྱས་འོད་སྲུང་།

ག་ཡ་འོད་སྲུང་།

ཆུ་བོ་འོད་སྲུང་།

45. དེ་ནས་མ་ག་ཏར་གཤེགས་ནས། སྟེང་རྒྱས་འོད་སྲུངས་རལ་པ་ཅན། ལོ་བརྒྱ་ཉི་ཤུ་ལོན་རྒན་གནས། དྲག་བཙོམ་དང་གྲོགས་གྲུབ་པར་གནས། ཚེ་འཕྲུལ་གྱི་ཐུན་བརྒྱུས་བཏུལ་ནས། ལྔ་བརྒྱའི་འཁོར་བཅས་བདེན་ལ་བཀོད། སྤྱི་བླུགས་ཐགས་པ་ཤིང་ཤུན་སོགས། ཁྱེར་ནས་ཆུ་བོའི་གཞུང་དུ་དོར། འོད་སྲུང་ཆེན་པོའི་ཆུང་པོ་ནི། ཆུ་ཀླུང་ག་ཡ་འོད་སྲུང་གཉིས། ལྔ་བརྒྱའི་འཁོར་དང་བཅས་པ་ཡིས། གཡང་གཞི་ཤིང་ཤུན་སོགས་ཁྱེར་རོ། ···དག་གི·····སྙམ་ནས། བདག་ཉིད་རྣམས་ཀྱིས་བཙལ་ལ་སྙམ། ལྟེང་རྒྱས་འོད་སྲུང་བསྡེ་གནས་སོང་། དེ་ཚེ་ལྟེང་རྒྱས་འོད་

སྲུང་ནི། འཁོར་བཅས་སྐྲ་ཕྱི་སྟམ་སྦྱར་བགོས། བཅོམ་ལྡན་སྨྲུན་ཐུར་ཆོས་ཉན་མཐོང་། འོད་སྲུང་འདི་ནི་མཆོག་ཡིན་ལ། བདག་གི་དེ་ནི་མ་ཡིན་ནམ། སྨྲུན་དག་དེ་ནི་བདེ་བཞིན་ནོ། ཞེས་སྨྲས་འོད་སྲུང་གཉིས་པོ་ཡང་། འཁོར་བཅས་བཅོམ་ལྡན་སྨྲུན་ཐུར་རླགས། ཚུར་ཤོག་ཚངས་པར་སྤྱོད་ཅིག་གསུང་། དེ་ཚེ་དགེ་སློང་མངོས་པོར་གྱུར། དགེ་སློང་སྙིང་པོ་དེ་དག་ལ། ཆོ་འཕྲུལ་གསུམ་གྱིས་འདོམས་མཛད་དེ། རྫུ་འཕྲུལ་ཀུན་རྗེས་བསྟན་གསུམ། དེ་ལ་རྫུ་འཕྲུལ་ཆོ་འཕྲུལ་ནི། གཅིག་འགྱུར་མང་པོར་འགྱུར་སོགས་ཡིན། དངོས་རྣམས་མཚན་ཉིད་བསྟན་ལ་འཕགས།

46. ཛེ་ཏྲེད་མཆོ་བར་དགེ་སློང་བཅད། བཞེད་པའི་ཡོ་བྱད་བདག་སྦྱོར་བགྱིད། བཅོམ་ལྡན་རྒྱལ་པོ་ཁབ་གཤེགས་བཞུགས།

47. ག་ཡ་འགོ······ལ། བདེ་གཤེགས་མཁོར་བཅས་བཞུགས་ནས། དེ་ན་གནས་པའི་འཁོར་རྣམས་ཀྱི·····འདི་སྐད་སྨྲས། འཁོར་དང་ལྡན་ཅིག་བཞུགས་ཞེས་པ། དེ་ལ་(དབང)་བསྐུར་མཛོད་ཅིག་དང་གཙོ་(ལས་)མི་དབང་ཆེས་གཙོར་འགྱུར། མི་དབང་གི་ནི་ཕོ་ཉ་བཏང་།

48. དེའི་རྗེས་སུ་རབ་བྱུང་ནས། ཟག་པ་ཐམས་ཅད་ཟད་གྱུར་བ། དགེ་འདུན་ཞེས་བྱར་གྲགས་པ་ཡིན། སངས་རྒྱས་དགེ་འདུན་དང་བཅས་པར། བདག་ཁྱིམ་སྤྱན་འདྲེན་གཤེགས་པར་འགྱུར། ཅེས་ཞུས་ཅང་མི་གསུང་བས་གནང་། བཅོམ་ལྡན་དགེ་སློང་འཁོར་དང་བཅས། མ་ག་དྷ་རུ་བྱོན་པར་གྱུར། དེ་ནས་གཟུགས་ཅན་སྙིང་པོས་ནི། རྒྱལ་པོའི་མཚན་མ་ལྔ་གཞག་ནས། བཅོམ་ལྡན་གང་ན་བ་དེར་སོང་། ཐལ་མོ་སྦྱར་ནས་འདི་སྐད་གསོལ། བཙུན་པ་བདག་ནི་མ་ག་དྷའི། རྒྱལ་པོ་གཟུགས་ཅན་སྙིང་པོ་ལགས། སྐུལ་ཚིག་ལན་གསུམ་གཟླས་དང་། རྒྱལ་པོ་ལེགས་སོ་བསྟན་ལ་འདུག། ཞེས་གསུངས་གཟུགས་ཅན་སྙིང་པོ་ཡིས། ཞབས་ལ་ཕྱག་བྱས་ཕྱོགས་གཅིག་འདུག། ཆོས་གསུངས་ནས་ནི་བདེན་པ་མཐོང་།།

49. དེ་ནས་མི་དབང་གཟུགས་ཅན་སྙིང་། ·····དང་། རྟ་འབྲ་(འབྲི)དང་བརྒྱ་སྟོང་བཅས། ······པའི་ཁབ་གནས་འགྱུར།

༡···

༢ ཀུན་དུ་རྒྱུ་ནས···པོའི་བུ།

༣ སྐྲ་འདོད་བུ་མོའི་བུ་ཡང་དག་རྒྱལ་བ་ཅན།

༤ མི་ཕམ་ཀྲའི་ལ་བ་ཅན།

༥ དྷའི་བུ་ནོག་ཅན།

༦ ལྕེར་བུ་བ་གཉེན་གྱི་བུ།

50. བརྒྱ་བྱིན་གྱིས་མཆོད་ཨུ་སྟེགས་སྟོན་པ་ཡི། ···ཁྲིན་པོ་ལྷས་བདག་སྐྱངས་འཇིགས་པས། འགའ་ཞིག་ཆུར་ལྟེབས་ཕལ་ཆེར་འདི་ལ་སྐྱབས། སྐྱུལ་པ་བརྒྱད···འཕྲིས་ཆོས་སྟོན་ཁྱོད་ལ་འདུད།།

51. བཅོམ་ལྡན་ཕྱག་ཐིལ་ཆུ་གཏེར་ལས། དུང་ལྟར་སེང་གེ་ལྔ་སྤྲུལ་བས། གླང་ཆེན་ཆུ་ཁྲིན་རབ་བཅོམ་ནས། ཞི་ཞིང་དུལ་བའི་ལུས་སུ་འཁོད།།

52. བཅོམ་ལྡན་སྨྲང་རྗེ་བཞེས་པ་ཡིས། སྦྲིའུ····ཀྱི་ཕེལ། ཡིད་བདེ་བ་ནི་སྐྱེ་བར་གྱུར།། ཐལ་མོ་སྙིང་དུ་སྦྱར་བྱས་ཏེ། ཕྱི་ནུར་གར་བྱེད་ཕྱག་འཚལ་བ།།

53. སྤྱན་(ལྡན)་སྐུ་གདུང་བྲེའོ་བརྒྱད་དག་ལས། བདུན་ནི་འཛམ་བུ་གླིང་པའི་མཆོད་པ་འཕོབ། སྐྱེས་བུ་མཆོག་དེའི་བྲེའོ་གང་ཞིག་ནི། ་གྲོང་ཁྱེར་(སྒྲ···ས)གླུང་ཡི་རྒྱལ་པོས་མཆོད།།

54. སྤུར་སྦྲུང་པ་འཕགས་པ་འོད་སྲུང་གིས་མ་སླེབ་པར། ཙན་དན་གྱི་ཤིང་དང་། ན་བཟའ་བསྒོག་ནས། ཕྱག་འཚལ་བ།།

附录十 藏历表

ས་མོ་སྦྲུལ།།	ཧོར་ཟླ་དང་པོའི་ཚེས་གཉིས་ལ།།	ཧོར་ཟླ་གཉིས་པའི་བཅོ་བརྒྱད་ལ།།	ཧོར་ཟླ་བཞི་པའི་ཚེས་བཞི་ལ།།	ཧོར་ཟླ་ལྔ་པའི་ཉེར་གཉིས་ལ།།	ཧོར་ཟླ་བདུན་པའི་བཅུ་ཅིག་ལ།།	ཧོར་ཟླ་བརྒྱད་པའི་ཉེར་བརྒྱད་ལ།།	ཧོར་ཟླ་བཅུ་པའི་ཚེས་བཅུ་བཞི་ལ།།	ཧོར་ཟླ་བཅུ་གཅིག་པའི་ཉེར་དགུ་ལ།།	ས་མོ་ཕག་
ལྕགས་ཕོ་རྟ།།	ཧོར་ཟླ་དང་པོའི་ཚེས་བཅུ་གསུམ་ལ།།	ཧོར་ཟླ་གཉིས་པའི་གཉིས····།།	ཧོར་ཟླ་བཞི་པའི་པའི་བཅོ་ལྔ་ལ།།	ཧོར་ཟླ་དྲུག་པའི་ཚེས་གསུམ་ལ།།	ཧོར་ཟླ་བདུན་པའི་ཉེར་གཉིས་ལ།།	ཧོར་ཟླ་དགུ་པའི་ཚེས་དགུ་ལ།།	ཧོར་ཟླ་བཅུ་པའི་ལྔ་མའི་ཉེར་ལྔ་ལ།།	ཧོར་ཟླ་བཅུ་གཅིག་པའི་ཚེས་བཅུ་ལ།།	ལྕགས་ཕོ་ཁྱི་པ
ལྕགས་མོ་ལུག།།	ཧོར་ཟླ་བཅུ་གཉིས་པའི་ཉེར་བཞི་ལ།།	ཧོར་ཟླ་གཉིས་པའི་ཚེས་བཅུ་ལ།།	ཧོར་ཟླ་གསུམ་པའི་ཉེར་དྲུག་ལ།།	ཧོར་ཟླ་ལྔ་པའི་ཚས་བཅུ་བཞི་ལ།།	ཧོར་ཟླ་བདུན་པའི་ཚེས་གསུམ་ལ།།	ཧོར་ཟླ་བརྒྱད་པའི་ཉི་ཤུ་ལ།།	ཧོར་ཟླ་བཅུ་པའི་ཚེས་དྲུག་ལ།།	ཧོར་ཟླ་བཅུ་ཅིག་པའི་ཉེར་	ལྕགས་མོ་གླང་།
ཆུ་ཕོ་སྤྲེའུ།།	ཧོར་ཟླ་དང་པོའི་ཚེས····ལ།།	ཧོར་ཟླ་གཉིས་པའི་ཉེར་ཅིག་ལ།།	ཧོར་ཟླ་བཞི་པའི་ཚེས་བདུན་ལ།།	ཧོར་ཟླ་ལྔ་པའི་ཉེར་ལྔ་ལ་།།	ཧོར་ཟླ་བདུན་པའི་ཚེས་བཅུ་བཞི་ལ།།	ཧོར་ཟླ་དགུ་པའི་ཚེས་ཅིག་ལ།།	ཧོར་ཟླ་བཅུ་པའི་ཚེས་བཅུ་བདུན་ལ།།	ཧོར་ཟླ་བཅུ་གཉིས་པའི་ཚེས་གཉིས་ལ།།	ཆུ་ཕོ་སྟག
ཆུ་མོ་བྱ།།	ཧོར་ཟླ་དང་པོའི་ཚེས་དྲུག་ལ།།	ཧོར་ཟླ་གསུམ་པའི་ཚེས་གཉིས་ལ།།	ཧོར་ཟླ་བཞི་པའི་བཅོ་བརྒྱད་ལ།།	ཧོར་ཟླ་དྲུག་པའི་ཚེས་དྲུག་ལ།།	ཧོར་ཟླ་བདུན་པའི་ཉེར་ལྔ་ལ།།	ཧོར་ཟླ་བརྒྱད་པའི་ཚེས་བཅུ་གཉིས་ལ།།	ཧོར་ཟླ་''དགུ་པའི····· ·····ལ།།	ཧོར་ཟླ་བཅུ་གཅིག་པའི་ཚེས་བཅུ་གསུམ་ལ།།	ཆུ་མོ་ཡོ
ཤིང་ཕོ་ཁྱི།།	ཧོར་ཟླ་ཉིས་པའི་ཉེར་བདུན་ལ།།	ཧོར་ཟླ་གསུམ་པའི་ཚེས་བཅུ་གསུམ་ལ།།	ཧོར་ཟླ་བཞི་པའི་ཉེར་དགུ་ལ།།	ཧོར་ཟླ་ལྔ་པའི་ཚེས་བཅུ་བདུན་ལ།།	ཧོར་ཟླ་བདུན་པའི་ཚེས་དྲུག་ལ།།	ཧོར་ཟླ་བརྒྱད་པའི་ཉེར····ལ།།	ཧོར་ཟླ་བཅུ་པའི་ཚེས་བཅུ་ལ།།	ཧོར་ཟླ་བཅུ་གཅིག་པའི་ཉེར་བཞི་ལ།།	ཤིང་ཕོ་འབྲུག་
ཤིང་མོ་འཕག།།	ཧོར་ཟླ་དང་པའི་ཚེས་བརྒྱད་ལ།།	ཧོར་ཟླ་གཉིས་པའི་ཉེར་བཞི་ལ།།	ཧོར་ཟླ་བཞི་པའི་ཚེས་བཅུ་ལ།།	ཧོར་ཟླ་ལྔ་པའི་ཉེར་བརྒྱད་ལ།།	ཧོར་ཟླ་བདུན་པའི་ཚེས་བཅུ་བདུན་ལ།།	ཧོར་ཟླ་དགུ་པའི་ཚེས······ལ།།	ཧོར་ཟླ་བརྒྱད་པའི་ཉི་ཤུ་ལ།།	ཧོར་ཟླ············ ······ཚེས་ལྔ་ལ།།	············ ····

续表

མེ་ཕོ་བྱི་བ།།	ཧོར་ཟླ་དང་པོའི་ཚེས་བཅུ་དགུ་ལ།།	ཧོར་ཟླ་གསུམ་པ་ལྔ་མའི་ལྔ་ལ།།	ཧོར་ཟླ་གསུམ་པ་ཕྱི་མའི་ཉེར་གཅིག་ལ།།	ཧོར་ཟླ་ལྔ་པའི་ཚེས་དགུ་ལ།།	ཧོར་ཟླ………བརྒྱད་ལ།།	ཧོར་ཟླ་བརྒྱད་པའི་བཅོ་ལྔ་ལ།།	ཧོར་ཟླ……………………།།	ཧོར་ཟླ་བཅུ་གཅིག་པའི……ལ།།	……………
མེ་མོ་གླང་།།	ཧོར་ཟླ་བཅུ་གཉིས་པའི་གནམ་གང་ལ།།	ཧོར་ཟླ་གཉིས་པའི་ཚེས་དྲུག་ལ།།	ཧོར་ཟླ་བཞི་པའི་ཚེས་གཉིས་ལ།།	ཧོར་ཟླ་ལྔ་པའི་ཉི་ཤུ་ལ།།	ཧོར་ཟླ་བདུན་པའི་ཚེས་དགུ་ལ།།	ཧོར་ཟླ་བརྒྱད་པའི་ཉེར་དྲུག་ལ།།	ཧོར་ཟླ……………………།།	ཧོར་ཟླ་བཅུ་གཅིག་པའི་ཚེས་བདུན་ལ།།	……………
ས་མོ་སྦྲུག།།	ཧོར་ཟླ་དང་པོའི་ཚེས་བཅུ་གཅིག་ལ།།	ཧོར་ཟླ་གཉིས་པའི་ཉེར་བདུན་ལ།།	ཧོར་ཟླ……………………།།	ཧོར་ཟླ………………།།	ཧོར་ཟླ་བདུན་པའི་ཉི་ཤུ་ལ།།	ཧོར་ཟླ་དགུ་པའི་ཚེས་བདུན་ལ།།	ཧོར་ཟླ…པའི་ཚེས་བཞི་ལ།།	ཧོར་ཟླ་བཅུ་གཅིག་པའི་ཚེས་བརྒྱད་ལ།།	ས་ཕོ་སྤྲེའུ།།
ས་མོ་ཡོས།།	ཧོར་ཟླ་གཉིས་པ་ཕྱི་མའི་ཉེར་གཉིས་ལ།།	ཧོར་ཟླ་གཉིས་པའི་ཚེས་བརྒྱད་ལ།།	……གསུམ་པོའི…………།།	ཧོར་ཟླ………………།།	ཧོར་ཟླ………ཚེས་ཅིག་ལ།།	ཧོར་ཟླ་བརྒྱད་པའི་ཚེས་བཅུ་བརྒྱད་ལ།།	ཧོར་ཟླ་བཅུ་པའི་ཚེས་བཅོ་ལྔ་ལ།།	ཧོར་ཟླ་བཅུ་གཅིག་པའི་ཚེས་བཅུ་དགུ་ལ།།	ས་མ་བྱ།།
ལྕགས་ཕོ་འབྲུག།།	ཧོར་ཟླ་དང་པོའི་ཚེས་གསུམ་ལ།།	ཧོར་ཟླ་གཉིས་པའི་བཅུ་དགུ་ལ།།	ཧོར་ཟླ་བཞི་པའི་ཚེས་ལྔ་ལ།།	ཧོར་ཟླ………………།།	ཧོར་ཟླ་བདུན་པའི་ཚེས་བཅུ་གསུམ་ལ།།	ཧོར་ཟླ་བརྒྱད་པའི་ཉེར་དགུ་ལ།།	ཧོར་ཟླ་དགུ་པའི་ཉེར་དྲུག་ལ།།	ཧོར་ཟླ་བཅུ་གཅིག་པའི་གནམ་གང་ལ།།	ལྕགས་ཕོ་ཁྱི།།
ལྕགས་མོ་སྦྲུལ།།	ཧོར་ཟླ་དང་པོའི་ཚེས་བཅུ་བཞི་ལ།།	ཧོར་ཟླ་གཉིས་པའི་གནམ་གང་ལ།།	ཧོར་ཟླ…འི་ཚེས་བཅུ་དྲུག་ལ།།	ཧོར་ཟླ………………།།	ཧོར་ཟླ་བདུན་པའི……ལ།།	ཧོར་ཟླ་བརྒྱད་པ་ཕྱི་མའི་ཚེས་བཅུ་ལ།།	ཧོར་ཟླ་བཅུ་པའི་ཉེར་བདུན་ལ།།	ཧོར་ཟླ་བཅུ་གཅིག་པའི་ཚེས་བཅུ་གཅིག་ལ།།	ལྕགས་མོ་ཕག།།
ཆུ་ཕོ་རྟ།། དུས་བརྒྱད་	ཧོར་ཟླ་བཅུ་གཉིས་པའི……།། ……………………………………།།	ཧོར་ཟླ་གཉིས་པའི་ཚེས་བཅུ་གཅིག་ལ།། སྤྱིད་ཉིན་མཚན་སྙོམས།།	ཧོར་ཟླ་གསུམ་པའི……ལ།། ………………………………།།	ཧོར་ཟླ་ལྔ་པའི་བཅོ་ལྔ་ལ།། གཡར་ཉི་ལོག།།	ཧོར་ཟླ་བདུན་པའི་ཚེས་བཞི་ལ།། བྱ་སྐད་ཆག།།	ཧོར་ཟླ་བརྒྱད་པའི་ཉེར་ཅིག་ལ།། སྟོན་ཉིན་མཚན་སྙོམས།།	ཧོར་ཟླ་བཅུ་པའི་ཚེས་བཅུ…ལ།། ……………………།།	ཧོར་ཟླ་བཅུ་གཅིག་པའི་ཉེར་གཉིས་ལ།། དགུན་ཉི་ལོག།།	ཆུ་ཕོ་བྱི་བདུས་བརྒྱད།།
ཆུ་མོ་ལུག།། བར་ཞག།།	ཧོར་ཟླ་དང་པོའི་ཚེས་དྲུག་ལ།། ཞེ་དྲུག་ནས།	ཧོར་ཟླ་གཉིས་པའི་ཉེར་གཉིས་ལ།། ……………………………ལ།།	ཧོར་ཟླ་བཞི་པའི་ཚེས་བརྒྱད་ལ།། ཞེ་བརྒྱད་ནས།།	ཧོར་ཟླ་ལྔ་པའི་ཉེར་དྲུག་ལ།། ཞེ་དགུ་ནས།	ཧོར་ཟླ་བདུན་པའི་ཚེས་བཅོ་ལྔ་ལ།། ཞེ་བདུན་ནས།།	ཧོར་ཟླ…………………………………………ཞེ……།།	ཧོར་ཟླ…………………………………ཞེ……།།	ཧོར་ཟླ་བཅུ་གཅིག་པའི་ཚེས་གསུམ་ལ།། ཞེ་བཞི།།	ཆུ་མོ་གླང་།། བར་ཞག།།

图版来源

绪论

第一节 托林寺的历史与现状

图 0-1-1 象泉河与托林寺，范久辉摄

图 0-1-2 托林寺全貌，1933 年，盖尔西与图齐摄

图片出处：Holger Neuwirth and Carmen Auer (eds.), *The Ancient Monastic Complexes of Tholing, Nyarma and Tabo, Buddhist Architecture in the Western Himalayas*, Issue 3, Graz: Verlag der Technischen Universität Graz, 2021, p.36.

图 0-1-3 托林寺早期佛殿分布现状，1933 年，盖尔西与图齐摄

图片出处：Oscar Nalesini, “The Monastery of the Tholing in 1933” , in Michela Clemente, Oscar Nalesini and Federica Venturi(eds.) *Perspectives on Tibetan culture: A Small Garland of Forget-me-nots O ered to Elena De Rossi Filibeck*, Special issue of Revue d’Etudes Tibétaines, 2019, p.263.

图 0-1-4 托林寺佛塔早期遗存现状，1933 年，盖尔西与图齐摄

图片出处：同图 0-1-3

图 0-1-5 托林寺迦萨殿复原图

图片出处：王辉、彭措朗杰编著：《西藏阿里地区文物抢救保护工程报告》，北京：科学出版社，2002 年，第 18 页图 7。

图 0-1-6 托林寺色康殿，1933 年，盖尔西与图齐摄

图片出处：Holger Neuwirth and Carmen Auer (eds.), *The Ancient Monastic Complexes of Tholing, Nyarma and Tabo, Buddhist Architecture in the Western Himalayas*, Issue 3, Graz: Verlag der Technischen Universität Graz, 2021, p.66.

图 0-1-7 托林寺现存佛殿平面分布图

图片出处：Holger Neuwirth and Carmen Auer (eds.), *The Ancient Monastic Complexes of Tholing, Nyarma and Tabo, Buddhist Architecture in the Western Himalayas*, Issue 3, Graz: Verlag der Technischen Universität Graz, 2021, p.34.

第三节 红殿殿堂结构、塑像、壁画与题记

图 0-3-1 红殿平面图，高秀军制图

图 0-3-2 红殿门厅立面图（外东北方）

图片出处：Oscar Nalesini, “The Monastery of the Tholing in 1933” , in Michela Clemente, Oscar Nalesini and Federica Venturi(eds.) *Perspectives on Tibetan culture: A Small Garland of Forget-me-nots O ered to Elena De Rossi Filibeck*, Special issue of Revue d'Etudes Tibétaines, 2019, p.82.

图 0-3-3　红殿横剖面图（经堂与佛堂中部）

图片出处: Oscar Nalesini, "The Monastery of the Tholing in 1933", in Michela Clemente, Oscar Nalesini and Federica Venturi(eds.) *Perspectives on Tibetan culture: A Small Garland of Forget-me-nots O ered to Elena De Rossi Filibeck*, Special issue of Revue d'Etudes Tibétaines, 2019, p.82.

图 0-3-4　红殿外侧立面图（西北方）

图片出处: Oscar Nalesini, "The Monastery of the Tholing in 1933", in Michela Clemente, Oscar Nalesini and Federica Venturi(eds.) *Perspectives on Tibetan culture: A Small Garland of Forget-me-nots O ered to Elena De Rossi Filibeck*, Special issue of Revue d'Etudes Tibétaines, 2019, p.83.

图 0-3-5　红殿纵剖面图（穿过门厅、经堂与佛堂）

图片出处: Oscar Nalesini, "The Monastery of the Tholing in 1933", in Michela Clemente, Oscar Nalesini and Federica Venturi(eds.) *Perspectives on Tibetan culture: A Small Garland of Forget-me-nots O ered to Elena De Rossi Filibeck*, Special issue of Revue d'Etudes Tibétaines, 2019, p.83.

第四节　托林寺红殿的建造者及年代

图 0-4-1　红殿经堂西壁北侧偈颂体题记（局部），王瑞雷摄

图 0-4-2　经堂西壁南侧古格诸王肖像，高志勇摄

图 0-4-3　红殿原始布局，闫丽制图

图 0-4-4　红殿目前布局，闫丽制图

上篇：红殿佛堂西壁降魔触地印释迦牟尼佛与二弟子配十二弘化、十六罗汉、药师八佛及三十五佛图像

图 1-1　佛堂西壁主尊释迦牟尼佛右侧龛柱内供养菩萨，王瑞雷摄

图 1-2　佛堂西壁北侧十六罗汉、药师佛和三十五佛（局部图），王瑞雷摄

图 1-3　佛堂西壁南侧十六罗汉、药师佛和三十五佛（局部图），王瑞雷摄

第一章　金刚座降魔触地印释迦牟尼佛的图像形成与演变

第一节　汉藏史载印度菩提迦耶降魔触地印释迦牟尼佛

图 1-1-1　加尔各答印度博物馆藏刻有降魔触地印释迦牟尼佛与摩利支天的汉文碑头

图片出处: Alexander Cunningham, *Mahâbodhi, or the great Buddhist temple under the Bodhi tree at Buddha-Gaya*, London, W. H. Allen, 1982, PLATE XXX.

图 1-1-2　加尔各答印度博物馆藏刻有"金刚座佛盖记"字样的碑头

图片出处: Alexander Cunningham, *Mahâbodhi, or the great Buddhist temple under the Bodhi tree at Buddha-Gaya*, London, W. H. Allen, 1982, PLATE XXX.

第二节　印度早期降魔触地印释迦牟尼佛图像演化

图 1-2-1　降魔成道像，3—4 世纪，犍陀罗地区出土，柏林国立亚洲美术馆藏

图 1-2-2 佛传四相降魔成道情节，4 世纪末至 5 世纪初，印度北方邦拉姆讷格尔出土，勒克瑙州立博物馆藏

图片出处：肥塚隆，宮治昭責任編集『世界美術大全集・東洋編』第 13 巻「インド 1」，東京：小学館，2000 年，第 148 页。

图 1-2-3 阿旃陀石窟第 1 窟降魔成道图，佛殿前室左壁，6 世纪前期

图片出处：肥塚隆，宮治昭責任編集『世界美術大全集・東洋編』第 13 巻「インド 1」，東京：小学館，2000 年，第 239 页。

图 1-2-4 降魔触地印释迦牟尼佛与两胁侍菩萨造像，8 世纪末左右，菩提迦耶

图片出处：宮治昭『インド仏教美術史論』，東京：中央公論美術出版，2010 年，第 370 页图Ⅲ-39。

图 1-2-5 佛传八相图，7 世纪，鹿野苑出土，鹿野苑博物馆藏

图片出处：宮治昭『インド仏教美術史論』，東京：中央公論美術出版，2010 年，第 386 页图Ⅲ-45；岩宮武二著『アジアの仏像』（上），東京：集英社，1989 年，图 199。

图 1-2-6 头戴宝冠降魔触地印释迦牟尼与佛传七相，12 世纪，印度比哈尔邦南摩揭陀出土，波士顿美术馆藏

图片出处：肥塚隆，宮治昭責任編集『世界美術大全集・東洋編』第１４巻「インド２」，東京：小学館，1999 年，图 47。

图 1-2-7 头戴宝冠降魔触地印释迦牟尼佛，10—11 世纪，那烂陀出土，那烂陀考古博物馆藏

图片出处：岩宮武二著『アジアの仏像』（上），東京：集英社，1989 年，图 210。

图 1-2-8 释迦牟尼八相图，10 世纪，那烂陀出土，那烂陀考古博物馆藏

图片出处：岩宮武二著『アジアの仏像』（上），東京：集英社，1989 年，图 161。

图 1-2-9 释迦牟尼八相图，11 世纪，那烂陀出土，那烂陀考古博物馆藏

图片出处：岩宮武二著『アジアの仏像』（上），東京：集英社，1989 年，图 209。

图 1-2-10 降魔触地印释迦牟尼佛与两胁侍弥勒和观音造像，9 世纪末，比哈尔邦库尔基哈尔出土，印度加尔各答市博物馆

图片出处：肥塚隆，宮治昭責任編集『世界美術大全集・東洋編』第１４巻「インド２」，東京：小学館，1999 年，图 55。

图 1-2-11 降魔触地印释迦牟尼佛与两胁侍弥勒和观音造像，9 世纪后半叶，菩提迦耶出土，巴特那博物馆藏

图片出处：肥塚隆，宮治昭責任編集『世界美術大全集・東洋編』第１４巻「インド２」，東京：小学館，1999 年，图 40。

图 1-2-12 降魔触地印释迦牟尼佛与两胁侍弥勒和观音造像，11 世纪后半叶，孟加拉国毗诃罗普尔佛教遗址出土

图片出处：《中国文物报》2016–01–01，总第 2403 期。

图 1-2-13 降魔成道像，10 世纪左右，比哈尔出土，印度加尔各答市博物馆藏

图片出处：Tokyo National Museum, *Indian Buddhist Art from Indian Museum Kolkata*, Published Nikkei Inc, 2015, p.42.

图 1-2-14 降魔成道像，9—11 世纪，比哈尔出土，日本东京国立博物馆东洋馆藏，王瑞雷摄

第三节　唐代降魔触地印释迦牟尼佛与二肋侍菩萨的身份及关系

图 1-3-1A　降魔触地印释迦牟尼佛与两胁侍菩萨擦擦（正面），唐代，陕西省历史博物馆藏，王瑞雷摄

图 1-3-1B　降魔触地印释迦牟尼佛与两胁侍菩萨擦擦（背面），唐代，陕西省历史博物馆藏，王瑞雷摄

图 1-3-2　降魔触地印释迦牟尼佛与两胁侍菩萨擦擦（正面），唐代，

图片出处：黄濬、黄秋岳等：《尊古斋陶佛留真》，上海：上海古籍出版社，1992 年。

图 1-3-3　降魔触地印释迦牟尼佛与两胁侍菩萨，唐代，原宝庆寺，现藏于日本东京国立博物馆东洋馆，王瑞雷摄

图 1-3-4　降魔触地印释迦牟尼佛与两胁侍菩萨，唐代，原宝庆寺，现藏于日本东京国立博物馆东洋馆，王瑞雷摄

图 1-3-5　戴宝冠降魔触地印释迦牟尼佛与两胁侍菩萨，唐代，原宝庆寺，现藏于日本东京国立博物馆东洋馆，王瑞雷摄

图 1-3-6　戴宝冠降魔触地印释迦牟尼佛与两胁侍菩萨，唐代，原宝庆寺，现藏于日本东京国立博物馆东洋馆，王瑞雷摄

图 1-3-7A　降魔触地印释迦牟尼佛，10 世纪，比哈尔菩提迦耶出土，巴特那博物馆藏

图 1-3-7B　弥勒菩萨，10 世纪，比哈尔菩提迦耶出土，巴特那博物馆藏

图 1-3-7C　观音菩萨，10 世纪，比哈尔菩提迦耶出土，巴特那博物馆藏

图片出处：肥塚隆，宮治昭責任編集『世界美術大全集·東洋編』第 14 巻「インド 2」，東京：小学館，1999 年，图 48—50。

第四节　降魔触地印释迦牟尼佛于西藏的传入、图像配置与演变

图 1-4-1　大昭寺圣迹图，大昭寺三层殿，王瑞雷摄

图 1-4-2　帕廓街转经朝佛图，摹自布达拉宫

图片出处：西藏工业建筑勘测设计院编：《大昭寺》，北京：中国建筑工业出版社，1985 年，第 116 页图 6。

图 1-4-3　触地印释迦牟尼佛，8—9 世纪，布达拉宫觉康殿藏

图片出处：Ulrich von Schroeder, *Buddhist Sculptures in Tibet*, volume One “India & Nepal”, Hong Kong: Visual Dharma Publications Ltd, 2001, pl.67C.

图 1-4-4A　触地印释迦牟尼佛（正面），8—9 世纪，三界殿藏

图片出处：Ulrich von Schroeder, *Buddhist Sculptures in Tibet*, volume One “India & Nepal”, Hong Kong: Visual Dharma Publications Ltd, 2001, pl.70A.

图 1-4-4B　触地印释迦牟尼佛（背面），8—9 世纪，三界殿藏

图片出处：Ulrich von Schroeder, *Buddhist Sculptures in Tibet*, volume One “India & Nepal”, Hong Kong: Visual Dharma Publications Ltd, 2001, pl.70B.

图 1-4-5　菩提迦耶大塔模型（东面），11 世纪，布达拉宫利玛拉康藏

图片出处：Ulrich von Schroeder, *Buddhist Sculptures in Tibet*, volume One “India & Nepal”, Hong Kong: Visual Dharma Publications Ltd, 2001, p.348,pl.114A.

图 1-4-6　菩提迦耶大塔模型门龛左右观音与弥勒菩萨，11 世纪，布达拉宫利玛拉康藏

图片出处：Ulrich von Schroeder, *Buddhist Sculptures in Tibet*, volume One “India & Nepal”, Hong

Kong: Visual Dharma Publications Ltd, 2001, p.354, pl.116B.

图 1-4-7 降魔触地印释迦牟尼佛与两胁侍擦擦，10—11 世纪，拉达克列城斯多克（Stok）出土

图片出处：[意] 图齐著，魏正中、萨尔吉主编：《梵天佛地》第一卷，上海：上海古籍出版社，2009 年，140 页图版 17。

图 1-4-8 降魔触地印释迦牟尼佛与胁侍菩萨弥勒和观音唐卡，1050—1100 年，卫藏地区

图片出处：Amy Heller, Oskar von Hinüber, and Gautama V. Vajracharya, *Himalayas: An Aesthetic adventure*, Chicago, Ill: Art Institute of Chicago in association with University of California Press and Mapin Pub, 2003, p.174, pl.114.

图 1-4-9 降魔触地印释迦牟尼佛与胁侍菩萨弥勒和观音唐卡，12 世纪，卫藏地区

图片出处：Steven M. Kossak, Jane Casey Singer, Robert Bruce-Gardner, *Sacred visions:early paintings from Central Tibet*, New York:Metropolitan Museum of Art, 1998, p.75, pl.10.

图 1-4-10 降魔触地印释迦牟尼佛与胁侍菩萨弥勒和观音唐卡，12—13 世纪，黑水城出土

图片出处：Marylin M. Rhie, Robert A.F. Thurman ; photographs by John Bigelow Taylor. *Wisdom and compassion : the sacred art of Tibet*，London : Thames and Hudson, 1991, p.341, pl.135.

图 1-4-11 降魔触地印释迦牟尼佛与胁侍菩萨弥勒和观音唐卡，12—13 世纪，黑水城出土

图片出处：俄罗斯国家艾尔米塔什博物馆官网，编号：X X -2324。

https://www.hermitagemuseum.org/wps/portal/hermitage/digital-collection/25.+archaeological+artifacts/477128

图 1-4-12 降魔触地印释迦牟尼佛与两胁侍菩萨擦擦，14 世纪初，卫藏地区，王瑞雷摄

图 1-4-13 降魔触地印释迦牟尼佛与两胁侍菩萨擦擦，15 世纪，古格故城，范久辉摄

图 1-4-14 降魔触地印释迦牟尼佛擦擦，11 世纪，托林寺，王瑞雷摄

图 1-4-15 降魔触地印释迦牟尼佛擦擦，11 世纪，东嘎石窟，王瑞雷摄

图 1-4-16 降魔触地印释迦牟尼佛擦擦，11 世纪，皮央石窟，王瑞雷摄

图 1-4-17 降魔触地印释迦牟尼佛擦擦，12 世纪，甲玛沟，王瑞雷摄

图 1-4-18 江浦寺降魔成道殿泥塑

图片出处：Li Gotami Govinda, *Tibet in Pictures: A Journey into the Past*, Vol.1, Dharma Publishing, 1979, p.40.

图 1-4-19 艾旺寺降魔成道殿泥塑

图片出处：Li Gotami Govinda, *Tibet in Pictures: A Journey into the Past*, Vol.1, Dharma Publishing, 1979, p.49.

图 1-4-20 八塔变唐卡，13 世纪，黑水城出土

图片出处：米哈依·彼奥特洛夫斯基：《丝路上消失的王国：西夏黑水城的佛教艺术》，台北：历史博物馆，1996 年，第 118—119 页，图 6。

图 1-4-21 降魔触地印释迦牟尼佛塑像，马蹄寺石窟，元代，王瑞雷摄

图 1-4-22 降魔触地印释迦牟尼佛陶质建筑构件，日普寺佛塔废墟出土，14 世纪前后，王瑞雷摄

图 1-4-23 降魔触地印释迦牟尼佛陶质建筑构件，日普寺佛塔废墟出土，14 世纪前后，王瑞雷摄

图 1-4-24 降魔触地印释迦牟尼佛陶质建筑构件，日普寺佛塔废墟出土，14 世纪前后，王瑞雷摄

图 1-4-25　降魔触地印释迦牟尼佛陶质建筑构件，日普寺佛塔废墟出土，14 世纪前后，王瑞雷摄

图 1-4-26　降魔触地印释迦牟尼佛陶质建筑构件，日普寺佛塔废墟出土，14 世纪前后，王瑞雷摄

图 1-4-27　萨迦寺措钦大殿金刚座佛金铜造像，13 世纪，谢继胜摄

图 1-4-28　榆林窟第 3 窟窟室东壁中央八塔变，西夏时期

图片出处：樊锦诗主编：《敦煌石窟全集 4 · 佛传故事画卷》，香港：香港商务印书馆，2004 年，图版 194。

图 1-4-29　东千佛洞第 5 窟八塔变，西夏时期，王瑞雷摄

图 1-4-30　五个庙石窟 1 窟中心柱南壁八塔变，西夏时期，王瑞雷摄

图 1-4-31　金刚座佛擦擦，13 世纪，卫藏地区，范久辉提供

图 1-4-32　金刚座佛擦擦，13 世纪中晚期，卫藏地区，范久辉提供

图 1-4-33　金刚座佛擦擦，12 世纪，印度比哈尔菩提迦耶出土

图片出处：Tokyo National Museum, *Indian Buddhist Art from Indian Museum Kolkata*, Published Nikkei Inc, 2015, p.90.

图 1-4-34　金刚座佛擦擦，10 世纪，印度比哈尔那烂陀出土

图片出处：Tokyo National Museum, *Indian Buddhist Art from Indian Museum Kolkata*, Published Nikkei Inc, 2015, p.88.

图 1-4-35　金刚座佛与 108 塔擦擦，12 世纪，印度比哈尔那烂陀出土

图片出处：Tokyo National Museum, *Indian Buddhist Art from Indian Museum Kolkata*, Published Nikkei Inc, 2015, p.89.

图 1-4-36　八塔变唐卡，12 世纪初，卫藏地区

图 1-4-37　八塔变唐卡，12 世纪初，卫藏地区

图片出处：Pratapaditya Pal, Amy Heller, Oskar von Hinüber and Gautama V.Vajracharya, *Himalayas: An Aesthetic adventure*, Chicago, Ill: Art Institute of Chicago in association with University of California Press and Mapin Pub, 2003, p.186, cat.121.

图 1-4-38　八塔变唐卡，12—13 世纪，西藏昌都地区类乌齐寺藏

图片出处：康·格桑益希主编：《中国文化档案·昌都卷》，青岛：青岛出版社，2016 年，第 218 页。

图 1-4-39　八塔变唐卡，12—13 世纪，西藏昌都地区类乌齐寺藏

图片出处：康·格桑益希主编：《中国文化档案·昌都卷》，青岛：青岛出版社，2016 年，第 222 页。

图 1-4-40　佛传故事唐卡，12 世纪晚期至 13 世纪初，卫藏地区

图片出处：Steven M. Kossak, Jane Casey Singer, Robert Bruce-Gardner, *Sacred Visions: Early Paintings from Central Tibet*, New York: Metropolitan Museum of Art , 1998, pl.27.

图 1-4-41　十二弘化故事唐卡，14 世纪初，西藏博物馆藏

图片出处：喜马拉雅艺术网，编号：9300。https://www.himalayanart.org/items/9300。

图 1-4-42　夏鲁寺般若佛母殿回廊十二弘化故事，1333—1335 年

图片出处：《藏族美术集成》编辑委员会编：《藏族美术集成·绘画艺术·壁画·日喀则卷·2》（本卷本由罗文华主编），成都：四川民族出版社，2021 年，第 207 页。

图 1-4-43　释迦牟尼佛一百本生故事唐卡，14 世纪末，卫藏地区，美国鲁宾美术馆藏

图片出处：Marylin M. Rhie and Robert A. F. Thurman, *Worlds of Transformation: Tibetan Art of Wisdom and Compassion*, NewYork: Tibet House in association with The Shelley and Donald Rubin Foundation, 1999, p.133.

图 1-4-44 佛传故事与十六罗汉唐卡，13—14 世纪，卫藏地区

图片出处: Claudine Bautze-Picron,Śākyamuni in Eastern India and Tibet in the 11th to the 13th Centuries, *Silk Road Art and Archaeology:Journal of the Institute of Silk Road Studies, Kamakura*, Vol.4, Institute of Silk Road Studies, Hirayama Ikuo Silk Road Museum Foundation, 1995/1996, pl.3.

第二章 红殿佛堂十二弘化故事与十六罗汉

第一节 佛堂西壁十二弘化故事

图 2-1-1 弥勒菩萨授记，王瑞雷摄

图 2-1-2 白象入胎，王瑞雷摄

图 2-1-3 太子诞生情节，高志勇摄

图 2-1-4 黑色仙人卜卦预言情节，王瑞雷摄

图 2-1-5 学书习定与婚配赛艺情节，高志勇摄

图 2-1-6 离俗出家之宫妃诱惑与夜半逾城情景，王瑞雷摄

图 2-1-7 削发、猎人换衣与尼连禅那河畔苦行情节，王瑞雷摄

图 2-1-8 善供母挤奶、提炼萃取精乳情节，王瑞雷摄

图 2-1-9 桑达石窟北壁下方十二弘化故事之诞生情节

图片出处: Neumann F.Helmut & Heidi A.Neumann, “The Wall Paintings of Pang gra phug; Augusto Gansser’s Cave, ” *Orientations*, Vol.42, No.5, 2011, Fig.27.

图 2-1-10 桑达石窟十二弘化故事藏文题记

图片出处: Kurt Tropper, *Inscriptions and Captions of the Buddhavita in Pang gra cave*. https://www.asianart.com/articles/tropper/, Inscription A.

图 2-1-11 日土县乌江村千佛洞正壁十二弘化故事（局部），王瑞雷摄

图 2-1-12 谢尔石窟西壁（正壁）下方十二弘化故事（局部），王瑞雷摄

图 2-1-13 阿奇寺新殿南壁十二弘化（局部）

图片出处: 加藤敬写真，松長有慶解説『マンダラ：西チベットの仏教美術』，図像編，東京: 毎日新聞社，1981 年。

图 2-1-14 阿奇寺松载殿北壁弥勒塑像裤裙上的十二弘化故事

图片出处: 加藤敬写真，小林暢善，ツプテン・パルダン解説『マンダラ蓮華図録巻: アルチ寺の仏教宇宙』，東京: 平河出版社，1985 年，第 197 页图 v-7。

图 2-1-15 古格故城红殿十二弘化故事（降魔成道情节），王瑞雷摄

图 2-1-16 古格故城白殿佛龛北壁十二弘化故事（局部），王瑞雷摄

图 2-1-17 古格故城卓玛拉康殿十二弘化故事（从兜率天降凡到学书习定情节），王瑞雷摄

图 2-1-18 古格故城卓玛拉康殿十二弘化故事（从调伏醉象到涅槃起塔情节），王瑞雷摄

第二节 佛堂西壁十六罗汉与居士达摩多罗

图 2-2-1 佛堂西壁南侧十六罗汉（局部），王瑞雷摄

图 2-2-2 佛堂西壁北侧十六罗汉（局部），王瑞雷摄

第三章　红殿佛堂药师八佛与三十五忏悔佛

第一节　佛堂西壁药师八佛

图 3-1-1　额钦石窟北壁药师八佛壁画（四铺曼荼罗上方），王瑞雷摄

第二节　托林寺迦萨殿药师佛与 13—15 世纪西藏阿里地区药师曼荼罗 图像传承

图 3-2-1　宝月智严光音自在王如来，托林寺迦萨殿，13 世纪前后，盖尔西摄

图片出处：Deborah Klimburg-Salter, “A Thangka painting Tradtion from the Spiti Vally, ” *Art of Tibet: Selected Articles from Orientations 1981-1997*, Hong Kong: Orientations Magazine Ltd, 1998, p.263, fig.4.

图 3-2-2　金色宝光妙行成就如来，托林寺迦萨殿，13 世纪前后，盖尔西摄

图片出处：Deborah Klimburg-Salter, “A Thangka painting Tradtion from the Spiti Vally, ” *Art of Tibet: Selected Articles from Orientations 1981-1997*, Hong Kong: Orientations Magazine Ltd, 1998, p.263, fig.5.

图 3-2-3　宝月智严光音自在王如来和金色宝光妙行成就如来，桑达石窟，13 世纪前后，王瑞雷摄

图 3-2-4　宝月智严光音自在王如来，帕尔噶尔布，13 世纪前后，王瑞雷摄

图 3-2-5　金色宝光妙行成就如来，帕尔噶尔布，13 世纪前后，王瑞雷摄

图 3-2-6　药师如来曼荼罗，卫藏地区，14 世纪中晚期

图片出处：Marylin M. Rhie & Robert A. F. Thurman, *Wisdom and Compassion: The Sacred Art of Tibet*, Tibet House New York, Harry N. Abrams, Inc., Publishers, 1996, p.465.

图 3-2-7　药师如来曼荼罗，卫藏地区，14 世纪中晚期

图 3-2-8　帕尔噶尔布石窟西壁壁画，王瑞雷摄

图 3-2-9　帕尔噶尔布石窟东壁壁画，王瑞雷摄

图 3-2-10　帕尔噶尔布石窟南壁西侧下方十护方天之梵天与帝释天，王瑞雷摄

图 3-2-11　帕尔噶尔布石窟西壁南侧下方十护护方天八尊，王瑞雷摄

图 3-2-12　帕尔噶尔布石窟东壁南侧下方十二神将，王瑞雷摄

图 3-2-13　帕尔噶尔布石窟北壁西侧下方四天王，王瑞雷摄

图 3-2-14　桑达石窟主壁（北壁）壁画

图片出处：Neumann F.Helmut & Heidi A.Neumann, “The Wall Paintings of Pang gra phug; Augusto Gansser’s Cave, ” Orientations, Vol.42, No.5, 2011, fig.12.

图 3-2-15　羌衮巴石窟北壁壁画，王瑞雷摄

图 3-2-16　羌衮巴石窟东壁壁画，王瑞雷摄

图 3-2-17　日土县乌江村千佛洞主壁壁画，王瑞雷摄

图 3-2-18　药师如来 51 尊曼荼罗，14 世纪，西藏西部，哈佛大学艺术博物馆

图片出处：https://harvardartmuseums.org/collections/object/352301?position=352301，编号：2014.514。

图 3-2-19　古格故城白殿东壁北侧药师如来 51 尊曼荼罗，王瑞雷摄

第三节　佛堂西壁三十五忏悔佛

图 3-3-1　红殿佛堂西壁南侧三十五佛（局部），王瑞雷摄

图 3-3-2　三十五佛擦擦，托林寺出土，11—12 世纪，王瑞雷摄

图 3-3-3 释迦牟尼佛、十六罗汉与三十五佛唐卡，古格，15 世纪中后期，弗吉尼亚美术博物馆藏

图片出处：Marylin M. Rhie & Robert A. F. Thurman, *Wisdom and Compassion: The Sacred Art of Tibet*, Tibet House New York, Harry N. Abrams, Inc., Publishers, 1996, p.81.

图 3-3-4 纳塘寺藏三十五佛夹经板，13—14 世纪，谢继胜摄

图 3-3-5 夏鲁寺般若佛母殿外回廊三十五佛壁画

图片出处：《藏族美术集成》编辑委员会编：《藏族美术集成·绘画艺术·壁画·日喀则卷·2》（本卷本由罗文华主编），成都：四川民族出版社，2021 年，第 214 页。

第四节 释迦牟尼佛配十二弘化、十六罗汉、三十五佛及药师八佛 图像演变

图 3-4-1 十二弘化故事与十六罗汉，14 世纪中晚期，卫藏地区

图片出处：Marylin M. Rhie & Robert A. F. Thurman, *Wisdom and Compassion: The Sacred Art of Tibet*, Tibet House New York, Harry N. Abrams, Inc., Publishers, 1996, II-19.

图 3-4-2 达隆寺香殿降魔触地印释迦牟尼佛、十六罗汉与十二弘化故事，15 世纪中期，谢继胜摄

图 3-4-3 萨波洞窟正壁降魔触地印释迦牟尼佛与十六罗汉

图片出处：藤敬写真、松長有慶『マンダラ：西チベットの仏教美術―解説編』，東京：每日新聞社，1981 年，第 70 页。

图 3-4-4 额钦石窟西壁降魔触地印释迦牟尼佛与十六罗汉，王瑞雷摄

图 3-4-5 古格故城红殿正壁（西壁）原主尊降魔触地印释迦牟尼佛塑像

图片出处：[意] 图齐著，魏正中、萨尔吉主编：《梵天佛地》第三卷，第二册《札布让》，上海：上海古籍出版社，2009 年，页 235，图版 117。

图 3-4-6 古格故城红殿正壁（西壁）原药师八佛塑像（局部）

图片出处：[意] 图齐著，魏正中、萨尔吉主编：《梵天佛地》第三卷，第二册《札布让》，上海：上海古籍出版社，2009 年，页 238，图版 120。

图 3-4-7 古格故城白殿佛龛正壁原塑像降魔触地印释迦牟尼佛

图片出处：[意] 图齐著，魏正中、萨尔吉主编：《梵天佛地》第三卷，第二册《札布让》，上海：上海古籍出版社，2009 年，页 218，图版 100。

图 3-4-8 古格故城白殿佛龛东部残存罗汉塑像，王瑞雷摄

图 3-4-9 古格故城白殿佛龛东部残存四天王塑像，王瑞雷摄

图 3-4-10 古格故城供佛洞正壁降魔触地印释迦牟尼佛、十六罗汉与三十五忏悔佛，王瑞雷摄

图 3-4-11 降魔触地印释迦牟尼佛、十六罗汉与三十五忏悔佛，15 世纪中期，古格

图片出处：Pratapaditya Pal, *Art of Tibet: A Catalogue of the Los Angeles County Museum of Art Collection*, Harry N. Abrams, Inc., 1990, pl.48.

图 3-4-12 降魔触地印释迦牟尼佛、十二弘化、十六罗汉与三十五忏悔佛，15 世纪中期，古格

图片出处：Marylin M. Rhie & Robert A. F. Thurman, *Wisdom and Compassion: The Sacred Art of Tibet*, Tibet House New York, Harry N. Abrams, Inc., Publishers, 1996, p.87, pl.6.

图 3-4-13 药师佛、三十五佛、十六罗汉和十二弘化故事，15 世纪中期，古格

图片出处：Pratapaditya Pal, *Art of Tibet: A Catalogue of the Los Angeles County Museum of Art Collection*, Harry N. Abrams, Inc., 1990,p.77, pl.13.

中篇：红殿佛堂“瑜伽续部三部曲”之主曼荼罗——金刚界、恶趣清净、金刚萨埵曼荼罗

第一章　佛堂南壁《真实摄经》之金刚界曼荼罗研究

第二节　佛堂金刚界曼荼罗配置及图像所据文本

图 1-2-1　佛堂南壁西侧金刚界曼荼罗主尊与三昧耶形四波罗蜜菩萨，高志勇摄

图 1-2-2　佛堂南壁西侧金刚界曼荼罗诸眷属（主尊右侧），高志勇摄

图 1-2-3　佛堂南壁西侧金刚界曼荼罗诸眷属（主尊左侧局部），高志勇摄

图 1-2-4　金刚喜菩萨，王瑞雷摄

图 1-2-5A　金刚光菩萨，王瑞雷摄

图 1-2-5B　金刚光菩萨持物，王瑞雷摄

第三节　西藏阿里地区早期金刚界曼荼罗图像体系

图 1-3-1　迦萨殿中央主尊大日如来基座之北方标志羯磨金刚，王瑞雷摄

图 1-3-2　塔波寺集会殿金刚界曼荼罗之主尊大日如来

图片出处: Deborah Klimburg-Salter, *Tabo, A Lamp for the Kingdom: Early Indo Tibetan Buddhist art in the western Himalaya*, Milan:Skira Editore, 1997, p.97,Fig.61.

图 1-3-3　塔波寺集会殿金刚界曼荼罗尊格分布图

图 1-3-4　金刚杵

图片出处: Peter Van Ham,*Tabo-Gods of Light: The Indo-Tibetan Masterpiece*, Hirmer Publishers, 2015, p.82.

图 1-3-5　拉隆寺金刚界曼荼罗之主尊大日如来，11—12 世纪

图片出处: https://luczanits.net/galleries/picture.php?/5053/category/118

图 1-3-6　结尔石窟窟顶金刚界曼荼罗，夏格旺堆提供

图 1-3-7　金刚界曼荼罗主尊与四方三昧耶形四波罗蜜菩萨

图 1-3-8　东嘎 1 号窟北壁西侧金刚界曼荼罗，王瑞雷摄

图 1-3-9　金刚界曼荼罗主尊与四方三昧耶形四波罗蜜菩萨

图 1-3-10　聂拉康石窟北壁西侧金刚界曼荼罗，王瑞雷摄

图 1-3-11　聂拉康石窟金刚界曼荼罗之南方宝生佛，王瑞雷摄

图 1-3-12　帕尔噶尔布石窟西壁北侧金刚界曼荼罗，王瑞雷摄

图 1-3-13　松达寺杜康殿正壁金刚界曼荼罗造像

图片出处: 喜马拉雅西部的佛教建筑网（Buddhist Architecture in The Western Himalayas），https://archresearch.tugraz.at/results/sumd-chung/。

第四节　庆喜藏系金刚界曼荼罗在后藏地区的传播

图 1-4-1　四波罗蜜菩萨之北方标志羯磨，王瑞雷摄

图 1-4-2　东壁北侧东方阿閦佛及眷属，王瑞雷摄

图 1-4-3　东壁南侧南方宝生佛及眷属，王瑞雷摄

图 1-4-4　西壁南侧西方阿弥陀佛及眷属，王瑞雷摄

图 1-4-5　西壁北侧北方不空成就佛及眷属，王瑞雷摄

图 1-4-6　八供养菩萨及四摄菩萨，王瑞雷摄

图 1-4-7　恰姆石窟东壁阿閦佛高浮雕座基及头背光，王瑞雷摄

图 1-4-8　恰姆石窟北壁上师及供养人，王瑞雷绘

图 1-4-9　恰姆石窟北壁供养人像，王瑞雷摄

图 1-4-10　恰姆石窟窟门侧上方残存背光（用黄色标出的部分），王瑞雷摄

图 4-4-11　艾旺寺供养人像

图片出处：[意]图齐著，魏中正、萨尔吉主编：《梵天佛地》第四卷《江孜及其寺院》第三册《图版》，上海：上海古籍出版社，2009 年，第 48 页。

图 4-4-12　艾旺寺供养人像

图片出处：[意]图齐著，魏中正、萨尔吉主编：《梵天佛地》第四卷《江孜及其寺院》第三册《图版》，上海：上海古籍出版社，2009 年，第 50 页。

图 4-4-13　江浦寺金刚界大日如来殿之主尊大日如来

图片出处：Ulrich von Schroeder, *Buddhist Sculptures in Tibet*, Vol. II, Hong Kong : Visual Dharma Publications Ltd, 2001, p.845.

图 4-4-14　江浦寺金刚界大日如来殿金刚界曼荼罗眷属（局部）

图片出处：Ulrich von Schroeder, *Buddhist Sculptures in Tibet*, Vol. II, Hong Kong : Visual Dharma Publications Ltd, 2001, p.847.

图 4-4-15　白居寺措钦大殿西配殿金刚界曼荼罗造像之诸眷属，谢继胜摄

第二章　佛堂北壁《理趣广经》之金刚萨埵曼荼罗研究

第二节　佛堂金刚萨埵曼荼罗与早期注释之关联

图 2-2-1　红殿佛堂北壁西侧金刚萨埵曼荼罗眷属（局部），王瑞雷摄

图 2-2-2　红殿佛堂北壁西侧金刚萨埵曼荼罗眷属（局部），王瑞雷摄

图 2-2-3　金刚萨埵曼荼主尊金刚萨埵，王瑞雷摄

图 2-2-4　金刚萨埵曼荼罗外院二十二天与伴妃（局部），王瑞雷摄

第四节　小结

图 2-4-1　古格故城白殿东壁中段金刚萨埵曼荼罗，王瑞雷摄

第三章　佛堂南北两壁东侧《恶趣清净怛特罗》之恶趣清净系曼荼罗研究

第二节　佛堂普明大日如来与九佛顶曼荼罗

图 3-2-1　普明大日如来曼荼罗主尊及眷属（局部），王瑞雷摄

图 3-2-2　九佛顶曼荼罗主尊及眷属（局部），王瑞雷摄

图 3-2-3　普明大日如来曼荼罗下方 6 尊附属曼荼罗之主尊，王瑞雷摄

图 3-2-4　金刚爱菩萨，王瑞雷摄

第三节 11—13 世纪西藏阿里地区九佛顶曼荼罗遗存

图 3-3-1 帕尔噶尔布石窟 K1 窟东壁九佛顶曼荼罗，王瑞雷摄

图 3-3-2 九佛顶曼荼罗主尊与四方四维，王瑞雷摄

图 3-3-3 卡俄普石窟礼佛窟东壁九佛顶曼荼罗

图片出处：霍巍、张长虹、李永宪、张蕊侠：《西藏阿里札达县象泉河流域卡俄普与西林衮石窟地点的初步调查》，《文物》2007 年第 6 期，第 57 页图 14。

图 3-3-4 东嘎 3 号窟窟顶九佛顶曼荼罗，王瑞雷摄

下篇：红殿经堂《文殊真实名经》广、中、略三注之主曼荼罗图像研究

第一章 广注：经堂南壁法界语自在曼荼罗研究

第二节 经堂南壁法界语自在曼荼罗构成

图 1-2-1 经堂南壁西侧法界语自在曼荼罗眷属（局部），高志勇摄

图 1-2-2 经堂南壁法界语自在文殊，高志勇摄

第四节 11—13 世纪阿里地区白色法界语自在曼荼罗图像遗存

图 1-4-1 聂拉康石窟南壁法界语自在曼荼罗，王瑞雷摄

图 1-4-2 东嘎 1 号窟北壁法界语自在曼荼罗，王瑞雷摄

图 1-4-3 东嘎 2 号窟窟顶法界语自在曼荼罗，王瑞雷摄

图 1-4-4 东嘎 1 号窟法界语自在曼荼罗第二重东方阿閦佛及眷属，王瑞雷摄

图 1-4-5 东嘎 1 号窟法界语自在曼荼罗第一重八佛顶周围七政宝，王瑞雷摄

图 1-4-6 阿奇寺杜康殿南壁西侧法界语自在曼荼罗（局部）

图片出处：Peter van Ham and Amy Heller, Alchi: Treasure of the Himalayas, Munich: Hirmer Verlag, 2018, p.115.

图 1-4-7A 松达寺杜康殿西壁法界语自在曼荼罗

图片出处：喜马拉雅西部的佛教建筑网（Buddhist Architecture in The Western Himalayas），https://archresearch.tugraz.at/results/sumd-chung/

图 1-4-7B 松达寺杜康殿西壁法界语自在曼荼罗第一重八佛顶及四隅七政宝

图片出处：加藤敬写真；松長有慶解説『マンダラ：西チベットの仏教美術.図像編』，東京：每日新聞社，1981 年，第 45 页。

图 1-4-8 恰恰普日寺东殿东壁法界语自在曼荼罗

图片出处：加藤敬写真；松長有慶解説『マンダラ：西チベットの仏教美術.図像編』，東京：每日新聞社，1981 年，第 47 页。

第五节 14—15 世纪后藏地区白色法界语自在曼荼罗图像传承

图 1-5-1 夏鲁寺东无量宫殿西壁中央法界语自在曼荼罗，王瑞雷摄

图 1-5-2 白居寺吉祥多门塔三重 6 号佛殿内室北壁法界语自在曼荼罗主尊，谢继胜摄

图 1-5-3　原俄尔寺藏依《续部总集》所绘法界语自在曼荼罗

图片出处：bSod nams rgya mtsho & M.Tachikawa, *The Ngor Mandalas of Tibet: Plates* ,Bibliotheca Codicum Asiaticorum2, Tokyo :The Centre for East Asian Cultural Studies, 1989, p.40.

第六节　小结

图 1-6-1　古格故城白殿西壁中段法界语自在曼荼罗，王瑞雷摄

第二章　中注：经堂北壁文殊具密摄部族与具功德生处摄部族曼荼罗研究

第三节　经堂文殊具密摄部族与具功德生处摄部族曼荼罗结构及图像配置

图 2-3-1　夏鲁寺东无量宫殿南壁西侧文殊具密摄部族曼荼罗，王瑞雷摄

图 2-3-2　白居寺吉祥多门塔三重 6 号佛殿内室南壁文殊具密摄部族曼荼罗，谢继胜摄

图 2-3-3　红殿经堂北壁文殊具密摄部族曼荼罗主尊大日如来，廖旸摄

图 2-3-4　红殿经堂南壁文殊具密摄部族曼荼罗主尊大日如来胸前观想本尊本初佛，廖旸摄

图 2-3-5　夏鲁寺东无量宫殿文殊具密摄部族曼荼罗主尊大日如来胸前观想本尊本初佛与文殊智慧萨埵，王瑞雷摄

图 2-3-6　白居寺吉祥多门塔文殊具密摄部族曼荼罗主尊大日如来胸前观想本尊本初佛与文殊智慧萨埵，王瑞雷摄

第四节　经堂文殊具密摄部族与具功德生处摄部族曼荼罗图像来源

图 2-4-1A　夏鲁寺东无量宫殿文殊具功德生处摄部族曼荼罗（局部），王瑞雷摄

图 2-4-1B　夏鲁寺东无量宫殿文殊具功德生处摄部族曼荼罗外五重诸天（局部），王瑞雷摄

第五节　小结

图 2-5-1　古格故城白殿西壁北段具功德生处摄部族曼荼罗，王瑞雷摄

图 2-5-2　古格故城白殿西壁北段文殊具密摄部族曼荼罗，王瑞雷摄

第三章　小注：经堂东壁文殊小虚空无垢摄部族与幻化网摄部族曼荼罗研究

第二节　经堂文殊小虚空无垢摄部族与幻化网摄部族曼荼罗结构及图像配置

图 3-2-1　夏鲁寺东无量宫殿西壁南侧文殊小虚空无垢摄部族曼荼罗，王瑞雷摄

图 3-2-2　夏鲁寺东无量宫殿南壁正中文殊幻化网摄部族曼荼罗，王瑞雷摄

图 3-2-3　红殿经堂东壁南侧文殊小虚空无垢摄部族曼荼罗主尊，王瑞雷摄

图 3-2-4　红殿经堂东壁北侧文殊幻化网摄部族曼荼罗主尊，高志勇摄

图 3-2-5　红殿经堂南壁中央本初佛，廖旸摄

图 3-2-6　经堂文殊小虚空无垢摄部族曼荼罗主尊胸前本初佛观想本尊文殊智慧萨埵，王瑞雷摄

图 3-2-7　经堂文殊幻化网摄部族曼荼罗主尊胸前本初佛观想本尊文殊智慧萨埵，王瑞雷摄

图 3-2-8　夏鲁寺东无量宫殿文殊小虚空无垢摄部族曼荼罗主尊胸前“本初佛—智慧轮—文殊智慧萨埵”三重观想图，王瑞雷摄

图 3-2-9　夏鲁寺东无量宫殿文殊幻化网摄部族曼荼罗主尊胸前“本初佛—智慧轮—文殊智慧萨埵”三重观想图，王瑞雷摄
图 3-2-10A　红殿经堂东壁南侧文殊小虚空无垢摄部族曼荼罗眷属，王瑞雷摄
图 3-2-10B　红殿经堂东壁南侧文殊小虚空无垢摄部族曼荼罗眷属（局部），王瑞雷摄
图 3-2-11　经堂东壁南侧文殊小虚空无垢摄部族曼荼罗眷属金刚幢，王瑞雷摄
图 3-2-12　经堂东壁南侧文殊小虚空无垢摄部族曼荼罗眷属金刚语，王瑞雷摄
图 3-2-13　经堂东壁南侧文殊小虚空无垢摄部族曼荼罗眷属歌女，王瑞雷摄
图 3-2-14　经堂东壁南侧文殊小虚空无垢摄部族曼荼罗眷属金刚钩，王瑞雷摄
图 3-2-15　经堂东壁北侧文殊幻化网摄部族曼荼罗，高志勇摄

配置图图版来源

配置图 1　红殿经堂与佛堂壁画配置图，高秀军、王瑞雷制图
配置图 2　红殿经堂西壁南侧古格诸王与译师配置图，高秀军、王瑞雷制图
配置图 3　红殿经堂西壁北侧宗喀巴大师与诸弟子配置图，高秀军、王瑞雷制图
配置图 4　佛堂西壁释迦牟尼与二弟子、十六罗汉、药师佛及三十五佛配置图，高秀军制图
配置图 5　帕尔噶尔布石窟 1 号窟壁画配置图，王瑞雷制图
配置图 6　桑达石窟主壁（北壁）尊格配置图，高秀军制图
配置图 7　红殿佛堂南壁西侧金刚界曼荼罗配置图，高秀军制图
配置图 8　红殿佛堂北壁西侧金刚萨埵曼荼罗配置图
配置图 9　佛堂南壁东侧普明大日如来曼荼罗配置图
配置图 10　佛堂北壁东侧九佛顶曼荼罗配置图
配置图 11　帕尔噶尔布 K1 窟东壁九佛顶曼荼罗配置图
配置图 12　经堂南壁法界语自在曼荼罗主尊、第一重至第三重眷属配置图
配置图 13　经堂南壁法界语自在曼荼罗第四重眷属配置图
配置图 14　法界语自在曼荼罗结构、尊格与方位次第图
配置图 15　本初佛胸前六辐轮观想真言示意图，王瑞雷制
配置图 16　经堂北壁文殊具密摄部族曼荼罗与文殊具功德生处摄部族曼荼罗配置图
配置图 17　文殊具密摄部族曼荼罗结构与尊格方位次第构成图
配置图 18　文殊具功德生处摄部族曼荼罗结构与尊格方位次第构成图
配置图 19　经堂东壁文殊小虚空无垢摄部族曼荼罗与文殊幻化网摄部族曼荼罗配置图
配置图 20　文殊小虚空无垢摄部族曼荼罗结构与尊格方位次第构成图
配置图 21　文殊幻化网摄部族曼荼罗结构与尊格方位次第构成图

后记

一、幸运之道

泰戈尔曾留下这样的诗文："那些想做好的人，在外面敲门，那些爱着的人，看见门敞开着。"回首求学、学问生涯，深觉经历了一场幸运之旅。从硕士求学至今，学术之路总是靠着恩师的引领、沿着自己笃爱之题前行，沿途很多善知识不吝赐教助力我打开一扇扇自由思考的窗户。正是源自对汉藏佛教艺术的热爱和恩师带领，让我幸运地看见前方敞开的大门。

很幸运遇到业师谢继胜老师，是他不弃我天赋愚笨，引领我走进汉藏佛教艺术史研究这一"志业"，转眼已过十余年。十余载春华秋实，不仅在课堂，每次出行业师亦带我在身旁，或奔波于雪域高原的角角落落，或穿行在河西走廊与丝路古道，或沉湎于书卷写本中的古往今来。老师为人宽厚，不辜初心，虽年过六十，但仍不畏艰难，身体力行，用自己的脚步丈量着祖国大江南北的佛教文化遗产，砥砺深究。正因有恩师的学问精深和鼓励，即便在数十年前，对很多人望而却步的西藏西部阿里高原，我亦不畏艰辛、登高探寻这海拔4000米以上的高原历史星空。当然，最迷人的还是这里的历史往昔，带着对远方的神奇和向往之情，踏寻阿里无数古刹圣迹之后，最终我选择了西藏西部作为博士和博士后乃至毕生的研究区域。

幸运之旅源于2012年，当年暑假随导师考察完卫藏地区早期寺院之后，又与中国社会科学院民族学与人类学研究所的廖旸老师第一次乘坐前往阿里考察的班车，大巴颠簸一夜两天之后到达阿里地区并首次参访了托林寺。缘分使然，和廖旸老师的讨论中我将托林寺红殿作为博士论文的备选题，感谢在此次考察中廖老师给予的帮助和照顾以及在学术上的关怀。2013年，借参加"阿里首届象雄文化主题论坛"开会之机，我再次与业师考察了托林寺及西藏阿里地区的其他石窟佛寺遗产。随后我于2013年暑假驻留于托林寺两个月有余，整理壁画内容、抄录殿内残存碑文题记并学习藏文。之后数年我又多次前往考察，最终选定托林寺红殿壁画作为博士论文，此书正是在博士论文基础上修订完成的。

托林寺作为古格王国的王家寺院，已有千年的历史。与它结缘，实属幸运之福德。这座千年古刹的人文底蕴与历史意义非凡卓然，壁画图像更是旷世瑰宝，其视觉图像背后所蕴含的古格政教关系更是值得关注。吐蕃王统的灿烂余辉、中亚、克什米尔等地的多元艺术熏染以及高原丝路各民族文化的交流交融等使得托林寺成为西藏西部最为神圣的佛教高地。正如意大利藏学家图齐先生所言："托林寺是西藏西部最古老、最富有且最为殊圣的寺院之一。"它凝具了古今中外人士对辉煌无比且神秘无限的古格王国前世今生的诸多历史情结。而初次来到这里最打动我的是淳朴的风土人情和无私的寺院僧人。在托林寺数次调查期间，深受僧人强巴尊珠、平措次仁、巴旦欧珠、格桑索朗、强巴顿珠、尼玛次仁、扎西热旦、扎西群培、次旺加布和格桑旦增的照顾和帮助。特别是年轻有为、修学深厚的扎西群培，在我调查期间给予了无尽的帮助，每每想起，历历在目，我心怀感恩！后来我们亦师亦友，始终保持联系，他成为我生命中重要的学友！

二、历史之谜

再精美绝伦的壁画和再丰富的历史文献，在历史长河面前不过是雪泥鸿爪。对于研究汉藏佛教艺术考古的我而言，我更执着于通过文献、图像与文物遗存，不断思考构建人类过往的社会生活和精神世界。尤其是地处极地的西藏西部阿里高原，其历史和艺术都让人心向往之。能不断追寻西藏西部的历史往事和艺术精华，动力源于对远方他者文化和人类神秘往昔的好奇和探索。

阿里高原地处喜马拉雅山脉的西段，高山与大河纵横。从历史上看，该区域不仅是前佛教期古象雄文明"穹隆银城"的所在地和后佛教期古格王朝都城札布让的政教腹地，也是见证我国古今汉藏多民族互动交融及与印度、尼泊尔、中亚等周边诸国跨区域文化传播的十字路口。在当今人看来，这块土地似乎显得贫瘠而荒寒，殊不知它却保留着数以万计的珍贵文物写本、琳琅满目的佛塔擦擦和璀璨夺目的石窟寺艺术，这些珍贵的文物遗存，对于我们进一步研究这一区域以及该区域与早期汉地及周边地域的文化交流打开了一扇明窗。以艺观史，便可知在西藏西部一隅之地多元文化与交融自古一以贯之；以小见大，才晓得每一处佛寺地景、每一铺壁画、每一卷文献遗存甚至每一种纹样背后暗藏着汉藏佛教及多元文化碰撞交流的历史脉络。

每当我坐着大巴走进这片干涸而"贫瘠"的远方高地时，听着西藏阿里旷古的民歌，我的心总是无比炽热！那一处处悬崖峭壁、一孔孔石窟群如蜂窝般与古代藏族先民的洞穴交辉相映、一排排历经千年风雨的佛塔古刹在朝晖夕映下显得殊胜而庄严、一座座古代王室宫殿的残垣断壁屹立在高原之上。一幅幅画面总是带给我无数的悬念与疑问，在这片土地上所沉积的文化土壤到底有多深，他们到底经历怎样的历史变革和葆有怎样的历史记忆？作为一名学人，应“博学之、审问之、慎思之、明辨之、笃行之”。在远方的阿里高原，为了获取一手的田野资料并深入解读图像文献史料，学、问、思、辨、行始终贯穿于每一个日出日落。

三、心怀感恩

我很幸运，在求学的道路上受恩师举荐，认识并深受前辈的耐心点拨与提携。在藏文学习方面，感谢中央民族大学岗措老师在我硕士一年级时在中国人民大学开设藏文初级班，带领我们学习藏文。之后，又受中国人民大学沈卫荣老师的教诲，跟随他阅读藏文文献。那段时间的学习训练，对我日后藏文阅读能力的提升帮助巨大。在西藏艺术史学习方面，我要特别感谢中国藏学研究中心（现四川大学中国藏学研究所）的熊文彬老师，故宫博物院的罗文华老师长期以来的教诲。同时，感谢在日本早稻田大学访学期间合作导师肥田路美老师给予的指导和关怀，以及最早在西藏阿里地区做田野调查研究的陕西省考古研究院的张建林老师，在我的博士论文写作过程中无私分享他当年在托林寺调查的一手资料，并鼓励我砥砺前行。感谢四川大学的霍巍老师、李永宪老师、张长虹老师；中国藏学研究中心（现中国人民大学国学院）的黄维忠老师，美国威斯康辛大学的王迎老师，故宫博物院的张雅静老师，中央民族大学的陈楠老师，西藏作家协会的次多老师，西北民族大学的才让与杨旦春老师，河南大学的尤汪洋老师，陕西师范大学的沙武田、石岩刚及谢光典老师，南京大学的孙鹏浩老师，中国民间文艺家协会的冯莉老师，西藏大学的穷达和夏吾卡先老师，陕西省考古研究院的席琳老师，西北大学的于春老师，以及日本早稻田大学的罗玲博士等在我求学和博士论文写作过程中给予的帮助和指教。在此由衷地感谢在西藏阿里考察期间札达县文旅局罗丹局长、札达县政协扎顿老师、古格故城文管所的巴次老师、西藏文物保护研究所的夏格旺堆等老师的无私帮助。西藏人文摄影师高志勇先生惠赠他早年拍摄合成的托林寺红殿部分壁画，为本书插图增加光彩；浙江省民宗委张金钰先生的无私帮助，助推了本书审核出版的进程。 与此同时，感谢自 2019 年入职以来学院及艺博馆领导和同事的关照支持。

硕士、博士期间的首都师范大学汉藏佛教美术研究所是个大家庭。感谢同一师门的兄弟姐妹们，与他们在一起，我充满了快乐和感激。平时与他们交流的过程中，不仅完善了我的知识体系，更让我学会彼此分享所思所得。在此要特别感谢大师姐杨鸿蛟，在我博士论文写作过程中她经常与我讨论分享。时至今日，我们怀想起那段时光仍旧是那么的珍贵。感谢贾维维老师，一路走来，因汉藏佛教艺术而结缘。我们从首都师范大学的青涩学生成长为浙大的青年教师，并肩前行，一起协助业师张罗汉藏佛教艺术研究中心的各类事务。

拙著得以出版，有幸得到浙江大学文科高水平学术著作出版基金的资助，实属荣幸并心怀感谢。感谢本书责任编辑胡畔老师对我书稿不厌其烦的校对，并为此书的出版进程操心。同时感谢设计师周灵老师为本书精心设计封面。

最后，我要感谢我的父母及妻子任赟娟老师对我事业及家庭的支持与无私奉献。任老师与我志趣相投，研究区域一致，对西藏西部亦充满了无限的热忱，我们曾多次一起前往阿里调研。她视野宏阔，熟谙于人类学与社会学的理论方法，她的很多思路与方法拓宽了我的研究路径。同时，感谢我的三个孩子：真如、真知和真喆，他们给我们原本平静的家庭生活增添了无限的灵动和童趣。

四、风雨兼程

作为一名汉藏佛教及丝绸之路与跨喜马拉雅佛教艺术的学习者和研究者，我总以这句座右铭激励自己："既然选择了远方，就不惜风雨兼程。"当然，人每走一程，都需要对过往充满感恩！今朝之路非一己之力，无数他人成全的因缘际会才会成就自我的梦想。用自己的诚心和热心去认真对待自己的"志业"，哪怕遇到挫折、坎坷也能一如既往地坚持下去！尤其学术之路上前行，根本没有捷径可走，只有一步一个脚印脚踏实地苦修出来的才是真果！家父曾专门装裱卷轴"既然选择了远方，就不惜风雨兼程"和四尺斗方"苦作舟"勉励我，后因屡次搬家，横幅卷轴座右铭不小心被撕裂，父亲得知后拿回甘肃老家，重新装裱好后邮寄给我并嘱托继续悬挂屋内。多年过去后，才知置身俗海尘流，想不为诸多他物所动并全身心致力于学，坚持"苦作舟"何其重要！

美国民族学、人类学家巴伯若·尼姆里·阿吉兹（Barbara Nimri Aziz）在藏学名著《藏边人家：关于三代定日人的真实记述》前言开场白中有一句感人的话："凡是到过喜马拉雅山区的人都会经常想起这样一幅象征性的画面，并从中获得力量：几个人不知疲倦地迈着步子，穿过条条山谷，顽强地向前移动着。"或许，这既是阿吉兹的座右铭，也是他一生坚持不懈追求远方的力量——不畏严寒酷暑所迫，即便环境严酷险恶，仍然顽强地一往直前！如同我们每一位学人，因为热爱，选择了远方，定会风雨兼程！

2023 年 11 月于新疆龟兹石窟考察途中